전통적 지역 구분

구분	구분 경계 및 위치	전통 행정 구역
관북 지방	철령관의 북쪽	함경도(함흥+경성)
관서 지방	철령관의 서쪽	평안도(평양+안주)
관동 지방	철령관의 동쪽(대관령이 있는 태백산맥을 경계로 영서와 영동으로 구분)	강원도(강릉+원주)
해서 지방	한양(서울)을 기준으로 바다(경기만) 건너 서쪽	황해도(황주+해주)
경기 지방	한양(서울), 즉 도읍지를 둘러싸고 있는 지역	경기도
호서 지방	금강(호강) 상류의 서쪽 또는 제천 의림지의 서쪽	충청도(충주+청주)
호남 지방	금강(호강)의 남쪽 또는 김제 벽골제의 남쪽	전라도(전주+나주)
영남 지방	조령(문경 새재)의 남쪽	경상도(경주+상주)

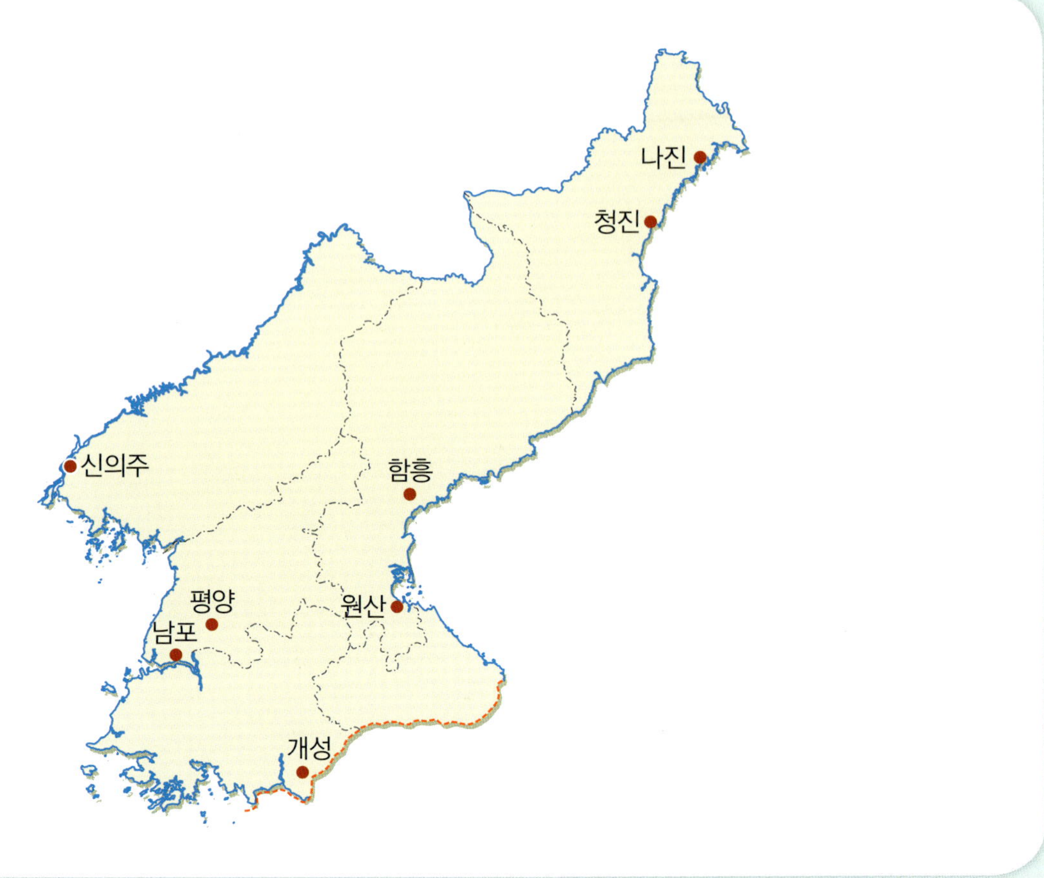

신의주	• 철도 교통의 중심지, 경의선의 종착지, 중국과의 교역 통로 역할 • 중국의 홍콩을 거울삼아 외자 유치를 위해 2002년 특별 행정구로 지정하였으나 중단
평양	• 북한의 최대의 도시, 북한의 정치·경제·사회의 중심지 • 대동강 하류 지역의 소우지
남포	평양의 외항, 서해갑문 설치
개성	• 개성 공업 지구 입지 → 남한의 기술과 자본, 북한의 노동력을 결합하여 남북 경제 협력 활성화에 기여 • 남북 간 정치적 갈등으로 2016년 폐쇄
원산	• 일제 강점기부터 성장한 공업 도시 • 경원선의 종착지, 다우지
함흥	일제 강점기부터 성장한 공업 도시
청진	일제 강점기부터 성장한 공업 도시, 소우지
나진 (나선)	• 두만강 하류에 위치해 중국·러시아와 지리적으로 인접 • 유엔 개발 계획(UNDP)의 지원을 계기로 1991년 북한 최초의 경제특구로 지정 → 외국 자본의 유치가 미미하여 목적 달성 실패

서울	우리나라의 수도, 정치·경제·문화의 중심지 역할, 종주 도시이자 수위 도시
인천	인구가 세 번째로 많은 도시, 서울의 관문, 국제 물류 중심지 역할, 공업 발달(자동차, 철강, 석유)
성남, 고양, 용인	서울의 주거 기능이 분산된 위성 도시, 1기 신도시(성남 분당, 고양 일산), 2기 신도시(성남 판교)
파주	• 수도권 2기 신도시(운정), 출판 단지, 첨단 산업(LCD) • 남한과 북한을 연결하는 교통 요충지
연천, 가평, 양평	경기도의 군(郡) 지역
수원	• 경기도청 소재지, 2020년 기준 경기도에서 인구가 가장 많음 • 세계 문화유산(화성), S전자 본사 입지, 첨단 산업 발달
여주, 이천	도자기 축제 개최, 쌀로 유명
안산	• 서울의 공업 기능이 분산된 위성 도시 • 시화호 조력 발전소 입지 • 반월·시화 산업 단지 입지, 외국인 근로자의 유입으로 '국경 없는 마을' 형성
화성	자동차 공업, 첨단 산업(반도체), 수도권 2기 신도시(동탄)
평택	• 수도권 남부의 중심 항구 도시 → 평택항을 중심으로 물류 기능 발달 • 자동차 공업, 첨단 산업(반도체)

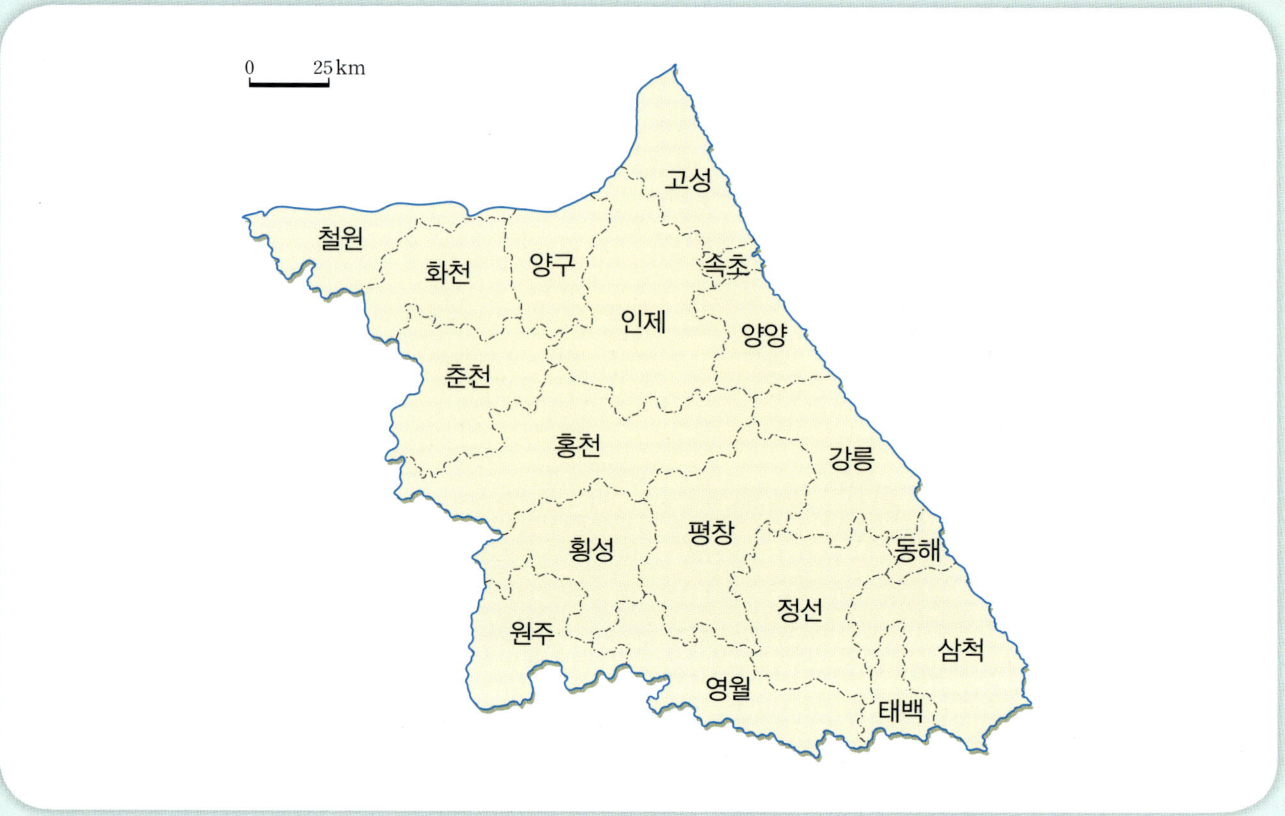

철원	용암 대지, 벼농사
양구	4극 기준 국토 정중앙, 배꼽 축제, 침식 분지
춘천	강원도청 소재지, 북한강과 소양강의 합류 지점, 침식 분지, 호반의 도시, 수도권 전철 연장
인제	대암산 용늪(국내 람사르 협약 등록 습지 1호)
속초	석호(청초호, 영랑호)
평창	• 고위 평탄면(대관령), 최난월 평균 기온이 가장 낮음 • 2018년 동계 올림픽 개최, 고랭지 농업, 풍력 발전
강릉	석호(경포호), 해안 단구(정동진), 다설지
원주	• 강원도에서 인구가 가장 많고 제조업 종사자 수가 가장 많음 • 기업 도시와 혁신 도시 모두 입지, 의료 기기 클러스터 형성
정선, 태백	• 석탄 산업 쇠퇴로 인구 감소 • 레일 바이크 및 석탄 박물관 등 탄광 지역을 관광 자원으로 활용
삼척	환선굴(석회동굴), 시멘트 공업
영월	고씨굴(석회동굴), 감입 곡류 하천, 동강 래프팅

대전	대덕 연구 개발 특구 입지, 첨단 산업 발달, 경부선과 호남선의 철도 분기점
세종	행정 중심 복합 도시, 우리나라에서 유소년층 인구 비율이 가장 높음
태안	신두리 해안 사구와 두웅 습지(람사르 협약 등록 사구 습지), 관광 레저형 기업 도시
서산	대산 석유 화학 단지, 석유 화학 공업, 자동차 공업
당진	제철 공업, 2012년 군(郡)에서 시(市)로 승격
아산	자동차 공업
천안	수도권 전철 연장, 전자 공업
홍성·예산	충남도청 소재지, 내포 신도시 건설
보령	머드 축제, 석탄 박물관
논산, 부여, 공주	과거 금강 내륙 수운의 요지
진천·음성	혁신 도시
충주	지식 기반형 기업 도시
단양	고수동굴(석회동굴), 시멘트 공업
청주	• 충북도청 소재지, 2014년 도농 복합시 출범 • 오송 생명 과학 단지, 국제공항, 고속철도(KTX) 분기점

호남 지방

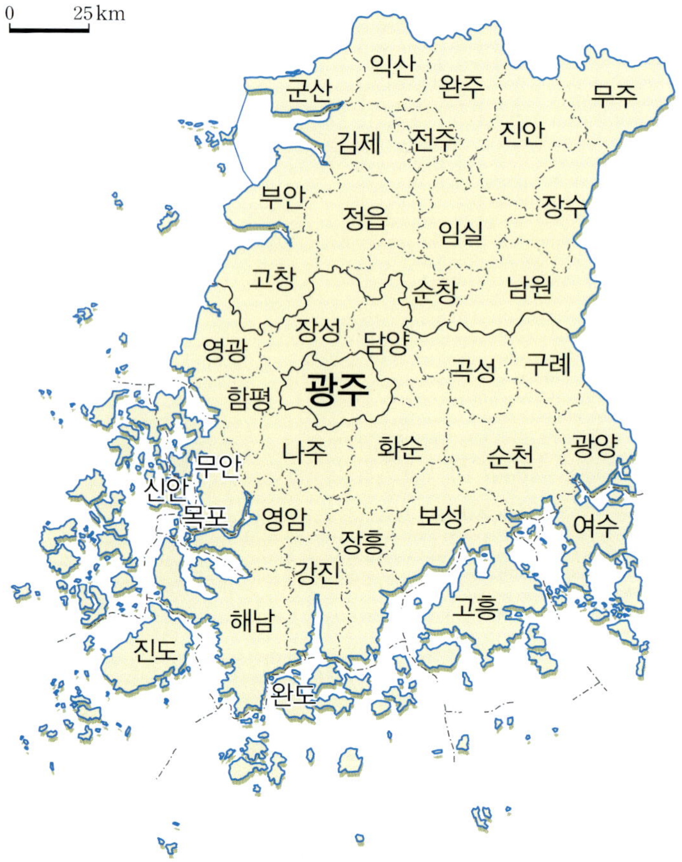

광주	자동차 공업, 광(光)산업, 비엔날레	화순	무연탄전, 세계 문화유산(고인돌)
군산	금강 하굿둑, 자동차 공업, 경제 자유 구역	무안	전남도청 소재지, 국제공항, 양파
김제	간척지, 벽골제, 지평선 축제	나주	혁신 도시, 배
전주	한옥 마을, 슬로시티, 세계 소리 축제	신안	천일제염업, 소금 박물관, 슬로시티
고창	청보리밭 축제, 세계 문화유산(고인돌)	영암	영산강 하굿둑, 조선 공업, 관광 레저형 기업 도시
순창	장류 축제	해남	땅끝 마을, 관광 레저형 기업 도시
남원	춘향제, 목기	완도	슬로시티(청산도)
무주·진안·장수	고위 평탄면	보성	지리적 표시제 1호(녹차), 다향제
영광	원자력 발전소, 굴비 축제	순천	낙안읍성, 람사르 협약 등록 연안 습지
함평	나비 축제	광양	제철 공업, 경제 자유 구역, 매실
담양	죽제품, 슬로시티	여수	최대 규모의 석유 화학 공업 단지

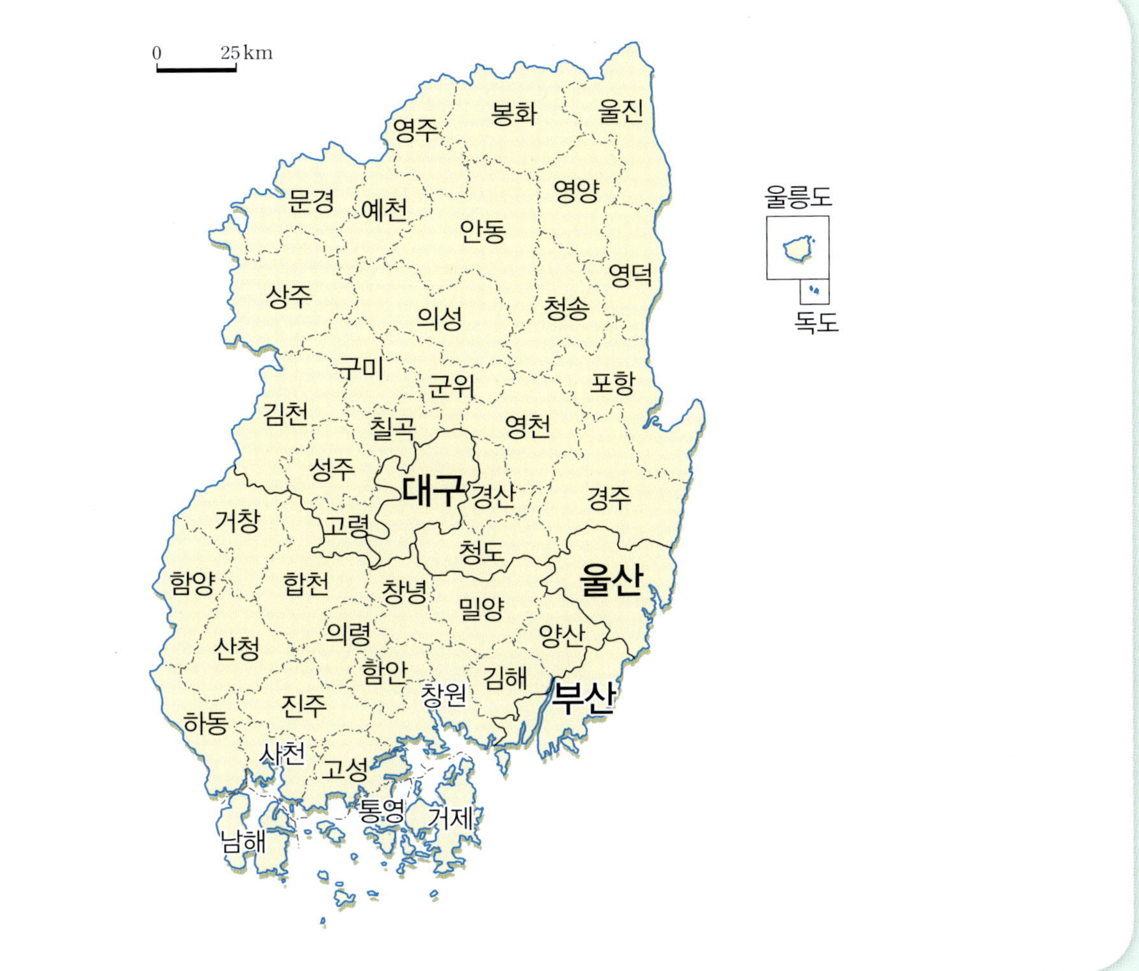

대구	섬유 산업		부산	우리나라 제2의 도시, 원자력 발전소
안동	경북도청 소재지, 세계 문화유산(하회 마을), 국제 탈춤 페스티벌		울산	자동차·석유 화학·조선 공업 발달, 1인당 지역 내 총생산이 가장 많음, 원자력 발전소
경주	세계 문화유산(경주 역사 유적 지구, 불국사와 석굴암, 양동 마을), 원자력 발전소		창원	경남도청 소재지, 2010년 마산·진해와 통합 → 인구 100만 이상의 대도시, 기계 공업
울진	원자력 발전소		김해, 양산	부산의 주거 기능이 분산된 위성 도시
영덕	풍력 발전 단지, 대게 축제		창녕	우포늪(람사르 협약 등록 내륙 습지)
문경	석탄 박물관, 새재(조령)		진주	혁신 도시, 남강 유등 축제
구미	전자 공업, 국가 산업 단지		고성	공룡 발자국 화석
경산	대구의 주거 기능이 분산된 위성 도시		거제	조선 공업
포항	제철 공업		남해	다랭이 마을, 죽방렴 멸치
울릉	나리 분지(칼데라), 우데기, 다설지		하동	슬로시티, 야생차 문화 축제(녹차)

남한 전도

▶ 다음 물음에 해당하는 지역을 지도의 A∼O에서 골라 쓰시오.

정답 1. A 2. K 3. H 4. B 5. M 6. P 7. N 8. E

BON.본 N제

한국 지리

Structure
구성과 특징

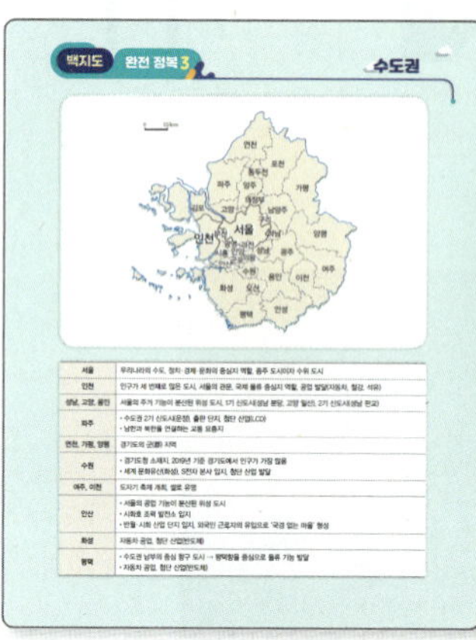

부록편

한국 지리 학습의 기본이 되는 지역 지리 내용을 8개의 백지도로 나누어 정리하였습니다. 이를 통해 주요 지역의 위치와 특색을 완벽하게 이해할 수 있도록 하였습니다.

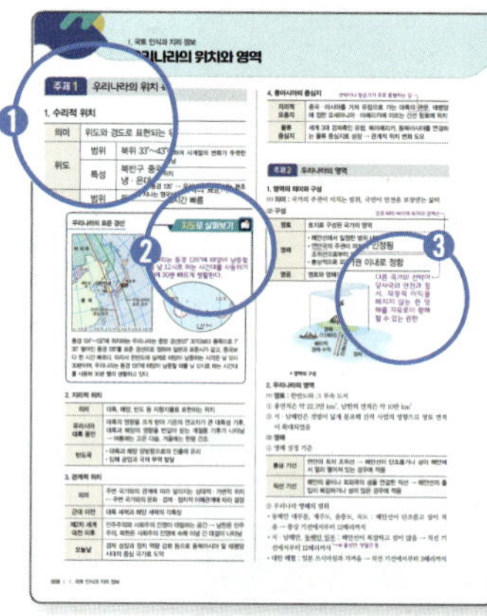

핵심 개념 정리

❶ **내용 정리** : 2015 교육과정 교과서에서 학교 시험에 출제될 가능성이 높은 주제를 선정하여 기본 개념과 중요 개념을 쉽고 보기 좋게 정리하였습니다.

❷ **자료, 그래프, 지도로 살펴보기** : 다수의 교과서에서 다룬 자료만을 골라 자세히 분석하고 정리하였습니다. 개념과 함께 관련지어 학습하세요.

❸ **학생용 첨삭** : 개념 이해를 돕기 위해 핵심 개념과 어려운 용어를 쉽게 풀어서 첨자로 제공합니다.

핵심 개념 CHECK

❶ 개념 정리 후 곧바로 주요 자료와 핵심 개념을 점검할 수 있도록 구성하였습니다. 이해가 부족한 부분은 바로 앞 핵심 개념 정리를 통해 확인하세요.

❷ O/X 문제 풀이를 통해 개념 이해 정도를 보다 정확하게 확인할 수 있도록 구성하였습니다. 헷갈리는 개념을 함정 선지로 제공하여 실전을 완벽하게 대비할 수 있도록 하였습니다.

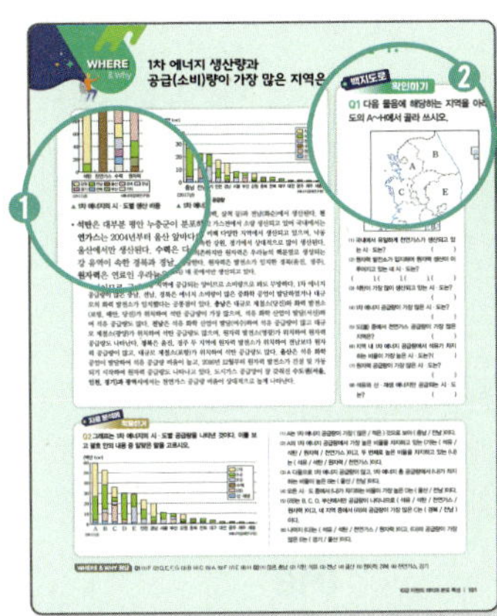

WHERE & WHY

❶ 심화 자료를 자료에서부터 문제 적용에까지 한 번에 점검할 수 있는 자료 분석 코너입니다. 문제 풀이 교재에서 놓치기 쉬운 깊이 있는 자료 분석을 별도로 제공합니다.

❷ 자료를 분석한 후 [백지도로 확인하기] – [자료 분석에 적용하기]를 통해 자료 분석에서 문제 적용까지 단계적으로 개념을 확인할 수 있습니다.

기출+예상 문제로 주제 정복하기

❶ 족집게 전략, 대표 문항 : 수능에서 출제 가능성이 가장 높은 대표 문항을 선별하여 문제 접근 전략을 알려 줍니다. 또한 주요 개념의 출제 패턴이나 문제 풀이에 도움이 되는 방법을 한 줄 TIP으로 제시해 줍니다.

❷ 기출 문항과 예상 문제를 모두 다뤄 수능을 완벽하게 대비할 수 있도록 하였습니다. 특히 고난도 문항은 1등급을 갈랐던 기출 문항, 새로운 유형의 문항을 제시하여 특수한 문항에도 잘 대처할 수 있도록 하였습니다.

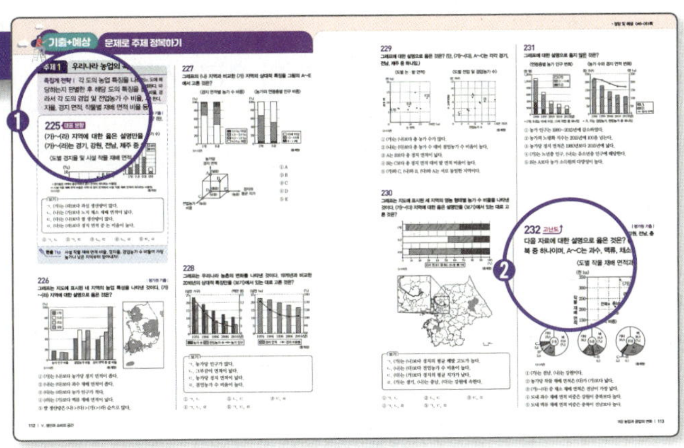

해설편

❶ O/X 문장 바로 알기 : O/X 확인 문제의 경우 빠른 정답과 눈으로 확인하는 정답을 함께 수록하여 학습자의 학습 속도 조절을 용이하게 하였습니다. 학습자가 쉽게 이해하고 넘어간 경우 빠른 정답으로 확인하고 문제 풀이로 바로 넘어갈 수 있으며, 학습자가 개념 이해가 어렵다고 판단한 경우, 눈으로 보는 해설을 통해 정확하게 오개념을 잡아낼 수 있습니다.

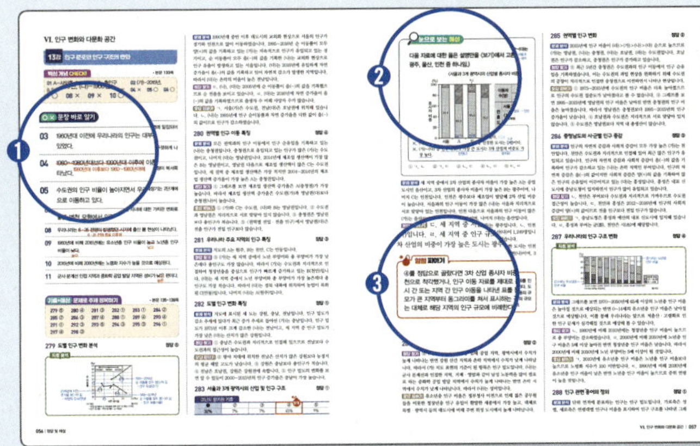

❷ 눈으로 보는 해설 : 문항 첨삭을 통해 해설을 빠르게 이해시켜 주는 시스템입니다. 자료 및 제시문 분석, 정답 설명, 오답 선지의 틀린 부분을 바로바로 확인할 수 있습니다.

❸ 고난도 문항 해설 : 자료 분석이 복잡해 시간이 오래 걸리거나, 매력적 오답이 있는 문항을 선정하여 함정 선지와 함정을 피하는 방법을 알려 줍니다.

Contents
차례

I

국토 인식과 지리 정보

I단원 핵심 지역 PREVIEW

❶ 유원진	우리나라 최북단(극북), 북위 43° 00′ 36″	
❷ 마안도	우리나라 최서단(극서), 동경 124° 10′ 47″ (=비단섬)	
❸ 마라도	우리나라 최남단(극남), 북위 33° 06′ 45″, 천연 보호 구역, 타원형의 화산섬	
❹ 독도	우리나라 최동단(극동), 동경 131° 52′ 22″, 천연 보호 구역, 울릉도보다 먼저 형성된 화산섬, 조경 수역	
❺ 백령도	남한의 최서단, 동경 124° 53′	
❻ 정동진	서울의 정동(正東)쪽에 위치	
❼ 양구	4극 기준의 국토 정중앙 지점이라는 특성을 이용한 배꼽 축제 개최	
❽ 해남	땅끝 마을, 한반도의 가장 남쪽	
❾ 이어도	마라도에서 149㎞ 떨어진 수중 암초, 종합 해양 과학 기지 건설	
❿ 영일만, 울산만	동해안이지만 해안선이 복잡하여 영해 설정에 직선 기선 적용	

| 01강 우리나라의 위치와 영역 | **주제 1** 우리나라의 위치 특성 | • 수리적 위치 • 지리적 위치 • 관계적 위치 |
| | **주제 2** 우리나라의 영역 | • 영토 • 영해 • 영공 • 통상 기선
• 직선 기선 • 배타적 경제 수역 • 이어도
• 독도 • 동해 표기 |

| 02강 국토 인식의 변화와 지리 정보 | **주제 1** 국토 인식의 변화 | • 혼일강리역대국도지도 • 천하도 • 대동여지도
• 관찬 지리지 • 사찬 지리지 • 택리지 |
| | **주제 2** 지리 정보와 지역 조사 | • 공간 정보 • 속성 정보 • 관계 정보
• 통계 지도 • 지리 정보 체계 • 지역 조사 |

I 단원 학습 SOLUTION

▶ 교육과정의 변화 포인트를 염두에 두고 출제 경향을 예측하며 공부하자.

교육과정이 바뀌면서 우리나라의 위치와 영역이 교과서 맨 앞으로 이동하고, 동해 표기의 당위성이 강조되는 등 국토에 대한 기본 개념이 한층 강화되었다. 또한 독립된 단원이었던 '지리 정보와 지역 조사'가 I단원에 흡수되었기 때문에 이 단원에서 최소 2문항은 출제될 것이다. 영토 교육이 강조된 만큼 우리나라의 4극점, 영해와 배타적 경제 수역, 이어도와 독도, 동해 표기 등을 종합해 위치와 영역을 복합적으로 다루는 문항이 출제될 가능성이 높다. 따라서 고지도 · 고문헌에 담긴 국토관뿐만 아니라 마라도와 독도, 이어도 등 수리적 위치상 특수한 지역의 자연 · 인문 지리 정보, 영해 및 배타적 경제 수역 관련 법조항, 해안선별 영해 기선과 범위를 집중적으로 공부할 필요가 있다.

▶ 문제 풀이를 통해 접하는 다양한 사례를 정리해 두자.

I단원에서는 영해, 배타적 경제 수역 등 영역별 행위의 적합성을 구체적 사례를 통해 묻거나, 주어진 지역의 대동여지도에 나타난 지리 정보들을 해석하여 답을 찾도록 한다. 또한 구체적 상황을 제시해 이것을 어떤 유형의 통계 지도로 표현하는 것이 적합한지 고르도록 하며, 조건에 부합하는 최적 입지 지점을 도출하게끔 함으로써 지리 정보 체계(GIS)의 중첩 원리를 이해하고 있는지 평가한다. 이러한 주제들은 막연히 개념의 정의를 암기하기보다 비슷한 유형의 문제를 많이 풀어보며 접한 다양한 예시(자료 또는 선택지)를 개념별로 정리해 살을 붙여가며 공부하는 것이 좋다.

01강 우리나라의 위치와 영역

주제 1 우리나라의 위치 특성

1. 수리적 위치

의미		위도와 경도로 표현되는 위치
위도	범위	북위 33°~43°에 위치
	특성	북반구 중위도에 위치하여 사계절의 변화가 뚜렷한 냉·온대 기후가 나타남
경도	범위	동경 124°~132°에 위치
	특성	표준 경선은 동경 135° → 우리나라의 표준시는 본초 자오선이 지나는 영국보다 9시간 빠름

우리나라의 표준 경선

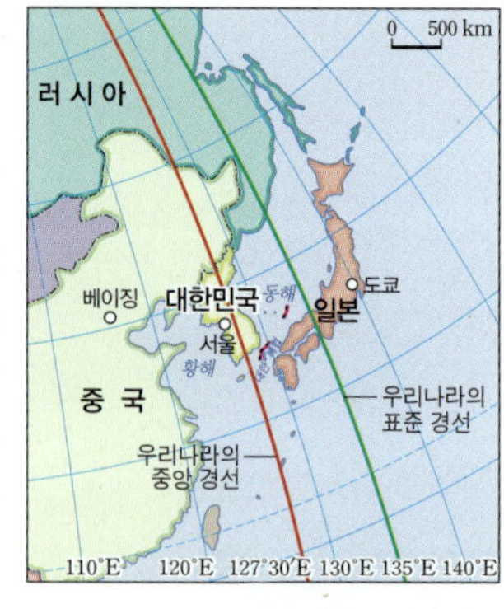

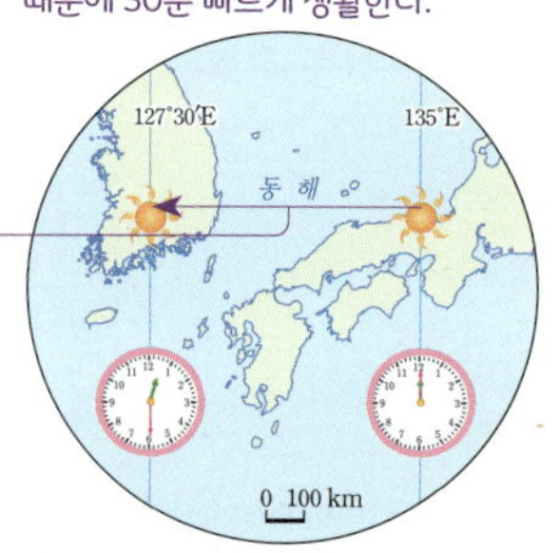

동경 124°~132°에 위치하는 우리나라는 중앙 경선(127° 30′E)보다 동쪽으로 7° 30′ 떨어진 동경 135°를 표준 경선으로 정하여 일본과 표준시가 같고, 중국보다 한 시간 빠르다. 따라서 한반도에 실제로 태양이 남중하는 시각은 낮 12시 30분이며, 우리나라는 동경 135°에 태양이 남중할 때를 낮 12시로 하는 시간대를 사용해 30분 빨리 생활하고 있다.

2. 지리적 위치

의미	대륙, 해양, 반도 등 지형지물로 표현하는 위치
유라시아 대륙 동안	대륙의 영향을 크게 받아 기온의 연교차가 큰 대륙성 기후, 대륙과 해양의 영향을 번갈아 받는 계절풍 기후가 나타남 → 여름에는 고온 다습, 겨울에는 한랭 건조
반도국	• 대륙과 해양 양방향으로의 진출에 유리 • 임해 공업과 국제 무역 발달

3. 관계적 위치

의미	주변 국가와의 관계에 따라 달라지는 상대적·가변적 위치 ← 주변 국가와의 문화·경제·정치적 이해관계에 따라 결정
근대 이전	대륙 세력과 해양 세력의 각축장
제2차 세계 대전 이후	민주주의와 사회주의 진영이 대립하는 공간 → 남한은 민주주의, 북한은 사회주의 진영에 속해 이념 간 대결이 나타남
오늘날	경제 성장과 정치 역량 강화 등으로 동북아시아 및 태평양 시대의 중심 국가로 도약

4. 동아시아의 중심지

선박이나 항공기가 주로 통행하는 길

지리적 요충지	중국·러시아를 거쳐 유럽으로 가는 대륙의 관문, 태평양에 접한 오세아니아·아메리카에 이르는 간선 항로에 위치
물류 중심지	세계 3대 경제축인 유럽, 북아메리카, 동북아시아를 연결하는 물류 중심지로 성장 → 관계적 위치 변화 도모

주제 2 우리나라의 영역

1. 영역의 의미와 구성

(1) 의미 : 국가의 주권이 미치는 범위, 국민이 안전을 보장받는 삶터

(2) 구성

간조 때의 바다와 육지의 경계선

영토	토지로 구성된 국가의 영역
영해	• 해안선에서 일정한 범위 내에 있는 바다, 해저도 포함 • 연안국의 주권이 미치는 해양의 범위 → 일반적으로 최저 조위선으로부터 12해리까지로 정함 • 통상적으로 외국 선박의 무해 통항권이 인정됨
영공	영토와 영해의 수직 상공, 보통 대기권 이내로 정함

다른 국가의 선박이 당사국의 안전과 질서, 재정적 이익을 해치지 않는 한 영해를 자유로이 항해할 수 있는 권한

▲ 영역의 구성

2. 우리나라의 영역

(1) 영토 : 한반도와 그 부속 도서

① 총면적은 약 22.3만 km^2, 남한의 면적은 약 10만 km^2

② 서·남해안은 갯벌이 넓게 분포해 간척 사업의 영향으로 영토 면적이 확대되었음

(2) 영해

① 영해 설정 기준

통상 기선	연안의 최저 조위선 → 해안선이 단조롭거나 섬이 해안에서 멀리 떨어져 있는 경우에 적용
직선 기선	해안의 끝이나 최외곽의 섬을 연결한 직선 → 해안선의 출입이 복잡하거나 섬이 많은 경우에 적용

② 우리나라 영해의 범위

• 동해안 대부분, 제주도, 울릉도, 독도 : 해안선이 단조롭고 섬이 적음 → 통상 기선에서부터 12해리까지

• 서·남해안, 동해안 일부 : 해안선이 복잡하고 섬이 많음 → 직선 기선에서부터 12해리까지 ⮡ 예) 울산만, 영일만 등

• 대한 해협 : 일본 쓰시마섬과 가까움 → 직선 기선에서부터 3해리까지

▲ 우리나라의 영해

③ **배타적 경제 수역** : 영해 기선으로부터 200해리까지의 바다에서 영해를 제외한 수역 → 연안국의 해양 자원 탐사·개발·이용·보전·관리 등에 관한 주권적 권리 보장, 다른 국가의 선박과 항공기 등은 자유롭게 통행 가능

우리나라의 배타적 경제 수역과 어업 협정

우리나라와 일본, 중국은 거리가 가까워 배타적 경제 수역이 겹치기 때문에 경계를 획정하지 못하였다. 이를 조정하기 위해 어업 협정을 우선 체결하여 중국과 한·중 잠정 조치 수역, 일본과 한·일 중간 수역을 설정해 어족 자원을 공동으로 보존·관리하고 있다.

수중 암초인 이어도는 중국·일본보다 우리나라에 가까워 중간선 원칙에 따라 관할권이 우리에게 있다는 것이 정부의 입장이다.

(3) **영공** : 영토와 영해의 수직 상공
① 범위는 대기권까지 인정 → 항공 교통과 인공위성 및 우주 개발이 활발해지면서 중요성이 커짐
② 국가 간 상호 협의를 통해 평화적으로 이용할 수 있음

3. 독도의 주권과 동해 표기

(1) **독도**

독도는 울릉도에서 동남쪽으로 87.4 km 떨어져 있고, 맑은 날 울릉도에서 맨눈으로 볼 수 있을 정도로 가깝다.

특징	경상북도 울릉군에 속한 국토 최동단의 화산섬, 동도·서도와 89개의 도서로 구성
자연	신생대 제3기에 해저 화산 활동으로 형성, 대부분의 해안이 급경사를 이루며 해양성 기후가 나타남
역사	신라가 우산국을 정복(512년)하면서 우리의 영토가 됨
가치	영역적(배타적 경제 수역 설정 기준), 경제적(조경 수역 형성, 메탄 하이드레이트 매장), 생태적(천연 보호 구역)

→ 울릉도·제주도보다 먼저 만들어졌다.

(2) **동해 표기의 정당성** : 우리가 '동해'라는 명칭을 사용한 것이 일본국이 성립한 시기보다도 앞섬, 일본이 일제 강점기에 우리나라의 합의 없이 국제 수로 기구에 '일본해'로 등록

「세종실록지리지」, 동국지도, 삼국접양지도 등의 많은 고문헌과 고지도에 독도가 우리의 영토임이 제시되어 있다.

「삼국사기」, 광개토대왕릉비(414) 비문 등에서 우리가 한반도 동쪽의 바다를 2,000년 이상 동해라고 불렀음을 알 수 있다.

• 정답 및 해설 004쪽

01 지도는 우리나라의 영해와 배타적 경제 수역을 나타낸 것이다. 이를 보고 다음 물음에 해당하는 수역을 지도의 A~E에서 골라 쓰시오.

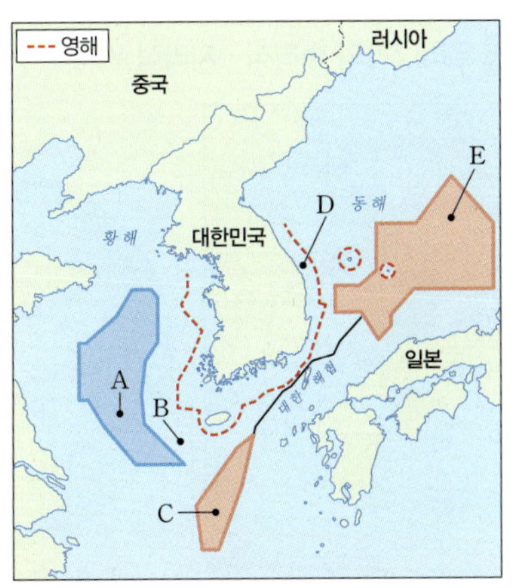

(1) 한·중 잠정 조치 수역에 해당하는 곳은? ( )
(2) 한·일 중간 수역에 해당하는 곳은? ( )
(3) 우리나라의 영해는? ( )
(4) 우리나라 어선만 어로 행위를 할 수 있는 곳은? ( )
(5) 중국 어선이 어로 행위를 할 수 있는 곳은? ( )
(6) 타국의 상선이 자유롭게 통행할 수 있는 곳은? ( )

다음의 설명이 맞으면 '○', 틀리면 '×'에 표시하시오.

02 우리나라는 동경 135°를 표준시로 사용하여 영국의 표준시보다 9시간 느리다. ○ ×

03 우리나라 중앙 경선에서 실제로 태양이 남중하는 시각은 낮 12시 30분이다. ○ ×

04 배타적 경제 수역은 영해 기선으로부터 200해리까지의 수역이다. ○ ×

05 우리나라의 배타적 경제 수역에서는 타국의 해양 조사선이 탐사 활동을 할 수 없다. ○ ×

06 (함정) 울릉도에서 영해의 범위는 직선 기선에서부터 12해리까지이다. ○ ×

07 우리나라 영해의 상공을 타국의 헬기가 사전 허가 없이 통과할 수 있다. ○ ×

08 (함정) 이어도에서는 통상 기선을 적용하여 영해를 설정한다. ○ ×

09 (함정) 독도 주변 3해리 내에서는 우리나라와 일본의 공동 조업이 가능하다. ○ ×

10 우리나라가 동해라는 명칭을 사용한 시기는 일본국이 성립한 시기보다 이르다. ○ ×

우리나라의 수리적 위치와 지리적 위치는 어떻게 나타날까?

자료 1 우리나라의 수리적 · 지리적 위치

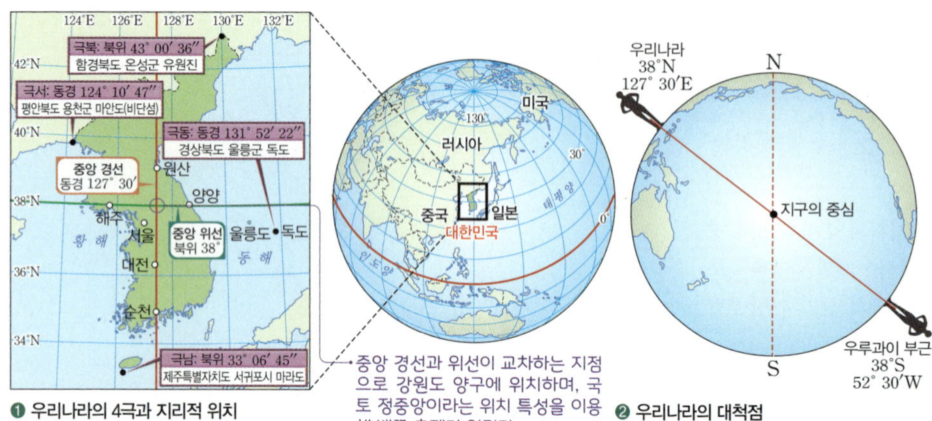

❶ 우리나라의 4극과 지리적 위치

중앙 경선과 위선이 교차하는 지점으로 강원도 양구에 위치하며, 국토 정중앙이라는 위치 특성을 이용해 배꼽 축제가 열린다.

❷ 우리나라의 대척점

❶ 우리나라는 수리적으로 북위 33°~43°, 동경 124°~132°에, 지리적으로 유라시아 대륙 동안에 위치한다. 수리적 위치와 관련해 우리나라의 남단(극남)은 북위 33°에 위치한 제주도의 마라도이며, 북단(극북)은 북위 43°에 위치한 함경북도 온성군의 유원진이다. 서단(극서)은 동경 124°에 위치한 평안북도 용천군 마안도(비단섬)이고, 동단(극동)은 동경 132°에 위치한 독도이다.

❷ 대척점은 표준시와 함께 대표적인 수리적 위치 관련 개념으로, 지구 위의 한 지점에 대한 지구 반대쪽 지점을 의미한다. 북위 38°, 동경 127° 30′에 위치한 우리나라의 대척점은 경 · 위도가 반대인 남위 38°, 서경 52° 30′인 우루과이 남동 해상이다. 이곳은 우리나라와 낮과 밤, 계절이 반대이다.

자료 2 우리나라의 지리적 위치와 위치적 장점

❶ 아시안 하이웨이

❷ 북극해 항로 개발

❶, ❷ 우리나라는 대륙과 해양을 연결하는 곳에 위치해 세계의 도로 · 해상 교통의 중심지로서 잠재력이 크다. 아시안 하이웨이는 아시아 32개국을 지나는 고속 국도로, 우리나라를 지나는 AH1, AH6 도로가 연결되면 우리나라는 유라시아 대륙과 태평양의 물류 허브 역할을 할 수 있다. 또한 지구 온난화로 북극해의 해빙 기간이 늘어나 북극해 항로(북극해를 통하여 유럽, 북아메

리카, 동북아시아를 연결하는 항로)가 개발된다면 우리나라의 동해는 위치상 수에즈 항로의 믈라카 해협처럼 핵심 항로 역할을 할 것이다.

자료 분석에 적용하기

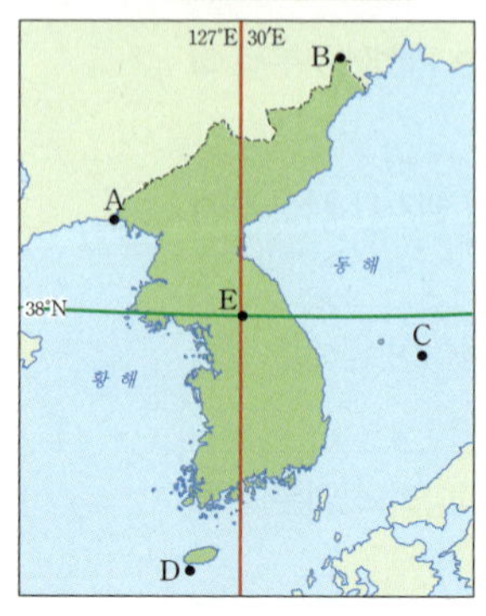

Q1 지도를 보고 빈칸에 알맞은 말을 쓰거나, 괄호 안의 내용 중 알맞은 말을 고르시오.

(1) A는 서단인 (   ), B는 북단인 (   ), C는 동단인 (   ), D는 남단인 (   )이다.

(2) E에 태양이 남중하는 시각은 (오전 11시 30분 / 오후 12시 / 오후 12시 30분)이다.

(3) E를 지나는 경선으로 표준 경선을 바꾸면 우리나라의 표준시는 현재보다 30분 (빨라진다 / 느려진다).

(4) E 지점에 대한 대척점의 수리적 위치는 (북위 38° / 남위 38°), (서경 127° 30′ / 서경 52° 30′)이다.

(5) B는 C보다 일몰 시각이 (이르다 / 늦다).

(6) D는 C보다 우리나라 표준 경선과의 최단 거리가 (가깝다 / 멀다).

• 정답 및 해설 004~007쪽

주제 1 우리나라의 위치 특성

족집게 전략 | 수리적 · 지리적 위치를 사례와 연결하거나, 경 · 위도를 바탕으로 4극을 추론하는 문항이 많이 출제된다. 영역 또는 국토 인식 내용이 위치 특성과 묶여 출제되는 등 통합형으로 출제되기도 한다. 따라서 우리나라의 수리적 위치를 염두에 두고 경 · 위도를 통해 지역을 추론하는 연습을 해 두어야 한다.

001 대표 문항 | 평가원 기출 |

다음 자료는 지도에 표시된 네 지역의 지리 정보이다. (가)~(라) 지역에 대한 설명으로 옳은 것은?

지역	지리 정보
(가)	• 천연기념물 제336호로 지정 • 동도, 서도와 89개의 부속 도서로 구성
(나)	• 압록강 하구에 위치한 섬으로 『동국여지승람』에 마도(馬島)로 소개
(다)	• 두만강이 흐르며, 옌볜 조선족 자치주가 있는 북간도(동간도)와의 접경지
(라)	• 면적 약 0.3 km², 해안선 길이 약 4.2 km • 제주도 모슬포 항에서 남쪽으로 약 11 km 떨어져 있는 화산섬

① (라)에는 종합 해양 과학 기지가 건설되어 있다.
② (가)는 (나)보다 태양이 남중하는 시각이 이르다.
③ (나)는 (다)보다 우리나라 표준 경선과의 최단 거리가 가깝다.
④ (라)는 (다)보다 기온의 연교차가 크다.
⑤ 영해 설정에 (가)는 통상 기선, (라)는 직선 기선이 적용된다.

 **한줄 Tip** 태양의 남중 시각은 동쪽이 서쪽보다 빨라.

002

지도의 ㉠~㉣에 대한 설명으로 옳은 것은?

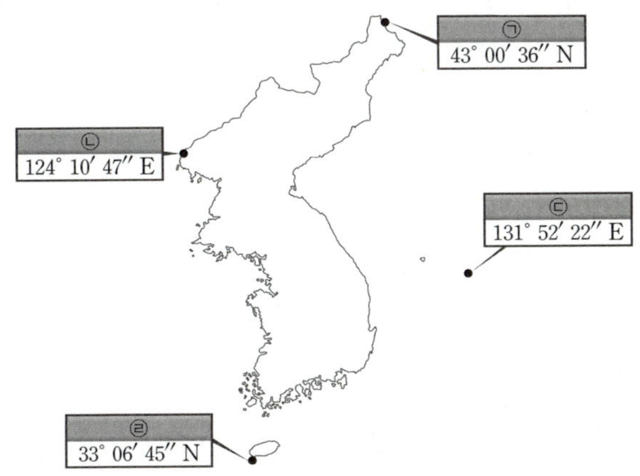

① ㉠은 ㉡보다 최한월 평균 기온이 높다.
② ㉡은 ㉢보다 태양의 남중 시각이 이르다.
③ ㉢은 ㉣보다 최고 지점의 해발 고도가 높다.
④ ㉢과 ㉣은 영해 설정에 직선 기선을 적용한다.
⑤ ㉠~㉣ 중 기온의 연교차가 가장 큰 지점은 ㉣이다.

003 | 평가원 기출 |

다음 지도에 관한 옳은 설명만을 〈보기〉에서 고른 것은?

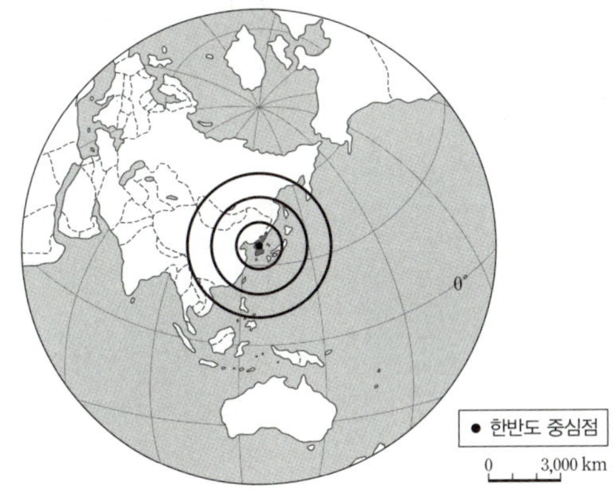

*지도에 표시된 한반도 중심점은 북위 38°선과 동경 127° 30′ 선이 만나는 지점으로 정의함.
**지도는 정거방위도법(투영 원점은 한반도 중심점)으로 제작된 것으로, 지도의 축척은 한반도 중심점으로부터의 거리에 대해서만 올바르게 적용됨.

〈보기〉

ㄱ. 한반도 중심점에 태양이 남중하는 시각은 오전 11시 30분이다.
ㄴ. 위 지도에 나타난 모든 대륙은 혼일강리역대국도지도에도 나타나 있다.
ㄷ. 마라도 남서쪽의 이어도 종합 해양 과학 기지는 한반도 중심점으로부터 반경 1,000km 이내에 위치한다.
ㄹ. 아시안 하이웨이 중 한반도를 통과하는 두 노선(AH1, AH6)의 전 구간을 위 지도상에 표시할 수 있다.

① ㄱ, ㄴ   ② ㄱ, ㄷ   ③ ㄴ, ㄷ   ④ ㄴ, ㄹ   ⑤ ㄷ, ㄹ

004 고난도 | 평가원 기출 |

다음은 위성위치측정장치(GPS)에 표시된 세 지점 (가)~(다)의 위치 정보이다. 이에 대한 옳은 설명만을 〈보기〉에서 있는 대로 고른 것은?

(가) (나) (다)

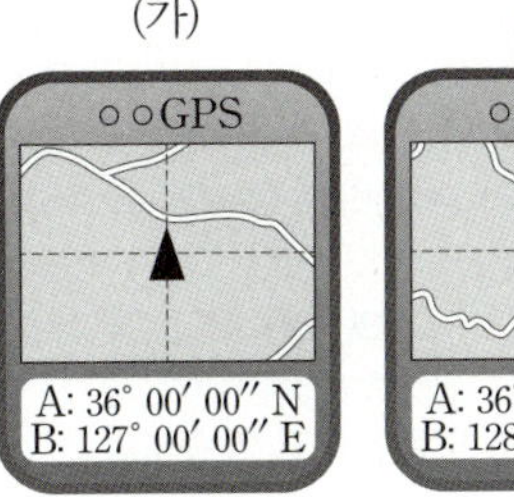

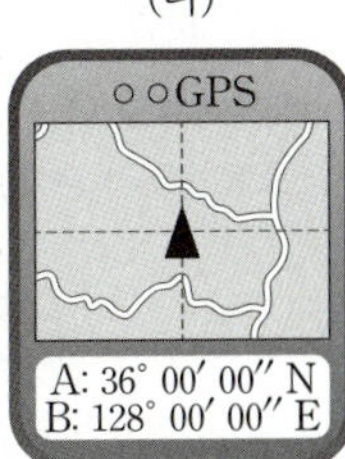

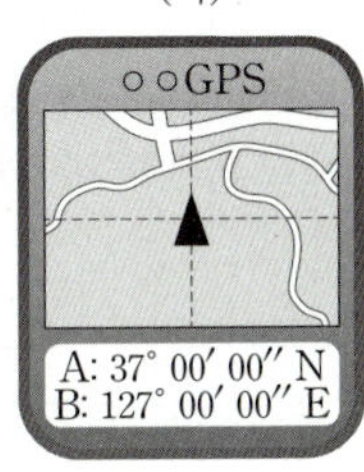

〈보기〉

ㄱ. A는 적도를, B는 본초 자오선을 기준으로 결정된다.
ㄴ. 대척점을 알기 위해서는 A와 B를 모두 이용해야 한다.
ㄷ. (가) 지점은 (나) 지점보다 태양의 남중 시각이 빠르다.
ㄹ. (가)와 (나) 지점 간 동서 거리는 (가)와 (다) 지점 간 남북 거리보다 길다.

① ㄱ, ㄴ   ② ㄷ, ㄹ   ③ ㄱ, ㄴ, ㄷ
④ ㄱ, ㄴ, ㄹ   ⑤ ㄴ, ㄷ, ㄹ

005

(가)와 (나)를 토대로 우리나라의 위치에 대해 옳게 설명한 내용만을 〈보기〉에서 있는 대로 고른 것은?

(가)   (나)

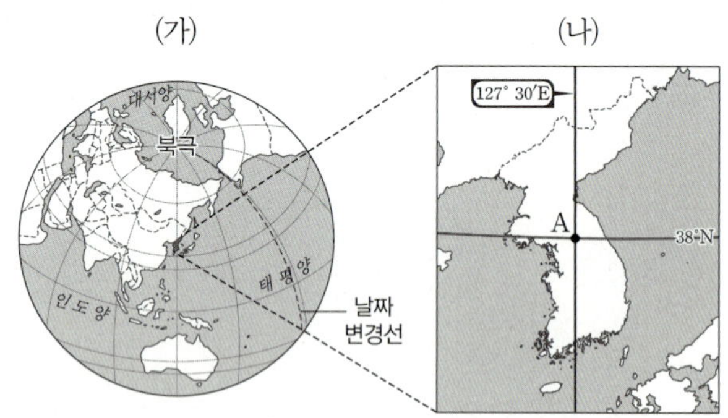

〔보기〕
ㄱ. 우리나라는 반도이기 때문에 해양과 대륙 양방향으로의 진출에 유리하다.
ㄴ. A가 여름 한낮일 때에 대척점인 38°S, 52° 30′W인 지점은 여름 한밤이다.
ㄷ. A 지점에서 태양의 남중 시각은 180°E 지점에서보다 3시간 30분 이르다.
ㄹ. 우리나라는 유라시아 대륙의 동안에 위치하여 대륙의 서안보다 기온의 연교차가 크다.

① ㄱ, ㄴ   ② ㄱ, ㄹ   ③ ㄱ, ㄴ, ㄷ
④ ㄱ, ㄴ, ㄹ   ⑤ ㄴ, ㄷ, ㄹ

006

다음은 우리나라의 위치에 관한 수업 장면 중 일부이다. 교사의 질문에 가장 적절하게 답한 학생을 고른 것은?

교사 : 위치는 수리적, 지리적, 관계적 위치로 구분할 수 있습니다. 자료의 밑줄 친 부분에 나타나는 위치 개념을 적용하여 우리나라의 특성을 발표해 볼까요?

> 태풍 쁘라피룬이 7월 1일 21시에는 서귀포 남남서쪽 약 410km 부근 해상을 지날 것으로 예측되며 예상 진로를 바꾸어 남해안으로 상륙할 것으로 예상된다. …
> – 2018년 6월 30일, ○○뉴스 –

갑 : 우리나라는 태평양의 중심 국가로 발돋움하고 있습니다.
을 : 우리나라는 사계절의 변화가 뚜렷한 냉·온대 기후가 나타납니다.
병 : 우리나라는 동경 135°를 지나는 경선을 표준 경선으로 정하였습니다.
정 : 우리나라와 중국과의 관계는 정치적·경제적 이해관계에 따라 변해왔습니다.
무 : 우리나라는 비슷한 위도의 유라시아 대륙 서안보다 여름과 겨울의 기온 차이가 큽니다.

① 갑   ② 을   ③ 병   ④ 정   ⑤ 무

007

다음은 우리나라의 위치에 대해 학생이 정리한 노트 내용의 일부이다. ㉠~㉤에 들어갈 내용으로 가장 적절한 것은? (단, ㉠~㉤에는 직접적으로 위치를 설명하는 내용이 들어가야 함.)

〈우리나라의 위치와 특징〉
- ㉠   기온의 연교차가 크다.
- ㉡   냉·온대 기후가 나타난다.
- ㉢   임해 공업 발달에 유리하다.
- ㉣   영국보다 9시간 빠른 표준시를 사용한다.
- ㉤   여름에는 고온 다습하고 겨울에는 한랭 건조하다.

① ㉠ – 반도이기 때문에
② ㉡ – 북위 33~43°에 위치하여
③ ㉢ – 유라시아 대륙의 동안에 위치하여
④ ㉣ – 서울을 지나는 경선을 표준 경선으로 정하여
⑤ ㉤ – 계절풍 기후가 나타나

008

그림은 두 지역의 일출과 일몰 및 태양의 남중 시각을 나타낸 것이다. (가), (나) 지역에 대한 옳은 설명만을 〈보기〉에서 고른 것은? (단, (가), (나)는 독도와 마라도 중 하나임.)

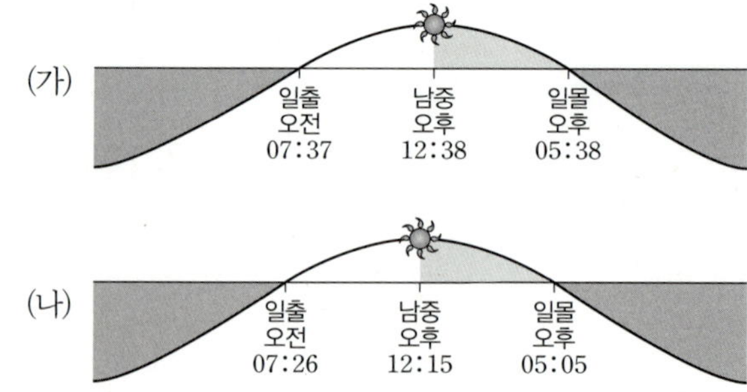

〔보기〕
ㄱ. (가)는 우리나라 영토의 동단에 위치한 섬이다.
ㄴ. (가)는 (나)보다 최고 지점의 해발 고도가 높다.
ㄷ. (나)는 (가)보다 우리나라의 표준 경선과 가깝다.
ㄹ. (가), (나)는 모두 섬 전체가 천연 보호 구역으로 지정되었다.

① ㄱ, ㄴ   ② ㄱ, ㄷ   ③ ㄴ, ㄷ   ④ ㄴ, ㄹ   ⑤ ㄷ, ㄹ

009

자료를 토대로 한 (가)~(라) 지역의 특징에 대한 추론으로 옳지 <u>않은</u> 것은? (단, (가)~(라)는 지도의 네 지점 중 하나임.)

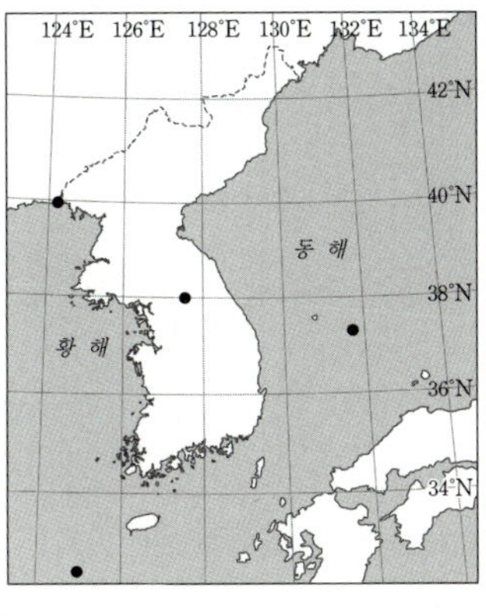

(가)	위도	39° 48′ 10″N
	경도	124° 10′ 47″E
(나)	위도	38° 00′ 00″N
	경도	127° 30′ 30″E
(다)	위도	37° 14′ 24″N
	경도	131° 52′ 22″E
(라)	위도	32° 07′ 22″N
	경도	125° 10′ 56″E

① (가)는 우리나라에서 일출 시각이 가장 늦다.

② (나)의 대척점의 위도는 남위 38° 00′ 00″이다.

③ (다)와 가장 가까운 유인도는 울릉도이다.

④ (라)의 주변에는 12해리 영해가 설정되어 있다.

⑤ (다)는 (가)보다 태양의 남중 시각이 30분 정도 이르다.

010

(가)~(다)는 우리나라의 위치를 진술한 것이다. 이에 대한 설명으로 옳지 <u>않은</u> 것은?

(가)	우리나라는 위도 상으로 ㉠ 북위 33°~43°에 위치하고 경도 상으로 ㉡ 동경 124°~132°에 위치한다. 표준 경선은 동경 135°이다.
(나)	㉢ 유라시아 대륙의 동쪽, 태평양의 서쪽에 위치하였으며 삼면이 바다로 둘러싸인 반도국이다.
(다)	우리나라는 대륙 세력과 해양 세력이 만나는 지역에 위치하고, 제2차 세계 대전 이후에는 자본주의 진영과 공산주의 진영이 대립하는 공간이 되기도 하였다. 오늘날에는 세계 여러 국가와 활발하게 교류하면서 태평양 시대의 중심 국가로 발돋움하고 있다.

① (가), (나)는 절대적 위치, (다)는 상대적이고 가변적인 위치이다.

② (가)는 수리적 위치, (나)는 지리적 위치, (다)는 관계적 위치이다.

③ ㉠의 영향으로 계절 변화가 뚜렷한 냉·온대 기후가 나타난다.

④ ㉡의 영향으로 우리나라 영역에서 태양의 남중 시각은 낮 12시보다 이르다.

⑤ ㉢의 영향으로 대륙성 기후가 나타나 여름과 겨울의 기온 차이가 크다.

족집게 전략 | 우리나라 주변 수역이나 영역 관련 법조항을 토대로 진술의 진위를 판단하는 문항이 출제된다. 또한 영해와 배타적 경제 수역은 독도 주권 및 동해 표기의 당위성과 연계 출제될 수 있다. 따라서 해안별 영해 설정 기준, 연안국의 권리와 타국에 보장되는 행위 등을 구분하여 학습해야 한다.

011 대표 문항
| 평가원 기출 |

지도의 A~C 지점에서 이루어질 수 있는 행위로 적절하지 <u>않은</u> 것은? (단, 모든 행위는 국가 간 사전 허가가 없었음을 전제로 함.)

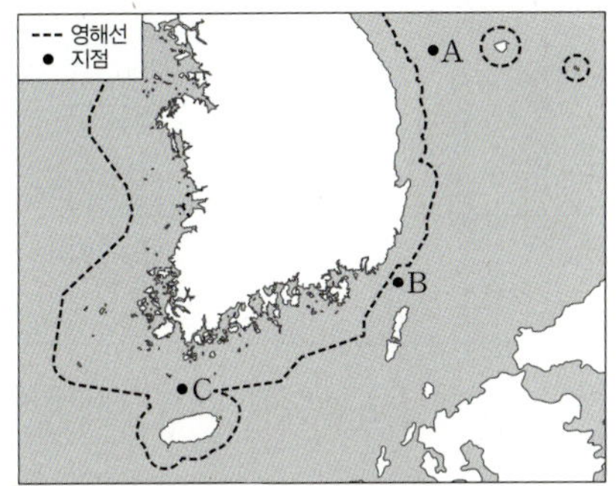

① A : 우리나라 자원 탐사선이 탐사 활동을 함.

② B : 외국 화물선이 항해함.

③ C : 우리나라 해군 함정이 항해함.

④ A, C : 우리나라 어선이 고기잡이를 함.

⑤ B, C : 외국이 인공 섬을 설치함.

✎ **한줄 Tip** 인공 섬을 설치하는 것은 해양 자원을 관리하는 경제적 행위이므로 연안국에 그 권리가 있어.

012
| 평가원 기출 |

표는 우리나라의 영역 및 배타적 경제 수역에 관한 것이다. 밑줄 친 ㉠~㉣에 대한 옳은 설명만을 〈보기〉에서 고른 것은?

영토		• 한반도와 그 부속 도서
영역	㉠ 영해	• 기선에서 12해리까지의 수역 • 대부분의 동해안, 울릉도, 독도, 제주도는 ㉡ 통상 기선을 적용 • ㉢ 서해안, 남해안과 동해안 일부 지역은 직선 기선을 적용
	영공	• 영토와 영해의 상공
㉣ 배타적 경제 수역		• 기선에서 200해리까지의 범위 중 영해를 제외한 수역

〈보기〉

ㄱ. ㉠ – 대한 해협의 경우 통상 기선으로부터 3해리가 적용된다.

ㄴ. ㉡ – 최저 조위선이 기준이 된다.

ㄷ. ㉢ – 간척 사업으로 인해 영해가 확장되고 있다.

ㄹ. ㉣ – 타국 선박의 경우 어로 활동과 해저 자원 탐사 활동이 제한된다.

① ㄱ, ㄴ　② ㄱ, ㄷ　③ ㄴ, ㄷ　④ ㄴ, ㄹ　⑤ ㄷ, ㄹ

013 고난도

| 평가원 기출 |

다음 자료는 학생이 지도의 (가)~(다)를 답사한 후 작성한 보고서이다. A에 들어갈 옳은 내용만을 〈보기〉에서 고른 것은?

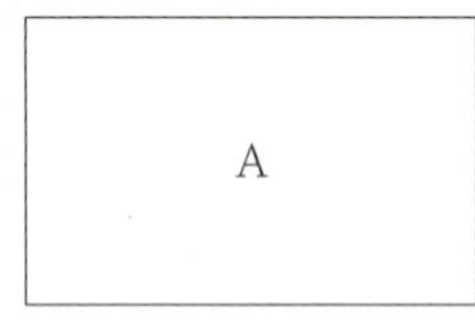
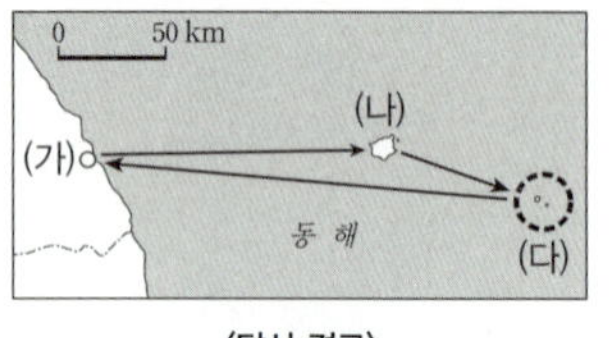

〈보기〉

ㄱ. (가) 항구를 출발해 (나) 섬으로 이동하는 내내 우리 영해를 벗어나지 않았다.

ㄴ. (나) 섬의 정상에 올라 칼데라 분지를 관찰하였다.

ㄷ. (다)의 국토 최동단 표석 앞에서 기념 사진을 찍었다.

ㄹ. (다)에서 직선 기선의 기점 좌표를 GPS 기기로 실측했다.

① ㄱ, ㄴ ② ㄱ, ㄷ ③ ㄴ, ㄷ ④ ㄴ, ㄹ ⑤ ㄷ, ㄹ

014

(가), (나) 섬에 대한 설명으로 옳지 않은 것은?

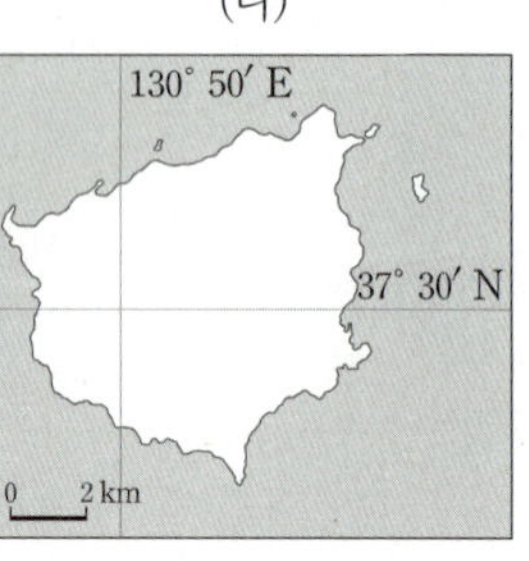

① (가)의 해안에는 해식애가 분포한다.

② (나)의 정상부에서는 맑은 날 독도를 육안으로 볼 수 있다.

③ (가)는 (나)보다 가장 가까운 유인도와의 거리가 가깝다.

④ (가)는 종상 화산, (나)는 순상 화산의 형태를 지닌다.

⑤ (가), (나) 모두 통상 기선에서 12해리까지 영해가 설정되어 있다.

015

지도의 (가), (나) 섬에 대한 설명으로 옳지 않은 것은?

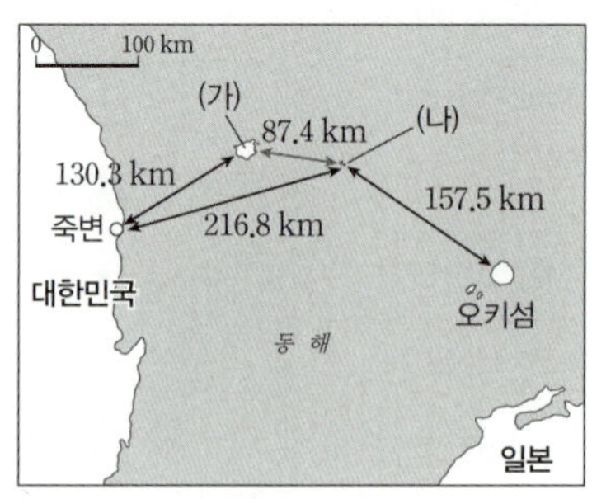

① (나)에는 종합 해양 과학 기지가 건설되어 있다.

② (가), (나) 모두 인근 해역은 조경 수역을 이룬다.

③ (가), (나) 모두 영해 설정 시에 통상 기선을 적용한다.

④ (가)의 높은 곳에서는 맑은 날에 육안으로 (나)를 볼 수 있다.

⑤ (가)에서 (나)로 최단 거리로 이동할 경우 우리나라의 배타적 경제 수역을 지난다.

016

지도의 A~E 지점에 대한 설명으로 옳은 것은?

〈어업 협정 수역도〉

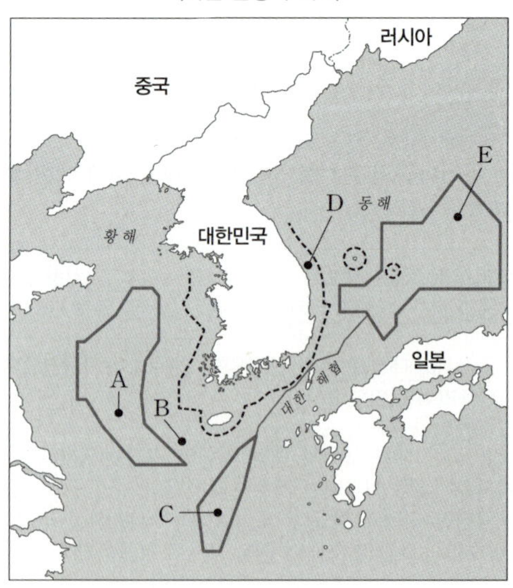

① A의 상공으로는 우리나라의 허가 없이 다른 국가의 항공기가 지나다닐 수 없다.

② B로는 다른 국가의 화물선이 항해할 수 없다.

③ C에서는 한·중 양국이 공동으로 어족 자원을 보존·관리한다.

④ D는 배타적 경제 수역에 해당한다.

⑤ E는 독도 및 울릉도로부터의 거리가 200해리 미만이다.

017

그림은 어느 국가의 영토 및 주변 해역을 모식적으로 나타낸 것이다. A~D에 대한 설명으로 옳지 <u>않은</u> 것은?

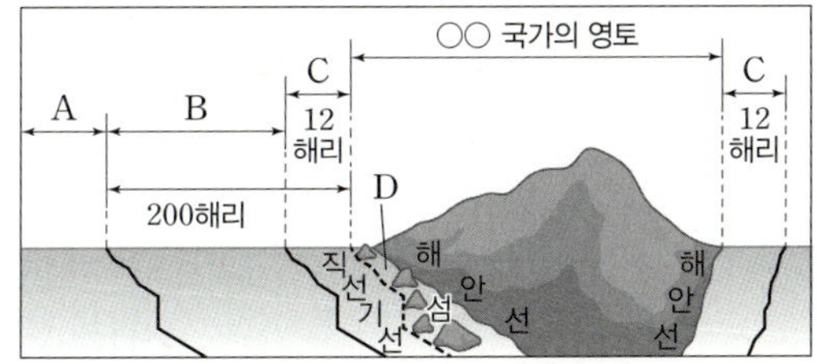

① A에서는 연안국의 허가를 받아야 외국의 어선이 고기잡이를 할 수 있다.

② B에서는 연안국이 자원의 탐사 및 개발에 관한 주권적 권리를 갖는다.

③ C의 상공은 연안국의 영공에 해당한다.

④ D는 영해에 포함되지 않지만 연안국의 주권이 미친다.

⑤ B와 C를 설정하는 기선은 같다.

018

다음 자료의 ㉠~㉣에 대한 옳은 설명만을 〈보기〉에서 고른 것은?

> 제1조(㉠ 영해의 범위) 대한민국의 영해는 기선(基線)으로부터 측정하여 그 바깥쪽 12해리의 선까지에 이르는 수역(水域)으로 한다. 다만, ㉡ 대통령령으로 정하는 바에 따라 일정 수역의 경우에는 12해리 이내에서 영해의 범위를 따로 정할 수 있다.
>
> 제2조(기선) ① 영해의 폭을 측정하기 위한 통상의 기선은 대한민국이 공식적으로 인정한 대축척 해도(大縮尺海圖)에 표시된 해안의 저조선(低潮線)으로 한다.
>
> ② ㉢ 지리적 특수 사정이 있는 수역의 경우에는 대통령령으로 정하는 기점을 연결하는 직선을 기선으로 할 수 있다.
>
> 제5조(외국 선박의 통항) ① 외국 선박은 대한민국의 평화·공공질서 또는 안전 보장을 해치지 아니하는 범위에서 ㉣ 대한민국의 영해를 무해 통항(無害通航) …(후략)…

> **〈보기〉**
> ㄱ. ㉠은 서·남해안에서는 간척 사업이 활발하게 이루어져 면적이 크게 감소하였다.
> ㄴ. ㉡의 사례로 대한 해협에서 직선 기선으로부터 3해리까지 영해로 설정한 것을 들 수 있다.
> ㄷ. ㉢은 우리나라 서·남해안 및 동해안의 일부에서 적용된다.
> ㄹ. ㉣에는 군함을 포함한 모든 종류의 선박이 해당된다.

① ㄱ, ㄴ 　② ㄱ, ㄷ 　③ ㄴ, ㄷ 　④ ㄴ, ㄹ 　⑤ ㄷ, ㄹ

019

다음 자료의 ㉠~㉣에 대한 옳은 설명만을 〈보기〉에서 고른 것은?

> [배타적 경제 수역 및 대륙붕에 관한 법률]
> 제2조(배타적 경제 수역과 대륙붕의 범위)
> ① 대한민국의 배타적 경제 수역은 협약에 따라 「영해 및 접속 수역법」 제2조에 따른 　㉠　 에 이르는 수역 중 ㉡ 대한민국의 영해를 제외한 수역으로 한다.
> ② 대한민국과 마주 보고 있거나 인접하고 있는 국가(이하 "관계국"이라 한다) 간의 ㉢ 배타적 경제 수역의 경계는 제1항에도 불구하고 국제법을 기초로 관계국과의 합의에 따라 획정한다.
> 제3조(㉣ 배타적 경제 수역에서의 권리)
> 대한민국은 배타적 경제 수역에서 다음 각 호의 권리를 가진다.
> …(후략)…

> **〈보기〉**
> ㄱ. ㉠에는 '기선(基線)으로부터 그 바깥쪽 200해리의 선까지'가 들어갈 수 있다.
> ㄴ. ㉡의 상공으로 타국의 군용기가 우리나라의 허가 없이는 다닐 수 없다.
> ㄷ. ㉢의 사례로 동해의 한·러 잠정 조치 수역을 들 수 있다.
> ㄹ. ㉣에서 타국은 무해 통항권(無害通航權)을 보장받는다.

① ㄱ, ㄴ 　② ㄱ, ㄷ 　③ ㄴ, ㄷ 　④ ㄴ, ㄹ 　⑤ ㄷ, ㄹ

020

다음 두 지도의 공통적 특징으로 옳은 것은?

〈팔도총도〉

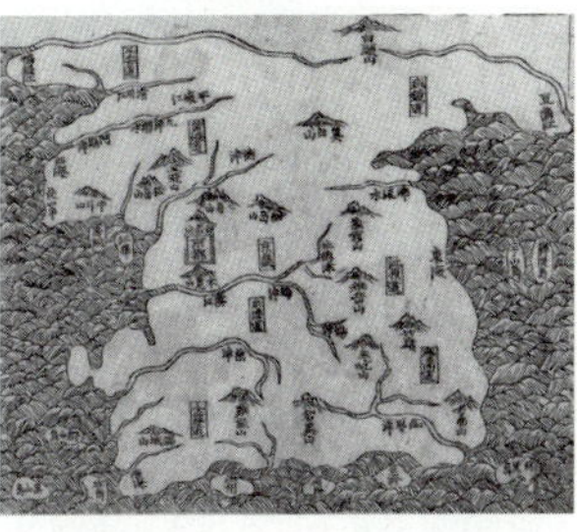

〈삼국접양지도〉

① 주요 하천의 분수계가 표현되었다.

② 조선 후기에 실학자에 의해 제작되었다.

③ 일제 강점기 일본인에 의해 제작되었다.

④ 조선, 중국, 일본의 국경이 나타나 있다.

⑤ 독도가 조선의 영토라는 인식을 담고 있다.

02강 국토 인식의 변화와 지리 정보

주제 1 국토 인식의 변화

1. 풍수지리 사상

(1) **의미** : 산의 모양과 기복, 바람과 물의 흐름 등 땅의 성격을 파악하여 좋은 터(명당)를 찾는 사상

(2) **배경** : 지모(地母) 사상과 음양오행설을 토대로 발전
└ 땅은 만물을 길러 내는 어머니와 같다는 사상

(3) **영향** : 집터 · 마을 · 도읍지 등 인간의 삶터를 정하는 데 영향을 줌

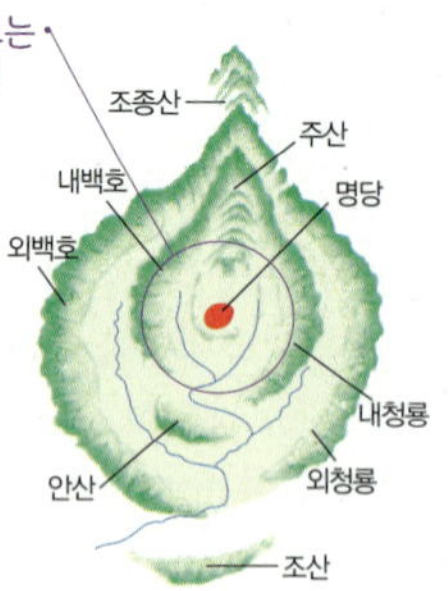

▲ 풍수지리에서의 명당

2. 고문헌에 나타난 국토관

(1) 관찬 지리지와 사찬 지리지

관찬 지리지	• 주로 조선 전기에 국가 주도로 제작 • 통치에 도움이 되는 다양한 정보를 수집하여 제작 • 백과사전식 기술 : 지역의 연혁, 토지, 성씨, 인물, 물산 등을 자세히 기록 • 『세종실록지리지』, 『신증동국여지승람』 등
사찬 지리지	• 조선 후기 실학자들이 주로 제작 • 실학사상의 영향으로 국토의 실제 모습을 객관적 · 실용적으로 파악한 내용이 담겨 있음 • 설명식 기술 : 특정 주제를 종합적 · 체계적으로 고찰 • 신경준의 『도로고』, 이중환의 『택리지』, 정약용의 『아방강역고』 등

(2) 택리지(이중환)
└ 팔도의 산세, 위치, 역사 등 각 지역의 특성을 종합적이고 체계적으로 서술하였다.

① 우리나라 각 지역의 특성을 인간과 자연의 상호 연관성을 토대로 고찰한 지리서 → 사민총론, 팔도총론, 복거총론, 총론으로 구성

② 복거총론에 기술된 가거지(可居地)의 조건

- 지리(地理) : 풍수지리의 명당
- 생리(生利) : 경제적 기반이 유리한 곳 ⑩ 땅이 비옥한 곳, 물자 교류가 편리한 곳
- 인심(人心) : 당쟁이 없고 이웃의 인심이 온순하고 순박한 곳
- 산수(山水) : 산과 물이 조화를 이루며 경치가 좋은 곳

자료로 살펴보기

관찬 지리지와 사찬 지리지의 기술 방식

[건치 연혁] 본래 맥국인데, 신라의 선덕왕 6년에 우수주로 하여 군주를 두었다.
[풍속] 풍속이 순후하고 아름답다.
[토산] 옻, 잣, 오미자, 꿀, 인삼, 누치, 쏘가리, 송이.
— 『신증동국여지승람』, 제46권 춘천 도호부 —

춘천은 산속에는 평야가 널따랗게 펼쳐졌고 두 강이 한복판으로 흘러간다. 토질이 단단하고 기후가 고요하며 강과 산이 맑고 훤하며 땅이 기름져서 여러 대를 사는 사대부가 많다.
— 『택리지』, 「팔도총론」 춘천 편 —

관찬 지리지인 신증동국여지승람은 건치 연혁 · 풍속 · 토산 등 춘천의 기초적인 지역 정보들을 백과사전식으로 나열해 기술한 반면, **사찬 지리지**인 택리지는 춘천의 자연환경과 인문 환경을 종합적으로 고찰하여 설명하였다.

3. 고지도에 나타난 국토관

특징	전기	통치를 위해 행정적 · 군사적 목적의 지도 제작 ⑩ 이회의 팔도지도, 조선방역지도, 혼일강리역대국도지도 등 └ 공물 진상 파악 목적으로 제작된 전국 지도로, 백두산 일대와 만주 지역 등 북부 지방은 다소 부정확하다.
	후기	실학사상의 영향으로 과학적이고 정교한 지도 제작 ⑩ 정상기의 동국지도, 김정호의 대동여지도, 최한기의 지구전후도 등
혼일강리역대국도지도		• 조선 전기에 국가 주도로 제작된 현존하는 우리나라의 가장 오래된 세계 지도 • 아시아, 유럽, 아프리카까지 표현 • 중화사상 → 지도 중앙에 중국이 위치 • 주체적 국토 인식 → 조선이 상대적으로 크게 표현
천하도		• 조선 중기 이후 민간에서 제작된 관념적 세계 지도 • 중화사상 → 지도 중앙에 중국이 위치 • 도교적 세계관 반영 → 중국, 조선, 일본 등 실제 세계뿐만 아니라 상상의 국가와 지명이 표현
동국대지도		• 조선 후기 정상기의 동국지도를 필사한 전국 지도 • 최초로 백리척이라는 축척 활용(동국지도)
대동여지도		• 조선 후기 실학자 김정호가 목판본으로 제작 • 분첩절첩식으로 제작되어 휴대 용이 • 지도표(기호)를 사용하여 좁은 지면에 많은 정보 수록
지구전후도		• 조선 후기 실학자 최한기가 서양 지도의 영향을 받아 제작 → 경 · 위선을 사용하여 구대륙과 신대륙을 동서 양반구로 구분하여 나타냄 • 중국 중심의 세계관을 극복한 과학적 지도로 평가

지도로 살펴보기

대동여지도 읽기

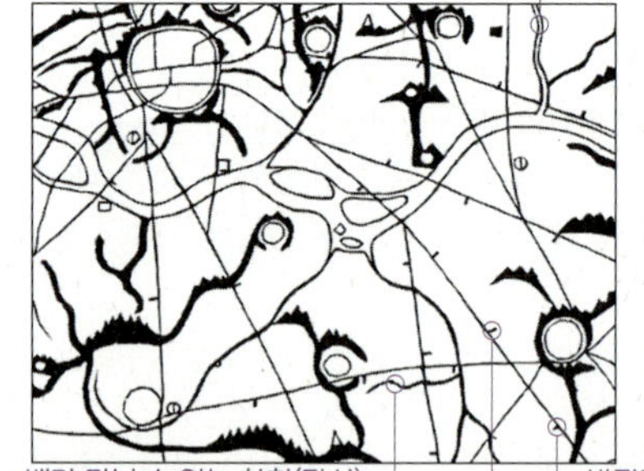
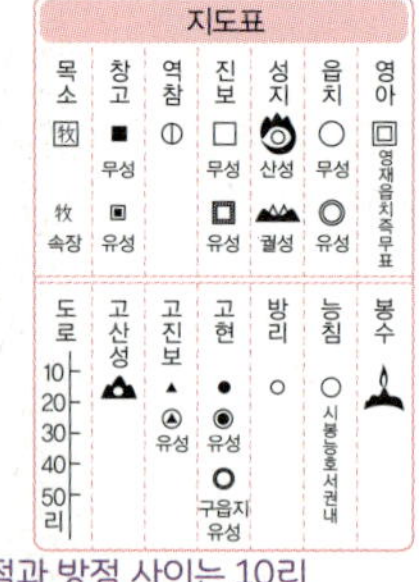

직선으로 표현된 도로 위에 10리마다 방점을 찍어 두 지점 간 거리를 계산할 수 있다. 선의 굵기로 산줄기를 표현해 대략적인 규모를 가늠할 수 있고, 배가 다닐 수 있는 하천은 쌍선, 배가 다닐 수 없는 하천은 단선으로 표현해 항해 가능 여부를 알 수 있다.
└ 정확한 해발 고도는 알 수 없다.

4. 근대 이후의 국토관 변화

(1) **일제 강점기** : 식민 지배 정당화 목적의 왜곡된 국토관 강요
└ '갯벌이 많아 쓸모없는 땅', '나약한 토끼 형상을 한 땅'이라는 부정적 국토관, 유라시아 대륙 동쪽 끝에 있어 숙명적으로 침략을 받게 되었다는 결정론적 국토관을 강요해 침략을 정당화하였다.

(2) **산업화 시기** : 국토를 경제적 관점에서 바라보고 적극적으로 개발 · 이용 → 경제 성장을 이루었지만 지역 간 불균형 및 환경 파괴 문제 발생

(3) **오늘날** : 자연과 인간의 조화를 추구하는 생태 지향적 국토관 확산 ⑩ 생태 공원 및 생태 하천 조성, 국립공원 관리 등

주제 2 지리 정보와 지역 조사

1. 지리 정보의 유형

공간 정보	장소나 현상의 위치 · 형태에 대한 정보 예 위도, 경도
속성 정보	장소나 현상의 자연적 · 인문적 특성을 나타내는 정보 예 지형, 기후, 인구, 산업 등
관계 정보	다른 장소나 지역 간 상호 관계를 나타내는 정보 예 통근권 및 통학권, 버스 운행 횟수 등

2. 지리 정보의 수집과 표현

(1) 수집

전통적 방법	종이 지도 · 문헌 · 통계 자료 조사, 현지 답사 등
원격 탐사	최근 인공위성이나 항공기 등을 이용 → 인간의 접근이 어려운 지역의 정보를 주기적으로 수집 가능

(2) 표현 : 도표, 그래프, 지도 등 다양하게 표현 예 통계 지도

통계 지도의 종류와 특징	
점묘도	통계 값을 일정한 단위의 점으로 환산하여 지리 현상의 밀도나 분포를 표현 예 과수원 분포
등치선도	통계 값이 같은 지점을 선으로 연결해 표현 예 등온선
단계 구분도	통계 값을 몇 개의 단계로 나누어 음영이나 색으로 구분하여 표현 예 인구 밀도
도형 표현도	통계 값을 원이나 막대 등의 도형의 크기를 달리하여 표현 예 시 · 도별 쌀, 밀, 옥수수의 생산량
유선도	지역 간 사람, 물자, 정보 등의 이동 방향과 이동량을 화살표의 방향과 굵기로 표현 예 인구 이동

3. 지리 정보 체계(GIS)

의미	지리 정보를 수치화해 컴퓨터에 입력 · 저장, 사용 목적에 따라 가공 · 처리 · 활용하도록 만든 종합 정보 시스템
특징	• 중첩 분석으로 주제도 제작, 입지 선정, 상권 분석 • 복잡한 지리 정보의 신속 · 정확한 처리가 가능해 의사 결정에 활용, 수정 및 분석이 용이해 비용 절약

4. 지역 조사 과정

조사 주제 · 지역 선정		• 조사 목적을 정하고 적합한 주제와 지역 선정 • 조사 계획을 구체적으로 세워야 진행 과정에서 소요되는 시간 절약
지리 정보 수집	실내 조사	• 지도, 문헌, 통계 자료 등을 이용하여 정보 수집 • 야외 조사 계획 수립, 설문지 작성 등
	야외 조사	실내 조사에서 준비한 것을 관찰, 면담, 설문, 측정, 촬영 등을 통해 확인하고 필요한 정보 수집
지리 정보 분석		수집한 정보를 분류 및 분석하여 지도, 도표, 그래프 등의 통계 자료로 표현
보고서 작성		조사 목적과 방법, 결론 등이 잘 드러나도록 서술

✎ 빈칸에 알맞은 말을 쓰시오.

01 지도는 조선 시대에 제작된 고지도 중 하나이다. (가), (나) 지도의 이름은?

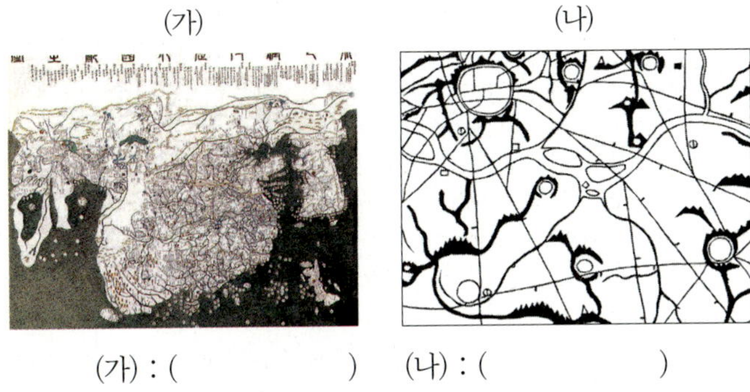

(가) : (　　　　　　　　)　　(나) : (　　　　　　　　)

02 그림은 지역 조사 과정을 순서대로 나타낸 것이다. A~C에 해당하는 활동 내용은?

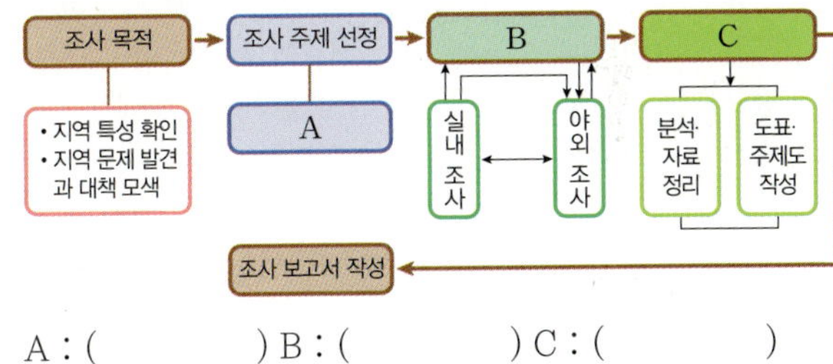

A : (　　　　　　) B : (　　　　　　) C : (　　　　　　)

✎ 다음의 설명이 맞으면 '○', 틀리면 '✕'에 표시하시오.

03 택리지는 신증동국여지승람보다 제작 시기가 이르다.　○ ✕

04 택리지는 신증동국여지승람보다 저자의 주관적 해석이 많이 담겨 있다.　○ ✕

05 택리지에 제시된 가거지의 조건에서 생리는 경제적 기반을 의미한다.　○ ✕

06 혼일강리역대국도지도에는 아메리카와 오스트레일리아가 표현되어 있다.　○ ✕

07 혼일강리역대국도지도는 국가 주도, 천하도는 주로 민간 주도로 만들어졌다.　○ ✕

08 천하도와 혼일강리역대국도지도에는 모두 중국 중심의 세계관이 반영되어 있다.　○ ✕

09 대동여지도는 우리나라에서 축척의 개념이 최초로 사용된 지도이다.　○ ✕

10 대동여지도에서 산줄기에 표현된 선의 굵기를 토대로 정확한 해발 고도를 알 수 있다.　○ ✕

11 대동여지도에서 쌍선으로 표현된 하천은 배가 다닐 수 있는 하천을 의미한다.　○ ✕

특정 통계 자료를 가장 잘 표현할 수 있는 통계 지도는 무엇일까?

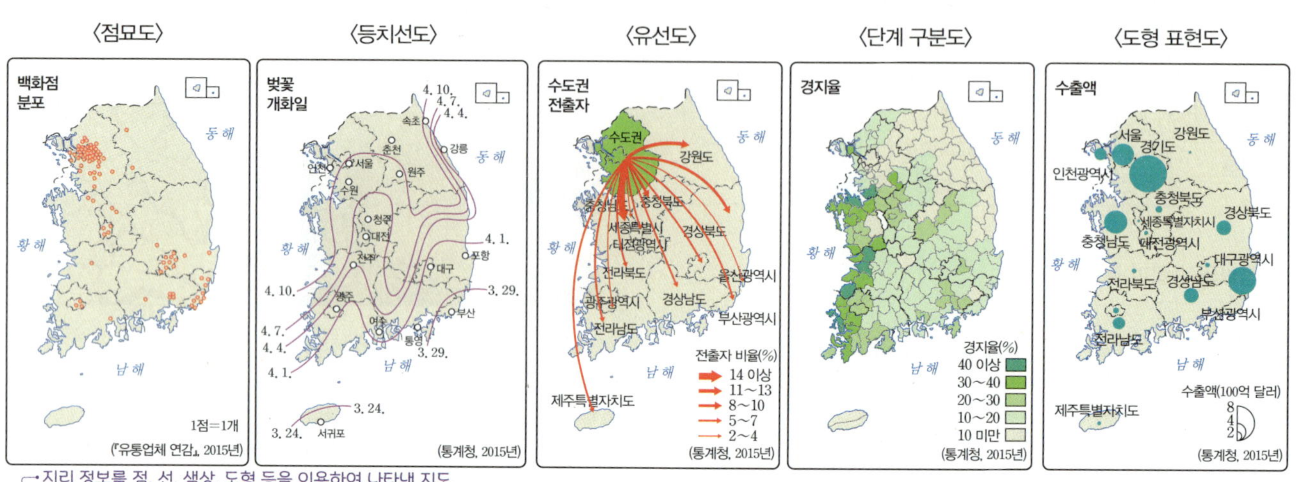

→ 지리 정보를 점, 선, 색상, 도형 등을 이용하여 나타낸 지도

- 통계 지도는 지리적 사실과 분포를 효과적으로 전달하는 수단 중 하나이다. 통계 지도는 점묘도, 등치선도, 유선도, 단계 구분도, 도형 표현도 등으로 표현할 수 있는데, 지리 정보의 속성에 따라 정보를 효과적으로 나타낼 수 있는 지도 표현 방식이 달라진다.
- **점묘도**는 통계 값을 일정한 단위의 점으로 환산하여 지리 현상의 분포를 표현하는 데 적합하다. **등치선도**는 통계 값이 같은 지점을 선으로 연결하여 기온과 같이 연속적으로 변화하는 현상을 표현하는 데 적합하다. **유선도**는 지역 간 이동 방향과 이동량을 화살표의 방향과 굵기를 통해 나타내므로 인구 이동이나 교통량처럼 출발점과 도착점이 명확한 현상을 표현하는 데 적합하다. **단계 구분도**는 경지율이나 인구 밀도처럼 등급을 나눌 수 있는 자료를 표현하는 데 적합하다. **도형 표현도**는 도형의 모양과 크기를 달리하여 지역별 통계의 총량을 나타내기 때문에 자료의 공간적 차이를 표현하는 데 적합하며, 특히 시·도의 산업별 생산액처럼 두 가지 이상의 통계 자료를 한 번에 나타낼 때 유리하다.

자료 분석에 적용하기

Q1 지도는 통계 지도의 지리 정보 표현 사례를 유형별로 나타낸 것이다. 이를 보고 빈칸에 알맞은 말을 쓰시오.

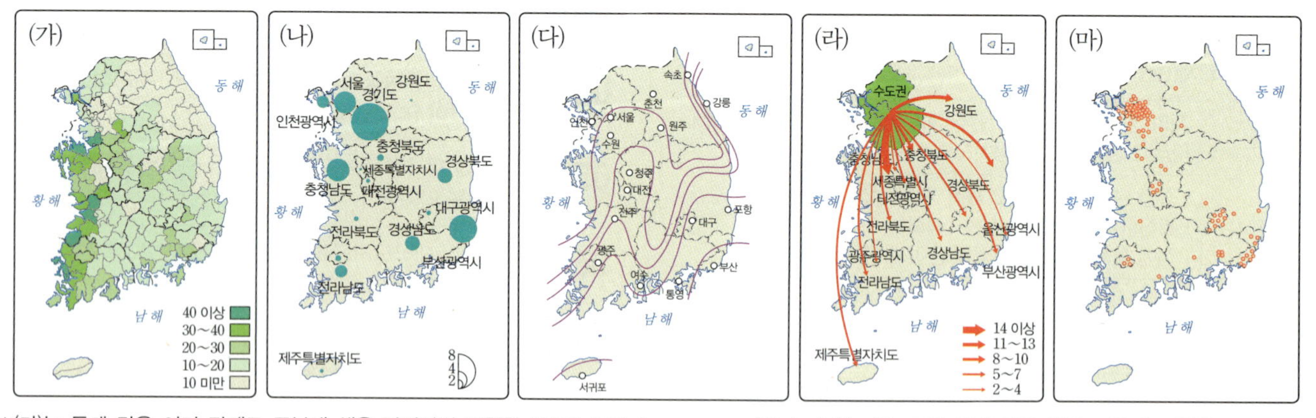

(1) (가)는 통계 값을 여러 단계로 구분해 색을 달리하여 표현한 것으로 보아 (　　　　　)이며, (나)는 시·도별 통계 값을 원을 이용해 표현한 것으로 보아 (　　　　　)이다. (다)는 같은 값을 가진 지점을 선으로 연결하여 표현한 것으로 보아 (　　　　　)이고, (라)는 지역 간 이동을 화살표의 방향과 굵기를 이용해 표현한 것으로 보아 (　　　　　)이다. (마)는 통계 값을 일정한 크기의 점으로 찍어 표현한 (　　　　　)이다.

(2) 다음 ㄱ~ㅁ 통계 자료를 한 장의 지도로 표현하기에 가장 적절한 통계 지도를 위의 (가)~(마) 중에서 각각 고르면?

ㄱ. 진달래 개화 시기 (　　　)	ㄴ. 시·도별 남녀 인구수 (　　　)	ㄷ. 전국의 습지 분포 (　　　)
ㄹ. 경기도와 다른 시·도 간의 인구 이동량 (　　　)	ㅁ. 시·군별 외국인 비율 (　　　)	

WHAT & WHY 정답 Q1 (1) 단계 구분도, 도형 표현도, 등치선도, 유선도, 점묘도 (2) ㄱ-(다), ㄴ-(나), ㄷ-(마), ㄹ-(라), ㅁ-(가)

• 정답 및 해설 007~010쪽

주제 1　국토 인식의 변화

족집게 전략 | 조선 전·후기의 고지도와 고문헌에 담긴 국토 인식을 비교하거나, 대동여지도를 분석하는 문항이 출제된다. 따라서 고지도와 고문헌을 조선 전기와 후기로 나누어 정리하고, 산줄기, 하천, 도로, 지도표 등을 토대로 대동여지도를 읽는 연습을 해 두어야 한다.

021 [대표 문항]

대동여지도의 일부와 지도표를 보고 알 수 있는 내용으로 옳지 <u>않은</u> 것은?

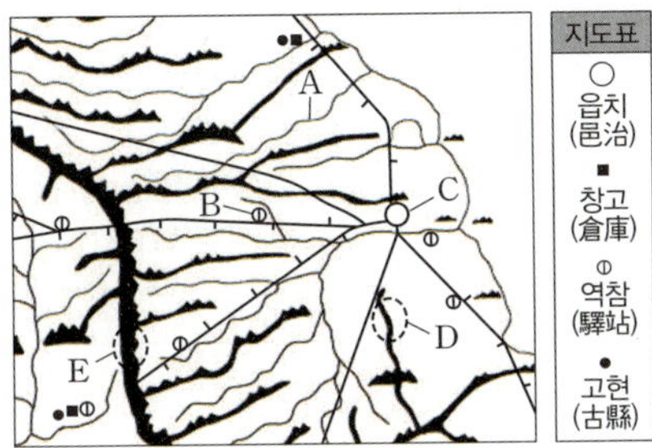

① A는 수운 교통로로 이용되는 하천이다.
② C는 관아가 있는 행정의 중심지이다.
③ C에서 B까지의 거리는 10리 이상이다.
④ E는 하천 유역을 나누는 분수계의 일부이다.
⑤ E는 D보다 규모가 큰 산지이다.

 **한줄 Tip** 하천이 단선으로 표현되었을 때와 쌍선으로 표현되었을 때 어떤 차이가 있는지 떠올려 보자.

022

| 평가원 기출 |

조선 시대에 편찬된 (가), (나) 지리지에 대한 옳은 설명만을 〈보기〉에서 고른 것은? (단, (가), (나)는 『신증동국여지승람』, 『택리지』 중 하나임.)

> (가) 【건치 연혁】 본래 백제의 남한산성이다. 성종(成宗) 2년에 처음으로 12목(牧)을 두었는데 광주(廣州)는 그 하나이다.
> 【군명】 남한산·한산주·한주·회안(淮安)·봉국군(奉國軍)
> 【형승】 한수(漢水)의 남쪽으로 토양이 기름지다. 백제 시조 온조의 말이다. 고적(古跡) 편에 나타나 있다. 면이 모두 높은 산이다.
> (나) 여주 서쪽이 광주(廣州)이다. 석성산(石城山)에서 나온 한 가지가 북쪽으로 한강 남쪽에 가서 된 고을인데 읍은 만 길 산 꼭대기에 있다. ㉠ 광주의 서편은 수리산이며 안산(安山) 동쪽에 있다. 여기에서 서북쪽으로 뻗은 산맥이 수리산맥 중에서 가장 긴 맥이다.

> **보기**
> ㄱ. (가)는 백과사전식으로 서술되었다.
> ㄴ. (가)는 국가 통치 목적으로 편찬되었다.
> ㄷ. (나)는 조선 전기에 저술되었다.
> ㄹ. (나)의 ㉠은 가거지의 조건 중 생리(生利)에 해당된다.

① ㄱ, ㄴ　② ㄱ, ㄷ　③ ㄴ, ㄷ　④ ㄴ, ㄹ　⑤ ㄷ, ㄹ

023

| 평가원 기출 |

다음 글은 조선 시대에 제작된 지도에 대한 것이다. (가), (나) 지도에 대한 옳은 설명만을 〈보기〉에서 고른 것은?

> (가) 정상기가 제작하였고, 8장의 지도를 합치면 전국 지도가 되는 분첩 지도로 전체 크기가 약 1.4m×2.7m이다. 100리를 1척으로 하는 백리척(百里尺)을 사용하였다.
> (나) 남북 22단, 동서 19면으로 구성된 분첩절첩식 지도로 전체 크기가 약 3.8m×6.6m이다. 10리마다 방점을 찍어 거리를 표현하였으며, 필요한 부분만 찍어 낼 수 있는 방식으로 제작되었다.

> **보기**
> ㄱ. (가)는 목판으로 제작되었다.
> ㄴ. (나)는 지도표를 사용하였다.
> ㄷ. (가)는 (나)보다 제작 시기가 이르다.
> ㄹ. (나)는 (가)보다 실제 거리를 더 축소해서 표현하였다.

① ㄱ, ㄴ　② ㄱ, ㄷ　③ ㄴ, ㄷ　④ ㄴ, ㄹ　⑤ ㄷ, ㄹ

024 [고난도]

그림은 대동여지도의 일부를 나타낸 것이다. 이를 옳게 분석한 내용만을 〈보기〉에서 고른 것은?

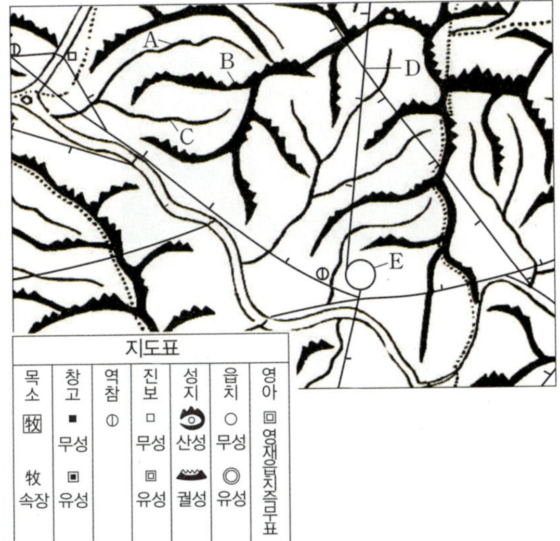

> **보기**
> ㄱ. D는 도로가 교차하는 곳으로 교통 시설이 입지하고 있다.
> ㄴ. E 지점으로부터 10리 이내에 나루터가 있을 것이다.
> ㄷ. E 지점은 서풍보다 동풍의 영향을 많이 받을 것이다.
> ㄹ. B 산줄기는 A 하천과 C 하천의 분수계를 이룬다.

① ㄱ, ㄴ　② ㄱ, ㄷ　③ ㄴ, ㄷ　④ ㄴ, ㄹ　⑤ ㄷ, ㄹ

025

(가), (나) 지도에 대한 설명으로 옳은 것은?

(가) 

(나) 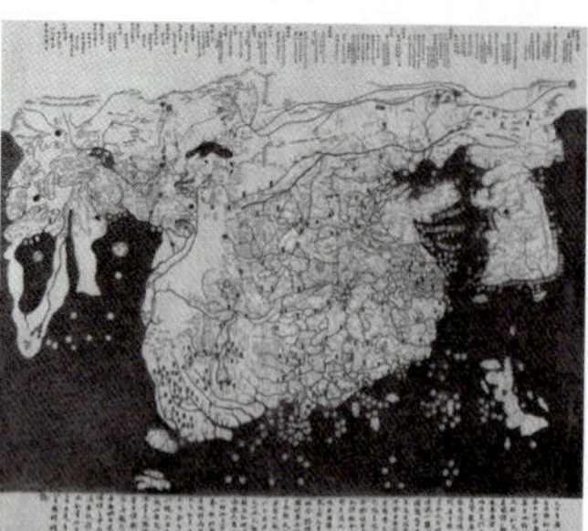

① (가)는 실학사상의 영향을 받았다.
② (나)는 민간에서 제작되었다.
③ (가)는 (나)보다 제작 시기가 이르다.
④ (나)는 (가)보다 실제 세계에 대한 지역 정보가 적다.
⑤ (가), (나) 모두 중국 중심의 세계관이 나타나 있다.

026

(가), (나) 지도에 대한 옳은 설명만을 〈보기〉에서 고른 것은?

(가) 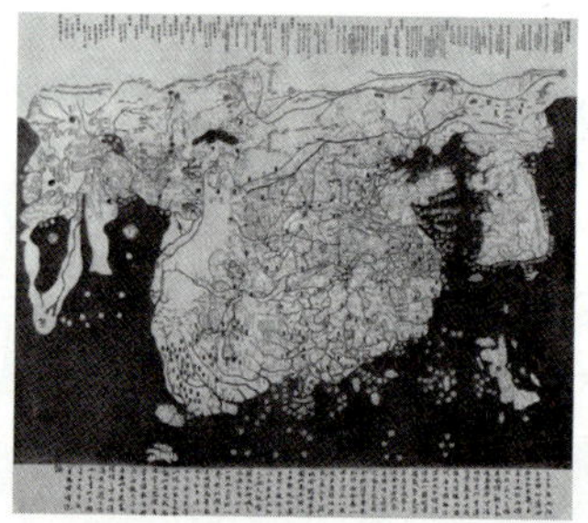

(나) 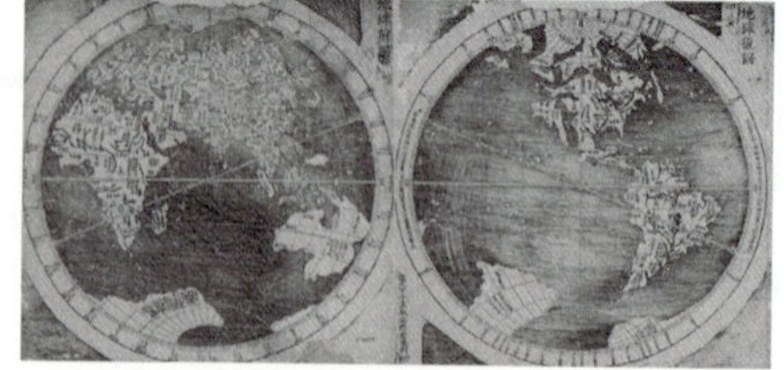

보기
ㄱ. (가)에는 수리적 위치가 나타나 있다.
ㄴ. (나)는 중화사상의 영향을 받아 제작되었다.
ㄷ. (가)는 (나)보다 제작 시기가 이르다.
ㄹ. (나)는 (가)보다 지도에 표현된 공간 범위가 넓다.

① ㄱ, ㄴ ② ㄱ, ㄷ ③ ㄴ, ㄷ ④ ㄴ, ㄹ ⑤ ㄷ, ㄹ

027

다음 자료는 우리나라 주요 고문헌과 고지도의 특징을 정리한 것이다. ㉠~㉣에 대한 옳은 설명만을 〈보기〉에서 고른 것은?

- ㉠ 우리나라 각 지역의 특성을 인간과 자연의 상호 연관성을 토대로 고찰한 지리서이다. 사민총론, 팔도총론, 복거총론, 총론으로 구성되었으며 ㉡ 복거총론에서는 가거지의 조건으로 지리, 생리, 인심, 산수 네 가지를 제시하였다.
- 조선 후기에 제작된 세로 약 6.6m, 가로 약 3.8m의 전국 지도이다. 목판본으로 제작되어 지도의 대량 생산이 가능하고, ㉢ 휴대와 열람이 편리하다. 지도표를 사용하여 다양한 지리 정보를 좁은 지면에 효과적으로 수록한 것이 특징이다.
- 현존하는 우리나라의 가장 오래된 세계 지도로, 중화사상이 반영되어 지도의 중심부에 중국이 위치하지만 ㉣ 주체적 국토 인식도 나타난다.

보기
ㄱ. ㉠-국가 통치에 필요한 지역의 기초 정보를 백과사전식으로 정리하였다.
ㄴ. ㉡-실학사상에 바탕을 두고 가거지의 조건에서 풍수 사상을 배제하였다.
ㄷ. ㉢-남북을 나누고(분첩), 동서를 쉽게 접고 펼칠 수 있는 (절첩) 방식으로 제작되었기 때문이다.
ㄹ. ㉣-우리나라가 중국을 제외한 다른 국가에 비해 상대적으로 크게 표현된 것을 통해 추론할 수 있다.

① ㄱ, ㄴ ② ㄱ, ㄷ ③ ㄴ, ㄷ ④ ㄴ, ㄹ ⑤ ㄷ, ㄹ

028

(가)~(다) 국토관에 대한 옳은 설명만을 〈보기〉에서 고른 것은?

국토관	특징
(가)	일제 강점기에 강요된 국토관
(나)	산업화 시기에 강조된 국토관
(다)	자연과 인간의 조화를 추구하는 국토관

보기
ㄱ. (가)는 한반도를 가능성이 높은 땅으로 인식하였다.
ㄴ. (나)의 영향으로 환경오염 문제가 개선되었다.
ㄷ. (나)는 국토 개발 과정에서 경제적으로 형평성보다 효율성을 중시하였다.
ㄹ. (다)는 (나)로 인해 발생한 문제점 해결에 도움이 된다.

① ㄱ, ㄴ ② ㄱ, ㄷ ③ ㄴ, ㄷ ④ ㄴ, ㄹ ⑤ ㄷ, ㄹ

029

다음 글의 ㉠~㉤에 대한 설명으로 옳지 <u>않은</u> 것은?

> 조선 전기에는 주로 국가 통치 목적의 지도가 제작되었는데, 팔도지도, 동국지도, ㉠ 조선방역지도가 대표적이다. 한편, 세계 지도의 제작도 활발하였는데 ㉡ 혼일강리역대국도지도가 대표적이다. 조선 중기 이후에는 ㉢ 천하도가 많이 제작되었다. 조선 후기에는 정상기의 ㉣ 동국지도, 김정호의 ㉤ 대동여지도가 제작되었는데, 이전의 지도에 비해 과학적이고 정교하게 제작된 것이 특징이다.

① ㉠ – 우리나라에서 최초로 축척을 사용하여 제작되었다.
② ㉡ – 유라시아 대륙은 물론 아프리카까지 표현하였다.
③ ㉢ – 중국을 중심에 두었으며 세계를 원형으로 표현하였다.
④ ㉣ – 김정호의 대동여지도 제작에 영향을 주었다.
⑤ ㉤ – 실학사상의 영향을 받아 국토를 실용적으로 파악하려는 관점이 담겨 있다.

주제 2 지리 정보와 지역 조사

족집게 전략 | 지리 정보 체계의 중첩 분석을 토대로 최적 입지를 찾거나, 지역 조사를 통해 지리 정보의 유형, 통계 지도 등에 관한 내용을 묻는 문항이 주로 출제된다. 이 주제는 개념을 암기하기보다 다양한 문제를 풀어보며 노하우를 습득하고 많은 사례를 접하는 편이 좋다.

030 대표 문항
| 평가원 기출 |

다음 조건만을 고려하여 ○○ 리조트 입지 지역을 선정하려고 할 때, 가장 적절한 곳을 후보지 A~E에서 고른 것은?

〈조건〉
※ 평가 항목별 배점 기준은 다음과 같으며, 점수의 합이 가장 큰 지역을 선정함.

여름 강수량 (mm)	점수	지가 (천 원/m²)	점수	겨울 평균 기온(℃)	점수
750 미만	3	50 미만	3	0 이상	3
750 이상 ~850 미만	2	50 이상 ~150 미만	2	−2 이상 ~0 미만	2
850 이상	1	150 이상	1	−2 미만	1

〈여름 강수량〉　〈지가〉　〈겨울 평균 기온〉

지역	지가
A	30
B	102
C	21
D	165
E	48

① A　② B　③ C　④ D　⑤ E

✏ **한줄 Tip**　평가 항목별 각 후보 지역의 점수를 표시하고, 마지막에 지역별로 득한 점수를 더해 가장 큰 지역을 고르면 돼.

031
| 평가원 기출 |

다음에 제시된 자료만으로 지리 정보 체계(GIS)를 활용하여 분석할 수 있는 내용으로 적절하지 <u>않은</u> 것은?

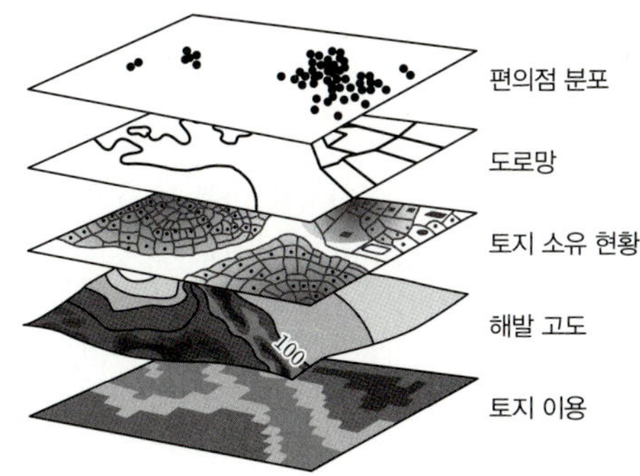

① 토지 이용별 면적 비율
② 황사에 따른 호흡기 환자 수
③ 도로에 인접한 편의점의 개수
④ 도로상의 두 지점 간 최단 거리
⑤ 해발 고도 100 m 미만 지역의 토지 소유 현황

032 고난도↑
| 평가원 기출 |

다음 조건을 고려하여 선정한 조사 내용과 통계 지도 표현 방법으로 가장 적절한 것은?

〈조건〉
• 도시 내부 구조를 알기 위해 적합한 '조사 내용'을 선정한다.
• 조사 내용에 적합한 '통계 지도 표현 방법'을 정한다.

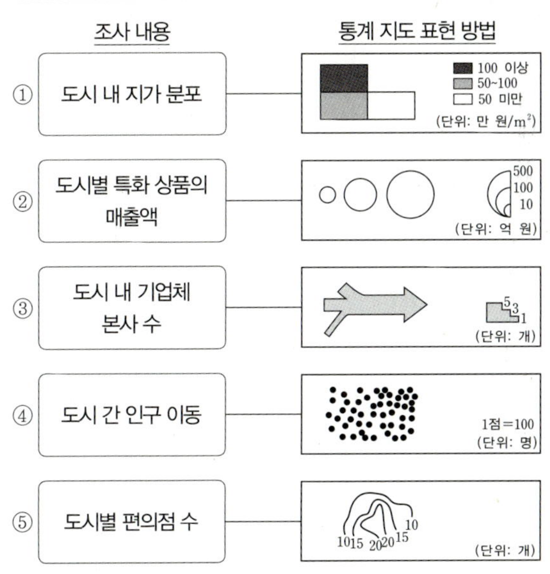

033

다음 자료는 지리 정보 수집 방법의 한 유형에 대한 것이다. 이에 대한 옳은 설명만을 〈보기〉에서 있는 대로 고른 것은?

지표상의 모든 물체는 태양 복사 에너지를 일부 반사하고, 흡수·저장된 에너지를 열의 형태로 방출한다. 위성이나 항공기에 장착된 센서나 카메라는 이 에너지의 양을 측정해 지리 정보를 수집한다. 적외선 카메라는 지표의 온도를 측정하고, 우리나라의 아리랑 위성에 탑재된 레이더 센서는 구름을 통과해 지상에 있는 물체의 고도와 형태를 측정할 수 있다.

〔보기〕
ㄱ. 직접 접촉하지 않고 대상에 대한 정보를 얻는다.
ㄴ. 사람이 접근하기 어려운 지역의 정보를 수집할 수 있다.
ㄷ. 특정 지역의 토지 이용 변화를 주기적으로 파악할 수 있다.
ㄹ. 인구 밀도, 인구 구조 등의 속성 정보를 파악하는 데 유리하다.

① ㄱ, ㄴ   ② ㄱ, ㄹ   ③ ㄷ, ㄹ
④ ㄱ, ㄴ, ㄷ   ⑤ ㄴ, ㄷ, ㄹ

034

| 평가원 기출 |

(가), (나) 통계 지도에 대한 옳은 설명만을 〈보기〉에서 고른 것은?

〔보기〕
ㄱ. (가) 지도에서 원형 그래프의 반지름이 2배이면 소 사육 두수도 2배이다.
ㄴ. (나) 지도에서 시·도의 음영이 진할수록 시·도의 지역 내 총생산액이 적다.
ㄷ. (나) 지도에서 범례 등급의 범위를 조정하면 지도의 음영 분포가 달라질 수 있다.
ㄹ. (가), (나) 지도 제작 시, 시·도별 통계 값 계산에는 행정 구역의 면적 정보가 불필요하다.

① ㄱ, ㄴ   ② ㄱ, ㄷ   ③ ㄴ, ㄷ   ④ ㄴ, ㄹ   ⑤ ㄷ, ㄹ

035

그림의 밑줄 친 ㉠~㉣에 대한 옳은 설명만을 〈보기〉에서 고른 것은?

〔보기〕
ㄱ. ㉠은 지역 조사 과정 중 조사 주제 및 지역 선정에 해당한다.
ㄴ. ㉡은 지역 조사 과정 중 야외 조사 단계에서 실시할 내용이다.
ㄷ. ㉢을 한 장의 지도로 표현할 때 도형 표현도가 가장 적절하다.
ㄹ. ㉣을 한 장의 지도로 표현할 때 유선도가 가장 적절하다.

① ㄱ, ㄴ   ② ㄱ, ㄷ   ③ ㄴ, ㄷ   ④ ㄴ, ㄹ   ⑤ ㄷ, ㄹ

036

다음 자료의 (가), (나) 통계 자료를 각각 한 장의 지도로 표현하고자 할 때, 가장 적합한 통계 지도 유형을 〈보기〉에서 고른 것은?

1960년대 이후 산업화와 도시화가 진행되면서 인구 분포에 큰 변화가 나타났다. 자연적 요인이 중요했던 과거와 달리 오늘날은 취업, 교육, 문화 등 사회적 요인이 인구 분포에 미치는 영향이 커졌다. 이에 따라 산업 발달이 미약하고 기반 시설이 부족한 촌락 지역은 인구가 감소한 반면, 산업과 교육·문화 시설 등이 잘 갖추어진 도시 지역은 인구가 빠르게 증가하였다. 이와 같은 현상은 (가) 시·군별 인구 순 이동률 자료를 통해 파악할 수 있다. 인구가 집중된 곳은 개발이 활발하게 이루어진 수도권과 영남권을 연결하는 경부축 중심이었다. 이는 (나) 지역 간 인구 이동 자료를 통해 확인할 수 있다.

〔보기〕

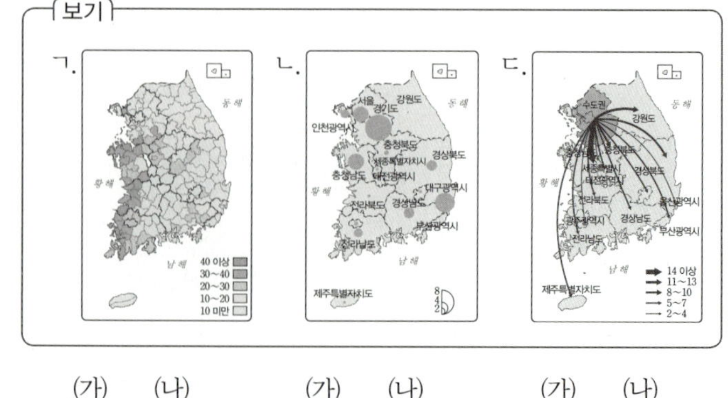

	(가)	(나)		(가)	(나)		(가)	(나)
①	ㄱ	ㄴ	②	ㄱ	ㄷ	③	ㄴ	ㄱ
④	ㄴ	ㄷ	⑤	ㄷ	ㄱ			

037

(가), (나)에 대한 옳은 설명만을 〈보기〉에서 있는 대로 고른 것은? (단, (가), (나)는 지형도와 위성사진 중 하나임.)

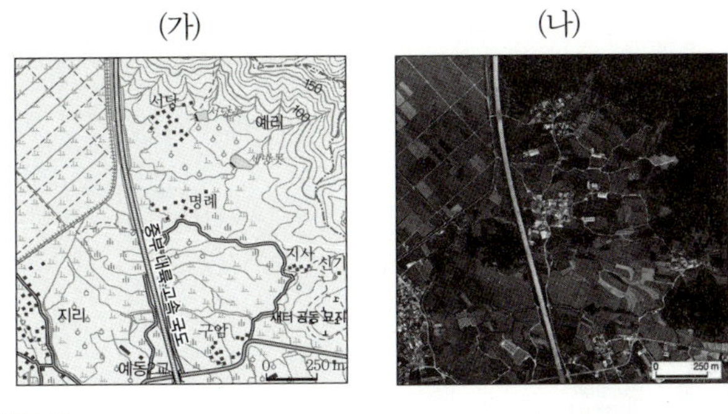

(가)   (나)

〔보기〕

ㄱ. (가)는 문자와 기호를 통해 지역 정보를 표현하였다.
ㄴ. (나)는 사람이 직접 수집한 정보를 나타낸 것이다.
ㄷ. (가)는 (나)보다 지명과 지역 경계 파악에 유리하다.
ㄹ. (나)는 (가)보다 주기적인 지역 정보 수집에 유리하다.

① ㄱ, ㄴ   ② ㄱ, ㄷ   ③ ㄴ, ㄹ
④ ㄱ, ㄷ, ㄹ   ⑤ ㄴ, ㄷ, ㄹ

038

다음 자료는 지역 조사의 과정을 나타낸 것이다. ㉠~㉣에 대한 옳은 설명만을 〈보기〉에서 고른 것은?

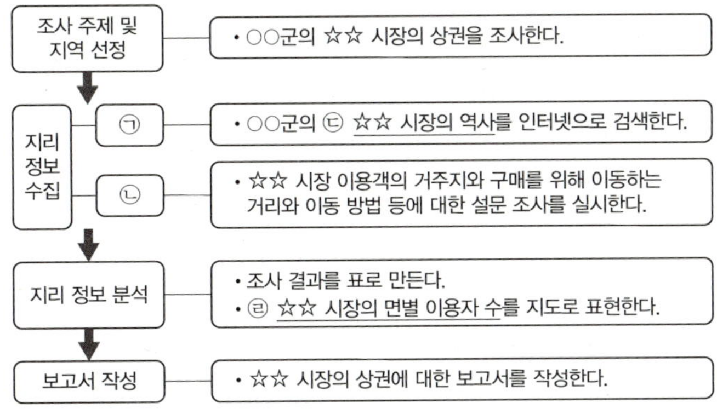

〔보기〕

ㄱ. ㉠에는 문헌 조사, 인터넷을 통한 통계 자료 수집 등의 조사 활동이 포함된다.
ㄴ. ㉡에는 현지 조사의 경로와 일정을 계획하는 활동이 포함된다.
ㄷ. ㉢은 속성 정보에 해당한다.
ㄹ. ㉣은 등치선도로 나타내는 것이 적절하다.

① ㄱ, ㄴ   ② ㄱ, ㄷ   ③ ㄴ, ㄷ   ④ ㄴ, ㄹ   ⑤ ㄷ, ㄹ

039

지도의 A 호수에 대한 학생들의 대화 내용을 지역 조사 순서에 맞게 배열한 것은?

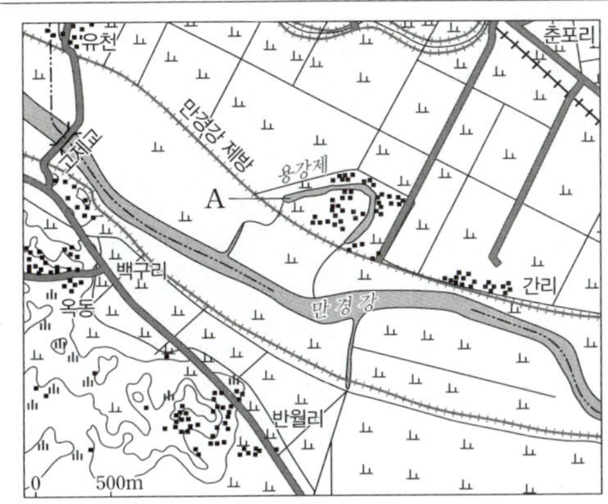

갑 : 지도의 A 호수에 대해 조사하려고 해.
을 : A 호수와 같은 지형의 형성 원인과 변화 과정에 대한 논문을 읽었어.
병 : A 호수에서 논문에 수록된 내용과 같은 특징이 나타나는지 직접 가서 조사하였고, 이곳에 오래 거주한 주민들과 면담도 진행하였어.
정 : 논문 조사와 관찰, 면담 자료를 정리하면서 A 호수가 하천의 유로 변경 과정에서 형성되었다는 것을 알게 되었어.

① 갑 – 을 – 병 – 정   ② 갑 – 을 – 정 – 병
③ 갑 – 병 – 을 – 정   ④ 을 – 갑 – 병 – 정
⑤ 을 – 병 – 정 – 갑

II 지형 환경과 인간 생활

II단원 핵심 지역 PREVIEW

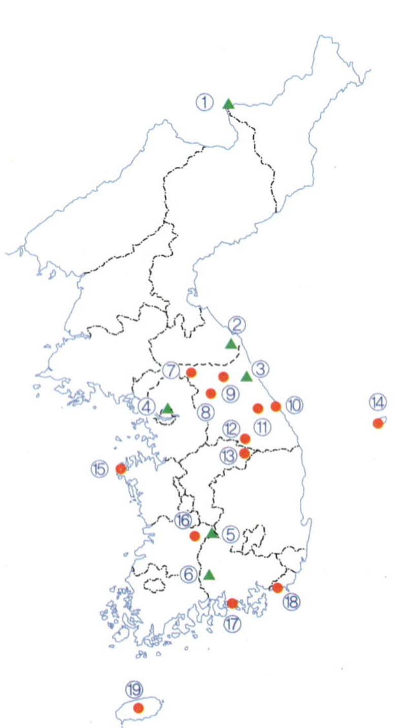

❶ 백두산	칼데라호(천지)	
❷, ❸, ❹	정상부에 바위가 많이 노출된 돌산(❷ 금강산, ❸ 설악산, ❹ 북한산)	
❺, ❻	토양층이 두꺼운 흙산(❺ 덕유산, ❻ 지리산)	
❼ 철원	용암 대지, 주상 절리, 논농사	
❽, ❾	암석의 차별 풍화·침식으로 형성된 침식 분지(❽ 춘천, ❾ 양구)	
❿ 강릉	해안 단구(정동진), 석호(경포호)	
⓫ 평창	고위 평탄면(대관령 일대), 석회동굴(백룡동굴)	
⓬ 영월	감입 곡류 하천, 하안 단구, 석회동굴(고씨굴)	
⓭ 단양	돌리네, 석회동굴(고수동굴)	
⓮ 울릉도	칼데라 분지(나리 분지), 성인봉, 이중 화산(알봉)	
⓯ 태안	해안 사구(신두리), 모래 포집기	
⓰ 무주·진안	고위 평탄면(진안고원)	
⓱ 고성	중생대 경상 분지, 공룡 발자국 화석	
⓲ 부산	삼각주, 낙동강 하굿둑	
⓳ 제주도	한라산, 화구호(백록담), 오름, 용암동굴, 주상 절리, 육계도(성산일출봉)	

| 03강
한반도의 형성과
산지의 모습 | 주제 1 한반도의 형성과 기후 변화 | · 평북 · 개마, 경기, 영남 지괴 · 평남 분지
· 옥천 습곡대 · 경상 분지
· 두만, 길주 · 명천 지괴
· 대보 조산 운동 · 경동성 요곡 운동 |
| | 주제 2 우리나라의 산지 지형 | · 1차 산맥 · 2차 산맥 · 고위 평탄면
· 돌산 · 흙산 |

04강 하천 지형과 해안 지형	주제 1 우리나라의 하천 특색	· 하상계수 · 감조 하천
	주제 2 하천 중 · 상류에 발달한 지형	· 감입 곡류 하천 · 하안 단구 · 침식 분지 · 선상지
	주제 3 하천 중 · 하류에 발달한 지형	· 자유 곡류 하천 · 범람원 · 삼각주
	주제 4 해안 지형 및 인간 활동에 의한 지형 변화	· 해식애 · 해안 단구 · 사빈 · 해안 사구 · 석호 · 갯벌

| 05강
화산 지형과
카르스트 지형 | 주제 1 화산 지형 | · 백두산 · 제주도 · 울릉도 · 독도
· 철원 · 평강 · 칼데라 · 화구호
· 용암동굴 · 용암 대지 |
| | 주제 2 카르스트 지형 | · 돌리네 · 석회동굴 · 석회암 풍화토 |

▶ 지형의 '형성 원인', '과정', '분포'가 핵심이다.

II단원은 문항의 난도가 다른 단원에 비해 평이한 반면, 개념 공부에는 비교적 긴 시간을 투자해야 한다. 머릿속에 쉽게 그려지지 않는 규모의 시간과 지형을 다루고, 낯선 한자어도 많이 등장해 암기가 쉽지 않기 때문이다. 따라서 이 단원은 용어에 대한 이해를 바탕으로 '지형 형성 원인 → 과정 → 분포'로 묶어 인과 관계를 중심으로 학습해야 한다. 특정 지형이 어떻게 형성되었고, 주로 어디에 분포하며, 어떠한 특징을 갖고 있는지 아는 것은 매우 중요하다. 또한 출제될 만한 선택지가 한정적이므로, 문제 풀이 후 주제별로 선택지를 모아 틀린 문장을 올바로 고치는 연습을 하면 부족한 개념을 다질 수 있어 도움이 된다.

▶ 지형도를 읽을 줄 알면 정답이 보인다.

II단원에서는 '한반도의 형성' 부분을 제외하면 지형도를 활용한 문항이 많이 출제되므로 지형도를 읽을 줄 알아야 한다. 그러면 전형적으로 출제되는 지역이 아니더라도 등고선을 토대로 특정 부분의 지표 경사가 급한지 완만한지, 계곡인지 능선인지, 봉우리인지 와지인지 등을 판별할 수 있다. 또한 다양한 기호를 통해 해당 지역에서 논농사가 이루어지는지, 밭농사가 이루어지는지 등을 판단하여 토지 이용을 보고 어떤 지형인지 추론할 수 있다. 문제 풀이를 통해 주요 지형의 지형도를 눈에 익히고, 그 지형의 세부적 특징이 지도에 어떻게 표현되는지 연결하여 알아 두자.

03강 한반도의 형성과 산지의 모습

주제 1 한반도의 형성과 기후 변화

1. 한반도의 주요 암석 분포

변성암		• 시 · 원생대에 만들어진 이후 오랜 기간 땅속에서 변성 작용을 받아 형성된 암석 ⑩ 편마암 • 가장 널리 분포 → 한반도 지각의 약 42.6% 차지
화성암 └ 마그마가 굳어서 생성된 암석	관입암 (심성암)	• 마그마가 지하에 관입 후 천천히 굳어 형성된 암석 ⑩ 화강암 • 중생대 화강암의 분포 면적이 넓음 → 한반도 지각의 약 30% 차지
	분출암 (화산암)	• 마그마가 지표로 분출한 후 굳어 형성된 암석 ⑩ 현무암, 안산암, 조면암 등 • 현무암 : 점성이 작은 용암이 분출해 형성, 지형의 경사가 완만, 흑갈색을 띰 • 안산암 · 조면암 : 점성이 큰 용암이 분출해 형성, 지형의 경사가 급함
퇴적암		• 퇴적물이 호수나 바다 밑에 쌓여 형성된 것 • 고생대와 중생대 퇴적암이 대부분이며, 신생대 퇴적암은 분포 면적이 좁음 └ 석회암과 무연탄이 많이 매장되어 있다.

2. 한반도의 지체 구조

지질 시대	주요 지체 구조	특징
시 · 원생대	평북 · 개마 지괴, 경기 및 영남 지괴	형성 시기가 가장 오래된 안정 지괴, 주로 변성암 분포, 면적이 가장 넓음
고생대	평남 분지, 옥천 습곡대	• 시 · 원생대의 지괴 사이에 분포 • 고생대 초 : 해성층인 조선 누층군 형성, 고생대 바다 생물 화석 발견, 석회석 매장 • 고생대 말~중생대 초 : 육성층인 평안 누층군 형성, 석탄(무연탄) 매장
중생대	경상 분지	• 습지 또는 호수에 식물 등이 퇴적되어 육성층인 경상 누층군 형성 • 공룡 발자국 화석 발견
신생대	두만 지괴, 길주 · 명천 지괴	• 동해안 일부, 철원 등에 분포 • 갈탄 매장

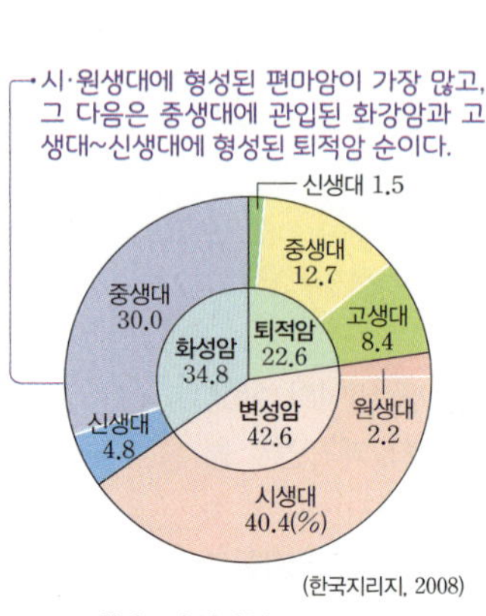

▲ 한반도의 암석 분포

▲ 한반도의 지체 구조

3. 한반도의 지각 변동

(1) 중생대의 지각 변동과 특징

송림 변동	중생대 초기	• 북부 지방을 중심으로 일어난 지각 변동 • 랴오둥(동북동–서남서) 방향의 지질 구조선 형성
대보 조산 운동	중생대 중기	• 중 · 남부 지방을 중심으로 발생한 매우 격렬했던 지각 변동 • 중국(북동–남서) 방향의 지질 구조선 형성 • 중 · 남부 지방을 중심으로 넓은 범위에 걸쳐 대보 화강암 관입
불국사 변동	중생대 말기	• 영남 지방을 중심으로 일어난 지각 변동 • 경상 분지 일부 지역에 소규모로 불국사 화강암 관입

(2) 신생대의 지각 변동과 특징

경동성 요곡 운동	신생대 제3기	• 융기 축이 동해안에 치우친 비대칭 융기 운동 • 중부 지방에서는 동고서저의 지형 형성 • 함경산맥, 태백산맥, 낭림산맥 등 높은 산지 형성
화산 활동	신생대 제3기 말~제4기	백두산과 그 주변 지역, 신계–곡산, 철원–평강, 울릉도, 독도, 제주도 등지에 다양한 화산 지형 형성

경동성 요곡 운동

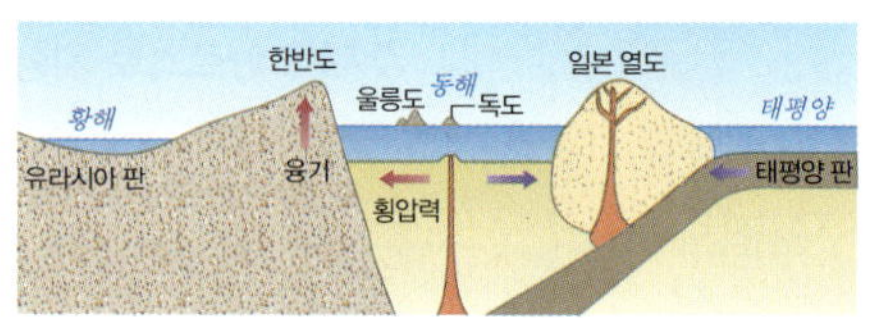

▲ 동해 지각 생성에 따른 2차적 횡압력

신생대 제3기 이후 일본이 한반도에서 분리되면서 그 사이에 동해가 형성되었다. 이때 동해 지각이 확장되면서 한반도에 강한 횡압력이 작용하였다. 그 결과 한반도에서는 융기축이 동해안에 치우친 경동성 요곡 운동이 일어났고, 상대적으로 융기량이 많은 동쪽은 높고 서쪽은 낮은 동서가 비대칭인 경동 지형을 이루었다. 이때 함경 · 태백산맥 등 한반도의 뼈대를 구성하는 주요 산맥들이 형성되었으며, 그밖에 고위 평탄면, 감입 곡류 하천, 해안 단구 등 융기의 영향을 받아 다양한 지형들이 형성되었다.

4. 기후 변화와 지형 발달

(1) 신생대 제4기 이후 기후 변화에 따른 빙기와 간빙기 반복 → 해수면(침식 기준면)이 오르내리면서 지형 변화가 나타남

(2) 빙기와 간빙기의 상대적 특징 비교

구분	빙기	간빙기
기후	한랭 건조	온난 습윤
침식 기준면	낮음	높음
풍화 작용	물리적 풍화 작용 우세	화학적 풍화 작용 우세
하천 상류	퇴적 작용 우세	침식 작용 우세
하천 하류	침식 작용 우세	퇴적 작용 우세

신생대 제4기 기후 변화와 지형 형성 작용

(지질학, 2011)

▲ 최종 빙기와 현재의 해안선

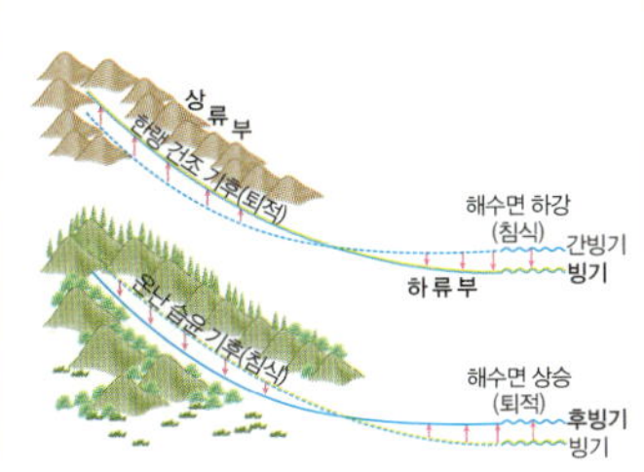

▲ 기후 변동과 지형 형성

- **최종 빙기** : 신생대 제4기에는 빙기와 간빙기가 여러 차례 반복되었다. 최종 빙기 중 빙하가 가장 확대되었던 약 2만 년 전에는 해수면이 현재보다 130m 가량 낮았다. 이때 황·남해 일부는 육지였고, 동해는 거대한 내륙 호수로 변하였으며, 독도와 울릉도는 여전히 섬이었다. 빙기 때 한반도는 지금보다 한랭 건조하여 식생이 빈약하였고, 암석의 물리적 풍화 작용이 활발하였다. 하천 상류는 물리적 풍화 작용으로 인한 풍화 산물이 많이 공급되었지만, 그 물질을 운반할 하천의 유량이 많지 않아 주변에 퇴적 작용이 활발하였다. 반면 현재 하천 기준의 하류부는 해수면(침식 기준면)이 하강하면서 침식 작용이 활발해져 깊은 골짜기가 형성되었다. 현재 하천 하류부는 빙기 때 바다에서 멀리 떨어진 중류부에 해당한다.
- **후빙기** : 후빙기에 접어들면서 기온이 상승해 해수면이 높아졌고, 약 6,000년 전 해수면이 현재의 높이에 이르렀다. 해수면이 상승하자 오늘날 하천 하류부에서는 유속이 감소하며 퇴적 작용이 활발해져 범람원, 삼각주 등의 충적 평야가 형성되었다. 서·남해안에서는 바닷물이 육지로 유입되면서 해안선이 복잡한 리아스 해안이 발달하였고, 동해안에서는 해수면 상승으로 골짜기가 침수되어 형성된 만의 입구가 사주로 막히면서 호수(석호)가 형성되었다.

주제 2 — 우리나라의 산지 지형

1. 우리나라의 산지 분포 특색

(1) 분포 특색

① 국토 면적의 약 70%가 산지로 이루어짐
② 장기간의 침식으로 낮은 산지가 많음, 해발 고도 200~500m의 저산성 산지가 약 40% 이상, 주로 남서쪽에 분포
③ 해발 고도 1,000m 이상의 고지대는 약 10%에 불과, 경동성 요곡 운동의 영향으로 높은 산지는 주로 북동쪽에 분포

(2) 지역별 산지 분포

북부 지방	• 중앙부에 낭림산맥과 마천령산맥, 동해안을 따라 함경산맥이 위치 → 함경산맥의 동쪽은 급경사, 서쪽은 완경사 • 관북 지방은 동해안을 제외하면 대체로 해발 고도 높음
중부 지방	• 태백산맥이 동해 쪽에 치우쳐 동고서저의 경동 지형 발달 • 황해로 흐르는 하천은 길이가 길고 완만, 동해로 흐르는 하천은 길이가 짧고 급경사 → 해안에 공급된 하천 운반 물질의 평균 입자 크기는 동해안이 황해안보다 큼
남부 지방	• 동해안을 따라 태백산맥이 분포하지만 영남 지방과 호남 지방의 경계를 이루는 소백산맥이 가장 높음 • 남서 계절풍이 불 때 소백산맥의 비그늘에 해당하는 영남 내륙 지방의 강수량이 적은 주요 원인이 됨

2. 1차 산맥과 2차 산맥

구분	1차 산맥	2차 산맥
형성	신생대 제3기 이후 경동성 요곡 운동의 영향으로 형성	중생대에 형성된 지질 구조선을 따라 차별적 풍화와 침식이 진행되어 형성
특징	해발 고도가 높고 산지의 연속성이 강함	해발 고도가 낮고 산지의 연속성이 약함
분포	낭림·태백·마천령산맥(한국 방향), 함경산맥(랴오둥 방향), 소백산맥(중국 방향)	묘향·멸악산맥(랴오둥 방향), 차령·노령산맥(중국 방향) 등

→ 함경산맥을 제외한 랴오둥 방향의 산맥, 소백산맥을 제외한 중국 방향의 산맥 대부분이 2차 산맥에 해당한다.

3. 돌산과 흙산

구분	돌산	흙산
형성	중생대에 관입한 화강암이 장기간 풍화·침식을 받아 정상부가 지표에 노출	시·원생대의 변성암이 장기간 풍화·침식을 받아 정상부가 풍화토로 덮임
기반암	주로 화강암	주로 변성암(편마암)
식생 밀도	낮음	높음
토양	암석 노출이 많음	두꺼움
분포	금강산, 설악산, 북한산 등	지리산, 덕유산, 오대산 등

4. 고위 평탄면

형성	과거 오랜 침식으로 평탄해진 곳이 경동성 요곡 운동으로 융기한 이후에도 평탄하게 남아 있음
분포	태백산맥과 소백산맥 서쪽 예 대관령, 진안고원 등
기후 특성	• 해발 고도가 높아 연평균 기온이 낮음 • 겨울철에 눈이 많이 내리고 기온이 낮아 눈이 쌓여 있는 기간(적설 기간)이 김 • 봄철에 눈 녹은 물이 공급되어 가뭄 피해가 작음

고위 평탄면의 토지 이용

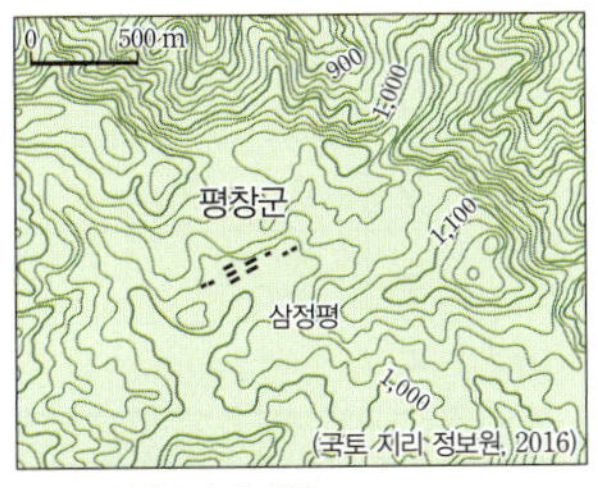

▲ 고위 평탄면의 지형도

(국토 지리 정보원, 2016)

▲ 목장(강원도 평창군)

해발 고도가 높은 고위 평탄면은 여름철 고온 다습한 평지에 비해 서늘하고 병충해가 적기 때문에 무, 배추 등의 채소를 재배하기 유리하다. 또한 증발량이 적고 눈이 많이 내려 건조한 봄철에도 습도를 유지할 수 있어 목초 재배에도 유리하다. 고위 평탄면 지역에서는 이러한 자연환경을 이용하여 고랭지 농업과 목축업이 활발하다. 강원도 평창의 대관령 일대는 목장과 고랭지 밭, 풍력 발전기 등의 경관과 함께 스키장, 리조트 등이 입지해 관광 산업도 발달하였다.

→ 지나친 개발로 집중 호우 시 토양 침식이 심화되어 유실된 토양이 하천으로 흘러들어 가면서 홍수 피해가 커지기도 한다.

핵심 개념 CHECK!

• 정답 및 해설 011쪽

01 지도는 우리나라의 지체 구조를 간략히 나타낸 것이다. 이를 보고 빈칸에 알맞은 말을 쓰시오.

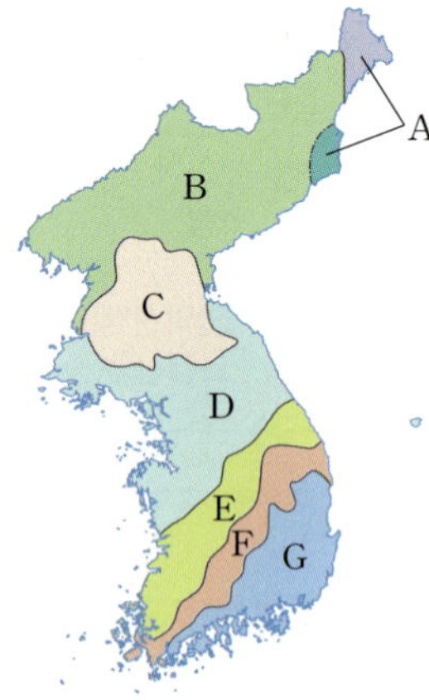

(1) A~G에 해당하는 지체 구조의 이름은?

A	
B	
C	
D	
E	
F	
G	

(2) A~G 중 시 · 원생대에 형성된 지체 구조는?
( )

(3) A~G 중 고생대에 형성된 지체 구조는?
( )

(4) A~G 중 중생대에 형성된 지체 구조는?
( )

(5) A~G 중 신생대에 형성된 지체 구조는?
( )

02 지도는 우리나라의 산맥 분포를 방향별로 구분하여 나타낸 것이다. 이를 보고 빈칸에 알맞은 말을 쓰시오.

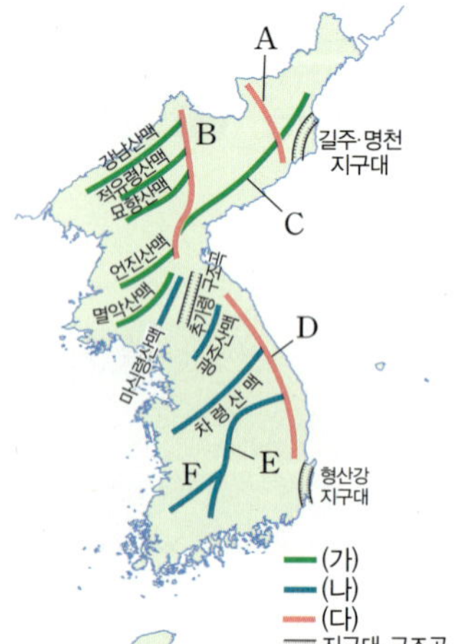

(1) A~F에 해당하는 산맥의 이름은?

A	
B	
C	
D	
E	
F	

(2) A~F 중 1차 산맥은?
( )

(3) (가)~(다)에 해당하는 산맥의 방향은?

(가)	
(나)	
(다)	

※ 다음의 설명이 맞으면 '○', 틀리면 '×'에 표시하시오.

03 중생대 대보 조산 운동의 영향으로 넓은 범위에 화강암이 관입하였다. ○ ×

04 신생대의 화산 활동으로 백두산과 울릉도가 형성되었다. ○ ×

05 고위 평탄면은 경동성 요곡 운동의 영향을 받아 형성되었다. ○ ×

06 (함정) 공룡 발자국 화석은 중생대의 육성 퇴적암에서 발견된다. ○ ×

07 중생대 초기에 일어난 송림 변동의 영향으로 랴오둥 방향의 지질 구조선이 형성되었다. ○ ×

08 (함정) 조선 누층군은 평안 누층군에 비해 형성 시기가 늦다. ○ ×

09 고생대 초기에 형성된 조선 누층군은 대표적인 해성층으로 무연탄이 많이 매장되어 있다. ○ ×

10 고생대 말~중생대 초에 형성된 평안 누층군은 주로 호소에서 형성된 육성층이다. ○ ×

11 중생대에 형성된 경상 누층군은 강원도 일대에 넓게 분포한다. ○ ×

12 최종 빙기보다 후빙기에 육지 면적이 넓다. ○ ×

13 (함정) 후빙기는 최종 빙기보다 침식 기준면이 낮고, 하천 상류의 퇴적 작용이 활발하다. ○ ×

14 고위 평탄면은 밭으로 많이 개간되어 집중 호우 시 토양 침식 문제가 발생하기도 한다. ○ ×

15 1차 산맥은 2차 산맥에 비해 평균 해발 고도가 높고, 산지의 연속성이 뚜렷하다. ○ ×

16 1차 산맥은 지질 구조선을 따라 차별 침식을 받아 형성되었다. ○ ×

17 (함정) 주된 기반암이 변성암으로 이루어진 산지는 돌산인 경우가 많다. ○ ×

18 금강산은 장기간의 침식으로 화강암이 노출되면서 형성된 돌산이다. ○ ×

19 (함정) 한국 방향의 산맥은 모두 1차 산맥이다. ○ ×

20 소백산맥과 노령산맥은 모두 중국 방향의 1차 산맥이다. ○ ×

21 경상 분지는 지각 변동의 영향을 적게 받아 비교적 지층이 수평을 이룬다. ○ ×

22 (함정) 마그마가 지하에서 천천히 굳어져 형성된 암석은 화강암이다. ○ ×

오늘날의 한반도는 어떻게 형성되었을까?

자료 1 한반도의 지질 계통과 지각 변동

	선캄브리아대		고생대						중생대			신생대	
지질 시대	시생대	원생대	캄브리아기	오르도비스기	실루리아기	데본기	석탄기	페름기	트라이아스기	쥐라기	백악기	제3기	제4기
지층	변성암 복합체 (편마암)		조선 누층군 (석회암)			결층	평안 누층군 (무연탄)			대동 누층군 (대보 화강암)	경상 누층군 (불국사 화강암)	제3계	제4계
지각 변동	변성 작용		조륙 운동						송림 변동	대보 조산 운동	불국사 변동	요곡·단층 운동	화산 활동
지체 구조	평북·개마 지괴, 경기 지괴, 영남 지괴		평남 분지, 옥천 습곡대						경상 분지			두만 지괴, 길주·명천 지괴	
지하자원	금, 은, 철, 텅스텐 등		무연탄, 석회석						무연탄			갈탄	

시간 표시: 5억 7,000만 년 전 / 2억 4,500만 년 전 / 6,500만 년 전

한반도는 시·원생대부터 신생대까지 전 지질 시대를 거치며 다양한 지각 변동을 겪어 왔다. 시·원생대에 초기 윤곽이 형성된 이후 고생대까지 큰 지각 변동 없이 장기간 침식을 받은 한반도는, 조륙 운동과 함께 평남 분지와 옥천 습곡대가 형성되어 퇴적층이 두껍게 발달하였다. 이후 중생대에 일어난 세 차례의 지각 변동으로 지질 구조선과 화강암이 형성(관입)되었으며, 신생대 제3기 요곡·단층 운동으로 동고서저의 경동 지형이 만들어져 오늘날 한반도의 골격을 형성하였다.

자료 2 지질 시대별 지체 구조

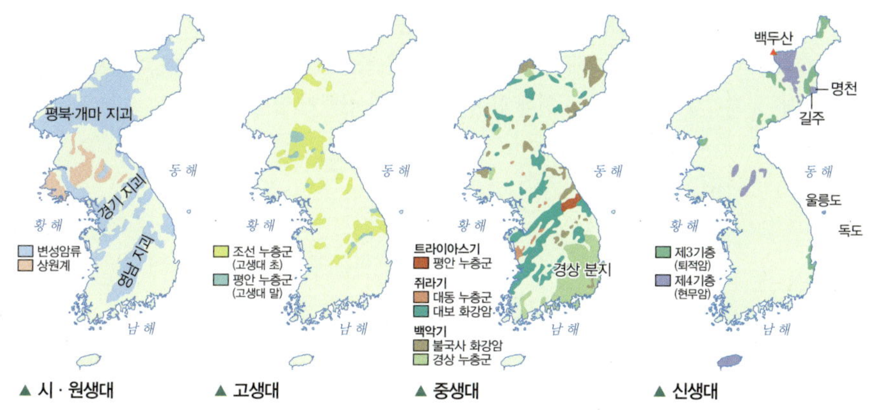

시·원생대에는 한반도 면적의 약 43%가 형성되었으며, 이 시기의 주요 암석은 변성암류인 편마암과 편암이다. 고생대에는 침강과 융기를 반복하며 초기에 조선 누층군이, 말기에 평안 누층군이 형성되었다. 해성층인 조선 누층군에는 석회석이, 육성층인 평안 누층군에는 석탄(무연탄)이 매장되어 있다. 중생대에는 지각 변동으로 인해 중·남부 지방을 중심으로 대보 화강암이, 영남 지방을 중심으로 소규모 불국사 화강암이 관입하였다. 또한 중생대 중기~말기에 거대한 호수였던 경상 분지는 경상 누층군이 형성된 이후 큰 지각 변동을 겪지 않아 수평층이 유지되어 공룡 발자국 화석이 발견된다. 신생대 제3기에는 동해안 일부가 바닷물에 잠겨 제3기층이 형성되었고, 이곳에는 갈탄이 매장되어 있다. 신생대 제3기 말~제4기에는 백두산, 철원, 울릉도·독도, 제주도 등지에 다양한 화산 지형이 형성되었다.

자료 분석에 적용하기

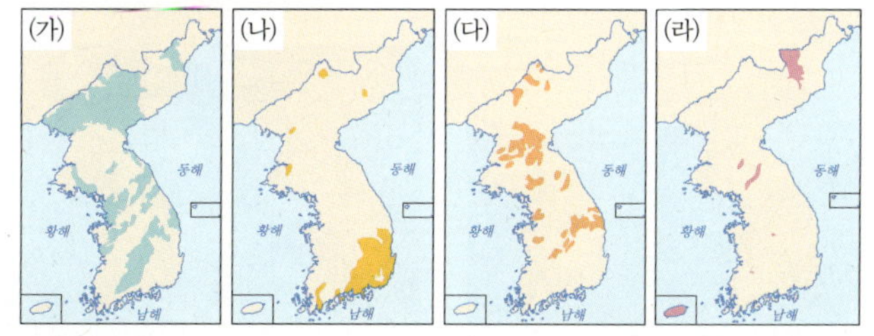

지질 시대	선캄브리아대		고생대			중생대			신생대	
	시생대	원생대	캄브리아기	⋯	석탄기–페름기 / 트라이아스기	쥐라기	백악기	제3기	제4기	
지질 계통	변성암류		A	결층	B	대동 누층군	C	제3계	제4계	
주요 지각 변동	변성 작용		조륙 운동			송림 변동	대보 조산 운동 / 불국사 변동 / 화강암 관입	요곡·단층 운동	화산 활동	

Q1 지도는 지질 시대별 암석 분포, 그림은 지질 계통과 주요 지각 변동을 나타낸 것이다. 이를 보고 빈칸에 알맞은 말을 쓰시오. (단, (가)~(라)는 경상 누층군, 조선 누층군, 변성암, 현무암 중 하나임.)

(1) (가)는 분포 면적이 가장 넓으므로 (　　　　　), (나)는 경상남도 일대 중심으로 나타나므로 (　　　　)에 형성된 암석 분포이다.

(2) (다)는 평안남도와 강원도 남부, 충북 북동부에 주로 분포하므로 (　　　　)에, (라)는 백두산, 철원, 울릉도·독도, 제주도 등에 분포하므로 (　　　　)에 형성된 암석 분포이다.

(3) A는 고생대 초의 해성층인 (　　　　) 누층군, B는 고생대 말~중생대 초에 걸쳐 형성된 육성층인 (　　　　) 누층군이다. C는 중생대 말 경상 분지 일대에서 퇴적된 (　　　　) 누층군으로, 큰 지각 변동을 겪지 않아 공룡 발자국 화석이 잘 발견된다.

(4) A~C 중 (　　　　)는 (가)~(라) 중 (　　　　)의 암석 분포와 일치한다.

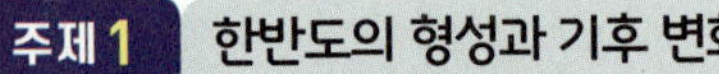

주제 1 한반도의 형성과 기후 변화

족집게 전략 | 연대표, 글 자료, 지도 등으로 제시된 자료에서 지질 시대별 지층과 지각 변동을 순서대로 구분하고, 시기별 특징을 파악하는 문항이 출제된다. 따라서 지질 시대별 주요 지층, 지각 변동, 매장된 자원 등 구체적인 내용을 꼭 암기해야 한다.

040 대표 문항
| 평가원 기출 |

자료에 대한 설명으로 옳은 것은?

〈우리나라의 지질 시대별 주요 지각 변동〉

지질 시대		시·원생대		고생대			중생대		신생대	
		시생대	원생대	캄브리아기	……	석탄기~페름기	트라이아스기	쥐라기	백악기	제3기	제4기
지질 계통		변성암 복합체		(가)	결층	평안 누층군		대동 누층군	경상 누층군	제3계	제4계
주요 지각 변동		↑ 변성 작용		↑ 조륙 운동				↑ 송림 변동	(나) ↑ 불국사 변동	↑ (다)	

〈충주 분지의 지질 단면〉

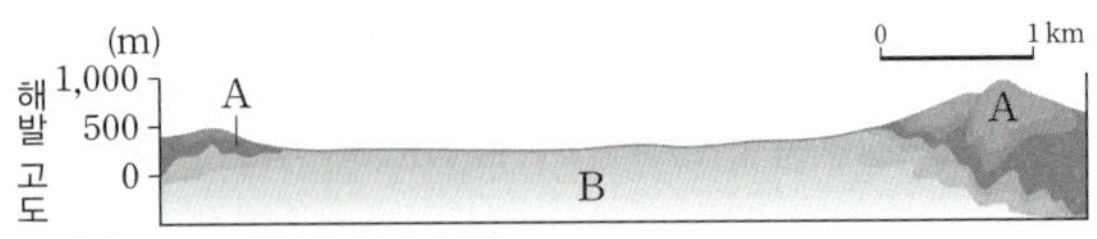

*단, A, B는 각각 편마암과 화강암 중 하나임.

① A로 구성된 산은 정상부가 주로 돌산의 경관을 보인다.
② B는 (가)의 대부분을 차지한다.
③ A는 B보다 형성 시기가 이르다.
④ 제주도의 화산체는 (나)에 의해 형성되었다.
⑤ 대보 화강암은 (다)에 의해 형성되었다.

✎ **한줄 Tip** 한반도 형성 과정을 순서대로 떠올리며 주요 지각 변동과 연계해 시대별로 어떤 암석이 형성되었는지 지질 계통표에 대입해 보자.

041
| 평가원 기출 |

다음 글의 ㉠~㉤에 대한 설명으로 옳은 것은?

한반도는 중생대에 여러 차례 지각 변동을 겪었다. 중생대 초 송림 변동에 이어 중생대 중엽에는 가장 격렬했던 ㉠ 대보 조산 운동이 일어나 구조선이 만들어졌다. 이 과정에서 마그마의 관입이 일어나 한반도의 ㉡ 화강암 분포에 영향을 주었다. ㉢ 관입된 암석과 주변 암석 간의 차별 침식은 특징적인 지형을 만들기도 했다. 중생대 후기에는 ㉣ 불국사 변동으로 ㉤ 경상 분지 곳곳에 마그마가 관입되었다.

① ㉠의 영향으로 남북 방향의 1차 산맥이 형성되었다.
② ㉡이 산 정상부를 이루는 경우 주로 흙산으로 나타난다.
③ ㉢의 결과로 침식 분지가 형성되었다.
④ ㉣은 동고서저 지형 형성의 주요 원인이다.
⑤ ㉤에는 갈탄이 광범위하게 매장되어 있다.

042
| 평가원 기출 |

다음 자료는 우리나라의 지체 구조와 지질 시대별 지각 변동을 나타낸 것이다. 이에 대한 설명으로 옳은 것은?

지질 시대		지각 변동
신생대	제4기	
	제3기	← 경동성 요곡 운동
	백악기	← 불국사 변동
(가)	쥐라기	← ㉠
	트라이아스기	← ㉡
	페름기	
(나)	…	← 조륙 운동
	캄브리아기	
	원생대	
	시생대	

① A는 대부분 육성층으로 공룡 발자국 화석이 발견된다.
② B는 평북·개마 지괴와 함께 (가)에 형성된 퇴적암층이다.
③ C는 (나)에 형성된 해성층으로 다량의 석회암이 매장되어 있다.
④ ㉠으로 인해 관입된 암석은 북한산의 기반암을 이루고 있다.
⑤ ㉡으로 인해 한국 방향의 1차 산맥이 형성되었다.

043
| 평가원 기출 |

그림의 (가), (나) 암석에 대한 설명으로 옳은 것은?

(가)

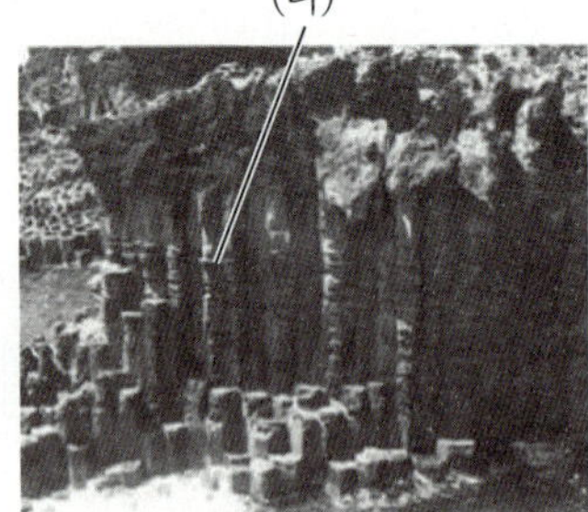

(나)

〈서울 북한산 인수봉〉　　〈제주도 대포 해안 주상 절리대〉

① (가)는 마그마가 굳어서 형성되었다.
② (가)는 평북·개마 지괴와 형성된 시기가 같다.
③ (나)는 오랜 퇴적 과정을 거쳐 형성되었다.
④ (나)는 대보 조산 운동이 일어난 시기에 형성되었다.
⑤ (나)는 주로 침식 분지의 주변 산지를 구성하는 암석이다.

[044~045] 다음 자료는 지질 시대별 주요 지각 변동을 나타낸 것이다. 이를 보고 물음에 답하시오.

지질 시대	선캄브리아대		고생대			중생대			신생대	
	시생대	원생대	캄브리아기	……	석탄기~페름기	트라이아스기	쥐라기	백악기	제3기	제4기
지질 계통	변성암류		A	결층	B		대동 누층군	C	제3계	제4계
주요 지각 변동	변성 작용		조륙 운동			송림 변동	D	불국사 변동	E	F
							화강암 관입			

044

A~C 지질 계통에 대한 설명으로 옳은 것은?

① A에는 주로 석탄이 매장되어 있다.

② B에서는 공룡 발자국 화석이 발견된다.

③ C는 영남 지방을 중심으로 분포한다.

④ A는 주로 육성층, B는 주로 해성층이다.

⑤ C는 B보다 지각 변동의 영향을 많이 받았다.

045

D~F 지각 변동이 한반도에 미친 영향을 〈보기〉에서 고른 것은?

> **보기**
> ㄱ. 화강암이 대규모로 관입하였다.
> ㄴ. 함경산맥과 태백산맥이 형성되었다.
> ㄷ. 제주도, 울릉도 등의 화산섬이 형성되었다.

	D	E	F			D	E	F
①	ㄱ	ㄴ	ㄷ		②	ㄱ	ㄷ	ㄴ
③	ㄴ	ㄱ	ㄷ		④	ㄷ	ㄱ	ㄴ
⑤	ㄷ	ㄴ	ㄱ					

046

다음 글의 (가)로 인한 변화로 옳은 것은?

> 중생대에 일어난 세 차례의 지각 변동은 신생대 제3기의 요곡·단층 운동과 함께 오늘날 한반도의 골격을 형성하는 데 큰 영향을 주었다. 중생대 초기에는 북부 지방을 중심으로 송림 변동이, 이어서 중기에는 중·남부 지방을 중심으로 가장 격렬했던 ___(가)___ 이/가, 중생대 말기에는 영남 지방을 중심으로 불국사 변동이 일어나 한반도 전체에 다양한 변화가 나타났다.

① 동고서저의 경동 지형이 형성되었다.

② 랴오둥 방향의 구조선이 형성되었다.

③ 마그마가 관입 후 굳어 화강암이 형성되었다.

④ 흙산의 주된 기반암을 이루는 암석이 형성되었다.

⑤ 평남 분지와 옥천 습곡대를 이루는 주요 기반암이 형성되었다.

047

지도는 두 암석의 분포를 나타낸 것이다. (가), (나) 암석에 대한 설명으로 옳지 않은 것은?

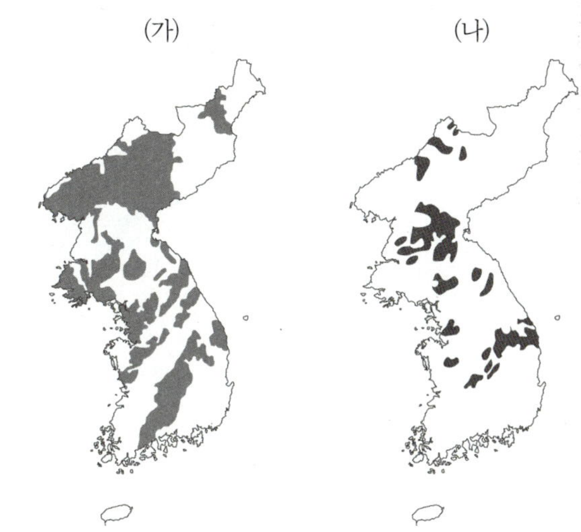

① (가)를 주된 기반암으로 하는 산지는 흙산이다.

② (가)는 시·원생대에 변성 작용을 받은 암석이다.

③ (나)에는 바다에서 살던 생물의 화석이 분포한다.

④ (나)에는 흑갈색의 암석으로 이루어진 주상 절리가 분포한다.

⑤ (가)는 (나)보다 형성 시기가 이르다.

048 고난도

그래프는 지질 시대별 암석 구성을 나타낸 것이다. A~E에 대한 설명으로 옳은 것은?

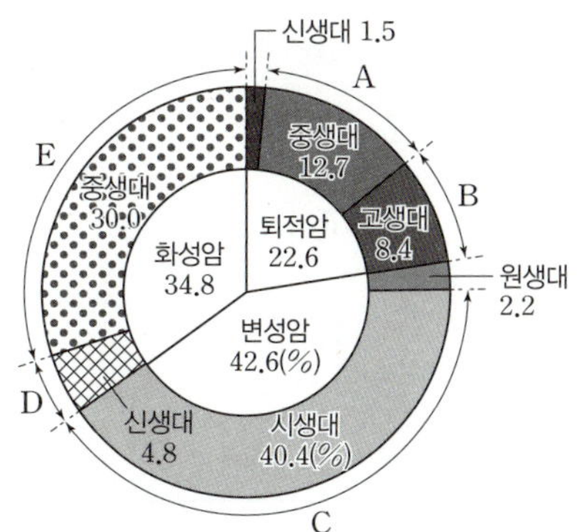

① A는 호남 지방을 중심으로 분포한다.

② B는 평안남도, 강원 남부 지역을 중심으로 분포한다.

③ D는 주로 마그마의 관입으로 형성되었다.

④ E가 주된 기반암인 산지는 주로 흙산을 이룬다.

⑤ C와 E로 이루어진 침식 분지에서 C는 주로 분지의 바닥 부분을 이룬다.

049

다음 자료의 (가)의 영향으로 형성된 지형 사례만을 〈보기〉에서 있는 대로 고른 것은?

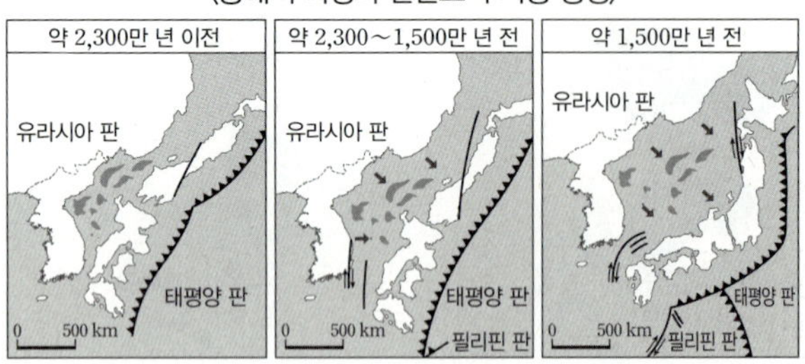

신생대 제3기 이후에 일본이 한반도에서 분리되면서 그 사이에 동해가 형성되었다. 동해 지각이 확장되면서 한반도에는 강한 횡압력이 작용하였고, 그 결과 한반도에서 ____(가)____ 이/가 진행되었다.

〈보기〉
ㄱ. 평창군 일대의 고위 평탄면
ㄴ. 강릉시 정동진의 해안 사구
ㄷ. 고성군의 바닷가에 위치한 석호
ㄹ. 영월군 산간 지역의 감입 곡류 하천

① ㄱ, ㄴ ② ㄱ, ㄹ ③ ㄱ, ㄴ, ㄹ
④ ㄱ, ㄷ, ㄹ ⑤ ㄴ, ㄷ, ㄹ

050

지도는 어느 시기에 형성된 두 퇴적암의 분포를 나타낸 것이다. (가), (나)에 대한 옳은 설명만을 〈보기〉에서 고른 것은?

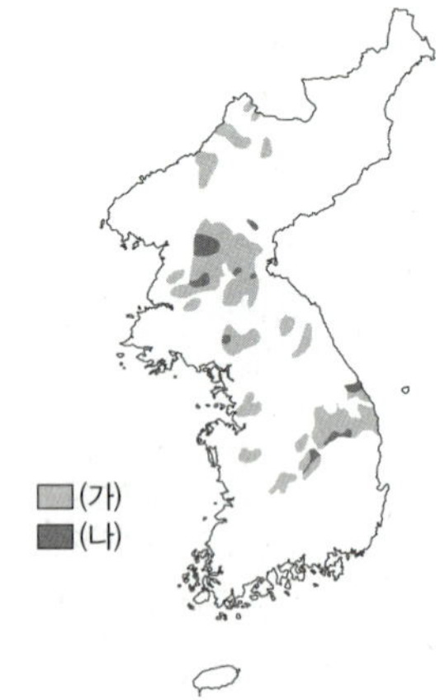

〈보기〉
ㄱ. (가)는 공룡 발자국 화석이 주로 분포하는 지층이다.
ㄴ. (나)에는 주로 에너지 자원이 매장되어 있다.
ㄷ. (가)는 (나)보다 형성 시기가 이르다.
ㄹ. (가)는 주로 육성층, (나)는 주로 해성층이다.

① ㄱ, ㄴ ② ㄱ, ㄷ ③ ㄴ, ㄷ ④ ㄴ, ㄹ ⑤ ㄷ, ㄹ

051

다음 글의 ⊙~㉣에 대한 옳은 설명만을 〈보기〉에서 고른 것은?

중생대 초기에 발생한 송림 변동은 주로 한반도 북부 지방에 영향을 미쳤고 중생대 중기에는 ⊙ 대보 조산 운동이 발생하여 지하 깊은 곳에 ⓒ 대보 화강암이 형성되었다. 중생대 말기에는 ⓒ 경상 분지에서 불국사 변동이 일어났으며 이때 소규모로 마그마가 관입하여 불국사 화강암이 형성되었다. 신생대 제3기에는 한반도와 일본 사이의 동해 지각이 확장되면서 한반도에 강력한 횡압력이 작용하여 ㉣ 경동성 요곡 운동이 발생하였다.

〈보기〉
ㄱ. ⊙의 영향으로 중국 방향의 구조선이 만들어졌다.
ㄴ. ⓒ은 주로 북부 지방을 중심으로 분포한다.
ㄷ. ⓒ에는 주로 중생대 퇴적암이 분포한다.
ㄹ. ㉣의 영향으로 형성된 산맥은 모두 한국 방향의 산맥이다.

① ㄱ, ㄴ ② ㄱ, ㄷ ③ ㄴ, ㄷ ④ ㄴ, ㄹ ⑤ ㄷ, ㄹ

052

다음 글의 ⊙~㉣에 대한 옳은 설명만을 〈보기〉에서 있는 대로 고른 것은?

우리나라의 지형 발달에 영향을 미친 요인으로 암석의 특성과 분포, 지각 변동, 해수면 변동 등을 들 수 있다. 중생대에는 ⊙ 대보 조산 운동 시기에 화강암이 관입하였으며, 이 암석이 침식 분지 바닥 부분의 기반암을 이루고 있다. 침식 분지의 배후 산지는 퇴적암이나 ⓒ 변성암인 편마암으로 이루어져 있다. 신생대에는 경동성 요곡 운동이 일어나 ⓒ 동고서저의 비대칭적인 지형 골격을 형성하였다. 제4기의 마지막 빙기 이후에는 ㉣ 해수면 상승에 따라 해안선이 변화하였다.

〈보기〉
ㄱ. ⊙의 화강암은 중·남부 지방에서 중국 방향의 구조선을 따라 분포하는 경향이 있다.
ㄴ. ⓒ은 고생대에 형성된 지체 구조에 주로 분포한다.
ㄷ. ⓒ은 중부 지방보다 남부 지방에서 뚜렷하게 나타난다.
ㄹ. ㉣에 의해 서·남해안에 리아스 해안이 형성되었다.

① ㄱ, ㄴ ② ㄱ, ㄹ ③ ㄱ, ㄴ, ㄷ
④ ㄱ, ㄷ, ㄹ ⑤ ㄴ, ㄷ, ㄹ

053

(가)~(다) 암석의 분포 지역을 지도의 A~C에서 고른 것은?

(가) 북한산, 설악산과 같은 돌산의 기반암으로 석탑의 재료로 널리 이용된다.

(나) 흰색 또는 회색을 띠고 바다에서 살던 생물의 화석이 나타나며 시멘트 공업의 주요 원료로 이용된다.

(다) 지리산, 덕유산과 같은 흙산의 주된 기반암을 이루고 열과 압력을 받아 형성된 줄무늬가 잘 나타나 화단 장식용으로 많이 사용된다.

	(가)	(나)	(다)
①	A	B	C
②	A	C	B
③	B	A	C
④	B	C	A
⑤	C	A	B

054

| 평가원 기출 |

(가)에 대한 (나) 시기 자연환경의 상대적 특성으로 옳은 것은?

(가) 약 1만 8천 년 전, 바다가 물러나면서 황해는 육지가 되어 완전히 사라졌으며, 한반도와 제주도는 육지로 연결되었다.

(나) 약 6천 년 전, 해수면이 현재와 유사한 높이까지 상승하여 하천 하류부의 골짜기가 바닷물에 침수되면서 리아스 해안이 형성되었다.

① 연평균 기온이 낮다.

② 설악산의 해발 고도가 높다.

③ 냉대림의 분포 면적이 넓다.

④ 남해로 유입되는 하천의 길이가 짧다.

⑤ 화학적 풍화보다 물리적 풍화가 활발하다.

055

지도는 두 시기의 해안선을 나타낸 것이다. (가), (나) 시기에 대한 옳은 설명만을 〈보기〉에서 고른 것은? (단, A, B는 오늘날 한강의 상류와 하류 중 하나임.)

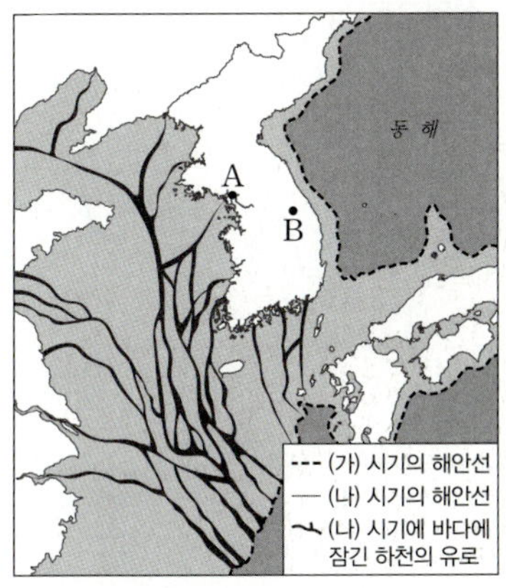

〈보기〉

ㄱ. (가) 시기 A 지점은 (나) 시기보다 화학적 풍화 작용이 활발하다.

ㄴ. (가) 시기 B 지점은 (나) 시기보다 해발 고도가 높다.

ㄷ. (나) 시기 A 지점은 (가) 시기보다 퇴적층의 두께가 두껍다.

ㄹ. (나) 시기 B 지점은 (가) 시기보다 산지의 식생 밀도가 낮다.

① ㄱ, ㄴ　　② ㄱ, ㄷ　　③ ㄴ, ㄷ　　④ ㄴ, ㄹ　　⑤ ㄷ, ㄹ

056

그림은 기후 변동에 따른 지형 형성 과정을 나타낸 것이다. 이에 대한 옳은 설명만을 〈보기〉에서 고른 것은?

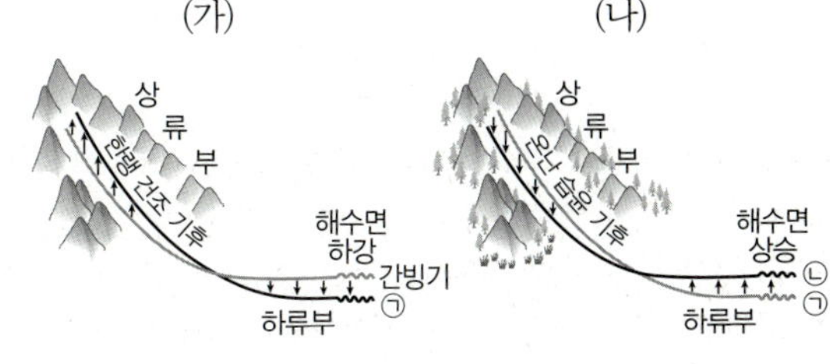

〈보기〉

ㄱ. ㉠은 최종 빙기, ㉡은 후빙기이다.

ㄴ. (가) 시기에 하천 상류부는 침식 작용이 활발하였다.

ㄷ. (나) 시기에 하천 하류부는 퇴적 작용이 활발하였다.

ㄹ. (가) 시기는 (나) 시기보다 하천 상류부의 식생 밀도가 높다.

① ㄱ, ㄴ　　② ㄱ, ㄷ　　③ ㄴ, ㄷ　　④ ㄴ, ㄹ　　⑤ ㄷ, ㄹ

057

그래프는 시기별 해수면 변동을 나타낸 것이다. ㉠, ㉡ 시기에 지도의 A, B 지점에 대한 설명으로 옳지 <u>않은</u> 것은?

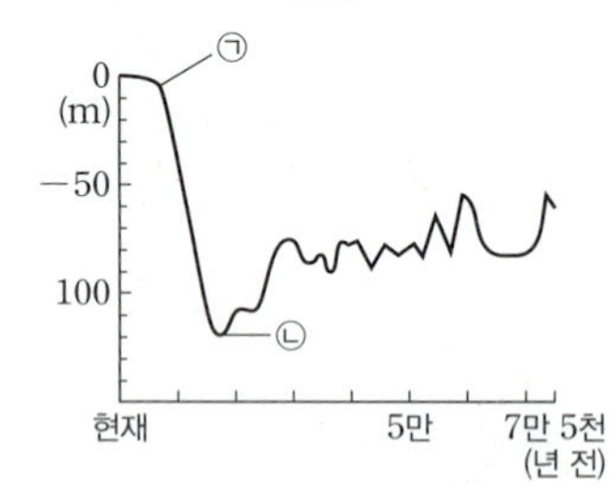

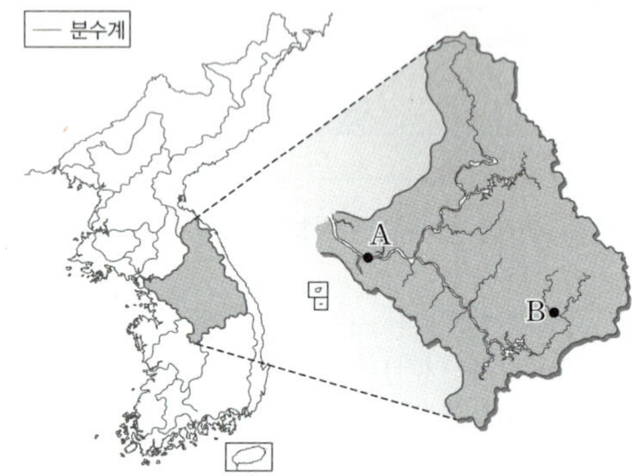

① ㉠ 시기는 ㉡ 시기보다 침식 기준면이 높다.
② ㉠ 시기는 ㉡ 시기보다 A 지점의 퇴적층 두께가 두껍다.
③ ㉠ 시기는 ㉡ 시기보다 B 지점의 식생 밀도가 높다.
④ ㉡ 시기는 ㉠ 시기보다 A 지점에서 물리적 풍화 작용이 활발하였다.
⑤ ㉡ 시기는 ㉠ 시기보다 B 지점에서의 하천 유량이 많다.

주제 2 　우리나라의 산지 지형

족집게 전략 | 흙산·돌산의 비교 문항이 가장 많이 출제되며, 성인별·방향별 산맥 형성과 분포, 고위 평탄면 등도 출제된다. 앞서 배웠던 암석 특징과 지각 변동을 산지와 연결해 학습해야 한다.

058 ▸ 대표 문항
| 평가원 기출 |

다음 자료는 산지를 상대적 특성에 따라 구분한 것이다. A, B 산지의 사례로 옳은 것은?

구분	A	B
특성	• 주로 변성암으로 이루어짐 • 식생 밀도가 높고 숲이 무성함 • 바위의 노출이 적고 토양층이 비교적 두꺼움	• 주로 화강암으로 이루어짐 • 식생 밀도가 낮고 큰 암반이 봉우리를 이루기도 함 • 기암괴석이 많고 경치가 빼어남

	A	B		A	B
①	금강산	오대산	②	덕유산	오대산
③	북한산	설악산	④	설악산	지리산
⑤	지리산	금강산			

✏️ **한줄 Tip**　선택지에 주어진 산지의 이름에서도 힌트를 얻을 수 있어.

059

다음 글의 ㉠, ㉡에 대한 옳은 설명만을 〈보기〉에서 고른 것은?

> 우리나라의 산지는 ㉠ 1차 산맥과 ㉡ 2차 산맥으로 구분할 수 있다. 1차 산맥은 신생대 제3기 이후 횡압력을 받은 동해안이 비대칭적으로 융기하면서 형성되었고, 2차 산맥은 1차 산맥 형성 이후 지질 구조선을 따라 차별 풍화와 차별 침식을 받아 형성되었다.

〈보기〉
ㄱ. ㉠에는 한국 방향의 산맥이 모두 포함된다.
ㄴ. ㉡에는 중국 방향의 산맥이 모두 포함된다.
ㄷ. ㉠은 ㉡보다 산줄기의 연속성이 뚜렷하다.
ㄹ. ㉡은 ㉠보다 해발 고도가 높다.

① ㄱ, ㄴ　② ㄱ, ㄷ　③ ㄴ, ㄷ　④ ㄴ, ㄹ　⑤ ㄷ, ㄹ

060

다음 자료에 대한 옳은 설명만을 〈보기〉에서 고른 것은? (단, 단면도는 지도의 A, B 단면 중 하나이고, 섬을 제외한 부분을 지도상에 같은 거리로 나타낸 것임.)

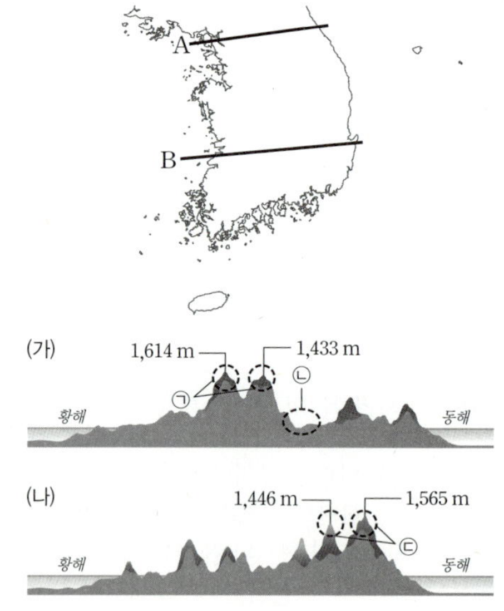

〈보기〉
ㄱ. ㉠은 한국 방향의 산맥에 해당한다.
ㄴ. ㉡은 낙동강 유역에 해당한다.
ㄷ. ㉢은 경동성 요곡 운동으로 형성된 산맥이다.
ㄹ. A는 (가), B는 (나)의 단면에 해당한다.

① ㄱ, ㄴ　② ㄱ, ㄷ　③ ㄴ, ㄷ　④ ㄴ, ㄹ　⑤ ㄷ, ㄹ

061

다음은 지리 퀴즈 대회의 장면 중 일부이다. (가) 산맥에 대한 옳은 설명만을 〈보기〉에서 고른 것은?

교사 : 다음에 제시된 내용은 모두 우리나라의 어떤 산맥과 관련된 것입니다. 이 산맥의 이름은 무엇일까요?

1차 산맥, 한국 방향 산맥, 중·남부 지방

학생 : ☐ (가) ☐ 입니다.
교사 : 네, 정답입니다.

〈보기〉
ㄱ. 동해안과 평행하게 분포한다.
ㄴ. 경동성 요곡 운동으로 형성되었다.
ㄷ. 호남 지방과 영남 지방의 경계를 이루고 있다.
ㄹ. 중·남부 지방에서 한라산 다음으로 해발 고도가 높은 산이 위치한다.

① ㄱ, ㄴ   ② ㄱ, ㄷ   ③ ㄴ, ㄷ   ④ ㄴ, ㄹ   ⑤ ㄷ, ㄹ

062 고난도

지도는 우리나라의 산맥 분포를 나타낸 것이다. 이에 대한 설명으로 옳지 <u>않은</u> 것은?

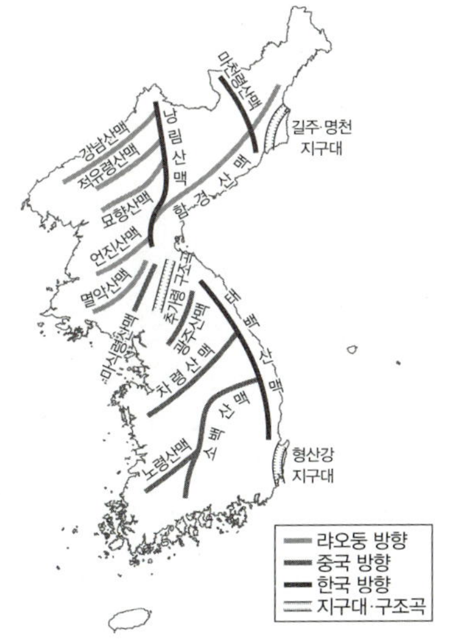

① 북부 지방에서 최고봉은 낭림산맥에 위치한다.
② 남부 지방의 1차 산맥에서 최고봉은 소백산맥에 위치한다.
③ 한국 방향의 산맥은 경동성 요곡 운동의 영향을 받아 형성되었다.
④ 경동 지형의 특징은 남부 지방보다 중부 지방에서 뚜렷하게 나타난다.
⑤ 동해안과 평행하게 배열된 산맥은 대체로 산줄기의 연속성이 뚜렷하다.

063

다음 자료의 A에 대한 옳은 설명만을 〈보기〉에서 고른 것은?

A는 영서와 영동의 경계가 되는 산지 정상부에 위치한 고원의 일부이다. 과거에는 화전민이 주로 거주하였으나 영동 고속 국도 개통 이후 A의 토지 이용에 큰 변화가 나타났다. 최근에는 신·재생 에너지를 생산하는 시설이 입지하여 새로운 경관을 형성하고 있다.

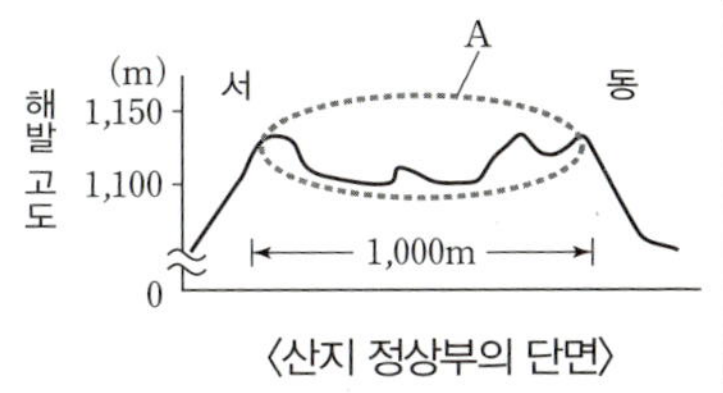

〈보기〉
ㄱ. A는 경동성 요곡 운동으로 융기되었다.
ㄴ. A의 고지대는 풍력 발전에 유리한 자연 조건을 가진다.
ㄷ. A에서는 유리한 기후 조건을 활용하여 벼농사가 활발히 이루어지고 있다.
ㄹ. 봄철에 A를 넘어서 영동 지방으로 높새바람이라는 고온 건조한 바람이 분다.

① ㄱ, ㄴ   ② ㄱ, ㄷ   ③ ㄴ, ㄷ   ④ ㄴ, ㄹ   ⑤ ㄷ, ㄹ

064

지도의 지역에 대한 옳은 설명만을 〈보기〉에서 있는 대로 고른 것은?

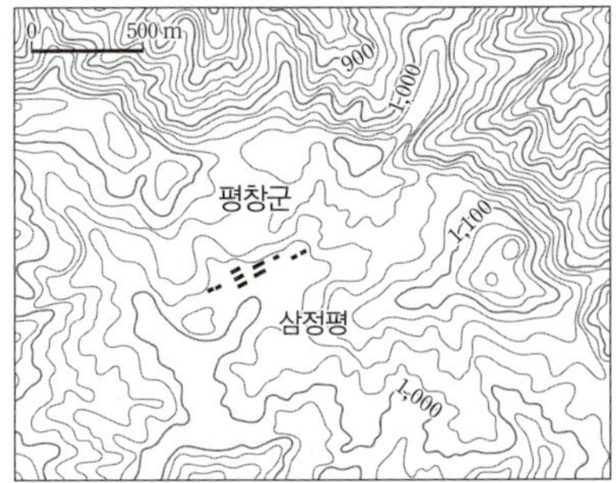

〈보기〉
ㄱ. 침식 분지의 일부를 나타낸 것이다.
ㄴ. 경동성 요곡 운동의 영향을 받았다.
ㄷ. 여름철에 고랭지 작물의 재배가 이루어진다.
ㄹ. 영서 지방과 영동 지방의 경계부에 해당한다.

① ㄱ, ㄴ   ② ㄱ, ㄹ   ③ ㄱ, ㄴ, ㄷ
④ ㄱ, ㄷ, ㄹ   ⑤ ㄴ, ㄷ, ㄹ

04강 하천 지형과 해안 지형

주제 1 우리나라 하천의 특색

1. 하천의 의미와 특성

→ 우리나라 하천의 유역 면적은 한강>낙동강>금강>섬진강>영산강 순으로 넓다.

(1) 하천의 기본 개념

① 하계망 : 하나의 본류와 이에 합류하는 지류로 이루어짐

② 유역 : 하계망을 통해 하천으로 강수(비, 눈 등)가 모여드는 범위

③ 분수계 : 하천 유역을 구분하는 경계 → 산의 능선이나 고개

(2) 하천 상·하류의 상대적 특징

▲ 우리나라 하천의 분포

구분	상류	하류
경사	급함	완만함
하폭	좁음	넓음
유량	적음	많음
퇴적물 입자 크기	큼	작음
퇴적물 원마도	낮음	높음

2. 우리나라 하천의 특색

(1) 황해와 남해로 흐르는 주요 하천 : 함경·태백산맥이 동해 쪽에 치우쳐 있어 두만강을 제외한 대부분의 큰 하천은 황·남해로 유입, 황·남해로 흐르는 하천은 동해로 흐르는 하천보다 유로가 길고 경사가 완만함

(2) 유량 변동이 큰 하천 → 하천의 최소 유량에 대한 최대 유량의 비

① 여름철에 집중되는 강수, 하천의 좁은 유역 면적 → 세계 주요 하천보다 하상계수가 크며 하천 교통 및 수력 발전에 불리

② 저수지와 댐 건설 및 삼림 녹화 → 하상계수가 점차 감소

(3) 바닷물이 역류하는 감조 하천

① 밀물과 썰물의 영향을 받아 하천 수위가 주기적으로 변하는 하천

② 영향 : 감조 구간에 농경지 염해, 밀물 때 집중 호우가 겹치면 홍수 피해 증가

→ 예) 낙동강, 금강, 영산강 하구

③ 대책 : 방조제, 하굿둑 건설 → 염해 방지, 용수 확보, 교통로 역할

주제 2 하천 중·상류에 발달한 지형

1. 감입 곡류 하천

(1) 정의 : 하천의 중·상류에서 산지 사이의 골짜기를 구불거리며 흐르는 하천

(2) 발달 : 신생대 경동성 요곡 운동의 영향으로 지반의 융기량이 많았던 대하천 중·상류 산지 지역에 주로 발달

(3) 형성 과정 : 오랜 침식으로 평탄한 곳을 흐르던 자유 곡류 하천 → 경동성 요곡 운동으로 융기하면서 하방 침식 활발 → 하방 침식이 계속되면서 깊은 계곡의 골짜기를 이룸

2. 하안 단구

(1) 정의 : 하천 주변에 분포하는 계단 모양의 지형

(2) 형성 : 과거의 하상이나 범람원이 지반 융기 또는 해수면 하강에 따른 하천 침식에 의해 형성

(3) 특징 : 주로 감입 곡류 하천 주변에 발달, 단구면에 둥근 자갈이나 모래 분포, 해발 고도가 높아 홍수 시에도 쉽게 침수되지 않음

→ 과거에 물이 흘렀던 증거이다.

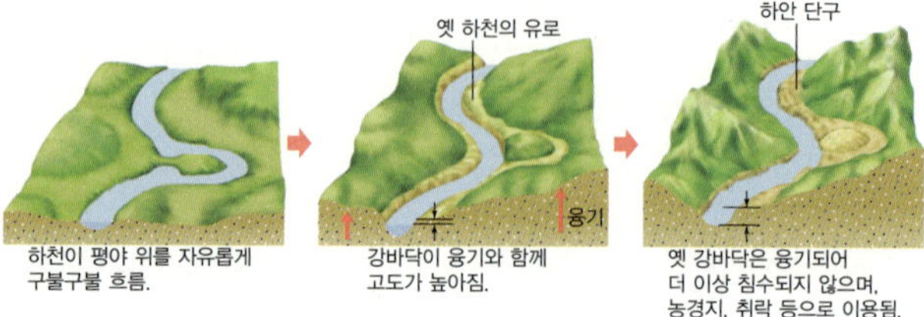

▲ 하안 단구의 형성 과정

지도로 살펴보기

감입 곡류 하천과 하안 단구

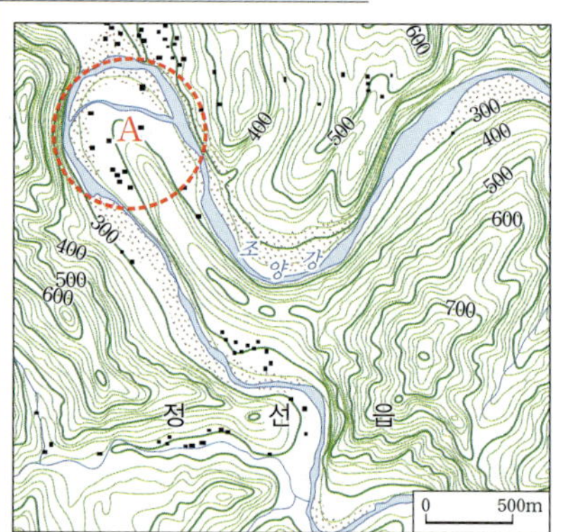

지도는 곡류 하천 주변 산지의 등고선 간격이 매우 좁은 것으로 보아 경사가 급한 중·상류의 감입 곡류 하천을 나타낸 것이다. A는 등고선의 간격이 주변 산지보다 넓게 나타나며, 취락이 모여 입지한 것으로 보아 감입 곡류 하천 주변에 주로 나타나는 하안 단구이다. 하안 단구는 하천보다 해발 고도가 높아 홍수 시에 쉽게 침수되지 않고 지면이 비교적 평탄하기 때문에 취락이 입지하거나 농경지와 교통로 등으로 이용된다.

3. 선상지

(1) 정의 : 골짜기 입구의 경사 급변점에 유속의 감소로 하천 운반 물질이 쌓여 형성되는 부채 모양의 충적 지형

(2) 특색 : 우리나라는 경사 급변점이 적어 잘 발달하지 않는 편

선정	선상지의 정상부, 계곡 물을 얻을 수 있어서 취락 입지
선앙	선상지의 중앙부, 하천이 복류하여 지표수가 부족 → 주로 밭, 과수원으로 이용
선단	선상지의 말단부, 선앙에서 복류하던 물이 샘으로 솟는 용천대 분포 → 취락 입지, 논농사

4. 침식 분지

(1) 정의 : 주위가 산지로 둘러싸인 완만한 평지

(2) 형성 : 기반암이 차별적인 풍화 또는 침식을 받아 형성

(3) 특징 → 예) 하천 합류 지점인 춘천(북한강), 충주(남한강), 안동(낙동강) 등

① 기온 역전 현상으로 안개가 자주 발생, 오염 물질 확산이 어려움

② 주거지와 농경지로 이용 → 일찍부터 내륙의 중심지로 발달

→ 정상적인 기온 분포와 반대로 고도가 높아질수록 기온이 높아지는 현상으로, 산사면을 따라 하강한 차가운 냉기류가 분지 바닥에 머물기 때문에 발생한다.

자료로 살펴보기

침식 분지

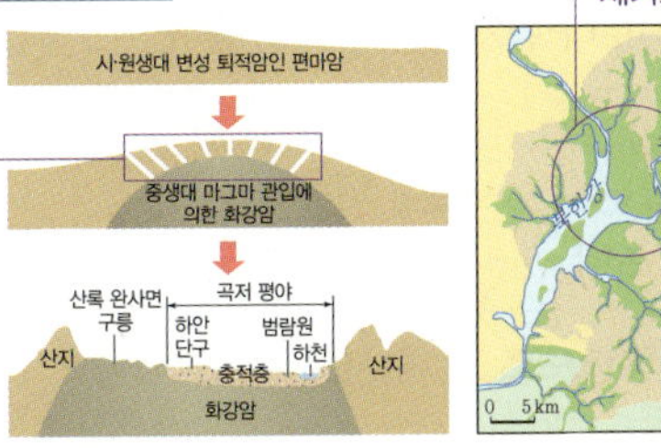

▲ 형성 과정

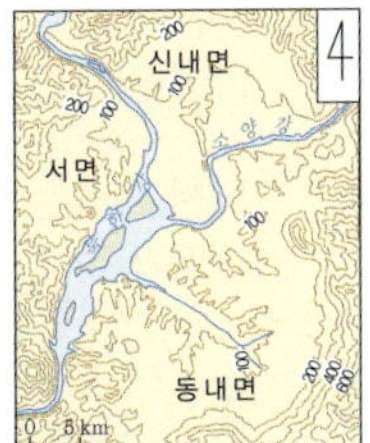

▲ 춘천 분지 지질도(좌)와 지형도(우)

- 침식 분지는 주로 풍화·침식에 약한 화강암이 빠르게 제거되고 상대적으로 강한 주변부가 산지로 남아 형성되며, 하천 합류 지점에 잘 발달한다.
- 춘천 분지는 변성암과 퇴적암이 기반암인 지역에 중생대 화강암이 관입한 뒤, 북한강과 소양강의 합류 지점을 중심으로 화강암 지대가 주변 변성암 지대보다 더 빠르게 풍화·침식을 받아 형성되었다. 하천 주변에는 충적층이 발달해 있어 일찍부터 농경지로 이용되었다.

└→ 부피가 늘어나 균열이 발생하여 주변보다 빨리 제거되면서 땅속 화강암이 노출된다.

주제 3 하천 중·하류에 발달한 지형

1. 자유 곡류 하천

(1) **정의** : 평야 위를 자유롭게 곡류하는 하천

(2) **특징** : 대하천 범람원 위를 흐르는 작은 지류 하천에서 잘 나타남, 감입 곡류 하천에 비해 측방 침식이 활발하여 유로 변경이 잦음 → 주변에 하중도, 우각호, 구하도 등이 형성

└→ 유로가 변경되기 전에 하천이 흘렀던 길로, 감입 곡류 하천에서도 나타난다.

2. 범람원

(1) **정의** : 하천의 범람으로 운반 물질이 주변에 쌓여 형성된 평야

(2) **특징** : 우리나라 주요 평야 지대의 하천 양안에서 흔히 나타남, 토양이 비옥하여 농경지로 이용

└→ 범람 시 하천 가까운 곳에 입자가 큰 물질이 퇴적되고, 다소 떨어진 곳에 입자가 작은 물질이 퇴적된다.

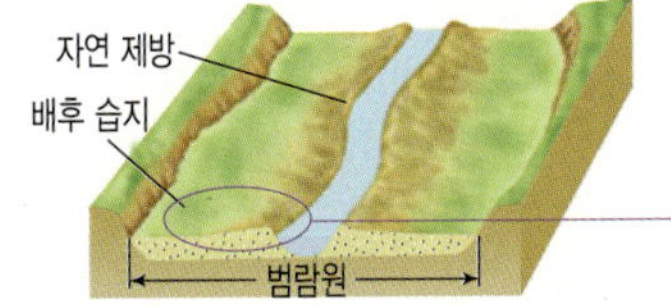

▲ 범람원의 모식도

(3) **구성** : 자연 제방과 배후 습지

구분	자연 제방	배후 습지
해발 고도	높음	낮음
물질	입자 크기가 비교적 큰 모래질 토양	입자 크기가 매우 작은 점토질 토양
전통적 토지 이용	밭, 과수원	논

3. 삼각주

(1) **정의** : 하천 하구에서 유속의 감소로 운반 물질이 쌓여 형성된 평야

(2) **특징**

① 운반 물질의 양이 조류나 해류에 의해 제거되는 양보다 많은 하천의 하구에서 잘 발달 → 대하천 대부분이 조차가 큰 서·남해안으로 흐르기 때문에 삼각주 발달이 어려움, 낙동강 하구에 발달

② 자연 제방과 배후 습지로 구성

└→ 자연 제방을 따라 취락이 입지하였고, 배후 습지에서는 주로 벼농사나 원예 농업이 이루어진다.

주제 4 해안 지형 및 인간 활동에 의한 지형 변화

1. 우리나라 해안의 특색

동해안	• 해안선과 산맥의 방향이 평행, 지반의 융기 → 해안선이 단조롭고 섬이 적음 • 파랑의 침식·퇴적 작용 활발 → 암석·모래 해안 발달
서·남해안	• 해안선과 산맥의 방향이 교차, 골짜기가 바닷물에 침수 → 섬과 만이 많아 해안선이 복잡(리아스 해안, 다도해) • 조차가 커 조류의 퇴적 작용 활발 → 갯벌 발달

2. 해안 지형의 형성 요인 : 파랑·연안류·조류·바람 등의 침식 및 퇴적 작용, 지반의 융기, 해수면 변동 등

└→ 해안을 따라 평행하게 이동하는 바닷물의 흐름

자료로 살펴보기

곶과 만에서의 해안 지형 형성

- **곶** : 육지가 바다 쪽으로 돌출되어 파랑 에너지가 집중되기 때문에 침식 작용이 활발하다. 이에 해식애, 파식대, 시 스택 등의 해안 침식 지형이 주로 형성된다.
- **만** : 바다가 육지 쪽으로 움푹 들어가 파랑 에너지가 분산되기 때문에 퇴적 작용이 활발하다. 이에 사빈, 석호 등의 모래 해안과 갯벌 등의 해안 퇴적 지형이 주로 형성된다.

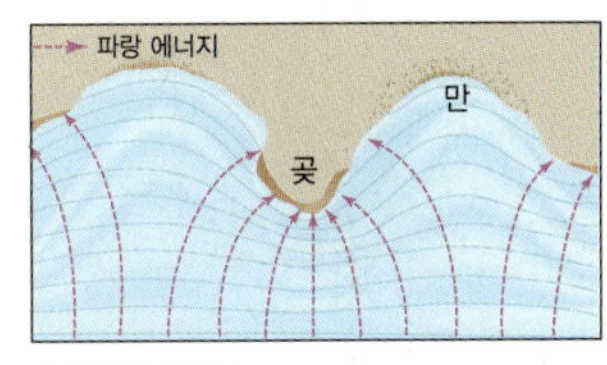

▲ 파랑의 굴절

3. 다양한 해안 지형

사빈	하천이나 주변 암석 해안으로부터 공급되어 온 모래가 파랑과 연안류의 작용으로 해안가를 따라 퇴적되어 형성
해안 사구	• 사빈의 모래가 바다로부터 불어오는 바람에 날려 퇴적되어 형성 → 퇴적물의 평균 입자 크기가 사빈보다 작음 • 방풍림 조성, 태풍 및 해일 피해 완화, 지하수 저장 기능
사주	파랑과 연안류에 의해 운반된 모래가 만의 입구나 섬의 뒤쪽에 퇴적된 좁고 긴 모래 퇴적 지형
육계도	사주에 의해 육지와 연결된 섬
갯벌	• 밀물 때는 바다에 잠기고 썰물 때는 물 위로 드러나는 지형 • 조류에 의해 모래나 점토가 퇴적되어 형성, 다양한 생물종 서식, 오염 물질 정화 능력이 탁월
해안 단구	과거의 파식대나 해안 퇴적 지형이 지반 융기나 해수면 변동으로 현재 해수면보다 높이 위치하는 계단 모양의 지형
석호	• 후빙기 해수면 상승으로 형성된 만의 입구를 사주가 막아 형성된 호수 → 주로 동해안에 발달 • 하천이 운반한 토사가 호수에 퇴적되어 점차 규모 축소

4. 인간 활동에 의한 하천 및 해안 지형 변화

(1) **도시화와 하천 수위** : 지표 포장 면적 증가 → 강수 시 하천 최고 수위 상승, 최고 수위 도달 시간 단축 → 홍수 위험 증가

(2) **간척 사업** : 갯벌 축소, 해안선의 단순화

(3) **해안 침식** : 댐·하굿둑·방조제 등의 건설로 해안에 공급되는 모래의 양이 감소하여 사빈 침식, 해안 사구 축소 → 그로인, 모래 포집기 등을 통해 모래 보호 노력

└→ 바다 쪽으로 일정 간격을 두고 축조한 인공 구조물로, 파랑과 연안류에 의한 모래 유실을 방지한다.

핵심 개념 CHECK!

• 정답 및 해설 015쪽

01 지도는 우리나라의 하천 유역을 나타낸 것이다. 이를 보고 물음에 답하시오. (단, A~E는 금강, 낙동강, 섬진강, 영산강, 한강 중 하나임.)

(1) A~E에 해당하는 하천의 이름은?

A	
B	
C	
D	
E	

(2) A~E를 유역 면적이 넓은 순서대로 나열하면?
( ), ( ), ( ),
( ), ( )

(3) A~E 중 하굿둑이 건설된 하천은?
( ), ( ), ( )

02 지도는 하천 주변의 지형을 나타낸 것이다. 이를 보고 빈칸에 알맞은 말을 쓰거나, 괄호 안의 내용 중 알맞은 말을 고르시오.

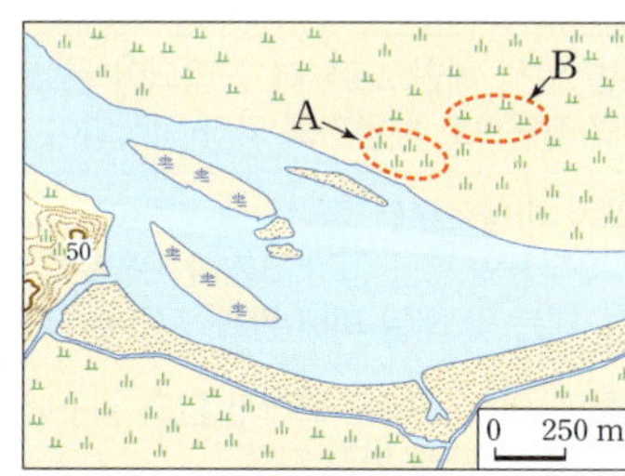

(1) A, B 지형의 이름은?
A : ( )
B : ( )

(2) A는 B보다 해발 고도가 (낮고 / 높고), 퇴적물 중 모래의 비율이 (낮아 / 높아) 주로 (논 / 밭)으로 이용된다.

03 그림은 주요 해안 지형을 모식도로 나타낸 것이다. 이를 보고 A~H에 해당하는 지형의 이름을 쓰시오.

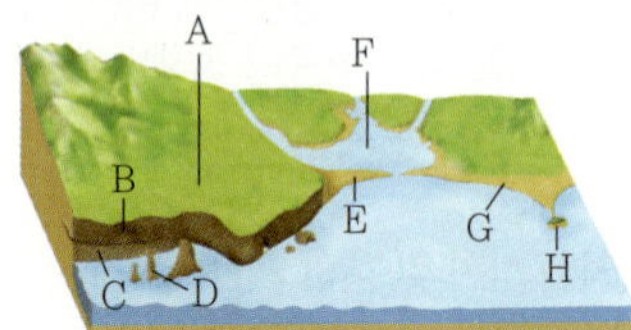

A		B	
C		D	
E		F	
G		H	

 다음의 설명이 맞으면 'O', 틀리면 'X'에 표시하시오.

04 하천 상류는 하천 하류보다 경사가 완만하고 유량이 많다.　　○　×

05 하천 하류는 하천 상류보다 퇴적물의 평균 입자 크기가 작고 원마도가 높다.　　○　×

06 경동성 요곡 운동의 영향으로 큰 하천은 주로 황·남해로 흐른다.　　○　×

07 동해로 유입하는 하천은 황·남해로 유입하는 하천보다 하구 퇴적물의 평균 입자 크기가 크다.　　○　×

08 감조 구간에서 하천의 주기적 수위 변동 폭은 하류가 상류보다 크다.　　○　×

09 함정　우리나라는 세계 주요 하천보다 하상계수가 작고 하천 교통 발달에 유리하다.　　○　×

10 감입 곡류 하천은 측방 침식보다 하방 침식이 활발하다.　　○　×

11 침식 분지는 주로 중·상류의 하천 합류 지점에서 잘 발달한다.　　○　×

12 자유 곡류 하천은 측방 침식이 활발하여 감입 곡류 하천보다 유로의 변경이 잦다.　　○　×

13 배후 습지는 자연 제방보다 퇴적 물질의 평균 입자 크기가 크며 배수가 양호하다.　　○　×

14 함정　하천 하류에 분포하는 범람원의 퇴적층 두께는 최종 빙기에 비해 현재가 두껍다.　　○　×

15 우리나라는 선상지와 삼각주가 범람원보다 널리 발달하였다.　　○　×

16 서·남해안은 해안선과 산맥이 대체로 교차하여 리아스 해안을 이룬다.　　○　×

17 갯벌은 주로 파랑의 퇴적 작용으로 형성된다.　　○　×

18 함정　해안 사구는 사빈보다 퇴적 물질의 평균 입자 크기가 크다.　　○　×

19 석호의 물은 염도가 낮아 농업용수로 이용된다.　　○　×

20 하안 단구와 해안 단구 모두 단구면에서 둥근 자갈이나 모래가 발견된다.　　○　×

21 우각호와 석호는 모두 자연 상태에서 시간이 지날수록 호수의 규모가 작아진다.　　○　×

22 도시화가 진행되면 지표 포장 면적이 증가하여 강수 시 하천의 최고 수위 도달 시간이 단축되기 때문에 홍수의 위험이 커진다.　　○　×

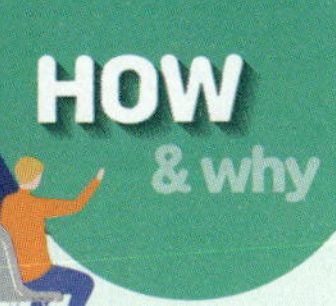

선상지와 범람원은 지형도에서 어떻게 나타날까?

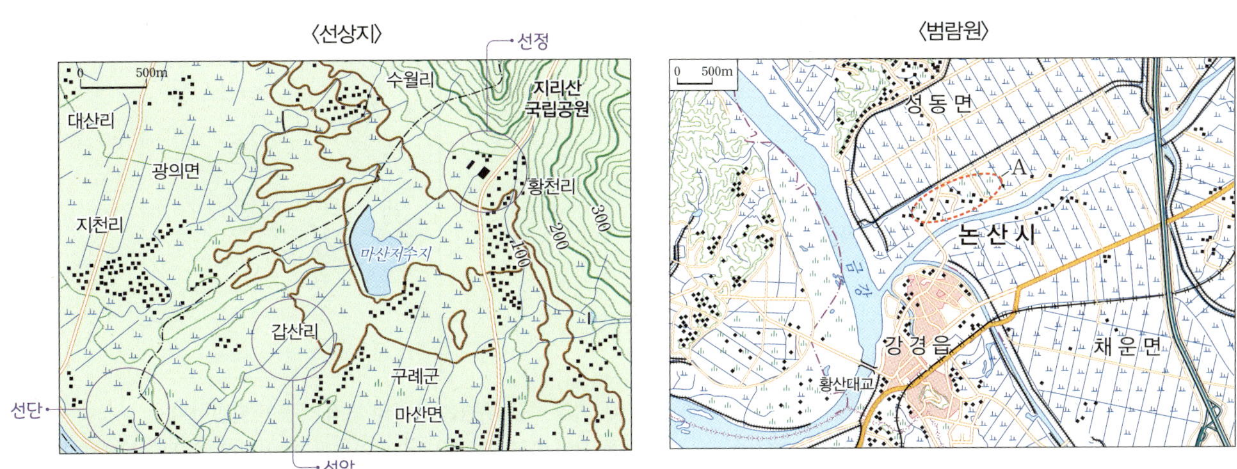

- **선상지** : 산지에서 평지로 이어지는 골짜기 입구의 경사 급변점에 유속이 감소하면서 하천의 운반 물질이 쌓인다. 이 퇴적 지형은 그 생김새가 부채 모양이어서 선상지라고 한다. 지도에서 갈색으로 표시된 120m, 100m, 80m 등고선을 살펴보면 부채 모양과 비슷하게 나타남을 알 수 있다. 우리나라는 오랜 침식으로 경사가 급변하는 지점이 많지 않기 때문에 선상지가 잘 발달하지 않는 편이다. 선상지의 정상부는 선정, 중앙부는 선앙, 하단부는 선단이라고 한다. 선앙은 하천이 복류하기 때문에 지표수가 부족하여 주로 과수원이나 밭으로 이용된다. 전통적으로 선상지에서는 복류하던 하천이 용천하는 선단에서 주로 논농사가 이루어지지만, 최근에는 위 지도와 같이 선앙에서도 저수지의 물을 이용해 논농사가 이루어지기도 한다.

- **범람원** : 하천의 중·하류 지역에서는 하천의 범람으로 운반 물질이 퇴적되어 범람원이 형성된다. 범람원은 자연 제방과 배후 습지로 구성된다. 자연 제방은 해발 고도가 높고 배수가 양호하여 밭, 과수원 등으로 이용되고, 배후 습지는 배수가 불량하여 논으로 이용된다. 지도에서 밭으로 이용되는 A 부분은 금강의 지류 하천과 가까운 곳이고 그보다 먼 곳에서는 논농사가 이루어진다. 따라서 금강의 지류와 가까운 A 부분이 자연 제방, 그 뒷부분이 배후 습지이다. 한편, 범람원을 흐르는 소규모의 하천은 하상 경사가 완만하여 하방 침식보다 측방 침식이 활발하다. 특히 넓은 평야 위를 흐르는 하천은 측방 침식으로 유로 변경이 잦은 자유 곡류 하천을 이루는 경우가 많으며, 이 과정에서 하중도나 우각호, 구하도 등의 지형이 발달하기도 한다. 최근에는 농경지를 보호하고 홍수 피해를 줄이기 위해 자유 곡류 하천의 유로를 직선화하는 하천 직강화 사업이 활발하게 진행되면서 자연 상태의 자유 곡류 하천을 보기 어려워졌다. 지도에서 금강으로 흘러드는 지류 하천은 비교적 직선의 형태를 띠며 주변에는 인공 제방이 건설되어 있다. 이를 통해 이들 지류 하천에서 직강 공사가 이루어졌음을 추론할 수 있다.

Q1 지도는 어느 하천 지형이 분포하는 지역을 나타낸 것이다. 이를 보고 괄호 안의 내용 중 알맞은 말을 고르시오.

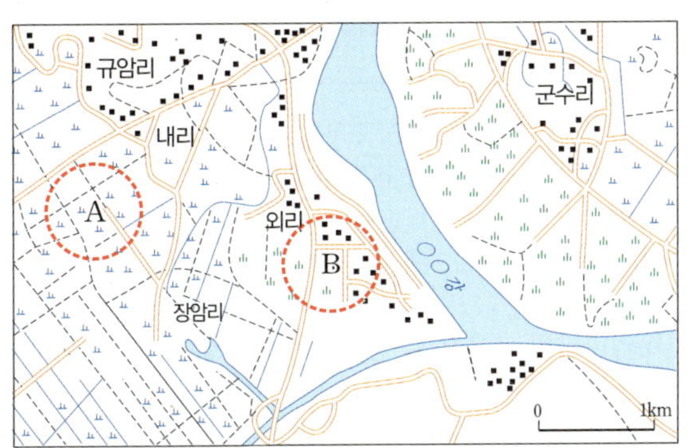

⑴ 지도는 ○○강 주변으로 (급경사의 산지 / 완만한 평야)가 나타나는 것으로 보아 하천 (중·상류 / 중·하류) 지역이다.

⑵ A는 하천과 비교적 (가까이 / 멀리) 위치해 있으며, 주로 (논 / 밭)으로 이용되는 것으로 보아 (배후 습지 / 자연 제방)이다.

⑶ B는 A에 비해 하천과 비교적 (가까이 / 멀리) 위치하며, 주로 (논 / 밭)으로 이용되는 것으로 보아 (배후 습지 / 자연 제방)이다.

⑷ A는 B보다 해발 고도가 (높다 / 낮다).

⑸ A는 B보다 퇴적 물질의 평균 입자 크기가 (크다 / 작다).

⑹ B는 A보다 하천 범람 시 침수 위험이 (크다 / 작다).

⑺ B는 A보다 배수가 (양호하다 / 불량하다).

⑻ ○○강은 자연 상태에서 (감입 / 자유) 곡류 하천에 해당한다.

⑼ ○○강은 자연 상태에서 상대적으로 (하방 / 측방) 침식이 활발하다.

주제 1　우리나라 하천의 특색

족집게 전략 | 하천 상·하류의 상대적 특성과 같은 기본적 개념을 우리나라 하천의 분수계를 활용하여 묻거나, 감조 하천과 관련된 자료를 해석하는 문항이 출제된다. 따라서 한강, 낙동강, 금강, 영산강, 섬진강 등 주요 하천의 분포와 감조 하천의 특징을 숙지해 두어야 한다.

065 대표 문항
| 평가원 기출 |

(가)~(라) 지점에 관한 설명으로 옳은 것은?

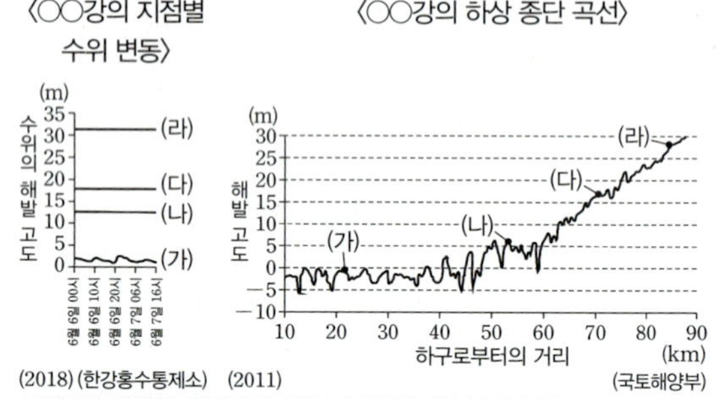

(2018) (한강홍수통제소) (2011)　(국토해양부)
* 조사 기간 동안 해당 지역에 강수는 없었으며, 하굿둑은 설치되어 있지 않음.

① (가)에서의 수위 변동은 조차로 인한 것이다.
② 하폭은 (라)에서 가장 넓다.
③ 하천 퇴적물의 평균 입자 크기는 (가)가 (다)보다 크다.
④ 평균 유량은 (라)가 (가)보다 많다.
⑤ (가)와 (나)의 하상 고도 차이는 (다)와 (라)의 하상 고도 차이보다 크다.

한줄 Tip '하상 종단 곡선'은 하천 바닥의 높이를 나타낸 곡선이야. 즉, 종단 곡선의 해발 고도가 낮을수록 하구에 가깝다는 뜻이지.

066
| 평가원 기출 |

지도는 우리나라 주요 하천 유역에 관한 것이다. 이에 대한 설명으로 옳은 것은?

① 한강은 댐 건설 이후 하상계수가 커졌다.
② 금강 유역은 낙동강 유역보다 면적이 넓다.
③ 낙동강 하구에는 넓은 규모의 삼각주가 발달해 있다.
④ 영산강과 섬진강에는 모두 하굿둑이 건설되어 있다.
⑤ A와 B 지점에 떨어진 빗물은 모두 금강 유역으로 유입된다.

067

지도의 A~C 하천에 대한 설명으로 옳지 <u>않은</u> 것은? (단, A~C는 금강, 낙동강, 섬진강 중 하나임.)

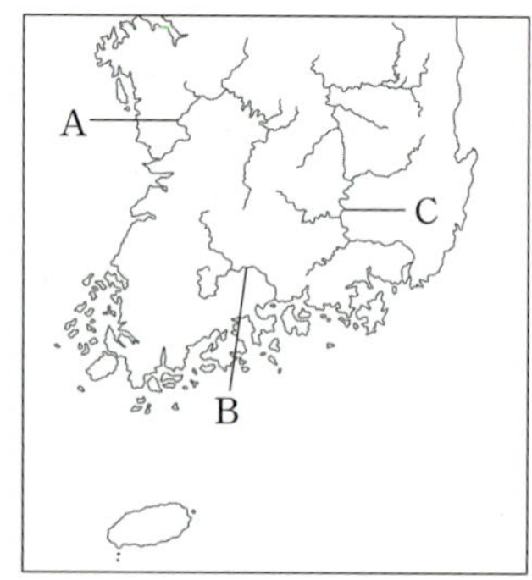

① A의 하구 주변은 조류의 퇴적 작용이 활발하다.
② B의 하구에는 바닷물의 역류를 막기 위한 하굿둑이 건설되어 있다.
③ C의 하구에는 하천 운반 물질이 퇴적되어 형성된 지형이 나타난다.
④ A와 C의 분수계는 백두대간에 해당한다.
⑤ A~C 중 유역 면적이 가장 넓은 하천은 C이다.

068

자료를 토대로 나눈 대화 내용이 옳은 학생만을 〈보기〉에서 있는 대로 고른 것은?

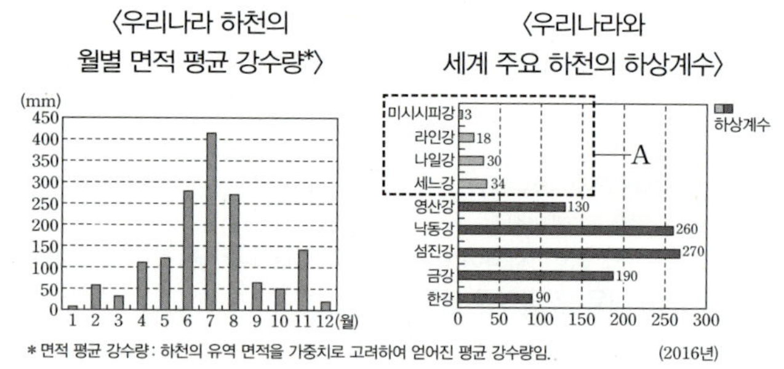

* 면적 평균 강수량: 하천의 유역 면적을 가중치로 고려하여 얻어진 평균 강수량임.　(2016년)

보기
갑 : 우리나라의 하천은 A 하천보다 수운 발달에 불리해.
을 : 우리나라의 하천은 강수가 집중되는 여름철에 유량이 가장 많아.
병 : 우리나라의 하천은 대체로 유역 면적이 넓을수록 하상계수가 커.
정 : 우리나라의 다목적 댐 발전량은 여름철이 겨울철보다 많을 것 같아.

① 갑, 을　　② 병, 정　　③ 갑, 을, 병
④ 갑, 을, 정　　⑤ 을, 병, 정

069

지도는 우리나라의 주요 하천 수계를 나타낸 것이다. A~D 지점에 대한 옳은 설명만을 〈보기〉에서 있는 대로 고른 것은? (단, A, C, D는 해당 하천의 하구 주변에 위치함.)

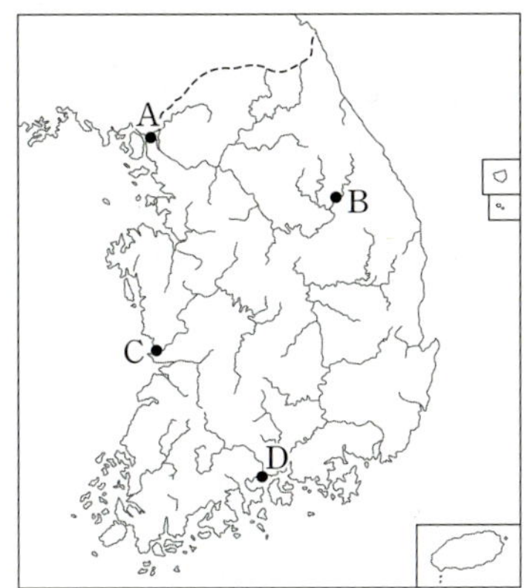

〈보기〉
ㄱ. A에서는 밀물과 썰물의 영향으로 하천 수위가 주기적으로 오르내린다.
ㄴ. B는 백두대간의 서쪽에 위치한다.
ㄷ. D는 하굿둑 건설로 주변 농경지의 염해 피해가 줄어들었다.
ㄹ. A는 C보다 연간 유출량이 많다.

① ㄱ, ㄴ 　② ㄷ, ㄹ 　③ ㄱ, ㄴ, ㄷ
④ ㄱ, ㄴ, ㄹ 　⑤ ㄴ, ㄷ, ㄹ

070

지도의 A~D 지점에 대한 옳은 설명만을 〈보기〉에서 있는 대로 고른 것은?

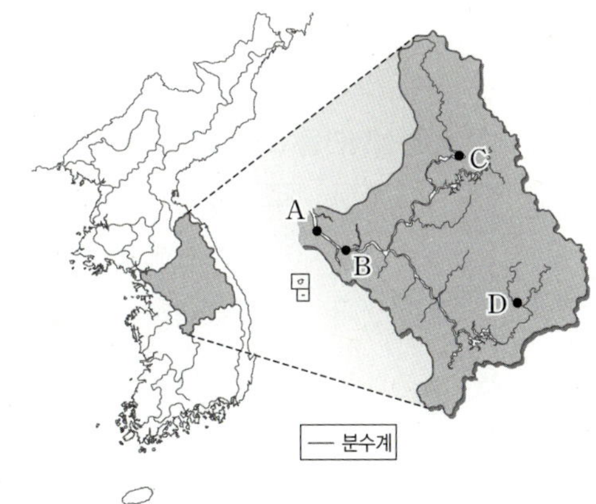

〈보기〉
ㄱ. A의 하천 수위는 조류의 영향으로 주기적으로 변한다.
ㄴ. D의 하천은 하방 침식 작용이 측방 침식 작용보다 활발하다.
ㄷ. A는 B보다 담수의 비율의 높다.
ㄹ. B는 C보다 하천 퇴적물의 평균 원마도가 높다.

① ㄱ, ㄴ 　② ㄷ, ㄹ 　③ ㄱ, ㄴ, ㄷ
④ ㄱ, ㄴ, ㄹ 　⑤ ㄴ, ㄷ, ㄹ

071 고난도

지도의 A, B 하천에 대한 설명으로 옳은 것은?

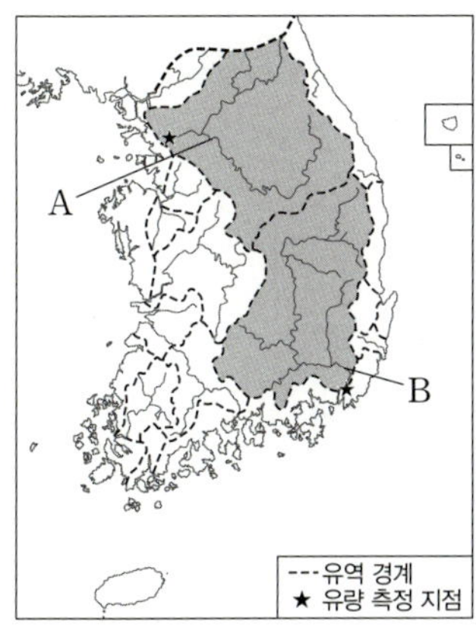

① A는 B보다 유역 내 총 경지 면적이 넓다.
② A는 B보다 하구에서의 연간 총 유량이 많다.
③ B는 A보다 유역 면적에 거주하는 총인구가 많다.
④ B는 A보다 하구에서의 퇴적 물질 공급량 대비 제거량이 많다.
⑤ A와 B의 하구에는 모두 하굿둑이 건설되어 있다.

주제 2, 3 하천 주변에 발달한 지형

족집게 전략 | 지형도를 통해 하천 지형의 형성 과정, 토지 이용 등을 묻는 문항이 출제된다. 따라서 자유 곡류 하천과 범람원, 감입 곡류 하천과 하안 단구 등이 지형도에서 어떻게 표현되는지 알아 두어야 한다.

072 대표 문항 | 평가원 기출 |

(가), (나) 지역에 대한 설명으로 옳지 않은 것은? (단, (가), (나)는 동일한 하계망에 속함.)

(가)　　　　　(나)

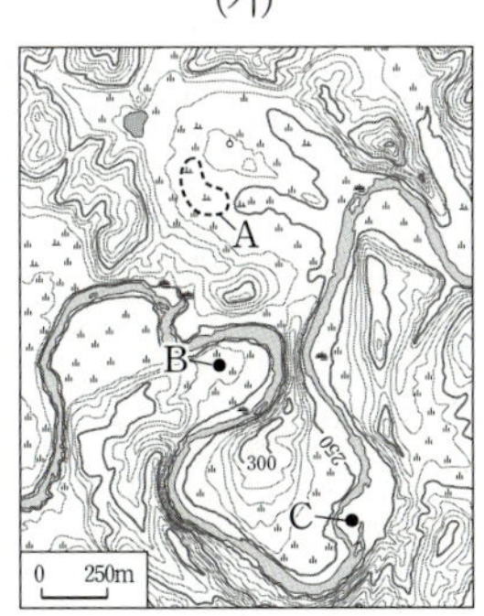
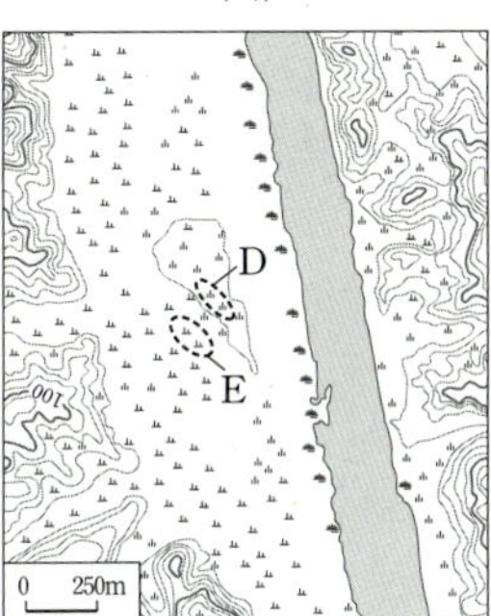

① 하천의 하방 침식은 (나)보다 (가)에서 활발하다.
② A는 과거에 하천의 유로였다.
③ B는 C보다 인근 하상과의 고도 차이가 크다.
④ C는 E보다 퇴적물의 평균 입자 크기가 크다.
⑤ E의 토양은 D의 토양보다 배수가 양호하다.

✏ **한줄 Tip** 먼저 하천 주변의 등고선 간격, 물굽이 모양, 토지 이용 등을 파악하여 감입 곡류 하천과 자유 곡류 하천을 구분해 보자.

073

| 평가원 기출 |

지도의 A, B 지형에 대한 옳은 설명만을 〈보기〉에서 고른 것은?

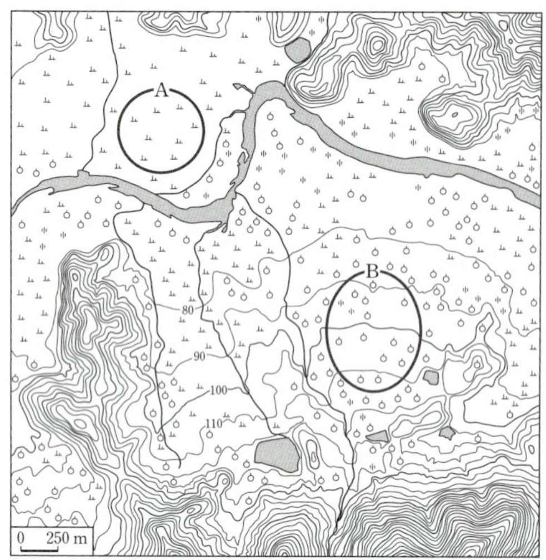

<보기>
ㄱ. A는 B에 비해 경사가 급하다.
ㄴ. A는 B에 비해 배수가 양호하다.
ㄷ. A는 B에 비해 침수 가능성이 높다.
ㄹ. A, B는 하천의 퇴적 작용으로 형성된다.

① ㄱ, ㄴ　② ㄱ, ㄷ　③ ㄴ, ㄷ　④ ㄴ, ㄹ　⑤ ㄷ, ㄹ

074

(가), (나) 지역에 대한 설명으로 옳은 것은? (단, (가), (나)의 하천은 동일한 하계망에 속함.)

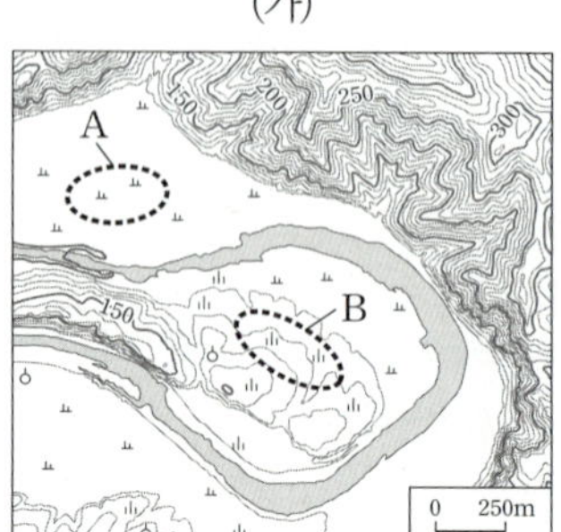
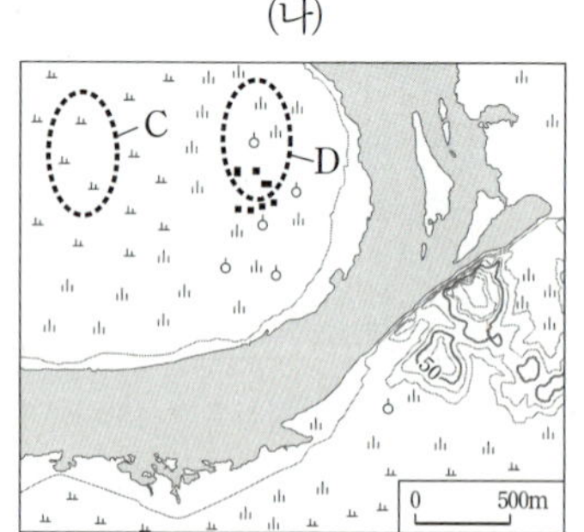

① (가)의 A는 자연 제방이다.
② (나)의 하천은 (가)의 하천보다 하방 침식이 활발하다.
③ B는 과거 하천의 일부였다.
④ B에서는 하천 범람에 의한 피해가 자주 발생한다.
⑤ C의 토양은 D의 토양보다 모래의 비율이 높다.

075

지도의 A~C 지형에 대한 옳은 설명만을 〈보기〉에서 고른 것은?

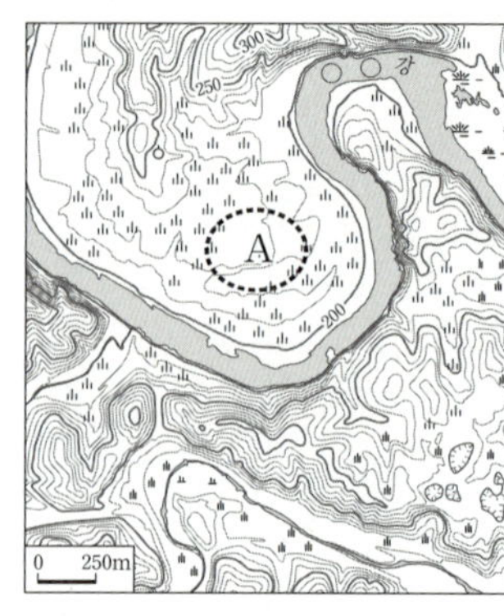
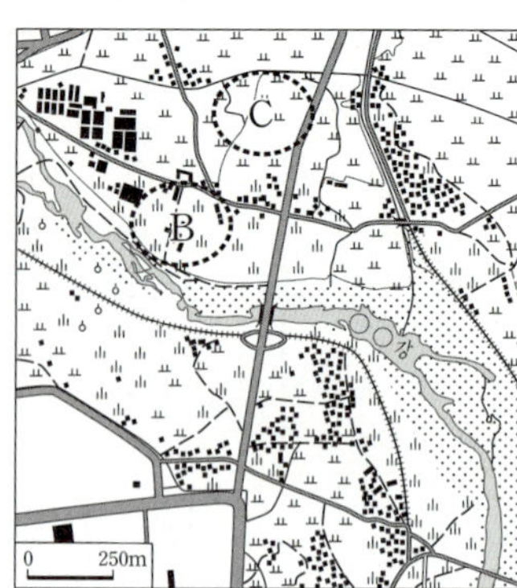

<보기>
ㄱ. A는 B보다 하천 범람으로 인한 침수 빈도가 높다.
ㄴ. A는 C보다 퇴적 물질의 평균 입자 크기가 크다.
ㄷ. B는 A보다 인접한 하천의 하상과의 해발 고도 차이가 크다.
ㄹ. C는 B보다 점토 비율이 높아 배수가 불량하다.

① ㄱ, ㄴ　② ㄱ, ㄷ　③ ㄴ, ㄷ　④ ㄴ, ㄹ　⑤ ㄷ, ㄹ

076

지도의 A~C에 대한 옳은 설명만을 〈보기〉에서 고른 것은?

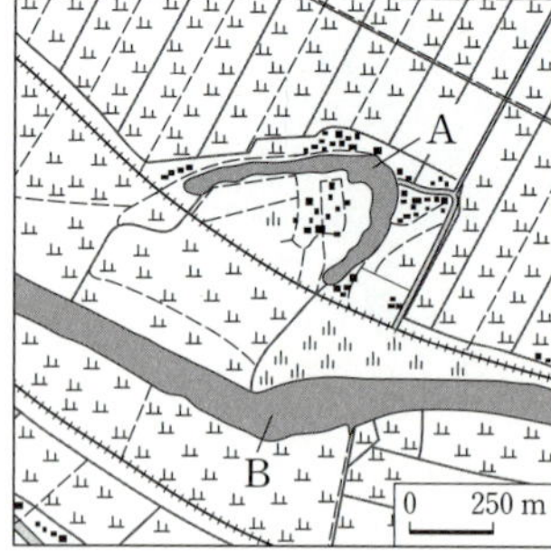
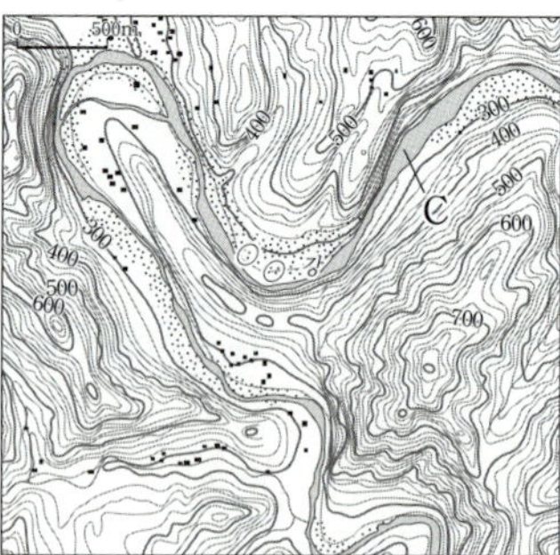

<보기>
ㄱ. A 호수는 농업용수를 공급하기 위해 만든 인공 호수이다.
ㄴ. B 하천은 C 하천보다 자연 상태에서 유로 변경 가능성이 크다.
ㄷ. B 하천은 C 하천보다 하상의 평균 경사가 급하다.
ㄹ. C 하천은 B 하천보다 하방 침식이 활발하다.

① ㄱ, ㄴ　② ㄱ, ㄷ　③ ㄴ, ㄷ　④ ㄴ, ㄹ　⑤ ㄷ, ㄹ

077

지도의 ㉠, ㉡에 대한 옳은 설명만을 〈보기〉에서 있는 대로 고른 것은?

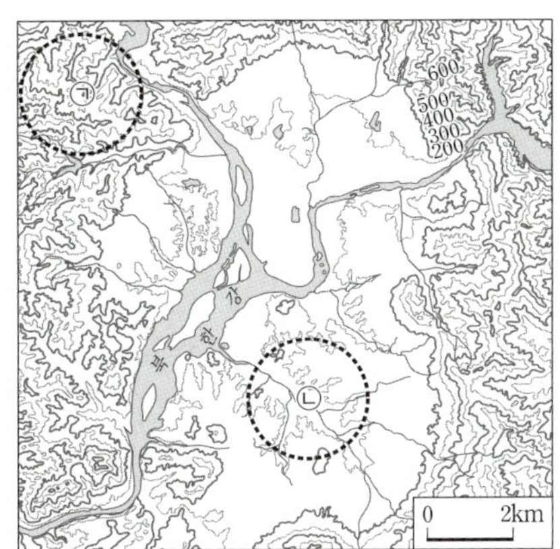

〈보기〉
ㄱ. ㉠은 ㉡보다 농경과 인간 거주에 유리하다.
ㄴ. ㉠의 기반암은 ㉡의 기반암보다 형성 시기가 이르다.
ㄷ. ㉠의 기반암은 ㉡의 기반암에 비해 풍화와 침식에 강하다.
ㄹ. ㉠에서 형성된 냉기류가 사면을 따라 흘러내려 낮은 곳에 축적되면 ㉡에서 기온 역전 현상이 나타난다.

① ㄱ, ㄴ
② ㄷ, ㄹ
③ ㄱ, ㄴ, ㄷ
④ ㄱ, ㄴ, ㄹ
⑤ ㄴ, ㄷ, ㄹ

078

(가), (나) 지형에 대한 옳은 설명만을 〈보기〉에서 있는 대로 고른 것은?(단, (가), (나)는 선상지, 삼각주 중 하나임.)

(가)　　　　　　(나)

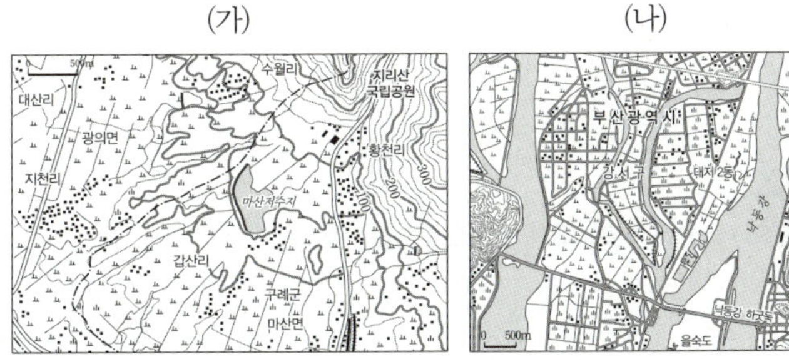

〈보기〉
ㄱ. (가)는 선정, 선앙, 선단으로 구성된다.
ㄴ. (나)는 자연 제방과 배후 습지로 구성된다.
ㄷ. (가)는 (나)보다 하천 퇴적 물질의 평균 입자 크기가 크다.
ㄹ. (가), (나) 모두 주로 물을 얻기 쉬운 곳에 가옥이 입지한다.

① ㄱ, ㄴ
② ㄷ, ㄹ
③ ㄱ, ㄴ, ㄷ
④ ㄱ, ㄴ, ㄹ
⑤ ㄴ, ㄷ, ㄹ

족집게 전략 | 곶과 만에서의 지형 형성 작용을 바탕으로 암석 해안과 모래 해안, 갯벌 등의 다양한 해안 지형 형성 원인과 특징을 묻는 문항이 출제된다. 따라서 각 지형이 지형도나 모식도, 사진 등에서 어떻게 표현되는지 알아 두는 것이 중요하다.

079 대표 문항
| 평가원 기출 |

그림의 A~E에 대한 설명으로 옳은 것은?

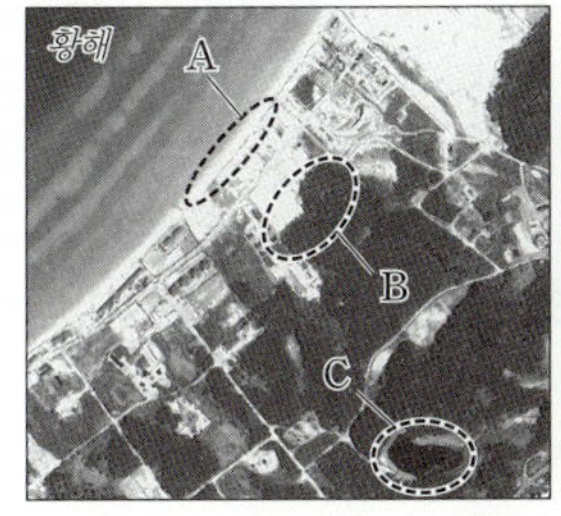

① A는 만보다 곶에 넓게 발달한다.
② D 호수는 파랑의 작용으로 규모가 확대되고 있다.
③ A는 B보다 퇴적물의 평균 입자 크기가 작다.
④ C 습지는 D 호수보다 물의 염도가 낮다.
⑤ A와 E는 주로 조류의 퇴적 작용으로 형성된다.

✎ **한줄 Tip**　사빈, 해안 사구, 석호가 위성 사진에서 어떻게 표현되어 있는지 지형도를 바탕으로 생각해 보자.

080
| 평가원 기출 |

(가), (나) 해안에 대한 설명으로 옳은 것은?

(가)　　　　　　(나)

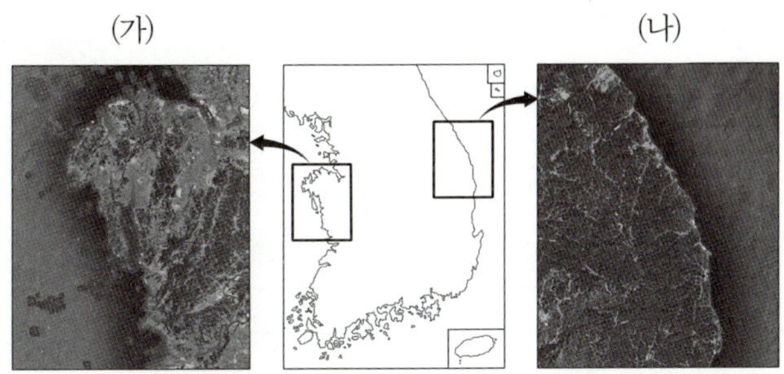

① (가)에는 현재 석호가 많이 분포한다.
② (나)에는 리아스 해안이 발달해 있다.
③ (가)는 (나)보다 조차가 크고 조류의 작용이 활발하다.
④ (가)는 (나)보다 신생대 지반 융기의 영향을 크게 받았다.
⑤ (나)는 (가)보다 해안 퇴적물의 평균 입자 크기가 작다.

081

| 평가원 기출 |

지도의 A~E에 대한 설명으로 옳지 <u>않은</u> 것은?

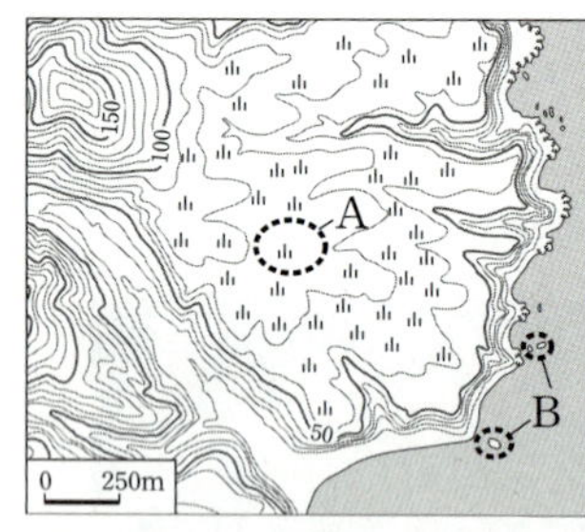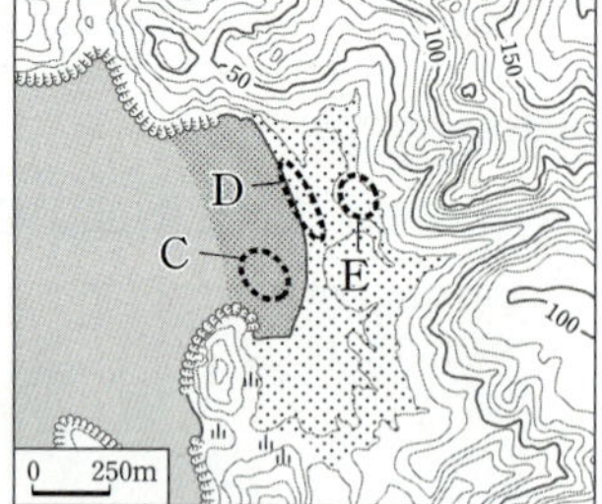

① A는 과거의 파식대가 융기된 지형이다.

② B는 해식애가 후퇴하면서 육지에서 분리된 지형이다.

③ C는 주로 조류에 의해 퇴적되는 지형이다.

④ D는 주로 파랑과 연안류의 퇴적 작용으로 만들어진 지형이다.

⑤ E는 D보다 퇴적물의 평균 입자 크기가 크다.

083

지도의 A~D 지형에 대한 설명으로 옳지 <u>않은</u> 것은?

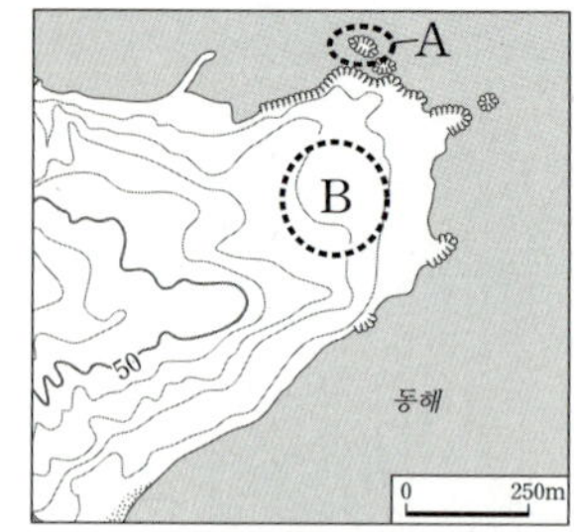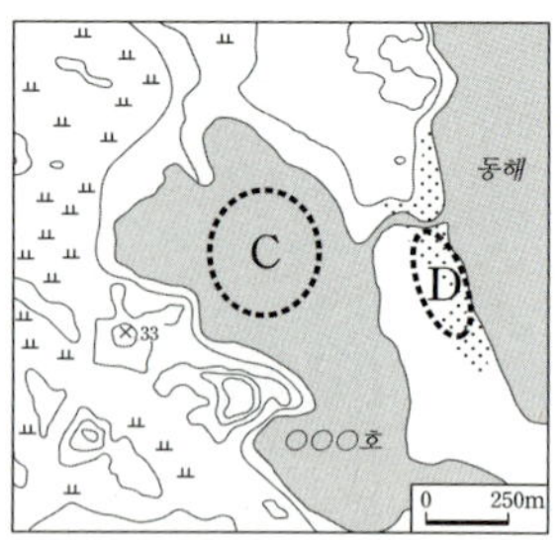

① A는 후빙기 해수면 상승 직후 육지의 일부였다.

② B는 후빙기 해수면 상승의 영향으로 형성되었다.

③ C는 후빙기 해수면 상승 직후 바다의 일부였다.

④ D는 주로 파랑과 연안류의 영향을 받아 형성된다.

⑤ A는 파랑 에너지가 집중되는 곳, D는 파랑 에너지가 분산되는 만에 잘 발달한다.

082

| 평가원 기출 |

다음 자료의 A~C 지형에 대한 옳은 설명만을 〈보기〉에서 고른 것은?

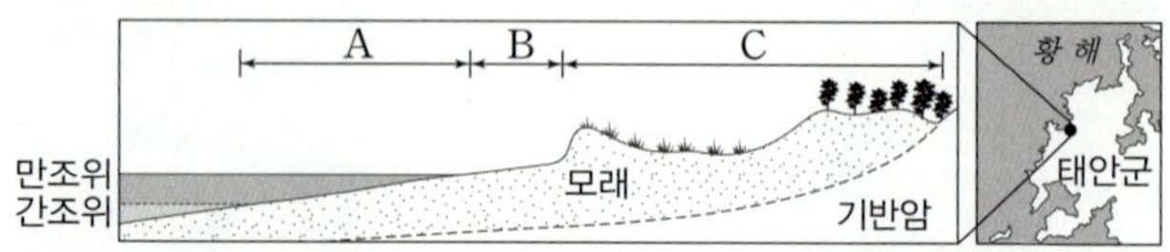

〈보기〉

ㄱ. A는 하루 종일 바닷물에 잠기는 곳이다.

ㄴ. B는 최종 빙기에 해수면 하강으로 형성되었다.

ㄷ. C는 바람의 퇴적 작용으로 형성된 모래 언덕이다.

ㄹ. B, C는 파랑 에너지가 분산되는 해안에 잘 발달한다.

① ㄱ, ㄴ　② ㄱ, ㄷ　③ ㄴ, ㄷ　④ ㄴ, ㄹ　⑤ ㄷ, ㄹ

084

지도의 A~D 지형에 대한 설명으로 옳은 것은?

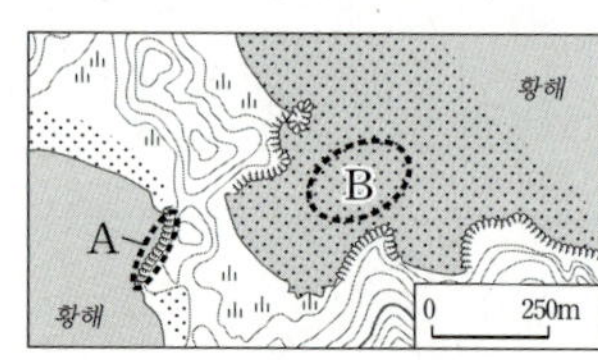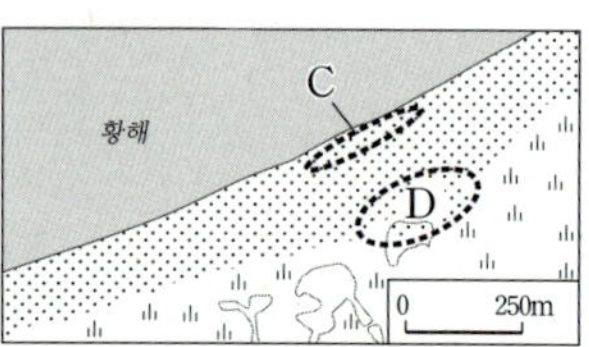

① A에서는 해식애가 육지 쪽으로 후퇴하면서 파식대가 형성된다.

② B는 주로 파랑과 연안류의 퇴적 작용으로 형성된다.

③ C는 주로 조류의 퇴적 작용으로 형성된다.

④ C는 B보다 오염 물질의 정화 능력이 탁월하다.

⑤ D는 C보다 퇴적물의 평균 입자 크기가 크다.

085

지도는 하천과 관련된 시설물의 분포를 나타낸 것이다. (가)~(다) 시설물에 대한 설명으로 옳은 것은? (단, (가)~(다)는 댐, 방조제, 하굿둑 중 하나임.)

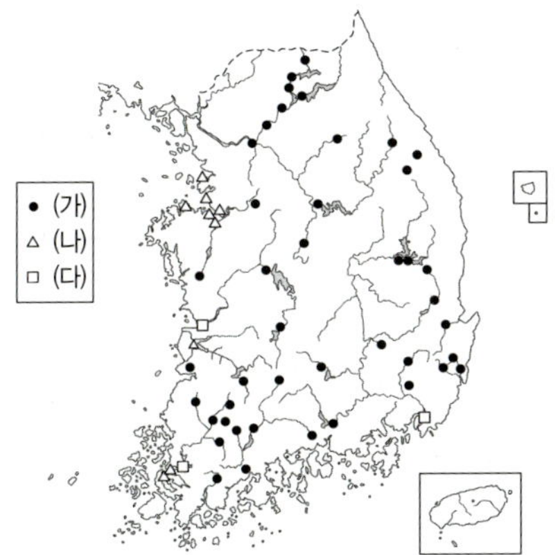

① (가)의 건설로 하상계수가 작아졌다.

② (나)의 건설로 해안선의 길이가 증가하였다.

③ (나)와 (다)의 건설로 갯벌 성장이 활발해졌다.

④ (가)~(다)의 건설로 농업용수 확보가 어려워졌다.

⑤ (가)~(다)의 건설로 해안에 공급되는 모래의 양이 증가하였다.

086

지도의 (가) 지형에 대한 설명으로 옳지 <u>않은</u> 것은?

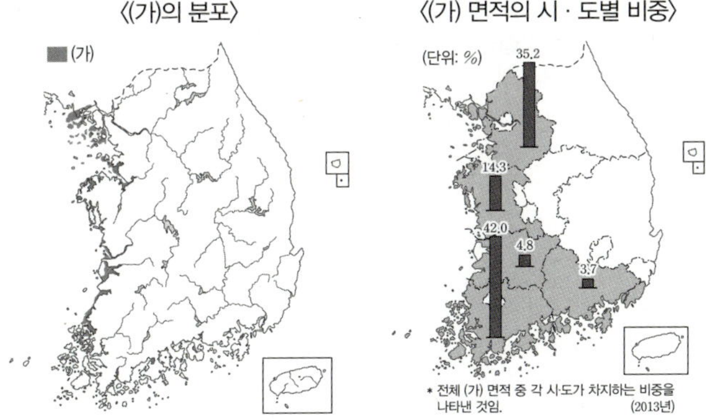

① 방조제와 하굿둑 건설로 면적이 증가하였다.

② 순천만에 분포하는 것은 람사르 협약에 등록되어 있다.

③ 육지에서 배출되는 오염 물질을 정화시키는 기능이 탁월하다.

④ 태풍이나 해일로부터 해안 지역을 보호하는 완충지 역할을 한다.

⑤ 하천의 운반 물질이 많고 조차가 크며 수심이 얕은 해안에서 잘 발달한다.

087

다음 자료는 ○○ 하천의 (가), (나) 시기 수위 변화를 모식적으로 나타낸 것이다. 이에 대한 옳은 설명만을 〈보기〉에서 고른 것은?

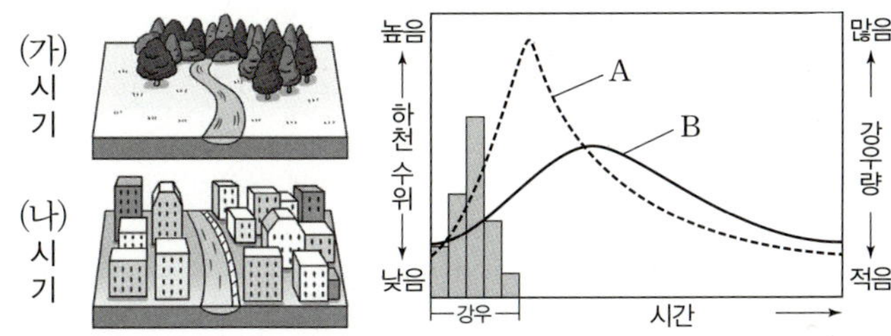

〈보기〉

ㄱ. A는 (나) 시기, B는 (가) 시기의 하천 수위 변화를 나타낸 것이다.

ㄴ. 최고 수위 도달 시간은 (가) 시기보다 (나) 시기에 빠르다.

ㄷ. 하천 주변 지표면의 평균 투수율은 (가) 시기보다 (나) 시기에 높다.

ㄹ. 녹지가 늘어나면 하천 수위는 대체로 B에서 A로 변할 것이다.

① ㄱ, ㄴ　　② ㄱ, ㄷ　　③ ㄴ, ㄷ　　④ ㄴ, ㄹ　　⑤ ㄷ, ㄹ

088

그래프는 도시 하천의 수위 변화를 모식적으로 나타낸 것이다. (가), (나)에 대한 옳은 설명만을 〈보기〉에서 있는 대로 고른 것은? (단, (가), (나)는 도시화 전과 도시화 후 중 하나임.)

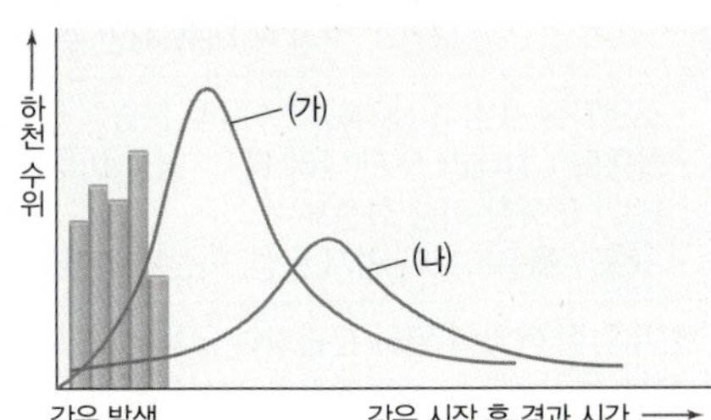

〈보기〉

ㄱ. (가) 시기는 (나) 시기보다 하천 주변 배후 습지의 경관이 잘 보존되어 있다.

ㄴ. (가) 시기는 (나) 시기보다 하천 유역 내 불투수성 물질에 의한 지표 포장 면적이 넓다.

ㄷ. (나) 시기는 (가) 시기보다 강수 시 토양층의 빗물 흡수율이 높다.

ㄹ. (나) 시기는 (가) 시기보다 강수 시 하천 수위의 상승 속도가 빠르고, 하천의 최고 수위가 높다.

① ㄱ, ㄹ　　　② ㄴ, ㄷ　　　③ ㄷ, ㄹ

④ ㄱ, ㄴ, ㄹ　　⑤ ㄱ, ㄷ, ㄹ

05강 화산 지형과 카르스트 지형

주제 1 화산 지형

1. 화산 지형의 형성과 유형

(1) **형성** : 신생대 제3기~제4기 초 마그마 분출로 형성

(2) **유형**

종 모양 (종상)	• 점성이 큰 용암의 분출로 형성, 주요 암석은 조면암, 안산암 • 경사가 급함 ⑩ 울릉도, 독도, 백두산 및 한라산의 정상부
방패 모양 (순상)	• 점성이 작은 용암의 분출로 형성, 주요 암석은 현무암 • 경사가 완만함 ⑩ 백두산 및 한라산의 산록부
용암 대지	• 점성이 작은 용암의 열하 분출로 형성, 주요 암석은 현무암 • 용암이 골짜기를 메워 평평함 ⑩ 철원·평강, 개마고원 등

> 절리가 많은 현무암의 특성상 지표수가 부족해 경지 대부분이 밭이며, 비가 올 때만 물이 흐르는 건천이 주를 이루고, 해안의 용천대에 취락이 입지한다.

2. 우리나라의 주요 화산 지형

백두산과 개마고원		• 산록부는 현무암질 용암이 수차례 분출해 만들어진 방패 모양 화산 • 정상부는 경사가 급하고, 산록부는 경사가 완만함 • 정상에는 화구가 함몰되어 형성된 칼데라호(천지) • 우리나라에서 가장 넓은 면적의 화산 지대
제주도	한라산	• 현무암질 용암이 수차례 분출해 만들어진 방패 모양 화산 → 정상부는 경사가 급하고, 산록부는 경사가 완만함 • 정상에는 분화구에 물이 고인 화구호(백록담) • 산록부에 오름으로 불리는 기생 화산 형성
	용암동굴	유동성이 큰 용암이 흘러내릴 때 표층부와 하층부의 냉각 속도 차이로 형성 ⑩ 만장굴
	주상 절리	용암의 냉각 시 수축이 일어나 형성된 다각형 기둥 모양의 절리 ⑩ 대포 해안 주상 절리대
울릉도, 독도		• 조면암질 용암이 해저에서 수차례 분출해 만들어진 화산섬 • 울릉도 : 칼데라 분지(나리 분지) 형성 이후 중앙 화구구(알봉)가 분화한 이중 화산체 • 독도 : 울릉도보다 먼저 형성, 화산체 대부분 해저에 있음
철원·평강 일대		현무암질 용암이 열하 분출하여 당시 계곡과 분지를 메워 형성한 용암 대지 → 한탄강의 침식으로 협곡을 이루어 하천 주변에 주상 절리 발달, 수리 시설을 이용한 논농사 활발

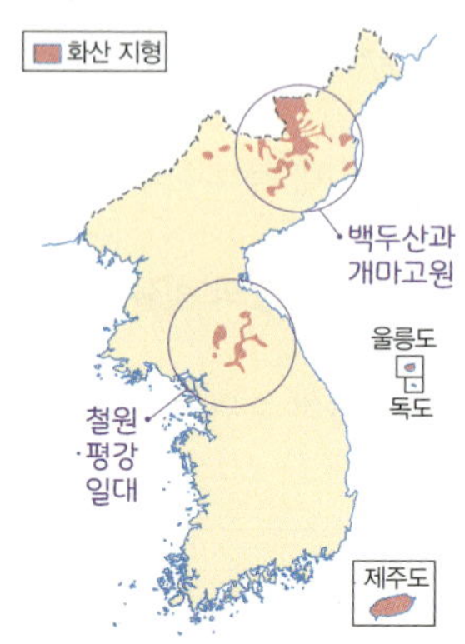

▲ 화산 지형의 분포　　▲ 칼데라호의 형성 과정

주요 화산 지형의 지형도와 형성 과정

▲ 울릉도의 나리 분지

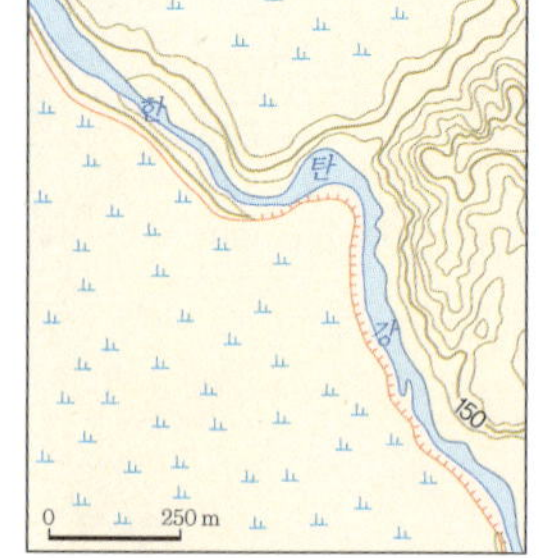
▲ 한탄강 일대의 용암 대지

▲ 제주도의 기생 화산

- **울릉도의 나리 분지** : 울릉도는 점성이 큰 조면암질 용암으로 형성되어 경사가 급한 종 모양의 화산섬으로, 중앙부에 있는 나리 분지가 거의 유일한 평지이다. 나리 분지가 형성된 이후 분지 안에서 용암이 다시 분출하였는데, 이때 중앙 화구구인 알봉이 형성되면서 지금과 같은 이중 화산의 형태를 띠게 되었다.
- **한탄강 일대의 용암 대지** : 신생대 제4기에 추가령 구조곡을 따라 분출된 현무암질 용암이 하곡을 메우면서 형성되었다. 이후 대지 위를 흐르던 한탄강의 하방 침식으로 깊은 협곡이 형성되었고, 수직 절벽을 따라 주상 절리가 발달하였다. 대지 위에서는 한탄강의 퇴적 작용으로 형성된 충적층에서 수리 시설을 이용해 논농사가 이루어진다.
- **제주도의 기생 화산** : 한라산의 중턱에는 곳곳에 오름이라고 불리는 작은 화산체가 분포한다. 이는 화산 활동 과정에서 갈라진 산록부의 틈을 따라 용암이나 화산 쇄설물이 소규모로 분출하면서 만들어진 것으로, 지도상에서 등고선이 여러 개의 작은 동심원으로 나타난다.

주제 2 카르스트 지형

1. 카르스트 지형의 형성과 분포

(1) **형성** : 석회암의 주성분인 탄산칼슘이 기반암의 절리를 따라 스며든 빗물이나 지하수의 용식 작용을 받아 형성

(2) **분포** : 고생대 조선 누층군이 분포하는 평안남도, 강원도 남부, 충청북도 북동부, 경상북도 북부 등

2. 주요 지형과 토양

> 예) 단양의 고수동굴, 영월의 고씨굴, 평창의 백룡동굴,
> 울진의 성류굴, 삼척의 환선굴 등

돌리네	• 석회암이 물에 의한 용식 작용을 받아 움푹 파인 땅, 지형도에서 와지(◯)의 형태로 나타남 • 빗물이 지하로 스며드는 배수구(싱크홀)가 드러나 있는 경우가 많음 • 배수가 양호하여 주로 밭으로 이용됨
석회동굴	• 석회암이 지하수의 용식 작용을 받아 형성된 동굴 • 종유석, 석순, 석주 등이 발달 • 독특한 경관을 활용해 관광 자원으로 이용
석회암 풍화토	석회암이 용식된 후 남은 철분 등의 불순물이 산화되어 형성된 붉은색을 띠는 토양

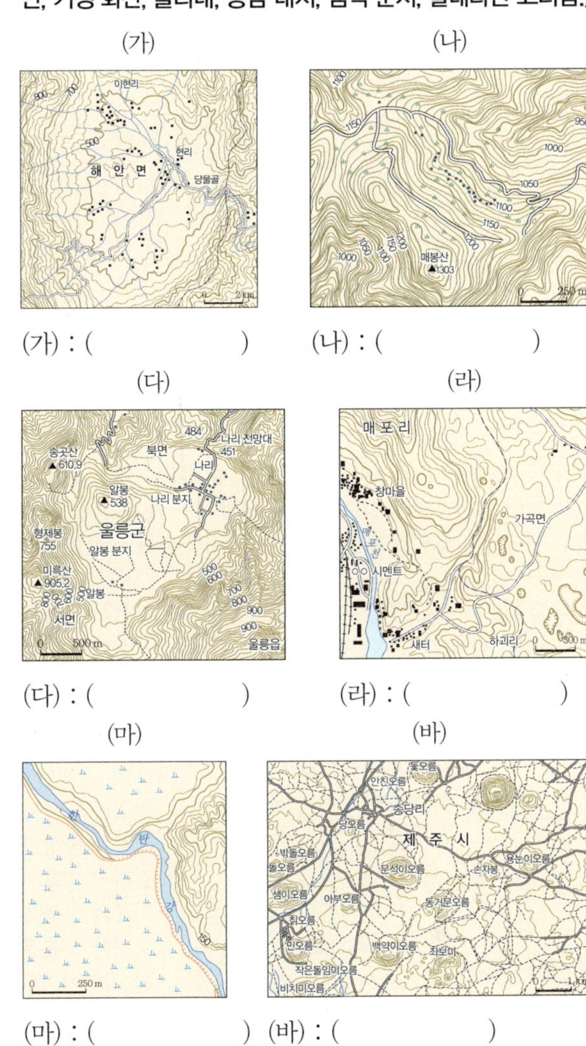

▲ 카르스트 지형의 모식도

지도로 살펴보기

석회암 분포 지역과 카르스트 지형

▲ 석회암 분포 지역　　▲ 카르스트 지형의 분포 지역(단양)

• 석회암은 주로 고생대 전기의 조선 누층군이 분포하는 평안남도, 강원도 남부, 충청북도 북동부, 경상북도 북부 일대에 주로 분포한다.
• 돌리네는 석회암의 용식 작용으로 형성된 원형 또는 타원형의 움푹 파인 땅으로, 지형도 상에서 와지 기호(◯)로 나타난다. 오른쪽의 지형도는 조선 누층군이 분포하는 충북 북동부의 단양군을 나타낸 것이다. 지도의 우측 하단을 보면 등고선의 간격이 비교적 넓은 하안 단구 위에 와지 기호가 여러 개 나타나는 것으로 보아 돌리네가 분포한다는 것을 알 수 있다. 또한 매포천과 인접한 지역에 ○○시멘트 공장이 나타나는 것으로 보아 이곳이 석회암 지대임을 추론할 수 있다.

3. 카르스트 지형과 인간 생활

(1) **밭농사** : 돌리네 내부는 주변에서 토사가 모여들어 토양층이 두꺼우며 배수가 양호하여 주로 밭으로 이용
(2) **시멘트 공업** : 석회암은 주로 시멘트를 만드는 원료로 이용 → 채굴 과정에서 지형 경관이 파괴되거나 분진과 소음 문제 발생
(3) **관광 자원** : 석회동굴의 독특한 경관을 관광 자원으로 활용

핵심 개념 CHECK!

• 정답 및 해설 019쪽

01 (가)~(바) 지역에 나타난 지형의 이름을 쓰시오. (단, 고위 평탄면, 기생 화산, 돌리네, 용암 대지, 침식 분지, 칼데라만 고려함.)

(가)　　　　　　　　　　(나)

(가) : (　　　　　　)　　(나) : (　　　　　　)

(다)　　　　　　　　　　(라)

(다) : (　　　　　　)　　(라) : (　　　　　　)

(마)　　　　　　　　　　(바)

(마) : (　　　　　　)　　(바) : (　　　　　　)

다음의 설명이 맞으면 'O', 틀리면 '×'에 표시하시오.

02 제주도의 산록부는 주로 유동성이 큰 현무암질 용암이 분출하여 형성되었다.　　O ×

03 울릉도에서 알봉은 나리 분지에 비해 형성 시기가 이르다.　　O ×

04 철원의 용암 대지는 배수가 양호하여 밭농사가 활발히 이루어진다.　　O ×

05 카르스트 지형은 고생대의 조선 누층군에 주로 분포한다.　　O ×

06 용암동굴과 석회동굴은 모두 기반암의 용식 작용으로 형성되었다.　　O ×

주요 화산 지형은 지형도에 어떻게 나타날까?

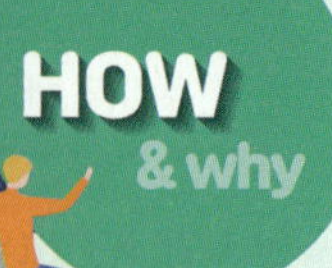

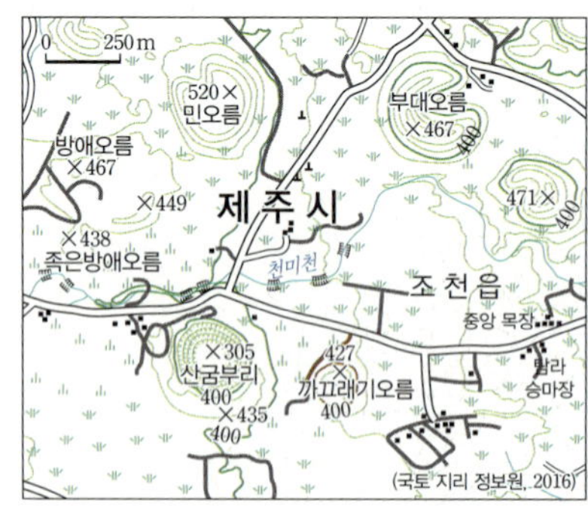

〈제주도의 기생 화산〉

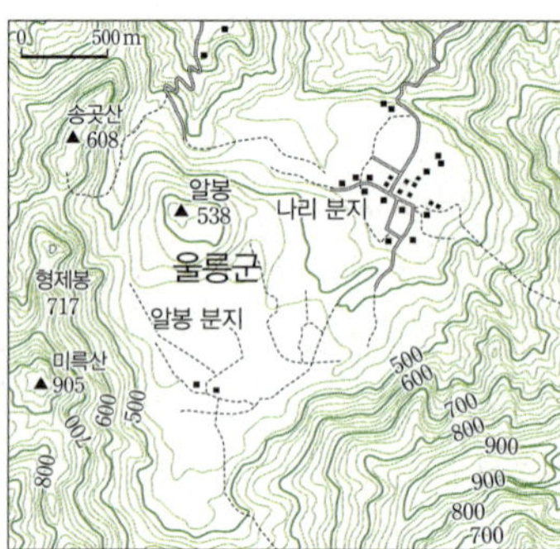

〈울릉도의 칼데라 분지〉

- 제주도에는 오름이라고 불리는 기생 화산이 곳곳에 발달하였다. 지도에서 등고선의 간격이 넓어 경사가 완만한 부분은 유동성이 큰 현무암의 분출로 형성되었으며, 그 사이의 등고선이 동심원상으로 표현된 것은 용암이나 화산 쇄설물이 소규모로 분출하여 만들어진 기생 화산이다.
- 울릉도는 주로 점성이 큰 조면암질 용암이 분출하여 형성되어 경사가 급한 종 모양의 화산섬이다. 나리 분지는 칼데라 분지이고 알봉은 이 분지 안에서 용암이 분출하여 형성되었다. 따라서 울릉도는 이중 화산의 형태를 띠고 있다. 등고선 간격이 넓고 해발 고도가 낮은 부분이 칼데라 분지인 나리 분지이다.

〈철원 일대의 용암 대지〉

철원뿐만 아니라 포천 일대에도 분포하는 용암 대지는 유동성이 큰 현무암질 용암이 지각 변동으로 갈라진 지표면의 틈새를 따라 다량으로 분출하여 기존의 하곡을 메워 형성된 대지이다. 지형도에서 평평한 부분은 용암 대지이며, 대지를 흐르는 하천 양안의 절벽면에 주상 절리가 노출되어 있다. 지형도의 산지 부분은 용암 분출 이전에 형성된 것으로, 용암 분출 이후에도 용암으로 메워지지 않은 부분이다. 따라서 산지의 기반암은 용암 대지의 기반암보다 형성 시기가 이르다.

급경사의 봉우리 → 용암 분출 이전에 형성된 지형

Q1 다음 물음에 해당하는 지역을 아래 지도의 A〜E에서 골라 쓰시오.

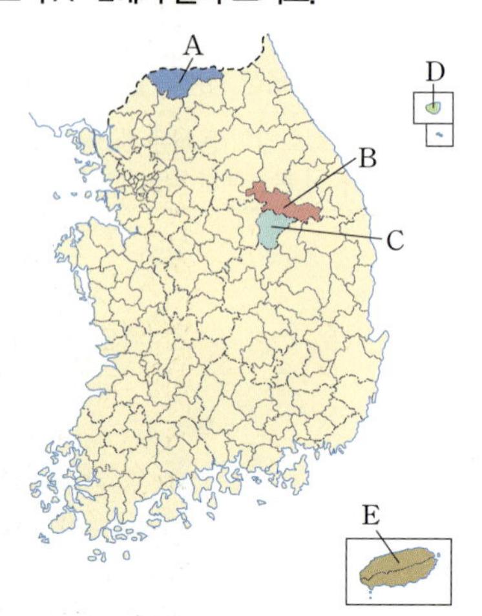

(1) 화구의 함몰로 형성된 분지가 위치하는 지역은? (   )
(2) 기반암이 용식 작용을 받아 형성된 동굴이 분포하는 지역은? (   ), (   )
(3) 용암이 분출한 후 식는 속도의 차이로 인해 형성된 동굴이 분포하는 지역은? (   )
(4) 용암이 열하 분출하여 형성된 용암 대지 위에서 벼농사가 활발하게 이루어지는 지역은? (   )
(5) 화산 활동으로 형성되었으며 남한에서 가장 높은 산봉우리가 위치한 지역은? (   )

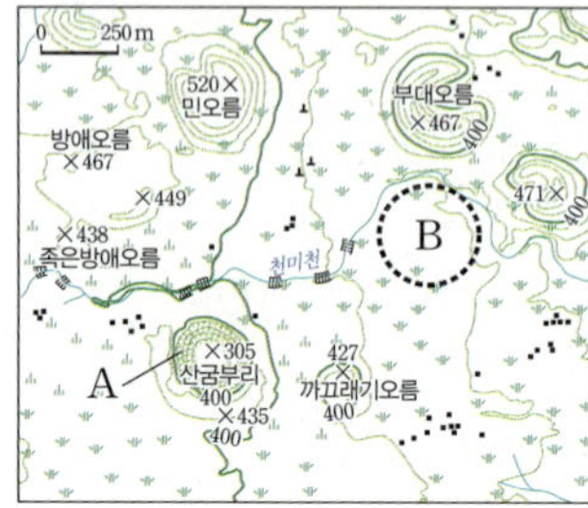

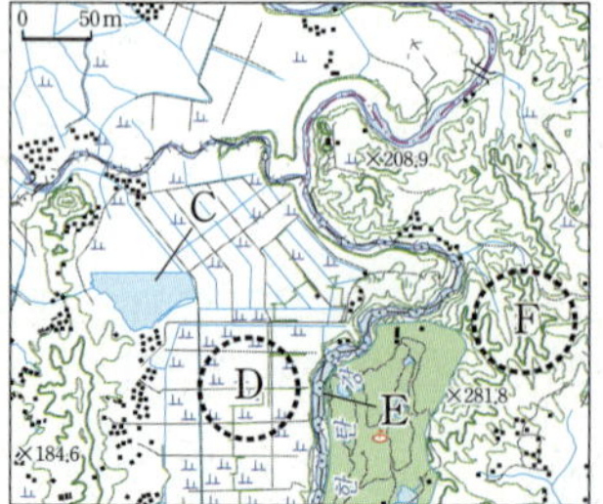

Q2 지도를 보고 빈칸에 알맞은 말을 쓰거나, 괄호 안의 내용 중 알맞은 말을 고르시오.

(1) A는 B보다 점성이 (큰 / 작은) 용암의 분출로 형성되었다.
(2) E 하천의 양안에서는 수직 절벽에 노출된 (   )을/를 볼 수 있다.
(3) B와 D는 모두 유동성이 (큰 / 작은) 용암이 분출하여 형성되었다.
(4) C 호수는 E 하천의 범람으로 형성된 배후 습지에 (해당한다 / 해당하지 않는다).
(5) D에서는 E 하천의 물을 이용한 (논농사 / 밭농사)가 활발히 이루어진다.
(6) D의 주요 기반암은 F의 주요 기반암보다 형성 시기가 (이르다 / 늦다).

HOW & WHY 정답 Q1 (1) D (2) B, C (3) E (4) A (5) E Q2 (1) 큰 (2) 주상 절리 (3) 큰 (4) 해당하지 않는다 (5) 논농사 (6) 늦다

• 정답 및 해설 019~022쪽

주제 1 화산 지형

족집게 전략 | 주로 제주도, 울릉도, 철원 용암 대지의 지형도를 통해 각 지역의 특징을 묻는 문항이 출제된다. 지형도를 보고 제주도, 울릉도, 철원 중에서 어디에 해당하는지, 각 지형의 특징은 무엇인지 파악할 수 있어야 한다.

089 대표 문항
| 평가원 기출 |

지도의 A~D에 대한 설명으로 옳은 것은?

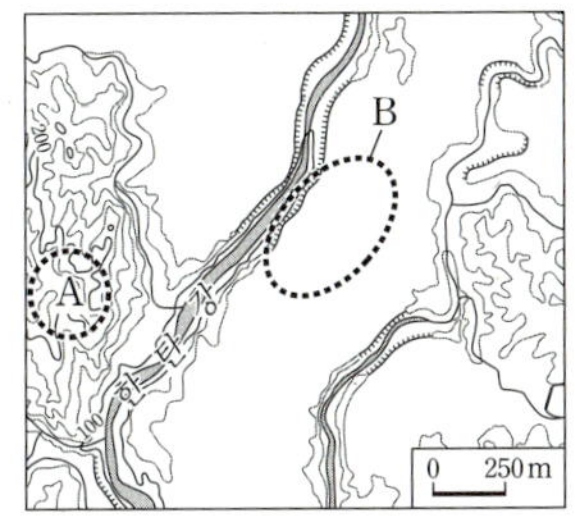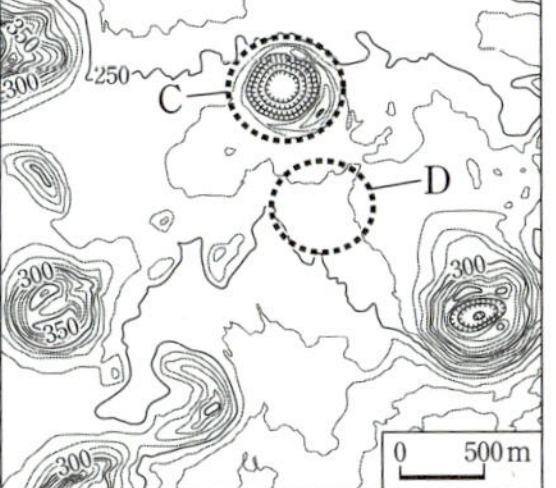

① A는 용암이 분출하여 형성된 종 모양의 화산이다.
② B에는 종유석과 석순이 발달한 동굴이 형성되어 있다.
③ C는 화구의 함몰로 형성된 칼데라이다.
④ D에는 석회암이 풍화된 붉은색의 토양이 널리 분포한다.
⑤ A의 기반암은 B의 기반암보다 형성 시기가 이르다.

한줄 Tip 한탄강 주변의 용암 대지와 제주도의 경사가 완만한 곳의 기반암은 현무암이라는 것을 알아 두자!!

090 고난도↑
| 평가원 기출 |

다음 자료는 (가) 동굴의 위치와 단면이다. 이 동굴의 특성에 대한 설명으로 옳은 것은?

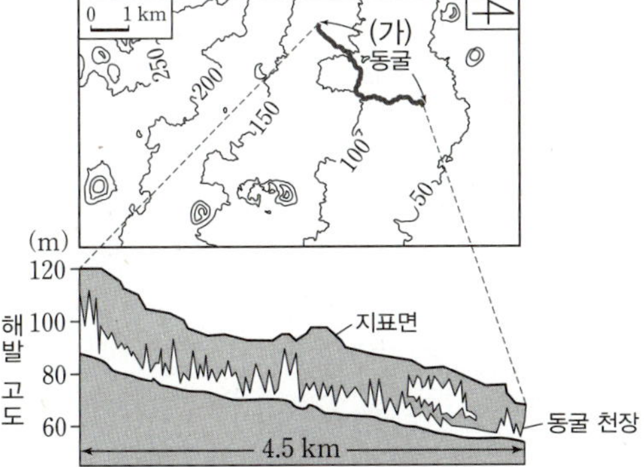

① 용암의 냉각 속도 차이로 인해 형성되었다.
② 바닥에는 과거의 하천 퇴적층이 넓게 나타난다.
③ 화구의 함몰로 형성된 칼데라 분지와 연결된다.
④ 천장에는 기반암의 용해와 침전으로 형성된 종유석이 발달한다.
⑤ 점성이 큰 용암이 굳으면서 만들어진 종상 화산체에 형성되었다.

091
| 평가원 기출 |

다음 글의 (가)~(다) 지역에 대한 설명으로 옳은 것은?

(가) 비록 강원도에 딸렸으나 들판에 이루어진 고을로서 서쪽은 경기도 장단과 경계가 맞닿았다. 땅은 메마르나 들이 크고, 산이 낮아 평탄하며 두 강 안쪽에 위치하였으니 또한 두메 속의 도회지이다. 들 복판의 물이 깊고, 벌레 먹은 듯한 검은 돌이 있는데 매우 이상스럽다.

(나) 강원도 삼척부 바다 가운데 있다. 갠 날 높은 데 올라서 바라보면 혹 구름같이 보인다. …(중략)… 장한상이 함경도 안변에서 물의 흐름을 따라 배를 띄워 동남쪽을 향하다가 이틀만에 비로소 큰 산이 바다 가운데서 솟아 있는 것을 발견하게 되었다. …(중략)… 아마도 이곳이 옛 우산국일 것이다.

(다) 바다 한복판에 있는 산 또한 기이한 곳이 많다. …(중략)… 산 위에 큰 못이 있는데 사람들이 시끄럽게 하면 갑자기 구름과 안개가 크게 일어난다. …(중략)… 옛탐라국이며 …(중략)… 말을 산에 다 놓아 먹여서 목장으로만 들었다.
— 이중환, 『택리지』 —

① (가)에는 유동성이 큰 용암이 하곡을 메워 형성된 지형이 발달해 있다.
② (다)에는 칼데라 호가 형성되어 있다.
③ (나)는 (다)보다 용암 동굴이 잘 발달해 있다.
④ (가), (나)에는 기반암의 용식으로 인한 지형이 잘 발달해 있다.
⑤ (가), (나), (다)에서는 주로 논농사가 이루어진다.

092

다음 글의 (가), (나)에 해당하는 지역을 지도의 A~C에서 고른 것은?

(가) 정상부에는 분화구가 함몰되어 형성된 지형이 분포하는데, 이곳에서 주민들은 주로 밭농사를 한다.
(나) 산 정상부에는 동서 600m, 둘레 3km에 이르는 분화구가 있으며 낮은 곳에는 물이 고여 있다. 이 분화구는 기암괴석들이 병풍을 친 듯이 둘러 있다.

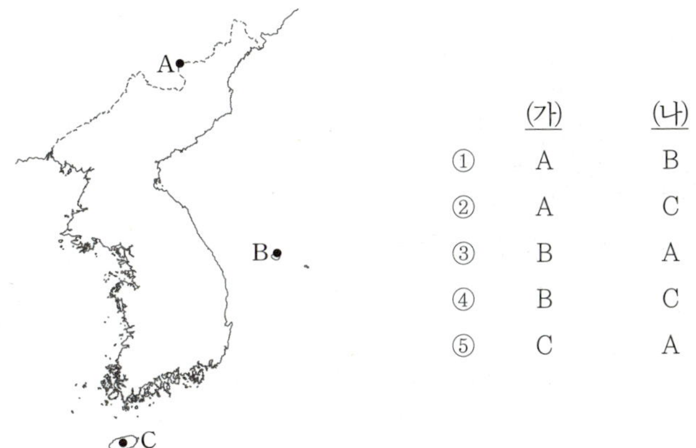

	(가)	(나)
①	A	B
②	A	C
③	B	A
④	B	C
⑤	C	A

093

다음은 학생과 교사가 어느 지형에 대해 스무고개를 하고 있는 장면이다. 이 지형이 분포하는 지역의 지도로 옳은 것은?

학생	교사
⋮	⋮
• 다섯 고개 : 용암의 분출로 형성되었나요?	예
• 여섯 고개 : 화산 쇄설물에 의해 형성된 작은 화산체가 분포하나요?	아니요
• 일곱 고개 : 벼농사가 발달했나요?	예
• 여덟 고개 : 하천 양안에 주상 절리가 발달했나요?	예
• 아홉 고개 : 점성이 작은 용암이 분출되어 형성되었나요?	예

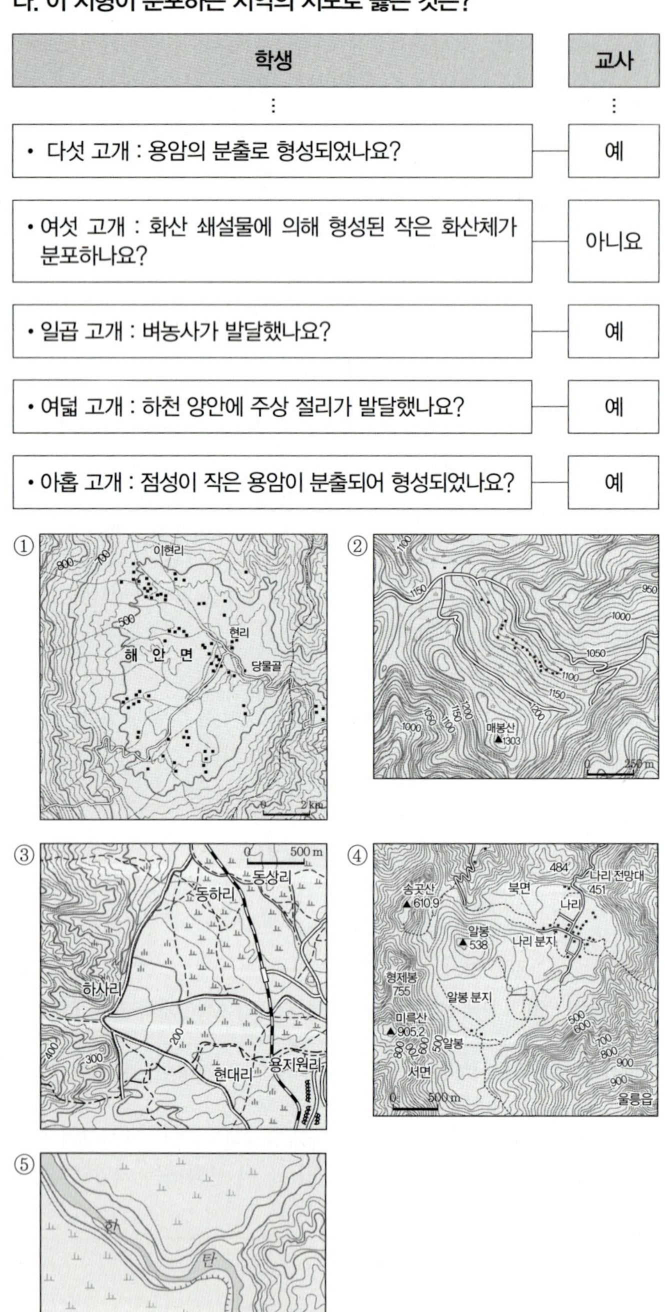

094

다음은 한국 지리 수업 장면의 일부이다. 교사의 질문에 대해 옳게 답한 학생만을 고른 것은?

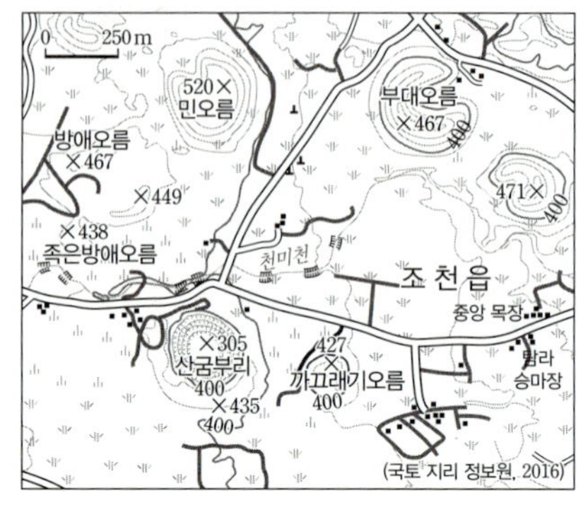

갑 : 하천의 유량이 풍부해요.
을 : 흑갈색 풍화토가 분포해요.
병 : 기반암에 수직 절리가 발달했어요.
정 : 오름의 산기슭에는 전통 가옥들이 곳곳에 분포해요.

① 갑, 을   ② 갑, 병   ③ 을, 병   ④ 을, 정   ⑤ 병, 정

095 고난도

(가), (나) 지역에 대한 설명으로 옳지 <u>않은</u> 것은?

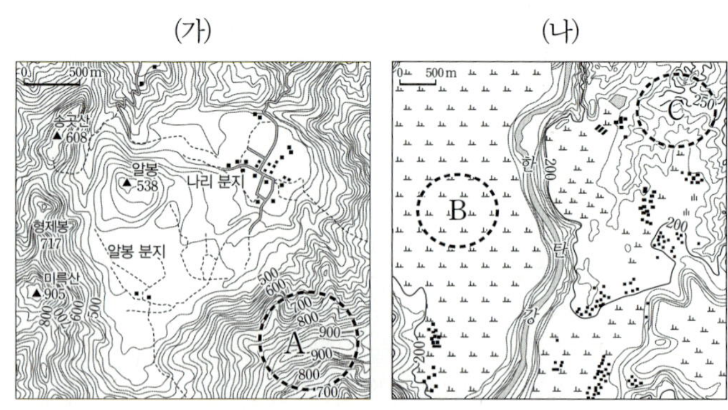

① (가)의 알봉은 나리 분지보다 먼저 형성되었다.
② (가)의 나리 분지는 분화구가 함몰되어 형성되었다.
③ (나)의 한탄강 유로 주변에는 주상 절리가 분포한다.
④ (나)에서 B는 C보다 형성 시기가 늦다.
⑤ (가)의 A는 (나)의 B보다 점성이 큰 용암이 분출하여 형성되었다.

096

(가), (나)의 공통적 특징으로 옳은 것은?

(가)   (나)

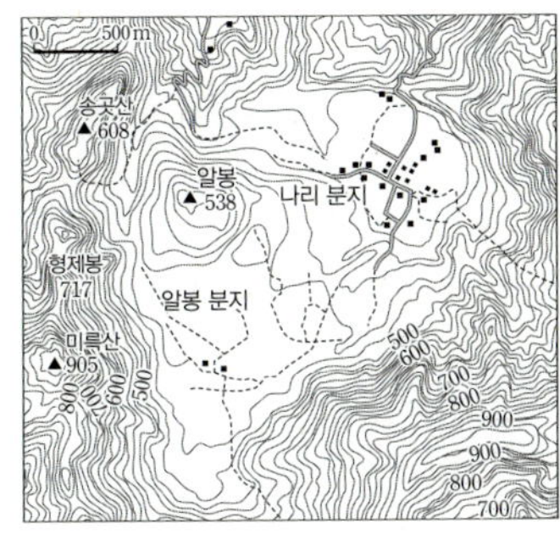 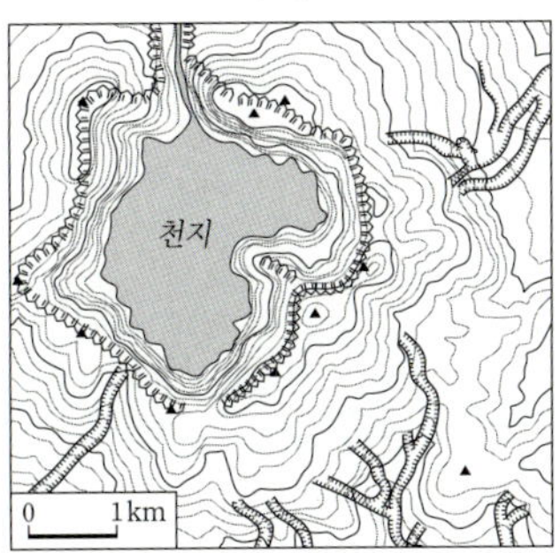

① 용암동굴이 발달하였다.

② 기반암이 주로 현무암이다.

③ 취락은 주로 용천대에 분포한다.

④ 평지에서는 주로 밭농사가 이루어진다.

⑤ 화산 활동 후에 화구가 함몰되어 형성된 지형이 분포한다.

097

지도는 주요 화산 지형의 분포 지역을 나타낸 것이다. (가)~(라) 지역에 대한 설명으로 옳지 **않은** 것은?

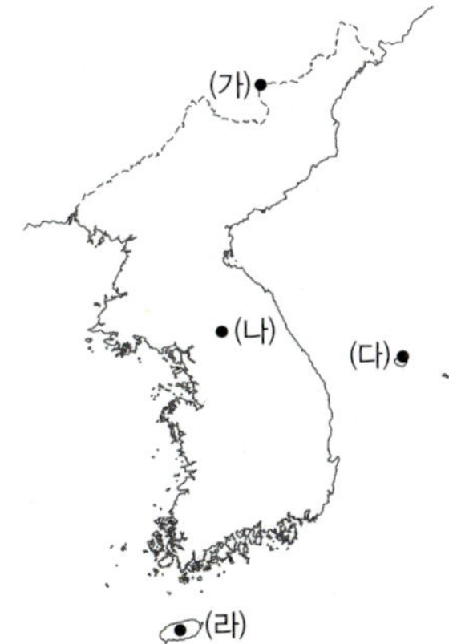

① (나)에는 용암이 열하 분출하여 당시의 골짜기나 분지를 메워 형성된 용암 대지가 분포한다.

② (라)에서 전통 마을은 용천이 분포하는 해안 지역에 주로 입지하였다.

③ (가)와 (라)의 산정부는 종 모양, 산록부는 방패 모양의 형태를 띤다.

④ (나)의 정상에는 칼데라 분지, (다)의 정상에는 화구호가 분포한다.

⑤ (나)의 평지에서는 주로 논농사, (다)와 (라)의 평지에서는 주로 밭농사가 이루어진다.

족집게 전략 | 석회암이 기반암인 지역의 지형, 토양, 토지 이용 특징 등을 묻는 문항이 출제된다. 특히 돌리네는 분화구, 석회동굴은 용암동굴과 비교하는 문항이 자주 출제되므로 자료 분석에 유의해야 한다.

098 대표 문항

| 평가원 기출 |

지도의 A~C에 대한 옳은 설명만을 〈보기〉에서 있는 대로 고른 것은?

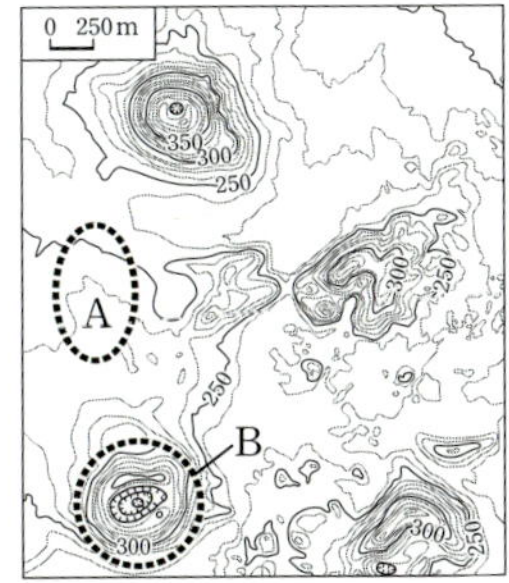 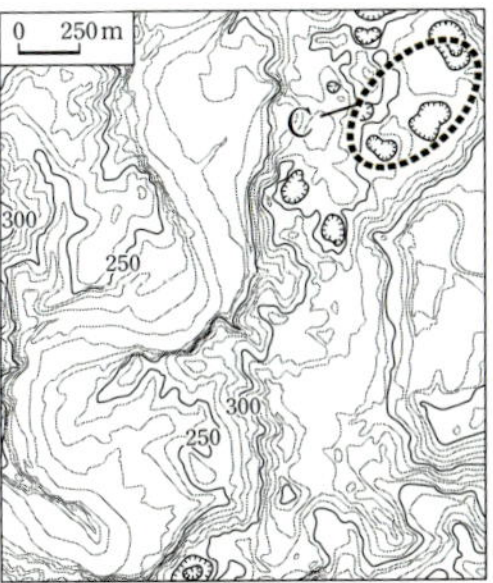

〈보기〉

ㄱ. A는 C보다 붉은색의 간대토양이 널리 분포한다.

ㄴ. A와 B는 용암의 열하 분출에 의해 형성되었다.

ㄷ. A는 신생대 화성암, C는 고생대 퇴적암이 기반암을 이룬다.

ㄹ. A와 C에서는 논농사보다 밭농사가 주로 이루어진다.

① ㄱ, ㄴ   ② ㄱ, ㄷ   ③ ㄷ, ㄹ

④ ㄱ, ㄴ, ㄹ   ⑤ ㄴ, ㄷ, ㄹ

✏️ **한줄 Tip**   간대토양은 기반암의 특성에 영향을 받아 형성되는 토양이야.

099

| 평가원 기출 |

자료는 ○○동굴에 대한 것이다. 이 지형이 분포하는 지역에 관한 옳은 설명만을 〈보기〉에서 고른 것은?

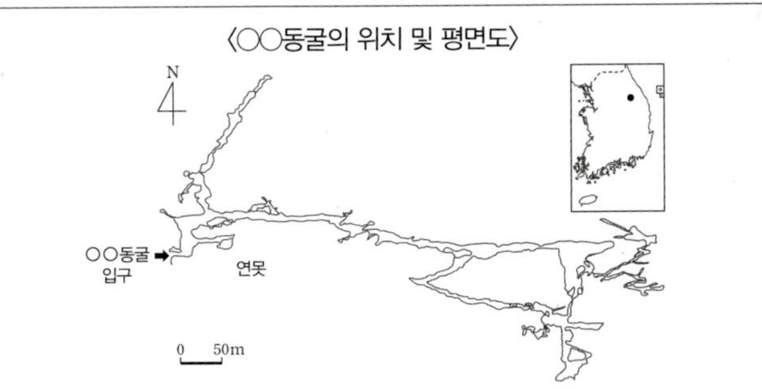

이 지역에는 기반암의 특성으로 인해 형성된 다수의 동굴이 분포한다. 그중 대표적인 ○○동굴은 구조선을 따라 수만 년 이상의 기간에 걸쳐 형성되었다. 동굴의 성장에는 절리 밀도와 지하수의 양이 큰 영향을 준다.

〈보기〉

ㄱ. 용암의 냉각·수축으로 형성된 주상 절리가 관찰된다.

ㄴ. 기반암의 풍화로 형성된 붉은색 토양이 널리 분포한다.

ㄷ. 용암의 굳는 속도 차이에 의해 형성된 동굴이 나타난다.

ㄹ. 기반암이 용해된 물질이 침전되어 형성된 지형이 나타난다.

① ㄱ, ㄴ   ② ㄱ, ㄷ   ③ ㄴ, ㄷ   ④ ㄴ, ㄹ   ⑤ ㄷ, ㄹ

100

| 평가원 기출 |

다음 자료의 (가)에 해당하는 내용으로 옳은 것은?

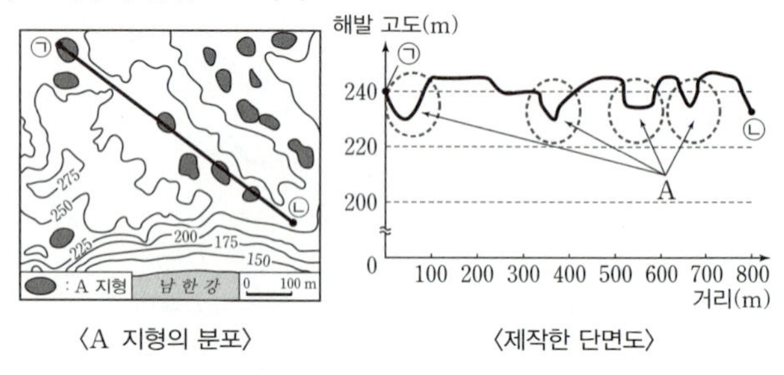

① '람사르 협약 지정 습지'로 관리되고 있다.
② 중생대 화강암이 분포하는 곳에 주로 나타난다.
③ 하천 주변의 평탄한 면에 위치하여 주로 논으로 활용된다.
④ 지표면에는 기반암이 풍화된 검은색 토양이 널리 나타난다.
⑤ 용식 작용으로 인접한 A와 결합되어 규모가 커지기도 한다.

101

지도의 (가)에 대한 옳은 설명만을 〈보기〉에서 있는 대로 고른 것은?

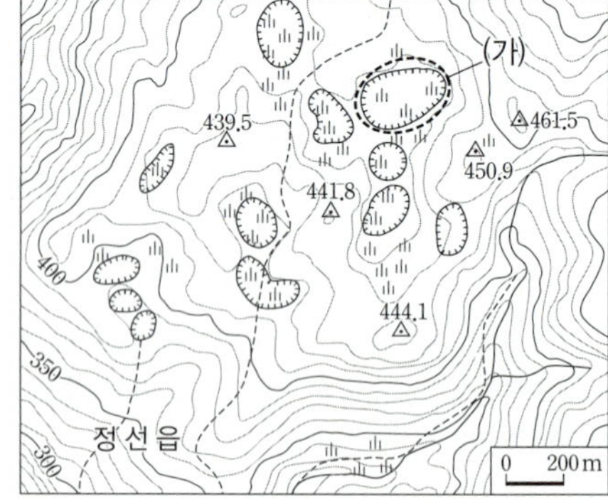

┌ 보기 ┐
ㄱ. 화산 활동으로 형성되었다.
ㄴ. 기반암이 용식 작용을 받아 형성되었다.
ㄷ. 강수 시에는 일시적으로 호수가 형성된다.
ㄹ. 기반암의 영향을 받은 붉은색의 토양이 분포한다.

① ㄱ, ㄴ　　　　② ㄱ, ㄷ　　　　③ ㄴ, ㄹ
④ ㄱ, ㄷ, ㄹ　　　⑤ ㄴ, ㄷ, ㄹ

102

지도의 (가), (나) 지역에 대한 설명으로 옳은 것은?

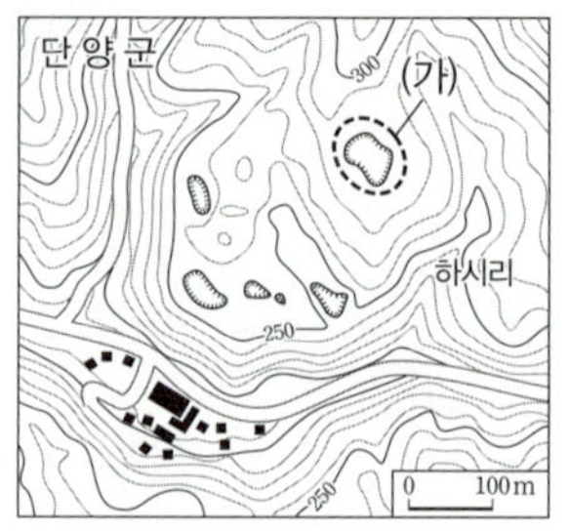

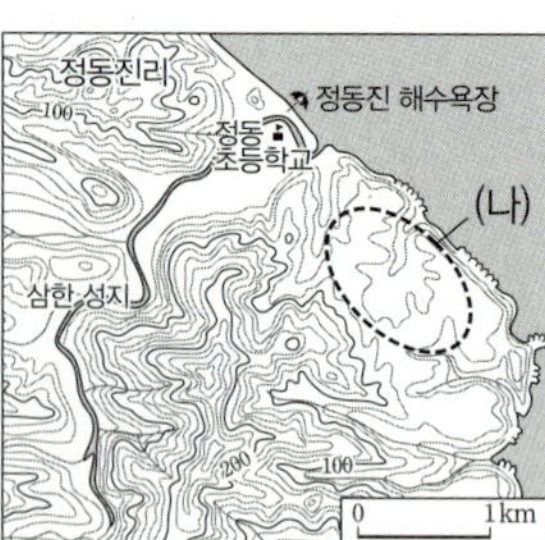

① (가)의 주된 기반암은 흑갈색이다.
② (가)는 주로 산의 정상부에 나타난다.
③ (나)는 경동성 요곡 운동의 영향을 받았다.
④ (나)는 산지와 평지가 만나는 곳에 하천 퇴적으로 형성된 지형이다.
⑤ (가), (나) 모두 밭보다는 논으로 이용된다.

103

지도의 A∼C에 대한 설명으로 옳지 <u>않은</u> 것은?

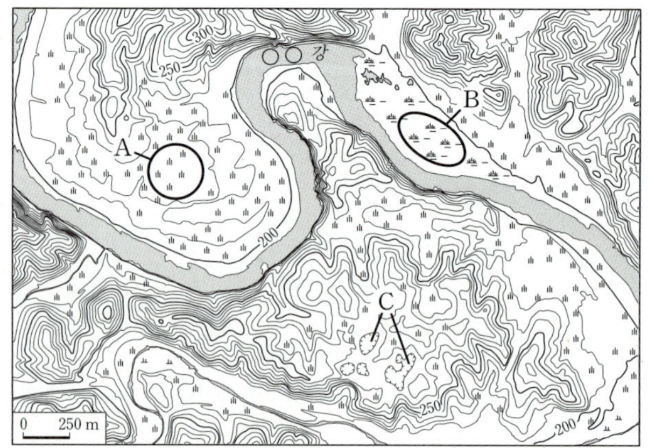

① A에서는 하천의 작용으로 형성된 둥근 자갈이 발견된다.
② B는 범람원의 자연 제방에 해당된다.
③ B에는 감입 곡류 하천의 퇴적 작용으로 형성된 토양이 분포한다.
④ C의 주변에는 붉은색의 토양이 분포한다.
⑤ C 지형은 주로 화학적 풍화 작용으로 형성되었다.

104

지도의 (가), (나) 동굴에 대한 옳은 설명만을 〈보기〉에서 있는 대로 고른 것은?

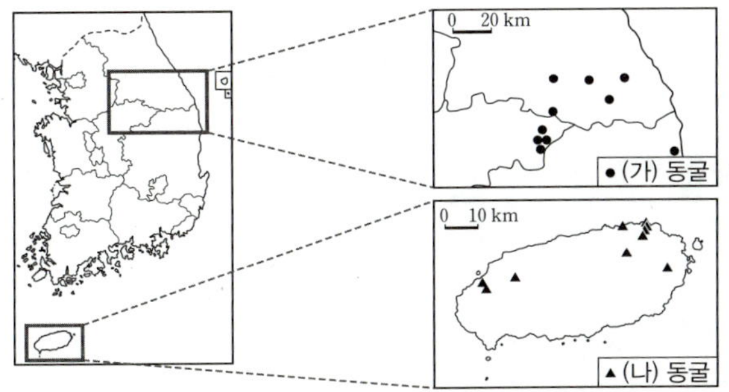

〈보기〉

ㄱ. (가) 동굴의 지표면에는 기반암이 풍화되어 형성된 붉은색의 토양이 분포한다.
ㄴ. (나) 동굴의 방향은 등고선과 평행한 경향이 나타난다.
ㄷ. (가) 동굴은 (나) 동굴보다 동굴의 바닥면이 평평하다.
ㄹ. (가) 동굴의 기반암은 (나) 동굴의 기반암보다 형성 시기가 이르다.

① ㄱ, ㄴ   ② ㄱ, ㄹ   ③ ㄴ, ㄷ
④ ㄱ, ㄷ, ㄹ   ⑤ ㄴ, ㄷ, ㄹ

105

다음 글의 밑줄 친 '발구덕 마을'에 대한 추론으로 가장 적절한 것은?

발구덕 마을은 강원도 정선군 남면 무릉리 민둥산 기슭에 있다. 커다란 구덩이가 8개 있다고 해서 이름 붙은 발구덕 마을은 사람이 많이 살지 않는 오지이다. 어떤 작물을 심어 놓든 무럭무럭 자랄 만큼 토양이 좋아 1970년대만 해도 30가구 이상이 사는 마을이었지만, 땅이 계속 꺼져 내리는 통에 많은 사람이 산 아래에 있는 마을이나 주변 도시로 떠났다고 한다. 이곳의 땅은 아직도 가라앉고 있으며 자잘한 구덩이가 끊임없이 생겨나고 있다. 지형학자들은 지하에 석회동굴이 있을 것으로 추정하고 있다.

① 주된 기반암은 고생대 평안 누층군에 해당할 것이다.
② 석회암이 용식 작용을 받아 형성된 돌리네가 분포할 것이다.
③ 커다란 구덩이는 배수가 불량하여 주로 논으로 이용할 것이다.
④ 커다란 구덩이는 호우 시에 일시적으로 호수가 형성될 것이다.
⑤ 마을에서는 기반암이 풍화되어 형성된 검은색의 토양을 흔히 볼 수 있을 것이다.

106

지도는 두 기반암의 분포 지역을 나타낸 것이다. (가), (나) 기반암이 분포하는 지역에 위치한 지형도를 〈보기〉에서 고른 것은?

(가)   (나)

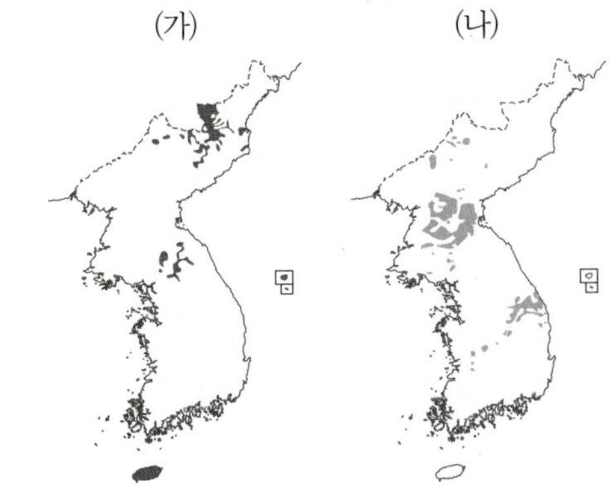

〈보기〉

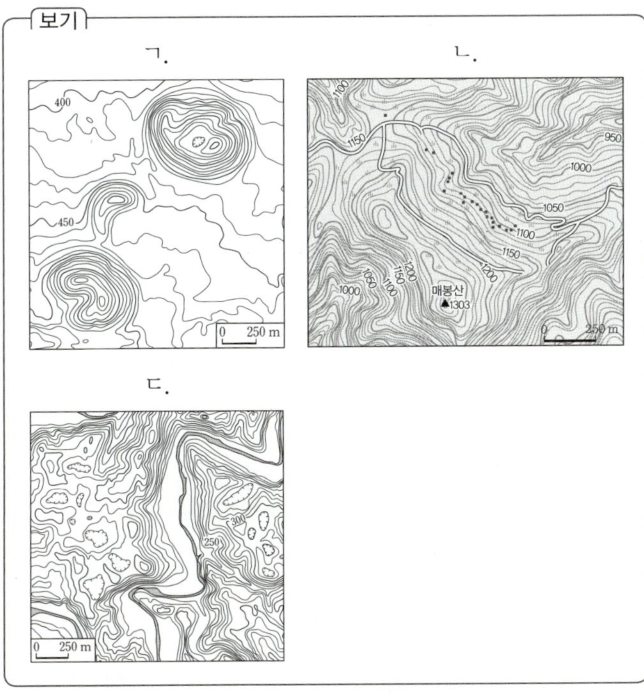

	(가)	(나)		(가)	(나)		(가)	(나)
①	ㄱ	ㄴ	②	ㄱ	ㄷ	③	ㄴ	ㄱ
④	ㄴ	ㄷ	⑤	ㄷ	ㄱ			

Ⅲ 기후 환경과 인간 생활

Ⅲ단원 핵심 지역 PREVIEW

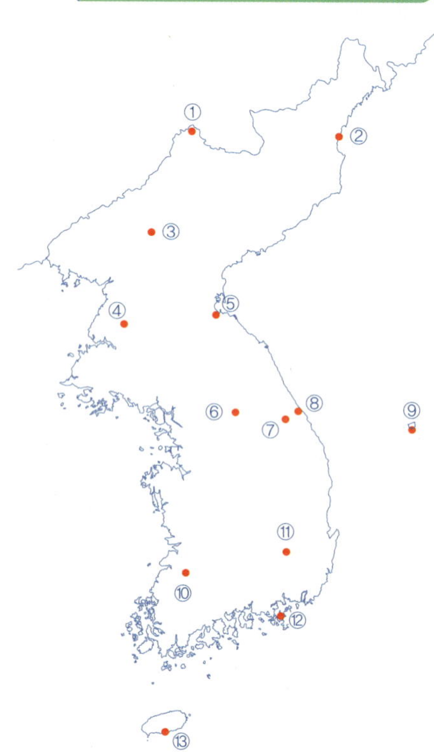

❶ **중강진** 최한월 평균 기온이 가장 낮고 기온의 연교차가 가장 큼, 대륙도가 가장 큼

❷ **청진** 관북 해안의 소우지

❸ **희천** 청천강 중·상류 일대의 다우지

❹ **평양** 대동강 하류 일대의 소우지

❺ **원산** 강원도 동해안의 다우지, 북한에서 강수량이 매우 많은 편

❻ **홍천** 남한에서 기온의 연교차가 가장 큼, 여름 강수 집중률이 높음

❼ **대관령** 해발 고도가 높아 최난월 평균 기온이 가장 낮음, 연 강수량이 매우 많은 다우지

❽ **강릉** 북동 기류에 의한 영동 지방의 다설지, 겨울 강수 집중률이 높은 편

❾ **울릉도** 다설지, 연중 강수가 고른 편, 겨울 강수량이 매우 많음, 방설벽인 우데기 발달

❿ **정읍** 북서 계절풍으로 인한 노령산맥 서사면의 다설지

⓫ **대구** 낙동강 중·상류 일대의 소우지, 극서지

⓬ **거제** 연 강수량이 매우 많은 남해안 일대의 다우지

⓭ **서귀포** 최한월 평균 기온이 가장 높음, 다우지

06강	주제 1 우리나라의 기후 특성	· 기후 요소　· 기후 요인　· 대륙성 기후
우리나라의 기후와 주민 생활	주제 2 기온, 강수, 바람 및 계절별 기후 특징	· 기온의 연교차　· 다우지와 소우지　· 계절풍 · 높새바람　· 시베리아 기단　· 북태평양 기단
	주제 3 기후와 주민 생활	· 김장　· 온돌　· 대청마루　· 우데기　· 까대기

07강	주제 1 자연재해	· 홍수　· 가뭄　· 폭설　· 태풍　· 황사　· 지진
자연재해와 기후 변화	주제 2 기후 변화	· 지구 온난화　· 온실 효과　· 열섬 현상
	주제 3 우리나라의 식생과 토양	· 난대림　· 온대림　· 냉대림 · 성대 토양　· 간대토양

▶기후 자료 분석과 백지도를 통한 위치 학습이 중요하다.

Ⅲ단원은 고난도 문항이 자주 출제되는 단원이며, 통계 자료와 지도를 바탕으로 기후 값의 지역적 차이를 묻는 것이 기본적인 출제 패턴이다. 대체로 지역별 기후 값을 다양한 형태의 그래프로 제시한 뒤 백지도와 연결하여 상대적 특성을 비교하는 지역 추론 문항이 출제되므로, 자료를 빠르게 분석하는 연습과 백지도를 이용한 위치 학습이 중요하다. 특히 위도가 비슷한 지역들 간의 기후 값 크기 순서, 최다우(설)지와 최소우지, 최한월 평균 기온이 가장 높은 지역, 최난월 평균 기온이 가장 낮은 지역, 기온의 연교차가 가장 큰 지역, 겨울 강수 집중률이 가장 높은 지역 등 지표별 최고 또는 최젓값을 갖는 지역은 구체적 수치나 순위를 암기해 두면 자료 분석을 빠르게 하는 데 도움이 된다.

06강 우리나라의 기후와 주민 생활

주제 1 우리나라의 기후 특성

1. 기후 요소와 기후 요인

(1) **기후 요소** : 기후를 구성하는 대기 현상 ⑩ 기온, 강수, 바람 등

(2) **기후 요인** : 기후 요소에 영향을 미치는 요인 → 기후 요소의 지역적 차이 유발

위도	고위도로 갈수록 일사량이 적어 기온이 낮아짐
수륙 분포	비슷한 위도에서 내륙은 해안보다 기온의 연교차가 큼
지형	산지의 바람받이 사면은 비그늘 사면보다 강수량이 많음
해발 고도	해발 고도가 높아질수록 기온이 낮아짐
해류	한류가 흐르는 해안은 여름철 기온이 낮고 강수량이 적음

> 최난월 평균 기온에서 최한월 평균 기온을 뺀 값을 의미한다.

2. 우리나라의 기후 특성

> 중위도는 태양의 고도가 높으면 일사량이 늘어나 여름, 태양의 고도가 낮으면 일사량이 줄어들어 겨울이 된다.

냉 · 온대 기후	북반구 중위도에 위치 → 계절 변화가 뚜렷한 냉 · 온대 기후가 나타남
대륙성 기후	중위도 대륙 동쪽에 위치 → 대륙의 영향을 크게 받아 비슷한 위도의 대륙 서안에 비해 기온의 연교차가 큼
계절풍 기후	유라시아 대륙 동쪽에 위치 → 계절에 따라 풍향이 달라져 여름에는 고온 다습한 바람, 겨울에는 한랭 건조한 바람의 영향을 받음

> 최한월 평균 기온 −3℃를 기준으로 냉대 기후(북부와 중부 지방)와 온대 기후(남부 지방)로 구분한다.

주제 2 기온, 강수, 바람 및 계절별 기후 특징

1. 기온 특징

(1) **기온의 지역 차**

> 태백산맥이 차가운 북서풍을 차단해 주고, 황해보다 동해의 수심이 깊어 동해안의 기온 하강 속도가 늦기 때문이다.

① 남북으로 긴 국토 → 기온의 남북 차＞기온의 동서 차

② 위도의 영향 → 남부 지방에서 북부 지방으로 갈수록 기온이 낮아짐, 여름철보다 겨울철에 기온의 남북 차가 큼

③ 수륙 분포의 영향 → 해안에서 내륙으로 갈수록 기온이 낮아짐

④ 비슷한 위도의 겨울철 기온 : 동해안＞서해안＞내륙 지역

(2) **기온의 연교차** : 북부＞남부, 내륙＞해안, 서해안＞동해안

(3) **기온의 일교차** : 봄 · 가을의 맑은 날에 크고, 장마철에 작음

> 기온의 연교차는 중강진을 비롯한 북부 내륙에서 가장 크다.

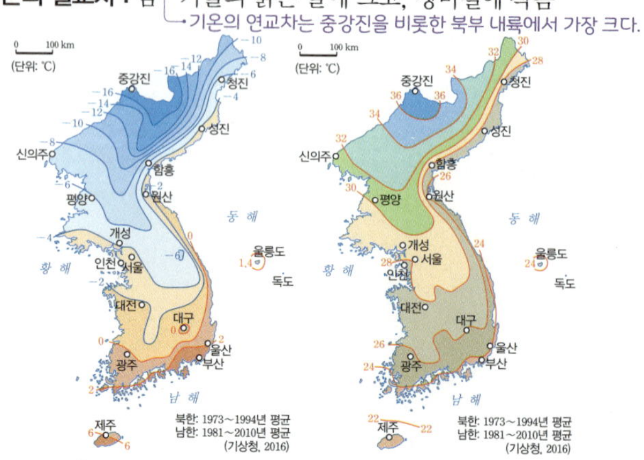

▲ 1월 평균 기온   ▲ 기온의 연교차

2. 강수 특징

(1) **강수의 계절 차**

① 장마 전선과 태풍으로 대부분 지역에서 여름 강수 집중률이 높음

② 겨울 강수량이 많은 울릉도는 상대적으로 여름 강수 집중률이 낮음

(2) **강수의 연 변동** : 기단의 발달, 장마 기간, 태풍의 내습 횟수 및 강도, 집중 호우의 발생 정도가 해에 따라 차이가 큼 → 홍수와 가뭄이 자주 발생

(3) **강수의 지역 차** : 지형과 풍향의 영향으로 지역 간 차이가 큼

다우지	여름철 남서 기류의 바람받이 지역(한강 유역, 청천강 중 · 상류 일대, 제주도와 남해안 일대 등)
소우지	비그늘(바람그늘) 지역(영남 내륙, 개마고원), 상승 기류가 발생하기 어려운 저평한 지역(대동강 하류 일대), 관북 해안 지역 등
다설지	울릉도, 영동 지방(강릉, 속초 일대), 대관령 일대, 호남 서해안 및 소백산맥 서사면 등

지도로 살펴보기

여름철과 겨울철의 강수 분포

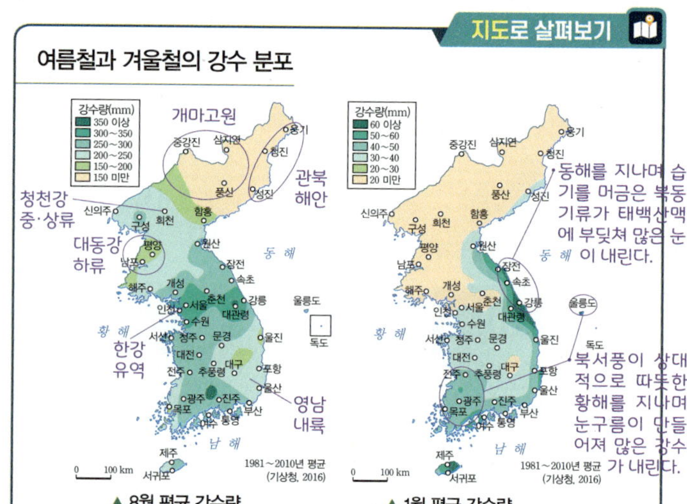

▲ 8월 평균 강수량   ▲ 1월 평균 강수량

- **여름철 강수 분포** : 우리나라는 연 강수량의 약 50% 정도가 여름에 집중되며, 이로 인해 여름철 강수량이 많은 지역이 연 강수량도 많은 편이다. 한강 유역과 청천강 중 · 상류, 제주도와 남해안 일대는 여름철 강수량이 많은 편이고, 대동강 하류, 영남 내륙 지역과 개마고원 일대, 관북 해안 지역은 여름철 강수량이 적은 편이다.
- **겨울철 강수 분포** : 울릉도와 호남 서해안은 주로 북서 계절풍의 영향으로, 영동 지방은 주로 북동 기류의 영향으로 겨울철 강수량이 많다.

3. 바람 특징

> 계절에 따라 풍향과 성질이 달라지는 바람

계절풍	여름	북태평양에서 발달한 고기압의 영향으로 고온 다습한 남서 혹은 남동풍이 탁월 → 벼농사, 대청마루 발달
	겨울	시베리아에서 발달한 고기압의 영향으로 한랭 건조한 북서풍이 탁월 → 김장, 온돌 문화 발달
높새바람	정의	늦봄~초여름에 북동풍이 태백산맥을 넘을 때 푄 현상에 의해 고온 건조한 성질로 변하는 바람
	영향	기온과 습도의 동서 차 유발, 영서 · 경기 지방에 가뭄 피해 유발

4. 계절별 기후 특징

중국 내륙이나 몽골의 건조 지역에서 발생한 흙먼지가 편서풍을 타고 날아오는 현상

봄	• 이동성 고기압과 저기압이 교대로 통과하여 날씨 변화가 심함 • 온난 건조한 날씨로 인해 가뭄과 산불이 잦음 • 시베리아 기단의 일시적 확장으로 꽃샘추위가 나타남 • 황사가 발생하면 대기 중 먼지 농도가 증가하여 호흡기 질환자가 늘어남 • 늦봄~초여름에 높새바람이 불면 영서·경기 지방은 고온 건조해짐
장마철	한대 기단과 열대 기단의 경계를 따라 형성되는 정체 전선 장마 전선을 따라 다습한 남서 기류가 유입될 때 집중 호우 발생, 높은 습도, 높은 불쾌지수, 짧은 일조 시간
한여름	북태평양 기단의 영향으로 무더위와 열대야 발생, 남고북저형 기압 배치로 남서·남동 계절풍의 발생 빈도가 높음, 소나기(대류성 강수), 태풍
가을	이동성 고기압의 영향으로 쾌청한 날씨가 나타남
겨울	시베리아 기단의 영향으로 한랭 건조함, 서고동저형 기압 배치로 북서풍의 발생 빈도가 높음, 시베리아 기단의 주기적 강약으로 삼한 사온 현상 발생

겨울철과 한여름의 일기도

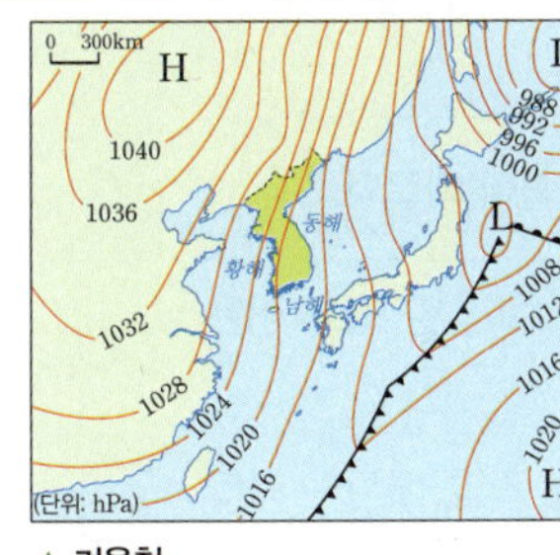

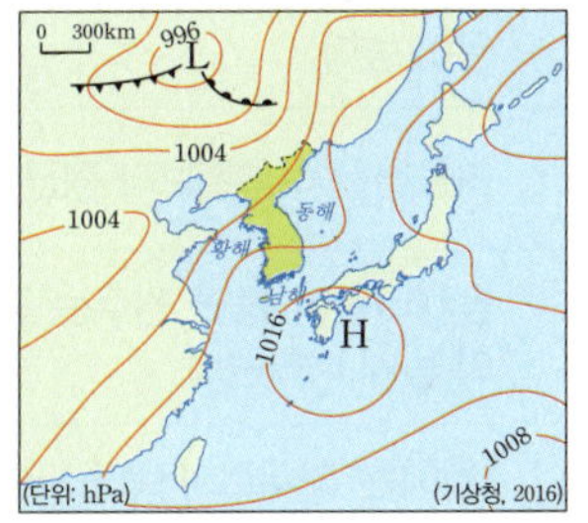

- **겨울철**에는 대륙성 기단인 시베리아 고기압이 발달하면서 서고동저형의 기압 배치가 나타나 한랭 건조한 서풍 계열의 바람이 우세하다.
- **한여름**에는 열대 해양성 기단인 북태평양 고기압이 발달하면서 남고북저형의 기압 배치가 나타나 고온 다습한 남풍 계열의 바람이 우세하다.

1. 기후와 주민 생활

겨울이 따뜻한 남부 지방이 북부 지방에 비해 김장 시기가 늦고, 김치를 짜게 담근다.

기온	• 여름 : 통풍이 잘되는 의복, 대청마루가 발달한 개방적 가옥 구조, 벼농사에 유리, 염장 식품 발달 • 겨울 : 방한복, 온돌이 발달한 폐쇄적 가옥 구조, 관북 지방의 정주간, 보리나 밀 재배, 김장 문화
강수	• 다우지 : 하천 주변의 자연 제방에 거주, 피수대와 터돋움집을 이용한 홍수 대비　흙이나 돌로 터를 돋워 높인 후 그 위에 지은 집 • 소우지 : 풍부한 일조량을 바탕으로 천일제염업(서해안), 과수 재배(경북 내륙 지역)가 활발
바람	• 남향의 배산임수 취락 입지 : 한랭한 겨울 계절풍을 막을 수 있고 일조량이 많음 • 제주도의 전통 가옥 : 강한 바람에 대비한 그물망 지붕 • 호남 지방의 까대기 : 바람과 눈이 들어오는 것을 막기 위한 시설

지역별 전통 가옥 구조

전통 가옥 구조에는 해당 지역의 기후 특색이 반영되어 지역 간 차이가 뚜렷하다. **관북 지방**은 겨울철 추위에 대비해 열 손실을 최소화하기 위한 '田'자형의 폐쇄적 겹집 구조가 나타나며, 실내 생활 공간인 정주간이 있다. **남부 지방**은 여름 더위에 대비한 '一'자형의 개방적 홑집 구조가 나타나며, 바람이 잘 통하도록 하는 대청마루가 있다. 겨울에 눈이 많이 내리는 **울릉도**의 전통 가옥에는 '우데기'라는 방설(防雪)벽이 발달한 것이 특징이다. **제주도**의 전통 가옥에는 곡물을 저장하는 창고로 쓰이는 '고팡'이라는 공간이 있다.

2. 국지 기후와 주민 생활

기온 역전 현상	• 지면의 복사 냉각으로 지표 부근의 기온이 상공의 기온보다 낮은 현상 → 봄·가을 맑고 바람이 없는 날 야간에 분지에서 잘 나타남 • 대기 오염 물질 정체로 스모그 발생, 농작물의 냉해 발생 → 바람개비 설치로 피해 완화
열섬 현상	• 도시 내부의 기온이 주변의 교외 지역보다 높게 나타나는 현상 • 상대 습도와 평균 풍속 감소, 기온 상승, 강수량 증가

열섬 현상

열섬 현상은 도시의 인구 증가, 건물·공장·자동차 등에서의 인공 열 방출, 도로 포장 면적 확대 등으로 인해 발생하며 여름보다 겨울에, 낮보다 밤에 뚜렷하게 나타난다. 최근 열섬 현상을 완화하기 위해 바람길 조성, 건물 옥상 녹화 사업, 생태 하천 복원 등이 이루어지고 있다.

3. 기후와 경제생활

날씨와 경제생활	• 제조업 : 계절상품을 판매하는 업체에 영향을 줌 예 음료 및 빙과류 제조업, 냉·난방기 제조업 • 서비스업 : 편의점 진열 상품의 변화, 택배 및 운송 서비스업의 요금 변동, 스포츠 산업 등에 영향
기후와 경제생활	• 농업 : 벼농사(여름철 고온 다습한 기후), 그루갈이(겨울철 온화한 기후), 고랭지 채소 재배(여름철 서늘한 기후) • 지역 축제 : 기후의 특색을 활용한 축제 개최 예 진해 군항제, 화천 산천어 축제 등

핵심 개념 CHECK!

• 정답 및 해설 023쪽

01 다음 자료를 보고 괄호 안의 내용 중 알맞은 말을 고르시오.

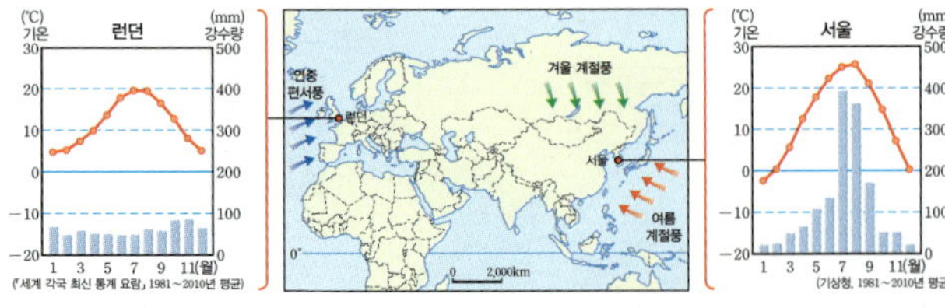

(1) 서울은 런던보다 계절풍 영향을 (크게 / 작게) 받는다.

(2) 서울은 런던보다 기온의 연교차가 (크다 / 작다).

(3) 서울은 런던보다 여름 강수 집중률이 (높다 / 낮다).

02 지도를 보고 괄호 안의 내용 중 알맞은 말을 고르시오.

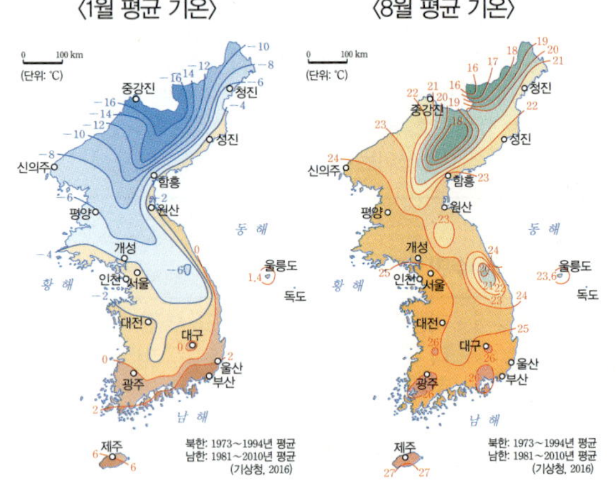

(1) 1월 평균 기온의 지역 차는 8월 평균 기온의 지역 차보다 (크다 / 작다).

(2) 1월 평균 기온에서 중강진과 진주의 기온 차이는 인천과 강릉의 기온 차이보다 (크다 / 작다).

(3) 대관령의 경우 8월 평균 기온이 주변 지역보다 낮은 것은 (해발 고도 / 위도)와 관련 있다.

(4) 동해안은 비슷한 위도의 서해안보다 1월 평균 기온이 (높다 / 낮다).

03 그래프는 지도에 표시된 세 지역의 계절별 강수 비중을 나타낸 것이다. (가)~(다) 지역의 계절별 강수 비중을 A~C에서 골라 쓰시오.

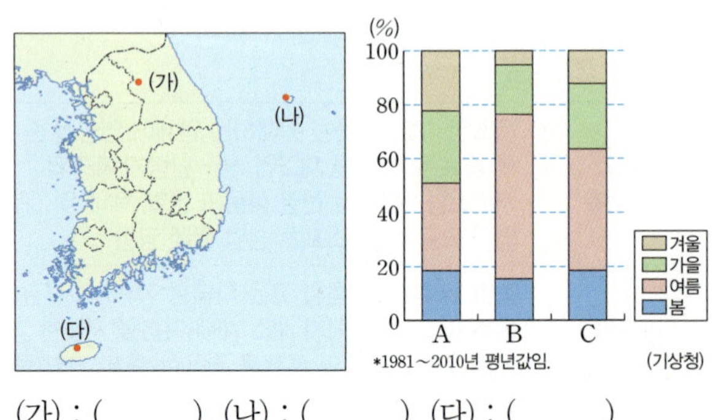

(가) : (   ) (나) : (   ) (다) : (   )

다음의 설명이 맞으면 'O', 틀리면 'X'에 표시하시오.

04 우리나라는 대륙의 동쪽에 위치하여 기온의 연교차가 작은 해양성 기후가 나타난다. O X

05 부산은 원산보다 위도의 영향으로 연평균 기온이 높다. O X

06 비슷한 위도의 동해안이 서해안보다 겨울 기온이 높은 것은 지형과 바다의 영향 때문이다. O X

07 (함정) 기온의 연교차는 남쪽에서 북쪽으로, 해안에서 내륙으로 갈수록 작아진다. O X

08 지형의 영향으로 서귀포는 제주보다 연 강수량이 많다. O X

09 시베리아 고기압의 영향을 받는 겨울에는 한랭 건조한 북서풍이 분다. O X

10 울릉도는 홍천보다 겨울 강수 집중률이 낮다. O X

11 강릉은 비슷한 위도의 인천보다 최한월 평균 기온이 높다. O X

12 겨울철은 여름철보다 평균 풍속이 빠르다. O X

13 높새바람이 불면 원주는 강릉보다 일 최고 기온이 높게 나타난다. O X

14 (함정) 1월에는 대체로 서고동저형의 기압 배치가 나타난다. O X

15 북동 기류 유입 시 영동 지방은 영서 지방보다 강수량이 많다. O X

16 (함정) 북한 지역의 청진은 남포보다 기온의 연교차가 크다. O X

17 기온의 일교차는 장마철이 봄과 가을보다 크다. O X

18 김장 시기는 남부 지방에서 북부 지방으로 갈수록 대체로 빨라진다. O X

19 강화도의 또아리집과 호남 해안 지방의 까대기는 바람이 강한 곳에서 볼 수 있는 가옥 형태이다. O X

20 (함정) 일조 시간이 짧은 서해안 일부 지역에서는 천일 제염업이 발달하였다. O X

21 대관령 일대에서는 여름철 서늘한 기후를 이용한 고랭지 농업이 이루어진다. O X

22 열섬 현상은 교외 지역의 기온이 도심보다 높게 나타나는 현상이다. O X

23 겨울이 온화한 남부 지방에서는 그루갈이가 가능하다. O X

지역별 기온과 강수 분포는 왜 다를까?

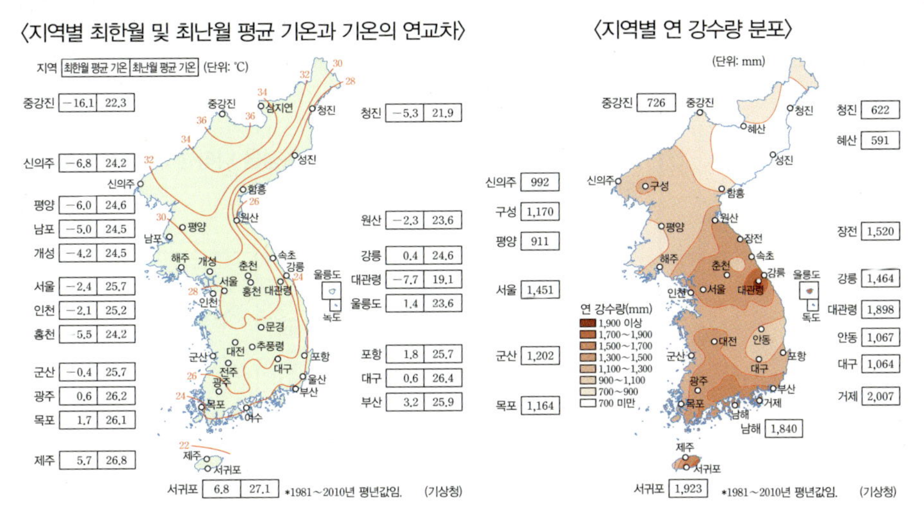

〈지역별 최한월 및 최난월 평균 기온과 기온의 연교차〉

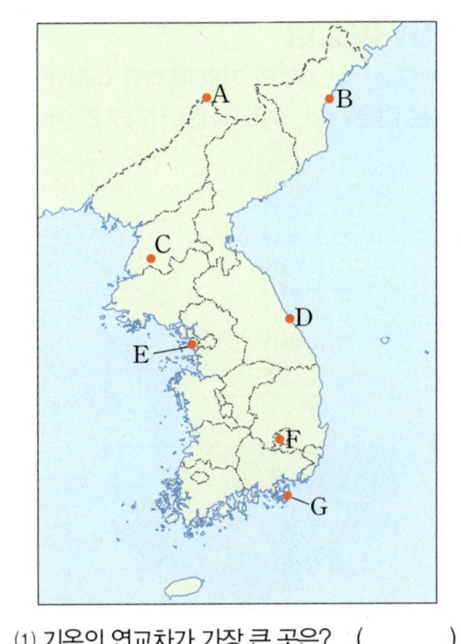

〈지역별 연 강수량 분포〉

- 기온은 위도, 수륙 분포, 해발 고도, 지형, 해양 등의 영향으로 지역적 차이가 나타난다. 부산은 서울보다 저**위도**에 위치해 최한월 평균 기온이 높고, 울릉도는 홍천보다 수륙 분포의 영향으로 최한월 평균 기온이 높으며, 강릉은 군산보다 고위도에 위치하지만 수심이 깊은 동해와 북서풍을 막아주는 **지형**의 영향으로 최한월 평균 기온이 높다. 북한의 청진 역시 서해안의 신의주보다 고위도에 위치하지만 **지형**과 **바다**의 영향으로 최한월 평균 기온이 높다. 한편, **해발 고도**가 높은 대관령은 7월 평균 기온이 낮게 나타난다. 기온의 연교차가 가장 큰 곳은 고위도 내륙에 위치한 중강진이고, 최한월 평균 기온이 가장 높은 곳은 서귀포이다.
- 연 강수량은 대체로 남부 지방에서 북부 지방으로 갈수록 줄어들며, **지형과 풍향**의 영향에 따라 지역 차가 나타난다. 남해안 일부 지역, 한강 중·상류, 청천강 중·상류 지역 등은 다습한 남서 기류의 **바람받이** 지역으로 연 강수량이 많지만, **비그늘** 사면으로 둘러싸인 낙동강 중·상류와 개마고원 일대, 저평한 지형이 나타나는 대동강 하류는 연 강수량이 적다. 한편, 기상 관측소를 기준으로 연 강수량이 가장 많은 곳은 2,007mm인 거제이며, 청진 부근은 연 강수량이 622mm로 매우 적다.

백지도로 확인하기

Q1 다음 물음에 해당하는 지역을 아래 지도의 A~G에서 골라 쓰시오.

(1) 기온의 연교차가 가장 큰 곳은? (　　　)
(2) 연 강수량이 가장 많은 곳은? (　　　)
(3) 연 강수량이 가장 적은 곳은? (　　　)
(4) 최한월 평균 기온이 가장 낮은 곳은? (　　　)
(5) B와 C 중 기온의 연교차가 큰 곳은? (　　　)
(6) D와 E 중 최한월 평균 기온이 높은 곳은? (　　　)
(7) E와 F 중 연 강수량이 많은 곳은? (　　　)

자료 분석에 적용하기

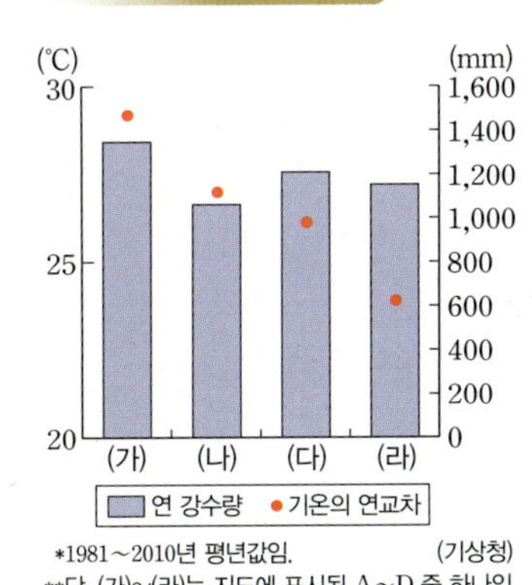

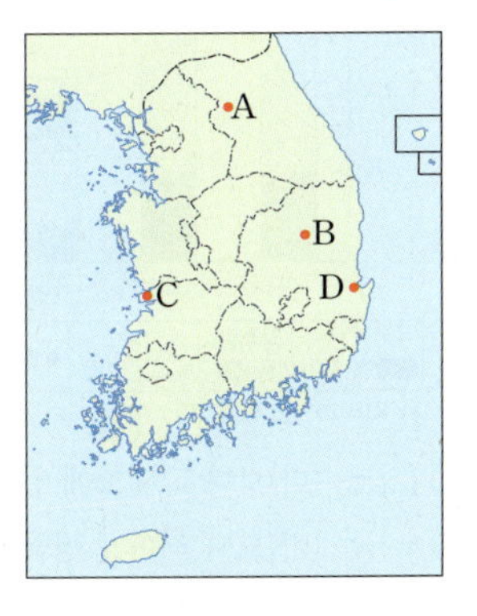

Q2 왼쪽의 자료를 보고 괄호 안의 내용 중 알맞은 말을 고르거나, 빈칸에 알맞은 말을 쓰시오.
(1) (가)는 (나)보다 (고위도 / 저위도)에 위치한다.
(2) (다)는 (라)보다 지형과 바다의 영향으로 최한월 평균 기온이 (높다 / 낮다).
(3) C는 D보다 기온의 연교차가 (크다 / 작다).
(4) A~D 중 연 강수량이 가장 많은 곳은 (　　　), 연 강수량이 가장 적은 곳은 (　　　)이다.
(5) A~D 중 기온의 연교차가 가장 큰 곳은 (　　　), 기온의 연교차가 가장 작은 곳은 (　　　)이다.
(6) (가)는 A, (나)는 (　　　), (다)는 (　　　), (라)는 (　　　)에 해당한다.

WHERE & WHY 정답 Q1 (1) A (2) G (3) B (4) A (5) C (6) D (7) E　Q2 (1) 고위도 (2) 낮다 (3) 크다 (4) A, B (5) A, D (6) B, C, D

주제 1 · 우리나라의 기후 특성

족집게 전략 | 우리나라의 기후 특성을 대륙 동안과 서안의 기후 특성과 관련해 파악하는 문항이 출제된다. 따라서 대륙 동안과 서안의 기후 특성을 기온의 연교차, 계절별 강수 분포와 관련해 학습해야 한다.

107 대표 문항

그래프는 두 지역의 기후 특징을 나타낸 것이다. 이에 대한 설명으로 옳은 것은? (단, (가), (나)는 각각 지도에 표시된 두 지역 중 하나임.)

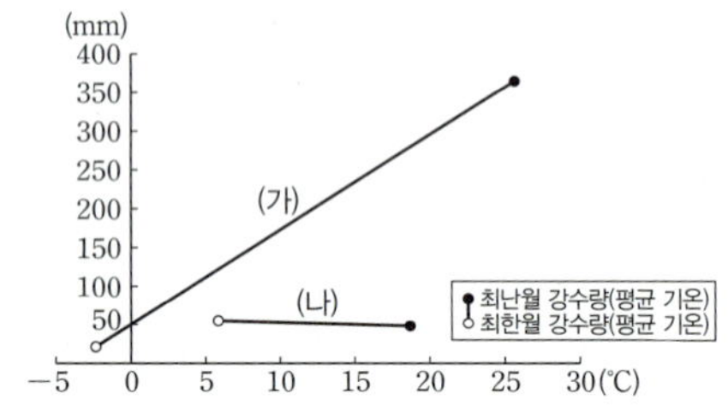

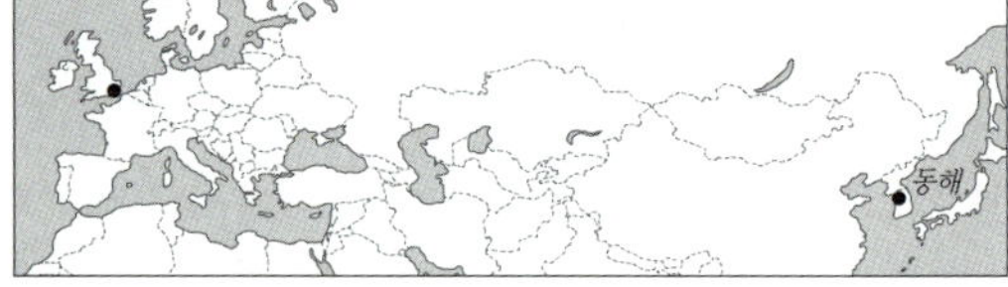

① (가)는 (나)보다 해양의 영향을 많이 받는다.
② (가)는 (나)보다 계절풍의 영향을 작게 받는다.
③ (나)는 (가)보다 기온의 연교차가 크다.
④ (나)는 (가)보다 여름에 홍수가 자주 발생한다.
⑤ (가)는 대륙 동안, (나)는 대륙 서안에 위치한다.

✎ **한줄 Tip** 대륙 동안이 서안보다 연교차가 크다는 것을 알아야 해.

108

다음은 학생이 한국 지리 수업 시간에 정리한 노트 내용의 일부이다. (가)~(다) 사례를 〈보기〉에서 고른 것은?

〈기후 요인이 기온의 지역 차에 끼친 영향〉

기후 요인	내용	사례
위도	고위도에서 저위도로 갈수록 기온이 높다.	(가)
수륙 분포	비슷한 위도에서 내륙 지역은 해안보다 겨울철 기온이 낮다.	(나)
해발 고도	해발 고도가 높아질수록 기온이 낮아진다.	(다)

〈보기〉
ㄱ. 인천은 군산보다 겨울 평균 기온이 낮다.
ㄴ. 강릉은 홍천보다 겨울 평균 기온이 높다.
ㄷ. 장수는 포항보다 여름 평균 기온이 낮다.

	(가)	(나)	(다)			(가)	(나)	(다)
①	ㄱ	ㄴ	ㄷ		②	ㄱ	ㄷ	ㄴ
③	ㄴ	ㄱ	ㄷ		④	ㄴ	ㄷ	ㄱ
⑤	ㄷ	ㄱ	ㄴ					

주제 2 · 기온, 강수, 바람 및 계절별 기후 특징

족집게 전략 | 지역별 기온, 강수 특성을 비교해 파악할 수 있는지를 묻는 문항이 자주 출제된다. 따라서 지역별 최한월 평균 기온, 기온의 연교차, 계절별 강수 분포 등의 특색을 학습해야 한다.

109 대표 문항
| 평가원 기출 |

다음 그래프는 (가)~(다) 지역의 기후 특성을 나타낸 것이다. 이에 해당하는 지역을 지도의 A~D에서 고른 것은?

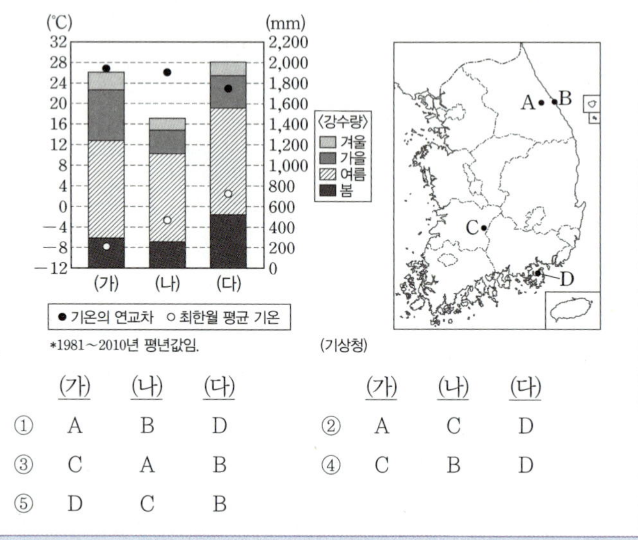

	(가)	(나)	(다)			(가)	(나)	(다)
①	A	B	D		②	A	C	D
③	C	A	B		④	C	B	D
⑤	D	C	B					

✎ **한줄 Tip** 기상 관측소 중 연 강수량이 가장 많은 곳은 거제이며, 대관령과 장수는 해발 고도가 높은 곳에 위치하는 곳임을 아는 것이 핵심이야.

110 고난도

그래프는 세 지역의 기후 특성을 나타낸 것이다. 이에 대한 설명으로 옳은 것은? (단, (가)~(다)는 지도의 A~D 중 하나임.)

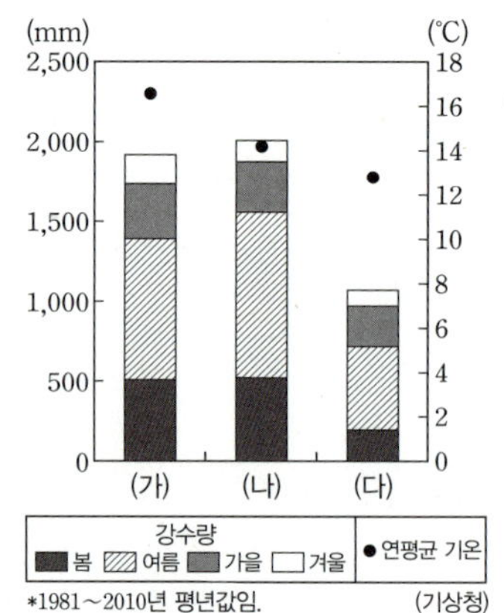

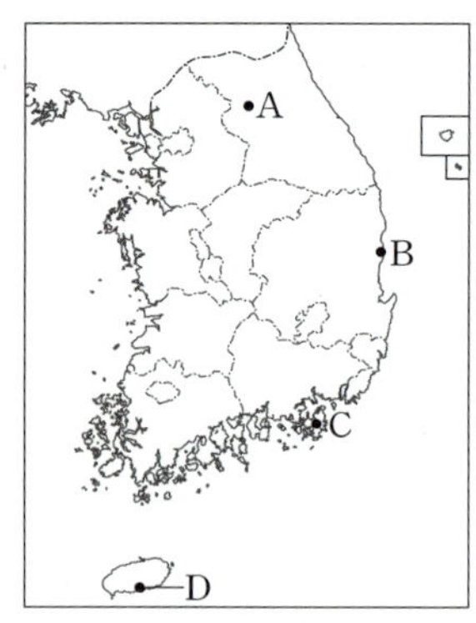

① (가)는 (다)보다 고위도에 위치한다.
② (나)는 (가)보다 최한월 평균 기온이 높다.
③ A는 B보다 기온의 연교차가 작다.
④ D는 C보다 연 강수량이 많다.
⑤ (가)는 D, (나)는 C, (다)는 B이다.

111

그래프는 (가)~(라) 지역의 기후 특성을 나타낸 것이다. 이에 해당하는 지역을 지도의 A~D에서 고른 것은?

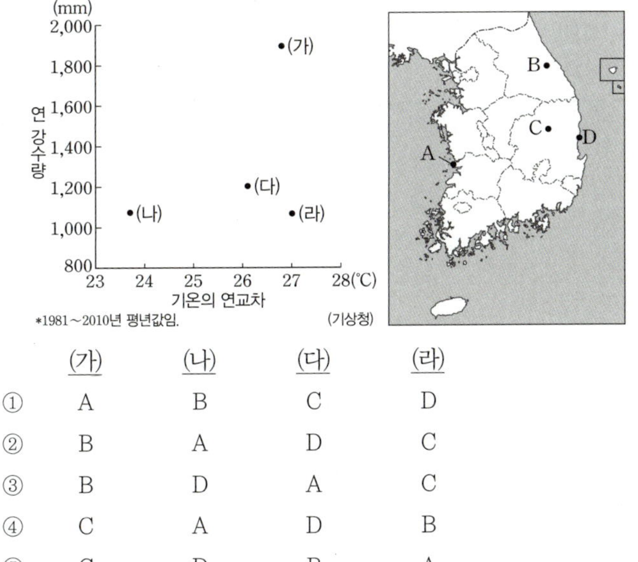

	(가)	(나)	(다)	(라)
①	A	B	C	D
②	B	A	D	C
③	B	D	A	C
④	C	A	D	B
⑤	C	D	B	A

112 고난도
| 평가원 기출 |

그래프는 지도에 표시된 네 지역의 기후 자료이다. 이에 대한 설명으로 옳은 것은? (단, (가)~(라), A~D는 지도에 표시된 지역 중 하나임.)

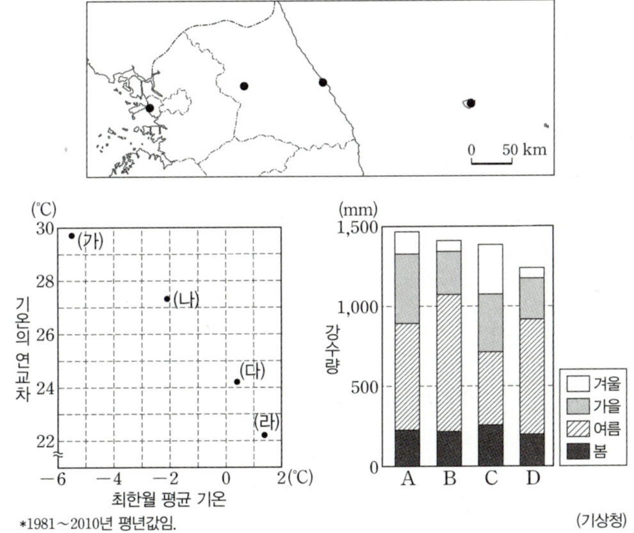

① (다)는 B, (라)는 A이다.
② (가)는 (라)보다 겨울 강수량이 많다.
③ (다)는 (나)보다 여름 강수 집중률이 높다.
④ A는 D보다 최한월 평균 기온이 낮다.
⑤ D는 C보다 최난월 평균 기온이 높다.

113

그래프는 위도가 비슷한 세 지역의 누적 강수량을 나타낸 것이다. (가)~(다) 지역에 대한 설명으로 옳은 것은? (단, (가)~(다)는 홍천, 대관령, 울릉도 중 하나임.)

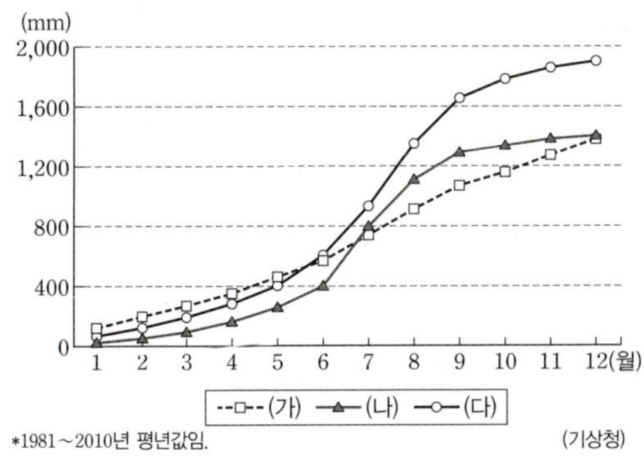

① (가)는 (나)보다 겨울 강수 집중률이 높다.
② (가)는 (다)보다 기온의 연교차가 크다.
③ (나)는 (다)보다 해발 고도가 높은 곳에 위치한다.
④ (다)는 (가)보다 최난월 평균 기온이 높다.
⑤ 연 강수량은 (가)>(나)>(다) 순으로 많다.

114
| 평가원 기출 |

(가), (나)에 대한 옳은 설명만을 〈보기〉에서 고른 것은? (단, (가), (나)는 서리 내린 첫날과 서리 내린 마지막 날 중 하나임.)

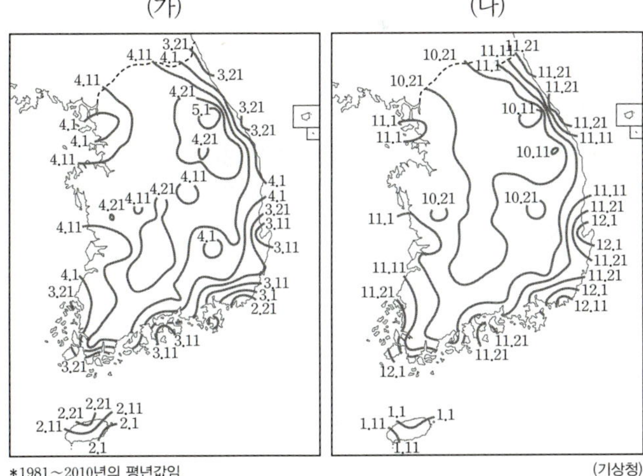

보기

ㄱ. (가)에서 (나)까지의 기간은 고위도로 갈수록 길어진다.
ㄴ. (가)에서 (나)까지의 기간에 내린 강수량이 (나)에서 (가)까지의 기간에 내린 강수량보다 많다.
ㄷ. (나)에서 (가)까지의 기간에는 북태평양 기단의 세력이 우세하다.
ㄹ. (나)에서 (가)까지의 기간은 동일한 위도에서 대체로 동해안이 서해안보다 짧다.

① ㄱ, ㄴ ② ㄱ, ㄷ ③ ㄴ, ㄷ ④ ㄴ, ㄹ ⑤ ㄷ, ㄹ

115

| 평가원 기출 |

A~C 지역의 (가) 평균 기온과 (나) 강수량 비율을 상대적 순위에 따라 배열한 것으로 옳은 것은? (단, (가), (나)는 여름 또는 겨울임.)

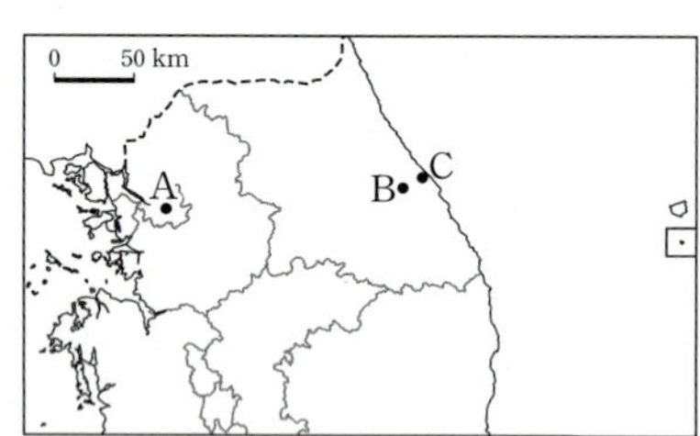

〈울릉도의 계절별 강수량 비율〉

*1981~2010년의 평년값임. (기상청)

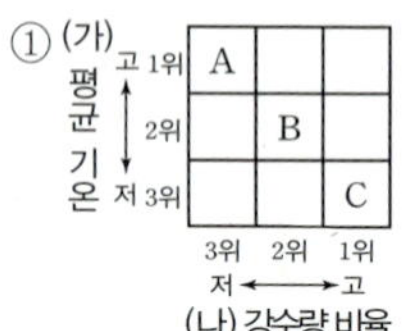
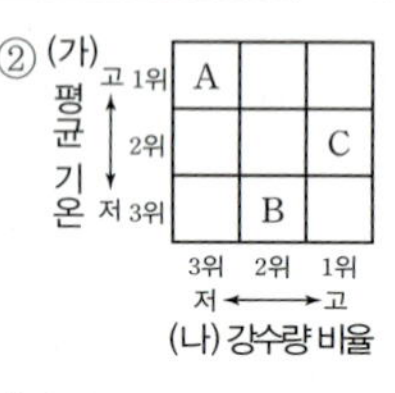
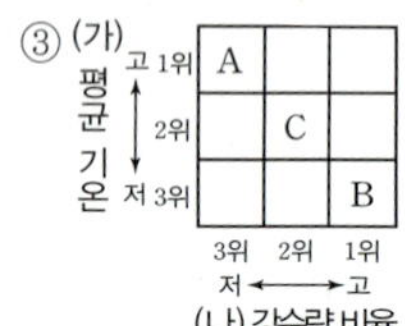
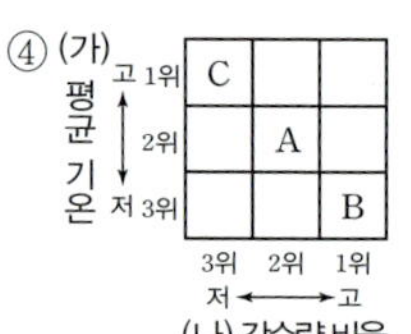
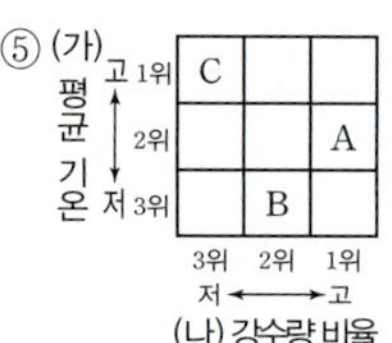

117

표는 A~C 지역의 어느 시점 기상 관측값을 나타낸 것이다. 이에 대한 옳은 설명만을 〈보기〉에서 고른 것은? (단, A~C는 강릉, 대관령, 원주 중 하나임.)

지역	일 최고 기온(℃)	일 최저 기온(℃)	일 평균 상대 습도(%)
A	21.1	16.0	70.4
B	19.0	7.7	80.0
C	30.6	15.4	44.9

(2016년 6월 △일) (기상청)

보기

ㄱ. A는 B보다 해발 고도가 높은 곳에 위치한다.
ㄴ. 강릉은 원주보다 기온의 일교차가 작았다.
ㄷ. A와 C의 기온과 습도 차이는 높새바람과 관련 있다.
ㄹ. A는 영서 지방, C는 영동 지방에 위치한다.

① ㄱ, ㄴ ② ㄱ, ㄷ ③ ㄴ, ㄷ ④ ㄴ, ㄹ ⑤ ㄷ, ㄹ

116 고난도

그래프는 네 지역의 기후 값 차이를 나타낸 것이다. 이에 대한 설명으로 옳은 것은? (단, (가)~(라)는 지도에 표시된 네 지역 중 하나이며, ㉠, ㉡은 1월, 7월 중 하나임.)

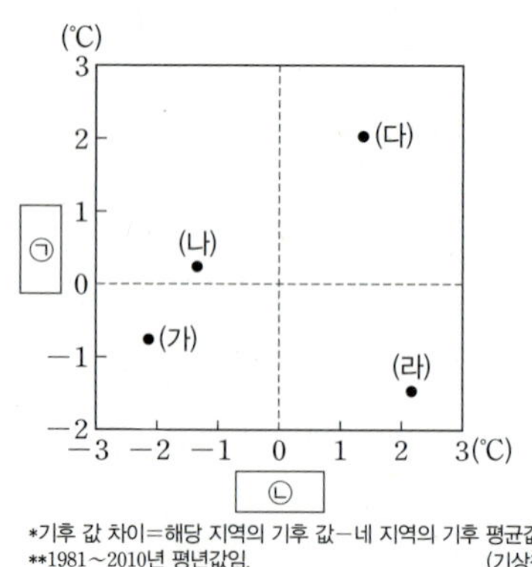
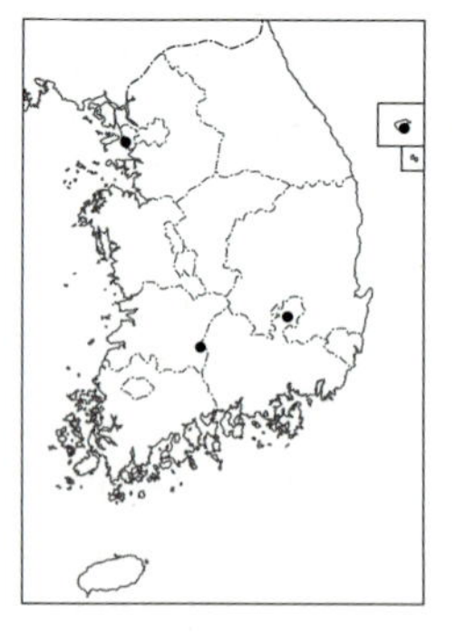

*기후 값 차이=해당 지역의 기후 값−네 지역의 기후 평균값
**1981~2010년의 평년값임. (기상청)

① ㉠에는 서고동저형의 기압 배치가 자주 나타난다.
② (가)는 (나)보다 고위도에 위치한다.
③ (나)는 (가)보다 해발 고도가 높은 곳에 위치한다.
④ (다)는 (라)보다 여름 평균 기온이 낮다.
⑤ (라)는 (다)보다 ㉡에 강수량이 많다.

118

그래프는 다섯 지역의 기후 특성을 나타낸 것이다. (가)~(마) 지역에 대한 설명으로 옳은 것은? (단, (가)~(마)는 지도에 표시된 다섯 지역 중 하나임.)

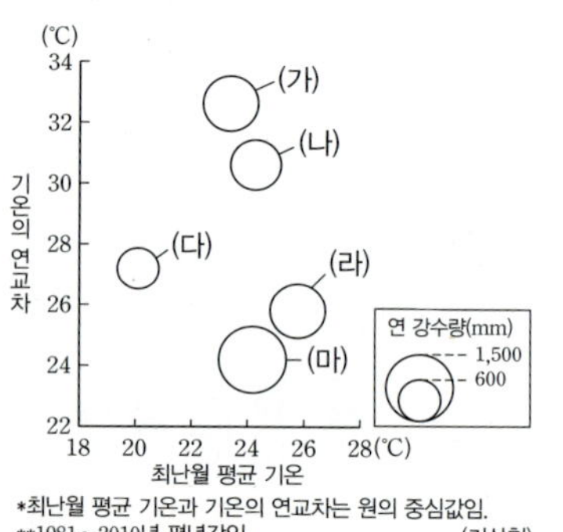
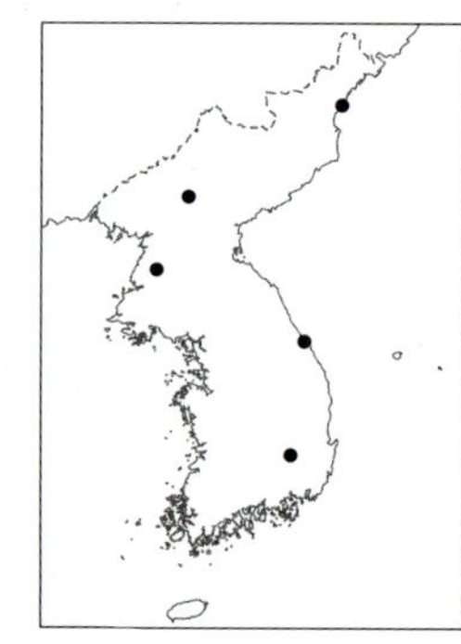

*최난월 평균 기온과 기온의 연교차는 원의 중심값임.
**1981~2010년의 평년값임. (기상청)

① (가)는 (마)보다 겨울철 강수 집중률이 높다.
② (나)는 (다)보다 한류에 의한 안개 발생 일수가 많다.
③ (다)는 (라)보다 최한월 평균 기온이 낮다.
④ (라)는 (가)보다 무상 일수가 적다.
⑤ (마)는 (나)보다 단풍 시기가 이르다.

119
지도는 두 기후 현상의 지역별 특성을 나타낸 것이다. (가), (나) 기후 현상으로 옳은 것은?

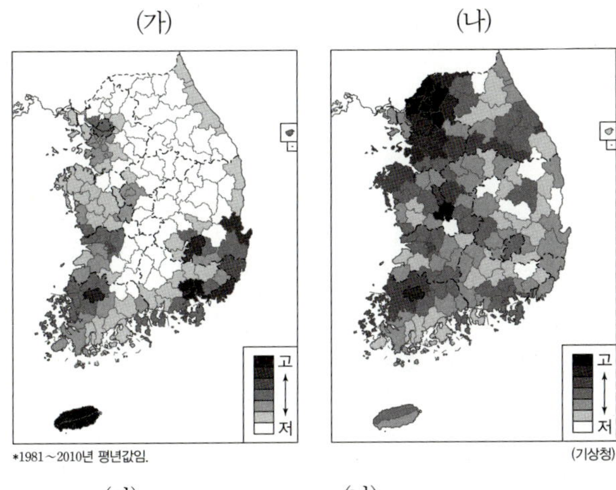

	(가)	(나)
①	적설량	황사 일수
②	황사 일수	적설량
③	황사 일수	열대야 일수
④	열대야 일수	적설량
⑤	열대야 일수	황사 일수

120

다음은 한국 지리 수업 시간에 작성한 학습 노트이다. ㉠~㉤에 대한 옳은 설명만을 〈보기〉에서 고른 것은?

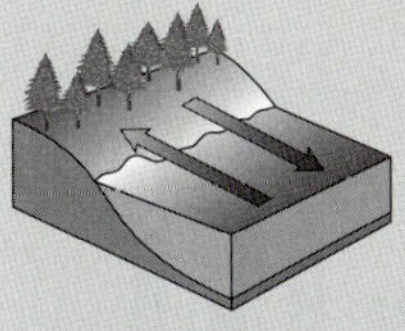

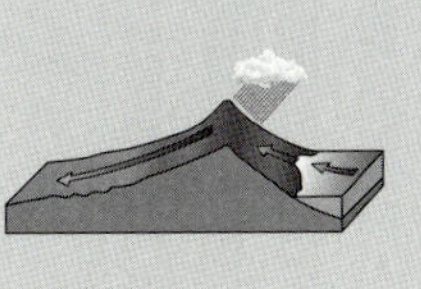

〈보기〉
ㄱ. ㉠은 흐린 날보다 맑은 날에 강하게 분다.
ㄴ. 낮에는 주로 ㉡이, 밤에는 주로 ㉢이 분다.
ㄷ. ㉣의 강수 유형은 대류성 강수이다.
ㄹ. ㉤이 불 때 영동 지방은 영서 지방보다 기온이 높다.

① ㄱ, ㄴ ② ㄱ, ㄷ ③ ㄴ, ㄷ ④ ㄴ, ㄹ ⑤ ㄷ, ㄹ

121

그래프는 지도에 표시된 4개 지점의 기후 값 차이를 나타낸 것이다. (가)~(라) 지점을 지도의 A~D에서 고른 것은?

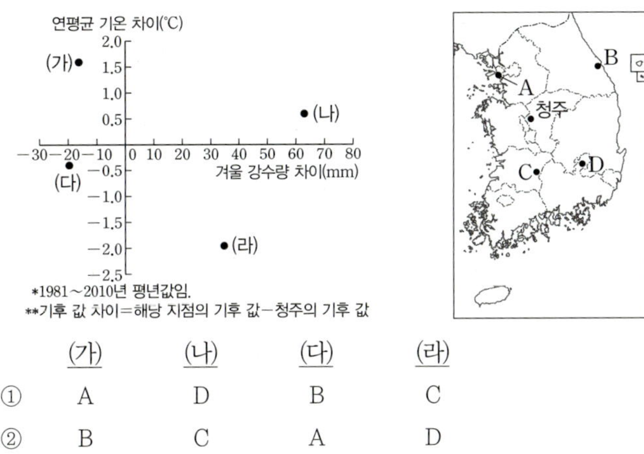

	(가)	(나)	(다)	(라)
①	A	D	B	C
②	B	C	A	D
③	B	D	A	C
④	D	B	A	C
⑤	D	B	C	A

122 고난도↑
그래프는 세 지역의 월평균 풍속 및 연평균 기온 변화를 나타낸 것이다. 이에 대한 설명으로 옳은 것은? (단, (가), (나)와 A~C는 강릉, 서울, 대관령 중 하나임.)

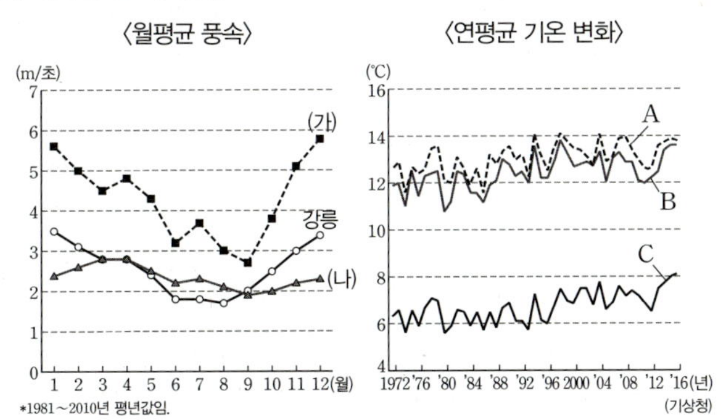

① (가)는 강릉보다 연평균 기온이 높다.
② (나)는 (가)보다 풍력 발전소 입지에 유리하다.
③ A는 B보다 1월과 7월의 풍속 차이가 크다.
④ B는 C보다 해발 고도가 높은 곳에 위치한다.
⑤ 여름철 평균 풍속은 A>B>C 순으로 빠르다.

123
| 평가원 기출 |

(가)~(다)에 대한 옳은 설명만을 <보기>에서 고른 것은? (단, (가)~(다)는 부산, 인천, 제주 중 하나임.)

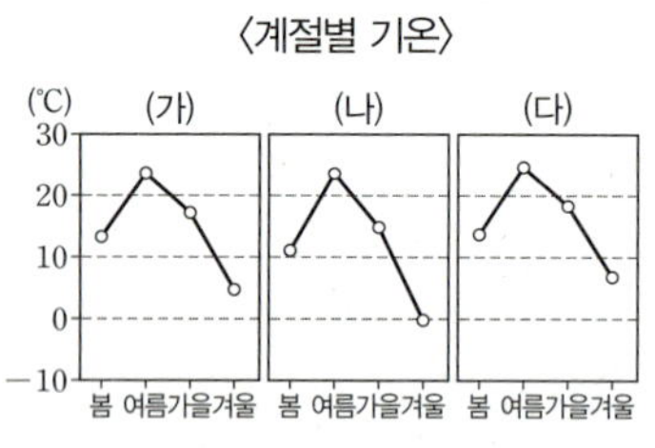

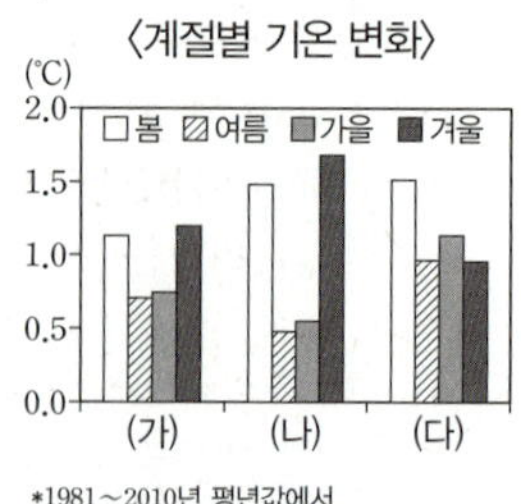

보기
ㄱ. (가)는 부산, (나)는 인천이다.
ㄴ. (나)는 (다)보다 무상 일수가 많다.
ㄷ. (가)~(다)의 겨울 기온은 위도가 높을수록 더 크게 상승했다.
ㄹ. 인천은 봄 기온, 제주는 겨울 기온이 가장 크게 상승했다.

① ㄱ, ㄴ   ② ㄱ, ㄷ   ③ ㄴ, ㄷ   ④ ㄴ, ㄹ   ⑤ ㄷ, ㄹ

124

지도는 두 시기의 전형적인 기압 배치를 나타낸 것이다. (가), (나) 시기에 대한 설명으로 옳은 것은? (단, (가), (나)는 겨울, 여름 중 하나임.)

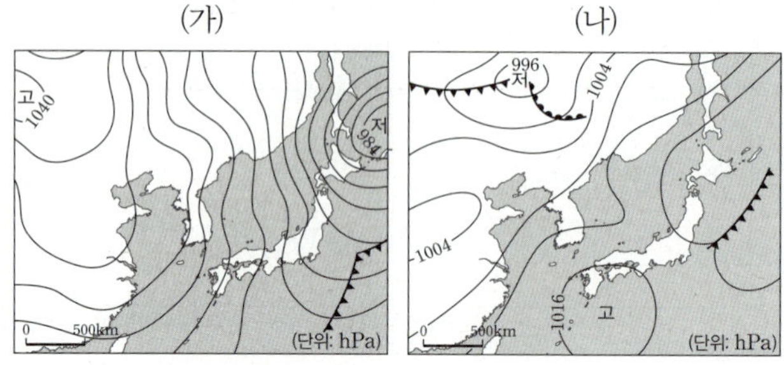

① (가) 시기는 열대야 및 열대일이 나타난다.
② (나) 시기의 계절풍은 한랭 건조한 성질이 나타난다.
③ (가) 시기는 (나) 시기보다 강수량이 많다.
④ (나) 시기는 (가) 시기보다 냉방기기에 대한 수요가 많다.
⑤ (가) 시기는 여름, (나) 시기는 겨울에 해당한다.

125
| 평가원 기출 |

그래프는 지도에 표시된 네 지역의 기후 자료이다. (가)~(라) 지역에 대한 설명으로 옳은 것은?

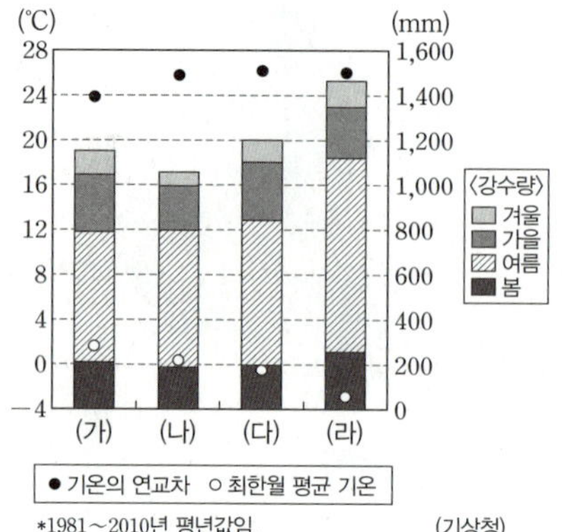

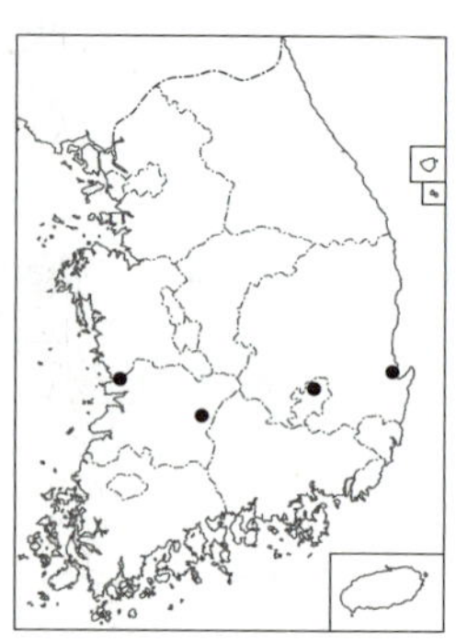

① (가)는 (나)보다 여름 강수 집중률이 높다.
② (가)는 (다)보다 연평균 기온이 높다.
③ (다)는 (나)보다 최난월 평균 기온이 높다.
④ (다)는 (라)보다 해발 고도가 높다.
⑤ (가)는 서해안, (다)는 동해안에 위치한다.

126 고난도

그래프는 다섯 지역의 기후 자료이다. 이에 대한 설명으로 옳은 것은? (단, (가)~(마)와 A~E는 지도에 표시된 지역 중 하나임.)

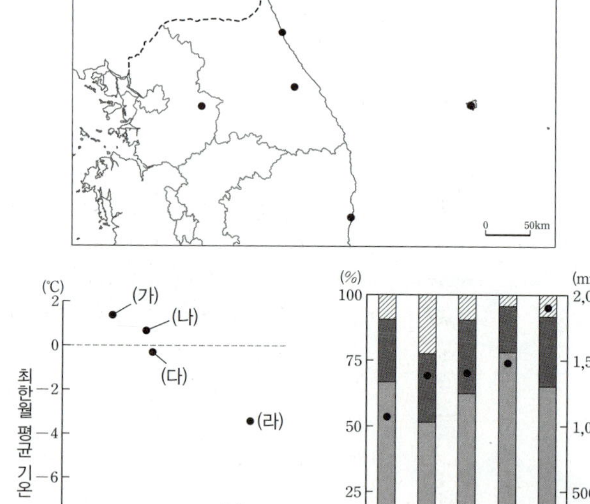

① (가)는 (마)보다 겨울 강수량이 많다.
② (나)는 (라)보다 연 강수량이 많다.
③ A는 C보다 기온의 연교차가 크다.
④ B는 D보다 최난월 평균 기온이 높다.
⑤ (다)는 E보다 해발 고도가 높은 곳에 위치한다.

127

지도는 두 시기의 풍향과 풍속을 나타낸 것이다. (가), (나) 시기에 대한 설명으로 옳은 것은? (단, (가), (나)는 1월, 7월 중 하나임.)

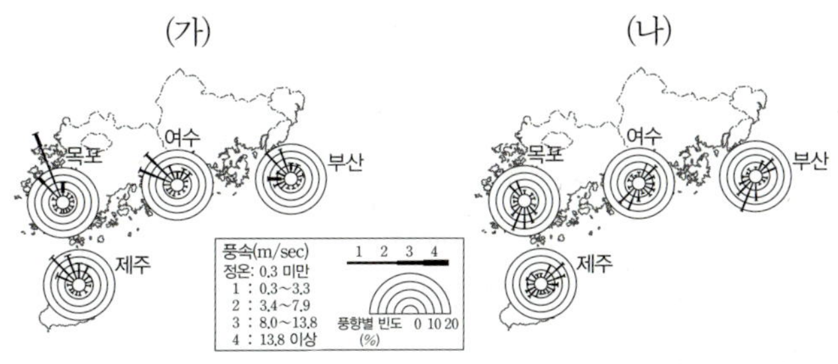

① (가) 시기에는 서고동저형의 기압 배치가 전형적으로 나타난다.

② (나) 시기에는 북서풍이 탁월하게 분다.

③ (가) 시기는 (나) 시기보다 평균 기온이 높다.

④ (가) 시기는 (나) 시기보다 평균 풍속이 느리다.

⑤ (나) 시기는 (가) 시기보다 상대 습도가 낮다.

128

| 평가원 기출 |

다음은 (가), (나) 시기 세 지점의 풍향과 풍속을 나타낸 것이다. 이에 대한 설명으로 옳은 것은? (단, (가), (나)는 1월 또는 7월임.)

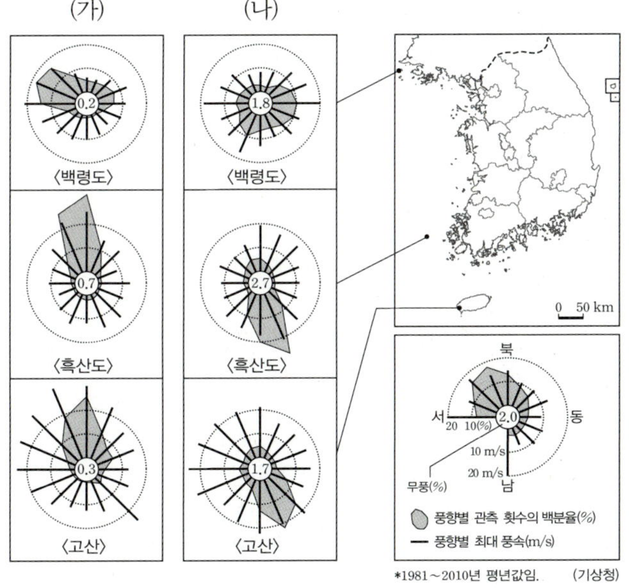

① (가)의 세 지점 풍향은 주로 남풍 또는 남동풍이다.

② (나)의 백령도 서풍 비율은 동풍 비율보다 높다.

③ (가)는 7월이고, (나)는 1월이다.

④ (가)는 (나)에 비해 무풍의 비율이 높다.

⑤ (가), (나) 모두 최대 풍속이 가장 빠른 곳은 고산이다.

129

다음은 한국 지리 수업 장면이다. 교사의 질문에 옳게 답한 학생만을 고른 것은?

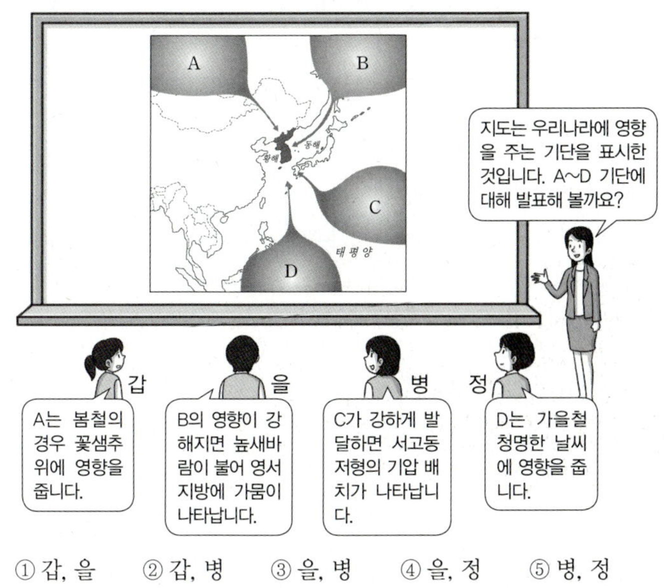

① 갑, 을　　② 갑, 병　　③ 을, 병　　④ 을, 정　　⑤ 병, 정

130

| 평가원 기출 |

다음은 우리나라의 계절별 기후 특징을 정리한 것이다. ㉠~㉤에 대한 설명으로 옳은 것은?

계절	기후 특징
봄	이동성 고기압과 저기압이 교대로 통과하고, ㉠ 꽃샘추위가 나타난다. 대기가 건조하여 산불 발생 빈도가 높고, ㉡ 높새바람이 분다.
장마철	6월 하순 경 남부 지방부터 장마가 시작되고, ㉢ 장마 전선을 따라서 다습한 남서 기류가 유입되면 집중 호우가 발생한다.
한여름	고온 다습한 날씨가 지속되면서 열대야 및 열대일이 나타나고, 강한 햇볕에 의한 상승 기류가 발달할 때 국지적으로 ㉣ 소나기가 내리기도 한다.
겨울	시베리아 고기압의 주기적인 강약으로 기온 하강과 상승이 반복되며, 북서 계절풍이나 ㉤ 북동 기류의 영향으로 일부 지역에 폭설이 발생한다.

① ㉠－오호츠크해 기단이 우리나라에 영향을 미칠 때 잘 나타난다.

② ㉡－시베리아 기단의 확장으로 영서 지방에 부는 강한 북서풍이다.

③ ㉢－한대 기단과 열대 기단이 만나 정체되어 형성된다.

④ ㉣－바람받이(풍상) 사면에 부딪혀 발생하는 지형성 강수에 해당한다.

⑤ ㉤－주로 충청과 호남 서해안을 중심으로 발생한다.

131

| 평가원 기출 |

표는 (가)~(다) 지역의 상대적 기후 특성을 나타낸 것이다. A~C에 해당하는 기후 지표로 옳은 것은?

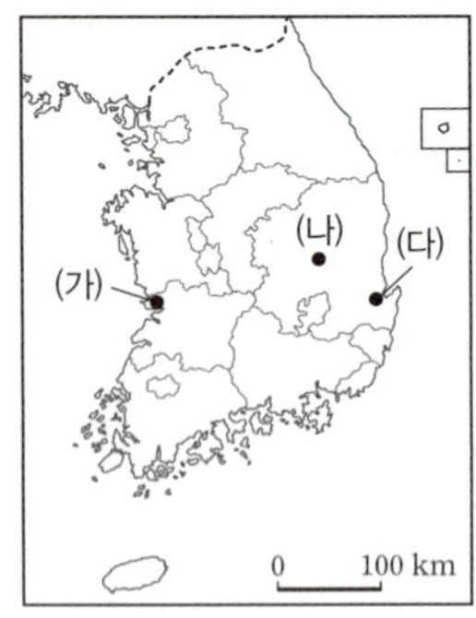

지역 기후 지표	(가)	(나)	(다)
A	상	하	중
B	중	상	하
C	중	하	상

상	중	하
많음 높음 큼	↔	적음 낮음 작음

	A	B	C
①	연 강수량	연평균 기온	기온의 연교차
②	연 강수량	기온의 연교차	연평균 기온
③	연평균 기온	기온의 연교차	연 강수량
④	기온의 연교차	연 강수량	연평균 기온
⑤	기온의 연교차	연평균 기온	연 강수량

132 고난도 ↑

그래프는 지도에 표시된 다섯 지역의 기후 자료이다. (가)~(마) 지역에 대한 설명으로 옳은 것은?

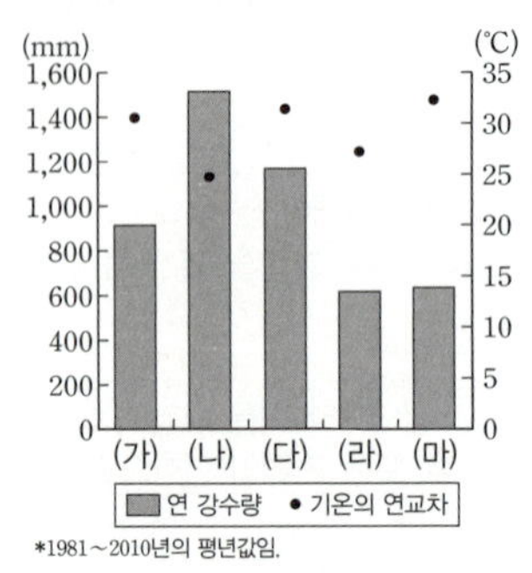
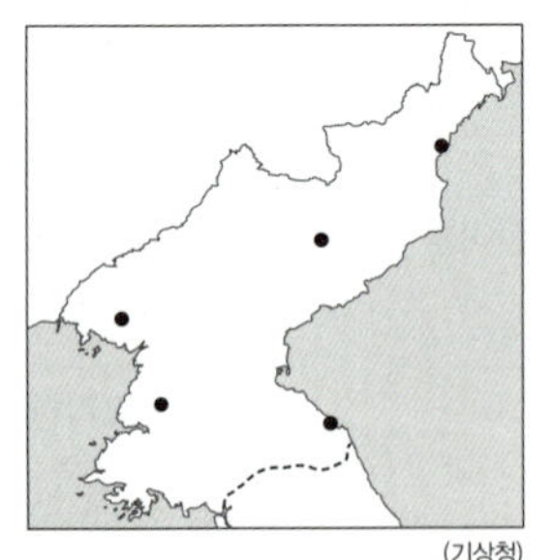

① (가)는 (나)보다 최한월 평균 기온이 높다.

② (나)는 (다)보다 겨울철 북동 기류에 의한 강수가 많다.

③ (다)는 (마)보다 지역 내 경지 중 밭의 비율이 높다.

④ (라)는 (가)보다 저위도에 위치한다.

⑤ (마)는 (나)보다 첫 서리일이 늦다.

족집게 전략 | 전통 가옥의 특징을 나타낸 자료를 통해 해당 지역들 간의 기후 특징을 비교하는 문항이 주로 출제된다. 따라서 제주도, 울릉도 등 특수한 지역의 전통 가옥은 구체적 구조를 해당 지역의 기후 특성과 관련지어 정리해 두어야 한다.

133 대표 문항

| 평가원 기출 |

다음은 (가), (나) 지역에서 전형적으로 나타난 전통 가옥에 대한 수업 장면이다. (가)와 비교한 (나)의 상대적 기후 특성으로 옳은 것을 그래프의 A~E에서 고른 것은?

○학생1 : 선생님, (가) 지역의 부뚜막은 왜 이렇게 넓은가요? 다른 용도로 쓸 수도 있을 것 같은데요.

○교사 : (가) 지역은 부뚜막을 넓혀 방처럼 사용하려고 한 거죠. 그리고 방을 두 줄로 배치하여 실내를 따뜻하게 만들었죠.

○학생2 : 선생님, (나) 지역의 부엌 아궁이는 방 쪽으로 향해 있지 않네요? 온돌 시설이 없나요?

○교사 : (나) 지역은 온돌 시설을 부분적으로만 하는 경우가 많아요. 반면 여름이 무덥기 때문에 대청마루와 같은 상방을 만들었죠.

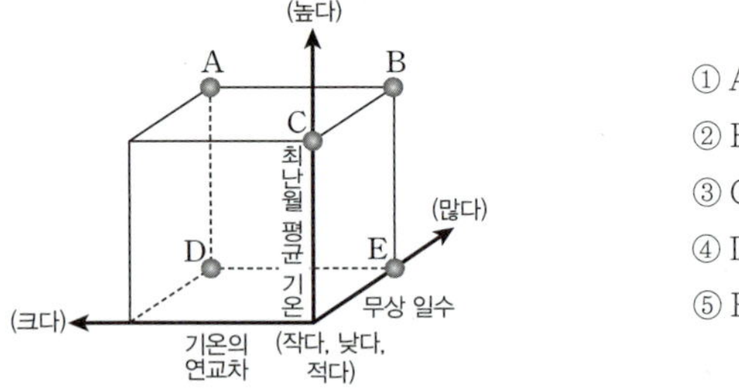

① A
② B
③ C
④ D
⑤ E

✎ **한줄 Tip**　부뚜막을 넓혀 방처럼 사용한 시설은 정주간이야.

134

다음 글의 ㉠~㉤에 대한 설명으로 적절하지 <u>않은</u> 것은?

　기온은 의식주 등 주민 생활 전반에 영향을 주는데, 식생활과 관련해 겨울에 대비한 김장이 있다. ㉠ 김장을 담그는 시기와 김치의 맛은 지역적으로 차이가 있다. 주생활 역시 기온의 영향을 받았는데, 우리나라의 전통 가옥인 한옥에는 ㉡ 온돌과 대청마루가 함께 나타난다. ㉢ 우리나라의 강수 특성도 가옥의 구조와 형태, ㉣ 산업의 발달 등에 영향을 주었다. 우리나라는 ㉤ 계절에 따라 강수량의 차가 커서 물 자원 이용률이 낮다.

① ㉠-남부 지방은 북부 지방보다 김장 시기가 늦다.

② ㉡-온돌은 겨울철 추위, 대청마루는 여름철 더위와 관련된 시설이다.

③ ㉢-관북 지방의 전통 가옥에서는 정주간을 볼 수 있다.

④ ㉣-대동강 하구는 천일제염업이 발달하였다.

⑤ ㉤-안정적인 용수 확보를 위해 다목적 댐을 건설하였다.

135

(가), (나) 지역의 상대적 기후 특성이 그래프와 같이 나타날 때, A~C에 들어갈 기후 요소로 옳은 것은?

> (가) 동계 올림픽 개최지였던 곳으로 고랭지 채소밭과 함께 풍력 발전기 등 다양한 경관을 체험할 수 있다.
> (나) 신생대 화산 활동으로 형성된 섬으로, 많은 눈에 대비한 우데기라는 전통 가옥 시설을 볼 수 있다.

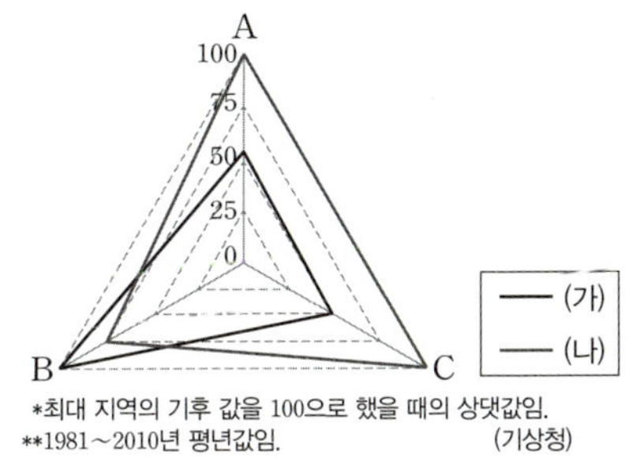

*최대 지역의 기후 값을 100으로 했을 때의 상댓값임.
**1981~2010년 평년값임. (기상청)

	A	B	C
①	연 강수량	연평균 기온	겨울 강수량
②	연 강수량	기온의 연교차	연평균 기온
③	겨울 강수량	연 강수량	기온의 연교차
④	연평균 기온	연 강수량	겨울 강수량
⑤	연평균 기온	겨울 강수량	기온의 연교차

136

지도는 두 지역의 전통 가옥 구조를 나타낸 것이다. (가) 지역과 비교한 (나) 지역의 상대적 특성으로 옳은 것은?

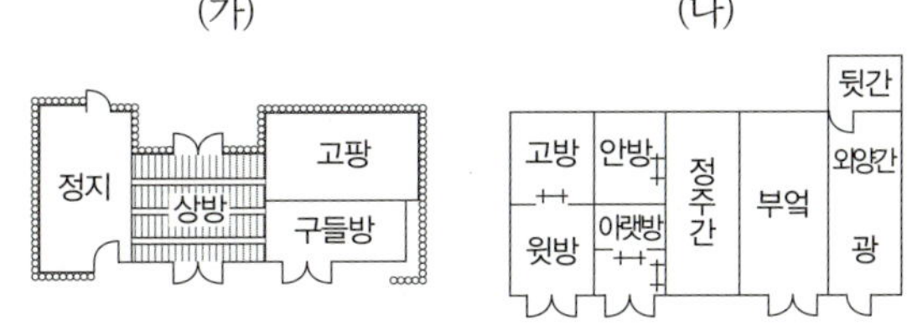

① 연 강수량이 많다.
② 기온의 연교차가 크다.
③ 봄꽃 개화 시기가 이르다.
④ 최한월 평균 기온이 높다.
⑤ 가옥의 구조가 개방적이다.

137

다음은 한국 지리 수업 장면의 일부이다. (가)에 들어갈 기후 요소와 관련된 내용으로 가장 적절한 것은?

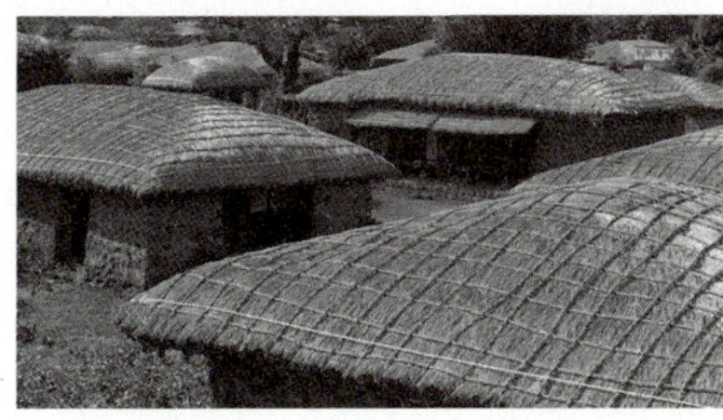

교사 : 이곳은 ○○ 민속 마을입니다. 전통 가옥들이 잘 보존되어 있습니다.
학생 : 지붕을 그물망처럼 밧줄로 엮어 놓았는데, 그 이유는 무엇인가요?
교사 : 네, 그것은 이곳의 (가) 특성과 관련 있습니다.

① 예로부터 여러 지역에 제방과 보(洑)를 축조하였다.
② 호남 해안 지방의 전통 가옥에는 까대기를 볼 수 있다.
③ 강원 산간 지역에서는 설피나 발구를 활용하여 이동하였다.
④ 음식물 부패를 방지하기 위해 젓갈류의 염장 식품이 발달하였다.
⑤ 경북 내륙은 과수 재배가 서해안 일대는 천일제염업이 발달하였다.

138

다음 자료는 두 기후 현상을 모식적으로 나타낸 것이다. (가), (나) 기후 현상에 대한 옳은 설명만을 〈보기〉에서 있는 대로 고른 것은?

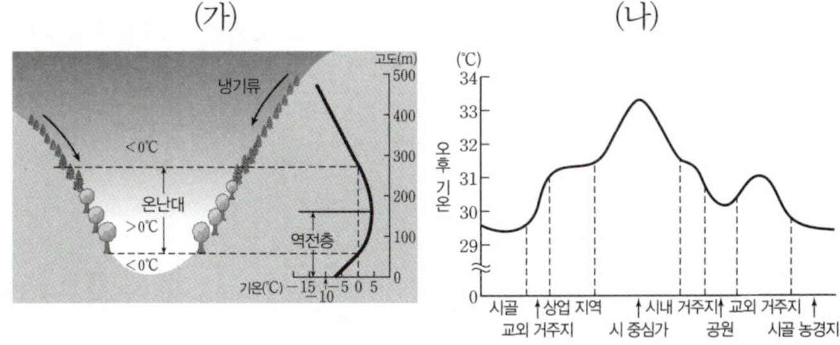

> **보기**
>
> ㄱ. (가)가 발생하면 분지 내의 농작물에 냉해가 발생할 수 있다.
> ㄴ. (가)는 기온의 일교차가 작고 바람이 많이 부는 날 낮에 잘 발생한다.
> ㄷ. (나)는 도로 포장 면적 확대, 인공 열 방출량 증가 등으로 발생한다.
> ㄹ. (나)의 해결 방안으로 바람길 조성, 건물 옥상 녹화 사업 등이 있다.

① ㄱ, ㄴ ② ㄱ, ㄷ ③ ㄴ, ㄹ
④ ㄱ, ㄷ, ㄹ ⑤ ㄴ, ㄷ, ㄹ

07강 자연재해와 기후 변화

주제 1 자연재해

1. 자연재해의 의미와 종류
(1) **의미** : 자연환경 요소들이 인간 생활에 피해를 주는 현상
(2) **종류** — 강수의 계절 차와 연변동이 크고, 태풍이 통과해 지형적 요인의 자연재해보다 발생 빈도가 높다.
① 기후적 요인의 자연재해 : 폭염, 한파, 홍수, 가뭄, 대설, 태풍 등
② 지형적 요인의 자연재해 : 화산 활동, 지진 등

2. 주요 자연재해의 특징

	홍수	특징	장마 기간의 집중 호우나 태풍에 의해 주로 발생
		피해	저지대의 농경지 및 가옥, 도로 등의 침수
강수와 관련된 자연재해	가뭄	특징	• 주로 봄철에 발생 • 진행 속도는 느리지만 피해 범위가 넓음
		피해	농작물 성장 저하, 각종 용수 부족, 산불 발생 등
	대설 (폭설)	특징	울릉도, 호남 지방, 영동 산간 지역에서 주로 발생
		피해	시설물 붕괴, 교통 혼잡, 산간 마을의 고립 등
	태풍	특징	• 강풍과 호우를 동반하며 주로 7~9월에 영향을 줌 • 저위도 열대 해상에서 발생하여 고위도로 이동 • 내륙보다 섬과 해안 지역, 태풍 진행 방향의 오른쪽인 위험 반원 지역에 더 큰 피해를 줌
		피해	강풍에 의한 해일 피해 및 시설물 파손, 강수에 의한 산사태와 축대 붕괴, 하천 범람 등
	황사	특징	• 중국과 몽골 내륙의 사막에서 발생한 모래 먼지가 편서풍을 타고 우리나라로 날아오는 현상 • 주로 봄철에 발생하나, 최근 중국 내 사막화 면적 확대로 가을 · 겨울의 발생 빈도 증가 추세
		피해	미세 먼지 농도 상승, 호흡기 및 안과 질환 유발 등
	지진		• 판의 경계면에서 주로 발생 예 환태평양 조산대 • 우리나라는 판 경계부에서 떨어진 곳에 위치해 비교적 안전하나, 최근 발생 횟수가 증가 예 2016년 경주 지진

태풍의 중심을 향해 불어 들어오는 바람과 편서풍이 부는 방향이 일치하기 때문이다.

└ 내진 설계 강화 등의 대비가 필요하다.

그래프로 살펴보기

자연재해의 발생 시기와 피해 지역

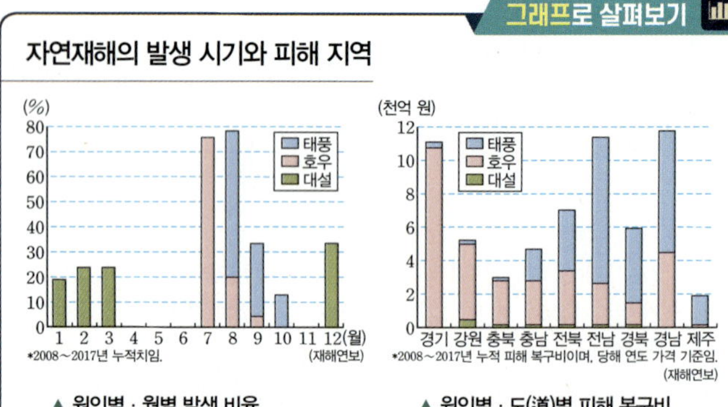

▲ 원인별 · 월별 발생 비율　　▲ 원인별 · 도(道)별 피해 복구비

• 태풍은 늦은 여름~초가을에 주로 발생하고, 호우는 태풍보다는 다소 앞선 장마 기간에 주로 발생하며, 대설은 12~3월에 주로 발생한다.
• 태풍은 전남, 경남 등 남부 지방에서 피해 복구비가 많으며, 특히 제주는 대부분 태풍과 관련 있다. 호우는 여름철 강수 집중률이 높은 한강 수계의 경기 · 강원 등에서 피해 복구비가 상대적으로 많다. 대설은 호우나 태풍보다 상대적으로 피해 복구비가 적으며, 강원 · 경북 등에서 피해 복구비가 많다.

주제 2 기후 변화

1. 기후 변화의 원인과 현황
기후가 자연적 요인 또는 인위적 요인에 의해 장기간에 걸쳐 점차 변화하는 현상

(1) **기후 변화의 원인** : 산업화 이후 인위적 요인의 영향이 커짐

자연적	태양 활동 및 지구 · 태양 간 거리의 주기적 변화, 화산 활동 등
인위적	삼림 파괴 및 화석 연료 소비에 따른 온실가스 배출량 증가, 산업화 · 도시화 과정 속 무분별한 개발로 인한 지표면 상태의 변화 등 → 온실 효과 심화

(2) **기후 변화의 현황**

전 지구적 차원	지구 온난화 현상이 전 지구적으로 나타나며, 강수량은 지역에 따라 증가하거나 감소함
우리나라	• 기온 변화 : 100년간 연평균 기온이 세계 평균(약 0.74℃)의 2배 이상(약 1.7℃) 상승 • 강수 변화 : 100년간 연 강수량이 약 220mm 증가, 연 강수일 수는 감소 → 집중 호우 발생 빈도 증가

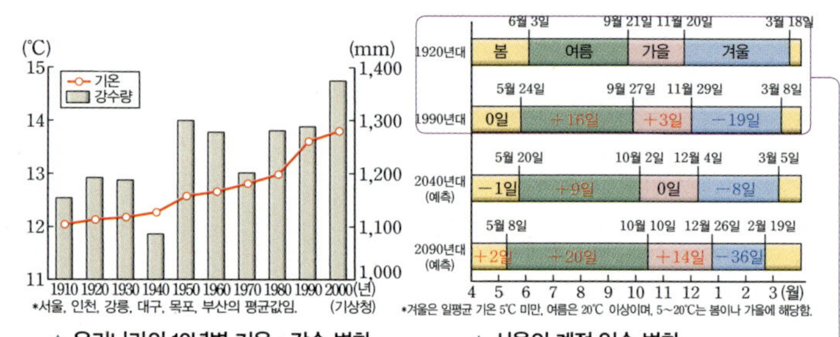

▲ 우리나라의 10년별 기온 · 강수 변화　　▲ 서울의 계절 일수 변화

평균 기온 상승에 따라 여름 일수가 증가하고, 겨울 일수가 감소하며, 가을 시작일과 종료일이 늦어진다.

2. 기후 변화의 영향

전 지구적 차원	• 해수면 상승으로 저지대 침수, 도시의 열섬 현상 가속화 • 홍수, 태풍, 사막화 등 자연재해 강도와 빈도 증가 • 고산 식물 서식지 축소, 아열대 식물 서식지 확대, 동식물 서식 환경 급변에 따른 생물종 다양성 감소 • 질병 위험 증가, 물 부족, 농업 생산성 저하 등
우리나라	**계절** 여름은 길어지고 겨울은 짧아짐 → 봄꽃 개화 시기가 빨라지고 단풍 시기가 늦어짐
	작물 노지 작물 생육 기간 연장, 농작물 재배 북한계선 북상, 고랭지 채소 재배 고도 상승
	식생 냉대림 분포 면적 축소, 난대림 분포 면적 확대, 고산 식물 분포 고도 하한선 상승
	해양 한류성 어종(대구, 명태 등) 어획량 감소 및 난류성 어종(오징어, 멸치 등) 어획량 증가

극지방 · 고산 지역 빙하가 감소하고, 해수 온도가 높아져 바닷물이 팽창하였기 때문이다.

3. 기후 변화의 대책
(1) **국제적 노력** : 인간과 자연의 지속 가능한 발전을 위해 국제 협약 체결 예 기후 변화 협약, 교토 의정서, 파리 협정 등
(2) **국가적 차원의 노력** : 온실가스 배출권 거래제 도입, 신 · 재생 에너지 사용 확대, 자원 절약형 산업 육성 등
(3) **개인적 차원의 노력** : 탄소 발자국 인증 제품 사용, 대중교통 이용, 로컬 푸드 소비 등

→ 사람이 활동하거나 상품을 생산 · 소비하는 과정에서 직간접적으로 발생하는 이산화탄소의 총량

주제 3 · 우리나라의 식생과 토양

1. 식생의 분포와 특색

(1) **수평적 분포** : 위도에 따른 기온 차이가 반영됨

냉대림	• 개마고원과 일부 고산 지역에 분포 • 전나무, 가문비나무 등의 침엽수가 주로 자람
온대림	• 개마고원과 남해안을 제외한 국토 전역에 분포 • 침엽수와 낙엽 활엽수로 이루어진 혼합림이 자람
난대림	• 남해안과 제주도 및 울릉도의 저지대에 분포 • 동백나무, 후박나무 등의 상록 활엽수가 주로 자람

(북 ↔ 남)

(2) **수직적 분포** : 해발 고도에 따른 기온 차이가 반영됨

자료로 살펴보기

우리나라의 식생 분포

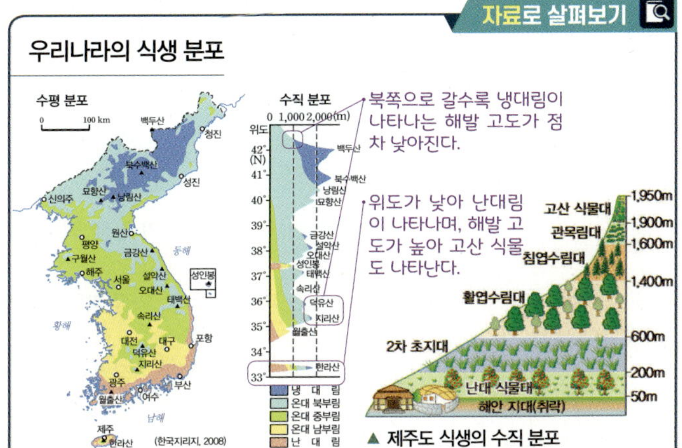

▲ 제주도 식생의 수직 분포

• 식생의 수평적 분포는 위도에 따른 기온 차이, 수직적 분포는 해발 고도에 따른 기온 차이와 밀접한 관련이 있다.
• 연평균 기온이 높은 남부 지방의 제주도는 해발 고도가 높은 한라산이 위치해 저지대의 난대림부터 고산 식물대까지 식생의 수직 분포가 잘 나타난다. 반면 연평균 기온이 낮은 북부 지방으로 갈수록 식생의 수직 분포가 단순하며, 냉대림이 나타나는 해발 고도가 점차 낮아진다.

2. 토양의 분포와 특색

(1) **성숙토** : 생성 기간이 길어 토양층의 단면이 뚜렷함

성대 토양	• 기후와 식생의 영향을 받아 형성 • 냉대림 지역의 회백색토, 온대림 지역의 갈색 삼림토, 남해안 일대의 적색토가 대표적
간대 토양	• 모암(기반암)의 특성에 영향을 받아 형성 • 붉은색 석회암 풍화토, 흑갈색 현무암 풍화토가 대표적

(2) **미성숙토** : 생성 기간이 짧아 토양층 구분이 어려움

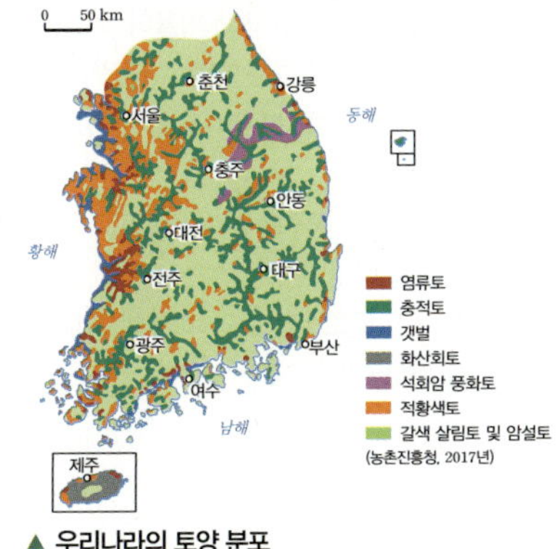

▲ 우리나라의 토양 분포

충적토	하천 주변의 충적지에 분포, 하천에 의해 운반된 물질이 퇴적 → 비옥하여 농경지로 활용
염류토	서 · 남해안 일대 간척지와 하구 부근에 분포 → 염분이 많아 제거 후 농경지로 활용

---

01 그래프는 도(道)별 대설, 태풍, 호우 피해 복구비를 나타낸 것이다. (가)~(다) 자연재해와 A~C 도(道)는?

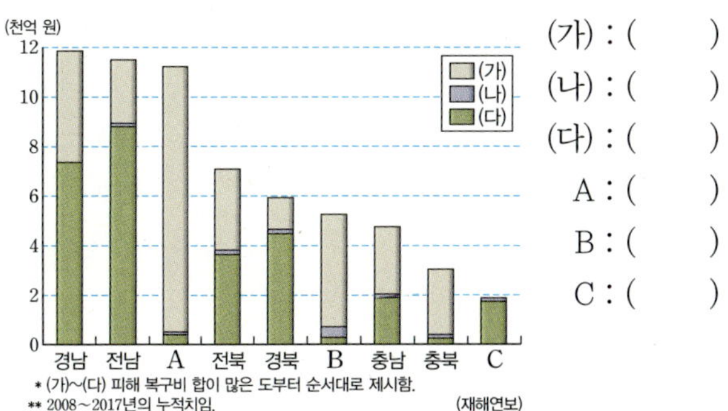

(가) : (　　　　)
(나) : (　　　　)
(다) : (　　　　)
A : (　　　　)
B : (　　　　)
C : (　　　　)

02 지도는 우리나라의 주요 토양 분포를 나타낸 것이다. (가)~(다)에 해당하는 토양은? (단, 충적토, 염류토, 석회암 풍화토만 고려함.)

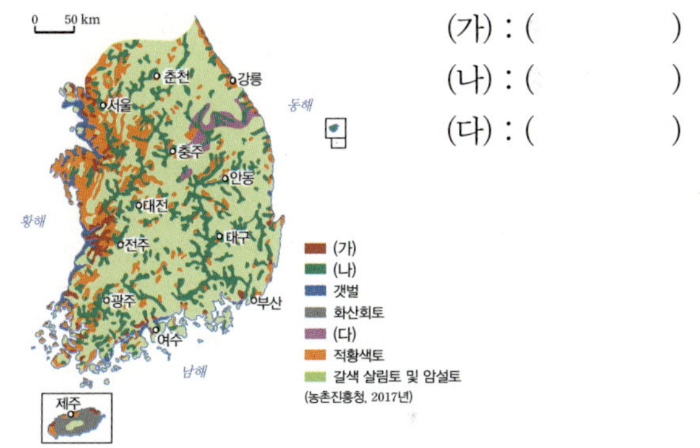

(가) : (　　　　)
(나) : (　　　　)
(다) : (　　　　)

03 우리나라에 영향을 주는 태풍은 진행 방향을 기준으로 오른쪽 반원에서 피해가 크다. ○ ✕

04 가뭄, 홍수, 대설은 모두 강수와 관련된 자연재해이다. ○ ✕

05 제주는 호우, 경기는 태풍으로 인한 피해 복구비가 가장 많다. ○ ✕

06 (함정) 한반도의 기온이 상승하면서 고산 식물 분포의 고도 하한선은 낮아지고 있다. ○ ✕

07 (함정) 기후 변화로 여름 기간은 늘어나고, 겨울 시작일은 앞당겨질 것으로 예상된다. ○ ✕

08 식생의 수평적 분포는 위도, 수직적 분포는 해발 고도에 따른 기온 차이가 반영된다. ○ ✕

09 성숙토는 미성숙토보다 토양층의 발달이 뚜렷하다. ○ ✕

10 성대 토양은 모암의 성질을 반영하고, 간대토양은 기후와 식생의 특성을 반영한다. ○ ✕

태풍, 호우, 대설의 피해가 가장 큰 지역은 어디일까?

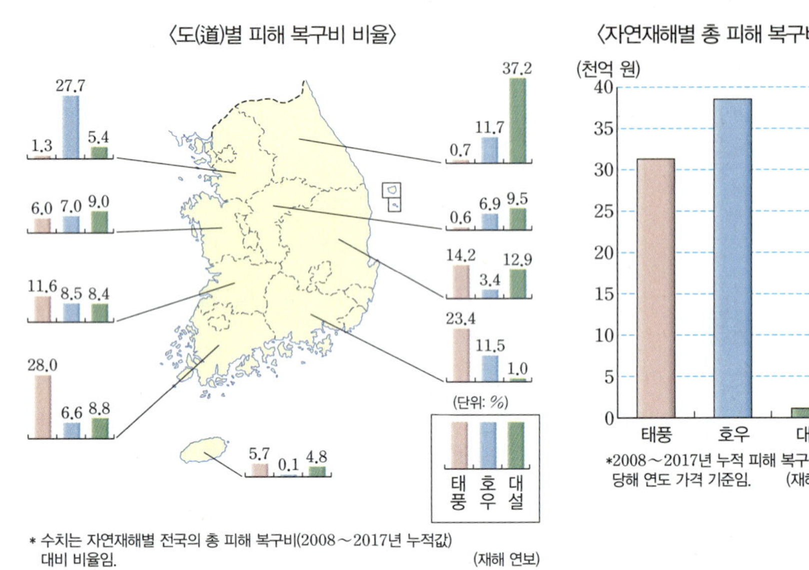

* 수치는 자연재해별 전국의 총 피해 복구비(2008~2017년 누적값) 대비 비율임.

(재해 연보)

*2008~2017년 누적 피해 복구비이며, 당해 연도 가격 기준임. (재해연보)

Q1 다음 물음에 해당하는 지역을 아래 지도의 A~D에서 골라 쓰시오.

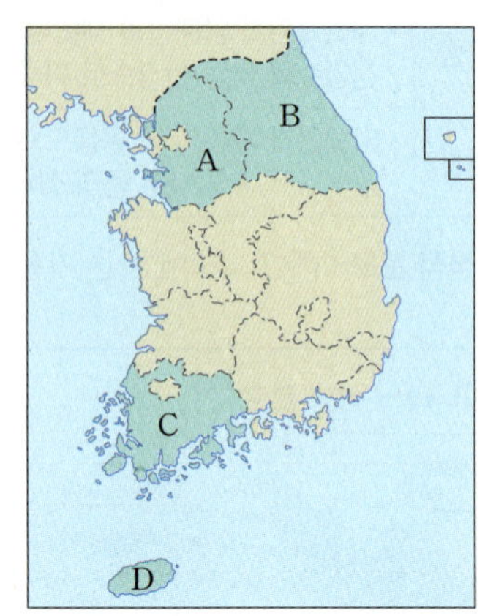

(1) 태풍으로 인한 피해 복구비가 가장 많은 지역은? (　　　)

(2) 대설로 인한 피해 복구비가 가장 많은 지역은? (　　　)

(3) 호우로 인한 피해 복구비가 가장 많은 지역은? (　　　)

- **태풍**은 전체 피해 복구비에서 **전남, 경남, 경북** 등의 남부 지방이 높은 비율을 차지한다. 태풍은 저위도의 열대 해상에서 발생하여 중위도 지역으로 북상하므로 중부 지방보다 남부 지방에 큰 피해를 준다.
- **호우**는 전체 피해 복구비에서 **경기와 강원, 경남** 등이 높은 비율을 차지한다. 경기와 강원은 여름철 강수 집중률이 높은 한강 유역에 위치하며, 경남은 낙동강 하류 지역에 해당하여 호우로 인한 피해가 다른 지역에 비해 큰 편이다.
- **대설**은 전체 피해 복구비에서 **강원과 경북, 충북** 등 산지 비율이 높고 농업 시설이 많은 지역이 높은 비율을 차지한다. 짧은 시간에 눈이 많이 내리면 산간 지역 마을이 고립되거나, 비닐하우스·축사 등의 농업 시설물이 붕괴되어 피해가 크다.
- 2008~2017년 자연재해별 총 피해 복구비는 호우>태풍>대설 순으로 많은데, 대설은 피해 복구비가 호우와 태풍에 비해 매우 적다. 따라서 제주도의 경우 자연재해별 전국의 총 피해 복구비에서 태풍과 대설이 차지하는 비율이 비슷하지만, 실제로는 태풍으로 인한 피해 복구비가 훨씬 많음을 알 수 있다.

Q2 그래프는 (가)~(다)의 권역별 피해 복구비 비율을 나타낸 것이다. 이를 보고 괄호 안의 내용 중 알맞은 말을 고르시오.

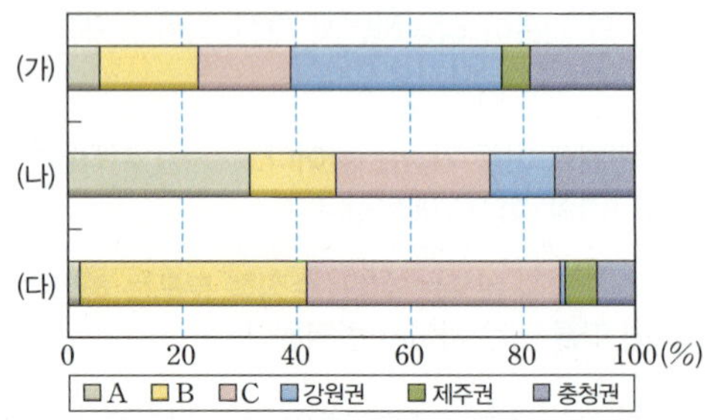

* 2008~2017년 누적 피해 복구비이며, 당해 연도 가격 기준임.
** 단, (가)~(다)는 대설, 호우, 태풍 중 하나임. (재해연보)

(1) 강원권의 피해 복구비가 가장 많은 (가)는 (대설 / 호우)이다.

(2) 제주권의 피해 복구비 비율이 상대적으로 높게 나타나는 (다)는 (호우 / 태풍)이다.

(3) 강원권의 피해 복구비 비율이 (가) 다음으로 높게 나타나고, 제주권의 피해 복구비가 거의 없는 (나)는 (태풍 / 호우 / 대설)이다.

(4) A는 (나)의 피해 복구비 비율이 가장 높게 나타나므로 (수도권 / 영남권 / 호남권)이다.

(5) C는 (다)의 피해 복구비 비율이 가장 높게 나타나므로 (수도권 / 영남권 / 호남권)이다.

(6) B는 C 다음으로 (다)의 피해 복구비 비율이 높게 나타나므로 (수도권 / 영남권 / 호남권)이다.

WHERE & WHY 정답 Q1 (1) C (2) B (3) A Q2 (1) 대설 (2) 태풍 (3) 호우 (4) 수도권 (5) 영남권 (6) 호남권

• 정답 및 해설 029~032쪽

주제 1 **자연재해**

족집게 전략 | 계절별로 나타나는 자연재해의 주요 특징을 묻는 문항이 자주 출제된다. 따라서 기온, 강수 등과 관련된 자연재해 및 계절별로 발생하는 자연재해의 특징을 학습해야 한다.

139 대표 문항
| 평가원 기출 |

다음 자료의 (가) 자연재해에 대한 설명으로 가장 적절한 것은?

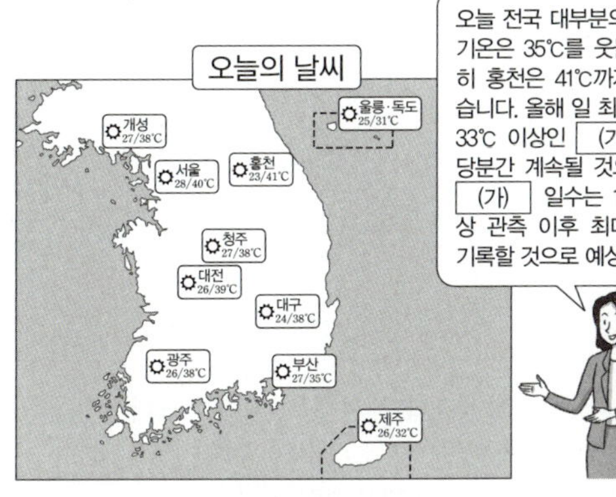

① (가)를 대비한 시설로 정주간이 있다.
② 장마 전선이 한반도에 장기간 정체할 때 발생한다.
③ 북서 계절풍이 한반도에 강하게 불 때 주로 발생한다.
④ 열대 이동성 저기압이 한반도를 통과할 때 주로 발생한다.
⑤ 북태평양 고기압이 한반도 전역에 강하게 영향을 미칠 때 주로 발생한다.

 **한줄 Tip** 일 최고 기온이 33℃ 이상인 현상은 폭염이야.

140

다음 자료는 (가)~(다) 자연재해와 관련된 안전 안내 문자 내용이다. 이에 대한 옳은 설명만을 〈보기〉에서 있는 대로 고른 것은? (단, (가)~(다)는 지진, 태풍, 한파 중 하나임.)

(가)	(나)	(다)
강한 비바람, 가로수 및 간판 파손 등 위험하니 안전사고에 주의하세요.	노약자 외출 자제, 수도 동파 방지 등 안전에 유의하시기 바랍니다.	울산 동구 동쪽 52km 해역 5.0 △△ 발생, TV 등 재난 방송 청취 바랍니다.

〈보기〉
ㄱ. (가)는 북부 지방보다 남부 지방의 피해액이 대체로 많다.
ㄴ. (나)가 발생할 때는 남고북저형의 기압 배치가 주로 나타난다.
ㄷ. (가)는 (나)보다 최근 10년간 평균 피해액이 많다.
ㄹ. (나)는 기온, (다)는 지형과 관련된 자연재해이다.

① ㄱ, ㄴ ② ㄱ, ㄷ ③ ㄴ, ㄹ
④ ㄱ, ㄷ, ㄹ ⑤ ㄴ, ㄷ, ㄹ

141
| 평가원 기출 |

다음 글은 과거에 기록된 기후 현상에 관한 것이다. (가), (나)에 대한 옳은 설명만을 〈보기〉에서 고른 것은? (단, (가), (나)는 태풍, 호우, 황사 중 하나임.)

(가) 백제 무왕 7년에 왕도(王都)에서 흙이 비처럼 떨어져 낮인데도 어두운 현상이 나타났다. …(중략)… 신라 진평왕 49년에는 흙이 비처럼 5일 넘게 떨어졌다.
(나) 통일신라 경덕왕 22년에 민가(民家)의 기와가 날아가고 나무가 뽑혔다. …(중략)… 원성왕 9년에는 큰 바람이 불어 나무가 부러지고 벼가 쓰러졌다.

〈보기〉
ㄱ. (가)는 산사태의 발생 위험을 증가시킨다.
ㄴ. (가)는 주로 장마 전선이 정체할 때 발생한다.
ㄷ. (나)는 봄보다 가을에 자주 내습한다.
ㄹ. 편서풍은 (가), (나)의 진행 방향에 영향을 준다.

① ㄱ, ㄴ ② ㄱ, ㄷ ③ ㄴ, ㄷ ④ ㄴ, ㄹ ⑤ ㄷ, ㄹ

142

그래프는 월별 (가)~(라) 기상 특보 발령 비율을 나타낸 것이다. 이에 대한 설명으로 옳은 것은? (단, (가)~(라)는 대설, 태풍, 호우, 황사 중 하나임.)

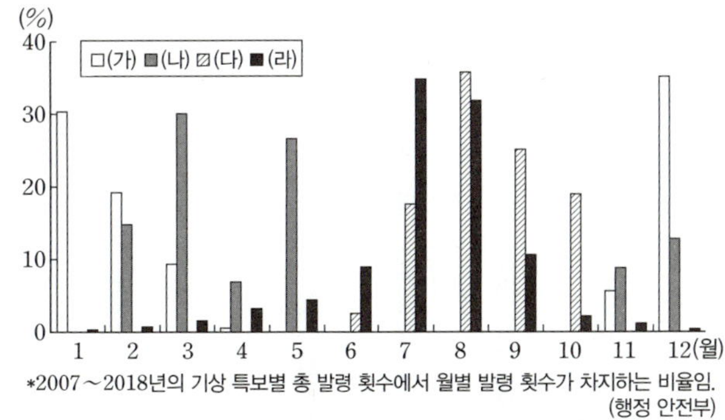

① (가)는 열대 해상에서 발생하여 고위도로 이동한다.
② (나)의 피해를 줄이기 위해 범람원에서는 터돋움집이 입지한 경우가 많다.
③ (다)는 대기 중 미세 먼지 농도를 높인다.
④ (라)의 피해를 줄이기 위해서는 신속한 제설 작업이 필요하다.
⑤ (라)는 (가)보다 우리나라 연 강수량에 큰 영향을 준다.

143
| 평가원 기출 |

다음 자료의 (가), (나) 자연재해에 대한 설명으로 옳은 것은?

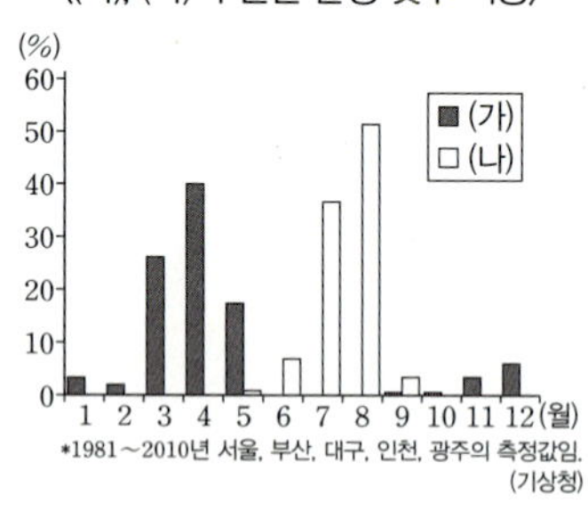

〈재해 대응 행동 요령〉

(가)
• 창문을 닫고 공기 정화기를 사용한다. • 외출 시 보호 안경, 마스크, 긴 소매 의복을 착용한다. • 비닐하우스, 온실 등 시설물의 출입문과 환기창을 닫는다.

(나)
• 환기가 잘 되도록 출입문을 개방한다. • 비닐하우스, 축사 천장 등에 분무 장치를 설치한다. • 가벼운 옷차림을 한다.

① (가)는 열대 해상에서 발생하여 고위도로 이동한다.
② (가)는 북동풍이 태백산맥을 넘을 때 나타나는 푄 현상 때문에 주로 발생한다.
③ (나)를 대비한 전통 가옥 시설로 우데기가 있다.
④ (나)는 남고북저형 기압 배치가 전형적으로 나타나는 계절에 주로 발생한다.
⑤ (가)는 강수, (나)는 기온과 관련된 재해이다.

144

그래프는 네 자연재해의 권역별 피해 복구비를 나타낸 것이다. (가)~(라)에 대한 설명으로 옳은 것은? (단, (가)~(라)는 대설, 지진, 태풍, 호우 중 하나이고, A~C는 수도권, 영남권, 호남권 중 하나임.)

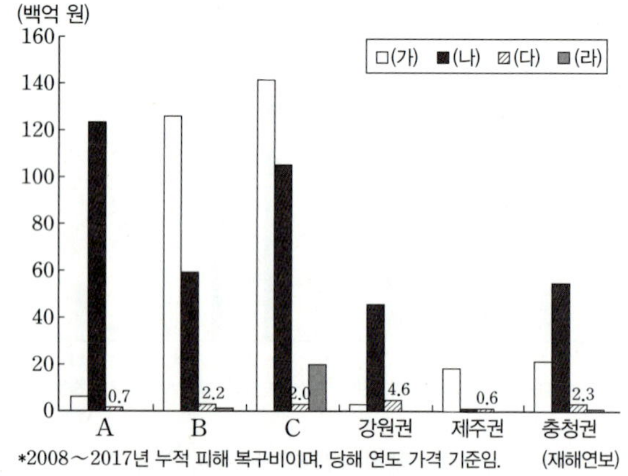

① 태풍으로 인한 피해 복구비는 호남권이 가장 많다.
② 지진으로 인한 피해 복구비는 수도권이 가장 많다.
③ 영남권에서 피해 복구비가 가장 많은 것은 대설이다.
④ 호우로 인한 피해 복구비는 영남권이 호남권보다 적다.
⑤ (가)는 태풍, (나)는 호우, (다)는 대설, (라)는 지진이다.

145 고난도↗

그래프는 권역별 세 자연재해의 피해액 현황을 나타낸 것이다. 이에 대한 옳은 설명만을 〈보기〉에서 있는 대로 고른 것은? (단, (가)~(다)는 대설, 태풍, 호우 중 하나이고, A~C는 호남권, 강원권, 제주권 중 하나임.)

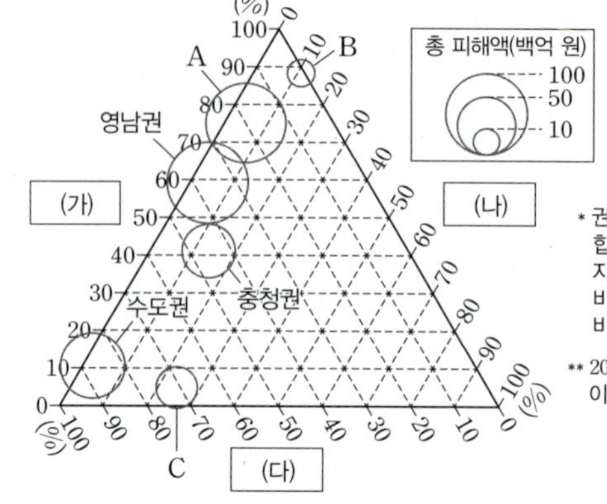

〈보기〉
ㄱ. (가)는 (나)보다 발생 1회당 피해액 규모가 크다.
ㄴ. (다)는 (가)보다 연평균 발생 횟수가 많다.
ㄷ. A는 B보다 대설로 인한 피해액이 적다.
ㄹ. A는 호남권, B는 강원권, C는 제주권이다.

① ㄱ, ㄴ   ② ㄱ, ㄷ   ③ ㄷ, ㄹ
④ ㄱ, ㄴ, ㄹ   ⑤ ㄴ, ㄷ, ㄹ

146
| 평가원 기출 |

다음은 자연재해에 대한 한국 지리 수업 장면이다. 교사의 질문에 옳게 답한 학생만을 고른 것은? (단, A~C는 대설, 태풍, 호우 중 하나임.)

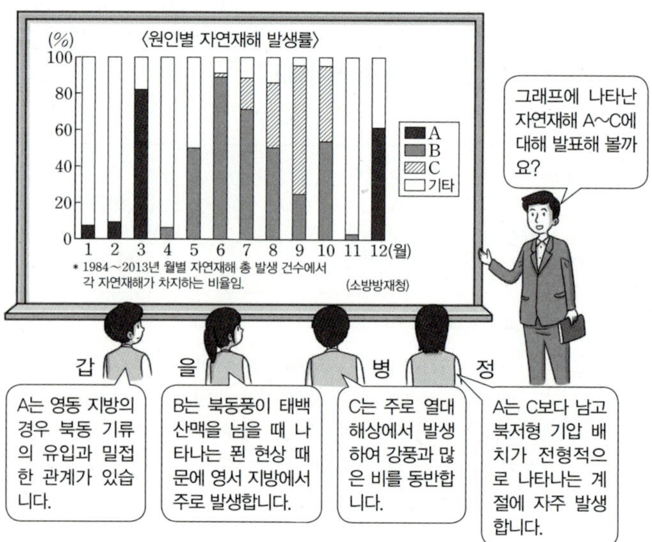

① 갑, 을   ② 갑, 병   ③ 을, 병   ④ 을, 정   ⑤ 병, 정

147

그래프는 시설별 네 자연재해의 피해액 비율을 나타낸 것이다. (가)~(라)로 옳은 것은?

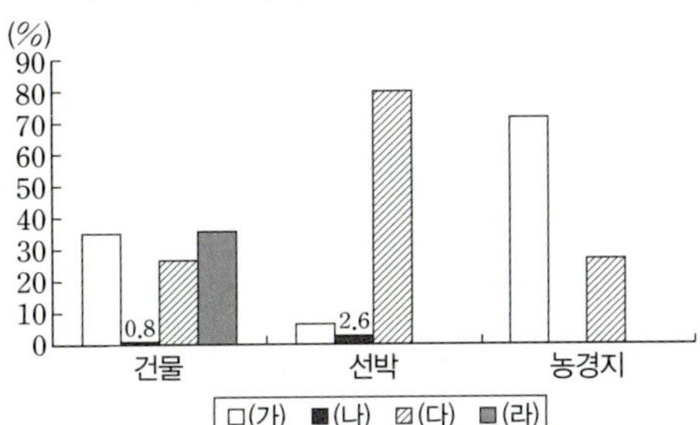

〈시설별 (가)~(라) 자연재해 피해액 비율〉

* 수치는 시설별 전국의 피해액에서 각 자연재해 피해액이 차지하는 비율임.
** 2008~2017년 누적 피해액이며, 당해 연도 가격 기준임.
(재해연보)

	(가)	(나)	(다)	(라)
①	대설	지진	태풍	호우
②	호우	대설	지진	태풍
③	호우	대설	태풍	지진
④	태풍	호우	대설	지진
⑤	태풍	지진	호우	대설

148 고난도

다음 자료에 대한 설명으로 옳은 것은? (단, (가)~(다)는 대설, 태풍, 호우 중 하나임.)

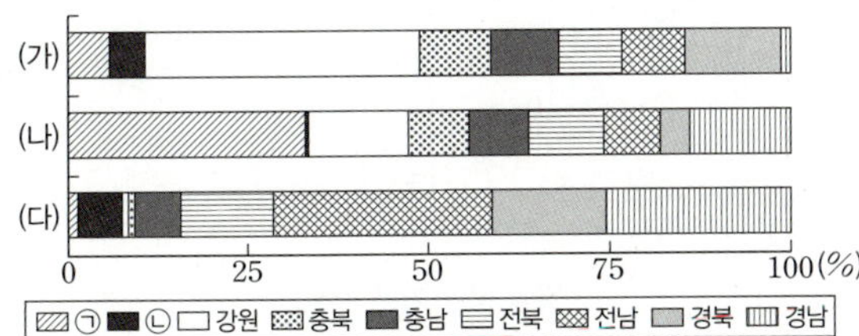

《(가)~(다)의 도(道)별 피해 복구비 비율》

* 각 자연재해의 도(道)별 피해 복구비 합에서 각 도(道)가 차지하는 비율을 나타낸 것임.
** 2008~2017년 피해 복구비 누계임.
(재해연보)

〈A 기후 현상의 시작일과 기간 및 평균 강수량〉

구분	시작일	기간(일)	평균 강수량(mm)
중부 지방	6. 24.~25.	29	366.4
남부 지방	6. 23.	31	348.6
제주도	6. 19.~20.	33	398.6

*1981~2010년 평년값임.
(기상청)

① 강원은 경북보다 호우로 인한 피해 복구비가 적다.

② ㉠은 제주, ㉡은 경기이다.

③ 전남의 (가) 피해는 주로 북동풍의 영향으로 발생한다.

④ (가)는 늦여름에서 가을, (다)는 여름에 주로 발생한다.

⑤ A 기후 현상은 주로 (나) 자연재해를 유발한다.

주제 2 기후 변화

족집게 전략 | 한반도의 기후 변화와 이것이 끼칠 영향을 묻는 문항이 주로 출제된다. 따라서 다양한 문제를 풀어보며 기온 상승으로 나타날 수 있는 여러 현상들을 알아 두어야 한다.

149 대표 문항
| 평가원 기출 |

다음은 기후 단원에 대한 한국 지리 수업 장면이다. 발표 내용이 가장 적절한 학생을 고른 것은?

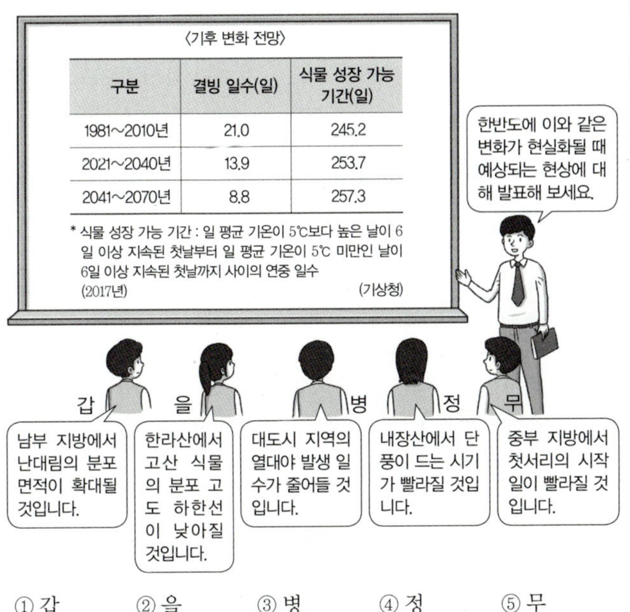

〈기후 변화 전망〉

구분	결빙 일수(일)	식물 성장 가능 기간(일)
1981~2010년	21.0	245.2
2021~2040년	13.9	253.7
2041~2070년	8.8	257.3

* 식물 성장 가능 기간 : 일 평균 기온이 5℃보다 높은 날이 6일 이상 지속된 첫날부터 일 평균 기온이 5℃ 미만인 날이 6일 이상 지속된 첫날까지 사이의 연중 일수 (2017년)
(기상청)

① 갑   ② 을   ③ 병   ④ 정   ⑤ 무

한줄 Tip 결빙 일수 감소 및 식물 성장 가능 기간 증가의 이유는 지구 온난화 현상으로 한반도 기온이 상승한 것과 관련 있다.

150

다음은 신문 기사의 일부이다. ㉠~㉢에 대한 설명으로 옳지 않은 것은?

○○일보
2019년 3월 ○일

㉠ 꽃샘추위 속에서도 봄꽃이 앞다퉈 꽃망울을 터뜨리고 있다. ㉡ 이/가 진행되면서 봄꽃의 개화 시기는 지속적으로 빨라지는 경향을 보이고 있다. 이러한 경향이 지속될 경우 21세기 후반에는 ㉢ 백두산 정상 부근에서도 ㉣ 4월 중순에서 하순 사이 개나리가 필 것으로 전망되고 있다. 한반도 전역에서 개나리를 볼 수 있게 되는 것이다. 흥미로운 것은 21세기 중반부터는 남해안과 제주도에서 2월에 개나리가 필 것으로 예상된다는 점이다.

① ㉠은 시베리아 기단의 일시적 확장으로 나타난다.

② ㉡은 산업화·도시화에 따른 화석 연료 소비 증가로 가속화 되었다.

③ ㉡으로 인해 ㉢의 냉대림 분포 고도 하한선은 낮아지고 있다.

④ ㉡을 완화하기 위해 상대적으로 탄소 발자국이 작은 제품을 사용해야 한다.

⑤ ㉣을 통계 지도로 표현할 경우 등치선도가 주로 이용된다.

151

| 평가원 기출 |

(가), (나) 현상에 대한 설명으로 옳지 <u>않은</u> 것은?

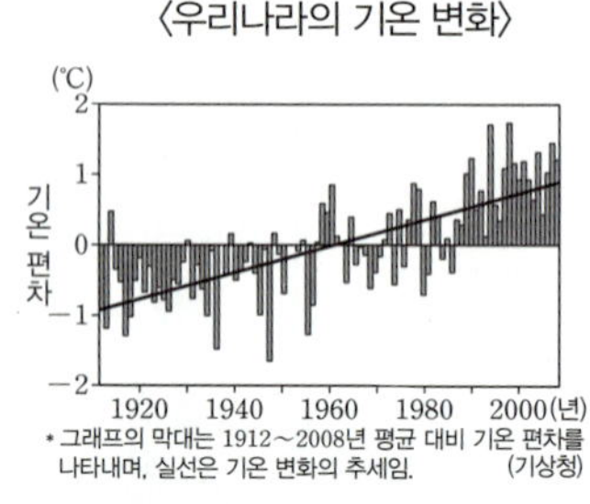
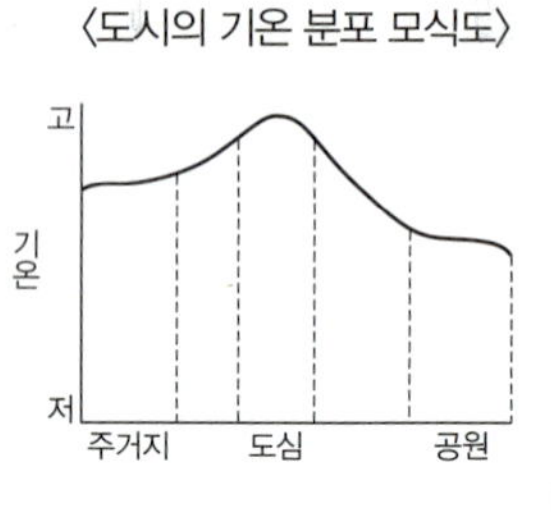

세계의 연평균 기온은 ◯(가)◯ 현상으로 지난 100여 년간 약 0.7℃ 상승하였으며, 우리나라는 그보다 두 배 이상인 1.7℃ 가량 상승하였다. 특히 서울, 부산 등과 같은 대도시의 도심에서는 ◯(나)◯ 현상까지 더해져 연평균 기온이 약 3℃ 상승하였다.

〈우리나라의 기온 변화〉　〈도시의 기온 분포 모식도〉

* 그래프의 막대는 1912~2008년 평균 대비 기온 편차를 나타내며, 실선은 기온 변화의 추세임. (기상청)

① (가)의 주요 원인은 대기 중 이산화탄소의 농도 증가이다.
② (가)가 심화되면 고산 식물 분포의 고도 하한선이 높아진다.
③ (나)는 대도시의 열대야 발생 빈도를 높인다.
④ (나)가 발생하면 대기가 안정되어 강수량이 감소한다.
⑤ (나)의 주요 원인은 인공열의 방출 및 포장 면적 증가이다.

152

지도는 주요 농작물 재배 가능지 이동을 나타낸 것이다. 이와 같은 변화를 가져온 기후 현상이 우리나라 전역에 지속될 경우 나타날 수 있는 모습으로 가장 적절한 것은?

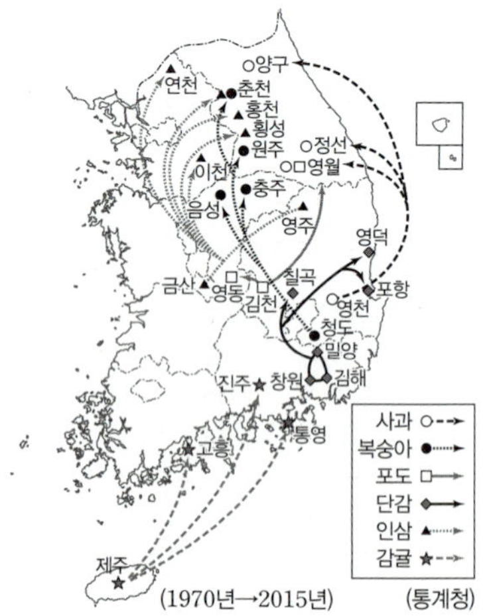

① 열대야 일수가 감소할 것이다.
② 하천의 결빙 일수가 늘어날 것이다.
③ 첫서리 내리는 시기가 늦어질 것이다.
④ 한류성 어종의 어획량이 늘어날 것이다.
⑤ 겨울철 난방용품의 사용 기간이 길어질 것이다.

153

| 평가원 기출 |

그래프에 대한 분석으로 옳은 것은? (단, 그래프에 제시된 도시만을 고려함.)

〈도시별 연평균 여름일수와 연평균 서리일수 변화 전망〉

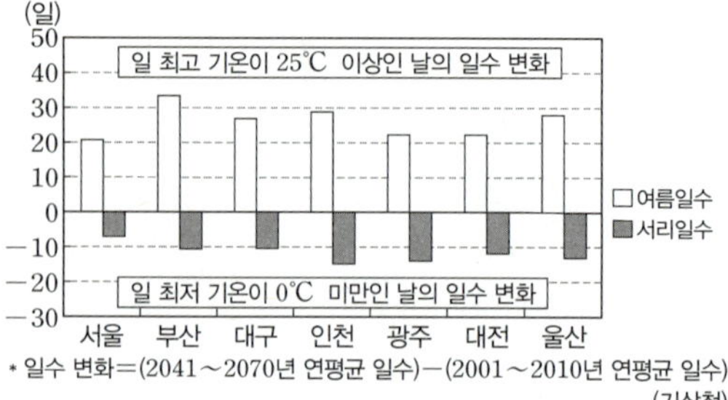

* 일수 변화=(2041~2070년 연평균 일수)-(2001~2010년 연평균 일수) (기상청)

① 서리일수는 인천보다 부산에서 더 감소한다.
② 여름일수는 대구보다 광주에서 더 증가한다.
③ 여름일수는 해안 도시보다 내륙 도시에서 더 증가한다.
④ 여름일수의 증가 폭은 서리일수의 감소 폭보다 크다.
⑤ 여름일수와 서리일수의 총 변화 폭은 서울에서 가장 크다.

154 고난도

그래프는 지도에 표시된 네 지역의 기후 특성과 기후 변화를 나타낸 것이다. (가)~(라) 지역에 대한 설명으로 옳은 것은?

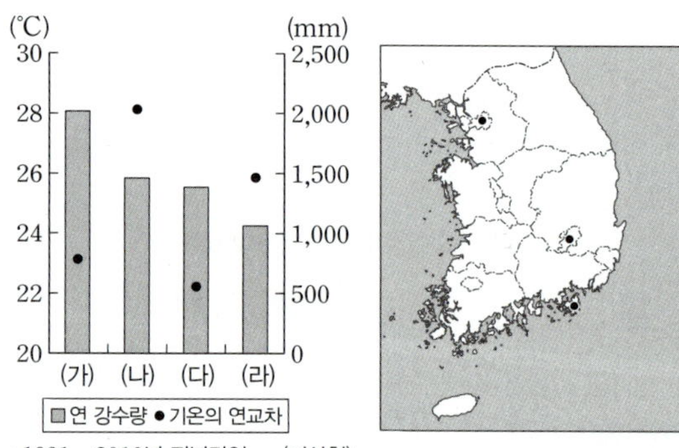

* 1981~2010년 평년값임. (기상청)

〈월별 평균 기온 변화〉

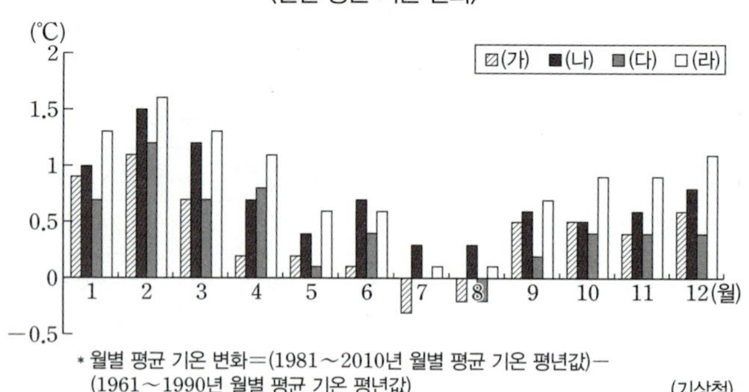

* 월별 평균 기온 변화=(1981~2010년 월별 평균 기온 평년값)-(1961~1990년 월별 평균 기온 평년값) (기상청)

① (가)는 (나)보다 단풍 절정 시기가 이르다.
② (다)는 (라)보다 저위도에 위치한다.
③ 거제는 모든 월의 평균 기온이 상승하였다.
④ 대구는 서울보다 연평균 기온의 상승 폭이 크다.
⑤ 여름 평균 기온의 상승 폭이 가장 큰 곳은 울릉도이다.

주제 3 **우리나라의 식생과 토양**

족집게 전략 | 지역별 기온 분포 자료를 통해 우리나라의 식생과 토양, 기후 특성 등을 종합적으로 파악하는 문항이 출제된다. 따라서 지역별 기온 분포 특색은 물론, 난대림, 냉대림, 온대림 분포 및 성대 토양의 분포 등과 관련된 내용을 학습해야 한다.

155 대표 문항

그래프는 우리나라 기상 관측 지점별 최한월 평균 기온과 기온의 연교차를 나타낸 것이다. A~C 특성에 대한 추론으로 가장 적절한 것은?

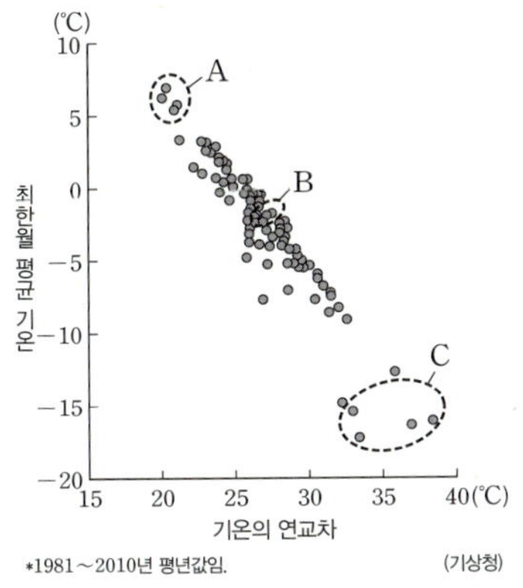

① A에는 회백색 토양이 주로 분포할 것이다.

② C의 식생은 주로 난대림일 것이다.

③ A는 C보다 연 강수량이 많을 것이다.

④ B는 A보다 서울과의 직선거리가 멀 것이다.

⑤ C는 B보다 봄꽃의 개화 시기가 이를 것이다.

✎ **한줄 Tip** 최한월 평균 기온은 위도가 낮을수록 높고, 기온의 연교차는 고위도 내륙으로 갈수록 크게 나타나.

156

지도는 두 토양이 주로 분포하는 지역을 나타낸 것이다. (가), (나) 토양에 대한 옳은 설명만을 〈보기〉에서 고른 것은?

(가)   (나)

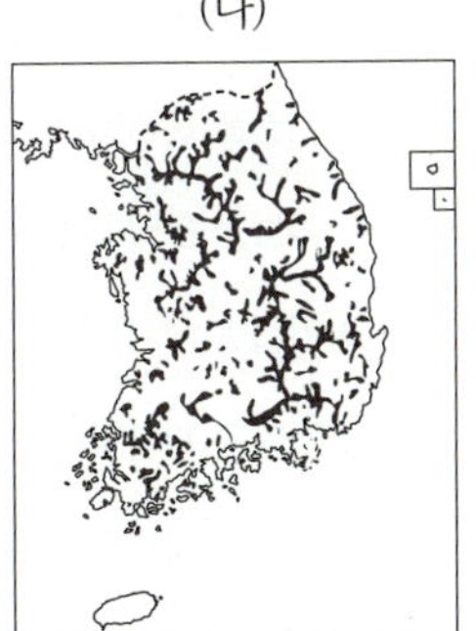

┌ 보기 ┐
ㄱ. (가)는 기후, 식생의 영향을 주로 반영한다.
ㄴ. (나)는 기반암의 특성을 잘 반영한 토양이다.
ㄷ. (가)는 (나)보다 토양층의 발달이 뚜렷하다.
ㄹ. (나)는 (가)보다 토양 형성 시기가 늦다.

① ㄱ, ㄴ   ② ㄱ, ㄷ   ③ ㄴ, ㄷ   ④ ㄴ, ㄹ   ⑤ ㄷ, ㄹ

157

그림은 위도대별 해발 고도에 따른 식생 분포를 나타낸 것이다. 이에 대한 설명으로 옳은 것은?

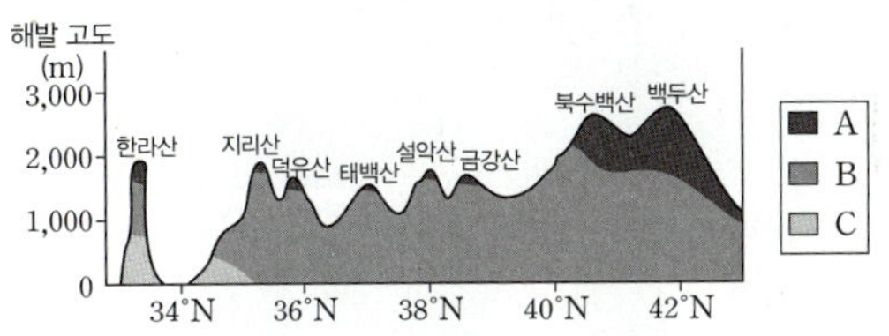

① 해발 고도가 높은 백두산은 식생의 수직적 분포가 가장 다양하다.

② A에서는 침엽수와 활엽수를 함께 볼 수 있다.

③ 한라산의 남사면과 북사면의 A 분포 차이는 일사량 때문이다.

④ 지구 온난화가 지속되면 C의 분포 범위는 축소된다.

⑤ 우리나라에서 A~C의 분포 지역 차이는 기온보다 강수량의 영향이 크다.

Ⅳ 거주 공간의 변화와 지역 개발

Ⅳ단원 핵심 지역 PREVIEW

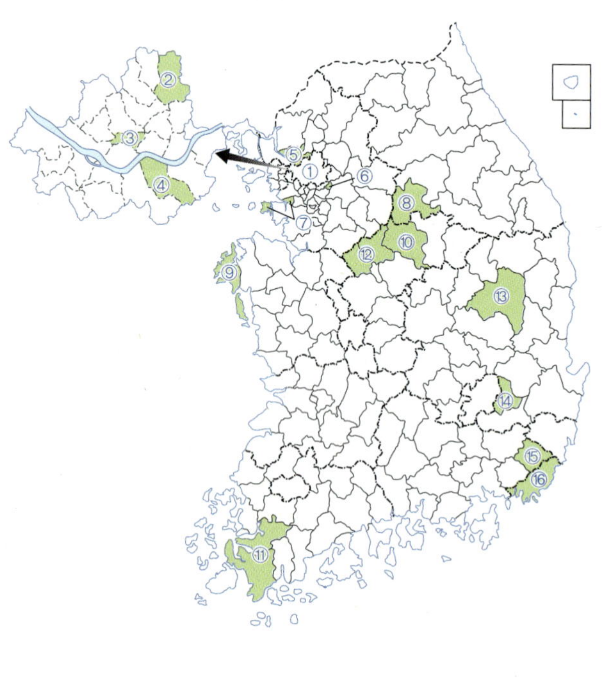

❶ **서울**	인구가 가장 많은 수위 도시이자 종주 도시	
❷ **노원구**	주거 기능이 집중된 서울의 대표적 주변 지역, 상주인구 비율이 높음	
❸ **중구**	서울의 도심이 위치한 구, 서울에서 주간 인구 지수가 가장 높음	
❹ **강남구**	서울의 부도심이 위치한 구, 상주인구가 많고 주간 인구 지수도 높음	
❺, ❻	서울의 주거 기능을 분담하는 대표적 위성 도시(❺ 고양, ❻ 성남)	
❼ **안산**	서울의 공업 기능을 분담하는 대표적 위성 도시	
❽ **원주**	혁신 도시와 기업 도시가 모두 건설된 지역	
❾, ❿, ⓫	기업 도시가 건설된 지역(❾ 태안, ❿ 충주, ⓫ 영암 · 해남)	
⓬ **진천·음성**	혁신 도시가 건설된 대표적 지역	
⓭ **안동**	집촌 형태의 동족촌(하회 마을)이 나타남	
⓮ **경산**	대구의 대표적 위성 도시	
⓯ **양산**	부산의 대표적 위성 도시	
⓰ **부산**	인구가 두 번째로 많은 도시	

| 08강 촌락과 도시의 변화 | 주제 1 촌락의 형성과 변화 | • 배산임수 • 집촌 • 산촌 • 이촌 향도 |
| | 주제 2 도시 체계와 도시 발달 과정 | • 중심지 이론   • 도농 통합시
• 도시 체계   • 종주 도시화 |

09강 도시 및 지역 개발과 공간 불평등	주제 1 도시의 지역 분화와 내부 구조	• 도심 • 부도심 • 주변 지역 • 집심 현상 • 이심 현상 • 주간 인구 지수 • 인구 공동화 현상
	주제 2 대도시권의 확대와 근교 촌락의 변화	• 대도시권 • 교외화 • 위성 도시 • 신도시 • 근교 농촌
	주제 3 도시 계획과 도시 재개발	• 철거 재개발 • 수복 재개발 • 보존 재개발
	주제 4 지역 개발과 공간 불평등	• 하향식 개발 • 상향식 개발 • 국토 개발 계획 • 혁신 도시 • 기업 도시

▶ 도시 관련 자료 해석 능력이 중요하다.

Ⅳ단원은 수능에 매번 2문항 이상 출제되며 학교 시험에서도 중요하게 다루어진다. 특히 교육과정이 바뀌면서 지역 개발 내용이 다른 단원으로부터 흡수돼 출제 확률이 더 높아졌다. 이 단원에서는 도시와 촌락의 상대적 특성, 인구 규모별 도시 체계와 중심지 이론, 도시 내부 지역 간 상대적 특징, 대도시권의 확대와 관련한 주제가 상대적으로 비중있게 출제된다. 그 중 대부분이 직접적인 자료 해석 내용을 묻거나, 백지도와 함께 출제되어 자료 해석을 바탕으로 지역을 추론하도록 한다. 따라서 여러 문제를 풀어보며 다양한 형태의 도시 관련 통계 자료에 익숙해지는 것이 중요하다.

08강 촌락과 도시의 변화

주제 1 촌락의 형성과 변화

1. 전통 촌락의 입지

→ 국토 공간에서 많은 면적을 차지하지만, 도시에 비해 인구 규모가 작고 인구 밀도가 낮으며, 1차 산업 종사자 비율이 높다.

입지 요인		입지 사례
자연적 조건	배산임수	풍수지리 사상 반영 → 북서풍 차단, 각종 용수 확보에 유리
	용수 획득	선상지의 선단, 제주도 해안의 용천대에 입지
	홍수 예방	홍수를 피하기 위해 산록 완사면이나 범람원의 자연 제방에 입지
사회·경제적 조건	교통	• 역원 취락 : 육상 교통로에 입지해 관리·여행객에게 숙식 제공 ⑩ 역삼동, 장호원 등 • 나루터 취락 : 수운의 요충지에 형성 ⑩ 노량진, 삼랑진, 마포 등
	방어	지형적으로 방어에 유리하거나 국경 및 해안 지역 등 군사가 주둔했던 곳에 발달(병영촌) ⑩ 남한산성, 중강진, 통영 등

2. 촌락의 형태와 경관

(1) 가옥의 밀집도에 따른 촌락 형태

구분	집촌(集村)	산촌(散村)
특징	• 특정 장소에 가옥이 밀집하여 분포 • 경지 관리에 비효율적, 가옥 간 거리가 가까워 협동 노동에 유리, 공동체 의식이 강함	• 가옥이 흩어져 분포하여 밀집도가 낮음 • 경지 관리에 효율적, 가옥 간 거리가 멀어 협동 노동에 불리, 공동체 의식이 약함
분포	벼농사 지역, 동족촌 등	밭농사 지역, 산간 지역 등

→ ⑩ 안동 하회 마을

(2) 기능에 따른 촌락 형태

농촌	농경지와 배후 산지가 만나는 곳에 주로 집촌(集村) 형성
어촌	• 해안 지역에서 경제 활동을 하며 항구 중심으로 밀집 • 항구 뒤쪽의 산지에 마을 입지 → 반농반어촌 형성
산지촌	경사가 급하고 경지가 좁음 → 주로 밭농사, 임업, 목축업이 이루어지며 산촌(散村) 형성

→ 농업과 어업을 함께 하는 촌락

3. 촌락의 변화

대도시와 접근성이 낮은 촌락	• 경지 면적보다 농가 수가 빠르게 감소하여 농가당 경지 면적 증가 • 이촌 향도로 청장년층 중심의 인구 유출, 노년층 인구 비율 증가 → 노동력 부족, 폐교 증가, 고령화 • 결혼 적령기 남성의 국제결혼 증가 → 다문화 가정 증가
대도시와 인접한 근교 촌락	• 아파트·공장 등 도시적 경관 증가, 겸업농가 비율 증가 • 대체로 전출 인구보다 전입 인구가 많으며, 도시로 통근하는 주민의 비율이 높음
최근의 다양한 변화	• 자연환경을 활용한 여가 공간으로 변화 ⑩ 슬로 시티(slow city) 운동, 체험 마을 • 전자 상거래를 통해 촌락—도시 간 농산물 직거래 확대 • 부가 가치가 높은 6차 산업의 활성화

→ 농촌의 자원을 바탕으로 1차(농산물 생산), 2차(식품·특산품 제조, 가공, 유통, 판매), 3차(체험, 관광, 서비스) 산업을 연계하여 새로운 부가 가치를 창출하는 산업

주제 2 도시 체계와 도시 발달 과정

1. 도시와 촌락의 특징과 상호 보완성

구분	도시	촌락
특징	주민들 대부분이 2·3차 산업에 종사하며, 다양한 기능이 모여 있어 주민들의 직업 구성이 다양함	주민들 대부분이 1차 산업에 종사하며, 주민들의 직업 구성이 도시 지역에 비하여 단순함
상호 보완	행정·금융 기관, 상업 시설 등이 모여 있는 중심지 → 배후지인 촌락에 각종 재화와 서비스 공급	도시에 농수산물·축산물 등의 식량 공급, 아름다운 자연환경을 바탕으로 도시민에게 여가 공간 제공

→ 도시와 촌락의 상호 의존적 발전을 위해 생활권이 같은 도시와 주변 농촌을 하나의 행정 단위로 개편하는 도농 통합시가 출범하였다. ⑩ 통합 청주시

2. 우리나라의 도시 체계

(1) 중심지와 배후지

중심지	주변 지역에 재화나 서비스를 제공하는 중심 기능이 모여 있는 곳 ⑩ 학교, 상점, 도시 등
배후지	중심지의 여러 경제·사회적 기능이 영향을 주는 범위 → 중심지와 밀접한 관계를 맺는 주변 지역

(2) 중심지와 계층 구조

→ 중심지 기능을 유지하기 위해 필요한 최소한의 수요

구분	고차 중심지	저차 중심지
중심지 기능의 종류	많다	적다
최소 요구치	크다	작다
재화의 도달 범위	넓다	좁다
중심지 수	적다	많다
중심지 간의 거리	멀다	가깝다

→ 중심지 기능이 영향을 미치는 최대한의 공간 범위

중심지 이론

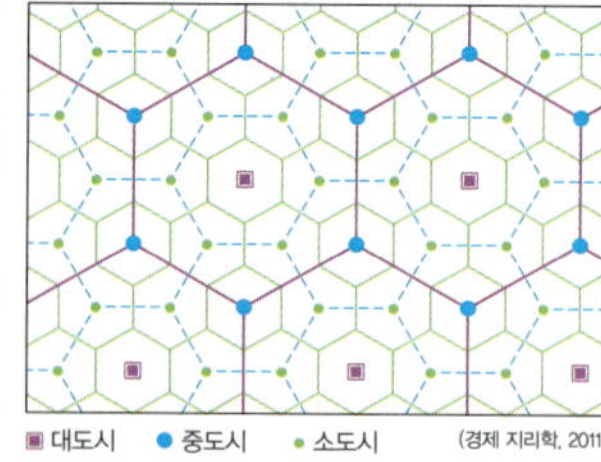

배후지가 넓은 대도시는 고차 중심지, 대도시보다 배후지가 좁은 중소 도시는 저차 중심지이다. 고차 중심지와 저차 중심지는 중심지 수, 기능, 배후지 범위 등이 다르다. 이러한 중심지 간 공간 관계를 중심지의 계층 구조라고 한다. 대도시는 중소 도시보다 도시의 수가 적어 도시 간 거리가 멀며, 보유 기능이 다양하다.

(3) 도시 체계의 특성

도시 체계	• 도시 간의 상호 작용으로 나타나는 계층 질서 • 상호 작용의 지표 : 도시 간 인적·물적 이동 및 정보 이동, 도시 간 교통량, 인구 규모별 순위 배열 등
우리나라 도시 체계	• 서울을 중심으로 한 수직적 도시 체계를 이룸 • 최상위 계층인 서울은 배후지가 가장 넓고, 인구와 기능이 집중하여 종주 도시화 현상이 나타남

→ 인구 규모 1위 도시(수위 도시)의 인구가 2위 도시의 인구보다 2배 이상 많은 불균형 상태

인구 규모에 따른 도시 순위 변화

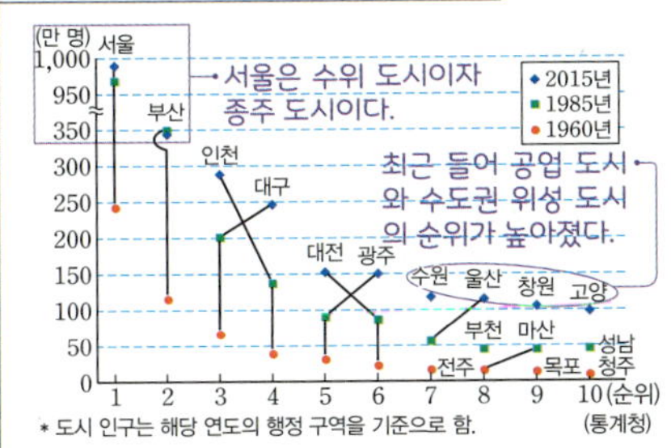

수위 도시인 서울에 인구와 각종 기능이 집중하여 종주 도시화 현상이 나타난다. 서울 다음으로 부산, 인천, 대구, 대전, 광주, 울산 등 6개 광역시, 그 다음으로 지방 중심지 등 여러 도시가 수직적 도시 체계를 이룬다.

3. 우리나라의 도시 발달

→ 일제가 한반도를 대륙 침략을 위한 군수 물자 보급 기지로 삼은 정책

일제 강점기	• 초기 : 식량 기지화에 따라 쌀 수출항인 군산, 목포 등 성장 • 후기 : 병참 기지화 정책으로 지하자원과 수력 자원이 풍부한 관북 해안에 청진, 함흥 등 광공업 도시 발달
광복 후~ 1950년대	귀국한 해외 동포와 월남한 북한 주민들이 도시에 정착하면서 도시의 성장이 뚜렷해짐
1960년대	경제 개발 정책과 공업화에 따른 이촌 향도 현상으로 서울, 부산 등 대도시로의 인구 집중
1970년대	• 도시 인구가 촌락 인구보다 많아졌으며, 광주, 대전 등 지방 대도시 성장 • 수출 위주의 공업화 정책 → 남동 임해 지역의 포항, 울산, 여수, 창원 등 공업 도시 발달
1980년대 이후	• 서울, 부산, 대구 등 대도시의 기능을 분담하는 성남, 안산, 고양, 김해, 양산, 경산 등의 위성 도시 및 신도시 성장 → 교외화 현상 발생 • 과밀화 완화를 위한 인구 분산 정책과 지방 도시의 성장에도 불구하고 수도권에 인구와 각종 기능 집중

우리나라의 도시 발달

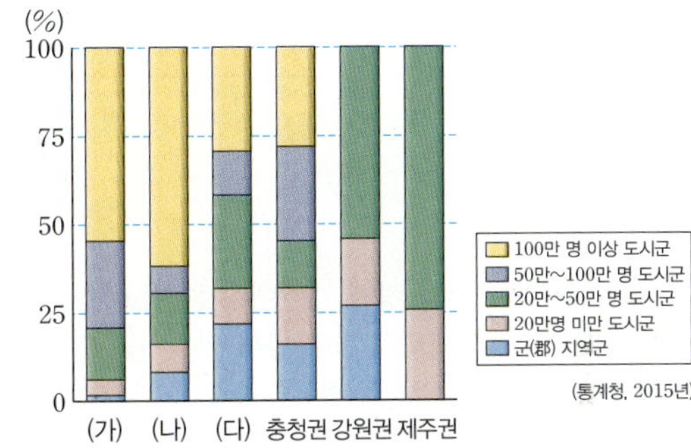

1960년대부터 도시화가 급속히 진행되어 서울, 부산, 대구 등의 대도시가 빠르게 성장하였다. 또한 공업화가 진행되면서 울산, 포항, 창원 등의 신흥 공업 도시가 급속히 성장하였다. 1980년대부터 대도시 성장이 둔화되고, 대도시의 다양한 기능을 분담하는 위성 도시가 발달하였다. 그 결과 도시 발달이 수도권과 영남권에 집중되어 불균형이 나타난다.

→ 도시 거주 인구가 증가하고, 2·3차 산업 종사자 비율이 높아지며, 도시적 생활 양식이 확대되는 현상으로 우리나라는 현재 도시화율이 90%를 넘어섰다.

01

대도시와 중소 도시를 비교해 빈칸에 알맞은 말을 쓰시오.

구분	대도시	중소 도시
(1) 중심지 기능의 종류		
(2) 중심지의 수		
(3) 중심지 간의 거리		

02

그래프는 권역별 인구 규모에 따른 도시군별 비율을 나타낸 것이다. 이를 보고 빈칸에 알맞은 말을 쓰거나, 괄호 안의 내용 중 알맞은 말을 고르시오.

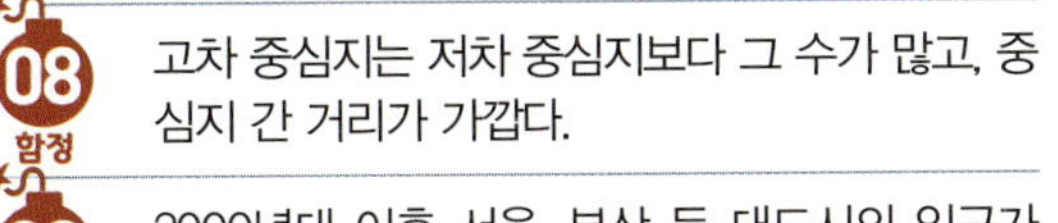

(1) (가)는 (   ), (나)는 (   ), (다)는 (   )에 해당한다.

(2) 도시화율이 가장 높은 권역은 (   )이고, 촌락 거주 인구 비율이 가장 높은 권역은 (   )이다.

(3) 영남권은 호남권보다 인구 규모 50만 명 이상 도시군의 비율이 (높다 / 낮다).

🖊 다음의 설명이 맞으면 '○', 틀리면 '×'에 표시하시오.

03 노량진, 마포, 삼랑진은 모두 육상 교통과 관련해 발달한 취락이다. ○ ×

04 (함정) 집촌은 산촌에 비해 가옥과 농지 간 거리가 가까워 경지 관리에 효율적이다. ○ ×

05 범람원의 배후 습지는 자연 제방보다 홍수의 위험이 낮아 취락 입지에 유리하다. ○ ×

06 도시와의 접근성이 높은 촌락은 도시와의 접근성이 낮은 촌락보다 겸업농가 비율이 높다. ○ ×

07 도시는 촌락보다 상위 계층의 정주 공간이며, 토지를 집약적으로 이용한다. ○ ×

08 (함정) 고차 중심지는 저차 중심지보다 그 수가 많고, 중심지 간 거리가 가깝다. ○ ×

09 (함정) 2000년대 이후 서울, 부산 등 대도시의 인구가 지속적으로 증가하고 있다. ○ ×

10 수위 도시의 인구가 2위 도시의 인구보다 2배 이상 많은 상태를 종주 도시화라고 한다. ○ ×

도시 발달 과정에서 인구가 증가 혹은 감소하는 지역은 어디일까?

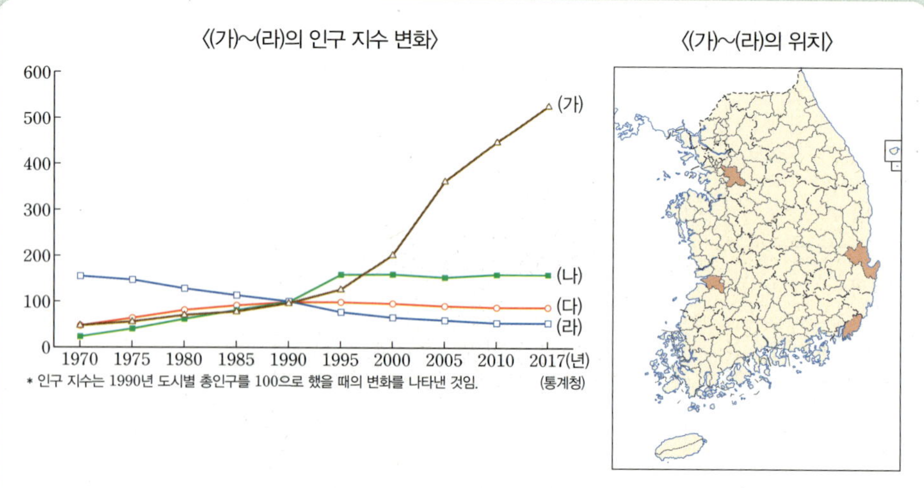

- 우리나라는 1960년대 경제 개발에 따른 이촌 향도 현상으로 서울, 부산, 대구 등의 대도시 인구가 많이 증가하였고, 1970년대 이후에는 수출 위주의 공업화 정책이 추진되면서 남동 임해 지역에 위치한 포항, 울산, 창원, 광양, 여수 등의 공업 도시가 발달하였다. 최근에는 정부가 대도시의 과밀화를 완화하기 위한 인구 분산 정책을 시행하면서 서울, 부산과 같은 대도시 주변에 신도시와 위성 도시가 빠르게 성장하였다.
- 지도에 표시된 지역은 서울의 주거 기능을 분담하는 위성 도시인 용인, 지방의 중소 도시로 벼농사가 발달한 김제, 1970년대 정부 주도의 중화학 공업 육성 정책으로 1차 금속 제조업이 발달한 포항, 1960년대 이후 이촌 향도 현상으로 인구가 증가하다가 1990년대 이후 교외화 현상으로 인구가 다소 감소한 대도시인 부산이다.
- (가)는 1970년대 이후 인구가 지속적으로 증가하고 있고, 특히 2000년 이후 인구가 크게 증가하였으므로 서울의 주거 기능 등을 분담하는 용인이다. (나)는 1970~1995년에는 인구가 크게 증가하다가, 그 이후 인구가 정체하고 있으므로 정부 주도의 공업화 정책으로 성장한 포항이다. (다)는 1970~1990년에는 인구가 증가하였으나, 1990년 이후 인구가 감소하고 있으므로 최근 교외화 현상이 나타나는 부산이다. (라)는 1970년 이후 인구가 지속적으로 감소하고 있으므로 이촌 향도 현상이 뚜렷한 지방의 중소 도시이며, 1차 산업 의존도가 높은 김제이다.

Q1 다음 물음에 해당하는 지역을 아래 지도의 A~E에서 골라 쓰시오.

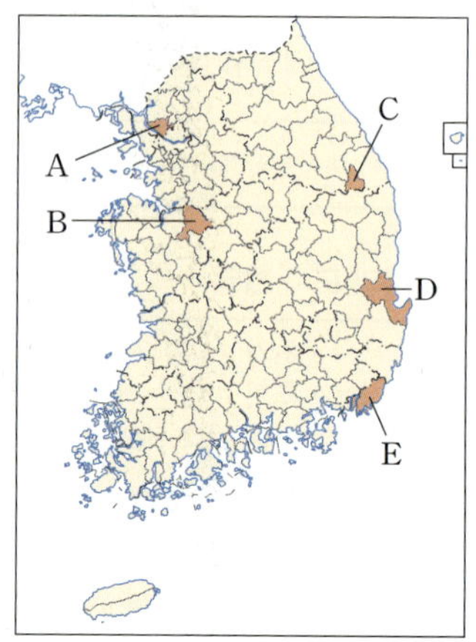

(1) 1980년대 후반 정부의 석탄 산업 합리화 정책 실시 이후 인구가 감소하고 있는 지역은? (　　　)

(2) 서울로의 통근·통학 인구 비율이 가장 높은 지역은? (　　　)

(3) 정부 주도의 중화학 공업 육성 정책에 따라 공업 도시로 성장한 지역은? (　　　)

(4) 교외화 현상으로 최근 인구가 감소하고 있는 지역은? (　　　)

(5) 수도권의 인구와 공업 기능이 이전되면서 최근 인구가 급증하는 지역은? (　　　)

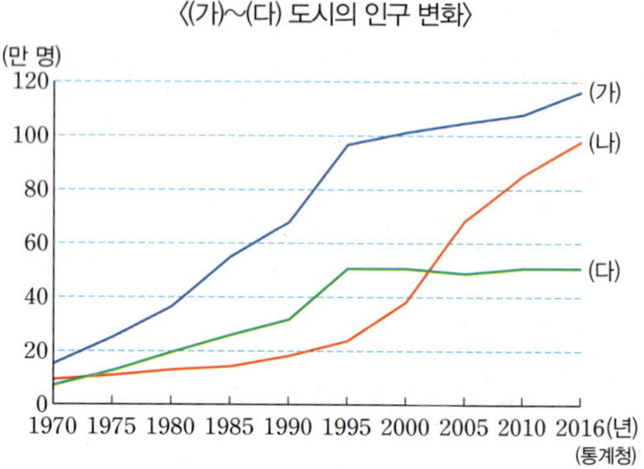

Q2 그래프를 보고 괄호 안의 내용 중 알맞은 말을 고르시오. (단, (가)~(다)는 용인, 울산, 포항 중 하나임.)

(1) (가)는 (나)보다 제조업 출하액이 (많다 / 적다).

(2) (나)는 (가)보다 지역 내 2차 산업 취업자 비율이 (높다 / 낮다).

(3) (나)는 (다)보다 서울로의 통근·통학 인구가 (많다 / 적다).

(4) (가)는 (수도권 / 영남권), (나)는 (수도권 / 영남권), (다)는 (수도권 / 영남권)에 위치한다.

(5) 울산은 용인보다 2000년 이후 인구 증가율이 (높다 / 낮다).

(6) (가)는 (용인 / 울산 / 포항)이고, (다)는 (용인 / 울산 / 포항)이다.

(7) 포항은 용인보다 2016년에 총인구가 (많다 / 적다).

Q1 (1) C (2) A (3) D (4) E (5) B **Q2** (1) 많다 (2) 낮다 (3) 많다 (4) 영남권, 수도권, 영남권 (5) 낮다 (6) 울산, 포항 (7) 적다

• 정답 및 해설 033~036쪽

주제 1 촌락의 형성과 변화

족집게 전략 | 집촌과 산촌의 특징을 비교해 묻는 문항이 주로 출제된다. 집촌과 산촌의 분포 지역, 경지 관리의 효율성, 공동체 의식 등 주요 특징을 비교해 학습해야 한다.

158 대표 문항
| 평가원 기출 |

다음 자료는 사이버 학습 장면의 일부이다. ㉠~㉣ 중 옳은 내용만을 있는 대로 고른 것은?

※ 다음 글은 전통 촌락의 형태와 관련된 것입니다. 밑줄 친 (가), (나)에 대한 일반적 특성에 대해 답글을 달아 보세요.

전통 촌락의 형태는 자연적 조건과 사회·경제적 조건 등의 차이로 인해 다양하게 나타나는데, (가) 특정 장소에 가옥이 밀집하여 분포하는 형태의 촌락과 (나) 가옥이 서로 어느 정도 거리를 유지하면서 흩어져 분포하는 형태의 촌락으로 구분할 수 있다.

답글 (4)
ㄴ (가)는 협동 노동의 필요성이 큰 벼농사 지역에 주로 분포합니다. ·········㉠
ㄴ (나)는 혈연 중심의 동족촌에서 전형적으로 나타납니다. ··········㉡
ㄴ (가)는 (나)보다 가옥과 경지의 결합도가 낮게 나타납니다. ········㉢
ㄴ (나)는 (가)보다 경지 규모가 협소한 산간 지역에 나타나는 경우가 많습니다. ········㉣

① ㉠, ㉡   ② ㉠, ㉢   ③ ㉡, ㉣
④ ㉠, ㉢, ㉣   ⑤ ㉡, ㉢, ㉣

✎ **한줄 Tip** (가)와 (나)가 집촌과 산촌 중 어느 형태의 촌락에 해당되는지 가옥의 밀집도를 바탕으로 구분해 보자.

159

다음 글의 ㉠~㉤에 대한 설명으로 옳지 <u>않은</u> 것은?

취락은 인구와 산업 활동 등에 따라 ㉠ 촌락과 ㉡ 도시로 구분한다. 우리나라 전통 촌락의 입지는 ㉢ 용수 확보와 농경지 분포 등 자연적 조건의 영향을 많이 받았으며, ㉣ 배산임수와 같은 풍수지리 사상이 반영되었다. 한편, 촌락은 ㉤ 농촌, 어촌, 산지촌, 광산촌 등으로 구분할 수 있다.

① ㉠은 ㉡보다 인구 밀도가 낮다.
② ㉡은 ㉠보다 1차 산업 종사자 비율이 낮다.
③ ㉢은 범람원의 자연 제방 취락 입지 요인과 관련 있다.
④ ㉣의 취락은 주로 남향 사면에 입지한다.
⑤ ㉤은 촌락이 수행하는 기능에 따라 분류한 것이다.

160

그래프는 두 지역의 연령별 인구 변화를 나타낸 것이다. (가), (나) 지역에 대한 설명으로 옳은 것은?

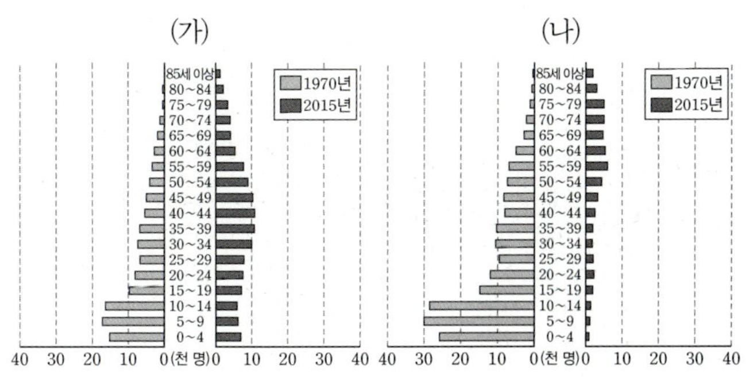

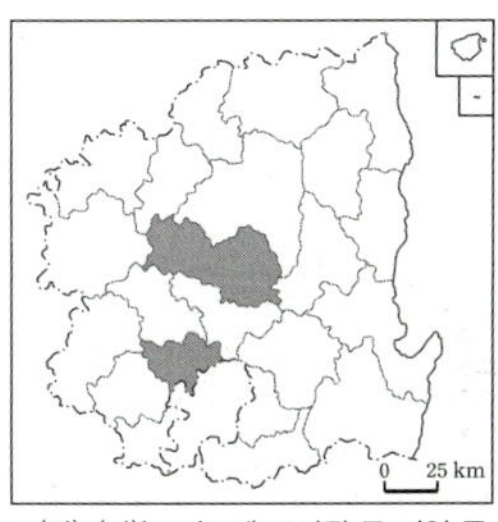

* (가), (나)는 지도에 표시된 두 지역 중 하나임.

① (가)는 1970년보다 2015년에 노령화 지수가 낮다.
② (나)는 1970~2015년에 전입 인구가 전출 인구보다 많았다.
③ (가)는 (나)보다 대구로의 통근 · 통학 인구가 많다.
④ (나)는 (가)보다 2015년에 인구 밀도가 높다.
⑤ (나)는 (가)보다 2015년에 겸업농가 비율이 높다.

161

그래프는 두 지역의 토지 이용 현황을 나타낸 것이다. (가) 지역에 대한 (나) 지역의 상대적 특성에 대한 옳은 설명만을 〈보기〉에서 고른 것은? (단, (가), (나)는 경기도에 위치한 시, 군 지역 중 하나임.)

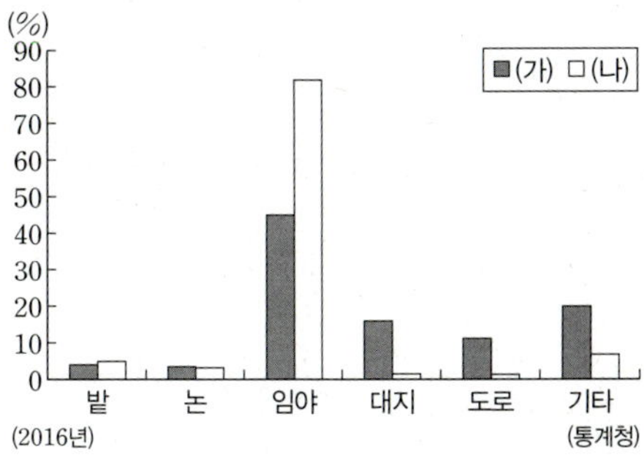

보기
ㄱ. 중위 연령이 높다.
ㄴ. 토지 이용의 집약도가 낮다.
ㄷ. 상업 용지의 평균 지가가 높다.
ㄹ. 주민 중 아파트 거주 비율이 높다.

① ㄱ, ㄴ   ② ㄱ, ㄷ   ③ ㄴ, ㄷ   ④ ㄴ, ㄹ   ⑤ ㄷ, ㄹ

162

그래프는 네 지역의 영농 형태별 농가 수 비율을 나타낸 것이다. (가)~(라) 지역을 지도의 A~D에서 고른 것은?

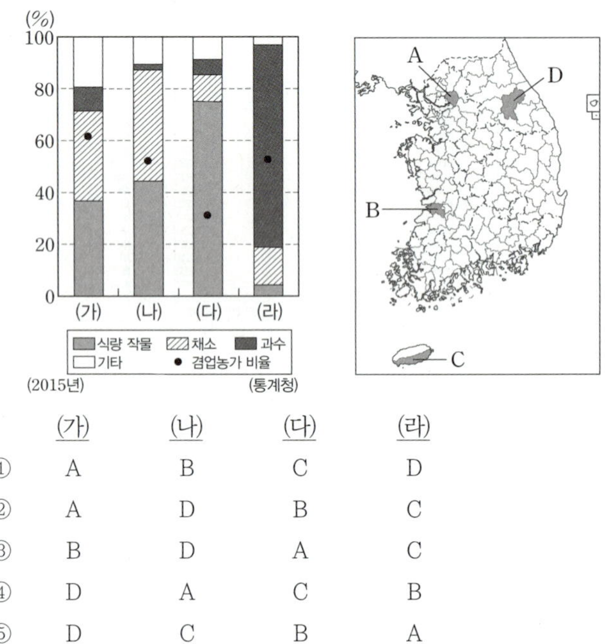

	(가)	(나)	(다)	(라)
①	A	B	C	D
②	A	D	B	C
③	B	D	A	C
④	D	A	C	B
⑤	D	C	B	A

163

지도에 나타난 (가) 지역 촌락과 비교한 (나) 지역 촌락의 상대적 특징을 그림의 A~E에서 고른 것은?

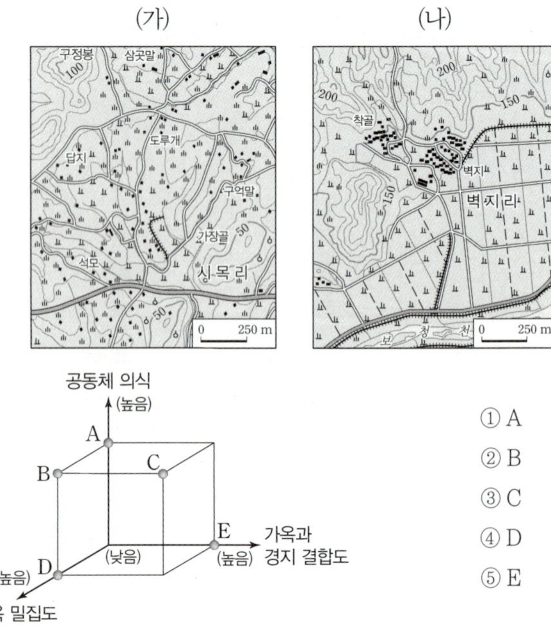

① A
② B
③ C
④ D
⑤ E

164

지도는 어느 지역의 토지 이용 변화를 나타낸 것이다. 두 시기의 상대적 특성을 그래프로 나타낼 때, A, B에 들어갈 항목으로 옳은 것은?

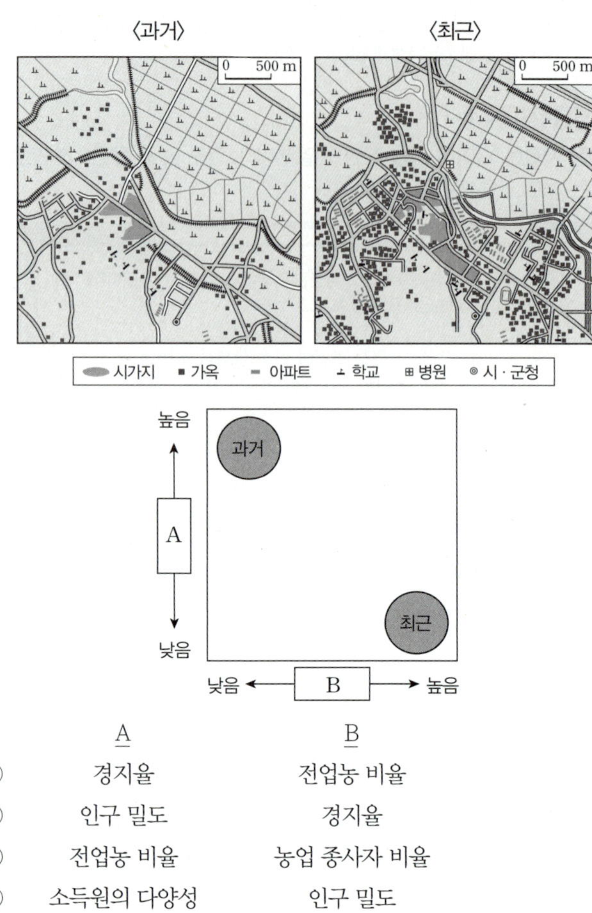

	A	B
①	경지율	전업농 비율
②	인구 밀도	경지율
③	전업농 비율	농업 종사자 비율
④	소득원의 다양성	인구 밀도
⑤	농업 종사자 비율	소득원의 다양성

족집게 전략 | 인구 규모에 따른 도시 순위를 바탕으로 도시 체계 형성 과정을 묻거나, 어떤 지역의 시·군 규모별 인구 비중 등 도시 간 계층 질서 자료를 분석하는 문항이 출제된다. 따라서 우리나라 주요 도시와 계층이 다른 중심지 간 상대적 특성을 비교하여 알아 두어야 한다.

165 대표 문항

| 평가원 기출 |

그래프는 우리나라의 인구 규모별 도시 수와 도시 인구 비중 변화를 나타낸 것이다. 이에 대한 옳은 분석만을 〈보기〉에서 있는 대로 고른 것은?

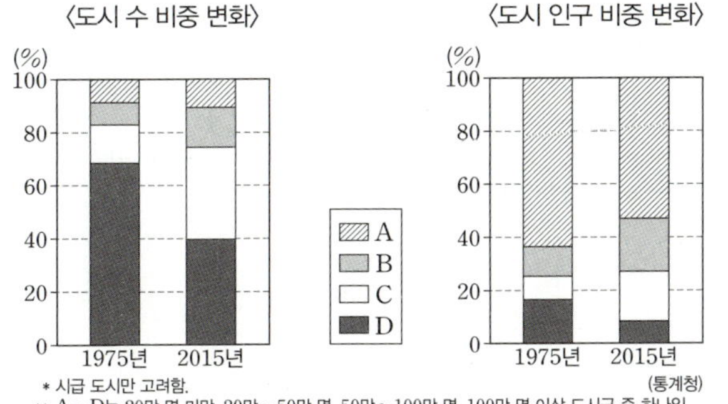

* 시급 도시만 고려함.
** A~D는 20만 명 미만, 20만~50만 명, 50만~100만 명, 100만 명 이상 도시군 중 하나임.

보기

ㄱ. A는 100만 명 이상, D는 20만 명 미만 도시군에 해당한다.
ㄴ. 100만 명 이상 도시군의 도시 인구 비중은 감소하였다.
ㄷ. 20만 명 미만 도시군의 도시 수 비중은 증가하였다.
ㄹ. 도시 인구 비중의 증가 폭은 C 도시군이 가장 크다.

① ㄱ, ㄴ　　　② ㄱ, ㄷ　　　③ ㄷ, ㄹ
④ ㄱ, ㄴ, ㄹ　　　⑤ ㄴ, ㄷ, ㄹ

✎ **한줄 Tip** 대도시는 중소 도시보다 중심지 수가 적다는 사실을 토대로 자료에 접근해 보자.

166 고난도↑

그래프는 (가)~(라) 도시의 인구 변화를 나타낸 것이다. 이에 대한 설명으로 옳은 것은? (단, (가)~(라)는 지도의 A~D 중 하나임.)

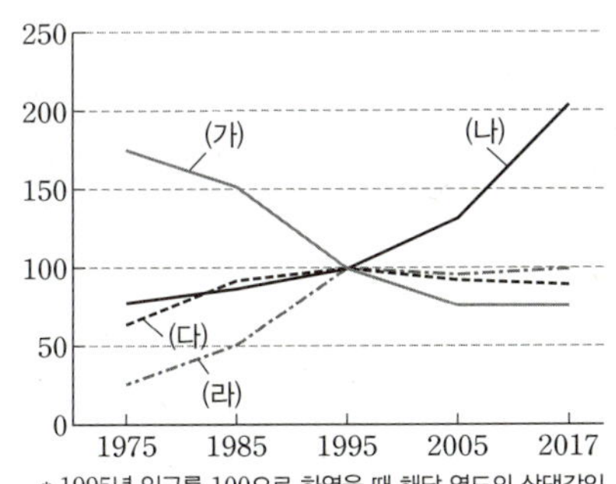

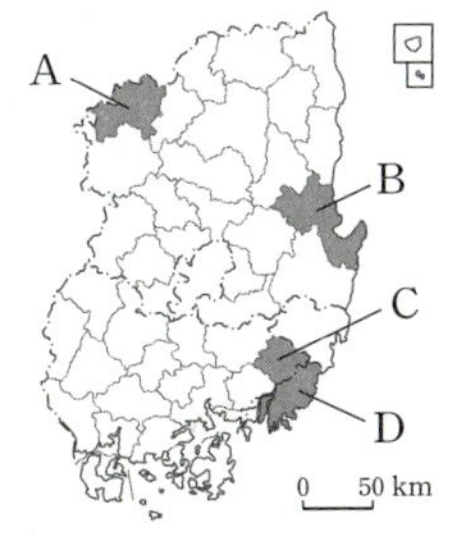

* 1995년 인구를 100으로 하였을 때 해당 연도의 상댓값임.
** 각 해당 연도의 행정 구역을 기준으로 함.

① (가)는 (나)보다 노령화 지수가 낮다.
② (라)는 (다)보다 지역 내 3차 산업 종사자 비율이 높다.
③ A는 B보다 1975~1995년의 인구 증가율이 높다.
④ C는 D보다 1995년 이후 인구의 사회적 증가가 적다.
⑤ (다)는 C보다 도시로 승격한 시기가 이르다.

167

그래프는 지도에 표시된 네 도(道)의 시·군 규모별 인구 비율을 나타낸 것이다. (가)~(라) 지역에 대한 옳은 설명만을 〈보기〉에서 있는 대로 고른 것은?

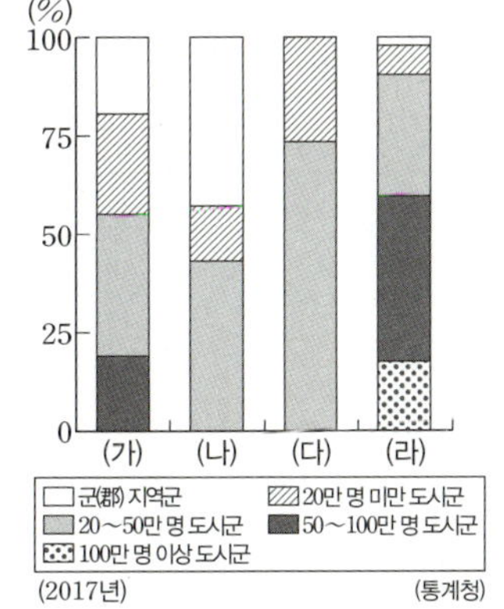

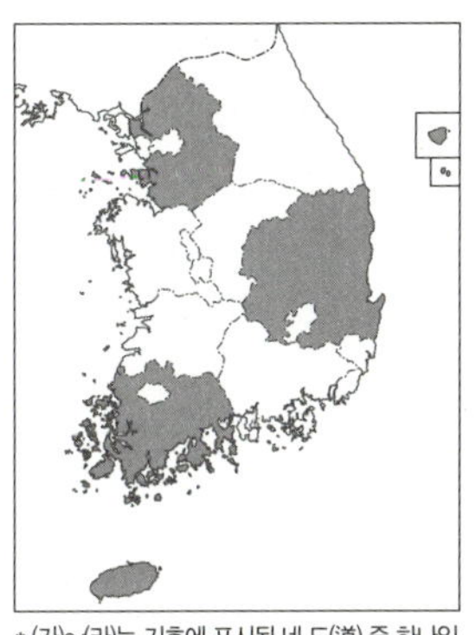

* (가)~(라)는 기호에 표시된 네 도(道) 중 하나임.

보기

ㄱ. (가)는 (다)보다 총인구가 많다.
ㄴ. (나)는 (라)보다 도시화율이 낮다.
ㄷ. (다)는 (나)보다 쌀 생산량이 많다.
ㄹ. (가)는 영남권, (나)는 호남권, (라)는 수도권에 위치한다.

① ㄱ, ㄴ　　　② ㄱ, ㄷ　　　③ ㄷ, ㄹ
④ ㄱ, ㄴ, ㄹ　　　⑤ ㄴ, ㄷ, ㄹ

168

| 평가원 기출 |

다음 글의 밑줄 친 ㉠~㉫에 대한 설명으로 옳지 <u>않은</u> 것은?

　도시는 사람, 자본, 물자의 흐름을 통해 ㉠ <u>상호 작용</u>하여 ㉡ <u>계층화된 도시 체계</u>를 형성한다. 우리나라는 수도인 서울과 전통 도시들이 각 지방의 중심을 이루고 있었다. 그러나 1970년대 이후 급속한 산업화, 국토 계획 등의 영향으로 도시 수와 규모가 변화하였는데, 특히 수도권과 남동 임해 지역의 도시 성장이 두드러졌다. 1990년대 이후에는 서울의 과밀화로 인해 ㉢ <u>위성 도시</u>들이 급속히 성장하였다. 그럼에도 불구하고 서울은 여전히 ㉣ <u>종주 도시</u>로서의 지위를 유지하고 있다. 최근에는 광역 교통의 발달로 교외화가 더욱 활발해지고 있고, 이와 더불어 쾌적한 환경에 대한 수요 증가 등으로 ㉫ <u>대도시권</u>이 확대되고 있다.

① ㉠－도시의 인구 규모가 클수록 도시 간 상호 작용이 활발하다.
② ㉡－상위 계층의 도시는 하위 계층의 도시보다 도시의 기능은 다양하고 도시의 수는 적다.
③ ㉢－도시 내부의 주요 교통 결절점에서 도심의 상업 및 업무 기능을 분담·수용하여 형성된다.
④ ㉣－인구 규모가 2위인 도시의 인구 규모보다 두 배 이상 큰 수위 도시이다.
⑤ ㉫－공간적 범위는 중심 도시로의 통근이 가능한 배후 농촌 지역을 포함한다.

169 고난도

그래프는 (가)~(다) 권역의 인구 규모에 따른 도시 순위를 나타낸 것이다. 이에 대한 옳은 설명만을 〈보기〉에서 있는 대로 고른 것은? (단, (가)~(다)는 수도권, 영남권, 충청권 중 하나임.)

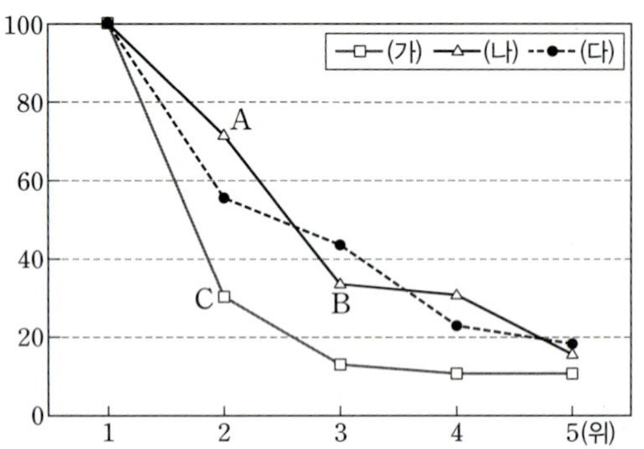

* 권역별 인구 규모 1위 도시의 인구를 100으로 했을 때의 도시별 인구 규모를 나타낸 것임.
** 권역별 인구 규모 상위 5개 도시만을 나타냄.
(2017년)　　　　　　　　　(통계청)

보기
ㄱ. (가)는 (나)보다 수위 도시의 인구가 많다.
ㄴ. (나)는 (다)보다 지역 내 총생산이 많다.
ㄷ. (다)는 (가)보다 총인구가 많다.
ㄹ. A는 대구, B는 울산, C는 인천이다.

① ㄱ, ㄴ　　　② ㄱ, ㄷ　　　③ ㄷ, ㄹ
④ ㄱ, ㄴ, ㄹ　　　⑤ ㄴ, ㄷ, ㄹ

170 고난도

그래프에 대한 설명으로 옳은 것은? (단, A~D는 20만 명 미만, 20만 ~50만 명, 50만~100만 명, 100만 명 이상 도시군 중 하나임.)

〈(가)~(라) 권역의 인구 규모별 도시 인구 비율〉　　〈우리나라의 인구 규모별 도시 인구와 도시 수〉

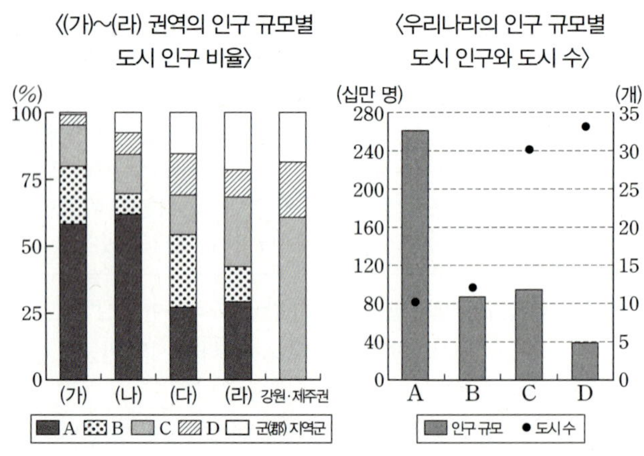

① (가)는 (다)보다 지역 내 50만 명 미만 도시군의 비율이 높다.
② (나)는 (라)보다 인구 규모 100만 명 이상 도시의 수가 많다.
③ (다)는 (가)보다 (나)로부터의 인구 순 유입이 많다.
④ A는 20만 명 미만, D는 100만 명 이상 도시군이다.
⑤ C는 B보다 호남권 내에서 차지하는 인구 비율이 낮다.

171

| 평가원 기출 |

표는 지도에 표시된 세 지역의 유형별 의료기관 수를 나타낸 것이다. 이에 대한 설명으로 옳지 <u>않은</u> 것은?

(단위 : 개)

의료기관＼지역	(가)	(나)	(다)
A	4	1	0
B	5	1	0
의원	109	26	16
기타	112	27	22
합계	230	55	38

(2016년)　　　　　　　　　(통계청)

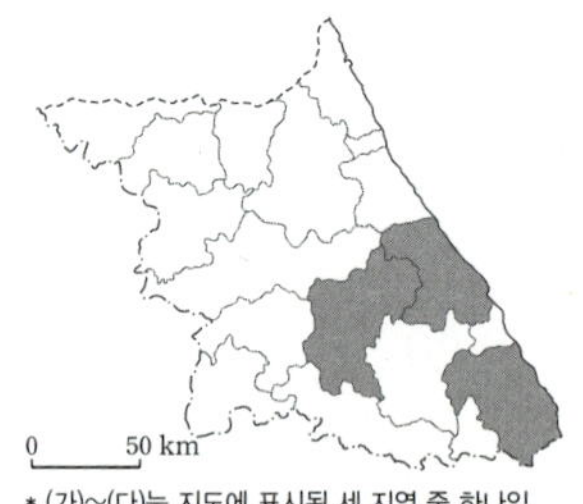

* (가)~(다)는 지도에 표시된 세 지역 중 하나임.

① (다)는 동계 올림픽 개최지이다.
② (가)는 (나)보다 중심지 기능이 다양하다.
③ (가)는 (다)보다 인구 규모가 크다.
④ A는 의원보다 서비스를 제공하는 공간적 범위가 넓다.
⑤ B는 의원보다 중심지 기능을 유지하기 위한 최소 요구치가 작다.

172

| 평가원 기출 |

자료는 도시 순위와 인구 변화에 관한 것이다. 이에 대한 옳은 설명만을 〈보기〉에서 고른 것은?

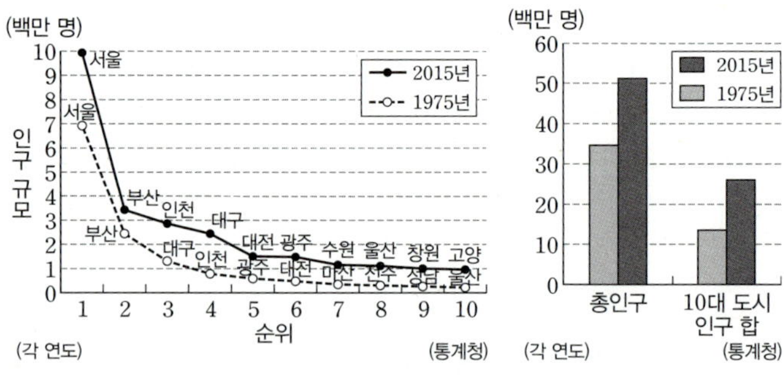

보기
ㄱ. 종주 도시로서 서울의 지위는 유지되었다.
ㄴ. 10대 도시 중 수도권에 위치한 도시의 수는 2015년이 1975년에 비해 많다.
ㄷ. 총인구에서 10대 도시 인구 합이 차지하는 비중은 2015년이 1975년에 비해 낮다.
ㄹ. 2015년 기준 6대 광역시 중 1975년에 비해 2015년 인구가 가장 많이 증가한 도시는 부산이다.

① ㄱ, ㄴ　　② ㄱ, ㄷ　　③ ㄴ, ㄷ　　④ ㄴ, ㄹ　　⑤ ㄷ, ㄹ

173

표는 지도에 표시된 세 지역의 유형별 의료기관 수를 나타낸 것이다. 이에 대한 설명으로 옳은 것은? (단, A~C는 의원, 병원, 종합 병원 중 하나임.)

(단위 : 개)

지역 \ 의료기관	A	B	C
(가)	0	2	16
(나)	3	10	204
(다)	12	111	1,666

(2016년) (통계청)

① (나)에는 원자력 발전소가 입지해 있다.
② (다)에는 경북도청이 입지해 있다.
③ (가)는 (다)보다 인구 밀도가 높다.
④ A는 B보다 의료기관당 종사자 수가 많다.
⑤ C는 A보다 환자들의 평균 이동 거리가 멀다.

174

그래프는 인구 규모에 따른 도시 순위를 나타낸 것이다. 이에 대한 옳은 설명만을 〈보기〉에서 있는 대로 고른 것은?

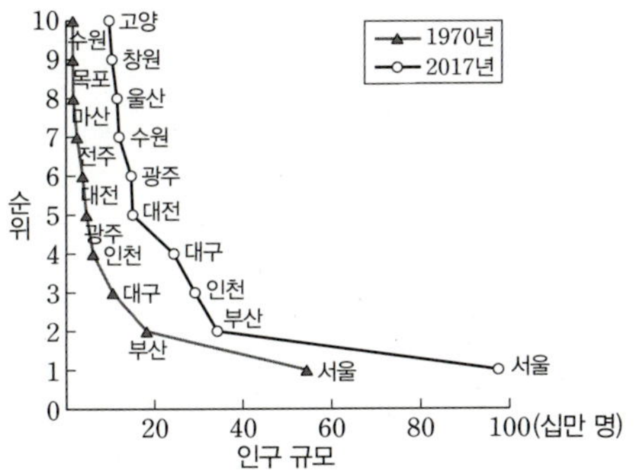

〔보기〕
ㄱ. 1970년은 2017년보다 10대 도시의 총인구가 많다.
ㄴ. 1970년과 2017년 모두 종주 도시화 현상이 나타났다.
ㄷ. 수도권에 위치하는 10대 도시는 1970년보다 2017년에 많다.
ㄹ. 수위 도시와 10위 도시의 인구 차이는 1970년보다 2017년에 크다.

① ㄱ, ㄴ 　② ㄱ, ㄷ 　③ ㄷ, ㄹ
④ ㄱ, ㄴ, ㄹ 　⑤ ㄴ, ㄷ, ㄹ

175

그래프는 네 도시의 시기별 인구 증가율과 총인구 변화를 나타낸 것이다. (가)~(라) 도시를 지도의 A~D에서 고른 것은?

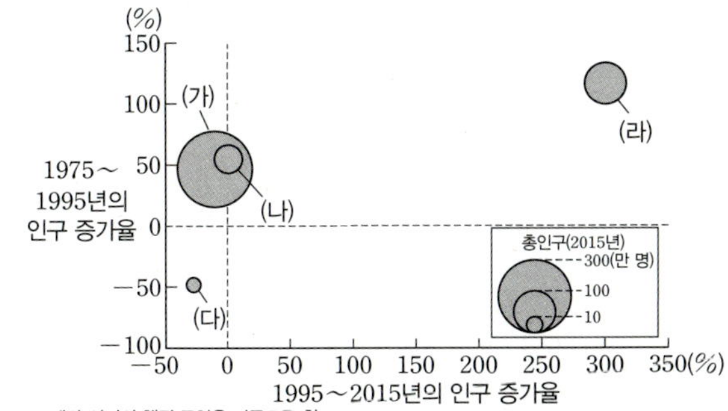

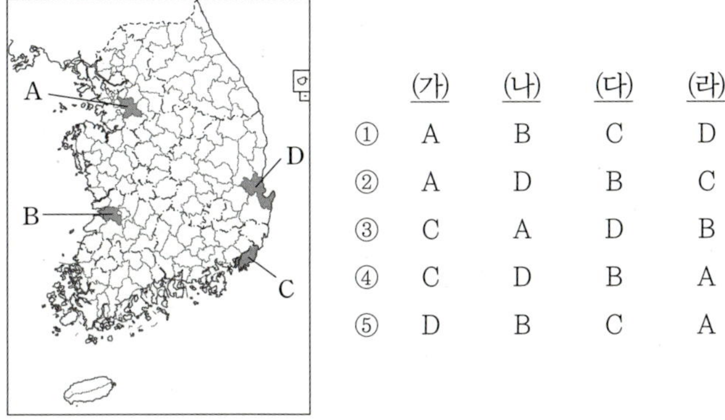

	(가)	(나)	(다)	(라)
①	A	B	C	D
②	A	D	B	C
③	C	A	D	B
④	C	D	B	A
⑤	D	B	C	A

176

〔평가원 기출〕

표는 서울 강남 고속버스 터미널의 호남선 운행 현황을 나타낸 것이다. 이에 대한 추론으로 적절한 것만을 〈보기〉에서 고른 것은?

목적지	거리(km)	배차 간격	일반 고속	우등 고속	심야 고속
A	291	5~10분	○	○	○
B	347	50~60분	○	○	○
C	236	30~40분	○	○	○
D	362	6회/일	○	○	
E	276	5회/일	○		

⋮

〔보기〕
ㄱ. A는 C보다 저차 계층 중심지일 것이다.
ㄴ. C는 D보다 중심지 기능이 다양할 것이다.
ㄷ. D는 B보다 도시 규모가 작을 것이다.
ㄹ. E는 C보다 서울과의 고속버스 이용객이 많을 것이다.

① ㄱ, ㄴ ② ㄱ, ㄷ ③ ㄴ, ㄷ ④ ㄴ, ㄹ ⑤ ㄷ, ㄹ

09강 도시 및 지역 개발과 공간 불평등

주제 1 · 도시의 지역 분화와 내부 구조

1. 도시 내부의 지역 분화
도시가 성장함에 따라 기능이 다양해지면서 도시 내부가 기능에 따라 여러 지역으로 나뉘는 현상

지역 분화 요인	접근성	여러 지점으로부터 출발하여 도달하기 쉬운 정도 → 도심에서 가장 높고, 주변(외곽) 지역으로 갈수록 낮아짐
	지대	토지 이용을 통해 얻을 수 있는 대가 또는 수익 → 접근성이 높을수록 지대가 높음
지역 분화 과정	집심 현상	높은 지대를 감당할 수 있는 전문 상업 기능이나 업무 기능이 도심으로 집중하는 현상
	이심 현상	도심에서 지대 지불 능력이 낮거나 넓은 부지를 필요로 하는 주택 · 학교 · 공장 등이 주변(외곽) 지역으로 빠져나가는 현상

2. 도시 내부의 지역별 특징
주거 기능 약화로 상주인구 밀도가 감소하여 주야간 인구 밀도에 차이가 나타나는 현상

도심	• 도시 중심부에 위치해 접근성, 지대, 지가가 가장 높음 • 집약적 토지 이용 : 지대가 높아 고층 건물 밀집 • 높은 지대를 지불할 수 있는 중추 관리 기능, 고급 상가, 전문 서비스업 등 고차 중심 기능이 입지 • 주거 기능의 이심 현상으로 인구 공동화 현상이 나타남 • 출근 시간대 유입 인구가 많아 주간 인구 지수가 높음 • ⑩ 서울의 중구 · 종로구, 부산의 중구 일대
부도심	• 도심과 주변 지역을 연결하는 교통로의 주요 결절점에 형성 • 도심의 기능을 분담하여 도심의 과밀화 완화 • ⑩ 서울의 청량리, 영등포, 여의도, 강남 등과 부산의 해운대
주변 (외곽) 지역	• 지대가 낮아 주택 · 학교 · 공장 등이 입지하며, 신흥 주택 지역 형성 • 도심으로부터 이전해 온 공업 기능이 입지하거나 농촌 경관이 남아 있기도 함
개발 제한 구역	• 도시의 무질서한 팽창을 방지하기 위해 설정한 구역 • 녹지 보전과 도시 성장 관리 측면에서 긍정적이나, 구역 내 주민들의 재산권 침해 등 부정적 측면도 있음

그린벨트(green belt)라고도 한다.

서울의 도시 내부 구조

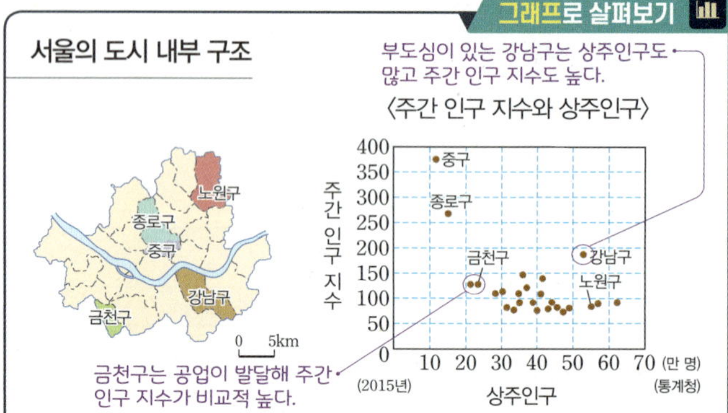

주간 인구 지수는 상주인구에 대한 주간 인구의 비율로, 주간 인구 지수가 100보다 크면 주간 인구가 상주인구보다 많은 지역이다. 도심에 위치한 종로구와 중구는 상주인구가 적지만 주간 인구 지수는 높게 나타나며, 주변(외곽) 지역에 위치한 노원구는 주거 기능이 밀집해 상주인구가 많다.

주제 2 · 대도시권의 확대와 근교 촌락의 변화

1. 대도시권의 형성 과정과 확대
대도시와 기능적으로 상호 밀접한 관계를 갖는 대도시와 그 주변 지역, 대도시로 통근 · 통학이 가능한 범위

형성 과정	인구와 기능의 대도시 집중 → 대도시의 지가 상승, 과밀화에 따른 주택 부족, 교통 체증, 환경 문제 발생 → 교외화 현상 및 대도시와 주변 지역 간 교통망 확충 → 대도시와 주변 도시, 근교 농촌이 하나의 생활권 형성
확대	교통수단의 발달과 교통망의 확충 → 대도시로의 이동이 편리해져 대도시 주변 지역으로 거주지 확대

대도시권의 확대

고속 국도와 대중교통 노선, 수도권 지하철 노선 등 **광역 교통 체계가 확충**되면서 대도시권이 확대되고 있다. 새로운 교통망을 따라 거주지가 대도시의 주변 지역으로 확대되어, 대도시로 통근 가능한 지역의 인구가 증가하고 있다. 이에 중심 도시 서울과 인접한 지역일수록 서울로의 통근 · 통학 비율이 높아 주간

인구 지수가 낮게 나타나는 경향이 있다. 한편, 정부가 대도시의 과밀화에 따른 주택 문제를 해결하기 위해 대도시 주변에 대규모 택지 지구인 **신도시**를 개발하면서 대도시권이 더욱 확대되고 있다.

2. 대도시권의 공간 구조와 근교 촌락의 변화

(1) 대도시권의 공간 구조

중심 도시		대도시권의 중심 지역으로 도심과 부도심이 발달한 다핵 구조를 형성
통근 가능권	교외 지역	중심 도시와 연속된 지역, 주거 · 공업 기능 입지
	대도시 영향권	도시 경관은 미약하나 통근 형태 및 토지 이용이 중심 도시의 영향을 받음
	배후 농촌 지역	중심 도시로의 최대 통근 가능 지역으로, 주로 상업적 원예 농업 발달

(2) 대도시권 근교 농촌의 변화 :
인구 증가, 도시적 생활양식 확산, 2 · 3차 산업 비중 증가(→ 농경지 감소), 시설 재배 및 낙농업 등 상업적 농목업의 비중 증가, 이주민 증가로 공동체 문화 약화 등

주제 3 · 도시 계획과 도시 재개발

1. 도시 계획의 의미와 목적

의미	사람들이 거주하는 도시 공간을 효과적으로 만들고 주거 환경을 개선하여 도시의 여러 기능을 합리적으로 배치하기 위한 계획
목적	급속한 산업화 · 도시화에 따라 발생한 도시 문제의 완화 및 해소, 난개발을 방지하고 도시 경관을 정비하여 주민의 삶의 질 향상

2. 도시 재개발

(1) 도시 재개발의 의미와 효과

의미	오래된 건물이나 주거지 일부 또는 전부를 철거·수리·개조하거나 낙후된 지역을 새롭게 활성화된 지역으로 변화시키는 사업
효과	토지 이용 효율성 증진, 도시 미관 개선, 생활 기반 시설 확충 등

(2) 도시 재개발 방법

사업 추진 방식	철거 재개발	노후화된 기존의 시설을 완전히 철거하고 새로운 시설물로 대체하는 방법(=전면 재개발)
	보존 재개발	역사·문화적으로 보존할 가치가 있는 지역의 환경 악화를 예방하고 건축물을 보수하는 방법
	수복 재개발	기존의 건물과 환경을 최대한 보존하는 수준에서 필요한 부분만 수리·개조하는 방법
사업 대상 지역	도심 재개발	건축물이 노후화된 도심을 상업·업무 지역 등으로 개발 → 토지 이용의 효율성이 높아짐
	주거지 재개발	불량 주거 지역의 환경을 개선하고 공공시설을 정비하는 사업
	산업 지역 재개발	도시 내 노후 산업 단지나 노후 재래시장 등의 시설 개선 → 안정적인 일자리 창출, 양질의 지식 기반 산업 발전 촉진

(3) 도시 재개발의 영향

긍정적 영향	• 토지 이용의 효율성이 높아짐 • 도로와 주차 공간 등이 개선되어 주민의 삶의 질 향상
부정적 영향	• 주택 철거 재개발의 경우 원거주민의 재정착률이 낮아 공동체 해체 문제 발생 • 개발업자와 원거주민 또는 지역 내 원거주민 간 갈등 발생

주제 4   지역 개발과 공간 불평등

1. 지역 개발 방식

구분	불균형 개발(거점 개발)	균형 개발
추진 방식	하향식 개발	상향식 개발
개발 주체	중앙 정부	주민, 지방 자치 단체
개발 방법	투자 효과가 큰 지역을 거점으로 집중 투자	낙후 지역에 우선적으로 투자
채택 국가	주로 개발 도상국	주로 선진국
장점	경제적 효율성이 높음	지역 특성에 맞는 개발
단점	지역 주민의 참여도가 낮음, 역류 효과 발생	투자의 효율성이 낮음, 지역 이기주의 초래

→ 주변 지역에서 성장 거점 지역으로 인구, 자본 등이 집중되어 주변 지역의 발전을 저해하는 효과

2. 우리나라의 국토 개발 과정

제1차	• 성장 거점 개발 추진(1970년대) • 대규모 공업 기반 구축, 사회 간접 자본 확충 • 수도권과 남동 임해 지역 성장 → 지역 격차 발생
제2차	• 광역 개발 추진(1980년대) • 인구의 지방 분산 유도(예) 수도권 정비 계획법), 국민 복지 향상 → 국토의 불균형 지속 및 환경 문제 발생

→ 대도시와 배후 지역을 하나의 광역권으로 설정하여 권역 내의 기능 분담과 연계 개발을 도모하는 종합 개발 방법

제3차	• 균형 개발 추진(1990년대) • 지방 육성과 수도권 집중 억제, 신산업 지대 조성 → 개발 지향적 사고와 난개발 방치, 세계화 여건 반영 미흡
제4차	• 지역의 균형 발전 촉진(2000년대 이후) • 개발과 국토 환경의 조화를 위한 전략 제시
제4차 수정	• 기본 목표 : 경쟁력 있는 통합 국토, 지속 가능한 친환경 국토, 세계로 향한 열린 국토, 품격 있는 매력 국토 • 지역 특화 및 광역적 협력 강화, 자연 친화적이고 안전한 국토 공간 조성, 신성장 해양 국토 기반 조성

3. 국토 개발에 따른 공간 및 환경 불평등

예) 수도권 정비 계획 도입, 행정 중심 복합 도시(세종), 혁신 도시와 기업 도시를 조성해 공공 기관 지방 이전

(1) 공간 불평등

수도권과 비수도권 격차	• 인구와 기능의 수도권 집중 : 전체 인구의 절반 정도 집중, 산업 시설과 각종 교육·문화 시설 집중 • 1980년대 이후 수도권 과밀화 억제 정책 실시, 그러나 일자리가 많고 교육·생활환경이 좋은 수도권으로 인구 유입 증가
도시와 농촌 격차	원인	1960년 이후 산업화 과정에서 도시를 중심으로 한 일자리 증가에 따른 이촌 향도 현상
	현황	도시에 인구·산업이 집중되면서 농촌에 고령화, 생활 기반 시설 부족 문제 발생 → 격차 심화
	해결 노력	촌락의 정주 기반 강화, 농촌 특색에 맞는 산업 육성으로 소득 향상 방안 모색

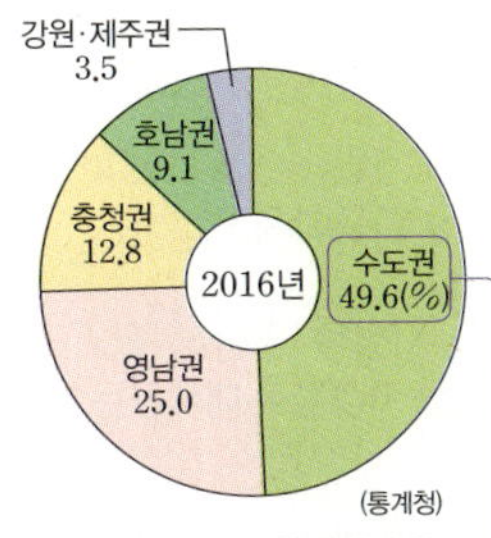

▲ 권역별 지역 내 총생산 비율

→ 국토 면적은 12%에 불과하지만 지역 내 총생산은 50%에 달하여 비수도권과 격차가 크다.

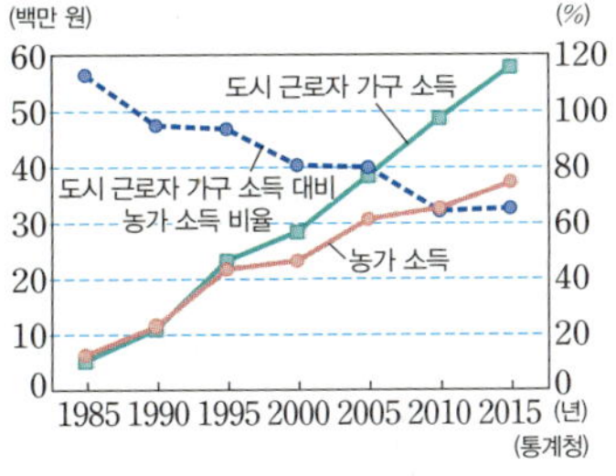

▲ 도·농 소득 격차 변화

(2) 환경 불평등

의미	환경 개발과 이용으로 발생하는 경제적 수혜 지역과 환경오염을 부담하는 지역이 불일치하면서 겪는 불평등
원인	오염 물질이 바람·하천을 따라 이동해 주변에 피해를 줌
영향	지역 간 갈등으로 이어져 불필요한 사회적 갈등 비용 유발

그래프로 살펴보기

환경 불평등 사례 : 화력 발전소

생산된 전기는 주로 대도시나 산업 단지에서 사용되지만, 발전 시 배출된 오염 물질 피해는 발전소 입지 지역에 나타난다. 충남·인천은 전력 자급률이 200%를 넘는데, 이는 해당 지역에서 생산한 전력의 상당 부분을 자급률이 낮은 다른 지역(서울, 경기)으로 공급한다는 뜻이다. 특히 석탄 화력 발전소의 절반 가량은 충남에서 가동된다. 국가의 안정적 전력 생산과 경제 성장을 위해 충남이 환경 불평등을 겪고 있는 것이다.

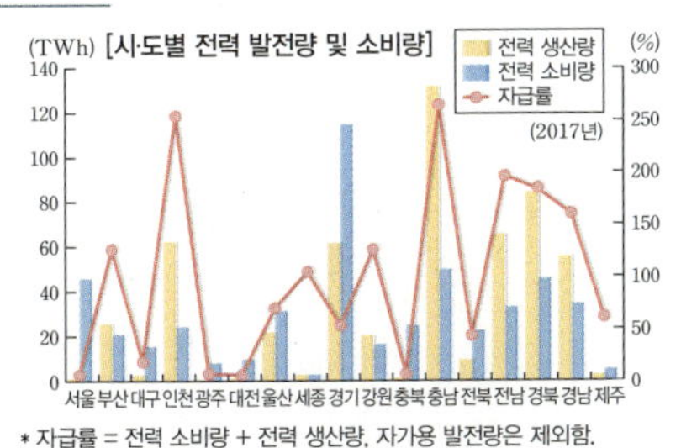

핵심 개념 CHECK!

• 정답 및 해설 036쪽

01 그래프는 서울의 구(區)별 상주인구와 주간 인구를 나타낸 것이다. A~C를 지도의 ㉠~㉢에서 찾아 그 기호를 쓰시오.

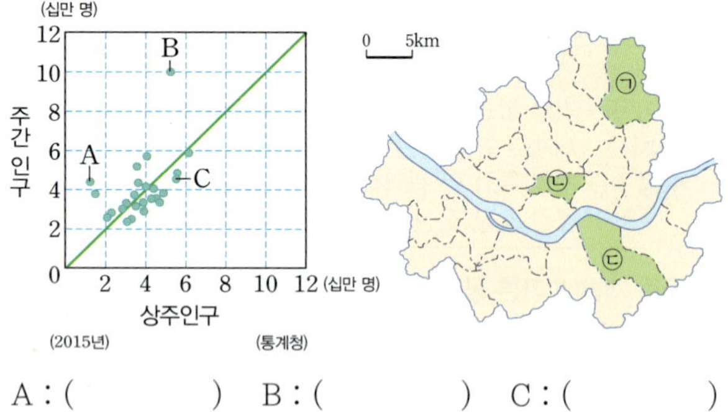

A : (　　　　) B : (　　　　) C : (　　　　)

02 그림은 대도시권의 공간 구조를 나타낸 것이다. A~D의 명칭을 쓰시오. (단, A~D는 교외 지역, 배후 농촌 지역, 위성 도시, 중심 도시 중 하나임.)

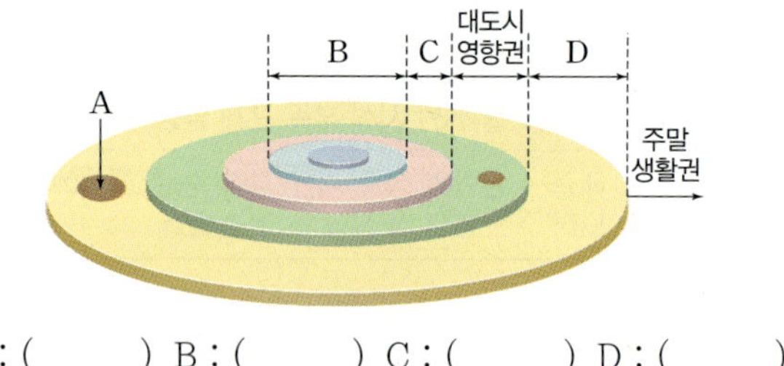

A : (　　) B : (　　) C : (　　) D : (　　)

03 도시 재개발의 방법과 특징을 바르게 연결하시오.

(1) 철거 재개발 • • ㉠ 기존 시설을 완전히 철거하고 새로운 시설물로 대체하는 방식

(2) 수복 재개발 • • ㉡ 역사 · 문화적으로 보존할 가치가 있는 지역을 유지 · 관리하는 방식

(3) 보존 재개발 • • ㉢ 기존 건물을 최대한 유지하는 수준에서 필요한 부분만 수리 · 개조하는 방식

04 그림은 두 지역 개발 방식을 간략히 나타낸 것이다. (가), (나) 개발 방식의 명칭을 쓰시오.

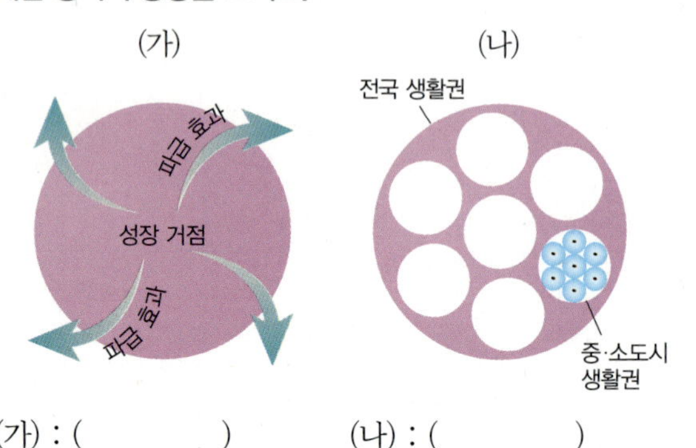

(가) : (　　　　) (나) : (　　　　)

다음의 설명이 맞으면 '○', 틀리면 '×'에 표시하시오.

05 지대 지불 능력이 높은 상업 · 업무 기능이 도심으로 집중하는 현상을 이심 현상이라고 한다. ○ ×

06 인구 공동화 현상은 도심의 상주인구 밀도가 감소하여 주야간 인구 밀도가 차이나는 현상이다. ○ ×

07 도심과 주변 지역을 연결하는 교통의 결절점에 발달하는 것은 부도심이다. ○ ×

08 주변(외곽) 지역은 도시의 녹지 공간 보전과 시가지의 무질서한 팽창을 억제하기 위한 곳이다. ○ ×

09 중심 도시를 바탕으로 일상생활이 이루어지는 범위를 대도시권이라고 한다. ○ ×

10 교통망이 확충되면서 대도시의 과밀화 해소를 위해 주변에 신도시와 위성 도시 등이 발달하였다. ○ ×

11 도심은 주변(외곽) 지역보다 주간 인구 지수가 낮게 나타난다. ○ ×

12 함정 주변(외곽) 지역은 도심보다 거주자의 평균 통근 거리가 가깝다. ○ ×

13 주변(외곽) 지역은 도심보다 시가지의 형성 시기가 늦다. ○ ×

14 대도시 근교 지역은 대도시에서 먼 지역보다 아파트 거주 인구 비율이 높다. ○ ×

15 함정 위성 도시는 도심의 과밀화를 완화하는 기능을 한다. ○ ×

16 함정 철거 재개발은 보존 재개발보다 원거주민의 이주율이 낮다. ○ ×

17 보존 재개발은 철거 재개발보다 기존 건물의 활용도가 높다. ○ ×

18 균형 개발은 낙후 지역에 대한 우선적인 투자가 이루어진다. ○ ×

19 함정 불균형 개발은 균형 개발보다 지역 간 형평성을 중시한다. ○ ×

20 균형 개발은 주로 하향식 개발로 추진된다. ○ ×

21 지방 육성과 수도권 집중 억제, 통합적 고속 교통망 구축 등은 제1차 국토 종합 개발 계획의 주요 정책이다. ○ ×

22 1980년 이후 도시 근로자 가구 소득 대비 농가 소득의 비율이 낮아졌다. ○ ×

23 수도권은 영남권보다 지역 내 총생산이 많다. ○ ×

24 환경 불평등은 환경 개발 수혜 지역과 환경오염 부담 지역이 일치하지 않는 것을 의미한다. ○ ×

수도권에서 중심 도시 서울의 기능을 분담하는 곳은 어디일까?

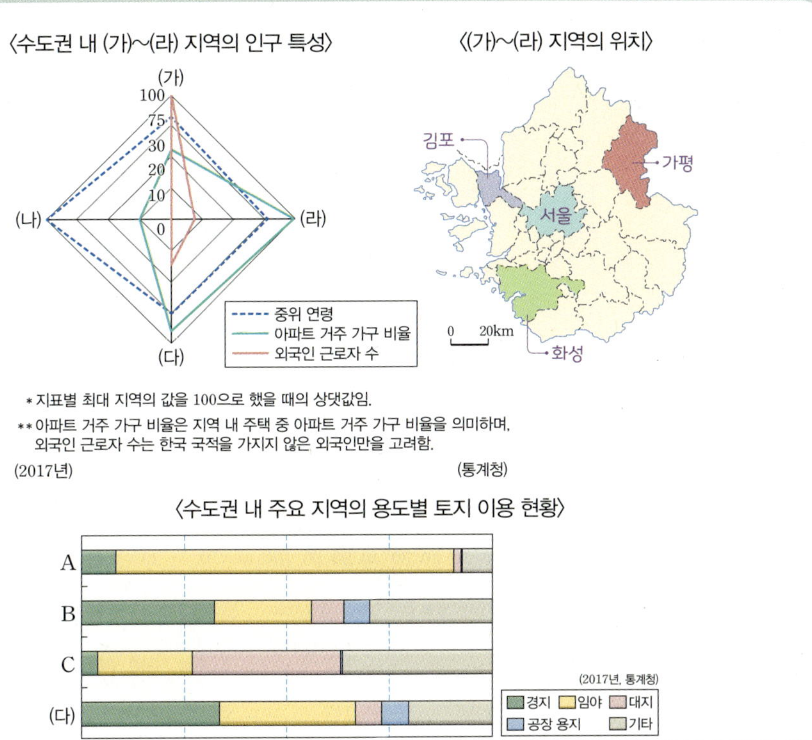

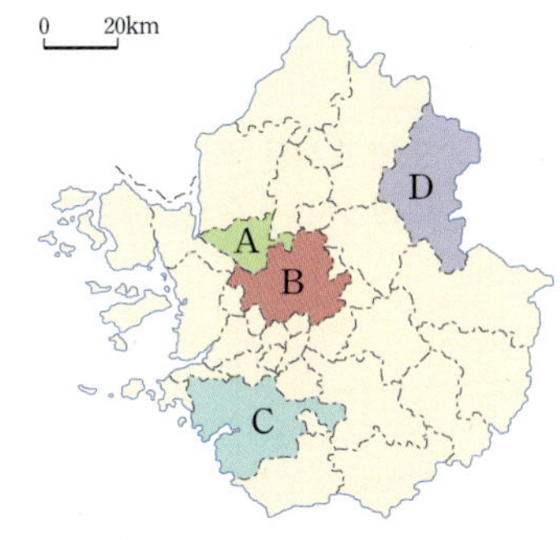

전체 인구를 연령순으로 일렬로 세웠을 때 중앙에 위치하는 사람의 연령

- 지도에 표시된 지역은 서울의 배후 농촌 지역인 가평군, 중심 도시인 서울, 서울의 주거 기능을 주로 분담하는 김포시, 서울의 제조업과 주거 기능 등을 분담하는 화성시이다.
- (가)는 외국인 근로자 수가 가장 많으므로 인구가 많은 서울, (나)는 중위 연령이 가장 높으므로 촌락인 가평군이다. 중위 연령은 노년층 인구 비율이 높을수록 높다. (다)는 제조업 발달로 서울 다음으로 외국인 근로자가 많고 공장 용지 비율이 다른 지역보다 높은 화성시이고, (라)는 아파트 거주 가구 비율이 가장 높으므로 서울의 주거 기능을 분담하는 김포시이다.
- A는 산지가 많아 임야의 비율이 가장 높은 가평군이다. B는 C보다 경지의 비율이 높고, 대지의 비율이 낮으므로 김포시이며, 나머지 C는 서울이다.

건물을 지을 수 있는 땅을 의미하며, 대체로 도시화율이 높은 지역일수록 비율이 높게 나타난다.

백지도로 확인하기

Q1 다음 물음에 해당하는 지역을 아래 지도의 A~D에서 골라 쓰시오.

(1) 제조업 종사자 비율이 가장 높은 지역은? (　　)
(2) 총인구가 가장 많은 지역은? (　　)
(3) A와 C 중 주간 인구 지수가 높은 지역은? (　　)
(4) 지역 내 임야의 면적이 가장 넓은 지역은? (　　)
(5) B로의 통근·통학 인구 비율이 가장 높은 지역은? (　　)
(6) B와 C 중 청장년층의 성비가 높은 지역은? (　　)
(7) A와 D에서 주택 유형 중 아파트 비율이 높은 지역은? (　　)

자료 분석에 적용하기

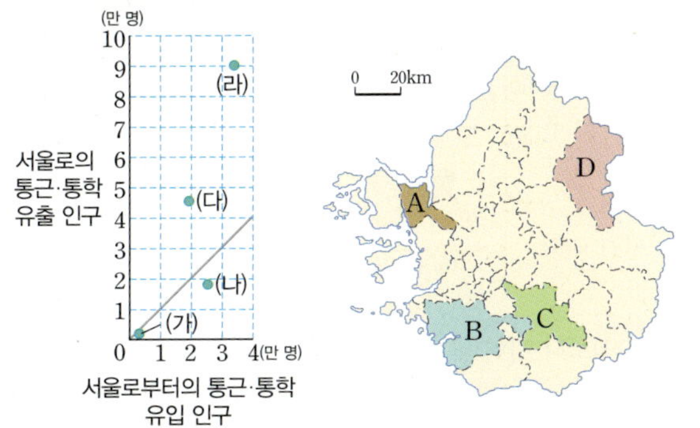

Q2 왼쪽 자료를 보고 괄호 안의 내용 중 알맞은 말을 고르거나, 빈칸에 알맞은 말을 쓰시오.

(1) (가)는 (라)보다 인구 밀도가 (높다 / 낮다).
(2) (나)는 (다)보다 외국인 근로자 수가 (많다 / 적다).
(3) A는 B보다 주간 인구 지수가 (높다 / 낮다).
(4) C는 D보다 서울로의 통근·통학 유출 인구가 (많다 / 적다).
(5) (다)는 D보다 1차 산업 취업자 비율이 (높다 / 낮다).
(6) (가)는 D, (나)는 (　　　), (다)는 (　　　), (라)는 (　　　)에 해당한다.

주제 1 도시의 지역 분화와 내부 구조

족집게 전략 | 도시 내부 지역과 관련하여 도심, 주변(외곽) 지역 등의 특색을 묻는 문항이 자주 출제된다. 특히, 도심과 주변(외곽) 지역의 특징을 상주인구, 통근·통학 유출 및 유입 인구, 주간 인구 지수 등과 관련해 학습해야 한다.

177 대표 문항

| 평가원 기출 |

그래프는 지도에 표시된 세 지역의 통근·통학 유입 및 유출 인구, 상주인구를 나타낸 것이다. A~C 지역에 대한 설명으로 옳은 것은?

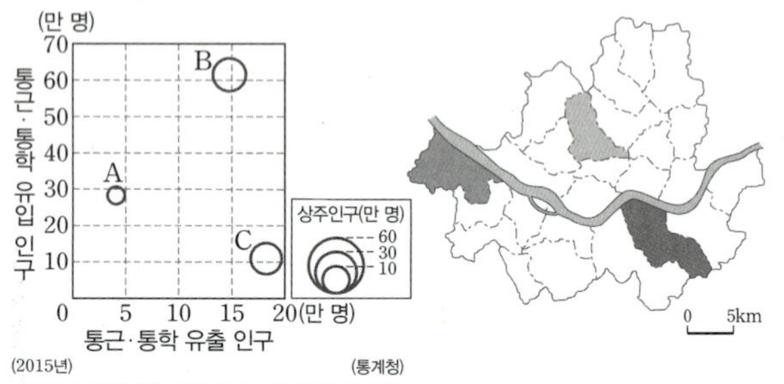

① A는 B보다 인구 밀도가 높다.

② B는 A보다 시가지의 형성 시기가 이르다.

③ C는 A보다 상업지의 평균 지가가 높다.

④ C는 B보다 생산자 서비스업 사업체 수가 많다.

⑤ 주간 인구 지수는 A>B>C 순으로 높다.

 **한줄 Tip** 통근·통학 유입 인구 대비 통근·통학 유출 인구가 많은 지역은 상대적으로 주거 기능이 집중되어 있는 곳이야.

178

다음 자료의 (가)~(라) 지역에 대한 설명으로 옳은 것은?

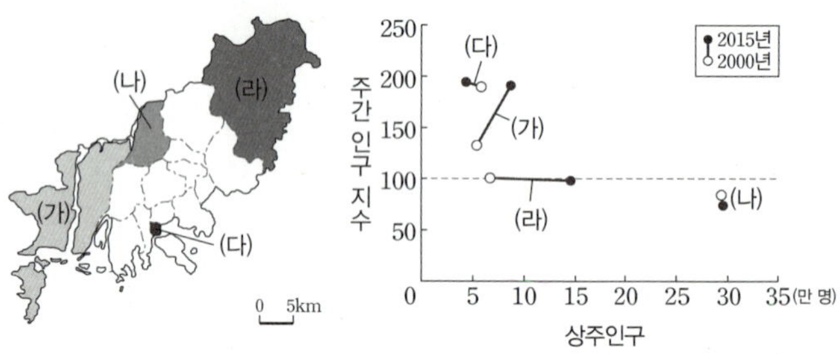

① (가)는 (나)보다 지역 내 공업 용지의 비율이 높다.

② (나)는 (라)보다 2000~2015년에 대규모 주택 단지 건설이 많았다.

③ (다)는 (가)보다 2015년에 주간 인구가 많다.

④ (다)는 (라)보다 거주자의 평균 통근 거리가 길다.

⑤ (라)는 (다)보다 2000~2015년에 인구 공동화 현상이 뚜렷하게 나타났다.

179 고난도

그래프는 서울시의 구(區)별 통근·통학 순 유입 인구 및 상주인구, 행정동 및 법정동 현황을 나타낸 것이다. 이에 대한 설명으로 옳은 것은? (단, (가)~(라), A~C는 지도에 표시된 네 지역 중 하나임.)

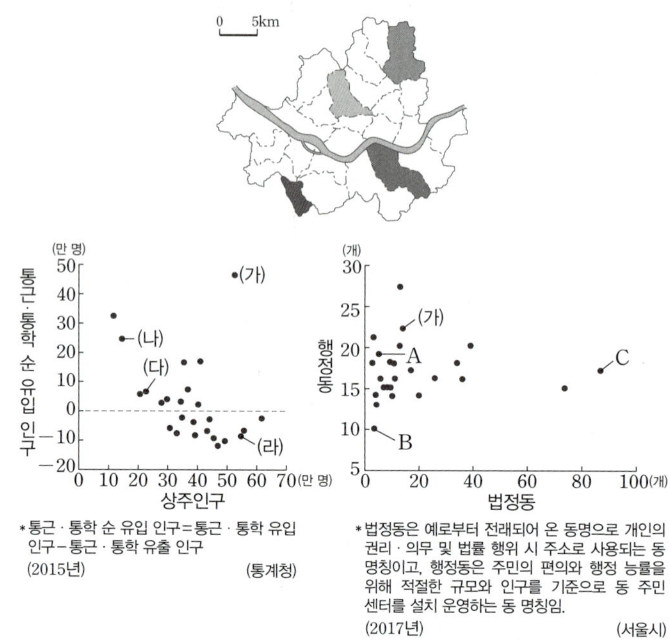

① (가)는 (나)보다 시가지화가 이루어진 시기가 이르다.

② (나)는 (가)보다 법정동이 적다.

③ (라)는 (다)보다 행정동이 많다.

④ A는 B보다 주간 인구 지수가 높다.

⑤ C는 A보다 상업 용지의 평균 지가가 낮다.

180

그래프는 (가), (나)의 구(區)별 상주인구와 주간 인구를 나타낸 것이다. 이에 대한 설명으로 옳은 것은? (단, (가), (나)는 부산, 서울 중 하나임.)

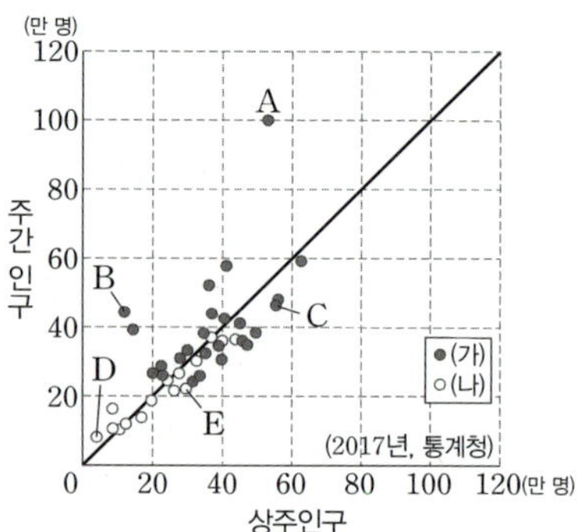

① (가)는 (나)보다 지역 내 총생산이 적다.

② A는 C보다 주간 인구 지수가 높다.

③ C는 B보다 초등학교 학생 수가 적다.

④ D는 A보다 생산자 서비스업 사업체 수가 많다.

⑤ E는 B보다 상업·업무 기능이 강하다.

181

그래프는 서울의 구(區)별 주요 특성을 나타낸 것이다. (가)~(라)에 대한 옳은 설명만을 〈보기〉에서 고른 것은?

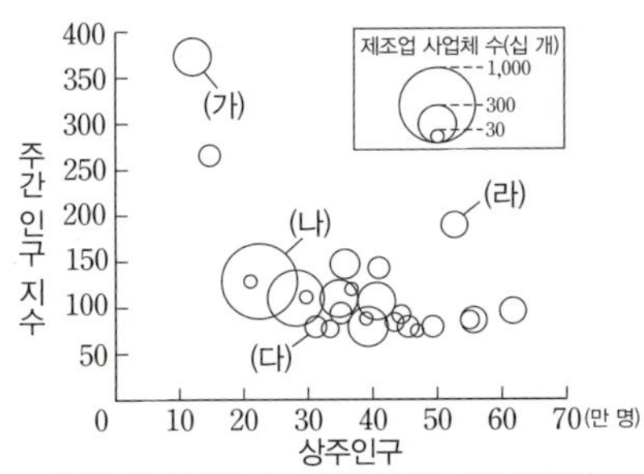

*상주인구와 주간 인구 지수는 2015년 값이며, 원의 중심값임. 제조업 사업체 수는 종사자 수 10인 이상 사업체만을 고려하였으며, 2017년 값임. (통계청)

〈보기〉
ㄱ. (가)는 (나)보다 상업 · 업무 기능이 강하다.
ㄴ. (나)는 (라)보다 주간 인구가 많다.
ㄷ. (다)는 (가)보다 출근 시간대 순 유출 인구가 많다.
ㄹ. (라)는 (다)보다 업무용 건물의 평균 층수가 적다.

① ㄱ, ㄴ ② ㄱ, ㄷ ③ ㄴ, ㄷ ④ ㄴ, ㄹ ⑤ ㄷ, ㄹ

182

지도에 표시된 (가), (나) 역과 그 주변 지역에 대한 옳은 설명만을 〈보기〉에서 고른 것은? (단, 주변 지역은 역을 포함하고 있는 동(洞)임.)

〈출 · 퇴근 시간대별 승 · 하차 인원 수〉

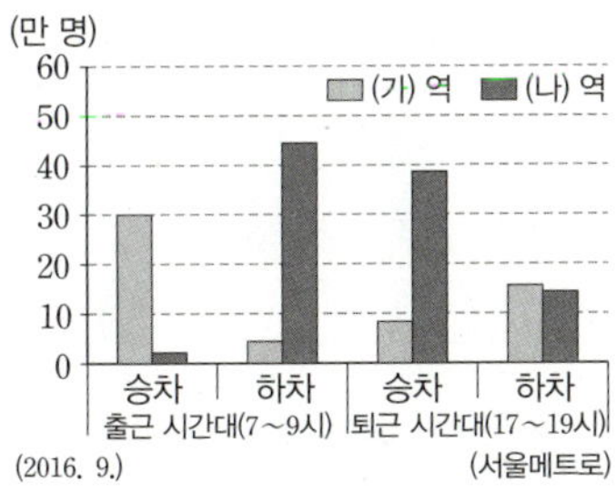

〈보기〉
ㄱ. (가) 역의 승차 인원은 퇴근 시간대보다 출근 시간대에 많다.
ㄴ. 승 · 하차 인원의 합은 (가) 역이 (나) 역보다 많다.
ㄷ. 초등학교 학생 수는 (나) 역 주변 지역보다 (가) 역 주변 지역에 많을 것이다.
ㄹ. 생산자 서비스업체 수는 (나) 역 주변 지역보다 (가) 역 주변 지역에 많을 것이다.

① ㄱ, ㄴ ② ㄱ, ㄷ ③ ㄴ, ㄷ ④ ㄴ, ㄹ ⑤ ㄷ, ㄹ

183

그래프의 (가)와 비교한 (나) 구(區)의 상대적 특성을 그림의 A~E에서 고른 것은? (단, (가), (나)는 대구의 도심 또는 주변(외곽) 지역에 위치한 구(區)임.)

〈통근 · 통학 소요 시간별 인구 비율〉

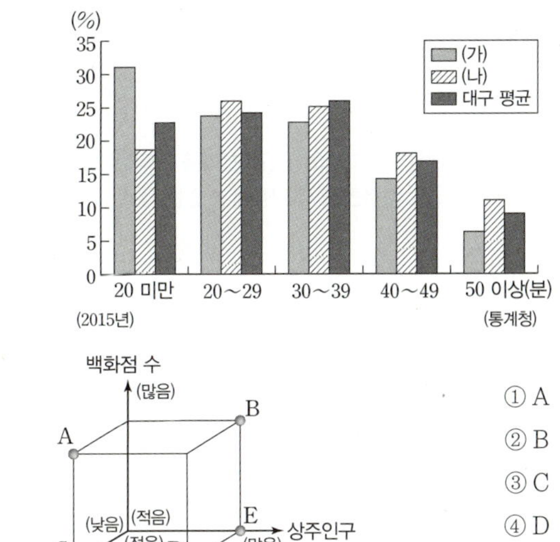

① A
② B
③ C
④ D
⑤ E

184

자료는 광주광역시에 위치한 A~C 구(區)의 인구와 종사자를 나타낸 것이다. 이에 대한 옳은 설명만을 〈보기〉에서 고른 것은?

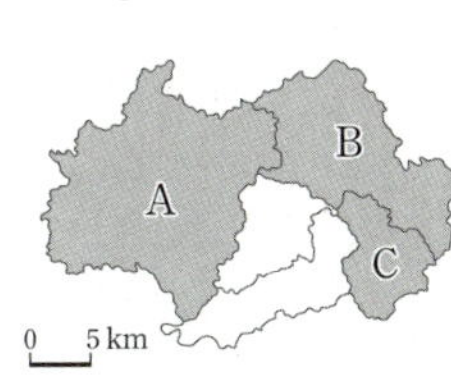

구분	인구 지표		종사자 수(명)	
	상주인구 (명)	주간 인구 지수	전체 산업	제조업
A	398,859	99	148,222	47,511
B	450,874	92	152,692	19,572
C	101,980	132	65,089	2,217

〈보기〉
ㄱ. A는 B보다 인구 밀도가 높다.
ㄴ. B는 C보다 초등학교 학급 수가 많다.
ㄷ. 통근 · 통학 유입 인구가 유출 인구보다 많은 곳은 C이다.
ㄹ. 구(區)별 총종사자 대비 제조업 종사자 비중은 A~C 중 B가 가장 높다.

① ㄱ, ㄴ ② ㄱ, ㄷ ③ ㄴ, ㄷ ④ ㄴ, ㄹ ⑤ ㄷ, ㄹ

주제 2, 3 · 대도시권과 도시 재개발

족집게 전략 | 중심 도시와 인접한 위성 도시와 비교적 멀리 떨어진 근교 농촌을 비교하는 문항이 주로 백지도와 함께 출제된다. 특히 수도권이 많이 다루어지므로 경기에서 위성 도시, 공업 도시, 근교 촌락 등을 대표하는 지역의 위치는 미리 숙지해 두는 것이 좋다.

185 대표 문항
평가원 기출

그래프는 지도에 표시된 네 지역의 인구 변화를 나타낸 것이다. (가)~(라) 지역에 대한 옳은 설명만을 〈보기〉에서 있는 대로 고른 것은?

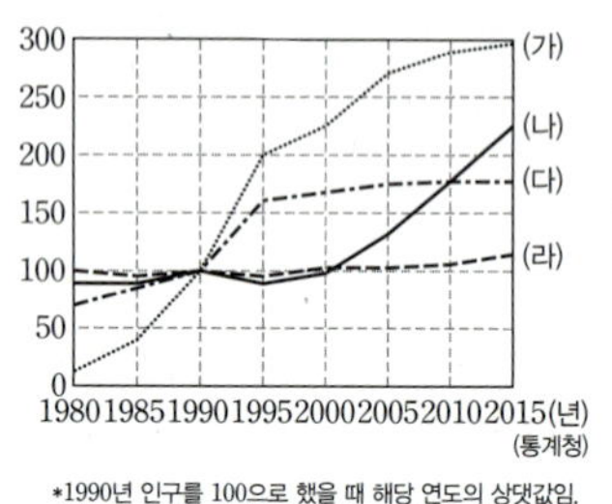
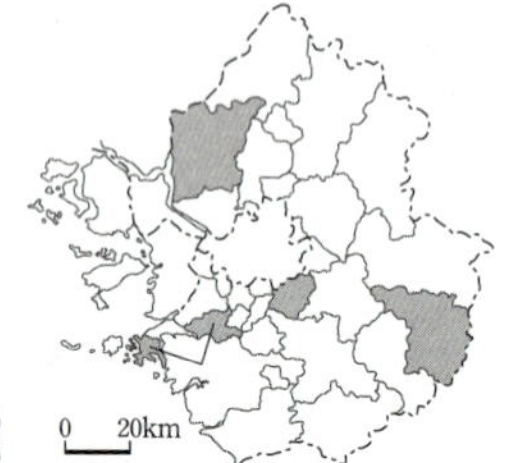

*1990년 인구를 100으로 했을 때 해당 연도의 상댓값임.
**각 해당 연도의 행정 구역(시, 군, 출장소)을 기준으로 함.

보기
ㄱ. (가)는 (라)보다 거주 외국인 수가 많다.
ㄴ. (나)는 (다)보다 지역 내 제조업 종사자 비율이 높다.
ㄷ. (나)는 (라)보다 주택 중 아파트 비율이 높다.
ㄹ. (가)와 (다)에는 수도권 1기 신도시가 위치해 있다.

① ㄱ, ㄷ   ② ㄴ, ㄷ   ③ ㄴ, ㄹ
④ ㄱ, ㄴ, ㄷ   ⑤ ㄱ, ㄴ, ㄹ

✏️ **한줄 Tip** 1기 신도시는 서울의 주택 부족 문제 해결을 위해 인접한 고양(일산), 부천(중동), 안양(평촌), 군포(산본), 성남(분당)에 건설되었음을 참고로 알아 두자.

186

그래프는 네 지역의 용도별 토지 이용 현황을 나타낸 것이다. (가)~(라) 지역을 지도의 A~D에서 고른 것은?

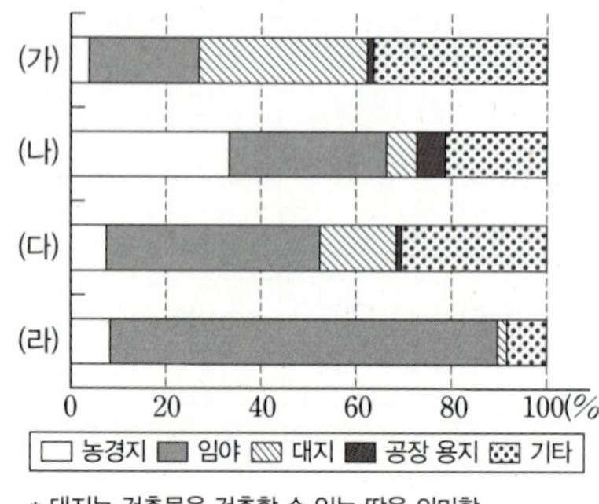
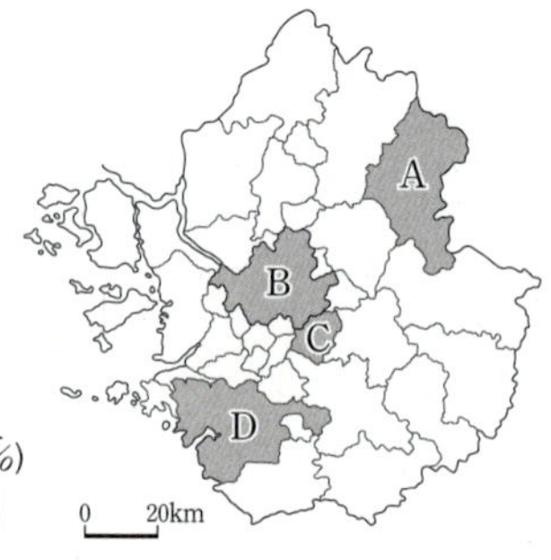

* 대지는 건축물을 건축할 수 있는 땅을 의미함.
(2017년)   (통계청)

	(가)	(나)	(다)	(라)		(가)	(나)	(다)	(라)
①	A	B	C	D	②	B	C	D	A
③	B	D	C	A	④	C	A	B	D
⑤	C	D	A	B					

187 고난도 ↑

그래프의 (가)~(라) 지역에 대한 설명으로 옳지 <u>않은</u> 것은? (단, (가)~(라)는 지도에 표시된 네 지역 중 하나임.)

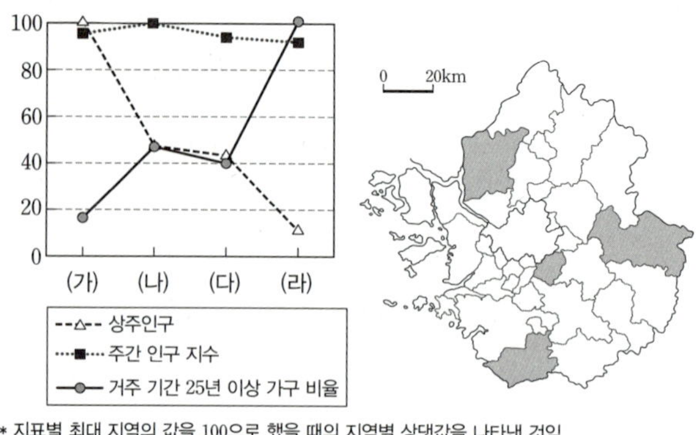

* 지표별 최대 지역의 값을 100으로 했을 때의 지역별 상댓값을 나타낸 것임.
(2015년)   (통계청)

① (다)에는 수도권 2기 신도시가 있다.
② (가)는 (라)보다 인구 밀도가 높다.
③ (가)는 (라)보다 서울로의 통근 · 통학 인구가 많다.
④ (나)는 (다)보다 제조업 출하액이 많다.
⑤ (라)는 (가)보다 지역 내 1차 산업 종사자 비율이 낮다.

188

그래프는 지도에 표시된 세 지역의 주요 특성을 나타낸 것이다. (가)~(다) 지역에 대한 옳은 설명만을 〈보기〉에서 있는 대로 고른 것은?

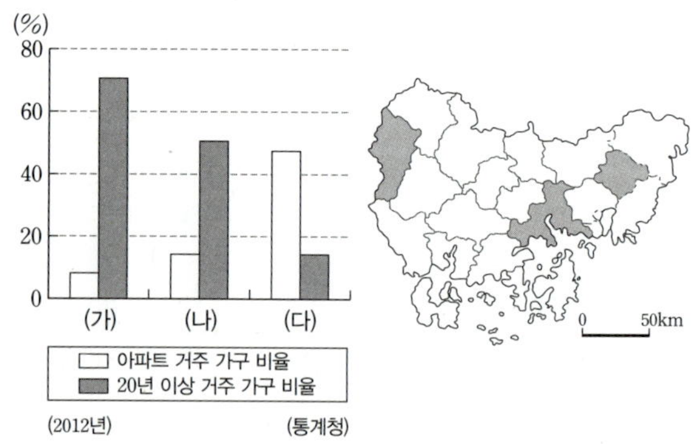

(2012년)   (통계청)

보기
ㄱ. (가)에는 경남도청이 위치해 있다.
ㄴ. (가)는 (나)보다 노령화 지수가 높다.
ㄷ. (나)는 (다)보다 제조업 출하액이 많다.
ㄹ. (다)는 (나)보다 부산으로의 통근 인구 비율이 높다.

① ㄱ, ㄴ   ② ㄱ, ㄹ   ③ ㄴ, ㄷ
④ ㄱ, ㄷ, ㄹ   ⑤ ㄴ, ㄷ, ㄹ

189

그림은 대도시권의 공간 구조를 나타낸 모식도이다. 이에 대한 설명으로 옳지 <u>않은</u> 것은?

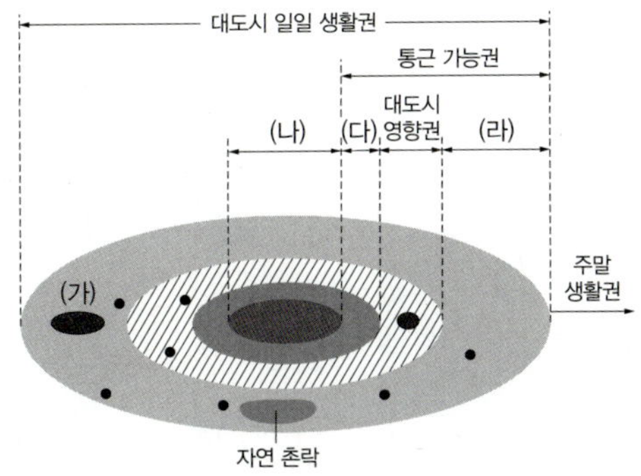

① 교통이 발달하면 대도시 일일 생활권은 확대된다.
② (가)는 (나)보다 도시 발달의 역사가 오래되었다.
③ (다)는 (라)보다 도시적 경관이 뚜렷하다.
④ (라)는 (나)로의 통근자 수가 (다)보다 적다.
⑤ 대도시 교외화는 (나)의 인구가 (다)로 이주하는 현상이다.

190

그래프는 수도권 내에서 서울과 32개 시·군 간의 통근·통학 양상을 나타낸 것이다. 이에 관한 옳은 설명만을 〈보기〉에서 고른 것은? (단, A~D는 지도에 표시된 4개 시 중 하나임.)

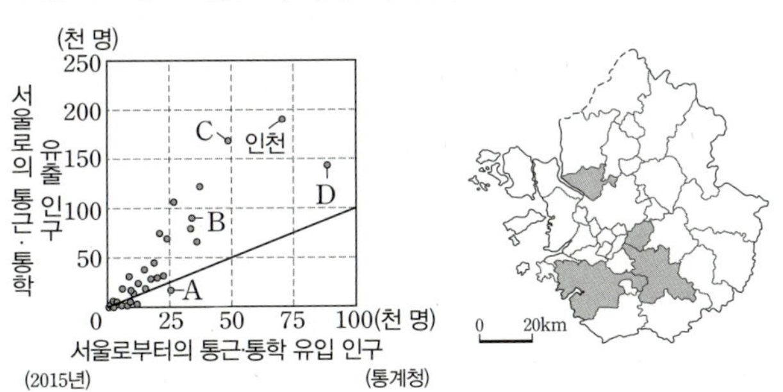

〈보기〉
ㄱ. B와 D에는 수도권 1기 신도시가 위치해 있다.
ㄴ. A는 B보다 공장 용지의 면적이 넓다.
ㄷ. D는 C보다 주간 인구 지수가 높다.
ㄹ. A~D 모두 서울과의 통근·통학에서 순 유출을 보인다.

① ㄱ, ㄴ   ② ㄱ, ㄷ   ③ ㄴ, ㄷ   ④ ㄴ, ㄹ   ⑤ ㄷ, ㄹ

191

다음은 사이버 학습 장면의 일부이다. 답글이 옳은 학생만을 고른 것은?

※ 학습 주제 : 도시 재개발
☞ 아래 사례에 적용된 도시 재개발 방식의 특징에 대해 답글을 달아 보세요.

도심의 철거민들이 몰려와 1960년대 말 형성된 ○○ 지역 판자촌들이 대대적으로 재개발되어 대규모 아파트 단지로 변모되었다.

답글(4)
ㄴ 갑 : 건물의 고층화로 토지 이용의 효율성이 높아져요.
ㄴ 을 : 역사·문화적으로 보존이 필요한 지역에서 주로 행해져요.
ㄴ 병 : 보존 재개발 방식보다 기존 건물의 활용도가 낮아요.
ㄴ 정 : 수복 재개발 방식보다 원거주민들의 재정착률이 높게 나타나요.

① 갑, 을   ② 갑, 병   ③ 을, 병   ④ 을, 정   ⑤ 병, 정

192

다음 자료는 도시 재개발의 사례이다. (가), (나) 도시 재개발의 상대적 특징을 나타낸 그림으로 가장 적절한 것은?

(가) 서울의 도심 인근에 있는 성동구 ○○동 일대는 시가지가 무질서하게 형성되어 있었는데, 뉴타운 사업 시행으로 대규모 아파트 단지와 상업 시설, 학교 등이 입지하게 되었다.
(나) 대구의 중구는 근대 역사 문화 벨트를 조성함으로써 원도심을 활성화하는 사업을 진행하였다. 이곳은 일제 강점기 주민들의 항일 운동과 저항의 흔적을 느낄 수 있는 '근대 골목 관광'을 진행하여 관광객들에게 역사적 의미를 알리고 있다.

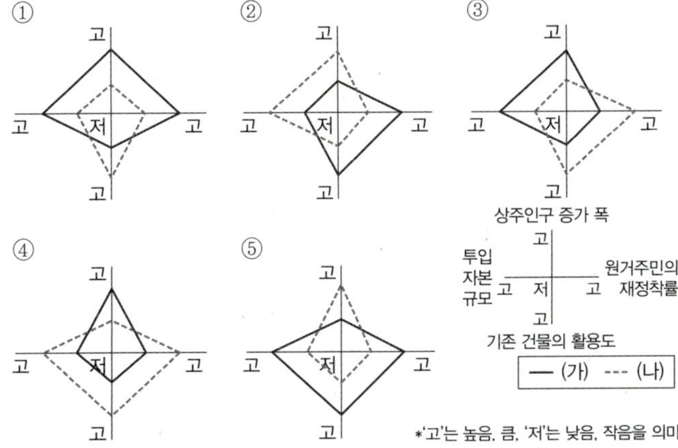

주제 4 지역 개발과 공간 불평등

족집게 전략 | 우리나라의 제1차~제4차 국토 개발 과정의 특징을 묻는 문항이 출제된다. 국토 개발 방식과 기본 목표에 따른 개발 전략 사례 등을 시기별로 나누어 암기해 두면 좋다.

193 대표 문항
| 평가원 기출 |

(가)~(라)에 대한 옳은 설명만을 〈보기〉에서 고른 것은?

〈국토 종합(개발) 계획〉

구분	제1차 국토 종합 개발 계획 (1972~1981)	제2차 국토 종합 개발 계획 (1982~1991)	제3차 국토 종합 개발 계획 (1992~1999)	제4차 국토 종합 계획 (2000~2020)
개발 방식	거점 개발	광역 개발	(가)	
기본 목표	사회 간접 자본 확충	인구의 지방 정착 유도	지방 분산형 국토 골격 형성	균형, 녹색, 개방, 통일 국토
개발 전략	(나)	(다)	(라)	개방형 통합 국토축 형성

〈보기〉
ㄱ. (가)-투자 효과가 큰 지역을 선정하여 집중 투자하는 방식이다.
ㄴ. (나)-고속 국도, 항만, 다목적 댐 등을 건설하여 산업 기반을 조성하였다.
ㄷ. (다)-지방의 주요 도시와 배후 지역을 포함한 지역 생활권을 설정하였다.
ㄹ. (라)-혁신 도시와 기업 도시를 지정 및 육성하였다.

① ㄱ, ㄴ ② ㄱ, ㄷ ③ ㄴ, ㄷ ④ ㄴ, ㄹ ⑤ ㄷ, ㄹ

 **한줄 Tip** 구체적 사례가 생각나지 않더라도 개발 방식의 큰 틀에서 〈보기〉의 사례를 대입해 보면 답을 찾는 데 도움이 돼.

194

표는 우리나라 국토 개발 과정과 관련된 것이다. 이에 대한 설명으로 옳은 것은?

구분	(가)	(나)	(다)
개발 방식	㉠	㉡	㉢
주요 정책	• 인구의 지방 분산 유도 • 국민 복지 향상	• 신산업 지대 조성 • 통일에 대비한 기반 조성	• 수출 주도형 공업화, 물 자원 종합 개발 • ㉣

① (가) 시행 과정에서 서울 외곽에 개발 제한 구역이 최초로 설정되었다.
② (나) 시행 시기에 혁신 도시가 지정되었다.
③ (다)는 (가)보다 시행 시기가 늦다.
④ ㉠은 광역 개발, ㉡은 균형 개발, ㉢은 성장 거점 개발이다.
⑤ ㉣에는 '수도권 집중 억제'가 들어갈 수 있다.

195

그림은 두 지역 개발 방식을 간략히 나타낸 것이다. (가), (나)에 대한 설명으로 옳은 것은?

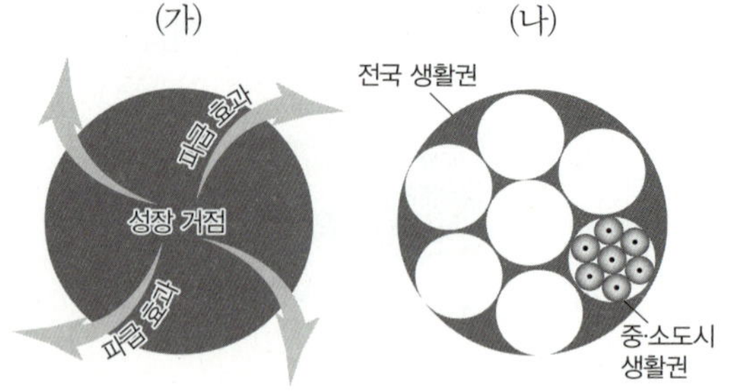

① (가)는 주로 상향식 개발 방식으로 추진된다.
② (나)는 형평성보다 효율성을 중시한다.
③ (가)는 (나)보다 개발 과정에서 지역 주민의 의사가 많이 반영된다.
④ (나)는 (가)보다 지역 이기주의 발생 가능성이 높다.
⑤ (가)는 선진국, (나)는 주로 개발 도상국에서 채택한다.

196

그림은 제4차 국토 종합 계획 2차 수정 계획을 나타낸 것이다. (가)에 들어갈 적절한 내용만을 〈보기〉에서 고른 것은?

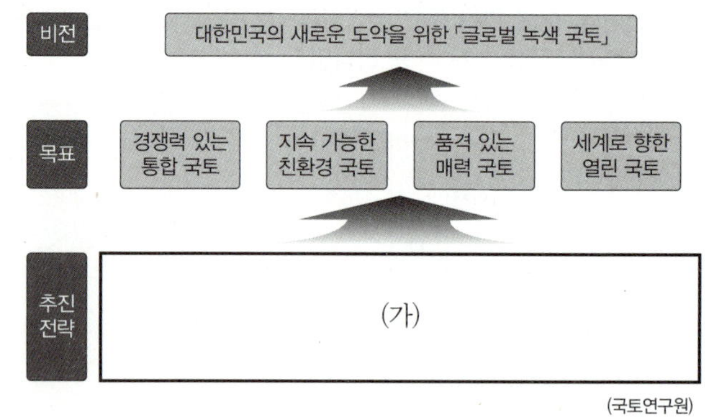

〈보기〉
ㄱ. 수출 주도형 공업화 정책 추진
ㄴ. 초국경적 국토 경영 기반 구축
ㄷ. 자연 친화적이고 안전한 국토 공간 조성
ㄹ. 서해안 신산업 지대 조성과 수도권 집중 억제

① ㄱ, ㄴ ② ㄱ, ㄷ ③ ㄴ, ㄷ ④ ㄴ, ㄹ ⑤ ㄷ, ㄹ

197

(가)~(나) 도시에 대한 설명으로 옳지 <u>않은</u> 것은? (단, (가), (나)는 기업 도시, 혁신 도시 중 하나임.)

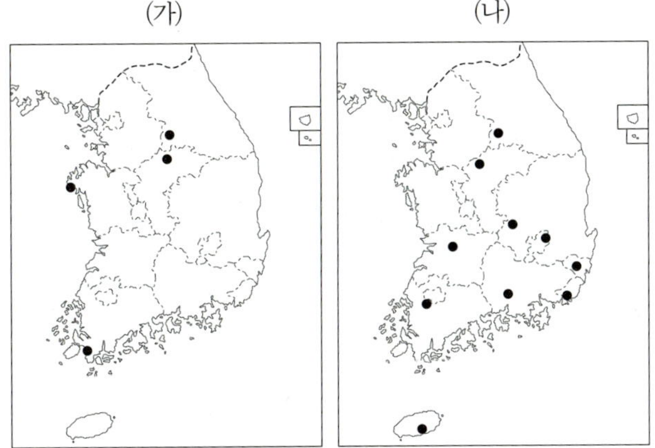

① (가)는 민간 기업이 주도적으로 참여하여 개발하였다.
② (나)는 공공 기관 청사 및 이와 관련된 기업, 학교, 연구소 등이 함께 입지하도록 계획되었다.
③ (가), (나) 모두 지정되어 있는 곳은 원주이다.
④ (가), (나) 모두 우리나라의 공간 불평등 문제를 완화하기 위한 정책 과정에서 추진되었다.
⑤ (가), (나) 모두 제3차 국토 종합 개발 계획 기간에 추진되었다.

198

다음 자료의 ㉠~㉣에 대한 옳은 설명만을 〈보기〉에서 고른 것은?

〔보기〕

ㄱ. ㉠의 시행 결과 경부축 중심의 발전이 두드러졌다.
ㄴ. ㉡은 경제적 효율성에 중점을 둔다.
ㄷ. ㉣은 불균형 개발 방식에 속한다.
ㄹ. ㉠은 상향식 개발, ㉢은 하향식 개발로 추진되었다.

① ㄱ, ㄴ   ② ㄱ, ㄷ   ③ ㄴ, ㄷ   ④ ㄴ, ㄹ   ⑤ ㄷ, ㄹ

199

그래프는 권역별 지역 내 총생산 변화를 나타낸 것이다. (가)~(라)로 옳은 것은?

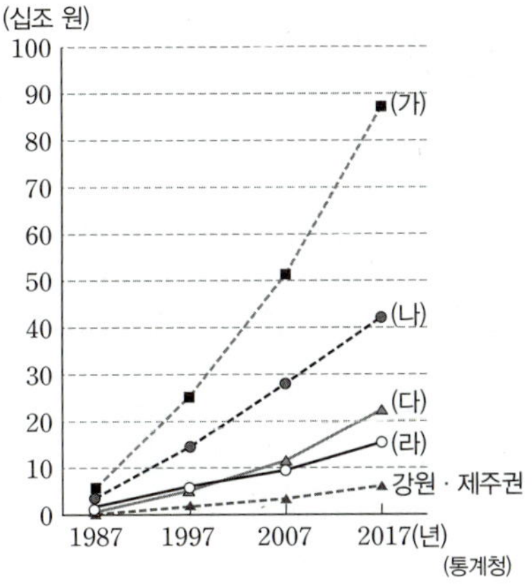

	(가)	(나)	(다)	(라)
①	수도권	영남권	충청권	호남권
②	수도권	영남권	호남권	충청권
③	영남권	수도권	충청권	호남권
④	영남권	충청권	수도권	호남권
⑤	충청권	수도권	호남권	영남권

200

그래프는 시·도별 지역 내 총생산 및 1인당 지역 내 총생산을 나타낸 것이다. 이에 대한 옳은 분석만을 〈보기〉에서 고른 것은?

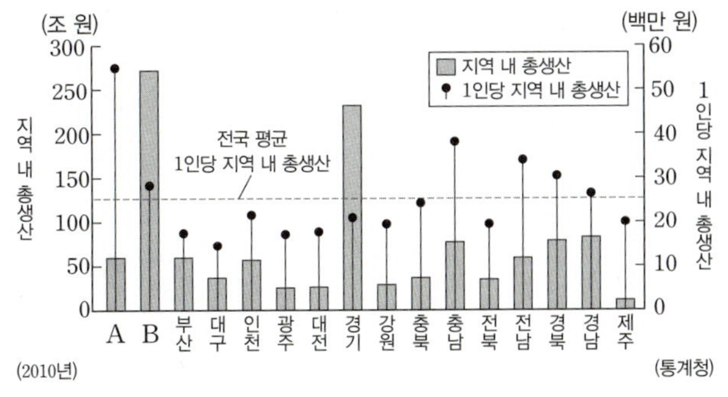

〔보기〕

ㄱ. A는 울산, B는 서울이다.
ㄴ. 호남권의 지역 내 총생산은 경기보다 적다.
ㄷ. 1인당 지역 내 총생산이 가장 적은 곳은 제주이다.
ㄹ. 수도권의 모든 지역은 1인당 지역 내 총생산이 전국 평균보다 많다.

① ㄱ, ㄴ   ② ㄱ, ㄷ   ③ ㄴ, ㄷ   ④ ㄴ, ㄹ   ⑤ ㄷ, ㄹ

V 생산과 소비의 공간

- **10강** 자원의 의미와 분포 특성
- **11강** 농업과 공업의 변화
- **12강** 교통 · 통신 발달과 서비스업 변화

V단원 핵심 지역 PREVIEW

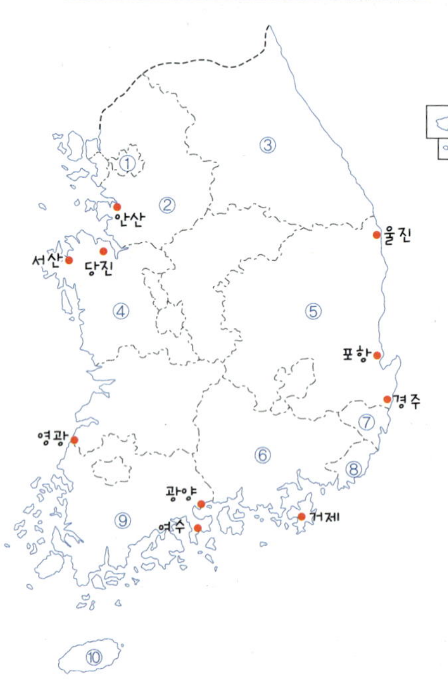

❶ **서울**   백화점 수 1위, 3차 산업 종사자 비중 1위, 생산자 서비스업 비중 1위

❷ **경기**   국내 유일 조력 발전소 입지(안산), 대형 마트 수 1위, 섬유제품 & 자동차 및 트레일러 & 전자 부품, 컴퓨터 장비 제조업 출하액 1위

❸ **강원**   철광석 & 석회석 & 고령토 생산량 1위, 풍력 발전량 1위

❹ **충남**   석탄 공급량 1위, 석유 화학(서산) 및 제철(당진) 공업 발달

❺ **경북**   원자력 발전소 입지(울진, 경주), 원자력 공급량 1위, 농가 수 1위, 전업농가 비중 1위, 과수 재배 면적 & 생산량 1위, 1차 금속 제조업(포항) 출하액 1위

❻ **경남**   기타 운송 장비 제조업(거제) 출하액 1위

❼ **울산**   원자력 발전소 입지(신고리), 국내 유일 천연가스 생산지, 코크스 · 연탄 및 석유 정제품 제조업(정유) 출하액 1위, 자동차 & 정유 및 석유 화학 & 조선 공업 고루 발달, 1인당 지역 내 총생산액 1위

❽ **부산**   원자력 발전소 입지(고리)

❾ **전남**   원자력 발전소 입지(영광), 태양광 발전량 1위, 벼 & 채소 재배 면적 1위, 석유 화학(여수) 및 제철(광양) 공업 발달, 1차 산업 종사자 비중 1위

❿ **제주**   주요 발전 설비 중 화력 발전(석유) 비중 100%, 2차 산업 종사자 비중이 가장 낮음

10강 자원의 의미와 분포 특성	주제 1 자원의 의미와 분류	• 편재성 • 가변성 • 유한성
	주제 2 주요 자원의 분포와 이용	• 석유 • 석탄 • 천연가스 • 원자력
	주제 3 신·재생 에너지의 분포와 이용	• 태양광 • 풍력 • 조력

| 11강 농업과 공업의 변화 | 주제 1 우리나라 농업의 특징과 변화 | • 농업 구조 변화 • 작물별 재배 면적 |
| | 주제 2 우리나라 공업의 발달과 변화 | • 탈공업화 • 지역적 편재 • 이중 구조
• 원료 지향 • 노동 지향 • 시장 지향 |

12강 교통·통신 발달과 서비스업 변화	주제 1 상업과 소비 공간의 변화	• 최소 요구치 • 재화의 도달 범위
	주제 2 서비스 산업의 고도화와 공간 변화	• 소비자 서비스업 • 생산자 서비스업
	주제 3 교통·통신의 발달과 공간 변화	• 운송비 구조 • 수송 분담률

V단원 학습 SOLUTION

▶ 지역적 분포에 초점을 맞추어 공부하자!

1차 에너지원의 지역별 공급(소비) 및 생산, 주요 작물의 지역별 재배 면적, 주요 제조업의 지역별 출하액 등 특정 요소가 어느 지역에서 얼마만큼 비중을 차지하는지 지역적 분포를 묻는 문항이 많이 출제된다. 예를 들어 석탄을 가장 많이 소비하는 지역은 어디인지, 특정 지역에서 재배되는 농산물 중 가장 많은 비중을 차지하는 작물은 무엇인지, 특정 제조업이 주로 어느 지역에 발달하였는지 알고 있어야 한다는 뜻이다. 따라서 요소별 1~3위 지역 정도는 암기해 두는 것이 좋다.

▶ 다양한 문제를 풀어보며 나만의 주제별 자료 분석 노하우를 설계하자!

대체로 통계를 나타낸 그래프에서 가려진 정보를 추론해야만 풀 수 있도록 출제된다. 이 단원은 에너지나 제조업 종류와 지역을 연이어 추론하게 하는 등 여러 정보를 복합적으로 파악해야 하는 고난도 문제가 가장 많이 출제되는 단원이기도 하다. 익숙한 주제도 낯선 형태의 자료를 통해 출제되는 경우가 많으므로, 다양한 유형의 문제를 풀어보며 주제별 자료 분석 노하우를 설계하는 것이 가장 중요하다. 낯선 자료를 만나더라도 당황하지 않고 이를 토대로 접근한다면 고난도 문제도 충분히 해결할 수 있다.

10강 자원의 의미와 분포 특성

주제 1 자원의 의미와 분류

1. 자원의 의미와 특성

(1) **자원의 의미** : 인간 생활이나 경제 활동에 유용한 자연물 중 기술적 · 경제적으로 이용 가능한 것
① 기술적 의미의 자원 : 기술적으로 개발하여 사용할 수 있는 자원
② 경제적 의미의 자원 : 기술적 의미의 자원 중 경제성이 있어 상업적으로 널리 이용되는 자원

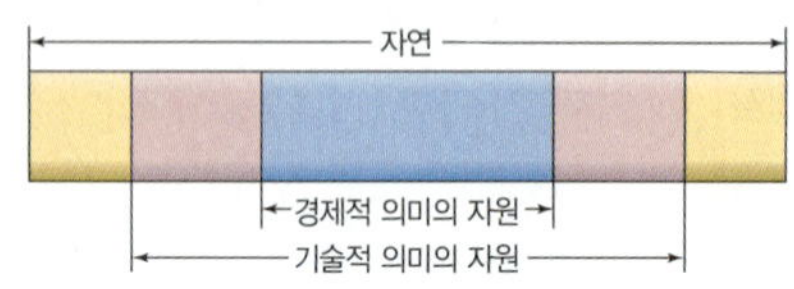

(2) **자원의 특성**

	의미	자원을 이용하는 기술 · 경제 · 문화적 조건 등에 따라 자원의 가치가 달라짐
가변성	사례	• 검은 액체에 불과했던 석유가 내연 기관의 발명으로 자원으로서의 가치 상승 • 값싼 중국산 텅스텐 수입으로 인한 텅스텐 광산의 폐광 → 채굴 기술 수준의 향상 및 국제 가격 상승으로 인한 재개발 추진 • 종교와 관습 등의 이유로 이슬람교도는 돼지고기, 힌두교도는 소고기를 금기시함
유한성		대부분의 자원은 매장량이 한정되어 있어 언젠가는 고갈됨 → 가채 연수를 이용하여 나타냄 현재와 같은 수준으로 자원을 생산했을 때 앞으로 몇 년이나 더 사용할 수 있는가를 나타낸 지표
편재성		일부 자원은 특정 지역에 편중되어 분포함 → 유한성과 함께 자원 민족주의 등장 배경이 됨

우리나라 주요 자원의 가채 연수 (2016년)

자원	가채 연수(년)
구리	0.1
철광석	0.3
은	2.6
금	11.0
고령토	44.7
석회석	100.4

*가채 연수는 어떤 자원의 가채 매장량을 연간 내수량(內需量)으로 나눈 것임.
(한국광물자원공사)

2. 재생 가능성에 따른 자원의 분류

비재생 자원	인간이 채굴하여 이용할수록 그 양이 감소하여 결국에는 고갈되는 자원(=재생 불가능한 자원) ⑩ 석유, 석탄, 천연가스 등의 화석 연료
재생 자원	고갈되지 않고 무한정 공급받을 수 있는 자원(=순환 자원, 재생 가능한 자원) ⑩ 태양광, 수력, 풍력, 조력 등

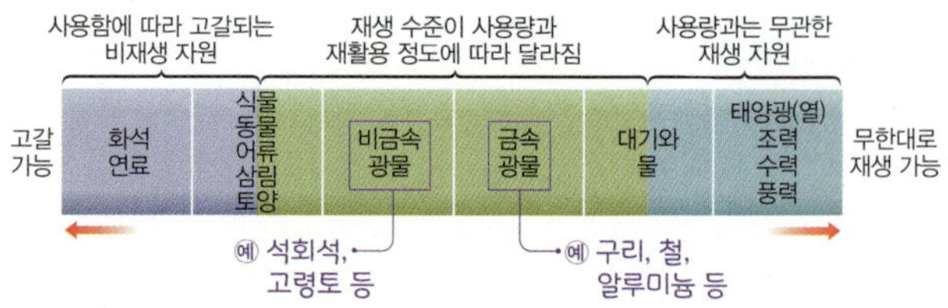

주제 2 주요 자원의 분포와 이용

1. 광물 자원

철광석	• 제철 공업의 원료 • 대부분 북한에 매장, 남한에서는 소량 생산되고 오스트레일리아 · 브라질 등에서 주로 수입
텅스텐	• 특수강 및 합금용 원료 • 과거에는 생산량이 많았으나 값싼 중국산의 수입으로 폐광되며 생산량 급감 → 최근 재개발 추진 중
석회석	• 시멘트 공업의 원료, 제철 공업의 첨가물 • 고생대 조선 누층군에 분포, 가채 연수가 깊
고령토	도자기 및 내화 벽돌, 종이, 화장품의 원료

높은 열에도 녹지 않고 잘 견뎌낼 수 있는 벽돌

우리나라 지하자원의 분포

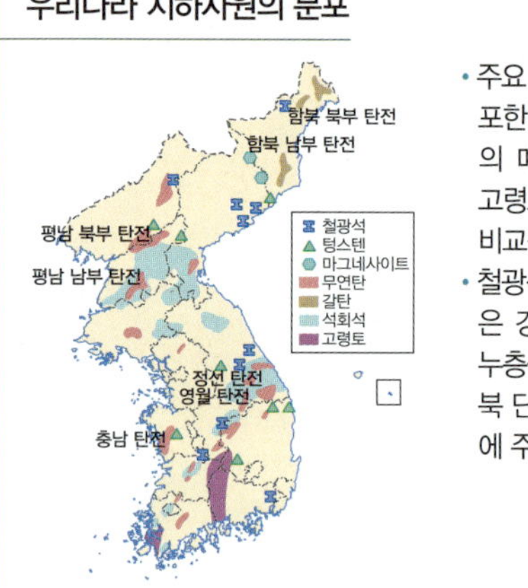

• 주요 광물 자원은 대부분 북한에 분포한다. 남한은 철광석 등 금속 광물의 매장량이 적은 편이며, 석회석, 고령토 등 비금속 광물의 매장량은 비교적 풍부하다.
• 철광석은 강원 홍천과 양양, 텅스텐은 강원 영월(상동), 석회석은 조선 누층군이 분포하는 강원 삼척과 충북 단양, 고령토는 경남 하동과 산청에 주로 매장되어 있다.

2. 에너지 자원

(1) **주요 에너지 자원의 특성**

석탄	무연탄	주로 고생대 평안 누층군에 분포, 가정용 연료로의 소비 감소와 석탄 산업 합리화 정책(1989년)으로 생산량 감소
	역청탄	전량 수입에 의존, 주로 제철 공업 및 화력 발전의 연료로 이용
	갈탄	신생대 지층에 분포, 석탄 액화 공업에 이용
석유		• 우리나라에서 가장 소비량이 많은 1차 에너지 • 주로 화학 공업의 원료 및 수송용 연료로 이용 • 대부분을 수입에 의존
천연가스		• 냉동 액화 기술 발달과 수송 수단의 발달로 1990년대 이후 소비 급증 • 주로 가정 · 상업용으로 이용, 발전 · 수송용 소비량 증가 • 석탄, 석유에 비해 연소 시 대기 오염 물질 배출량이 적음 • 울산 앞바다에서 소량 생산되지만 대부분 수입에 의존

동해-1, 2 가스전에서 소량 생산되어 울산의 온산공단으로 운송된 후 가공된다.

(2) **에너지 자원의 소비 구조 변화** : 신탄 중심(산업화 이전) → 석탄 중심(1960년대) → 석유 중심(1970년대) → 천연가스와 신·재생 에너지 비율 증가(1990년대 이후)

1차 에너지별 소비와 생산 구조

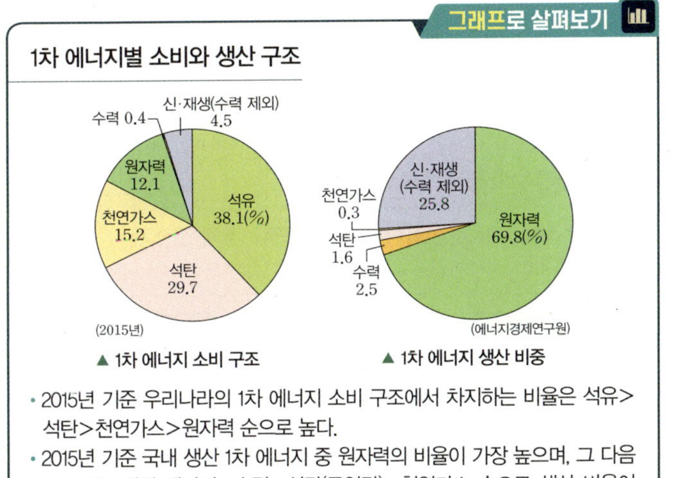

- 2015년 기준 우리나라의 1차 에너지 소비 구조에서 차지하는 비율은 석유>석탄>천연가스>원자력 순으로 높다.
- 2015년 기준 국내 생산 1차 에너지 중 원자력의 비율이 가장 높으며, 그 다음으로 신·재생 에너지>수력>석탄(무연탄)>천연가스 순으로 생산 비율이 높다. 석유는 국내에서 거의 생산되지 않는다.

3. 전력 자원

(1) 발전 양식별 특징

화력 발전	입지	• 입지 제약이 다른 발전 방식에 비해 작음 • 연료 수입에 유리하고 대소비지와 가까운 곳
	장점	• 발전소 건설비가 비교적 적게 듦 • 소비지와 가까워 송전 비용이 적게 듦
	단점	• 화석 에너지 사용 → 연료비가 비쌈 • 대기 오염 물질 및 온실 기체 배출량이 많음
원자력 발전	입지	• 견고한 지반과 냉각수 확보에 유리한 곳 • 경북(울진, 경주), 부산, 울산, 전남(영광)에 입지
	장점	• 소량의 연료로 대용량 발전 → 발전 효율이 높음 • 대기 오염 물질 및 온실 기체 배출량이 적음
	단점	발전소 건설비와 방사성 폐기물 처리 비용이 많이 듦
수력 발전	입지	유량이 풍부하고 큰 낙차 확보가 가능한 곳 예 한강, 낙동강, 금강의 중·상류 지역
	장점	• 발전 에너지원 확보 비용이 거의 들지 않음 • 대기 오염 물질 및 온실 기체 배출량이 적음
	단점	• 입지가 제한적이며 송전 비용이 많이 듦 • 기후적 제약이 큼 → 안정적 전력 생산 불가

(2) 발전 설비 용량 및 발전량 비중 : 화력 > 원자력 > 수력

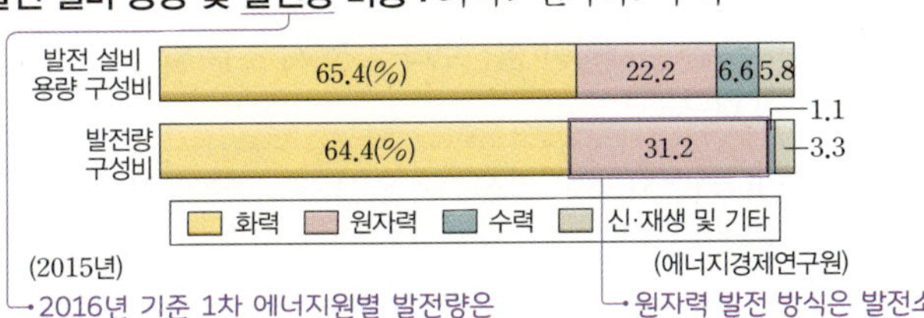

주요 발전 설비의 분포

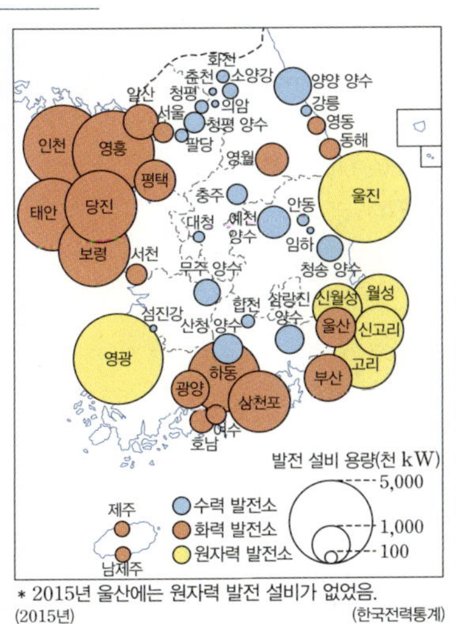

화력 발전은 수도권, 충남 서해안(보령, 태안), 남동 임해 공업 지역에 집중 분포한다. **원자력 발전**은 경북 울진과 경주(월성), 부산(고리), 울산, 전남 영광에 입지한다. **수력 발전**은 한강, 낙동강, 금강 등의 대하천 중·상류 지역에 많이 분포한다.

주제 3 **신·재생 에너지의 분포와 이용**

1. 주요 신·재생 에너지의 특성

태양광	일조량이 풍부한 지역이 유리 예 함평, 무안, 신안, 진도(전남)
풍력	바람이 많은 해안 및 산지 지역이 유리 예 제주, 대관령(강원), 영덕(경북), 새만금(전북)
조력	조수 간만의 차가 큰 곳이 유리 예 시화호(경기)

2. 신·재생 에너지의 전국 생산량 : 폐기물>바이오>태양광>수력>풍력>기타(지열, 해양 등) (2017년)

주요 신·재생 에너지의 지역별 생산 비율

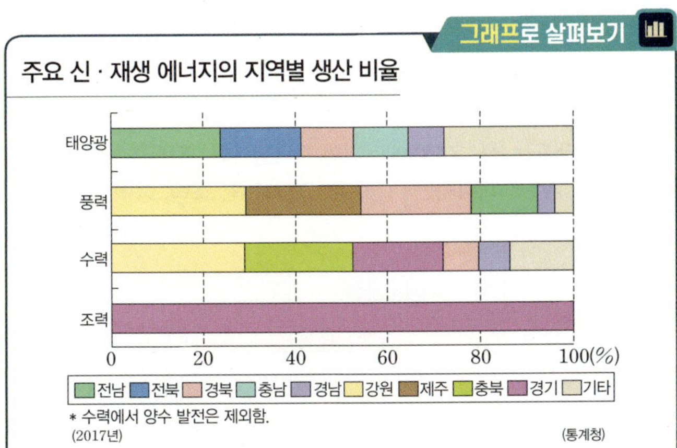

조력은 발전소가 안산 시화호에만 건설되어 있어 경기에서 100% 생산된다. **태양광**은 일조량이 풍부한 전남, 전북의 해안 지역에서 많이 생산되고, 풍력은 해안과 산지 지역이 많은 강원, 제주, 경북의 생산 비율이 높다. **수력**은 대하천 중·상류에 많은 댐이 건설된 강원, 충북, 경기의 생산 비율이 높다.

핵심 개념 CHECK!

• 정답 및 해설 041쪽

빈칸에 알맞은 말을 쓰시오.

01 그래프는 1차 에너지 소비 구조를 나타낸 것이다. A~E 에너지는? (단, A~E는 석유, 석탄, 수력, 원자력, 천연가스 중 하나임.)

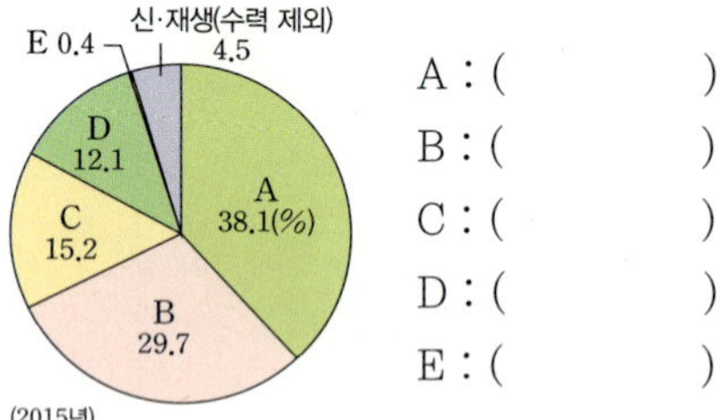

A : (   )
B : (   )
C : (   )
D : (   )
E : (   )

02 지도는 주요 발전 설비의 분포를 나타낸 것이다. (가)~(다) 발전 양식은? (단, (가)~(다)는 수력, 원자력, 화력 중 하나임.)

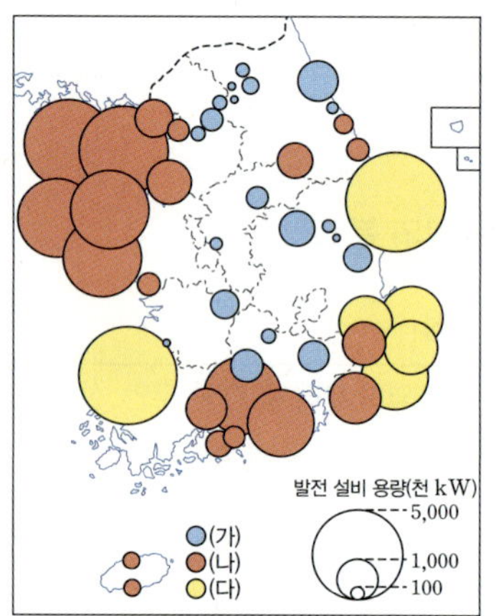

(가) : (   )
(나) : (   )
(다) : (   )

*2015년 울산에는 원자력 발전 설비가 없었음.
(2015년)   (한국전력통계)

03 그래프는 신·재생 에너지의 지역별 생산 비중을 나타낸 것이다. A~D 에너지는? (단, A~D는 수력, 조력, 풍력, 태양광 중 하나임.)

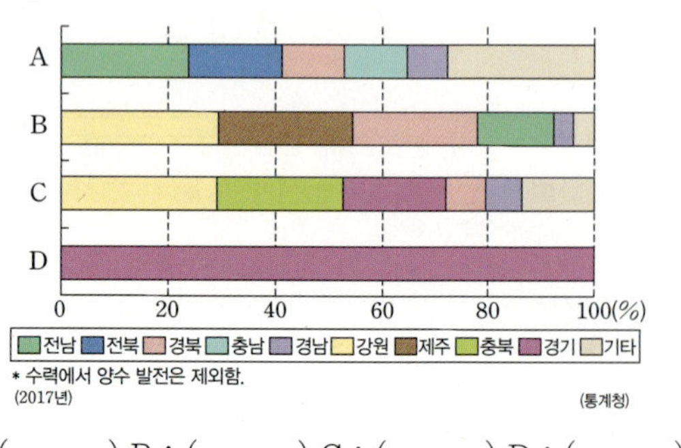

A : (   ) B : (   ) C : (   ) D : (   )

다음의 설명이 맞으면 'O', 틀리면 'X'에 표시하시오.

04 자원의 편재성은 자원 민족주의의 발생 원인이 된다. O X

05 석유는 재생 불가능한 자원, 태양광은 재생 가능한 자원에 해당한다. O X

06 석회석은 시멘트 공업의 원료로 이용되며 고생대 조선 누층군에 주로 분포한다. O X

07 우리나라에서 석회석은 철광석보다 가채 연수가 짧다. O X

08 고령토는 도자기 및 내화 벽돌, 종이, 화장품의 원료로 이용된다. O X

09 (함정) 우리나라의 1차 에너지 소비 구조에서 차지하는 비율은 석유>천연가스>석탄 순으로 높다. O X

10 석탄은 주로 수송용 및 화학 공업의 원료로 이용된다. O X

11 연소 시 오염 물질 배출량은 석유>석탄>천연가스 순으로 많다. O X

12 석탄은 우리나라의 1차 에너지원별 발전량에서 차지하는 비율이 가장 높다. O X

13 원자력은 우리나라의 1차 에너지 생산량에서 차지하는 비율이 가장 높다. O X

14 원자력은 석탄보다 상용화된 시기가 이르다. O X

15 (함정) 천연가스는 현재 전량을 해외로부터 수입하고 있다. O X

16 수력 발전은 유량이 적고 큰 낙차 확보가 가능한 곳이 유리하다. O X

17 수력은 원자력보다 발전 용량 대비 발전량 비율이 높다. O X

18 원자력 발전소는 우리나라에서 경북, 울산, 전남, 부산에만 입지해 있다. O X

19 조력 발전은 태양광 발전보다 밤 발전량 대비 낮 발전량 비율이 높다. O X

20 수력 발전은 조력 발전보다 발전량이 기후 조건의 영향을 많이 받는다. O X

21 (함정) 수력 발전은 풍력 발전보다 연간 발전량 대비 겨울철 발전량 비율이 높다. O X

22 풍력 발전은 태양광 발전보다 발전 시 소음 발생량이 많다. O X

23 우리나라에서 조력 발전소는 안산의 시화호에만 건설되어 있다. O X

1차 에너지 생산량과 공급(소비)량이 가장 많은 지역은 어디일까?

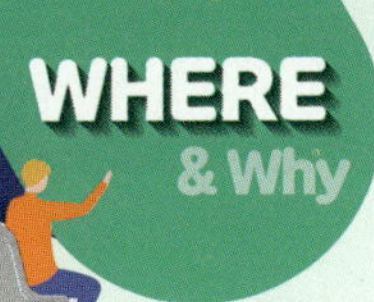

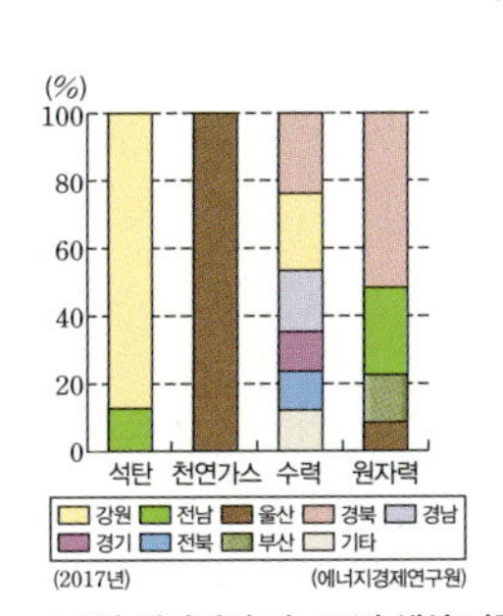

▲ 1차 에너지의 시·도별 생산 비중

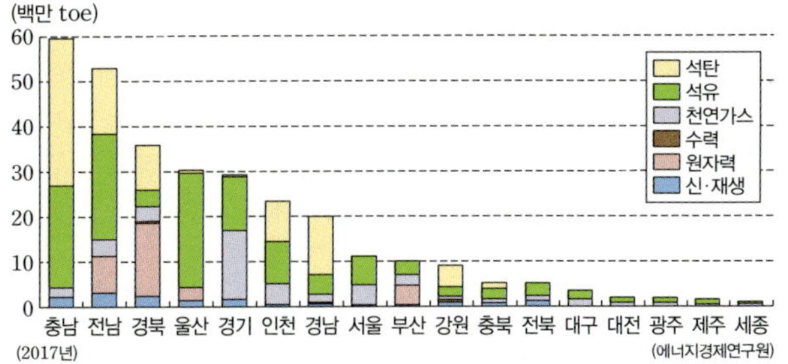

▲ 1차 에너지의 시·도별 공급량

- **석탄**은 대부분 평안 누층군이 분포하는 강원(태백, 삼척 등)과 전남(화순)에서 생산된다. **천연가스**는 2004년부터 울산 앞바다의 동해-1, 2 가스전에서 소량 생산되고 있어 국내에서는 울산에서만 생산된다. **수력**은 다른 에너지에 비해 다양한 지역에서 생산되고 있으며, 낙동강 유역이 속한 경북과 경남, 한강 유역이 속한 강원, 경기에서 상대적으로 많이 생산된다. **원자력**은 연료인 우라늄을 전량 수입에 의존하지만 원자력은 우라늄의 핵분열로 생성되는 에너지이므로 국내 생산 에너지에 해당한다. 원자력은 발전소가 입지한 경북(울진, 경주), 전남(영광), 부산(고리), 울산(신고리) 네 곳에서만 생산되고 있다.

- 1차 에너지 공급량은 해당 지역에 공급되는 양이므로 소비량으로 봐도 무방하다. 1차 에너지 공급량이 많은 충남, 전남, 경북은 에너지 소비량이 많은 중화학 공업이 발달하였거나 대규모의 화력 발전소가 입지했다는 공통점이 있다. **충남**은 대규모 제철소(당진)와 화력 발전소(보령, 태안, 당진)가 위치하여 석탄 공급량이 가장 많으며, 석유 화학 산업이 발달(서산)하여 석유 공급량도 많다. **전남**은 석유 화학 산업이 발달(여수)하여 석유 공급량이 많고 대규모 제철소(광양)가 위치하여 석탄 공급량도 많으며, 원자력 발전소(영광)가 위치하여 원자력 공급량도 나타난다. **경북**은 울진, 경주 두 지역에 원자력 발전소가 위치하여 전남보다 원자력 공급량이 많고, 대규모 제철소(포항)가 위치하여 석탄 공급량도 많다. **울산**은 석유 화학 공업이 발달하여 석유 공급량 비율이 높고, 2016년 12월부터 원자력 발전소가 건설 및 가동되기 시작하여 원자력 공급량도 나타나고 있다. 도시가스 공급망이 잘 갖춰진 **수도권(서울, 인천, 경기)**과 광역시에서는 천연가스 공급량 비율이 상대적으로 높게 나타난다.

Q1 다음 물음에 해당하는 지역을 아래 지도의 A~H에서 골라 쓰시오.

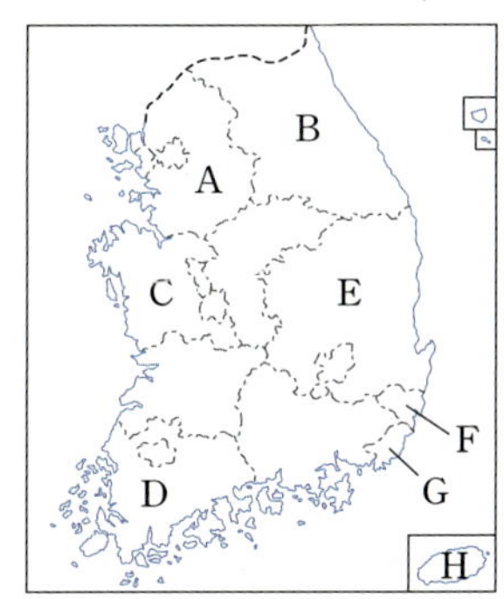

(1) 국내에서 유일하게 천연가스가 생산되고 있는 시·도는? (　　)

(2) 원자력 발전소가 입지하여 원자력 생산이 이루어지고 있는 네 시·도는?
(　　), (　　), (　　), (　　)

(3) 석탄이 가장 많이 생산되고 있는 시·도는? (　　)

(4) 1차 에너지 공급량이 가장 많은 시·도는? (　　)

(5) 도(道) 중에서 천연가스 공급량이 가장 많은 지역은?

(6) 지역 내 1차 에너지 공급량에서 석유가 차지하는 비율이 가장 높은 시·도는?(　　)

(7) 원자력 공급량이 가장 많은 시·도는? (　　)

(8) 석유와 신·재생 에너지만 공급되는 시·도는? (　　)

Q2 그래프는 1차 에너지의 시·도별 공급량을 나타낸 것이다. 이를 보고 괄호 안의 내용 중 알맞은 말을 고르시오.

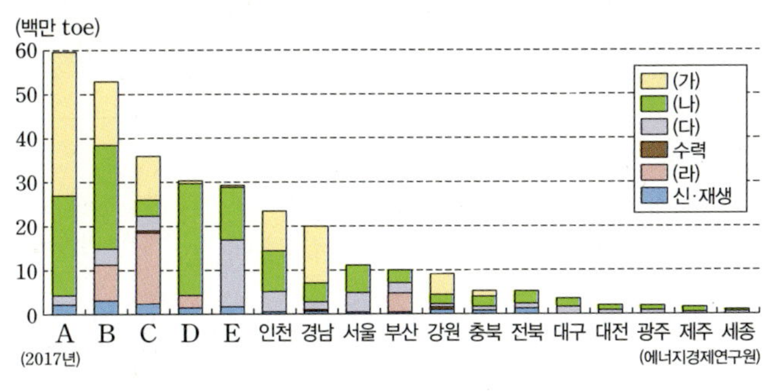

(1) A는 1차 에너지 공급량이 가장 (많은 / 적은) 것으로 보아 (충남 / 전남)이다.

(2) A의 1차 에너지 공급량에서 가장 높은 비율을 차지하고 있는 (가)는 (석유 / 석탄 / 원자력 / 천연가스)이고, 두 번째로 높은 비율을 차지하고 있는 (나)는 (석유 / 석탄 / 원자력 / 천연가스)이다.

(3) A 다음으로 1차 에너지 공급량이 많고, 1차 에너지 총 공급량에서 (나)가 차지하는 비율이 높은 B는 (울산 / 전남)이다.

(4) 모든 시·도 중에서 (나)가 차지하는 비율이 가장 높은 D는 (울산 / 전남)이다.

(5) (라)는 B, C, D, 부산에서만 공급량이 나타나므로 (석유 / 석탄 / 천연가스 / 원자력)이고, 네 지역 중에서 (라)의 공급량이 가장 많은 C는 (경북 / 전남)이다.

(6) 나머지 (다)는 (석유 / 석탄 / 천연가스 / 원자력)이고, (다)의 공급량이 가장 많은 E는 (경기 / 울산)이다.

문제로 주제 정복하기

족집게 전략 | 주어진 특정 자원의 가치 변화 사례를 토대로 각 자원이 어떤 유형에 속하는지 고르는 문제가 주로 출제된다. 따라서 경제적 또는 기술적 의미의 자원, 그리고 재생 가능성에 따라 분류한 자원을 사례 중심으로 학습해야 한다.

201 대표 문항

다음 글의 (가), (나)에 나타난 자원의 의미 변화를 표에서 찾아 옳게 나타낸 것은?

> (가) 가정용 연료로의 소비 감소와 석탄 산업 합리화 정책의 실시로 강원도 태백 일대의 수많은 석탄 광산은 무연탄 채굴을 멈추고 폐광되었다.
> (나) 탐사 및 채굴 기술이 발달해 텅스텐 매장량이 추가로 확인되면서 강원도 상동의 텅스텐 광산 재개발이 추진되고 있다.

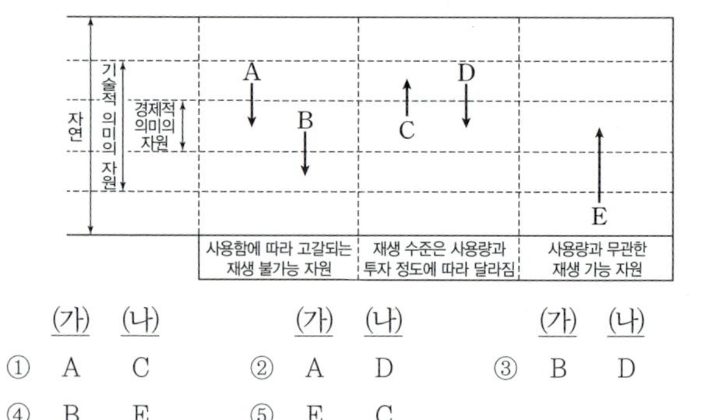

	(가)	(나)		(가)	(나)		(가)	(나)
①	A	C	②	A	D	③	B	D
④	B	E	⑤	E	C			

✏️ **한줄 Tip** 석탄(무연탄)과 텅스텐이 재생 가능성에 따라 어디에 속하는지 아는 것이 포인트야.

202

다음 글의 밑줄 친 ㉠~㉤에 대한 설명으로 옳지 **않은** 것은?

> 우리의 생활이나 경제 활동에 유용하고 가치 있는 것을 자원이라 한다. ㉠ 자원은 자원을 이용하는 기술, 경제, 문화적 조건 등에 따라 가치가 달라진다. 또한 ㉡ 자원은 특정 지역에 편중되어 분포한다. 자원은 재생 가능성에 따라 ㉢ 재생 불가능한 자원, ㉣ 사용량과 투자 정도에 따라 재생 수준이 달라지는 자원, ㉤ 재생 가능한 자원으로 분류할 수 있다.

① ㉠은 자원의 가변성에 해당한다.
② ㉡은 자원의 국제 이동과 자원 민족주의 발생의 원인이 된다.
③ ㉢의 고갈 시기를 늦추기 위해서는 자원 가격에 부과되는 세금을 줄여야 한다.
④ ㉣에는 금속 광물, 비금속 광물이 해당한다.
⑤ ㉤은 ㉢보다 전력 생산에 이용 시 경제적 효율성이 낮다.

203

다음은 '자원' 관련 단원의 발표 수업 안내이다. 이를 토대로 작성한 발표 계획으로 가장 적절한 것은?

> • 단원 내용 중 발표할 '주제어'를 선정한다.
> • 각 주제어에 대한 '개념'을 올바르게 정의한다.
> • 각 주제어에 대한 개념을 적절하게 설명할 수 있는 '조사 내용'을 제시한다.

	주제어	개념	조사 내용
①	도시 광산	폐가전제품에 포함된 광물을 추출하여 재활용하는 사업	바람 지도와 일사량 지도에 바탕을 둔 풍력, 태양광 발전소의 입지
②	신·재생 에너지	기존 화석 연료를 변환하거나 재생이 가능한 에너지	석유 파동 이후 안정적인 에너지 확보를 위한 석유 수입국의 다변화
③	자원의 가변성	자원의 매장량이 한정되어 있어 고갈될 수밖에 없는 특성	상동 텅스텐 광산의 폐광과 폐광된 이후 광산 재가동의 이유
④	자원의 유한성	기술적, 경제적 상황에 따라 자원의 가치가 달라지는 특성	주요 지하자원의 가채 연수 파악 및 대체 자원 개발 현황
⑤	자원의 편재성	자원이 일부 지역이나 국가에 치우쳐 분포하는 특성	지역 간, 국가 간 이동이 많은 자원의 분포 지역 파악

204

그림은 자원을 재생 가능성에 따라 분류한 것이다. (가)~(다)에 대한 옳은 설명만을 〈보기〉에서 있는 대로 고른 것은? (단, A, B는 고갈 가능성과 재생 가능성 중 하나임.)

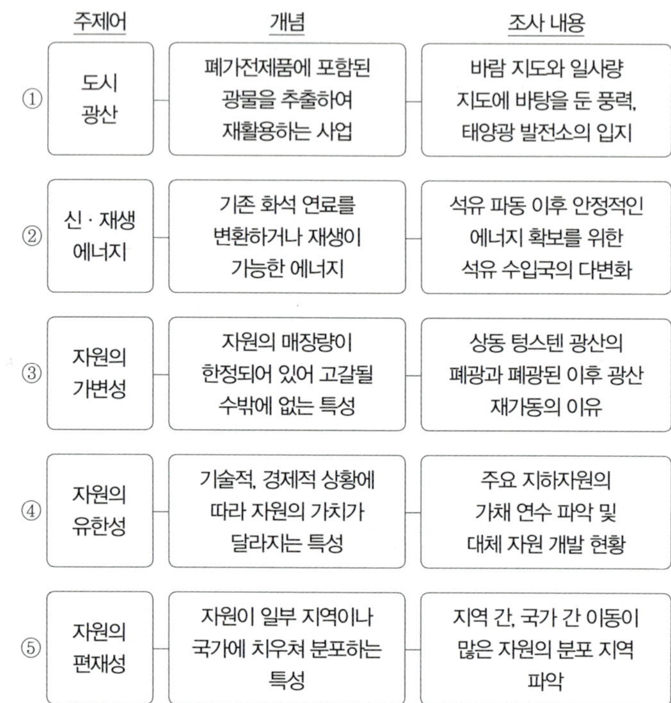

> **보기**
> ㄱ. (가)는 (나)보다 고갈 가능성이 높다.
> ㄴ. (나)는 재생 수준이 사용량과 투자 정도에 따라 달라진다.
> ㄷ. (다)는 (가)보다 우리나라의 총 발전량에서 차지하는 비율이 높다.
> ㄹ. (가)의 사례로 석유와 석탄을, (다)의 사례로 수력과 풍력을 들 수 있다.

① ㄱ, ㄴ   ② ㄱ, ㄷ   ③ ㄷ, ㄹ
④ ㄱ, ㄴ, ㄹ   ⑤ ㄴ, ㄷ, ㄹ

족집게 전략 | 석회석, 고령토, 철광석의 지역별 생산량 비중, 1차 에너지원의 시·도별 공급 및 생산 비중, 시·도의 발전 양식별 비중 등 대부분의 소재가 지역적 분포와 연계하여 출제된다. 자료를 접했을 때는 그 지역의 발전소 입지, 공업 발달 여부 등 지역 특색을 고려하여 가려진 정보를 차근차근 파악해야 한다.

205 대표 문항 | 평가원 기출 |

그래프는 (가)~(라) 에너지원별 영남권 5개 시·도 공급 비율을 나타낸 것이다. 이에 대한 설명으로 옳은 것은? (단, (가)~(라)는 석유, 석탄, 원자력, 천연가스 중 하나임.)

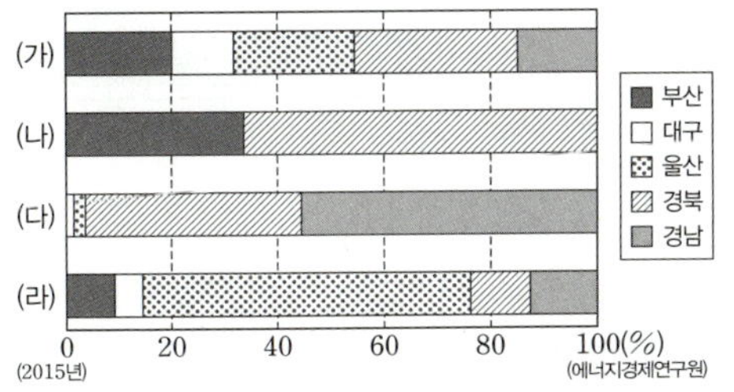

① (가)는 우리나라에서 수송용보다 가정·상업용으로 사용되는 비율이 높다.

② (나)의 공급량이 가장 많은 지역은 충청권이다.

③ (다)는 우리나라에서 생산되지 않아 전량 수입에 의존한다.

④ (라)는 우리나라의 1차 에너지원별 발전량이 가장 많다.

⑤ (가), (나), (다)는 화력 발전소의 연료로 이용된다.

✎ **한줄 Tip** 에너지의 지역 분포에서는 원자력 발전소가 입지한 곳부터 찾아내자.

206

다음 글의 (가)~(다) 자원에 대한 옳은 설명만을 〈보기〉에서 있는 대로 고른 것은? (단, (가)~(다)는 고령토, 석회석, 철광석 중 하나임.)

• ☐(가)☐ 은/는 시멘트 공업의 주원료로 이용되며 제철 공업에도 첨가물로 일부 사용된다. 조선 누층군 분포 지역에 많이 매장되어 있다.

• ☐(나)☐ 은/는 제철 공업의 주원료로 이용되며 남한에서는 거의 고갈되어 대부분을 수입에 의존하고 있는 반면, 북한에서는 남한에 비해 매장량이 풍부한 편이다.

• ☐(다)☐ 은/는 백색을 띠는 광물로 주로 도자기 및 내화 벽돌, 종이, 화장품의 원료로 이용되며, 산청과 합천 등지에 많이 매장되어 있다.

┌ 보기 ┐

ㄱ. (가)는 영남권보다 충청권의 생산량이 많다.

ㄴ. (다)는 암석 내 탄산칼슘의 중량 비율이 50%를 넘는다.

ㄷ. (가)는 (나)보다 가채 연수가 길다.

ㄹ. (가), (나)는 비금속 광물, (다)는 금속 광물에 해당한다.

① ㄱ, ㄴ   ② ㄱ, ㄷ   ③ ㄷ, ㄹ
④ ㄱ, ㄴ, ㄹ   ⑤ ㄴ, ㄷ, ㄹ

207

그래프에 대한 설명으로 옳은 것은? (단, (가)~(다), A~C는 각각 고령토, 석회석, 철광석 중 하나임.)

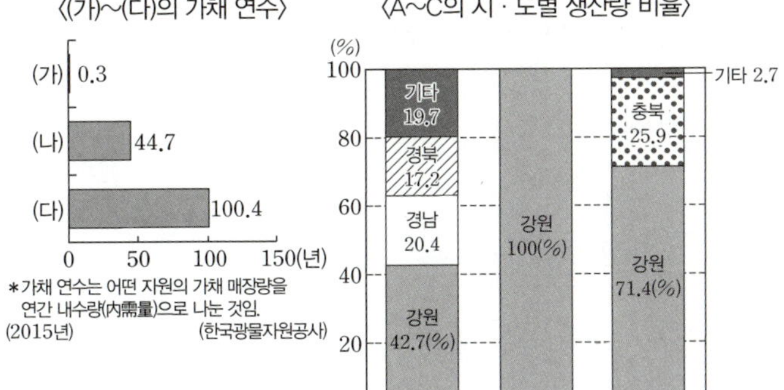

① (나)는 고생대 조선 누층군에 많이 매장되어 있다.

② (가), (나)는 비금속 광물, (다)는 금속 광물에 해당한다.

③ A는 제철 공업의 원료로 가장 많이 이용된다.

④ B는 C보다 해외 의존도가 낮다.

⑤ 가채 연수는 C>A>B 순으로 길다.

208 고난도↑ | 평가원 기출 |

그래프의 (가)~(다)는 지도에 표시된 세 지역의 1차 에너지원별 공급량을 나타낸 것이다. 이에 대한 설명으로 옳지 <u>않은</u> 것은? (단, A~C는 석유, 석탄, 천연가스 중 하나임.)

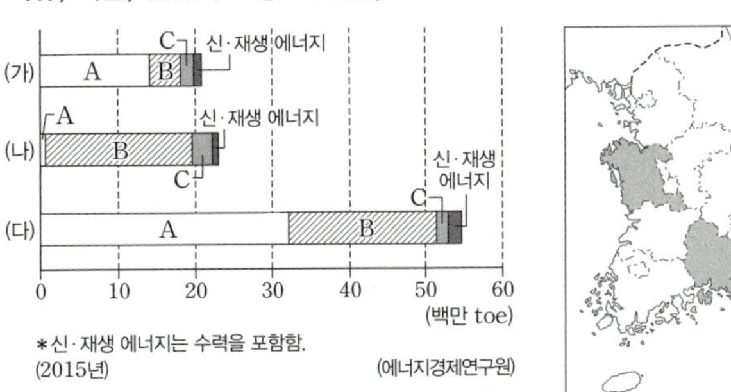

① 경남은 충남보다 1차 에너지원별 공급량에서 석탄이 차지하는 지역 내 비중이 작다.

② A는 제철 공업의 주요 연료로 이용된다.

③ B는 울산의 1차 에너지원별 공급량에서 가장 큰 비중을 차지한다.

④ C는 B보다 가정용으로 이용되는 비중이 크다.

⑤ 발전에 이용되는 1차 에너지의 비중은 A>C>B 순이다.

209
|평가원 기출|

그래프는 지도에 표시된 세 지역의 1차 에너지원별 공급량을 나타낸 것이다. 이에 대한 설명으로 옳은 것은? (단, A~C는 석유, 원자력, 천연가스 중 하나임.)

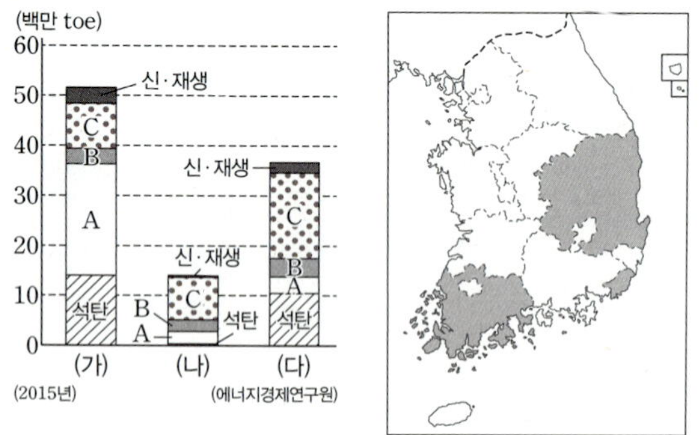

① 1차 에너지원별 공급량에서 석유가 차지하는 지역 내 비중은 부산이 경북보다 높다.
② 1차 에너지원별 공급량에서 원자력이 차지하는 지역 내 비중이 가장 높은 지역은 전남이다.
③ B는 A보다 수송용 연료로 많이 사용된다.
④ B는 C보다 발전 과정에서 발생하는 폐기물을 처리하는 데 비용이 많이 든다.
⑤ C는 A보다 발전 시 대기 오염 물질의 배출량이 많다.

210

그래프에 대한 설명으로 옳은 것은? (단, (가)~(라), A~D는 각각 석유, 석탄, 원자력, 천연가스 중 하나임.)

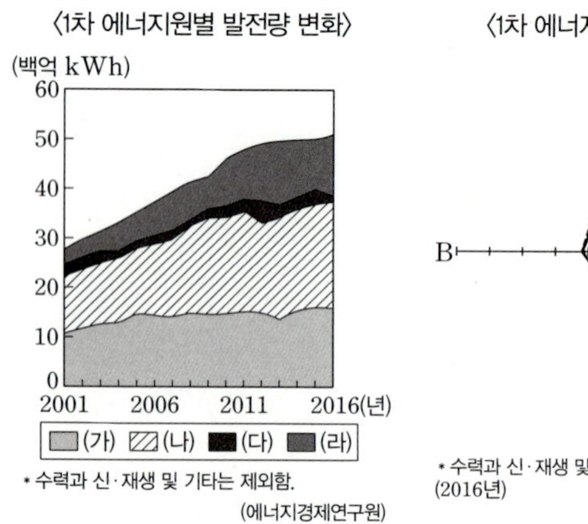

① (가)는 (나)보다 상업적 발전에 이용되기 시작한 시기가 이르다.
② (다)는 (라)보다 1차 에너지 소비 구조에서 차지하는 비율이 낮다.
③ A는 D보다 연소 시 대기 오염 물질 배출량이 많다.
④ B는 C보다 수송용으로 이용되는 비율이 높다.
⑤ (가)와 B, (나)와 C, (다)와 A, (라)와 D는 서로 동일한 에너지이다.

211

그래프는 우리나라에서 생산되는 1차 에너지에 관한 것이다. 이에 대한 설명으로 옳은 것은?

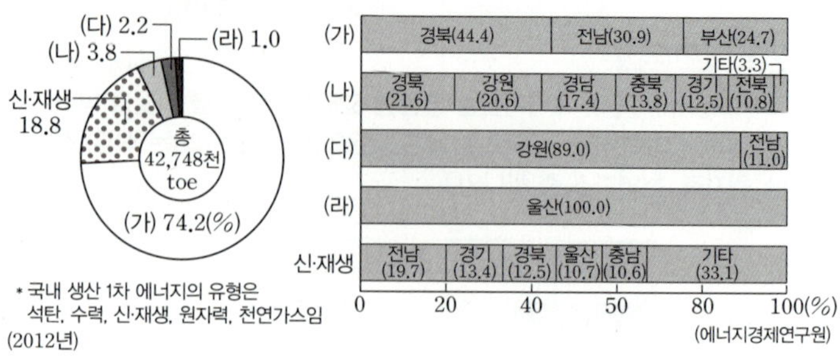

• 국내 생산 1차 에너지의 유형은 석탄, 수력, 신·재생, 원자력, 천연가스임.
(2012년)

① (가)는 주로 내륙 지역에서 생산된다.
② (나)는 (다)보다 에너지 생산 시 대기 오염 물질 배출량이 많다.
③ (라)는 (다)보다 상용화된 시기가 이르다.
④ 1차 에너지의 생산량은 석탄이 수력보다 많다.
⑤ 1차 에너지의 생산량이 가장 많은 지역은 경북이다.

212
|평가원 기출|

그래프는 두 에너지의 지역별 공급량 비율을 나타낸 것이다. (가), (나) 에너지에 대한 옳은 설명만을 〈보기〉에서 있는 대로 고른 것은? (단, (가), (나)는 석유, 석탄, 천연가스 중 하나임.)

(가)		(나)	
전남	경남	서울	인천
충남	기타	경기	기타

• 전국의 공급량에서 해당 시·도의 공급량이 차지하는 비율을 면적 크기로 나타냄.
(2016년)　(에너지경제연구원)

〈보기〉
ㄱ. (가)는 (나)보다 연소 시 대기 오염 물질 배출량이 많다.
ㄴ. (가)는 (나)보다 우리나라의 총 발전량에서 차지하는 비율이 높다.
ㄷ. (나)는 (가)보다 산업용으로 이용되는 비율이 높다.
ㄹ. (나)는 (가)보다 산업에 본격적으로 이용되기 시작한 시기가 이르다.

① ㄱ, ㄴ　　② ㄱ, ㄷ　　③ ㄷ, ㄹ
④ ㄱ, ㄴ, ㄹ　　⑤ ㄴ, ㄷ, ㄹ

213

그래프는 (가)~(라) 에너지의 권역별 생산량 비율을 나타낸 것이다. 이에 대한 설명으로 옳은 것은? (단, (가)~(라)는 석탄, 수력, 원자력, 천연가스 중 하나이고, A~C는 수도권, 영남권, 호남권 중 하나임.)

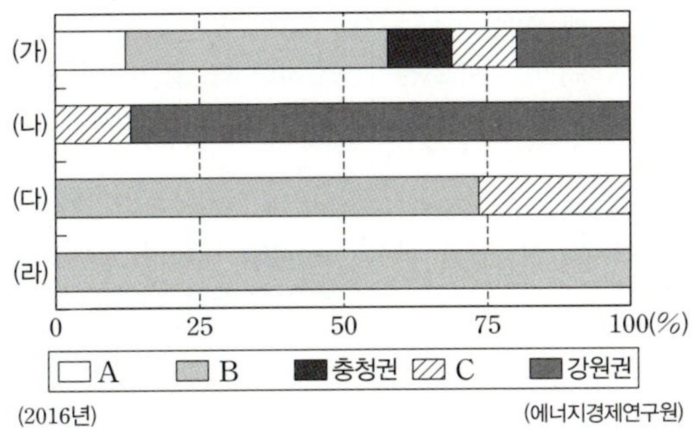

① (가)는 (나)보다 재생 가능성이 낮다.

② (나)는 (다)보다 1차 에너지 총 소비량이 적다.

③ (다)를 이용하는 발전소는 (라)를 이용하는 발전소보다 발전소당 건설비가 저렴하다.

④ (라)를 이용하는 발전소는 (가)를 이용하는 발전소보다 입지가 자유롭다.

⑤ A는 호남권, B는 영남권, C는 수도권에 해당한다.

214

그래프에 대한 설명으로 옳은 것은? (단, A~E는 석유, 석탄, 수력, 원자력, 천연가스 중 하나이고, (가)~(다)는 수력, 원자력, 화력 발전 방식 중 하나임.)

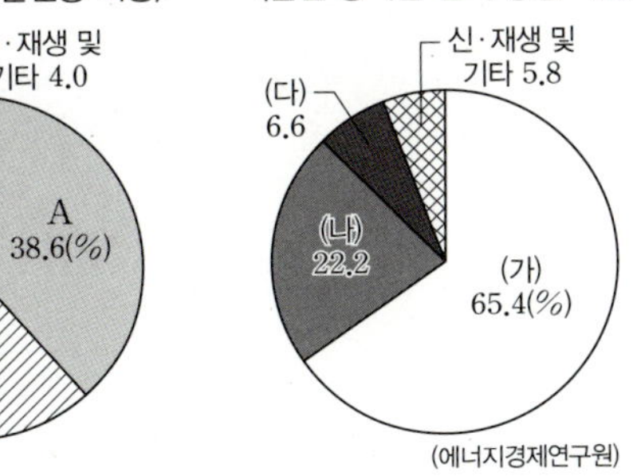

① D는 E보다 자원의 해외 의존도가 높다.

② 우리나라의 1차 에너지 소비 구조에서 차지하는 비율은 E가 가장 높다.

③ A, B, C는 (가)의 발전 에너지원으로 이용된다.

④ (가)는 (나)보다 연료비가 적게 든다.

⑤ (나)는 (다)보다 발전량이 기후 조건의 영향을 많이 받는다.

215

그래프는 1차 에너지 A~C의 전국 대비 권역별 생산 비중을 나타낸 것이다. A~C에 대한 설명으로 옳은 것은? (단, A~C는 무연탄, 원자력, 천연가스 중 하나임.)

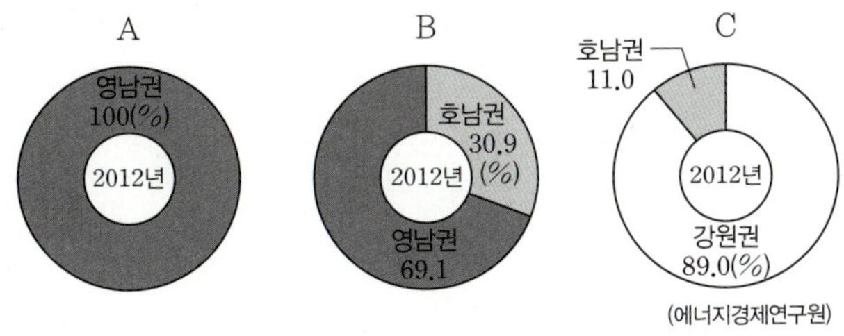

① A는 주로 평안 누층군에서 채굴된다.

② B를 이용하는 발전소는 주로 해안에 입지한다.

③ C는 주로 수송용 연료로 이용된다.

④ A는 C보다 상용화된 시기가 이르다.

⑤ B는 C보다 발전에 이용될 때 배출되는 이산화탄소량이 많다.

216 고난도↗

그래프는 권역별 1차 에너지 공급 구조를 나타낸 것이다. 이에 대한 설명으로 옳지 <u>않은</u> 것은? (단, (가)~(라)는 수도권, 영남권, 충청권, 호남권 중 하나임.)

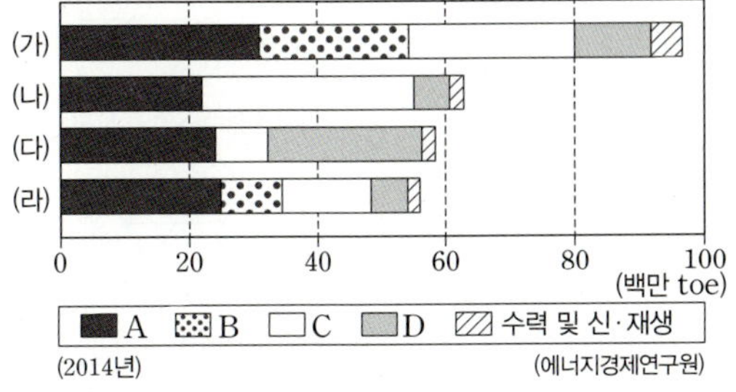

① (가)의 주변 해역에서는 D가 생산되고 있다.

② (나)는 충청권, (다)는 수도권이다.

③ A는 C보다 우리나라 1차 에너지 공급에서 차지하는 비중이 높다.

④ C는 D보다 발전 시 대기 오염 물질의 배출량이 많다.

⑤ 우리나라 1차 에너지원별 발전량은 A>B>D>C 순이다.

217

그래프는 세 에너지의 부문별 소비량을 나타낸 것이다. (가)~(다) 에너지에 대한 설명으로 옳은 것은? (단, (가)~(다)는 석유, 석탄, 천연가스 중 하나임.)

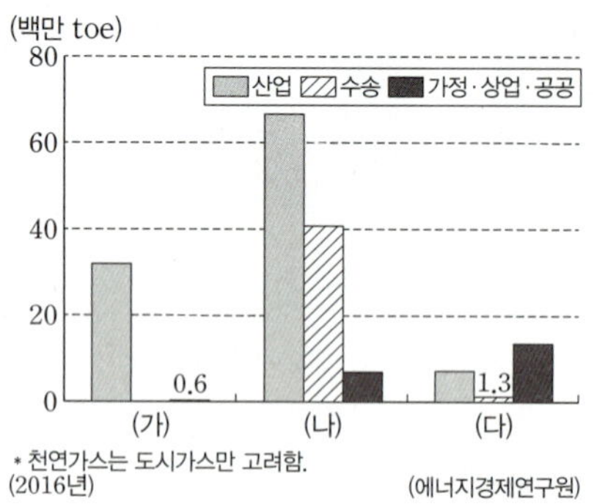

① (가)는 신생대 제3기층의 배사 구조에 주로 매장되어 있다.
② (나)는 우리나라의 총 발전량에서 차지하는 비율이 가장 높다.
③ (다)는 전량을 해외에서 수입하고 있다.
④ (가)는 (나)보다 연소 시 대기 오염 물질 배출량이 적다.
⑤ (나)는 (다)보다 상용화된 시기가 이르다.

218

| 평가원 기출 |

그래프는 각 권역의 발전 방식별 설비 용량 비율을 나타낸 것이다. (가)~(다) 발전 방식으로 옳은 것은?

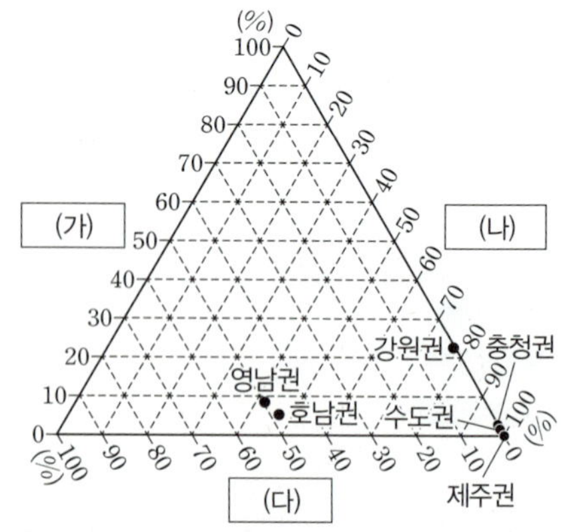

• 각 권역의 수력, 원자력, 화력 발전 방식 설비 용량 합을 100%로 했을 때, 발전 방식별 설비 용량이 차지하는 비율임.
(2017년 11월 기준)
(한국 전력 공사)

	(가)	(나)	(다)		(가)	(나)	(다)
①	수력	원자력	화력	②	수력	화력	원자력
③	원자력	화력	수력	④	화력	수력	원자력
⑤	화력	원자력	수력				

족집게 전략 | 신·재생 에너지의 시·도별 발전량 비중을 나타낸 자료를 보고, 각 에너지의 입지 조건과 특성을 찾도록 출제된다. 자연력을 이용하기 때문에 입지 조건이 중요하여 지도를 활용한 문항도 비교적 많이 출제되므로 주요 발전소의 위치를 알아두면 좋다.

219 대표 문항

| 평가원 기출 |

그래프는 권역별 신·재생 에너지 생산량을 나타낸 것이다. 이에 대한 설명으로 옳은 것은? (단, A~C는 각각 조력, 태양광, 풍력 중 하나임.)

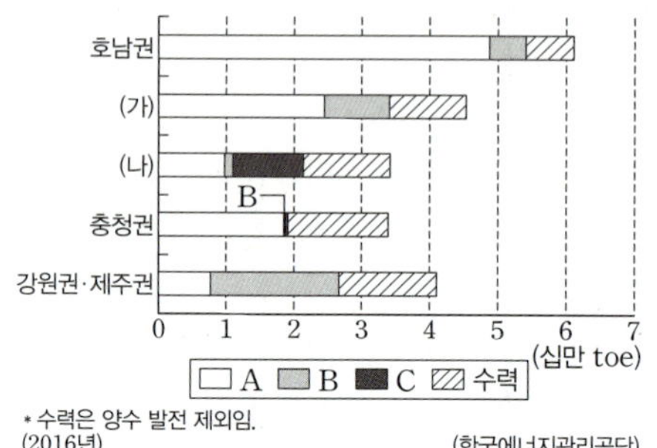

① (가)는 수도권, (나)는 영남권이다.
② A는 일조 시수가 긴 곳이 입지에 유리하다.
③ B는 주로 대도시 지역에 입지한다.
④ C는 동해안이 서해안보다 유리하다.
⑤ A~C 중 생산량이 가장 많은 것은 B이다.

한줄 Tip 수력과 조력은 포함될 때도 있고 아닐 때도 있기 때문에 단서 조항을 유의하자.

220

지도는 도별 신·재생 에너지 생산량 비율을 나타낸 것이다. (가)~(다) 에너지로 옳은 것은?

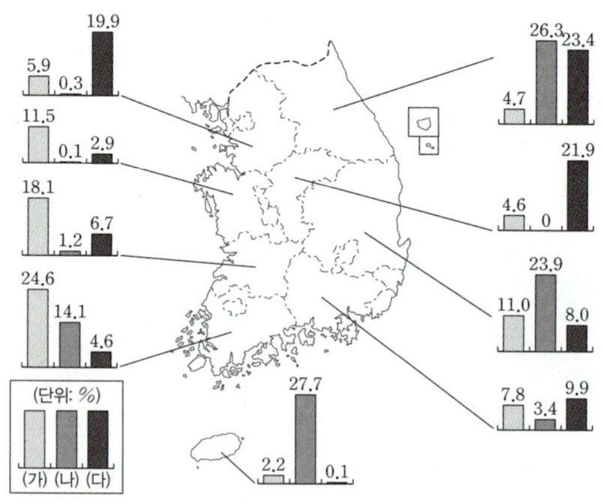

• 수치는 신·재생 에너지원별 전국의 총 생산량 대비 비중이며, 수력에서 양수식은 제외함.
(2016년)
(에너지경제연구원)

	(가)	(나)	(다)		(가)	(나)	(다)
①	수력	풍력	태양광	②	수력	태양광	풍력
③	풍력	태양광	수력	④	태양광	수력	풍력
⑤	태양광	풍력	수력				

221

지도는 두 신·재생 에너지의 발전소 분포를 나타낸 것이다. (가), (나) 에너지에 대한 옳은 설명만을 〈보기〉에서 고른 것은? (단, (가), (나)는 수력, 조력, 풍력, 태양광 중 하나임.)

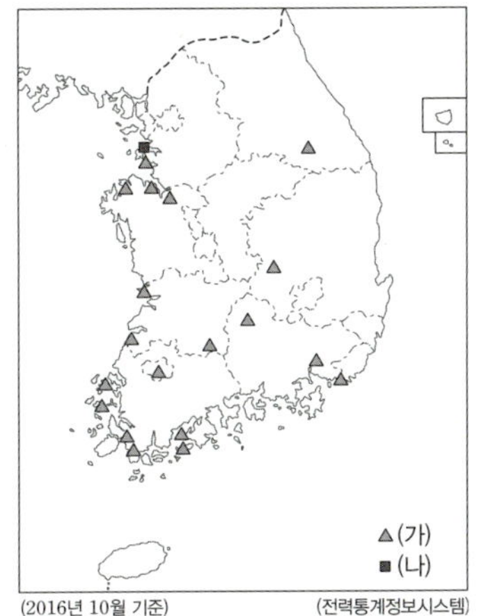

┌─ 보기 ─────────────────────────────────
ㄱ. (가)는 풍부한 유량과 큰 낙차를 얻을 수 있는 곳이 발전에 유리하다.
ㄴ. (나)의 발전소 입지 선정 시 가장 중요한 조건은 풍향과 풍속이다.
ㄷ. (가)는 (나)보다 상업적 발전이 시작된 시기가 이르다.
ㄹ. (나)는 (가)보다 발전량이 기후 조건의 영향을 적게 받는다.
└──

① ㄱ, ㄴ ② ㄱ, ㄷ ③ ㄴ, ㄷ ④ ㄴ, ㄹ ⑤ ㄷ, ㄹ

222 고난도

그래프는 지도에 표시된 세 지역의 A~C 에너지 발전량을 나타낸 것이다. 이에 대한 설명으로 옳은 것은? (단, A~C는 수력, 태양광, 풍력 중 하나임.)

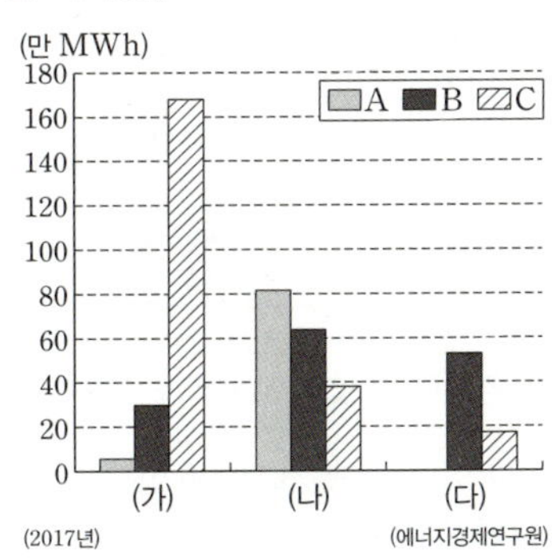
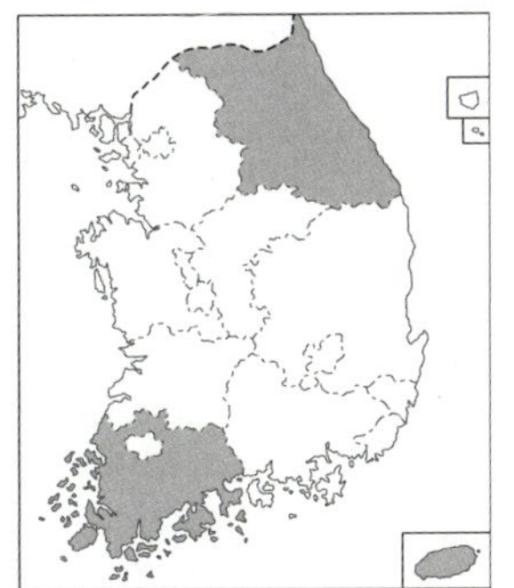

① (다)는 연 강수량이 많아 수력 발전량이 많다.
② (가)는 (나)보다 풍력 발전량이 많다.
③ A는 B보다 연간 발전량에서 겨울철 발전량이 차지하는 비율이 높다.
④ B는 C보다 발전 시 소음 발생량이 많다.
⑤ C는 A보다 상업적 발전이 시작된 시기가 이르다.

223

그래프에 대한 설명으로 옳은 것은? (단, A~D, (가)~(라)는 각각 수력, 조력, 풍력, 태양광 중 하나임.)

〈신·재생 에너지의 발전량 변화〉 〈시·도별 신·재생 에너지 발전량 비율〉

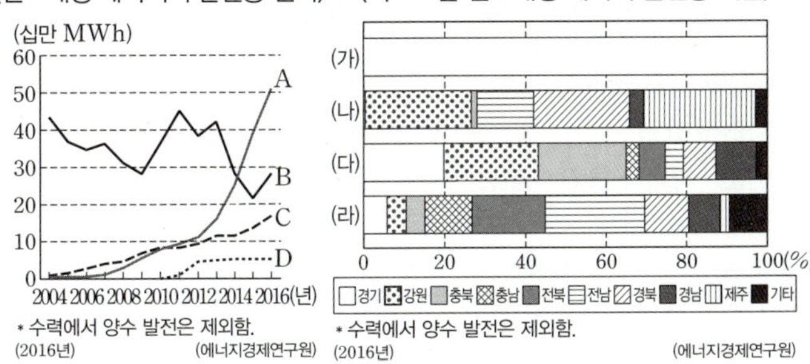

① A는 B보다 상업적 발전이 시작된 시기가 이르다.
② C는 D보다 발전량이 기상 조건의 영향을 적게 받는다.
③ (가)는 (다)보다 2016년에 전국 발전량이 많다.
④ (나)는 (라)보다 발전 시 소음 발생량이 많다.
⑤ A와 (라), B와 (나), C와 (다), D와 (가)는 서로 동일한 에너지이다.

224

| 평가원 기출 |

지도는 A, B 발전 양식의 분포를 나타낸 것이다. A, B 발전 양식에 대한 설명으로 옳은 것은?

〈A 발전 양식〉 〈B 발전 양식〉

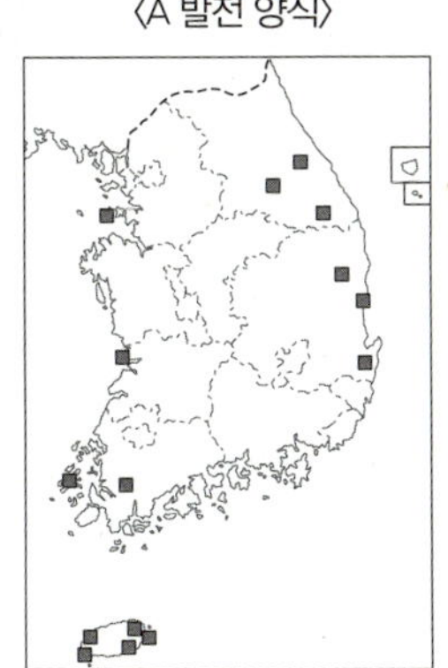
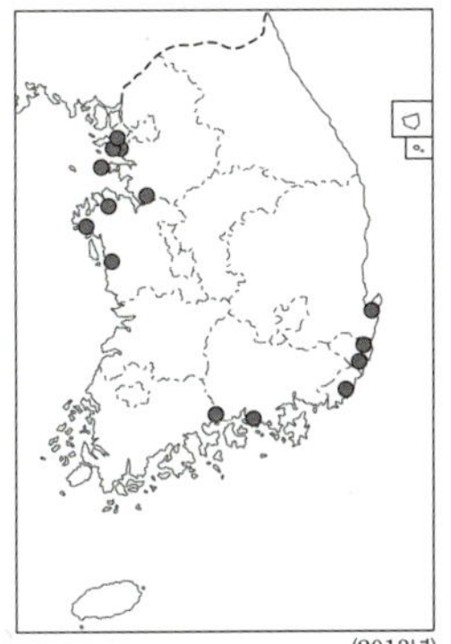

• A 발전 양식은 설비 용량 5,000 kW 이상, B 발전 양식은 100만 kW 이상만을 표시한 것임.

① A는 발전량에서 수력보다 비중이 높다.
② A는 대부분의 연료를 수입에 의존한다.
③ B는 안전성을 고려하여 소비지로부터 먼 곳에 입지한다.
④ A는 B에 비해 기후의 제약을 많이 받는다.
⑤ B는 A에 비해 발전 시 배출되는 대기 오염 물질과 온실 기체의 양이 적다.

11강 농업과 공업의 변화

주제 1 우리나라 농업의 특징과 변화

1. 농업의 입지 요인
(1) **자연적 요인** : 기온, 강수량, 무상 일수, 지형, 토양 등
(2) **인문 · 사회적 요인** : 교통, 소비 시장 규모, 소비자 기호, 농업 정책, 영농 기술 등
(3) **변화** : 과거에는 자연적 요인의 영향력이 컸으나, 최근에는 인문 · 사회적 요인의 중요성 증가

2. 산업화와 농업의 변화

농촌 인구의 변화	• 이촌 향도 현상으로 인구의 사회적 감소 발생 • 유소년층 인구 비율 감소, 노년층 인구 비율 증가 → 노동력 부족 및 고령화 심화
경지의 변화	• 산업화 · 도시화로 인한 경지 면적 감소 • 경지 면적 감소율보다 농가 수 감소율이 더 큼 → 농가당 경지 면적 증가 • 노동력 부족으로 휴경지 증가, 그루갈이 감소 → 경지 이용률 감소 ┌ 전체 경지 면적에 대해 일 년 동안 실제로 농작물을 재배한 면적의 비율
영농 방식의 변화	• 영농의 기계화 및 기업화 • 상업적 농업 발달 : 식량 작물 재배 면적 감소, 상품 작물 재배 면적 및 축산물 수요 증가 • 시설 재배 증가 : 비닐하우스나 유리온실을 이용한 작물 재배 증가 ┌ 영농 조합, 농업 회사법인, 위탁 영농 회사 등 전문적 농업 경영 방식 확대

농촌 인구 및 경지 면적의 변화

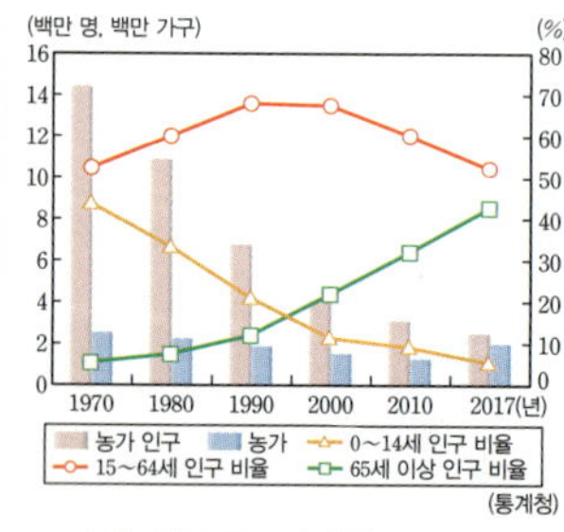
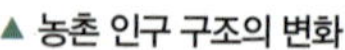

▲ 농촌 인구 구조의 변화

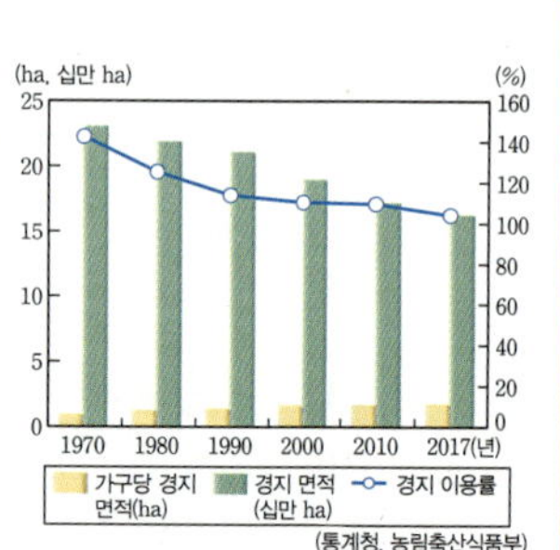

▲ 경지 면적과 경지 이용률 변화

• 1970~2017년에 0~14세(유소년층) 인구 비율은 감소한 반면 65세 이상(노년층) 인구 비율은 증가하여 농촌 인구의 고령화가 심화되었음을 알 수 있다. 이로 인해 농촌의 노동력 부족 및 고령화 문제, 초등학교 통폐합으로 인한 교육 여건 악화 등의 문제가 나타나고 있다.
• 1970~2017년에 농촌의 산업화, 도시화가 진행되면서 경지 면적이 감소하였다. 가구당 경지 면적은 오히려 넓어졌는데, 이는 경지 면적이 감소하는 것보다 농가가 더 빠르게 감소하였기 때문에 나타난 현상이다. 1970~2017년에 경지 이용률이 낮아진 원인으로 노동력 부족으로 인한 휴경지 증가, 그루갈이 감소 등을 들 수 있다.

3. 농산물 시장 개방과 농업의 변화
(1) **배경** : 세계 무역 기구(WTO) 출범, 자유 무역 협정(FTA) 체결
(2) **변화** : 값싼 해외 농산물 수입 급증으로 국산 농산물의 가격 경쟁력 약화 → 식량 작물의 해외 의존도 상승 및 자급률 하락

4. 주요 농 · 축산물의 생산과 소비 변화

쌀(벼)	• 중 · 남부 지방의 평야 지역에서 주로 재배 • 식생활 변화로 인한 소비량 감소, 농산물 시장 개방 → 재배 면적 감소 추세 ┌ 일 년에 같은 땅에서 서로 다른 작물을 두 번 농사짓는 일
보리(맥류)	• 주로 벼의 그루갈이 작물로 남부 지방에서 재배 • 수익성 악화 및 외국 농산물 수입 확대 → 생산량과 재배 면적 감소 추세
원예 작물	• 소득 증대 및 교통 발달로 재배 면적 증가 추세 • 근교 지역 : 시설 재배를 통해 집약적으로 재배 • 원교 지역 : 유리한 기후 조건, 교통 발달을 바탕으로 소비지와의 원거리 극복
축산물	• 육류 소비 증가 → 제주도, 대관령 등지에 목축업 발달 • 유제품 소비 증가 → 경기도 일대 중심으로 낙농업 발달

도별 주요 작물의 재배 면적 비율

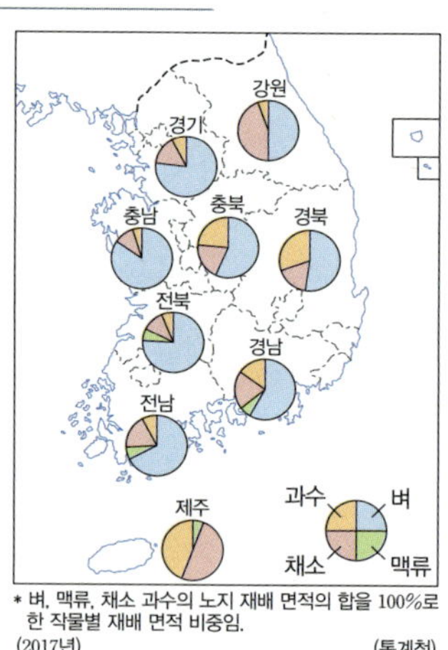

* 벼, 맥류, 채소 과수의 노지 재배 면적의 합을 100%로 한 작물별 재배 면적 비중임. (2017년) (통계청)

• **벼**는 제주를 제외한 대부분의 도에서 재배 면적 비율이 가장 높다. 제주는 기반암의 특성상 논 조성이 어려워 벼의 재배 면적이 거의 나타나지 않는다. **맥류**의 대표 작물인 보리는 주로 벼의 그루갈이로 재배되어, 겨울이 따뜻한 남부 지방의 전북 · 전남에서 상대적으로 재배 면적 비율이 높다.
• **채소**는 고랭지 채소 재배가 활발한 강원, **과수**는 재배의 지리적 조건이 유리한 제주와 경북에서 재배 면적 비율이 상대적으로 높다.

5. 농업의 문제점과 해결 방안
┌ 농산물과 가공품의 특징이 해당 지역의 특산품임을 인증하는 제도

문제점	• 거주 환경 악화 및 농가 소득 감소 → 도농 간 격차 확대 • 복잡한 농산물 유통 경로로 인한 산지 가격과 소비자 가격 간의 큰 격차 • 농약과 화학 비료 사용 등으로 인한 환경오염 발생 • 농산물 시장 개방으로 인한 식량 안보 위협
해결 방안	• 농업 구조의 다각화 : 경관 농업 및 체험 관광, 농산물 가공 판매 등으로 농가 소득 증대 • 농산물 브랜드화로 부가 가치 향상 예 지리적 표시제 • 유통 구조 개선 예 농산물 직거래, 로컬 푸드 운동 • 유기 농업 · 무농약 농업 등의 친환경 농법 도입 → 수입 농산물과의 차별화 도모, 환경오염 감소

┌ 특정 지역에서 생산한 먹거리를 지역 안에서 소비하는 것을 촉진하는 활동

주제 2 우리나라 공업의 발달과 변화

1. 우리나라 공업의 발달 과정

└→ 📝 섬유, 의복, 신발 제조업

1960년대	• 노동 집약적 경공업 발달 • 서울, 부산, 대구 등의 대도시를 중심으로 발달
1970 ~1980년대	• 정부의 중화학 공업 육성 정책 추진 → 자본 및 기술 집약적 중화학 공업 발달 및 성장 • 원료 수입과 제품 수출에 유리한 남동 임해 지역을 중심으로 발달
1990년대 이후	• 부가 가치가 높은 기술·지식 집약적 첨단 산업 성장 • 생산 공장의 해외 이전, 탈공업화 진행

📝 제철, 석유 화학, 자동차, 조선 공업

└→ 📝 반도체, 컴퓨터, 신소재, 생명 공학 산업

2. 우리나라 공업의 주요 특색

(1) **공업 구조의 고도화** : 노동 집약적 경공업 → 자본 및 기술 집약적 중화학 공업 → 기술 및 지식 집약적 첨단 산업 중심으로 공업 구조가 고도화됨

(2) **공업의 지역적 편재** : 정부의 수출 지향 정책으로 수도권과 영남권을 중심으로 산업 시설 편중 → 불균형 문제 발생

(3) **공업의 이중 구조** : 정부 지원이 대기업에 집중 → 대기업이 중소기업보다 사업체 수는 적지만, 생산액 비중은 훨씬 높아 중소기업과 격차가 매우 심함

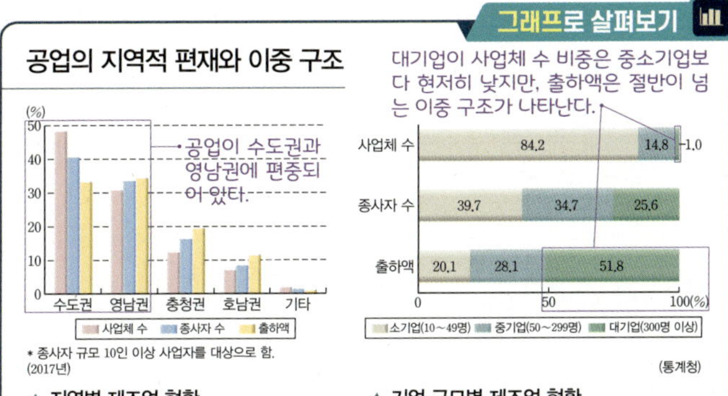

• 지역별 제조업 현황을 나타낸 그래프를 보면 수도권과 영남권에 전체 제조업 사업체 수, 종사자 수, 출하액의 50% 이상이 집중되어 있는 것을 알 수 있다. 이는 우리나라 **공업의 지역적 편재**를 잘 나타낸다.
• 기업 규모별 제조업 현황을 나타낸 그래프를 보면 300명 이상의 대기업 사업체 수 비율은 1.0%에 불과한데, 종사자 수 비율과 출하액 비율은 상당히 높게 나타난다는 것을 알 수 있다. 이는 대기업과 중소기업의 격차가 커 **공업의 이중 구조**가 나타나고 있음을 잘 나타낸다.

3. 공업의 입지 유형

원료 지향형	• 제조 과정에서 원료 무게나 부피가 감소하는 공업, 원료가 쉽게 부패 또는 변질되는 공업 • 📝 시멘트, 통조림 등
시장 지향형	• 제조 과정에서 원료 무게나 부피가 증가하는 공업, 제품이 변질·파손되기 쉬운 공업, 소비자와 잦은 접촉이 필요한 공업 • 📝 가구, 제빙, 제과, 인쇄 등
적환지 지향형	• 부피가 크거나 무거운 원료를 해외에서 수입하는 공업 • 📝 제철, 정유 등
노동 지향형	• 생산비에서 노동비가 차지하는 비율이 큰 공업 • 📝 섬유, 의복, 신발 등
집적 지향형	• 한 가지 원료로 여러 제품을 생산하는 공업, 제품 생산에 많은 부품이 필요한 조립형 공업 • 📝 석유 화학, 자동차, 조선 등
입지 자유형	• 운송비에 비해 부가 가치가 큰 공업 • 📝 반도체, 컴퓨터 등

4. 공업 지역의 형성과 변화

(1) 우리나라의 주요 공업 지역

수도권 공업 지역	• 풍부한 자본과 노동력, 넓은 소비 시장을 바탕으로 최대의 종합 공업 지역으로 발달 • 최근 집적 불이익 현상 심화 → 충청권으로 분산
태백산 공업 지역	• 풍부한 지하자원을 바탕으로 원료 지향형 공업 발달 • 불편한 교통, 소비 시장과 먼 거리 → 공업 비중 낮음
충청 공업 지역	• 편리한 육상 교통, 수도권에 인접한 지리적 위치 → 수도권에서 공장 이전 활발, 최근 빠르게 성장 • 해안은 중화학 공업, 내륙은 첨단 산업이 주로 발달
영남 내륙 공업 지역	풍부한 노동력을 바탕으로 섬유·전자 조립 공업 등의 경공업 발달, 최근 첨단 산업 지역으로 변모 노력
호남 공업 지역	• 중국과 가까워 대중국 교역의 거점 지역으로 성장 • 지역적 불균형 문제 해소를 위해 공업 단지 조성
남동 임해 공업 지역	원료 수입과 제품 수출에 유리한 조건, 정부의 정책적 지원을 바탕으로 최대의 중화학 공업 지역으로 성장

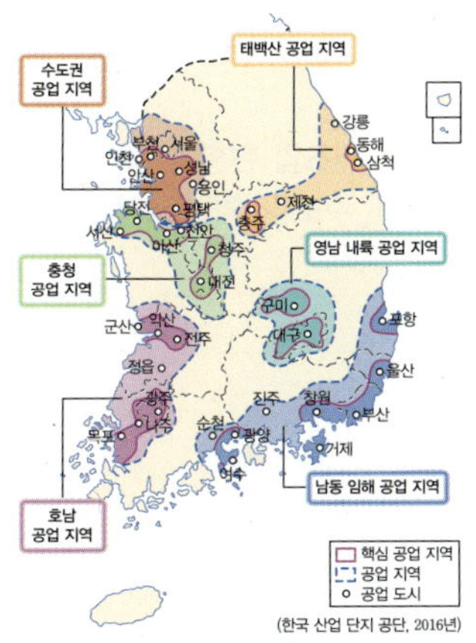

(2) 우리나라 공업 지역의 변화

┌→ 형성 → 일자리 창출, 인구 증가, 지역 경제 활성화
└→ 쇠퇴 → 실업률 증가, 지역 경제 위축

원인	내용
집적 불이익	교통 혼잡, 환경오염 등 집적 불이익이 발생하여 공업 지역 분산 📝 수도권과 남동 임해 공업 지역
정부의 정책	정부의 산업 단지 조성, 균형 개발 정책 → 분산 도모
교통·통신 발달	운송비가 공업 입지에 끼치는 영향이 감소하여 입지 가능 지역 확대 📝 공장의 해외 이전
기업 조직의 성장	공간적 분업이 나타남 → 본사·연구소는 대도시, 생산 공장은 지방이나 해외로 이전하여 분산 입지
지식 기반 산업의 발달	연구·개발 정보와 고급 인력 확보 등이 용이한 수도권을 중심으로 지식 기반 산업 발달

핵심 개념 CHECK!

• 정답 및 해설 045쪽

빈칸에 알맞은 말을 쓰시오.

01 그래프는 농촌 인구 구조의 변화를 나타낸 것이다. A~C에 해당하는 연령층은? (단, 유소년층, 청장년층, 노년층만 고려함.)

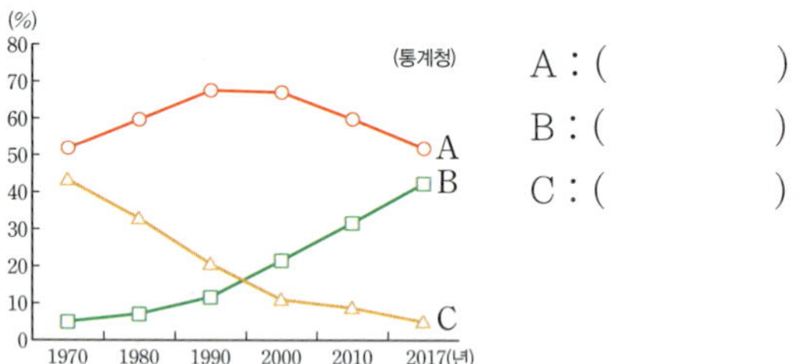

A : (　　　　　　)
B : (　　　　　　)
C : (　　　　　　)

02 지도는 도별 주요 작물 재배 면적 비중을 나타낸 것이다. A~D에 해당하는 작물은? (단, 과수, 맥류, 벼, 채소만 고려함.)

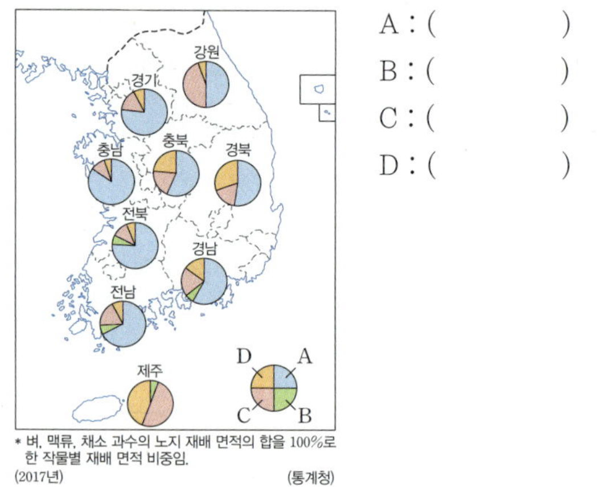

* 벼, 맥류, 채소 과수의 노지 재배 면적의 합을 100%로 한 작물별 재배 면적 비중임.
(2017년)　　(통계청)

A : (　　　　　　)
B : (　　　　　　)
C : (　　　　　　)
D : (　　　　　　)

03 그래프는 지역별 제조업 현황을 나타낸 것이다. A~D에 해당하는 권역은? (단, 수도권, 영남권, 충청권, 호남권만 고려함.)

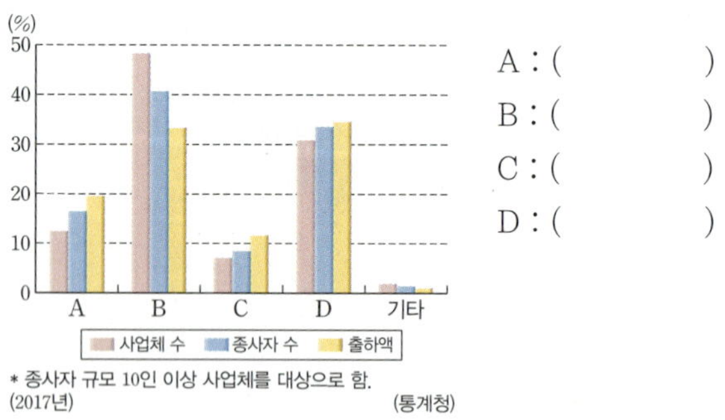

* 종사자 규모 10인 이상 사업체를 대상으로 함.
(2017년)　　(통계청)

A : (　　　　　　)
B : (　　　　　　)
C : (　　　　　　)
D : (　　　　　　)

04 그래프는 기업 규모별 제조업 현황을 나타낸 것이다. A~C에 해당하는 기업은? (단, 대기업, 소기업, 중기업만 고려함.)

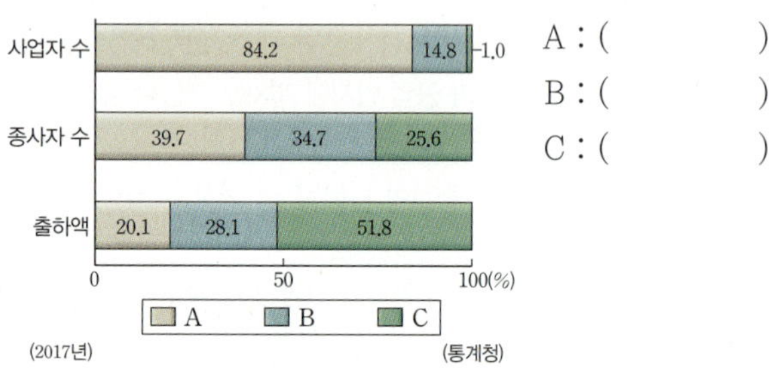

(2017년)　　(통계청)

다음의 설명이 맞으면 'O', 틀리면 'X'에 표시하시오.

05 농업 입지 요인에서 자연적 요인의 영향은 작아지고, 사회·경제적 요인의 영향이 커지고 있다. ○ ×

06 농촌 인구는 1970~2017년에 유소년층 인구 비율이 감소하고 노년층 인구 비율이 증가하였다. ○ ×

07 (함정) 농가 수 감소율보다 경지 면적의 감소율이 커서 농가당 경지 면적은 감소하였다. ○ ×

08 근교 농촌 지역을 중심으로 상품 작물의 재배 면적이 증가 추세에 있다. ○ ×

09 벼의 지역 내 재배 면적 비율이 가장 높은 지역은 제주이다. ○ ×

10 맥류는 주로 벼의 그루갈이 작물로 재배된다. ○ ×

11 강원은 전남보다 경지 면적에서 채소의 재배 면적이 차지하는 비율이 높다. ○ ×

12 농업의 부가 가치 향상 방안으로 지리적 표시제, 농산물 브랜드화 등을 들 수 있다. ○ ×

13 1960년대에는 풍부한 저임금 노동력을 바탕으로 노동 집약적 경공업이 발달하였다. ○ ×

14 우리나라의 제조업 출하액이 가장 많은 권역은 충청권이다. ○ ×

15 (함정) 영남권은 수도권보다 제조업 사업체당 출하액이 많다. ○ ×

16 우리나라의 대기업은 사업체 수가 적지만 제조업 출하액과 종사자 수 비율이 높아 공업의 이중 구조가 나타난다. ○ ×

17 (함정) 우리나라는 현재 기술, 지식 집약적인 첨단 산업이 발달하였고 공업화가 빠르게 진행되고 있다. ○ ×

18 시멘트, 통조림 제조업은 시장 지향형 공업에 해당한다. ○ ×

19 한 가지 원료로 여러 제품을 생산하는 공업은 집적 지향형 공업에 해당하는 경우가 많다. ○ ×

20 제철, 정유 공업은 적환지 지향형 공업에 해당한다. ○ ×

21 (함정) 우리나라 최대의 종합 공업 지역은 남동 임해 공업 지역이다. ○ ×

22 호남 공업 지역은 대중국 교역의 거점 지역으로 성장하고 있다. ○ ×

23 태백산 공업 지역은 풍부한 지하자원을 바탕으로 원료 지향형 공업이 발달하였다. ○ ×

24 수도권 공업 지역과 남동 임해 공업 지역에서 공업 집중에 따른 집적 불이익이 발생하고 있다. ○ ×

주요 제조업의 출하액이 가장 많은 지역은 어디일까?

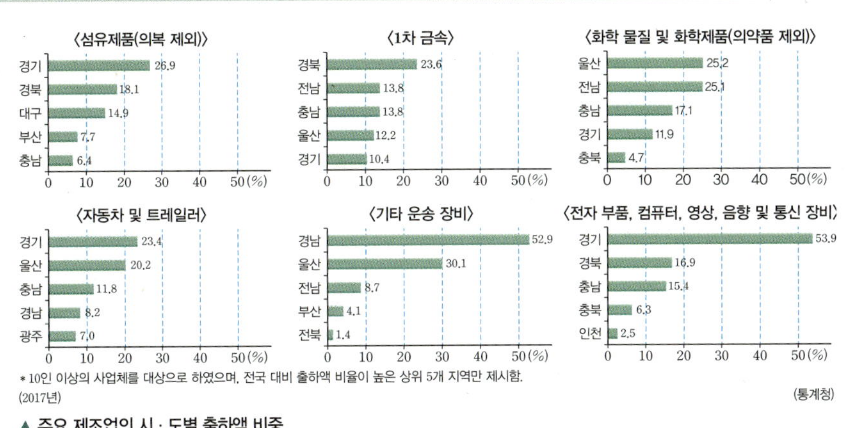

▲ 주요 제조업의 시·도별 출하액 비중

- 노동 집약적 경공업인 **섬유제품(의복 제외) 제조업**은 경기, 경북, 대구, 부산, 충남의 출하액이 많으며, 제조업 발달이 미약한 대구에서 특화되어 있다.
- 철강 등을 생산하는 **1차 금속 제조업**은 대규모 제철소가 입지한 경북(포항), 전남(광양), 충남(당진), 울산에서 출하액이 많다.
- **화학 물질 및 화학제품(의약품 제외) 제조업**은 석유 화학 공업이 발달한 울산, 전남(여수), 충남(서산)에서 출하액이 많다. 이 제조업은 생산비 대비 원료비 비율이 높고, 공정의 대부분이 자동화된 장치 산업에 해당하여 사업체당 종사자 수가 다른 대규모 공업에 비해 적다.
- **자동차 및 트레일러 제조업**은 경기(화성, 평택), 울산, 충남(아산), 경남, 광주에서 출하액이 많다. 이 제조업은 많은 부품을 필요로 하므로 관련 공업의 집적이 크게 이루어져 있다.
- **기타 운송 장비 제조업**에는 선박을 제조하는 조선업이 포함돼 대규모 조선소가 위치한 경남(거제)의 출하액 비율이 50%를 넘는다. 이 밖에 울산, 전남(영암)의 출하액이 많은 편이다.
- 부가 가치가 큰 **전자 부품·컴퓨터·영상·음향 및 통신 장비 제조업**은 첨단 산업이 발달한 수도권의 경기와 경북(구미), 충남(아산)에서 출하액이 많다.

Q1 다음 물음에 해당하는 지역을 아래 지도의 A~H에서 골라 쓰시오.

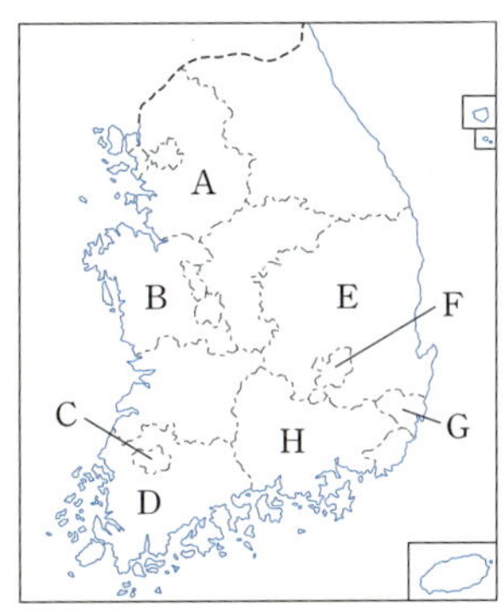

(1) 광역시 중에서 섬유제품 제조업의 출하액이 가장 많은 지역은? (   )
(2) 대규모 제철소가 위치하여 1차 금속 제조업의 출하액이 많은 상위 3개 시·도는?
(   ), (   ), (   )
(3) 석유 화학 공업이 발달해 화학 물질 및 화학 제품 제조업의 출하액이 많은 상위 3개 시·도는? (   ), (   ), (   )
(4) 광역시 중 울산 다음으로 자동차 및 트레일러 제조업 출하액이 많은 지역은?(   )
(5) 기타 운송 장비 제조업의 출하액이 가장 많은 시·도는? (   )
(6) 전자 부품·컴퓨터·영상·음향 및 통신 장비 제조업의 출하액이 많은 상위 3개 시·도는?
(   ), (   ), (   )

Q2 그래프는 주요 제조업의 시·도별 출하액 비중을 나타낸 것이다. 이를 보고 괄호 안의 내용 중 알맞은 말을 고르시오.

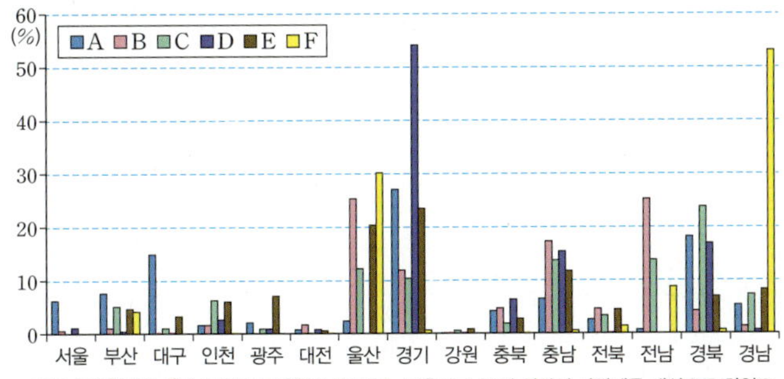

(1) A는 경기, 경북, 대구의 출하액 비율이 높은 것으로 보아 (섬유제품 / 자동차 및 트레일러) 제조업이다.
(2) B는 울산, 전남, 충남의 출하액 비율이 높은 것으로 보아 (화학 물질 및 화학 제품 / 자동차 및 트레일러) 제조업이다.
(3) C는 경북, 전남, 충남의 출하액 비율이 높은 것으로 보아 (화학 물질 및 화학 제품 / 1차 금속) 제조업이다.
(4) D는 경기, 경북, 충남의 출하액 비율이 높은 것으로 보아 (섬유제품 / 전자 부품·컴퓨터·영상·음향 및 통신 장비) 제조업이다.
(5) E는 경기, 울산, 충남의 출하액 비율이 높은 것으로 보아 (기타 운송 장비 / 자동차 및 트레일러) 제조업이다.
(6) F는 경남, 울산, 전남의 출하액 비율이 높은 것으로 보아 (기타 운송 장비 / 자동차 및 트레일러) 제조업이다.

WHERE & WHY 정답 Q1 (1) F (2) E, D, B (3) G, D, B (4) C (5) H (6) A, E, B　Q2 (1) 섬유제품 (2) 화학 물질 및 화학제품 (3) 1차 금속 (4) 전자 부품·컴퓨터·영상·음향 및 통신 장비 (5) 자동차 및 트레일러 (6) 기타 운송 장비

주제 1　우리나라 농업의 특징과 변화

족집게 전략 | 각 도의 농업 특징을 나타낸 자료를 토대로 어느 도에 해당하는지 판별한 후 해당 도의 특징을 묻는 문제가 주로 출제된다. 따라서 각 도의 겸업 및 전업농가 수 비율, 시설 작물 재배 면적 비율, 경지율, 경지 면적, 작물별 재배 면적 비율 등을 중심으로 학습해야 한다.

225 　대표 문항

| 평가원 기출 |

(가)~(라) 지역에 대한 옳은 설명만을 〈보기〉에서 고른 것은? (단, (가)~(라)는 경기, 강원, 전남, 제주 중 하나임.)

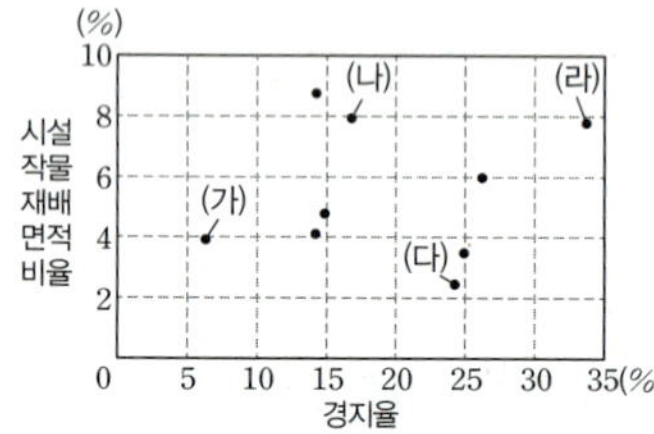
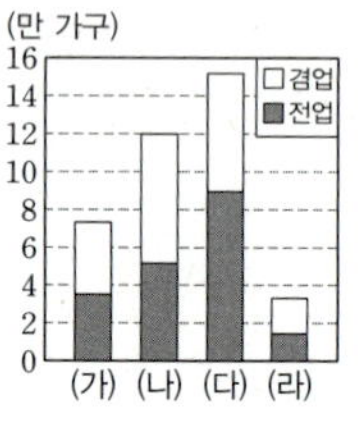

* 경지율은 지역의 총면적에서 경지 면적이 차지하는 비율임.
** 시설 작물 재배 면적 비율은 지역 내 경지 면적에서 시설 작물 재배 면적이 차지하는 비율임.
(2016년)　　(통계청)

〈보기〉
ㄱ. (가)는 (라)보다 과실 생산량이 많다.
ㄴ. (나)는 (가)보다 노지 채소 재배 면적이 넓다.
ㄷ. (다)는 (나)보다 쌀 생산량이 많다.
ㄹ. (다)는 (라)보다 경지 면적 중 논 비율이 높다.

① ㄱ, ㄴ　② ㄱ, ㄷ　③ ㄴ, ㄷ　④ ㄴ, ㄹ　⑤ ㄷ, ㄹ

 **한줄 Tip** 시설 작물 재배 면적 비율, 경지율, 겸업농가 수 비율이 가장 높거나 낮은 지역부터 찾아내자!

226

| 평가원 기출 |

그래프는 지도에 표시된 네 지역의 농업 특성을 나타낸 것이다. (가)~(라) 지역에 대한 설명으로 옳은 것은?

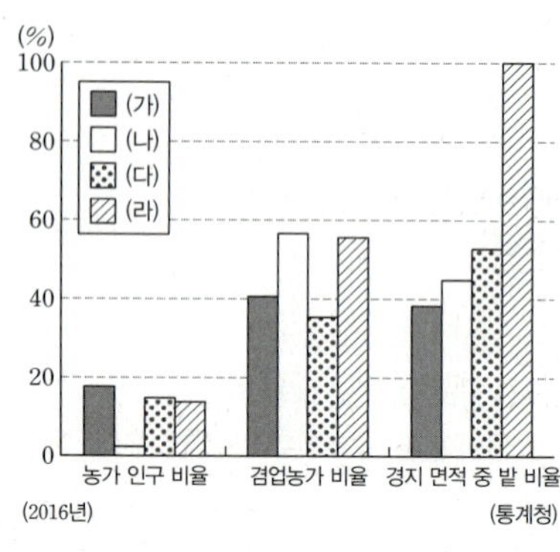
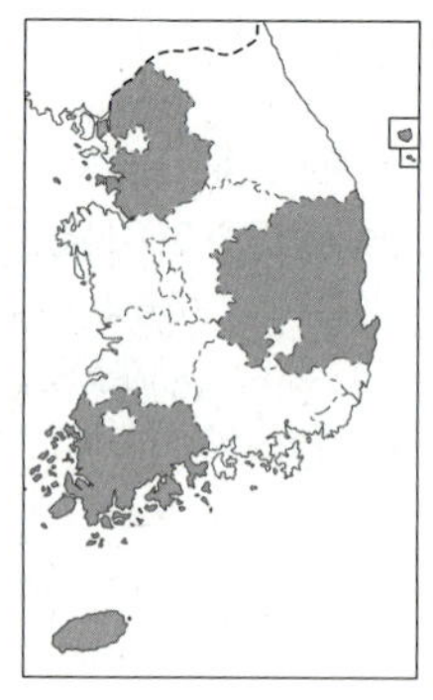

① (가)는 (나)보다 농가당 경지 면적이 좁다.
② (나)는 (다)보다 과수 재배 면적이 좁다.
③ (다)는 (라)보다 농가 인구가 적다.
④ (라)는 (가)보다 맥류 재배 면적이 넓다.
⑤ 쌀 생산량은 (나)>(다)>(가)>(라) 순으로 많다.

227

그래프의 (나) 지역과 비교한 (가) 지역의 상대적 특징을 그림의 A~E에서 고른 것은?

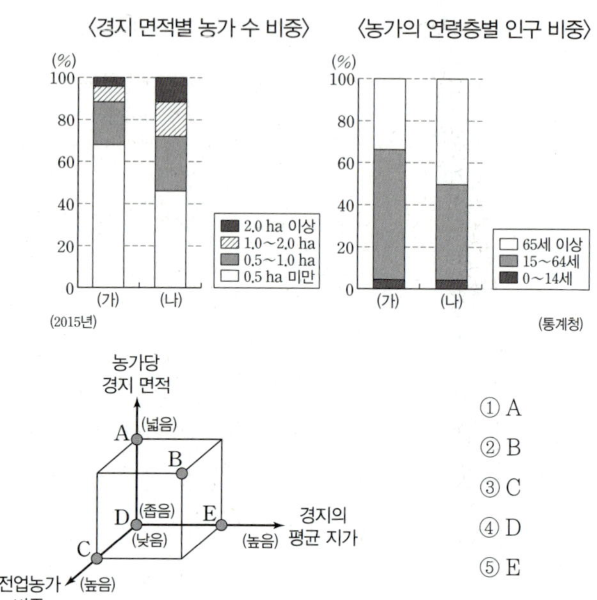

① A
② B
③ C
④ D
⑤ E

228

그래프는 우리나라 농촌의 변화를 나타낸 것이다. 1976년과 비교한 2016년의 상대적 특징만을 〈보기〉에서 있는 대로 고른 것은?

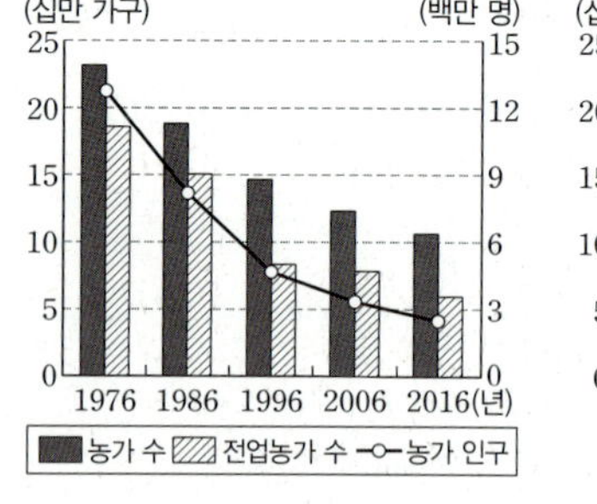
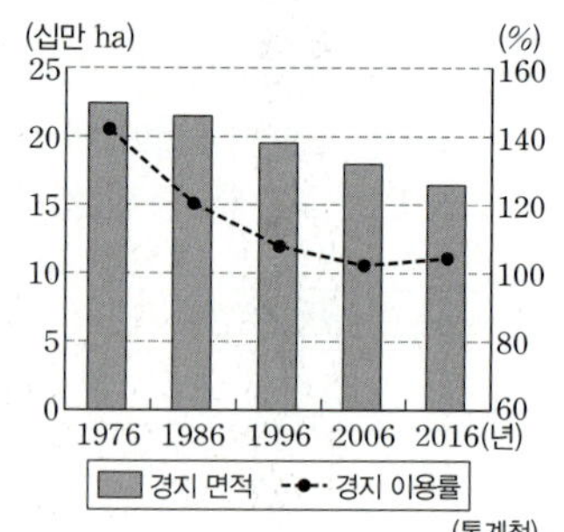

〈보기〉
ㄱ. 농가당 인구가 많다.
ㄴ. 그루갈이 면적이 넓다.
ㄷ. 농가당 경지 면적이 넓다.
ㄹ. 겸업농가 수 비율이 높다.

① ㄱ, ㄴ　　② ㄴ, ㄷ　　③ ㄷ, ㄹ
④ ㄱ, ㄴ, ㄹ　　⑤ ㄱ, ㄷ, ㄹ

229

그래프에 대한 설명으로 옳은 것은? (단, (가)~(다), A~C는 각각 경기, 전남, 제주 중 하나임.)

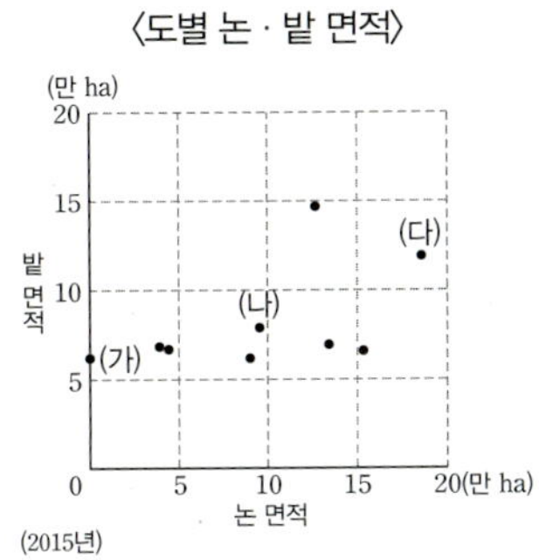

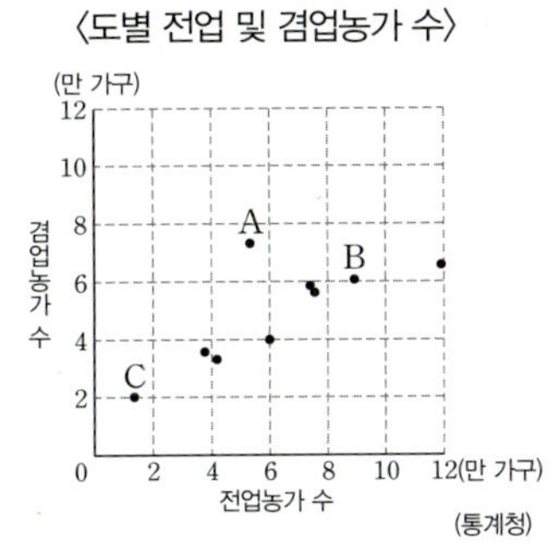

① (가)는 (나)보다 총 농가 수가 많다.

② (나)는 (다)보다 총 농가 수 대비 겸업농가 수 비율이 높다.

③ A는 B보다 총 경지 면적이 넓다.

④ B는 C보다 총 경지 면적 대비 밭 면적 비율이 높다.

⑤ (가)와 C, (나)와 B, (다)와 A는 서로 동일한 지역이다.

230

그래프는 지도에 표시된 세 지역의 영농 형태별 농가 수 비율을 나타낸 것이다. (가)~(다) 지역에 대한 옳은 설명만을 〈보기〉에서 있는 대로 고른 것은?

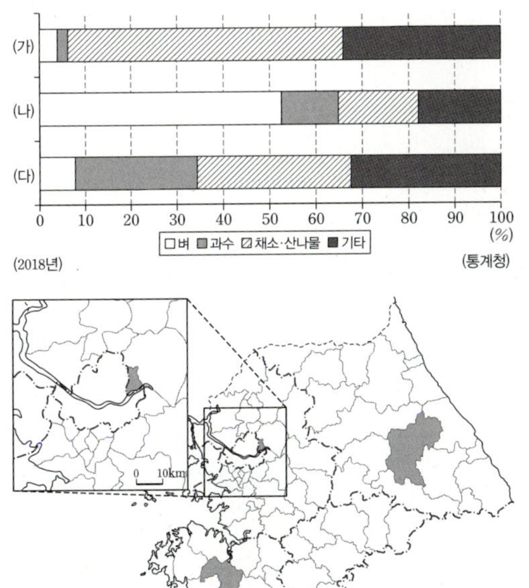

① ㄱ, ㄴ ② ㄴ, ㄷ ③ ㄷ, ㄹ

④ ㄱ, ㄴ, ㄹ ⑤ ㄱ, ㄷ, ㄹ

231

그래프에 대한 설명으로 옳지 않은 것은?

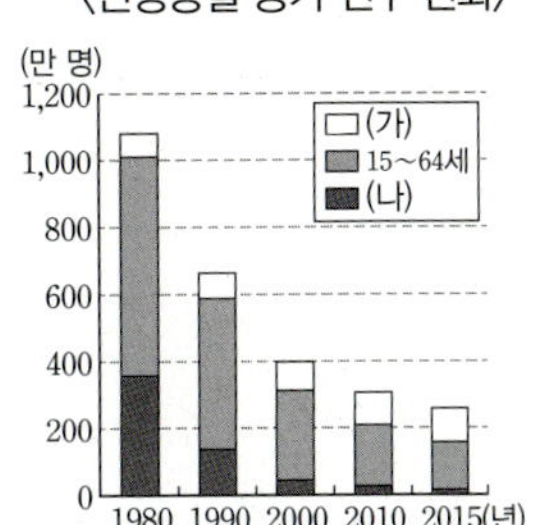

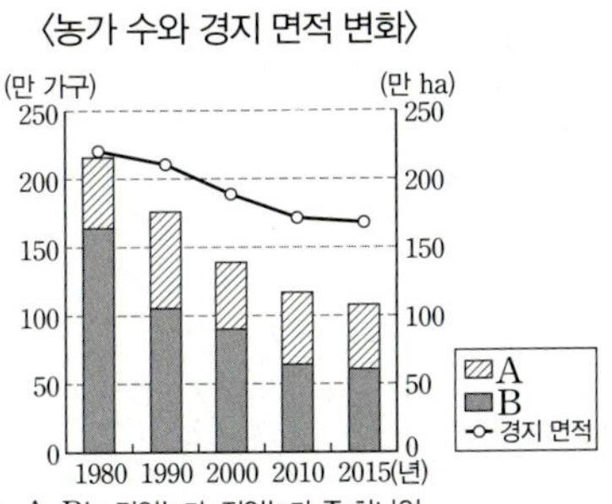

① 농가 인구는 1980~2015에 감소하였다.

② 농가의 노령화 지수는 2015년에 100을 넘는다.

③ 농가당 경지 면적은 1980년보다 2015년에 넓다.

④ (가)는 노년층 인구, (나)는 유소년층 인구에 해당한다.

⑤ B는 A보다 농가 소득원의 다양성이 높다.

232 고난도 ↑ | 평가원 기출 |

다음 자료에 대한 설명으로 옳은 것은? (단, (가)~(다)는 강원, 전남, 충북 중 하나이며, A~C는 과수, 맥류, 채소 중 하나임.)

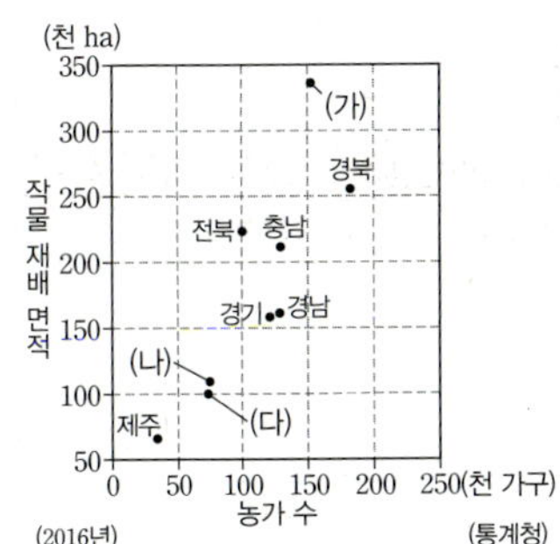

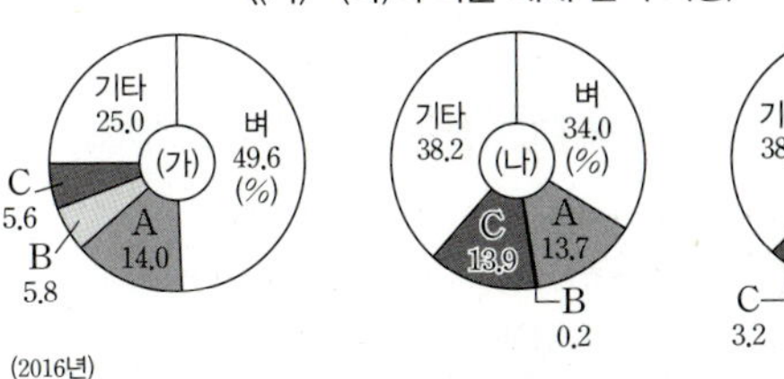

① (가)는 전남, (나)는 강원이다.

② 농가당 작물 재배 면적은 (다)가 (가)보다 넓다.

③ (가)~(다) 중 채소 재배 면적은 전남이 가장 넓다.

④ 도내 과수 재배 면적 비중은 강원이 충북보다 높다.

⑤ 도내 맥류 재배 면적 비중은 충북이 전남보다 높다.

[233~234] 그래프는 각 도의 작물별 재배 면적 비율을 나타낸 것이다. 이를 보고 물음에 답하시오.

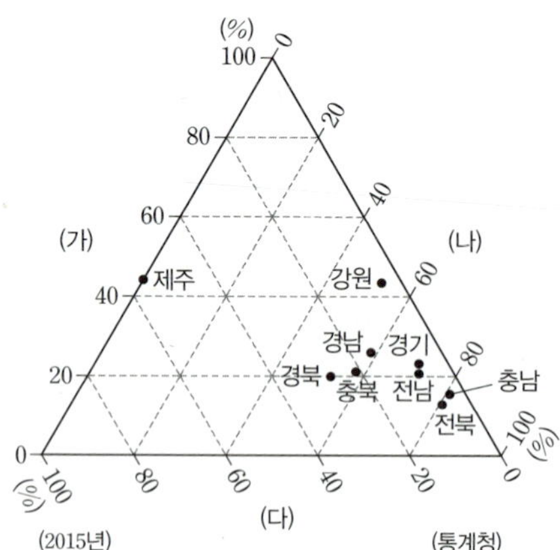

* 각 도의 세 작물 재배 면적의 합을 100%로하여 작물별 재배 면적 비중을 나타낸 것임.

233

그래프의 (가)~(다) 작물로 옳은 것은?

	(가)	(나)	(다)
①	벼	채소	과수
②	과수	벼	채소
③	과수	채소	벼
④	채소	벼	과수
⑤	채소	과수	벼

234

위 그래프의 (가)~(다) 작물에 대한 옳은 설명만을 〈보기〉에서 있는 대로 고른 것은?

〈보기〉

ㄱ. (가)는 (나)보다 논에서 재배되는 비율이 높다.
ㄴ. (나)는 (다)보다 영농의 기계화에 유리하다.
ㄷ. (가), (다)는 최근 1인당 연간 소비량이 감소 추세에 있다.
ㄹ. (가)~(다) 중에서 전국의 재배 면적은 (나)가 가장 넓다.

① ㄱ, ㄷ   ② ㄴ, ㄷ   ③ ㄴ, ㄹ
④ ㄱ, ㄴ, ㄹ   ⑤ ㄱ, ㄷ, ㄹ

235

표의 (가)~(다) 지역을 지도의 A~C에서 고른 것은?

(단위 : %)

지역	농가 인구 비율	과수 재배 면적 비율	겸업농가 비율
(가)	13.6	4.8	57.9
(나)	16.0	33.4	35.6
(다)	8.9	6.1	40.1

* 겸업농가 비율은 해당 지역 내이고, 과수 재배 면적 비율과 농가 인구 비율은 전국 대비임.
(2015년)   (통계청)

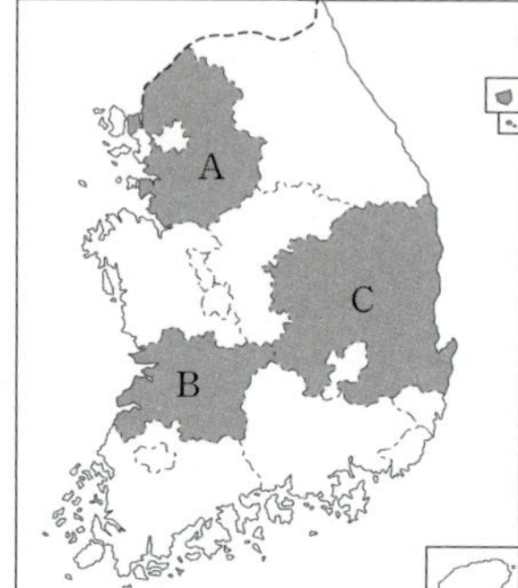

	(가)	(나)	(다)
①	A	B	C
②	A	C	B
③	B	C	A
④	C	A	B
⑤	C	B	A

236 고난도 ↑

| 평가원 기출 |

그래프에 대한 설명으로 옳은 것은? (단, (가)~(다)는 경북, 전북, 충남 중 하나이며, A~C는 과실, 맥류, 쌀 중 하나임.)

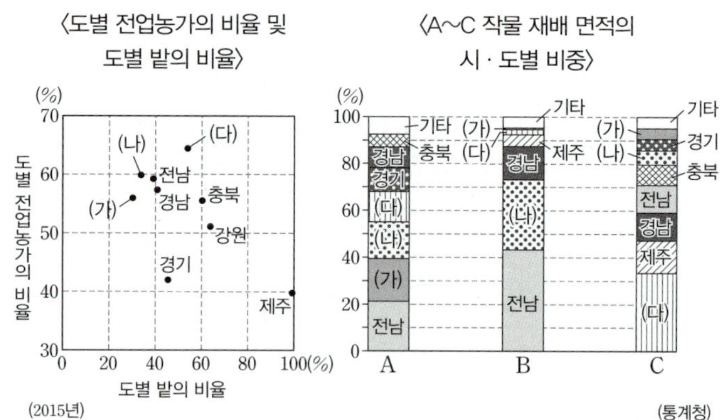

① 경북의 맥류 재배 면적은 전북보다 넓다.
② 전북의 과실 재배 면적은 충북보다 넓다.
③ 경지 면적 중 논의 비율은 전북이 충남보다 높다.
④ 밭의 비율이 가장 낮은 도는 전국에서 쌀의 재배 면적이 가장 넓다.
⑤ 전업농가의 비율이 가장 높은 도는 전국에서 과실 재배 면적이 가장 넓다.

237

그래프는 세 도(道)의 A~C 작물 재배 면적을 나타낸 것이다. 이에 대한 옳은 설명만을 〈보기〉에서 있는 대로 고른 것은? (단, (가)~(다)는 강원, 경북, 전남 중 하나이며, A~C는 과수, 식량 작물, 채소 중 하나임.)

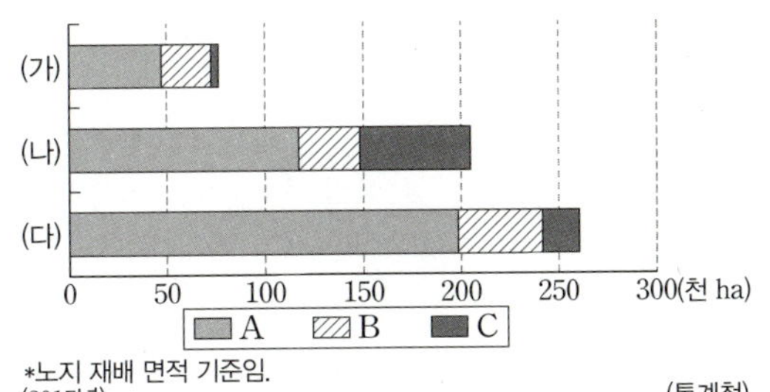

보기
ㄱ. 근교 농업 지역은 전통 농업 지역보다 경지 면적 대비 A의 재배 면적 비율이 높다.
ㄴ. B는 주로 논에서 재배된다.
ㄷ. 경북은 강원보다 C의 재배 면적이 넓다.
ㄹ. A는 식량 작물, B는 채소, C는 과수이다.

① ㄱ, ㄴ ② ㄴ, ㄷ ③ ㄷ, ㄹ
④ ㄱ, ㄴ, ㄹ ⑤ ㄱ, ㄷ, ㄹ

238

그래프에 대한 설명으로 옳은 것은? (단, (가)~(다), A~C는 각각 과실, 맥류, 벼 중 하나임.)

〈(가)~(다)의 전국 생산량 변화〉

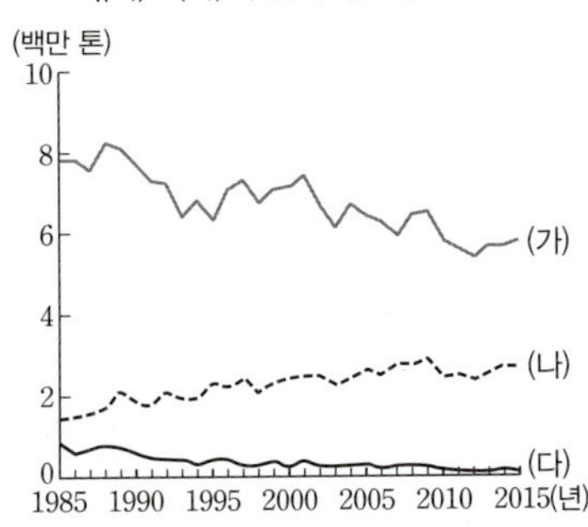

〈A~C의 지역별 생산량 비율〉

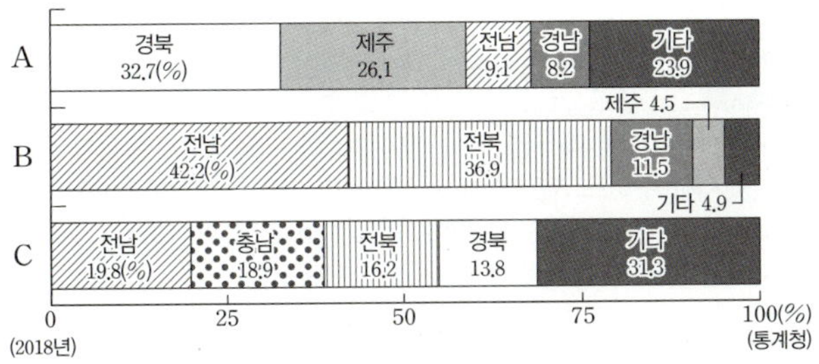

① (가)는 (나)보다 밭에서 많이 재배된다.
② (다)는 주로 (나)의 그루갈이 작물로 재배된다.
③ B는 C보다 자급률이 높다.
④ 1985~2015년에 A의 생산량은 증가 추세, B의 생산량은 감소 추세에 있다.
⑤ (가)와 C, (나)와 B, (다)와 A는 서로 동일한 작물이다.

239 고난도 | 평가원 기출 |

자료에 대한 설명으로 옳은 것은? (단, A~C는 벼, 과수, 채소 중 하나임.)

〈도별 농가 수 및 겸업농가 비율〉

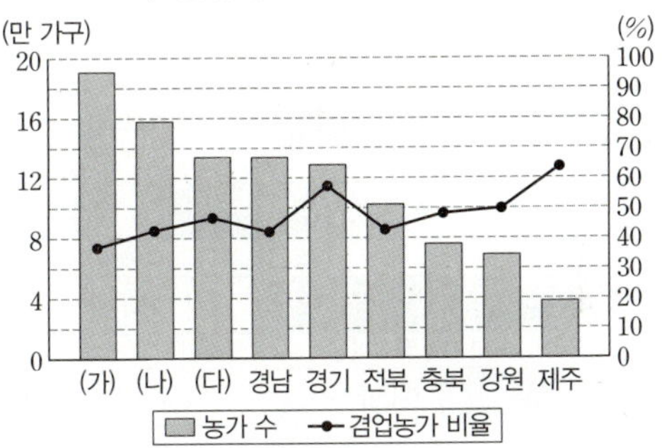

〈A~C 작물 재배 면적의 도별 비중〉

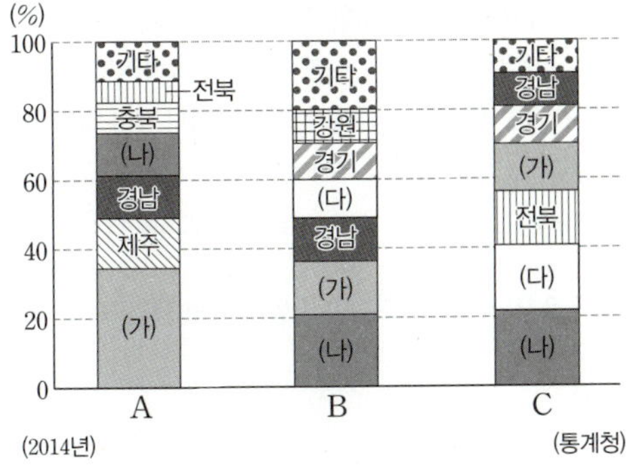

① 전체 겸업농가는 전업농가보다 많다.
② 농가가 가장 많은 도는 벼 재배 면적이 가장 넓다.
③ 전업농가가 가장 많은 도는 채소 재배 면적이 가장 넓다.
④ 경북의 벼 재배 면적은 충남보다 넓다.
⑤ 전남의 채소 재배 면적은 경남보다 넓다.

주제 2 우리나라 공업의 발달과 변화

족집게 전략 | 주요 제조업의 지역별 출하액, 사업체 수, 종사자 수 비율을 제시하여 어느 제조업에 해당하는지 파악한 후 해당 제조업 또는 해당 지역의 특징을 묻는 문제가 주로 출제된다. 따라서 각 제조업의 지역별 분포, 특징 등을 중심으로 학습해야 한다.

240 대표 문항

| 평가원 기출 |

(가)~(다) 제조업의 특성에 대한 설명으로 옳은 것은? (단, (가)~(다)는 자동차 및 트레일러, 전자 부품·컴퓨터·영상·음향 및 통신 장비, 1차 금속 중 하나임.)

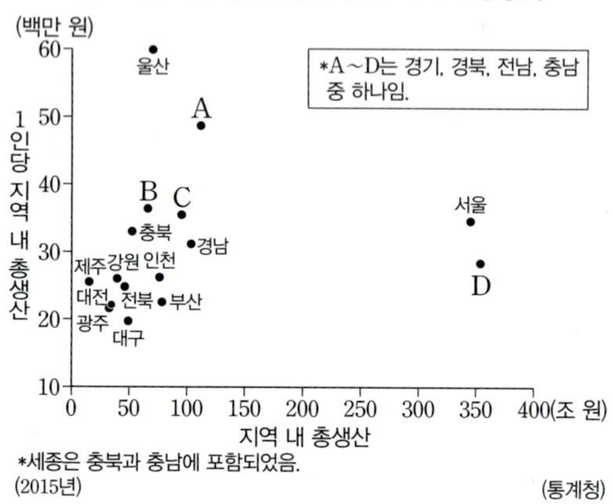
〈시·도별 지역 내 총생산과 1인당 지역 내 총생산〉

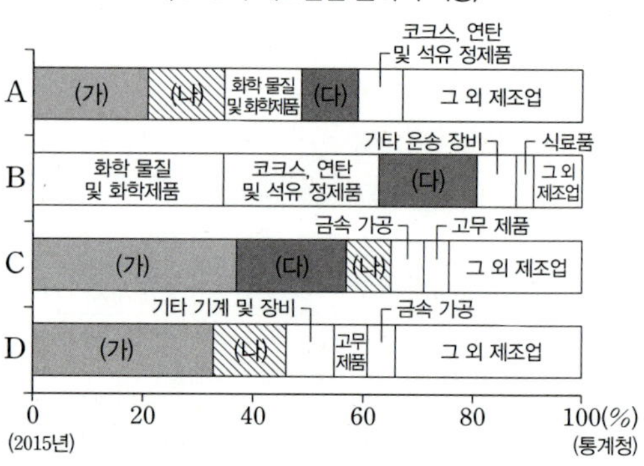
〈A~D의 제조업별 출하액 비중〉

① (가)는 계열화된 공정이 필요한 집적 지향형 제조업이다.

② (나)는 1970년대 우리나라의 수출 주력 제조업이었다.

③ (다)는 운송비에 비해 부가 가치가 크며 입지가 자유로운 제조업이다.

④ (가)는 (나)보다 최종 제품의 무게가 무겁고 부피가 크다.

⑤ (다)에서 생산된 최종 제품은 (나)의 주요 재료로 이용된다.

한줄 Tip 울산과 같은 대표적인 공업 도시의 공업 특징부터 파악하는 것이 좋아!

241

그래프는 (가)~(다) 제조업의 권역별 출하액 비중을 나타낸 것이다. 이에 해당하는 업종을 고른 것은? (단, A, B는 각각 수도권, 영남권 중 하나임.)

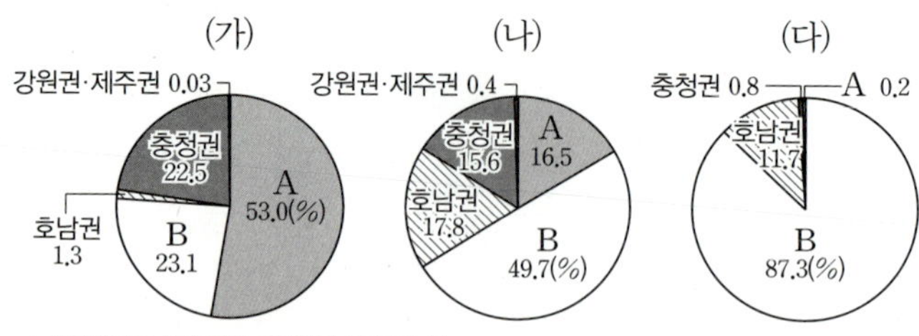

* 종사자 규모 10인 이상 사업체를 대상으로 함.
** '전자'는 전자 부품·컴퓨터·영상·음향 및 통신 장비를 의미함.
*** '기타 운송 장비' 제조업은 '선박 및 보트 건조업'이 대부분임.
(2016년)
(통계청)

	(가)	(나)	(다)
①	전자	1차 금속	기타 운송 장비
②	전자	기타 운송 장비	1차 금속
③	1차 금속	전자	기타 운송 장비
④	1차 금속	기타 운송 장비	전자
⑤	기타 운송 장비	1차 금속	전자

242

그래프는 세 지역의 주요 제조업별 생산액 비율을 나타낸 것이다. A~D 제조업에 대한 설명으로 옳은 것은? (단, A~D 제조업은 1차 금속, 자동차 및 트레일러, 전자 부품·컴퓨터·영상·음향 및 통신 장비, 코크스·연탄 및 석유 정제품 제조업 중 하나임.)

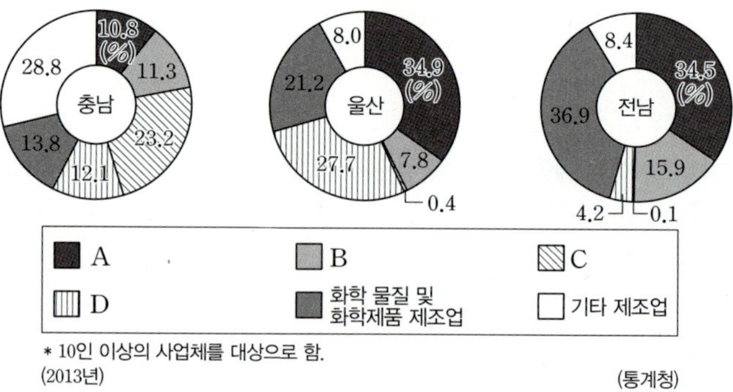

* 10인 이상의 사업체를 대상으로 함.
(2013년)
(통계청)

① A는 관련 산업의 집적이 크게 이루어진 종합 조립 제조업이다.

② A는 C보다 생산비에서 원료비가 차지하는 비율이 낮다.

③ C의 최종 제품은 B의 주원료로 이용된다.

④ C는 D보다 최종 제품의 무게가 무겁고 부피가 크다.

⑤ D는 A보다 사업체당 종사자 수가 많다.

243

지도는 두 제조업의 시·도별 종사자 수와 비율을 나타낸 것이다. (가), (나) 제조업에 대한 옳은 설명만을 〈보기〉에서 있는 대로 고른 것은? (단, (가), (나)는 1차 금속, 섬유제품(의복 제외), 자동차 및 트레일러 제조업 중 하나임.)

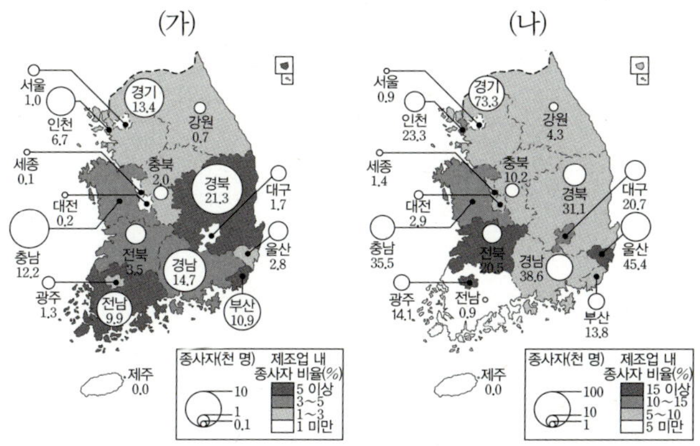

보기
ㄱ. (가)는 많은 부품을 필요로 하는 종합 조립 제조업이다.
ㄴ. (나)는 1960년대 우리나라의 공업 발달을 선도하였다.
ㄷ. (가)의 최종 제품은 (나)의 주원료로 이용된다.
ㄹ. (가)는 (나)보다 생산비에서 원료비가 차지하는 비율이 높다.

① ㄱ, ㄴ   ② ㄴ, ㄷ   ③ ㄷ, ㄹ
④ ㄱ, ㄴ, ㄹ   ⑤ ㄱ, ㄷ, ㄹ

244

그래프는 세 지역의 주요 제조업별 종사자 수 비율을 나타낸 것이다. (가)~(라) 제조업에 대한 설명으로 옳은 것은? (단, (가)~(라)는 1차 금속, 자동차, 전자 부품, 화학 제조업 중 하나임.)

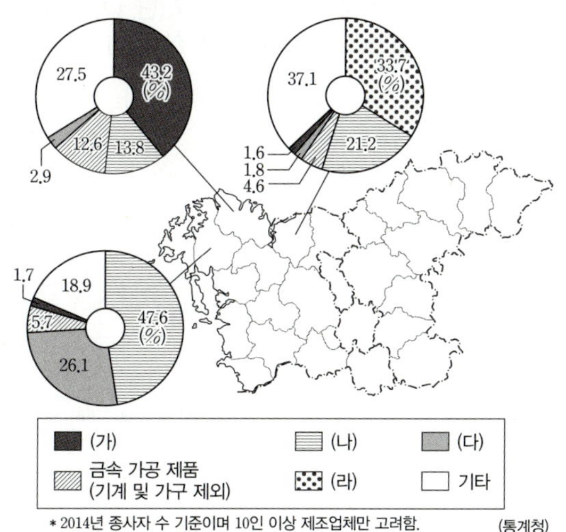

* 2014년 종사자 수 기준이며 10인 이상 제조업체만 고려함.
** 화학 물질 및 화학제품에서 의약품은 제외함.   (통계청)

① (가)는 운송비에 비해 부가 가치가 큰 입지 자유형 공업이다.
② (나)의 최종 제품은 (다)의 주원료로 이용된다.
③ (다)의 대규모 생산 공장은 주로 내륙에 입지한다.
④ (라)는 대량의 원료를 수입하는 적환지 지향형 공업이다.
⑤ (라)는 (가)보다 수도권의 출하액이 많다.

245

그래프는 권역별 제조업 사업체 수 및 출하액 비율 변화를 나타낸 것이다. (가)~(라) 권역에 대한 옳은 설명만을 〈보기〉에서 고른 것은? (단, (가)~(라)는 수도권, 영남권, 충청권, 호남권 중 하나임.)

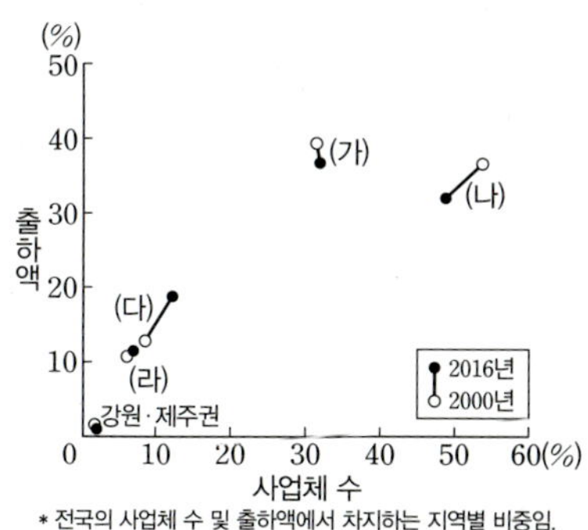

* 전국의 사업체 수 및 출하액에서 차지하는 지역별 비중임.
** 종사자 규모 10인 이상 사업체를 대상으로 함.   (통계청)

보기
ㄱ. (가)는 (나)보다 2016년에 제조업 사업체당 출하액이 적다.
ㄴ. (나)와 (다)는 지리적으로 서로 맞닿아 있다.
ㄷ. (다)는 (라)보다 2000~2016년의 제조업 출하액 증가율이 높다.
ㄹ. (가)는 수도권, (라)는 호남권이다.

① ㄱ, ㄴ   ② ㄱ, ㄷ   ③ ㄴ, ㄷ   ④ ㄴ, ㄹ   ⑤ ㄷ, ㄹ

246 고난도 ↑
| 평가원 기출 |

(가)~(다)에 대한 설명으로 옳은 것은? (단, (가)~(다)는 그래프에 제시된 공업 중 하나임.)

〈주요 공업의 총생산액과 종사자 수〉

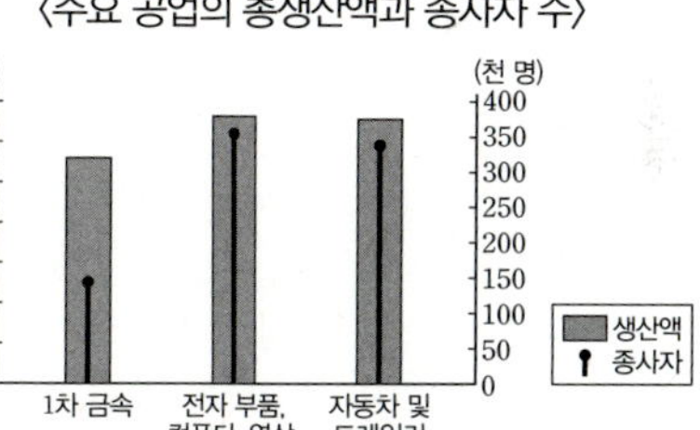

〈(가)~(다)의 지역별 생산액 비중〉

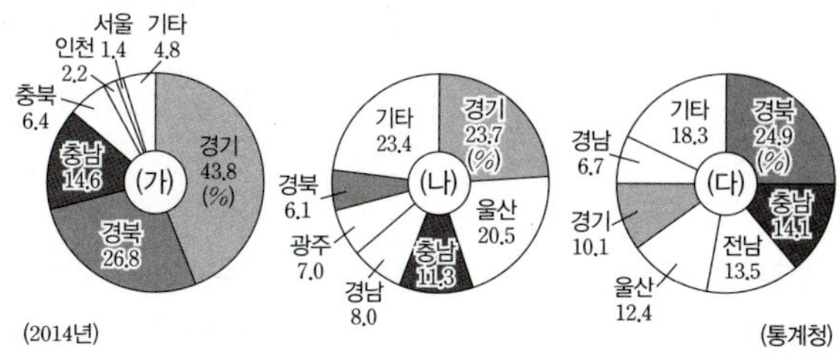

① (가)는 한 가지 원료로 여러 제품을 생산하는 계열화된 공업이다.
② (나)는 최종 제품의 제조 과정에서 주요 원료의 무게와 부피가 감소하는 공업이다.
③ (가)는 (다)보다 총생산액이 적다.
④ (나)는 (다)보다 종사자 1인당 생산액이 적다.
⑤ (나)에서 생산된 제품은 (다)의 주요 재료로 이용된다.

[247~248] 그래프는 (가)~(다) 제조업의 시·도별 출하액 비율 상위 5개 지역을 나타낸 것이다. 이를 보고 물음에 답하시오.

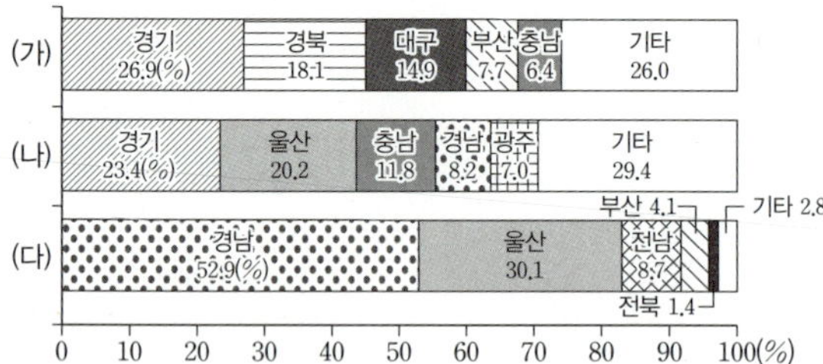

247

(가)~(다) 제조업으로 옳은 것은?

	(가)	(나)	(다)
①	섬유	자동차	기타 운송 장비
②	섬유	기타 운송 장비	자동차
③	자동차	섬유	기타 운송 장비
④	자동차	기타 운송 장비	섬유
⑤	기타 운송 장비	자동차	섬유

248

위 그래프의 (가)~(다) 제조업에 대한 옳은 설명만을 〈보기〉에서 있는 대로 고른 것은?

〈보기〉
ㄱ. (가)는 (나)보다 총 생산비에서 노동비가 차지하는 비율이 높다.
ㄴ. (나)는 (다)보다 최종 제품의 무게가 가볍고 부피가 작다.
ㄷ. (다)는 (가)보다 우리나라의 공업 발달을 선도한 시기가 이르다.
ㄹ. (가)~(다) 중에서 주문 생산의 비율은 (다)가 가장 높다.

① ㄱ, ㄴ   ② ㄴ, ㄷ   ③ ㄷ, ㄹ
④ ㄱ, ㄴ, ㄹ   ⑤ ㄱ, ㄷ, ㄹ

249

그림의 (가)~(라)에 해당하는 지역을 지도의 A~D에서 고른 것은?

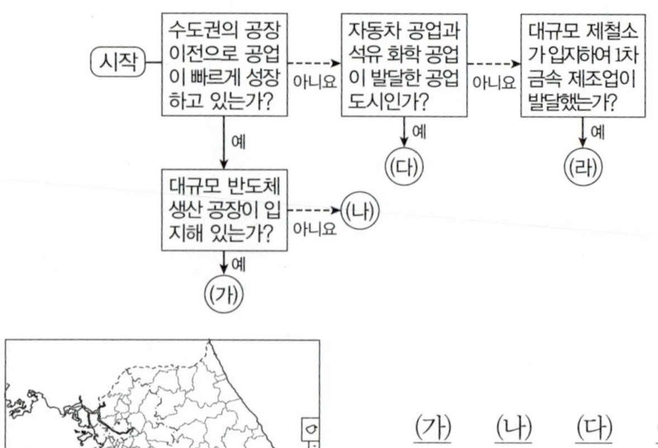

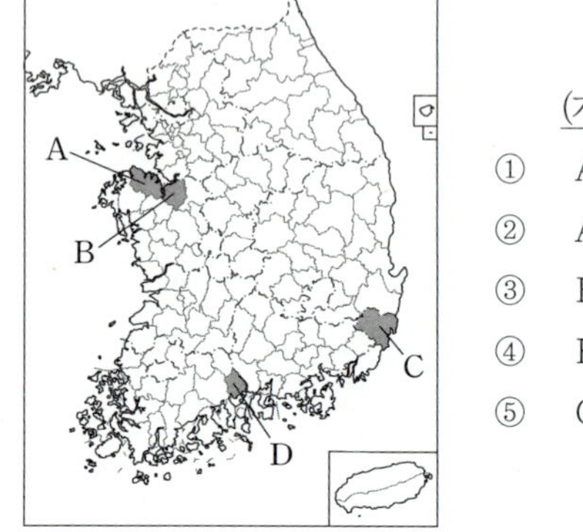

	(가)	(나)	(다)	(라)
①	A	B	C	D
②	A	B	D	C
③	B	A	C	D
④	B	A	D	C
⑤	C	D	A	B

250 고난도 ↗

| 평가원 기출 |

그래프는 특별·광역시별 (가), (나) 제조업의 특성을 나타낸 것이다. 이에 대한 옳은 설명만을 〈보기〉에서 고른 것은? (단, (가), (나)는 섬유제품(의복 제외), 자동차 및 트레일러 제조업 중 하나임.)

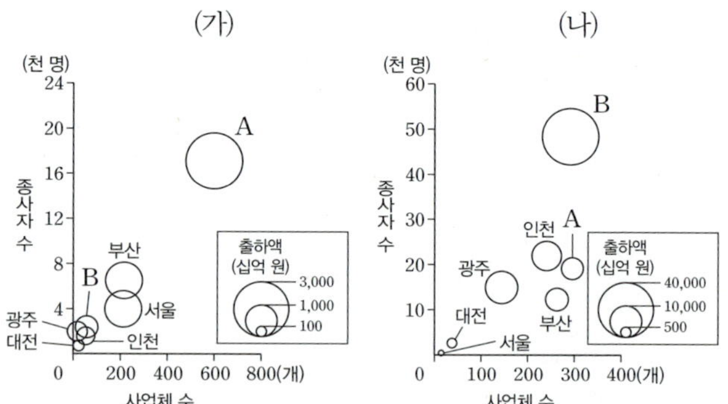

* 사업체 수와 종사자 수는 원의 중심값에 해당하며, 10인 이상 사업체만 고려함.
(2014년)   (통계청)

〈보기〉
ㄱ. A는 울산, B는 대구이다.
ㄴ. (가)의 종사자 1인당 출하액은 서울이 부산보다 많다.
ㄷ. (나)의 사업체당 종사자 수는 광주가 가장 많다.
ㄹ. (가)는 (나)보다 우리나라 공업화를 주도한 시기가 이르다.

① ㄱ, ㄴ   ② ㄱ, ㄷ   ③ ㄴ, ㄷ   ④ ㄴ, ㄹ   ⑤ ㄷ, ㄹ

251

그래프는 7대 도시의 제조업체 규모별 현황에 관한 것이다. (가)~(다) 지역에 대한 옳은 설명만을 〈보기〉에서 고른 것은? (단, (가)~(다)는 서울, 인천, 울산 중 하나임.)

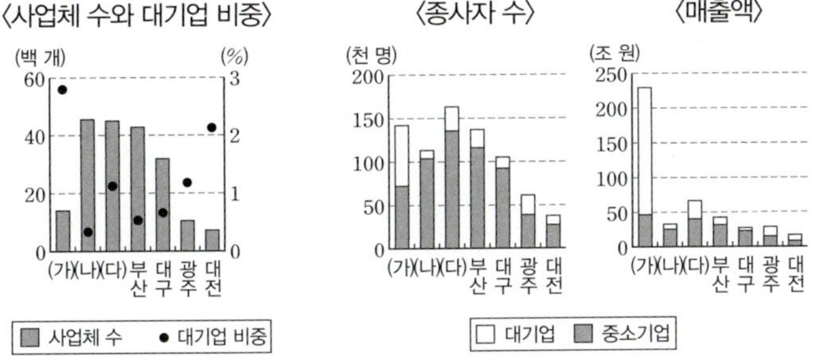

* 대기업 비중은 각 도시 내 사업체 중 대기업의 비중임.
** 중소기업은 종사자 수 10~299명, 대기업은 300명 이상 기업체임.
(통계청, 2011년)

〔보기〕

ㄱ. (가)는 (나)보다 제조업 사업체당 종사자 수가 많다.
ㄴ. (나)는 (다)보다 지역 내 총생산이 많다.
ㄷ. (다)는 (가)보다 2차 산업 취업자 수 비율이 높다.
ㄹ. (가), (나)는 수도권, (다)는 영남권에 속한다.

① ㄱ, ㄴ   ② ㄱ, ㄷ   ③ ㄴ, ㄷ   ④ ㄴ, ㄹ   ⑤ ㄷ, ㄹ

252

지도의 (가)~(마) 공업 지역에 대한 설명으로 옳은 것은?

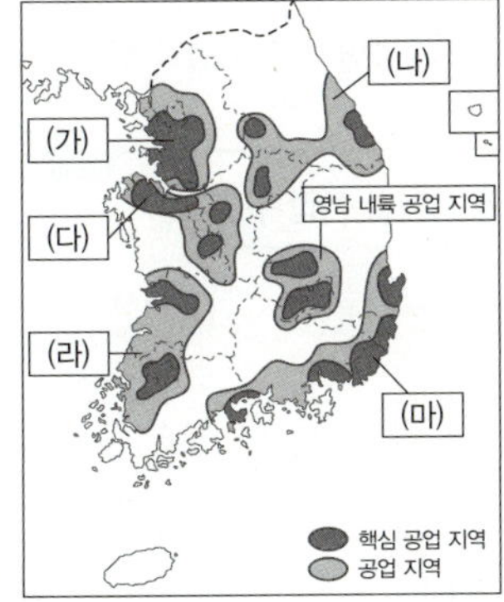

① (가) – 우리나라 최대의 중화학 공업 지역이다.
② (나) – 대중국 교역의 거점 지역으로 빠르게 공업이 성장하고 있다.
③ (다) – 풍부한 지하자원을 바탕으로 원료 지향형 공업이 발달해 있다.
④ (라) – 편리한 교통을 바탕으로 수도권에서 분산되는 공업이 입지하면서 최근 빠르게 성장하고 있다.
⑤ (마) – 원료의 수입과 제품 수출에 유리한 조건과 정부의 정책적 지원을 바탕으로 중화학 공업이 크게 성장할 수 있었다.

253 고난도

그래프는 지도에 표시된 네 지역의 주요 제조업별 출하액 비율을 나타낸 것이다. 이에 대한 설명으로 옳은 것은? (단, A~C는 1차 금속, 기타 운송 장비, 화학 물질 및 화학제품(의약품 제외) 제조업 중 하나임.)

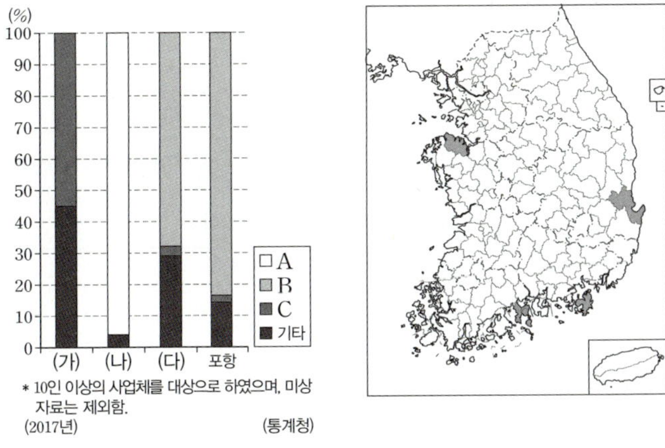

* 10인 이상의 사업체를 대상으로 하였으며, 미상 자료는 제외함.
(2017년)
(통계청)

① (가)는 (나)보다 기타 운송 장비 제조업의 출하액이 많다.
② (나)는 영남 지방, (다)는 호남 지방에 속한다.
③ C의 대규모 생산 공장은 주로 내륙에 입지한다.
④ B의 최종 제품은 A의 주원료로 이용된다.
⑤ C는 A보다 주문 생산의 비율이 높다.

254

(가), (나) 제조업의 특성에 대한 설명으로 옳은 것은? (단, A~D는 경북, 대구, 울산, 전남 중 하나임.)

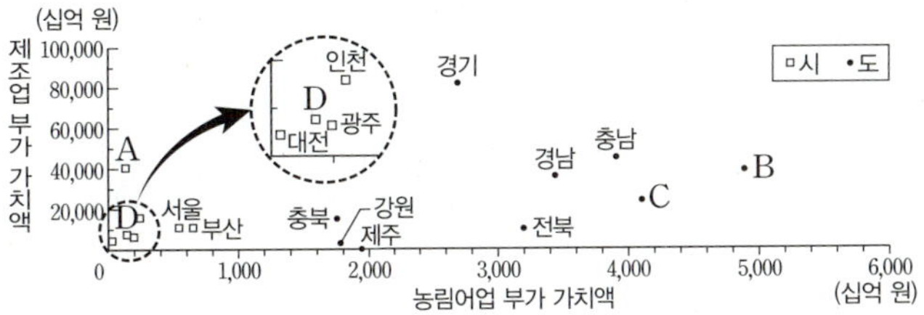

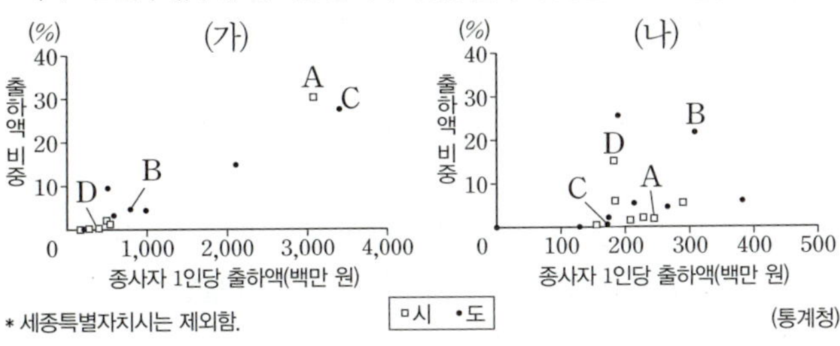

* 세종특별자치시는 제외함.
(통계청)

① (가)는 많은 부품을 필요로 하는 조립형 제조업이다.
② (나)는 원료 산지에 입지하려는 경향이 강하다.
③ (가)는 (나)보다 관련 업종과 집적하려는 경향이 강하다.
④ (가)는 (나)보다 생산비에서 노동비가 차지하는 비중이 크다.
⑤ (가)와 (나)는 모두 1960년대 우리나라 공업화를 주도하였다.

12강 교통·통신 발달과 서비스업 변화

주제 1 상업과 소비 공간의 변화

1. 상업의 의미와 발달

의미	생산과 소비를 연결하는 여러 가지 유통 활동
발달	• 물물 교환 방식에서 일정한 장소에 모여 물건을 사고파는 시장으로 발달 • 정기 시장이 상설 시장으로 변화함

└ 인구 증가, 교통 발달, 소득 수준의 향상 등이 원인이다.

2. 상업의 입지

입지 요인	경제적	접근성, 유동 인구, 지가, 집적 이익 등
	사회적	소비자의 생활 방식, 교통과 통신의 발달, 도시 성장 등
상점의 유지 조건		• 최소 요구치 : 중심지(상점)가 기능을 유지하기 위한 최소한의 수요 예 인구수 • 재화의 도달 범위 : 중심지의 기능이 영향을 미치는 최대한의 공간 범위 • 재화의 도달 범위가 최소 요구치의 범위와 같거나 넓어야 함

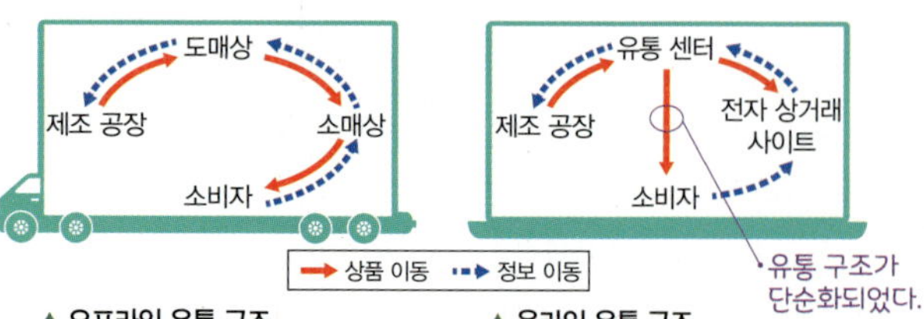

소비자 구매 행태에 따른 입지	생활용품	구매 빈도가 높음, 주거지와 가까운 상점에서 구매하는 경향이 강함 → 상점의 수가 많고 소비자의 분포에 따라 분산 입지함
	전문 상품	구매 빈도가 낮음, 백화점이나 전문 상가에서 구매하는 경향이 강함 → 상점의 수가 적고 특정 지역에 집중 입지하는 경향이 강함

3. 상업과 소비 공간의 변화

(1) 상업 입지의 변화 요인

예 인터넷 쇼핑, 방문 판매 등

① 인구 증가 및 교통·통신의 발달 : 상설 시장 형성, 시·공간 제약 감소로 상권 확대, 유통 구조 단순화, 무점포 상점 증가
② 소비 행태의 다양화 : 자동차 보급률 및 맞벌이 부부 증가 → 대량 복합 구매 활동 증가로 대형 마트 성장, 쇼핑과 여가 생활을 동시에 즐길 수 있는 복합 상업 시설 등장, 전자 상거래 발달 등

---

(2) 다양한 소비 공간의 등장

백화점	접근성이 좋은 도심 또는 부도심에 입지
대형 마트	도시 내 주거 지역을 중심으로 외곽 지역까지 확산
복합 상업 시설	철도 역사, 신도시 상업 지구 등을 중심으로 입지
편의점	다양한 일상생활용품 판매, 도시 곳곳에 분포
무점포 상점	• TV·인터넷 쇼핑, 소셜 커머스 등의 영향으로 급성장 • 입지가 자유롭고 택배 산업이 함께 성장

└ 식당, 영화관 등의 다양한 시설이 쇼핑센터와 결합된 공간

그래프로 살펴보기

주요 소매 업태별 특성

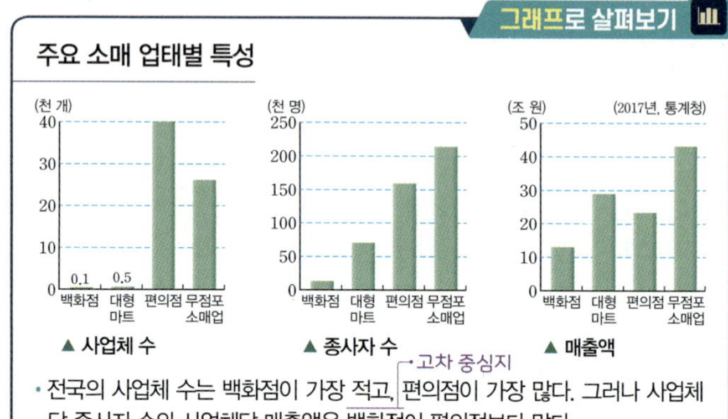

• 전국의 사업체 수는 백화점이 가장 적고, 편의점이 가장 많다. 그러나 사업체당 종사자 수와 사업체당 매출액은 백화점이 편의점보다 많다. (고차 중심지)
• 전국의 종사자 수와 매출액은 무점포 소매업이 가장 많다. 대형 마트는 무점포 소매업 다음으로 전국의 매출액이 많다. (저차 중심지)

주제 2 서비스 산업의 고도화와 공간 변화

1. 우리나라 산업 구조의 변화

산업 구조가 2차 산업에서 3차 산업 중심으로 바뀌어 가는 현상

(1) **1960년대까지** : 1차 산업인 농업 중심의 전 공업화 사회
(2) **1960~1990년대** : 공업화가 진행되면서 2차 산업 종사자 비중 증가
(3) **1990년대 이후** : 2차 산업 종사자 비중이 감소한 반면, 3차 산업 종사자 비중이 점차 증가하면서 탈공업화 현상 발생

그래프로 살펴보기

산업 구조의 변화와 지역별 산업 구조

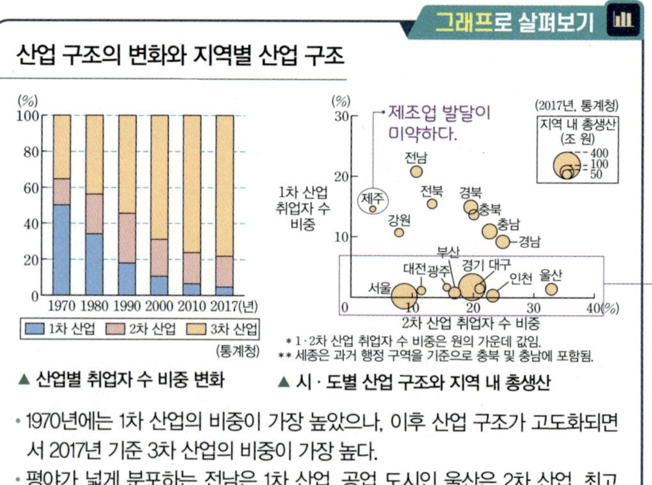

• 1970년에는 1차 산업의 비중이 가장 높았으나, 이후 산업 구조가 고도화되면서 2017년 기준 3차 산업의 비중이 가장 높다.
• 평야가 넓게 분포하는 전남은 1차 산업, 공업 도시인 울산은 2차 산업, 최고차 중심 도시인 서울은 3차 산업의 취업자 비중이 가장 높다. 지역 내 총생산은 인구가 많은 경기와 서울이 가장 많다. (100%에서 1·2차 산업 취업자 비중을 뺀 값이다.)

도시화율이 높은 특별·광역시 및 경기는 나머지 도(道) 지역에 비해 1차 산업 비중이 낮다.

2. 서비스 산업의 고도화

(1) 수요 주체에 따른 서비스업의 분류

소비자 서비스업	개인 소비자가 이용하는 서비스업, 분산 입지하는 경향이 강함 ⑩ 소매업, 숙박 및 음식점업 등
생산자 서비스업	기업의 생산 활동을 지원하는 서비스업, 주로 대도시의 도심 또는 부도심에 입지함 ⑩ 금융업, 보험업, 법률, 회계, 전문 서비스업 등 └→ 기업과의 접근성이 높고 관련 정보의 획득이 유리한 지역이다.

(2) 서비스 산업의 고도화 : 생산자 서비스업의 비중이 증가하고, 서비스업의 업종과 규모가 다양해짐

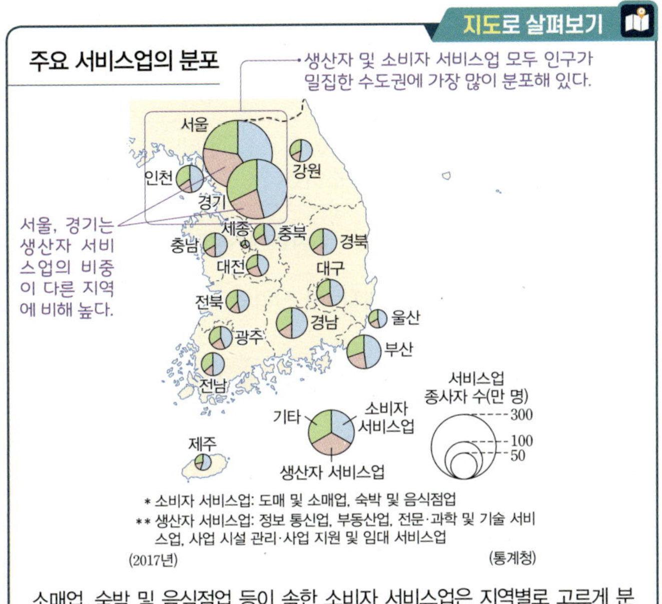

소매업, 숙박 및 음식점업 등이 속한 소비자 서비스업은 지역별로 고르게 분포하는 경향이 강하다. 반면 금융업, 보험업, 법률, 회계, 전문 서비스업 등이 속한 생산자 서비스업은 소비자 서비스업에 비해 기업과의 접근성이 높고, 관련 정보의 획득에 유리한 수도권(서울, 경기, 인천)에 집중하는 경향이 강하다.

주제3 교통 · 통신의 발달과 공간 변화

1. 운송비 구조와 교통수단별 특징

(1) 운송비 구조 : 총 운송비는 기종점 비용과 주행 비용의 합

기종점 비용	창고비, 하역비, 터미널 유지비, 보험료 등 주행 거리와 관계없는 운송 업무 관련 모든 비용
주행 비용	• 주행 거리에 따라 증가하는 비용(=운반 거리 비용) • 주행 거리가 늘어날수록 단위 거리당 운송비는 감소 → 운송비 체감 현상 발생

└→ 기종점 비용은 거리가 멀어지더라도 일정하기 때문이다.

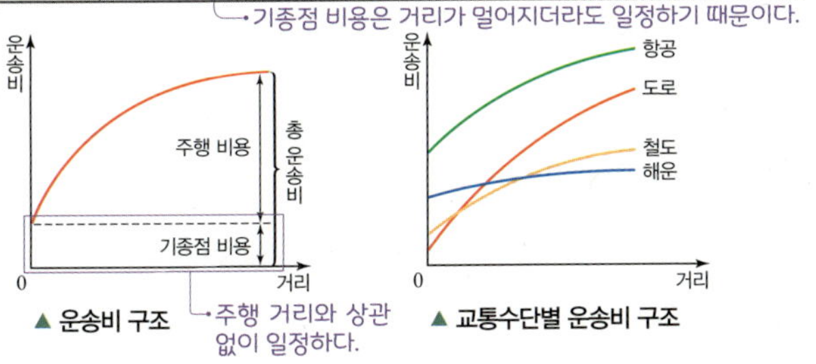

도로	• 기종점 비용이 가장 저렴한 반면, 주행 비용 증가율이 높은 편 ┌→ 문 앞에서 문 앞을 연결하는 특성 • 기동성과 문전 연결성이 우수, 지형적 제약을 적게 받음
철도	• 기종점 비용과 주행 비용 증가율이 도로와 해운의 중간, 중거리 수송에 유리 • 정시성과 안전성이 우수하나 지형적 제약을 많이 받음
해운	• 기종점 비용이 비싸나, 주행 비용 증가율이 낮아 대량 화물의 장거리 수송에 유리 • 기상 조건의 제약이 큰 편, 화물 수송 분담률이 높음
항공	• 기종점 비용이 비싸고 주행 비용 증가율이 높으나, 장거리 여객 수송과 고부가 가치 화물 수송에 적합 • 기상 조건의 제약이 큰 편, 신속한 수송에 유리

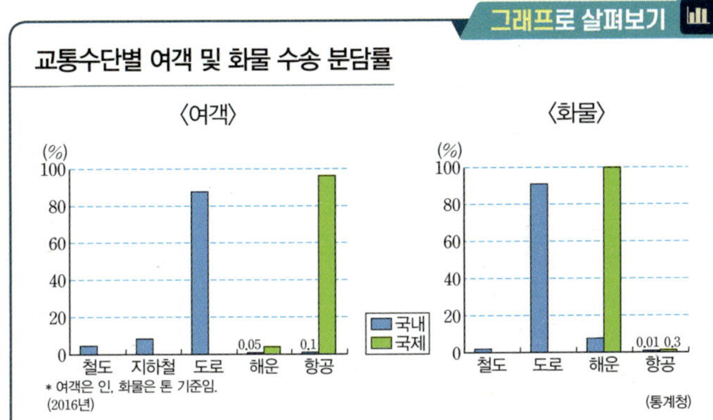

• **국내 여객 수송 분담률(인 기준)**은 도로>지하철>철도>항공>해운 순으로 높다. 참고로 인 기준이 아닌 인 · km 기준의 국내 여객 수송 분담률은 도로>철도>지하철>항공>해운 순으로 높게 나타나는데, 이는 철도가 지하철보다, 항공이 해운보다 장거리 여객 수송의 비중이 높기 때문에 나타난 결과이다. **국내 화물 수송 분담률(톤 기준)**은 도로>해운>철도>항공 순으로 높으며, 지하철은 화물 수송에 이용되지 않는다.
• **국제 여객 및 화물 수송**에는 항공과 해운만 이용되고 있는데, 국제 여객 수송의 대부분은 항공이 분담하고 있는 반면 국제 화물 수송의 대부분은 해운이 분담하고 있다. └→ 우리나라가 분단 국가이기 때문이다.

---

2. 교통과 통신의 발달과 공간 변화

(1) 우리나라의 교통 발달 과정

20세기 초	근대적인 교통수단인 철도의 등장
1960년대 후반	경부 고속 국도 건설로 본격적 도로 교통 시대가 열림
1970년대 이후	서울, 부산, 대구 등에 지하철이 개통되면서 대도시 교통난이 일부 해소됨
2000년대 이후	경부 및 호남 고속 철도 개통으로 전국의 접근성 향상

(2) 교통과 통신 발달에 따른 생활의 변화

① 통근 · 통학권 확대에 따른 대도시권 형성
② 과도한 집중으로 인한 집적 불이익과 공간 재조직
③ 무점포 상점 증가에 따른 도시 외곽의 물류 단지 및 복합 터미널 건설
④ 기업의 공간적 분업 현상 심화
⑤ 재택근무 및 화상 회의의 확대 등

핵심 개념 CHECK!

• 정답 및 해설 051쪽

빈칸에 알맞은 말을 쓰시오.

01 그래프의 A~D 소매 업태는? (단, A~D는 대형 마트, 무점포 소매업, 백화점, 편의점 중 하나임.)

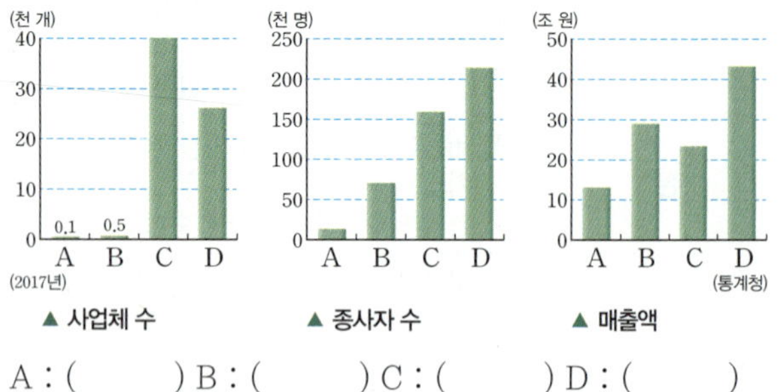

A : (　　　　) B : (　　　　) C : (　　　　) D : (　　　　)

02 그래프는 우리나라 산업별 취업자 수 비중 변화를 나타낸 것이다. A~C 산업은? (단, A~C는 1차, 2차, 3차 산업 중 하나임.)

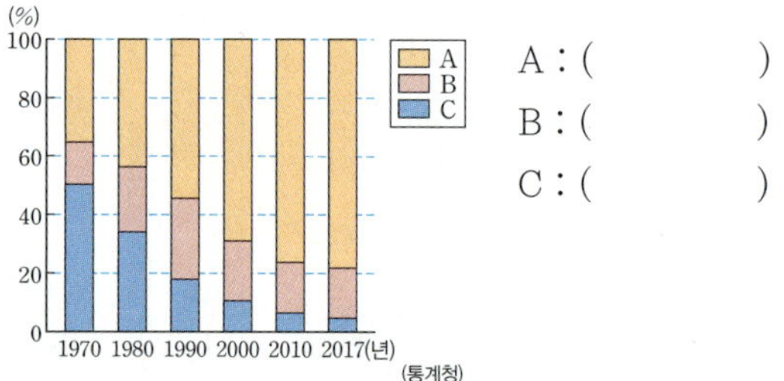

A : (　　　　)

B : (　　　　)

C : (　　　　)

03 지도는 주요 서비스업 분포를 나타낸 것이다. (가), (나) 서비스업의 유형은? (단, (가), (나)는 생산자, 소비자 중 하나임.)

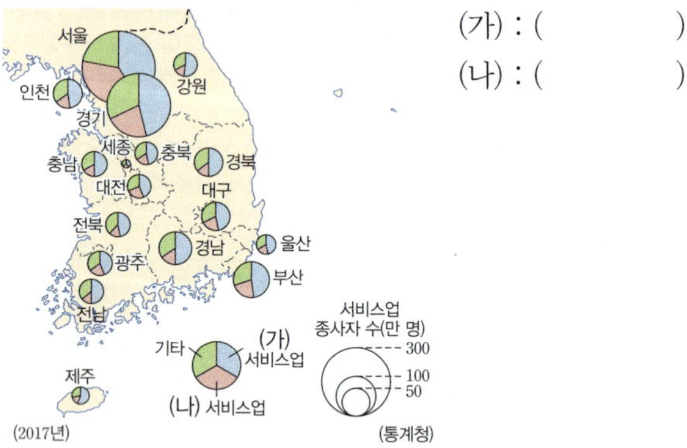

(가) : (　　　　)

(나) : (　　　　)

04 그래프는 국내 및 국제 여객 수송 분담률을 나타낸 것이다. A~E 교통수단은? (단, A~E는 도로, 지하철, 철도, 항공, 해운 중 하나임.)

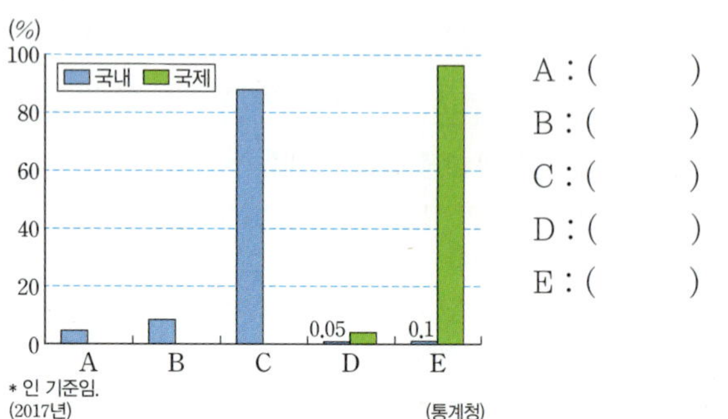

A : (　　　　)

B : (　　　　)

C : (　　　　)

D : (　　　　)

E : (　　　　)

다음의 설명이 맞으면 'O', 틀리면 'X'에 표시하시오.

05 인구 증가, 교통 발달, 소득 수준의 향상 등으로 정기 시장이 상설 시장으로 변화하였다. O ✕

06 상점이 유지되기 위해서는 재화의 도달 범위가 최소 요구치의 범위와 같거나 좁아야 한다. O ✕

07 교통이 발달하면 재화의 도달 범위는 확대된다. O ✕

08 (함정) 인구 밀도가 높아지고 소득 수준이 향상되면 최소 요구치의 범위는 확대된다. O ✕

09 맞벌이 부부 증가, 자가용 승용차 이용의 보편화로 대형 마트가 성장하였다. O ✕

10 정보 통신 기술의 발달로 TV 홈 쇼핑, 인터넷 쇼핑 등을 통한 거래액이 감소하였다. O ✕

11 백화점은 편의점보다 전국의 사업체 수가 많다. O ✕

12 우리나라는 1960년대까지 1차 산업의 비중이 높은 전 공업화 사회였다. O ✕

13 우리나라는 1990년대 이후 탈공업화 현상이 나타나고 있다. O ✕

14 (함정) 우리나라는 현재 3차 산업>1차 산업>2차 산업 순으로 취업자 수 비중이 높다. O ✕

15 우리나라에서 2차 산업 취업자의 비중이 가장 높은 시·도는 울산이다. O ✕

16 (함정) 우리나라에서 3차 산업 취업자의 비중이 가장 높은 시·도는 경기이다. O ✕

17 우리나라에서 지역 내 총생산이 가장 많은 시·도는 서울이다. O ✕

18 생산자 서비스업은 소비자 서비스업보다 대도시 도심과 부도심에 입지하는 경향이 강하다. O ✕

19 소비자 서비스업은 생산자 서비스업보다 기업과의 거래액 비중이 높다. O ✕

20 도로는 기동성과 문전 연결성이 우수하고 지형적 제약을 적게 받는다. O ✕

21 철도는 정시성과 안전성이 우수하다. O ✕

22 해운은 항공보다 국제 여객 수송 분담률이 높다. O ✕

23 (함정) 지하철은 철도보다 인·km 기준의 국내 여객 수송 분담률이 높다. O ✕

24 도로는 인 기준과 인·km 기준의 국내 여객 수송 분담률이 모두 가장 높다. O ✕

25 해운은 항공보다 대량 화물의 장거리 수송에 유리하다. O ✕

3차 산업 취업자 수 비중이 가장 높은 지역은 어디일까?

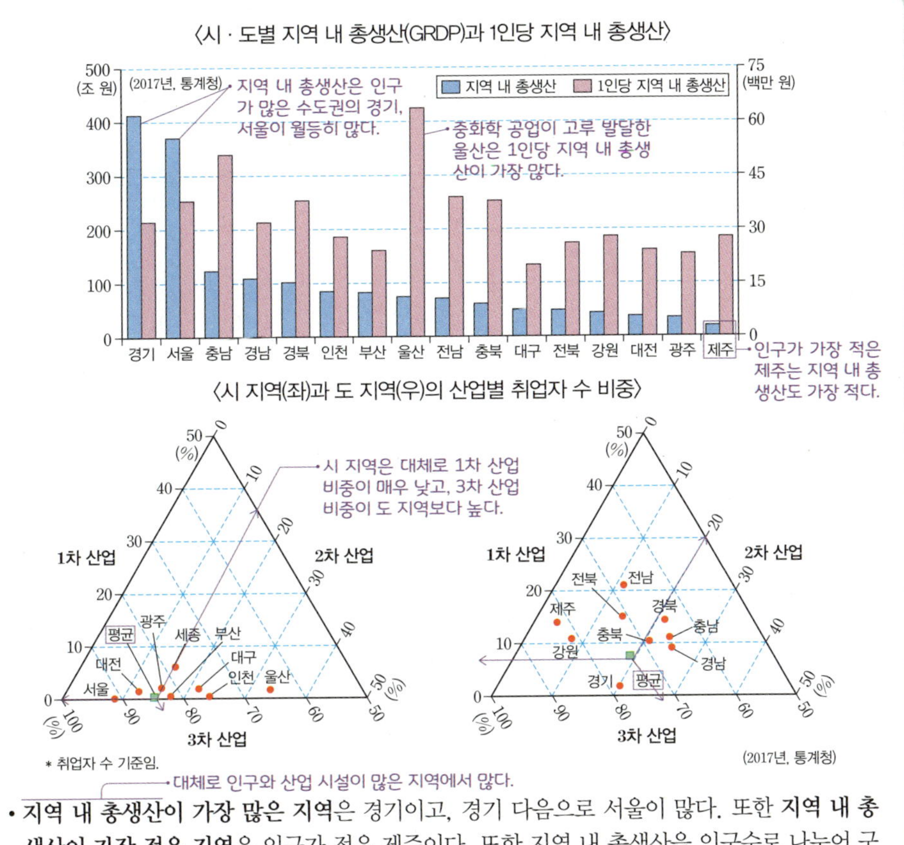

- **지역 내 총생산이 가장 많은 지역**은 경기이고, 경기 다음으로 서울이 많다. 또한 **지역 내 총생산이 가장 적은 지역**은 인구가 적은 제주이다. 또한 지역 내 총생산을 인구수로 나누어 구한 값인 **1인당 지역 내 총생산이 가장 많은 지역**은 공업 도시 울산이다.
- **1차 산업 취업자 수 비중이 가장 높은 지역**은 넓은 평야를 바탕으로 농업이 발달한 전남이며, **2차 산업 취업자 수 비중이 가장 높은 지역**은 자동차, 석유 화학, 조선 공업 등 중화학 공업이 고루 발달한 울산이다. 반면 지리적 여건상 제조업 발달이 미약한 제주는 2차 산업 취업자 수 비중이 가장 낮다. **3차 산업의 취업자 수 비중이 가장 높은 지역**은 인구와 산업이 집중된 최고차 중심 도시 서울이며, 대전에서도 비중이 비교적 높게 나타난다.
  └ 대덕 연구 개발 특구가 입지해 생산자 서비스업 비중이 높다.

Q1 다음 물음에 해당하는 지역을 아래 지도의 A~F에서 골라 쓰시오.

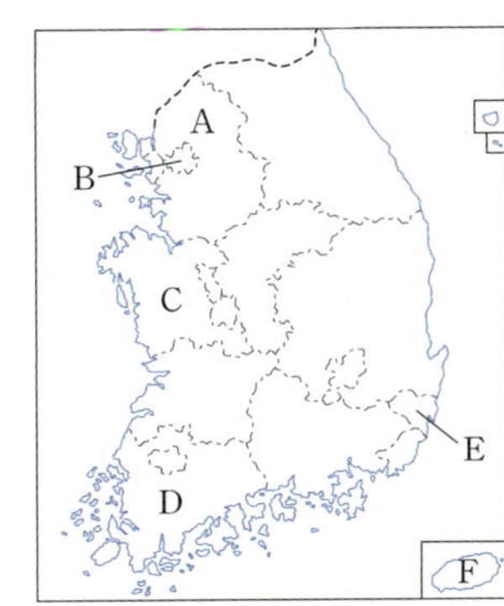

(1) 지역 내 총생산이 많은 1, 2위 시 · 도는?
　　　　　　　(　　　), (　　　)

(2) 지역 내 총생산이 가장 적은 시 · 도는?
　　　　　　　　　(　　　)

(3) 1인당 지역 내 총생산이 가장 많은 시 · 도는? 　　　　　　(　　　)

(4) 1차 산업 취업자 수 비중이 가장 높은 시 · 도는? 　　　　　　(　　　)

(5) 2차 산업 취업자 수 비중이 가장 높은 시 · 도는? 　　　　　　(　　　)

(6) 2차 산업 취업자 수 비중이 가장 낮은 시 · 도는? 　　　　　　(　　　)

(7) 3차 산업 취업자 수 비중이 가장 높은 시 · 도는? 　　　　　　(　　　)

(8) 도 지역 중에서 1차 산업 취업자 수 비중이 가장 낮은 지역은? 　　　　(　　　)

Q2 그래프는 시 지역(좌)과 도 지역(우)의 산업별 취업자 수 비중을 나타낸 것이다. 이를 보고 괄호 안의 내용 중 알맞은 말을 고르시오.

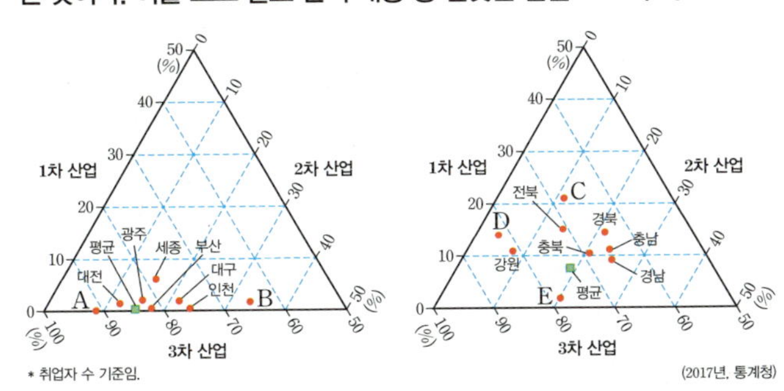

(1) 시 지역과 도 지역 모두 (1차 / 2차 / 3차) 산업 > (1차 / 2차 / 3차) 산업 > (1차 / 2차 / 3차) 산업 순으로 취업자 수 비중이 높다.

(2) A는 모든 시 · 도 중 3차 산업 취업자 수 비중이 가장 높은 (서울 / 울산)이다.

(3) B는 모든 시 · 도 중 2차 산업 취업자 수 비중이 가장 높은 (서울 / 울산)이다.

(4) C는 모든 시 · 도 중 1차 산업 취업자 수 비중이 가장 높은 (경기 / 전남 / 제주)이다.

(5) D는 모든 시 · 도 중 2차 산업 취업자 수 비중이 가장 낮은 (경기 / 전남 / 제주)이다.

(6) E는 모든 도(道) 중 1차 산업 취업자 수 비중이 가장 낮은 (경기 / 전남 / 제주)이다.

WHERE & WHY 정답 Q1 (1) A, B (2) F (3) E (4) D (5) E (6) F (7) B (8) A　Q2 (1) 3차, 2차, 1차 (2) 서울 (3) 울산 (4) 전남 (5) 제주 (6) 경기

주제 1 상업과 소비 공간의 변화

족집게 전략 | 소매 업태의 종사자 수, 사업체 수, 매출액과 관련된 자료를 제시해 어떤 업태에 해당하는지 파악한 후, 각각의 특징을 비교하여 묻는 문항이 주로 출제된다. 따라서 중심지 이론을 바탕으로 주요 소매 업태의 특징을 비교하여 알아 두어야 한다.

255 대표 문항
| 평가원 기출 |

그래프의 (가)~(다) 소매 업태에 대한 설명으로 옳은 것은? (단, (가)~(다)는 무점포 소매업체, 백화점, 편의점 중 하나임.)

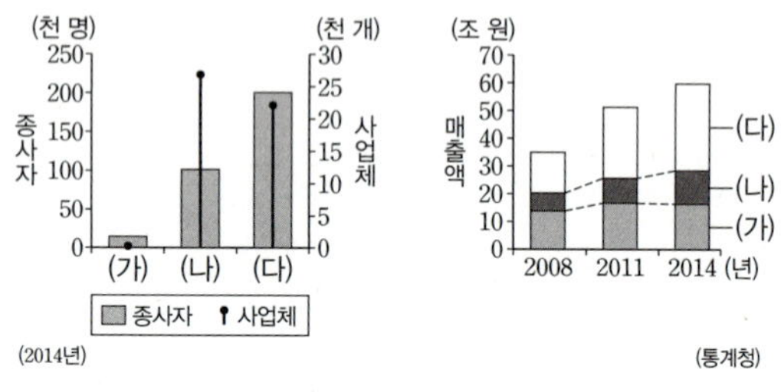

① (가)는 (나)보다 사업체 간 평균 거리가 멀다.

② (가)는 (다)보다 2008년부터 2014년까지 매출액 증가율이 높다.

③ (나)는 (가)보다 고가 제품의 판매 비중이 높다.

④ (나) 사업체는 (가) 사업체보다 2014년에 전국 대비 특별·광역시에 분포하는 비중이 높다.

⑤ (가)~(다) 중 2014년에 종사자당 매출액은 (다)가 가장 많다.

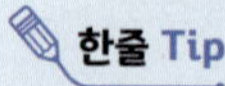 **한줄 Tip** 종사자 수, 사업체 수, 매출액이 가장 많거나 가장 적은 소매 업태부터 찾는 것이 좋아!

256 고난도↑
| 평가원 기출 |

그래프의 (가)~(다) 소매 업태에 대한 옳은 설명만을 〈보기〉에서 고른 것은? (단, (가)~(다)는 대형 마트, 무점포 소매업체, 편의점 중 하나임.)

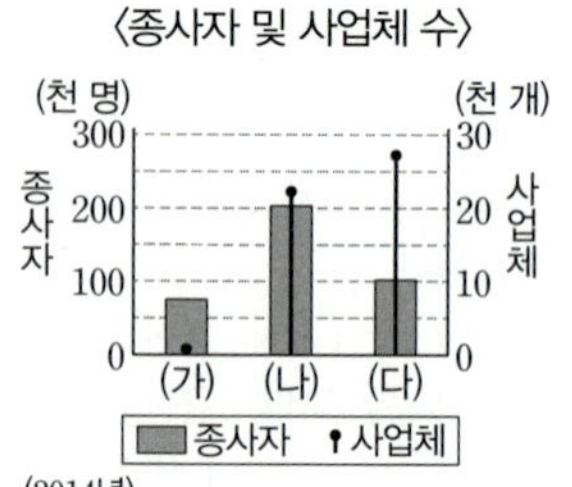
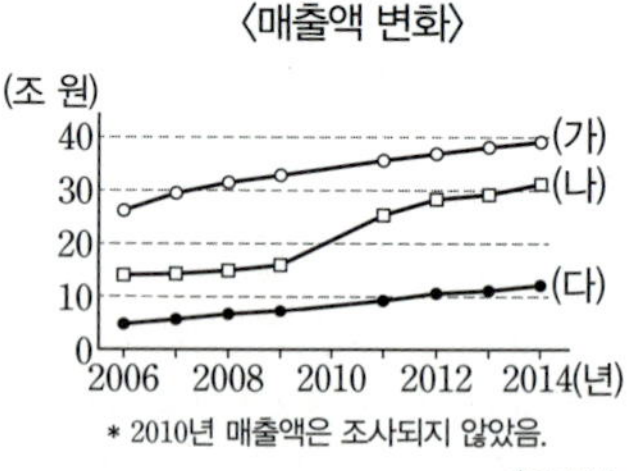

〈보기〉
ㄱ. 소비자와 판매자 간 대면 접촉 빈도는 (다)가 가장 낮다.
ㄴ. (가)는 (다)보다 판매 제품의 종류가 다양하다.
ㄷ. (나)는 (가)보다 입지의 공간적 제약이 크다.
ㄹ. 2014년에 편의점은 무점포 소매업체보다 종사자당 매출액이 적다.

① ㄱ, ㄴ   ② ㄱ, ㄷ   ③ ㄴ, ㄷ   ④ ㄴ, ㄹ   ⑤ ㄷ, ㄹ

257
| 평가원 기출 |

다음 자료는 국내 소매업의 주요 유형별 현황이다. A~C 유형의 일반적 특성으로 옳은 내용만을 〈보기〉에서 고른 것은? (단, A~C는 백화점, 대형 마트, 편의점 중 하나임.)

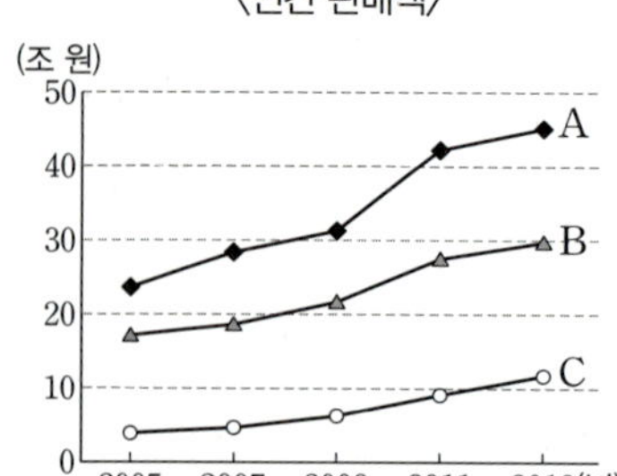

〈사업체 수〉
(단위 : 개)

유형	2005년	2012년
A	307	501
B	79	95
C	9,085	24,559

(대한상공회의소)

〈보기〉
ㄱ. A는 B보다 도심에 입지하는 경향이 강하다.
ㄴ. B는 C보다 고가 제품의 판매 비중이 높다.
ㄷ. C는 A보다 자가용 이용 고객의 비중이 높다.
ㄹ. A~C 중 재화의 도달 범위가 가장 좁은 것은 C이다.

① ㄱ, ㄴ   ② ㄱ, ㄷ   ③ ㄴ, ㄷ   ④ ㄴ, ㄹ   ⑤ ㄷ, ㄹ

258

그래프의 A~C 소매 업태에 대한 설명으로 옳은 것은? (단, A~C는 대형 마트, 백화점, 편의점 중 하나임.)

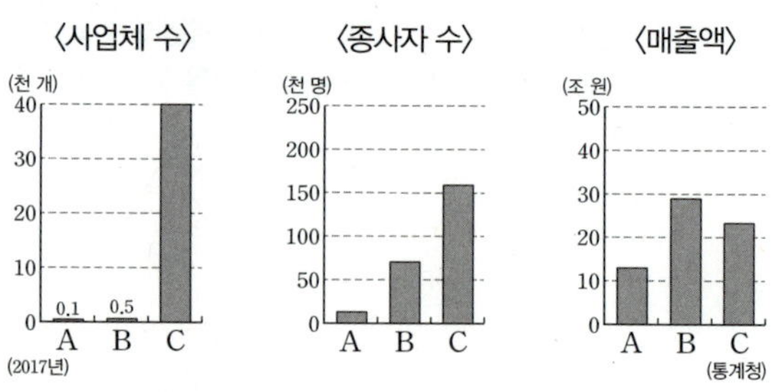

① A는 B보다 일상생활 용품의 판매 비중이 높다.

② B는 C보다 사업체당 매출액이 적다.

③ C는 A보다 일평균 영업 시간이 짧다.

④ A는 대형 마트, B는 백화점, C는 편의점이다.

⑤ A~C 중에서 사업체의 서울 집중도는 A가 가장 높다.

259

(가) 유통 구조와 비교한 (나) 유통 구조의 상대적 특징을 그림의 A~E에서 고른 것은?

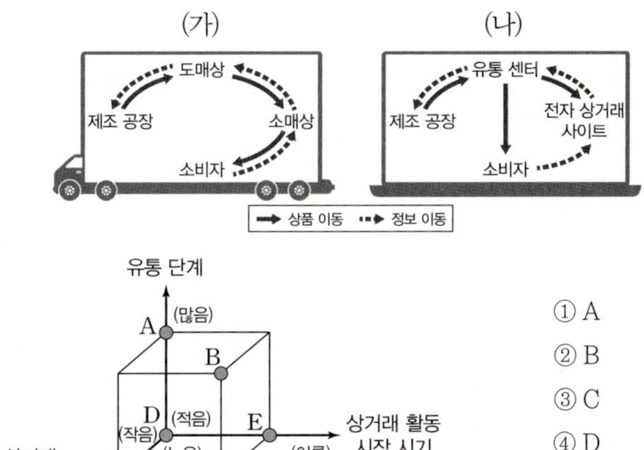

① A
② B
③ C
④ D
⑤ E

[261~262] 그래프를 보고 물음에 답하시오.

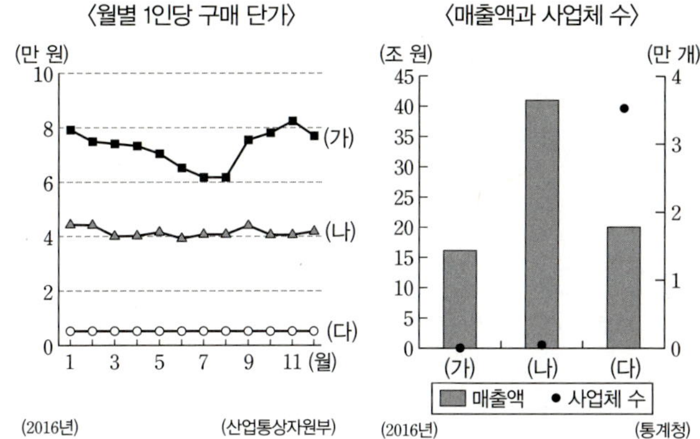

261

그래프의 (가)~(다) 소매 업태로 옳은 것은?

	(가)	(나)	(다)
①	백화점	편의점	대형 마트
②	백화점	대형 마트	편의점
③	편의점	대형 마트	백화점
④	대형 마트	백화점	편의점
⑤	대형 마트	편의점	백화점

260

표는 (가), (나) 지역의 의료기관 현황을 나타낸 것이다. 이에 대한 설명으로 옳은 것은? (단, A, B는 병원, 종합 병원 중 하나임.)

지역	면적(km²)	의료 기관 수(개)		
		A	B	의원
(가)	983.5	2	2	120
(나)	539.3	40	10	1,045

(2016년)   (통계청)

① (가)는 (나)보다 인구 밀도가 높다.
② (가)는 (나)보다 지역의 기능이 다양하다.
③ (나)는 (가)보다 상업지의 평균 지가가 낮다.
④ A는 B보다 의료 서비스를 제공하는 지역의 범위가 넓다.
⑤ B는 A보다 병원당 병상 수가 많다.

262

위 그래프의 (가)~(다) 소매 업태에 대한 옳은 설명만을 〈보기〉에서 고른 것은?

보기
ㄱ. (가)는 (나)보다 고급 전문 상품의 판매 비중이 높다.
ㄴ. (나)는 (다)보다 사업체당 매출액이 많다.
ㄷ. (다)는 (가)보다 최소 요구치의 범위가 넓다.
ㄹ. (가)~(다) 중에서 전국의 사업체 수 대비 서울의 사업체 수 비중은 (나)가 가장 높다.

① ㄱ, ㄴ   ② ㄱ, ㄷ   ③ ㄴ, ㄷ   ④ ㄴ, ㄹ   ⑤ ㄷ, ㄹ

주제 2 서비스 산업의 고도화와 공간 변화

족집게 전략 | 시 · 도별 1인당 지역 내 총생산, 지역 내 총생산, 산업별 취업자 수 비중 등의 자료를 제시한 후 어떤 지역인지 묻는 문항이 자주 출제되고 있다. 따라서 출제 빈도가 높은 서울, 울산, 경기, 충남, 제주 등을 중심으로 산업 구조 특징에 대해 알아 두어야 한다.

263· 대표 문항
| 평가원 기출 |

다음 자료에 대한 설명으로 옳은 것은? (단, (가)~(라), A~D는 서울, 울산, 전남, 제주 중 하나임.)

〈지역 내 총생산 및 1인당 지역 내 총생산〉　〈산업별 취업자 수 비중〉

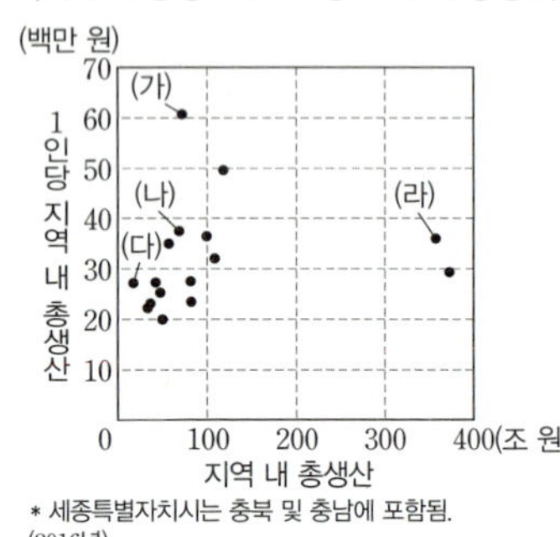
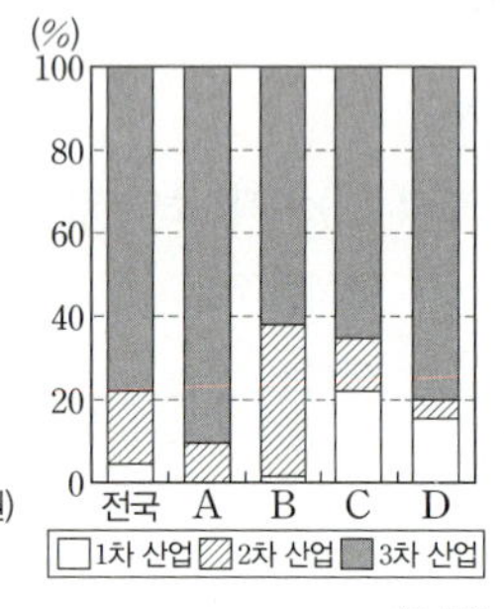

* 세종특별자치시는 충북 및 충남에 포함됨.
(2016년)　(통계청)

① (다)에는 대규모 자동차 생산 공장이 위치한다.

② (다)는 (나)보다 1차 산업 취업자 수가 많다.

③ (나)와 D는 동일한 지역이다.

④ A는 B보다 생산자 서비스업 사업체 수 비중이 낮다.

⑤ A는 특별시, B는 광역시, C는 도(道)이다.

한줄 Tip　1인당 지역 내 총생산이 가장 많은 지역(울산), 지역 내 총생산이 가장 많은 지역(경기), 3차 산업의 취업자 수 비중이 가장 높은 지역(서울)부터 먼저 찾는 것이 좋아!

264
| 평가원 기출 |

그래프는 A~C 항목의 전국 대비 상위 5개 시 · 도의 비중을 나타낸 것이다. A~C에 해당하는 항목으로 옳은 것은?

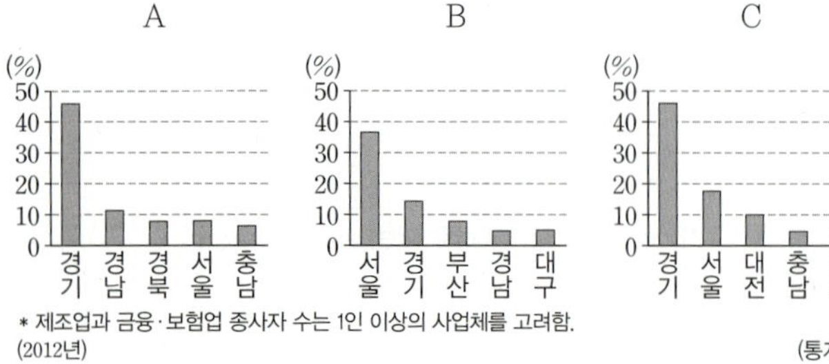

* 제조업과 금융 · 보험업 종사자 수는 1인 이상의 사업체를 고려함.
(2012년)　(통계청)

	A	B	C
①	연구 개발비	금융 · 보험업 종사자	제조업 종사자
②	제조업 종사자	연구 개발비	금융 · 보험업 종사자
③	제조업 종사자	금융 · 보험업 종사자	연구 개발비
④	금융 · 보험업 종사자	연구 개발비	제조업 종사자
⑤	금융 · 보험업 종사자	제조업 종사자	연구 개발비

[265~266] 그래프는 시 · 도별 산업 구조와 지역 내 총생산을 나타낸 것이다. 이를 보고 물음에 답하시오.

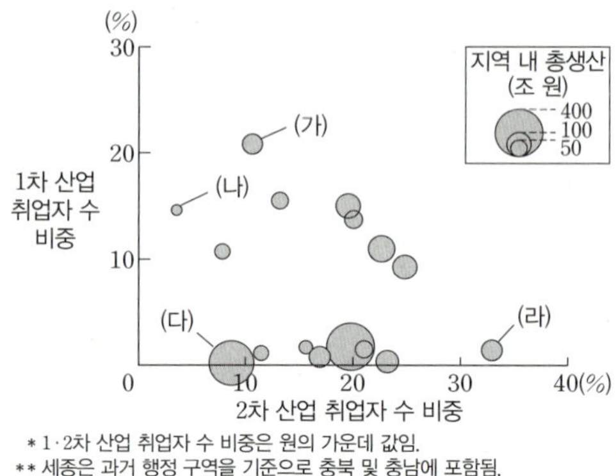

* 1 · 2차 산업 취업자 수 비중은 원의 가운데 값임.
** 세종은 과거 행정 구역을 기준으로 충북 및 충남에 포함됨.
(2017년)　(통계청)

265

그래프의 (가)~(라) 지역으로 옳은 것은?

	(가)	(나)	(다)	(라)
①	전북	강원	충남	경기
②	전남	제주	경기	충남
③	전남	제주	서울	울산
④	제주	전남	경기	충남
⑤	제주	전남	서울	울산

266

위 그래프의 (가)~(라) 지역에 대한 설명으로 옳은 것은?

① (가)는 (다)보다 3차 산업 취업자 수 비중이 높다.

② (나)는 (다)보다 인구 밀도가 높다.

③ (다)는 (라)보다 생산자 서비스업의 업체 수가 많다.

④ (라)는 (나)보다 제조업 출하액이 적다.

⑤ (가)와 (나)는 특별 · 광역시에 해당하고, (다)와 (라)는 도(道)에 해당한다.

267 고난도↑

그래프는 시 지역과 도 지역의 산업별 취업자 수 비중을 나타낸 것이다. A~E 지역에 대한 설명으로 옳은 것은?

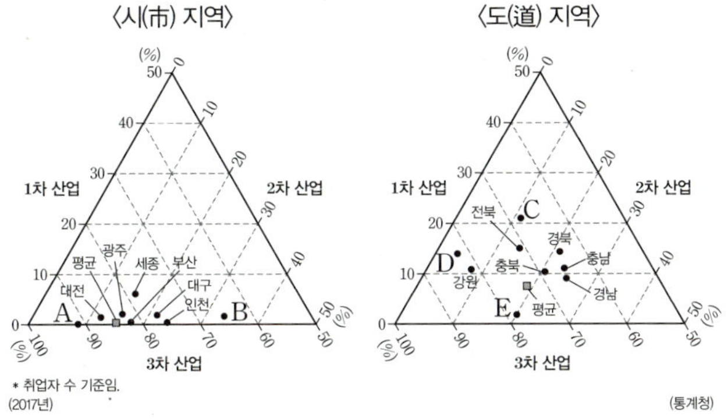

① A는 남동 임해 공업 지역의 대표적인 도시이다.

② C는 D보다 총 농가 수 대비 겸업농가 수 비중이 높다.

③ D는 E보다 지역 내 총생산이 많다.

④ C는 수도권, E는 호남권에 속한다.

⑤ A~E 중에서 1인당 지역 내 총생산은 B가 가장 많다.

268

지도는 시·도별 (가), (나) 서비스업의 종사자 수 및 비중을 나타낸 것이다. (가), (나) 서비스업에 대한 옳은 설명만을 〈보기〉에서 고른 것은? (단, (가), (나)는 생산자 서비스업, 소비자 서비스업 중 하나임.)

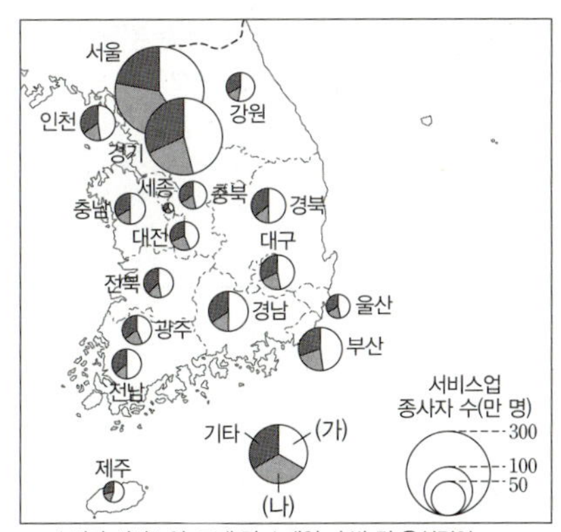

* 소비자 서비스업: 도매 및 소매업, 숙박 및 음식점업
** 생산자 서비스업: 정보 통신업, 부동산업, 전문·과학 및 기술 서비스업, 사업 시설 관리·사업 지원 및 임대 서비스업
(2017년) (통계청)

ㄱ. (가)는 (나)보다 전국의 사업체 수가 많다.

ㄴ. (가)는 (나)보다 사업체당 종사자 수가 적다.

ㄷ. (나)는 (가)보다 기업과의 거래액 비중이 낮다.

ㄹ. (나)는 (가)보다 사업체의 서울 집중도가 낮다.

① ㄱ, ㄴ   ② ㄱ, ㄷ   ③ ㄴ, ㄷ   ④ ㄴ, ㄹ   ⑤ ㄷ, ㄹ

269

그래프는 산업별 취업자 수 비중과 총 취업자 수 변화를 나타낸 것이다. 이에 대한 설명으로 옳은 것은? (단, (가)~(다)는 1차, 2차, 3차 산업 중 하나임.)

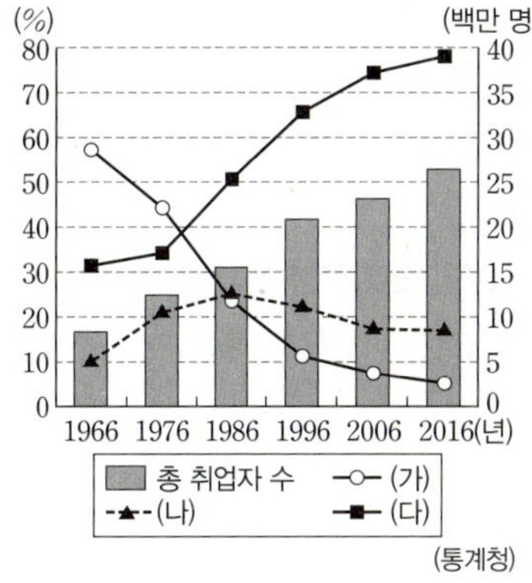

① (나)는 2006~2016년에 취업자 수가 감소하였다.

② (가)는 (다)보다 생산 요소로서 토지의 중요성이 높다.

③ (다)는 (나)보다 생산 과정의 기계화와 자동화가 쉽다.

④ (가)~(다) 중에서 2006~2016년의 종사자 수 증가율은 (나)가 가장 높다.

⑤ 우리나라는 1966~1986년에 탈공업화 현상이 뚜렷하게 나타났다.

270

그래프는 권역별 (가), (나) 서비스업 비중을 나타낸 것이다. 이에 대한 설명으로 옳은 것은? (단, (가), (나)는 소매업(자동차 제외), 전문 서비스업 중 하나이며, A, B는 수도권, 영남권 중 하나임.)

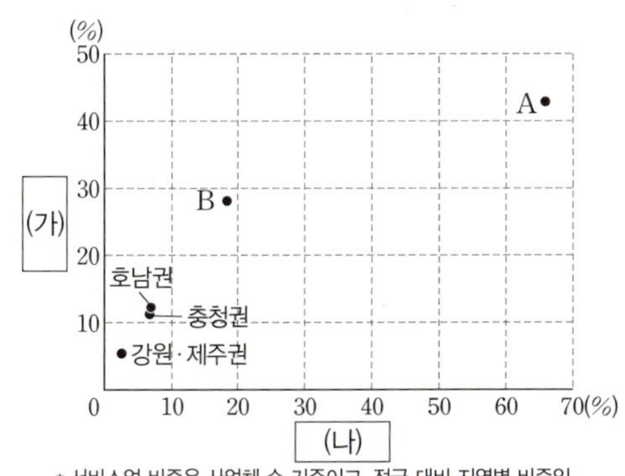

* 서비스업 비중은 사업체 수 기준이고, 전국 대비 지역별 비중임.
** 전문 서비스업에는 법률, 회계, 광고업 등이 포함됨.
(2016년) (통계청)

① A는 B보다 지역 내 총생산이 적다.

② B는 A보다 생산자 서비스업의 사업체 수가 많다.

③ (가)는 (나)보다 전국의 사업체 수가 많다.

④ (가)는 (나)보다 개인 소비자와의 거래액 비중이 낮다.

⑤ (나)는 (가)보다 사업체당 종사자 수가 적다.

주제 3 교통·통신의 발달과 공간 변화

족집게 전략 | 각 교통수단의 국내 여객 및 화물 수송 분담률과 국제 여객 및 화물 수송 분담률을 제시하여, 어떤 교통수단에 해당하는지 파악한 후 해당 교통수단의 특징을 묻는 문항이 자주 출제된다. 따라서 교통수단별 수송 분담률 순위를 반드시 암기해야 한다.

271 대표 문항
| 평가원 기출 |

A~C 교통수단에 대한 옳은 설명만을 〈보기〉에서 고른 것은?

〈교통수단별 단위 거리당 운송비 변화〉〈교통수단별 국내 화물 수송 분담률 변화〉

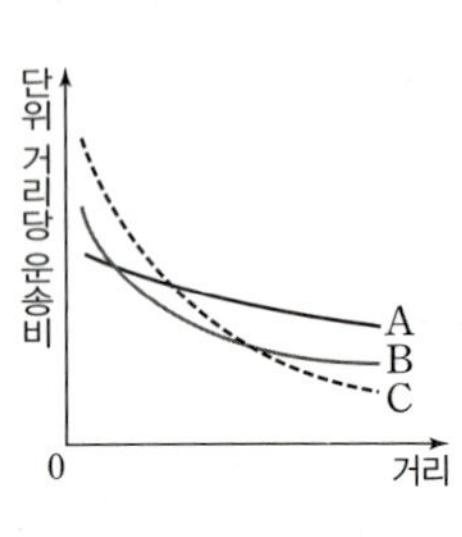

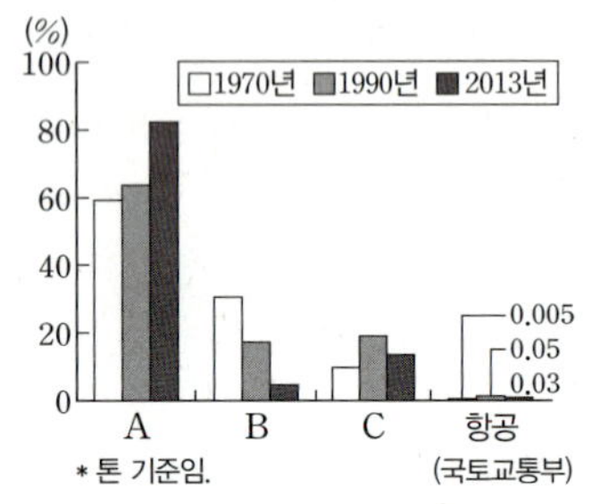

보기

ㄱ. A는 B보다 기종점 비용이 높다.
ㄴ. B는 C보다 국내 여객 수송에서 차지하는 비중이 높다.
ㄷ. C는 A보다 주행 비용 증가율이 낮다.
ㄹ. C는 B보다 수송 시 기상 제약을 적게 받는다.

① ㄱ, ㄴ   ② ㄱ, ㄷ   ③ ㄴ, ㄷ   ④ ㄴ, ㄹ   ⑤ ㄷ, ㄹ

✏️ **한줄 Tip** 국내인지 국제인지, 여객인지 화물인지, 여객의 경우 인 기준인지 인·km 기준인지부터 먼저 파악하자!

272
| 평가원 기출 |

그래프는 교통수단별 국내 여객 수송 분담률을 나타낸 것이다. A~C의 특성에 대한 설명으로 옳은 것은?

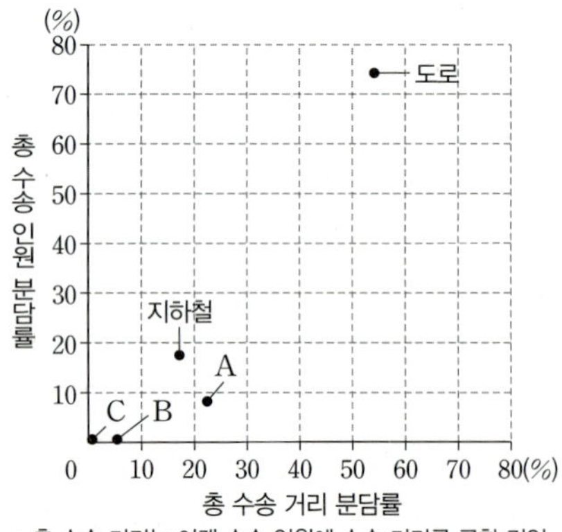

① A는 B보다 기상 조건의 제약을 많이 받는다.
② B는 C보다 평균 운송 속도가 느리다.
③ C는 A보다 국내 화물 수송 분담률이 높다.
④ 기종점 비용은 A>C>B 순으로 비싸다.
⑤ 주행 비용 증가율은 C>B>A 순으로 높다.

273

그래프는 교통수단별 국내 및 국제 여객 수송 분담률을 나타낸 것이다. A~E 교통수단에 대한 설명으로 옳은 것은?

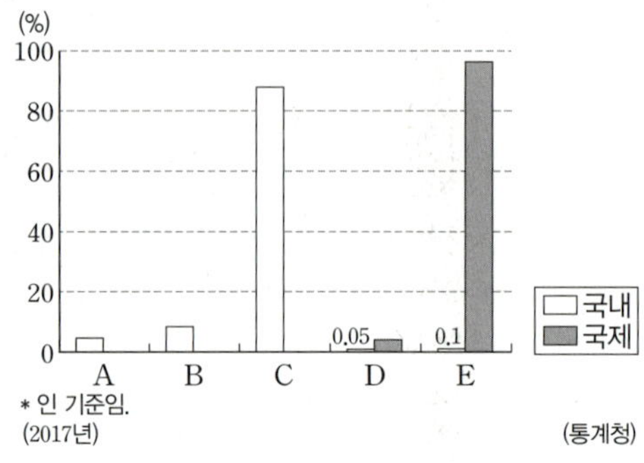

① A는 B보다 인·km 기준의 국내 여객 수송 분담률이 높다.
② B는 C보다 문전 연결성이 우수하다.
③ C는 D보다 대량 화물의 장거리 수송에 유리하다.
④ D는 E보다 평균 운행 속도가 빠르다.
⑤ E는 A보다 운행 시 기상 조건의 영향을 적게 받는다.

274

그래프는 교통수단별 국내 여객 및 화물 수송 분담률을 나타낸 것이다. A~E 교통수단에 대한 설명으로 옳은 것은?

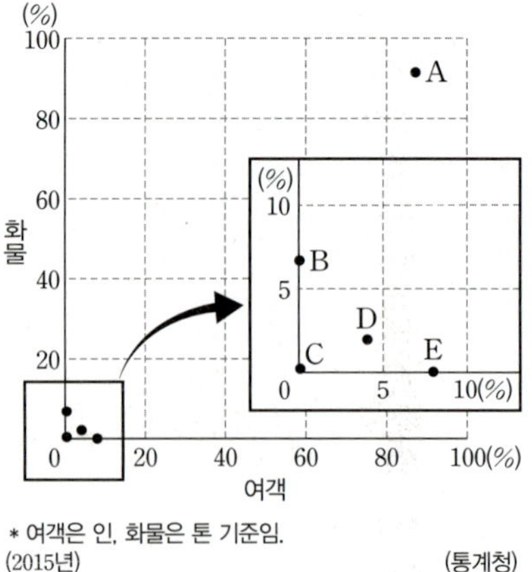

① A는 D보다 주행 시 지형적 제약을 많이 받는다.
② B는 C보다 고부가 가치 화물의 수송 비율이 높다.
③ E는 D보다 최초로 운행이 시작된 시기가 늦다.
④ 국제 여객 수송에는 C, D만 이용된다.
⑤ A~E 중에서 기종점 비용은 B가 가장 비싸다.

[275~276] 그래프는 교통수단별 국내 및 국제 화물 수송 분담률을 나타낸 것이다. 이를 보고 물음에 답하시오.

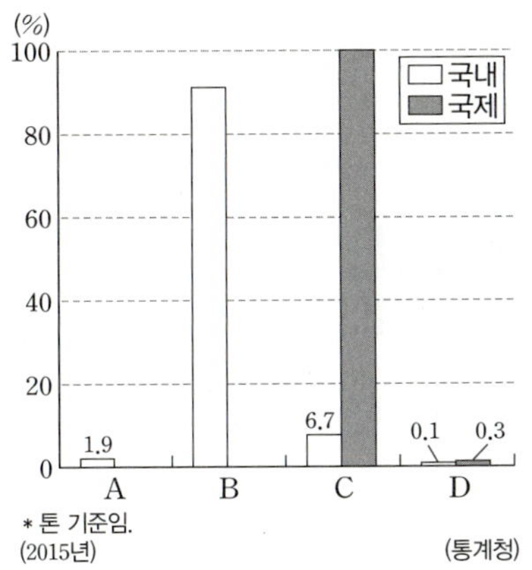

275

그래프의 A~D 교통수단으로 옳은 것은?

	A	B	C	D
①	도로	철도	항공	해운
②	도로	철도	해운	항공
③	철도	도로	항공	해운
④	철도	도로	해운	항공
⑤	항공	해운	도로	철도

276

위 그래프의 A~D 교통수단에 대한 옳은 설명만을 〈보기〉에서 고른 것은?

〈보기〉
ㄱ. A는 B보다 정시성과 안전성이 우수하다.
ㄴ. B는 C보다 주행 비용 증가율이 높다.
ㄷ. C는 D보다 국제 여객 수송 분담률이 높다.
ㄹ. D는 A보다 기종점 비용이 저렴하다.

① ㄱ, ㄴ ② ㄱ, ㄷ ③ ㄴ, ㄷ ④ ㄴ, ㄹ ⑤ ㄷ, ㄹ

277 고난도 | 평가원 기출 |

다음 자료에 대한 옳은 설명만을 〈보기〉에서 고른 것은?

〈남한의 교통수단별 국내 수송 분담률〉

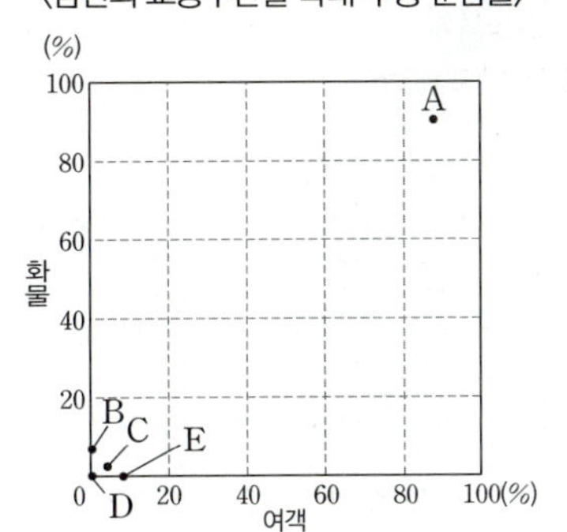

〈남·북한의 육상 교통로별 비중〉
(단위 : %)

육상 교통로	남한	북한
(가)	96.2	83.0
(나)	3.2	16.9
(다)	0.6	0.1
계	100.0	100.0

* 도로, 지하철, 철도 길이의 합에서 차지하는 비중을 나타냄.
(통계청)

〈보기〉
ㄱ. A의 여객 수송 분담률은 남한이 북한보다 높다.
ㄴ. B, D는 C, E보다 기상 악화에 따른 운행 제약이 크다.
ㄷ. 북한의 화물 수송 분담률은 (나)를 이용하는 교통수단보다 (가)를 이용하는 교통수단이 높다.
ㄹ. (가)는 A, (나)는 B, (다)는 C가 이용하는 교통로이다.

① ㄱ, ㄴ ② ㄱ, ㄷ ③ ㄴ, ㄷ ④ ㄴ, ㄹ ⑤ ㄷ, ㄹ

278 | 평가원 기출 |

그래프는 교통수단별 국내 수송 분담률을 나타낸 것이다. A~C 교통수단의 상대적 특성을 비교한 것으로 옳은 것은? (단, A~C는 도로, 철도(지하철 포함), 해운 중 하나임.)

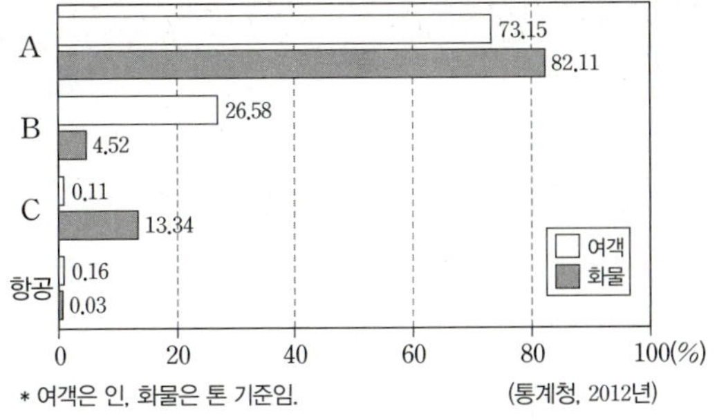

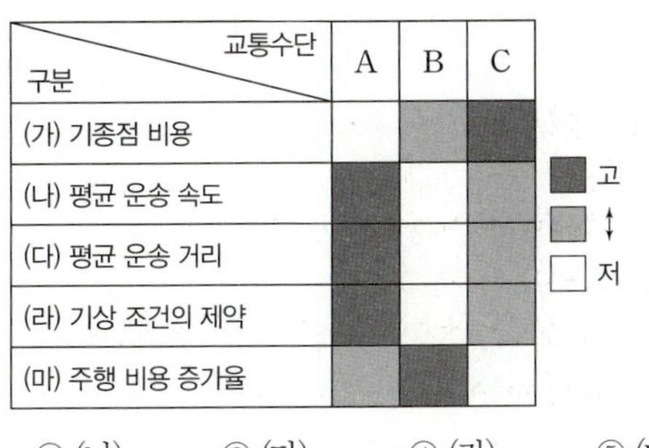

구분 \ 교통수단	A	B	C
(가) 기종점 비용			
(나) 평균 운송 속도			
(다) 평균 운송 거리			
(라) 기상 조건의 제약			
(마) 주행 비용 증가율			

① (가) ② (나) ③ (다) ④ (라) ⑤ (마)

VI 인구 변화와 다문화 공간

13강 인구 분포와 인구 구조의 변화

14강 인구 문제와 다문화 공간의 등장

VI단원 핵심 지역 PREVIEW

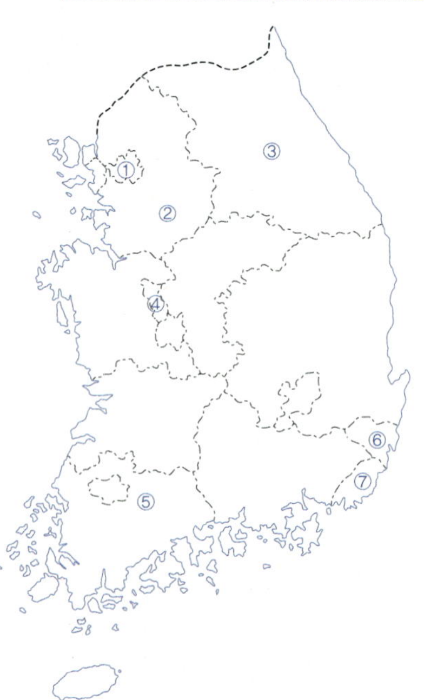

❶ **서울**　유출 인구가 가장 많음

❷ **경기**　도(道) 지역 중 청장년층 인구 비율이 가장 높고 노년층 인구 비율이 가장 낮음, 총인구가 가장 많음, 유입 인구가 가장 많음

❸ **강원**　인구 밀도가 가장 낮음

❹ **세종**　유소년층 인구 비율이 가장 높음, 노령화 지수가 가장 낮음

❺ **전남**　노년층 인구 비율이 가장 높음, 총 부양비 1위, 중위 연령이 가장 높음

❻ **울산**　광역시 중 인구 밀도가 가장 낮음(도 지역인 경기보다 낮음), 노년층 인구 비율이 가장 낮음

❼ **부산**　시(市) 지역 중 노년층 인구 비율이 가장 높음

*2015년의 인구 통계를 기준으로 함.

13강 인구 분포와 인구 구조의 변화	**주제 1** 우리나라의 인구 분포와 인구 이동	• 이촌 향도 현상 • 교외화 현상
	주제 2 우리나라의 인구 및 인구 구조 변화	• 인구 변천 모형 • 출산 붐 • 가족계획 • 자연적 · 사회적 증감 • 성비 • 인구 피라미드
14강 인구 문제와 다문화 공간의 등장	**주제 1** 저출산 · 고령화 현상	• 저출산 • 고령화 • 중위 연령 • 인구 부양비 • 노령화 지수
	주제 2 다문화 공간의 등장	• 외국인 근로자 • 국제결혼 • 결혼 이민자 • 다문화 가정 • 외국인 마을

▶ 주어진 지표를 활용하여 숨겨진 정보를 찾는 습관을 들이자.

VI단원은 개념 학습에 비해 문제 풀이가 어렵게 느껴지는 단원이다. 개념을 있는 그대로 확인하는 것이 아니라, 총 부양비를 토대로 청장년층 인구 비율을 추론하는 등 주어진 지표를 활용하여 숨겨진 정보를 찾아낼 줄 알아야 선지의 옳고 그름을 판단할 수 있기 때문이다. 인구 구조에서는 노년 부양비, 유소년 부양비, 총 부양비, 노령화 지수 중 두 가지 지표를 토대로 나머지 정보를 파악하는 문항이 많이 출제된다. 따라서 인구 부양비 관련 공식은 기본으로 숙지하고, 다양한 문제를 많이 풀어보면서 시 · 도별 인구 부양비 특성은 물론 자료 해석 노하우를 체득해야 한다.

▶ 최근의 사회적 이슈는 '다문화'이다. 점점 더 중요해질 것!

세계화와 함께 외국인의 유입이 늘어나는 요즘, 이러한 변화의 흐름에 맞추어 교과서나 시험에 이주 외국인에 대한 내용이 자주 등장한다. 교육과정이 바뀌면서 인구 단원이 독립된 만큼 관련 내용의 중요도는 더욱 커질 것으로 예상된다. 우리나라의 인구 특성을 학습할 때와 마찬가지로 외국인이 주로 거주하는 지역, 연령층별 인구 비율, 성비 등의 지역적 차이에 중점을 두고 문제를 풀어 보자.

13강 인구 분포와 인구 구조의 변화

주제 1 우리나라의 인구 분포와 인구 이동

1. 인구 분포에 영향을 미치는 요인

자연적 요인	전통적 인구 분포에 크게 영향을 미침 예) 기후, 지형, 토양 등
사회 · 경제적 요인	과학 기술이 발달하고 경제가 성장하면서 영향력 커짐 예) 문화, 교육, 직업, 산업, 교통 등

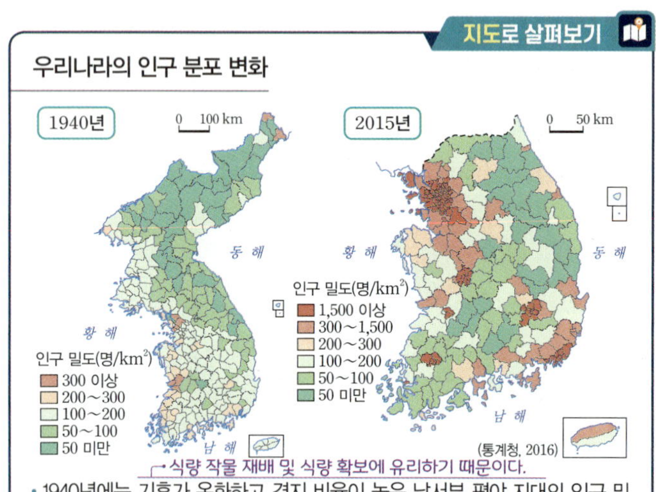

└ 식량 작물 재배 및 식량 확보에 유리하기 때문이다.

- 1940년에는 기후가 온화하고 경지 비율이 높은 남서부 평야 지대의 인구 밀도가 높은 반면, 산지가 많은 북동부 지역의 인구 밀도가 낮아 인구 분포에 자연적 요인이 끼치는 영향이 컸음을 알 수 있다.
- 2015년 현재는 2 · 3차 산업이 발달하고 도시가 밀집되어 있는 수도권, 공업이 발달한 남동 임해 지역의 인구 밀도가 높은 반면, 태백 · 소백산맥의 산간 지역과 농어촌 지역의 인구 밀도가 낮아 인구 분포에 사회 · 경제적 요인이 크게 작용했음을 알 수 있다.
  └ 수도권 인구 집중도가 높아져 인구 중심점이 북서쪽으로 이동하고 있다.

2. 우리나라의 인구 이동

1960~1980년대	산업화 · 도시화가 진행되면서 농촌에서 대도시, 공업 도시로의 이촌 향도 현상이 나타남
1990년대 이후	수도권과 대도시로 인구가 집중하는 한편, 대도시의 교외화 현상으로 대도시에서 주변 도시로의 인구 이동이 많아짐

└ 대도시의 집값 상승, 교통 혼잡, 광역 교통망 확충 등이 원인이다.

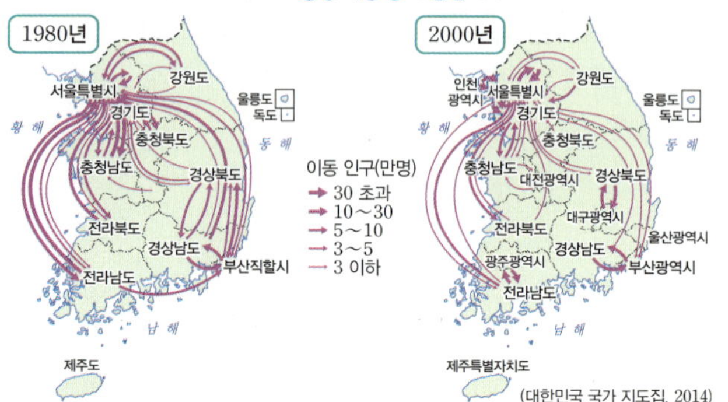

▲ 우리나라의 시기별 인구 이동

주제 2 우리나라의 인구 및 인구 구조 변화

1. 우리나라의 인구 변화

(1) 인구 변천 모형
└ 사회 · 경제의 발전 과정에서 발생하는 자연적 증감의 인구 변화를 나타낸 모형이다.

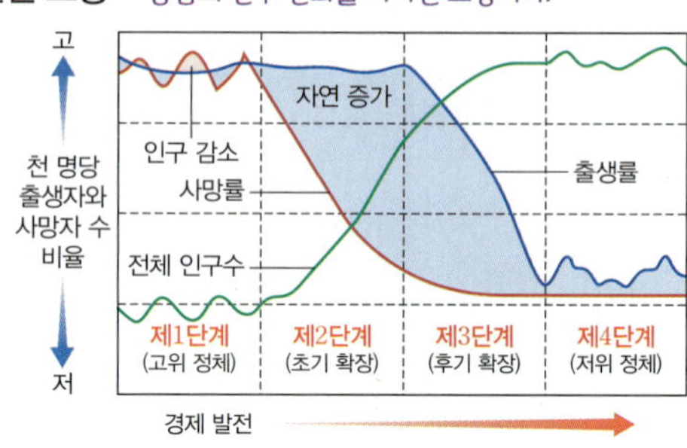

제1단계	사망률과 출생률이 모두 높음
제2단계	• 의학 기술의 발달로 사망률 급감 • 인구가 급속히 증가하는 초기 확장기
제3단계	• 가족계획, 자녀에 대한 가치관 변화로 출생률이 낮아짐 • 인구 증가율이 다소 낮아지는 후기 확장기
제4단계	사망률과 출생률이 모두 낮음

(2) 우리나라의 인구 성장

조선 시대 이전	출생률은 높았으나 낮은 농업 생산력, 질병과 기근으로 사망률도 높았음
일제 강점기	• 근대 의학 기술의 보급으로 사망률이 낮아짐 • 경지 면적 확대, 식량 증산 → 인구 부양력이 높아짐
광복~1960년대 초	• 광복~1950년대 초 : 해외 동포의 귀국, 북한 주민의 월남으로 인구 증가(인구의 사회적 증가) • 6 · 25 전쟁 기간 중 : 사망률 증가 • 전쟁 후 안정 시기 : 출산 붐 현상에 의한 인구 증가(인구의 자연적 증가)
1960년대 중반~1980년대	• 가족계획 사업 실시, 생활 수준 향상 • 1983년 합계 출산율 2.06명 → 대체 출산율보다 낮아짐

└ 인구 규모의 현상 유지를 위해 필요한 출산율(2.1명)

그래프로 살펴보기

- 1950년에 비해 1960년에 출생률이 높게 나타난 이유는 6 · 25 전쟁 이후 불안정했던 사회가 안정되면서 출산 붐 현상이 나타났기 때문이다.
- 1920년에 비해 2015년에는 출생률과 사망률 모두 낮은 수준을 유지하고 있으며, 인구의 자연 증가율이 낮아 저출산 · 고령화 문제가 나타나고 있다.
  └ (출생률－사망률)

• 정답 및 해설 056쪽

2. 우리나라의 인구 구조 변화

(1) 연령층별 인구 구조 변화

유소년층	출생률이 낮아지면서 인구 비율이 감소함
노년층	평균 수명이 증가하면서 인구 비율이 증가함
청장년층	2010년대 중반까지 증가한 후 감소함

(2) 시기별 인구 구조의 변화

1960년	출생률이 높아 유소년층 인구 비율이 매우 높음 → 피라미드형 인구 구조
2015년	낮은 출생률로 유소년층 인구 비율이 감소하고, 노년층 인구 비율이 증가함
2060년(예상)	평균 수명 증가와 저출산이 지속될 경우 노년층 인구 비율이 매우 높아질 것으로 예상됨

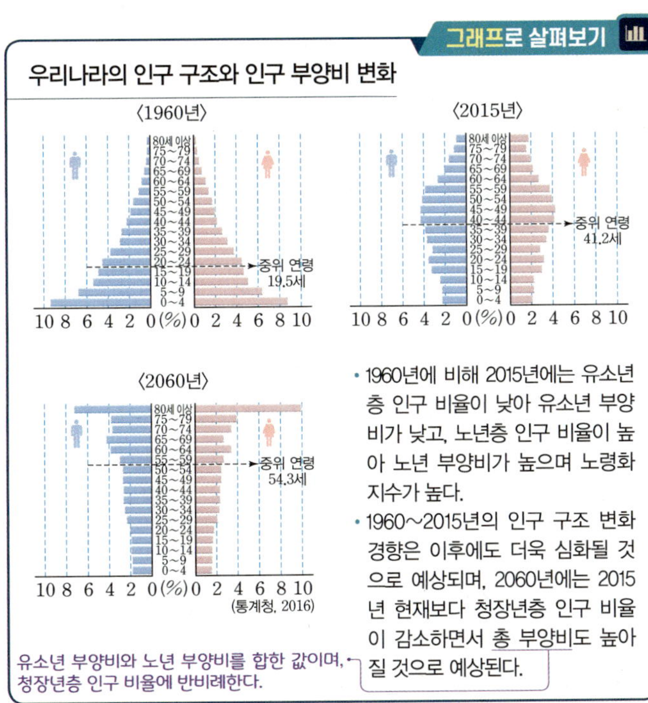

그래프로 살펴보기

우리나라의 인구 구조와 인구 부양비 변화

〈1960년〉 중위 연령 19.5세

〈2015년〉 중위 연령 41.2세

〈2060년〉 중위 연령 54.3세

(통계청, 2016)

• 1960년에 비해 2015년에는 유소년층 인구 비율이 낮아 유소년 부양비가 낮고, 노년층 인구 비율이 높아 노년 부양비가 높으며 노령화 지수가 높다.
• 1960~2015년의 인구 구조 변화 경향은 이후에도 더욱 심화될 것으로 예상되며, 2060년에는 2015년 현재보다 청장년층 인구 비율이 감소하면서 총 부양비도 높아질 것으로 예상된다.

유소년 부양비와 노년 부양비를 합한 값이며, 청장년층 인구 비율에 반비례한다.

(3) 인구 구조의 지역적 차이

① 원인 : 이촌 향도 현상으로 촌락은 청장년층 인구 유출, 도시는 청장년층 인구 유입

② 특징
• 도시는 촌락보다 노년층 인구 비율이 낮고 유소년층 인구 비율이 높음
• 촌락의 결혼 적령기 연령층 성비는 매우 높지만 전체 성비는 낮음
• 성비가 높은 지역 : 중화학 공업 발달 지역(거제, 당진 등), 군사 분계선 인접 지역(인제, 고성, 양구 등)

공업 특성상 남성 노동력을 많이 필요로 한다.

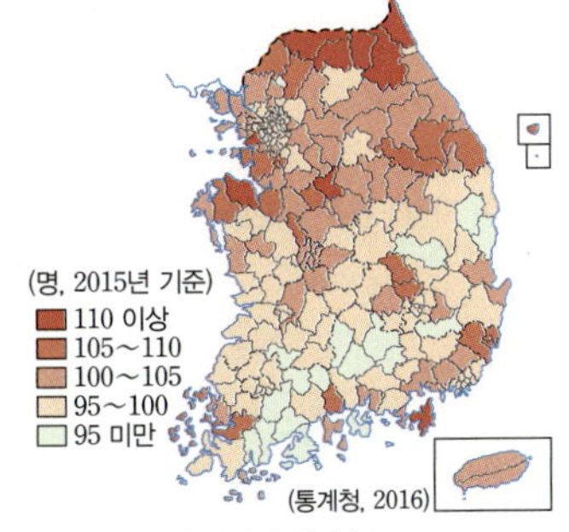

▲ 우리나라의 지역별 성비 분포

---

01 그래프는 인구 변천 모형을 나타낸 것이다. A~C는 무엇인지 쓰시오. (단, A~C는 사망률, 출생률, 총인구 중 하나임.)

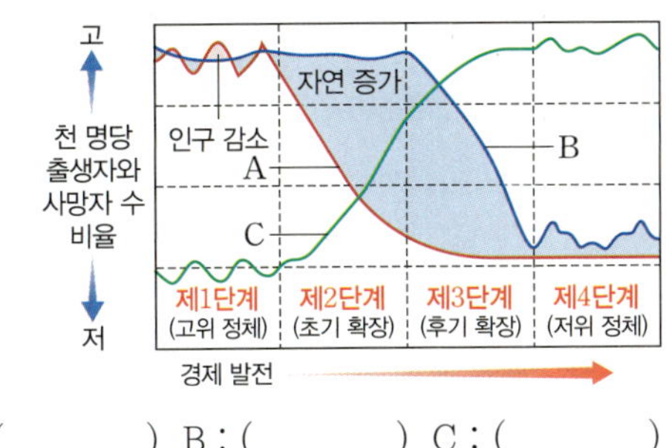

A : (　　　　) B : (　　　　) C : (　　　　)

02 그래프는 우리나라의 시기별 인구 구조를 나타낸 것이다. 각 시기를 쓰시오. (단, (가)~(다)는 1960년, 2015년, 2060년 중 하나임.)

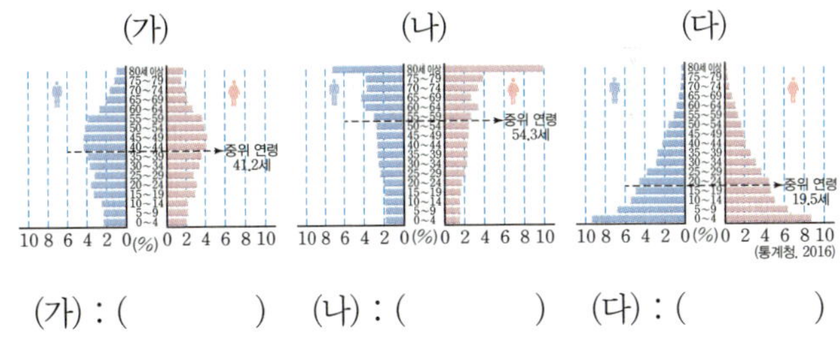

(가) : (　　　　) (나) : (　　　　) (다) : (　　　　)

다음의 설명이 맞으면 'O', 틀리면 'X'에 표시하시오.

03 1960년대 이전에 우리나라의 인구는 대부분 북동부 지역에 밀집되어 있었다. 　O　X

04 함정 1960~1980년대보다 1990년대 이후에 이촌 향도 현상이 뚜렷하게 나타났다. 　O　X

05 수도권의 인구 비율이 높아지면서 우리나라의 인구 중심점이 북서쪽으로 이동하고 있다. 　O　X

06 인구 변천 모형에서 인구가 급속히 증가하는 초기 확장기는 2단계에 해당한다. 　O　X

07 인구 변천 모형의 3단계에서는 가족계획, 자녀에 대한 가치관 변화로 출생률이 낮아진다. 　O　X

08 함정 우리나라는 6 · 25 전쟁이 발생했던 시기에 출산 붐 현상이 나타났다. 　O　X

09 1960년에 비해 2015년에는 유소년층 인구 비율이 높고 노년층 인구 비율이 낮다. 　O　X

10 2015년에 비해 2060년에는 노령화 지수가 높을 것으로 예상된다. 　O　X

11 군사 분계선 인접 지역과 중화학 공업 발달 지역은 성비가 낮은 편이다. 　O　X

유소년 부양비, 노년 부양비, 총 부양비가 높거나 낮은 지역은 어디일까?

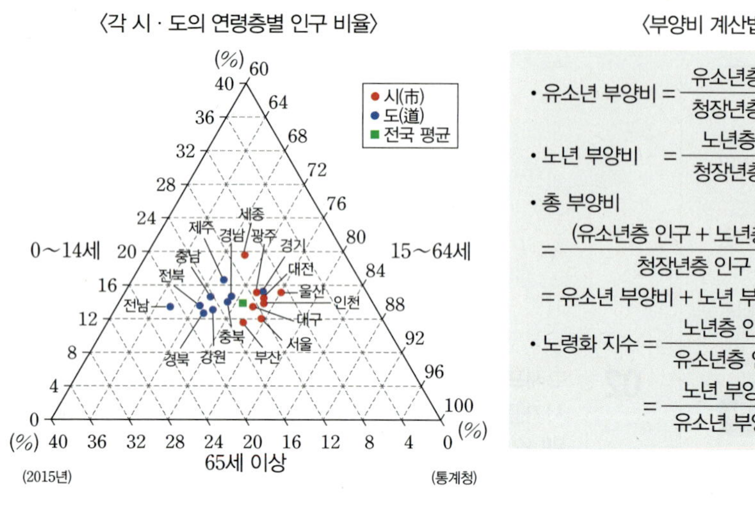

〈부양비 계산법〉

- 유소년 부양비 $= \dfrac{\text{유소년층 인구}}{\text{청장년층 인구}} \times 100$

- 노년 부양비 $= \dfrac{\text{노년층 인구}}{\text{청장년층 인구}} \times 100$

- 총 부양비

$= \dfrac{(\text{유소년층 인구} + \text{노년층 인구})}{\text{청장년층 인구}} \times 100$

$=$ 유소년 부양비 $+$ 노년 부양비

- 노령화 지수 $= \dfrac{\text{노년층 인구}}{\text{유소년층 인구}} \times 100$

$= \dfrac{\text{노년 부양비}}{\text{유소년 부양비}} \times 100$

- 각 시·도의 연령층별 인구 비율을 나타낸 그래프를 보면 대체로 시 지역은 도 지역보다 청장년층(15~64세) 인구의 비율이 높고 노년층(65세 이상) 인구의 비율이 낮다. 청장년층 인구 비율은 총 부양비에 반비례하므로 시 지역은 도 지역보다 대체로 총 부양비가 낮다.

- 유소년층(0~14세) 인구 비율이 가장 높은 시·도는 세종으로, 세종은 정부청사 이전으로 젊은 공무원들을 비롯한 청장년층의 유입이 활발해 이들이 어린 자녀들과 함께 유입된 경우가 많기 때문인 것으로 예상된다. 노년층(65세 이상) 인구 비율이 가장 높은 시·도는 전남이다. 농업이 특화된 전남은 노년층 인구 비율이 높은 촌락의 비율이 다른 시·도에 비해 높기 때문인 것으로 예상된다. 전남은 세종보다 유소년층 인구 비율이 낮고 노년층 인구 비율이 높으므로, 노령화 지수가 높고 중위 연령도 높다.

- 청장년층(15~64세) 인구 비율이 가장 높은 시·도는 울산으로, 울산은 중화학 공업이 고루 발달해 청장년층의 일자리가 많아 청장년층을 중심으로 인구가 많이 유입되었기 때문인 것으로 예상된다. 울산은 모든 시·도 중에서 청장년층 인구 비율이 가장 높아 총 부양비는 가장 낮다.

Q1 다음 물음에 해당하는 지역을 아래 지도의 A~F에서 골라 쓰시오.

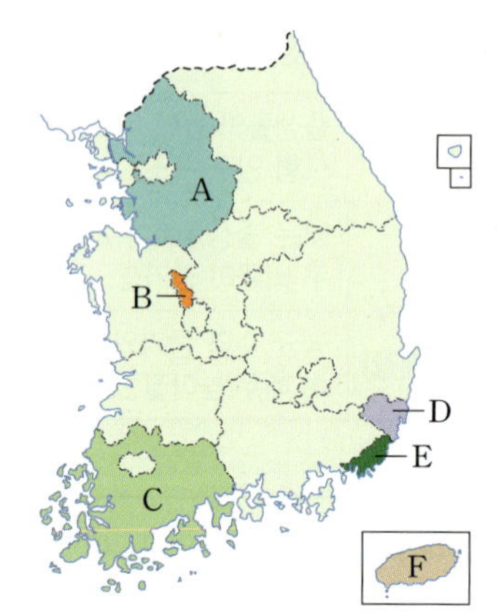

(1) 유소년층 인구 비율이 가장 높은 시·도는? (　　　)

(2) 청장년층 인구 비율이 가장 높은 시·도는? (　　　)

(3) 노년층 인구 비율이 가장 높은 시·도는? (　　　)

(4) 총 부양비가 가장 낮은 시·도는? (　　　)

(5) 도(道) 지역 중에서 청장년층 인구 비율이 가장 높은 지역은? (　　　)

(6) 도(道) 지역 중에서 유소년층 인구 비율이 가장 높은 지역은? (　　　)

(7) 시(市) 지역 중에서 노년층 인구 비율이 가장 높은 지역은? (　　　)

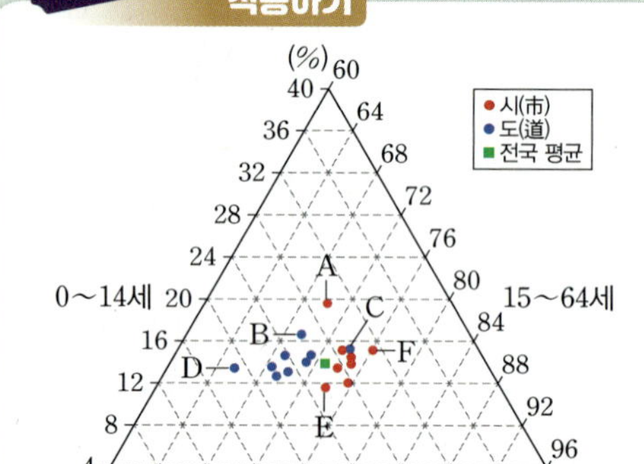

Q2 왼쪽 그래프는 각 시·도의 연령층별 인구 비율을 나타낸 것이다. 이를 보고 괄호 안의 내용 중 알맞은 말을 고르시오.

(1) A는 유소년층 인구 비율이 가장 (높은 / 낮은) 것으로 보아 (서울 / 세종)이다.

(2) B는 도(道) 중에서 유소년층 인구 비율이 가장 (높은 / 낮은) 것으로 보아 (경기 / 제주)이다.

(3) C는 도(道) 중에서 청장년층 인구 비율이 가장 (높은 / 낮은) 것으로 보아 (경기 / 제주)이다.

(4) D는 노년층 인구 비율이 가장 (높은 / 낮은) 것으로 보아 (전북 / 전남)이다.

(5) E는 시(市) 중에서 노년층 인구 비율이 가장 (높은 / 낮은) 것으로 보아 (부산 / 울산)이다.

(6) F는 청장년층 인구 비율이 가장 (높은 / 낮은) 것으로 보아 총 부양비가 가장 (높다 / 낮다).

(7) F는 청장년층 인구 비율이 가장 (높은 / 낮은) 것으로 보아 (부산 / 울산)이다.

WHERE & WHY 정답 **Q1** (1) B (2) D (3) C (4) D (5) A (6) F (7) E **Q2** (1) 높은, 세종 (2) 높은, 제주 (3) 높은, 경기 (4) 높은, 전남 (5) 높은, 부산 (6) 높은, 낮다 (7) 높은, 울산

주제 1 우리나라의 인구 분포와 인구 이동

족집게 전략 | 주요 시 · 도의 시기별 인구 변동을 토대로 어느 시 · 도에 해당하는지 파악한 후 각 시 · 도의 특징을 묻는 문항이 자주 출제된다. 따라서 주요 시 · 도의 인구 변화 경향을 숙지해 두어야 한다.

279 대표 문항

| 평가원 기출 |

그래프는 지도에 표시된 3개 시 · 도의 시기별 인구 변동을 나타낸 것이다. (가)~(다)에 대한 옳은 설명만을 〈보기〉에서 고른 것은?

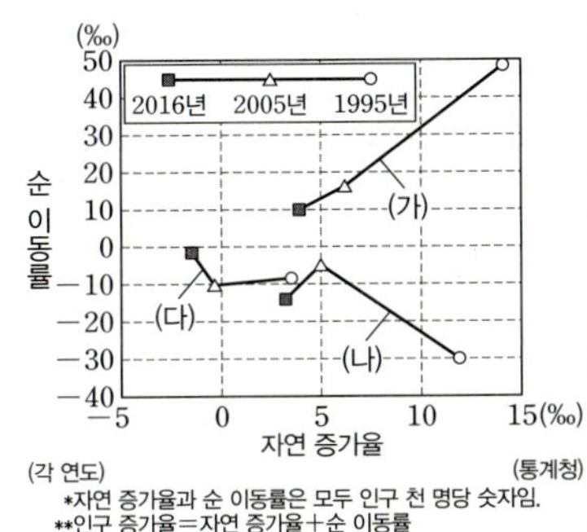

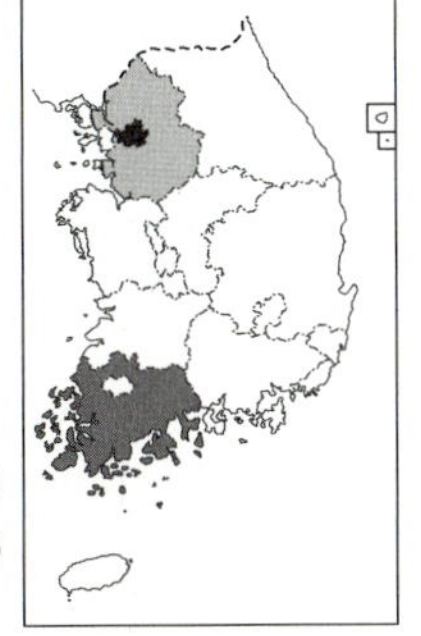

〈보기〉
ㄱ. (가)와 (다)는 수도권에 위치해 있다.
ㄴ. 1995년에 인구가 증가한 시 · 도는 (가)와 (나)이다.
ㄷ. 2005년에 순 전출을 보이는 시 · 도는 (나)와 (다)이다.
ㄹ. 2016년에 출생자 수에 비해 사망자 수가 많은 시 · 도는 (다)이다.

① ㄱ, ㄴ ② ㄱ, ㄷ ③ ㄴ, ㄷ ④ ㄴ, ㄹ ⑤ ㄷ, ㄹ

한줄 Tip 제시된 인구 지표의 값이 가장 높거나 가장 낮은 지역, 크게 변화된 지역부터 찾아내는 것이 좋아.

280

| 평가원 기출 |

다음 자료에 대한 설명으로 옳은 것은? (단, (가)~(다), A~C는 각각 수도권, 영남권, 충청권 중 하나임.)

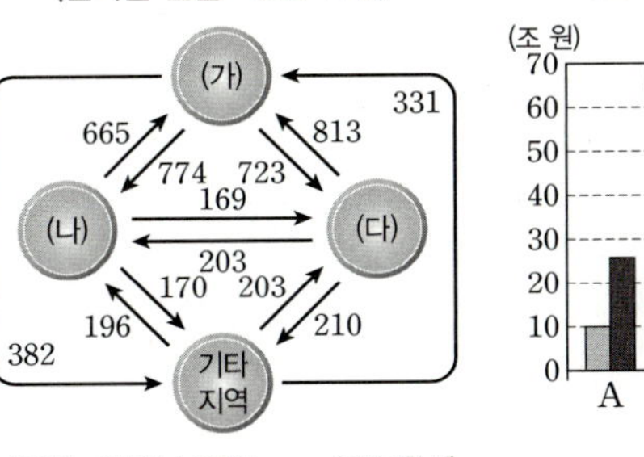

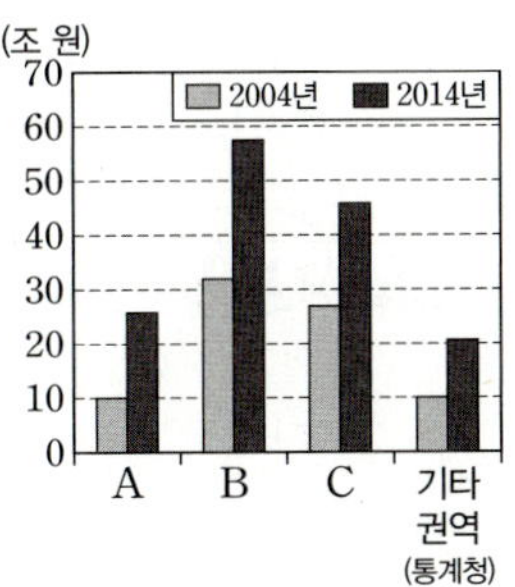

① (가)는 B, (다)는 C이다.
② (가)와 (다)는 지리적으로 서로 맞닿아 있다.
③ (나)는 (다)에 비해 총인구가 많다.
④ 제조업 생산액 증가율은 (가), (다)보다 (나)가 높다.
⑤ A, B 모두 전입 인구가 전출 인구보다 많다.

281

그래프의 (가)~(다) 지역을 지도의 A~C에서 고른 것은?

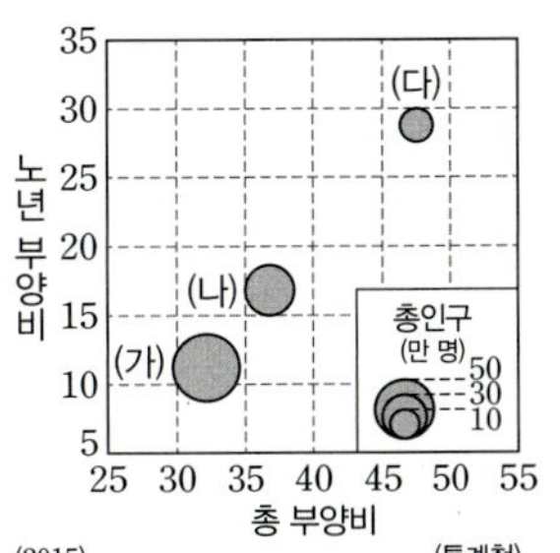

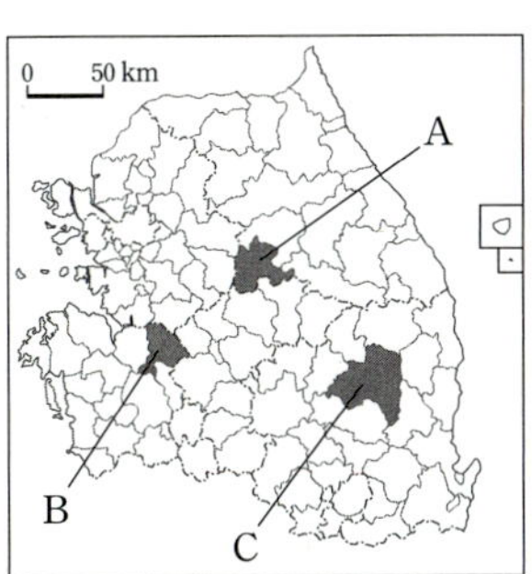

	(가)	(나)	(다)
①	A	B	C
②	A	C	B
③	B	A	C
④	B	C	A
⑤	C	A	B

282

그래프는 지도에 표시된 세 지역의 인구 밀도 변화를 나타낸 것이다. (가)~(다) 지역에 대한 설명으로 옳은 것은?

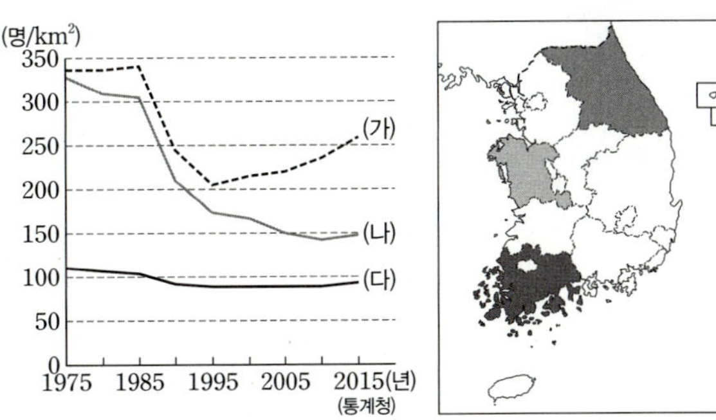

① (가)는 (나)보다 수도권과의 접근성이 높다.
② (나)는 (다)보다 농경지의 평균 해발 고도가 높다.
③ (다)는 (가)보다 총인구가 많다.
④ (나)는 충청권, (다)는 호남권에 속한다.
⑤ (가)~(다) 중에서 2000~2015년의 인구 증가율은 (나)가 가장 높다.

283 고난도 ↑

|평가원 기출|

다음 자료에 대한 옳은 설명만을 〈보기〉에서 고른 것은? (단, A~C, (가)~(다)는 광주, 울산, 인천 중 하나임.)

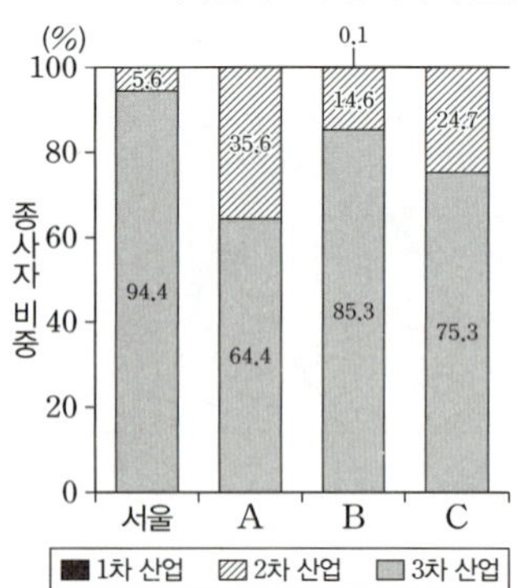

〈서울과 3개 광역시의 산업별 종사자 비중과 인구 이동〉

이동자 수(명)		전입 도시			
		서울	(가)	(나)	(다)
전출 도시	서울	–	9,217	44,915	5,950
	(가)	10,860	–	2,167	538
	(나)	33,570	1,894	–	1,359
	(다)	6,954	482	1,249	–

(2015년) (통계청)

보기

ㄱ. A는 (다), B는 (가)에 해당한다.
ㄴ. 인천으로 전입한 인구는 광주가 울산보다 많다.
ㄷ. (가)~(다) 중 서울과 지리적으로 가장 인접한 도시는 (가)이다.
ㄹ. (가)~(다) 중 인구 규모가 가장 큰 도시는 3차 산업의 비중도 가장 높다.

① ㄱ, ㄴ ② ㄱ, ㄷ ③ ㄴ, ㄷ ④ ㄴ, ㄹ ⑤ ㄷ, ㄹ

284

(가), (나) 지도 표현의 기준이 된 인구 지표로 옳은 것은?

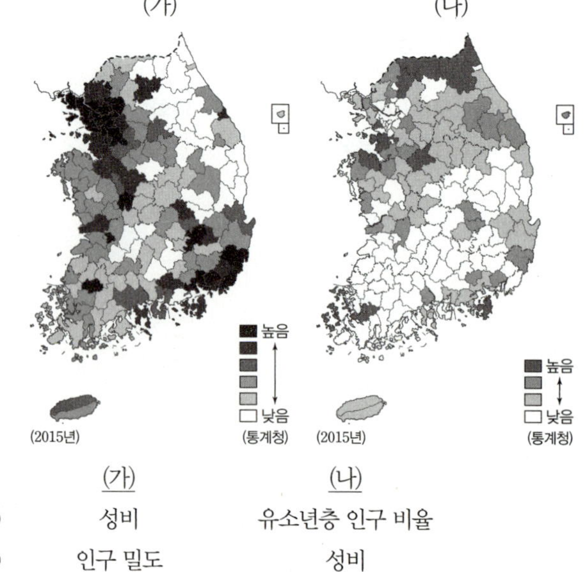

	(가)	(나)
①	성비	유소년층 인구 비율
②	인구 밀도	성비
③	인구 밀도	유소년층 인구 비율
④	유소년층 인구 비율	성비
⑤	유소년층 인구 비율	인구 밀도

285

그래프는 권역별 인구 비율 변화를 나타낸 것이다. (가)~(라) 권역에 대한 설명으로 옳은 것은? (단, (가)~(라)는 수도권, 영남권, 충청권, 호남권 중 하나임.)

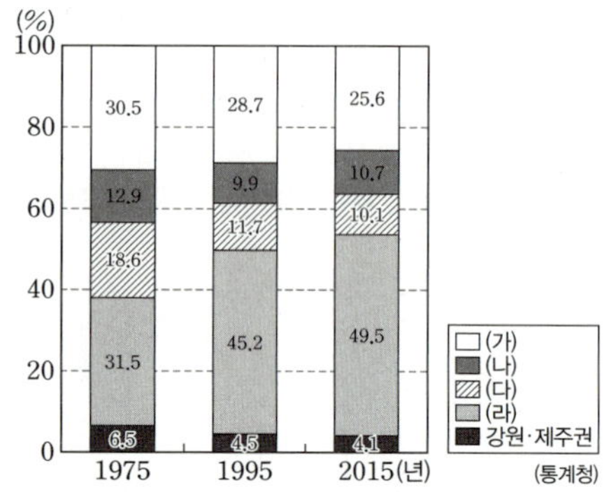

① 1975~2015년에 인구의 수도권 집중도는 낮아졌다.
② 최근 5년간 (나)는 (라)와의 인구 이동에서 인구 순유입을 기록하였다.
③ (가)는 (나)보다 1995~2015년의 인구 증가율이 높다.
④ (다)와 (라)는 지리적으로 서로 맞닿아 있다.
⑤ (라)는 (가)보다 지역 내 총생산이 적다.

286

그래프의 (가)~(다) 지역에 대한 옳은 설명만을 〈보기〉에서 고른 것은? (단, (가)~(다)는 부여, 천안, 홍성 중 하나임.)

〈충청남도 시·군별 인구 증감(2012~2016년)〉

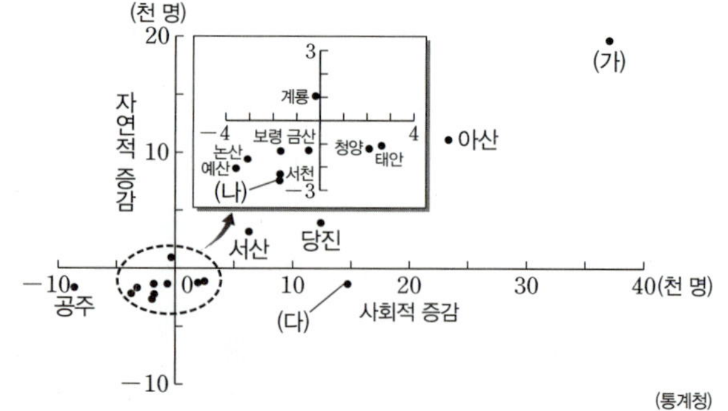

보기

ㄱ. (나)에는 충남도청이 입지해 있다.
ㄴ. (가)는 (나)보다 수도권 접근성이 높다.
ㄷ. (가), (다)는 2012~2016년에 전출 인구보다 전입 인구가 많다.
ㄹ. (가)와 (나)는 군(郡), (다)는 시(市)에 해당한다.

① ㄱ, ㄴ ② ㄱ, ㄷ ③ ㄴ, ㄷ ④ ㄴ, ㄹ ⑤ ㄷ, ㄹ

 우리나라의 인구 및 인구 구조 변화

족집게 전략 | 우리나라의 연령층별 인구 비율 변화를 토대로 인구 구조 변화 경향과 부양비 관련 지표를 묻는 문항이 주로 출제된다. 따라서 유소년층 인구 비율 감소와 노년층 인구 비율 증가로 인한 부양비 관련 지표의 변화를 숙지해 두어야 한다.

287 대표 문항
| 평가원 기출 |

그래프는 우리나라 인구 구성 비율의 추이를 나타낸 것이다. 이에 대한 옳은 분석만을 〈보기〉에서 고른 것은?

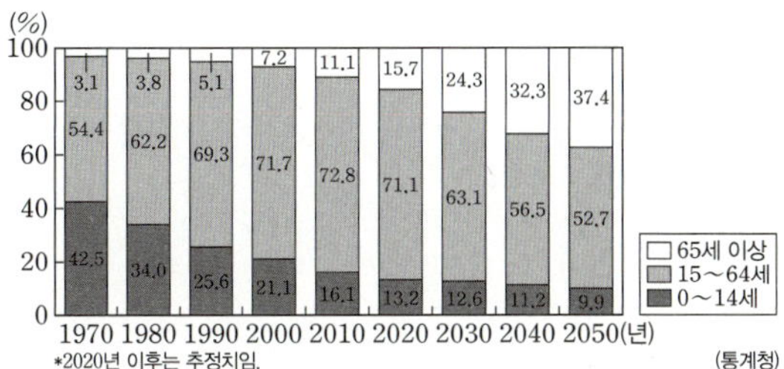

〈보기〉
ㄱ. 2010년에는 노령화 지수가 100 이상이다.
ㄴ. 1980년에 비해 2010년에 총 부양비는 감소하였다.
ㄷ. 1990년에 비해 2030년에 중위 연령이 낮을 것이다.
ㄹ. 2000년에 비해 2050년에 노년 부양비가 5배 이상이 될 것이다.

① ㄱ, ㄴ   ② ㄱ, ㄷ   ③ ㄴ, ㄷ   ④ ㄴ, ㄹ   ⑤ ㄷ, ㄹ

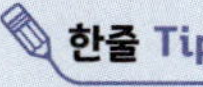 **한줄 Tip** 과거에 비해 비율이 낮아진 유소년층 인구와 비율이 높아진 노년층 인구를 중심으로 자료를 분석하자.

288
| 평가원 기출 |

다음은 〈글자 카드〉를 활용한 한국 지리 수업 활동이다. (가)에 들어갈 내용으로 옳은 것은?

교사 : 다음 내용이 의미하는 용어를 〈글자 카드〉에서 찾아 하나씩 빼세요.
• 단위 면적에 분포하는 인구
• 가로축은 성별, 세로축은 연령대별 인구나 비율을 표시하여 인구 구조를 나타낸 그래프

피	도	밀	구	라	인
비	구	드	인	성	미

교사 : 〈글자 카드〉에서 빼고 남은 글자를 모두 활용하여 만들 수 있는 인구 관련 용어에 대해 설명하세요.
학생 : ___________(가)___________ 입니다.
교사 : 예, 맞습니다. 참 잘했습니다.

① 여성 100명에 대한 남성의 수
② 청장년층 인구에 대한 노년층 인구의 비
③ 청장년층 인구에 대한 유소년층 인구의 비
④ 여성 한 명이 평생 출산하는 자녀 수의 평균
⑤ 두 연도 간의 인구 변화를 기준 연도의 인구로 나눈 백분율

289

그래프는 우리나라의 인구 부양비 변화를 나타낸 것이다. 이에 대한 설명으로 옳은 것은? (단, (가)~(다)는 노년 부양비, 유소년 부양비, 총 부양비 중 하나임.)

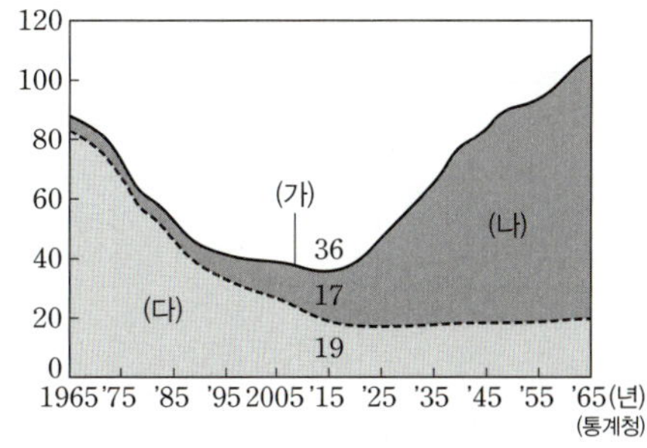

① 2015년에는 노령화 지수가 100을 넘는다.
② 2015년은 1965년보다 청장년층 인구 비율이 낮다.
③ 2015~2065년에 중위 연령은 낮아질 것으로 예상된다.
④ 2065년에 청장년층 인구 비율은 50% 미만일 것으로 예상된다.
⑤ (나)는 유소년 부양비, (다)는 노년 부양비이다.

290

그래프는 우리나라 두 시기의 연령대별 인구 비율을 나타낸 것이다. (가), (나) 시기에 대한 설명으로 옳은 것은? (단, (가), (나) 시기는 1960년, 2015년 중 하나임.)

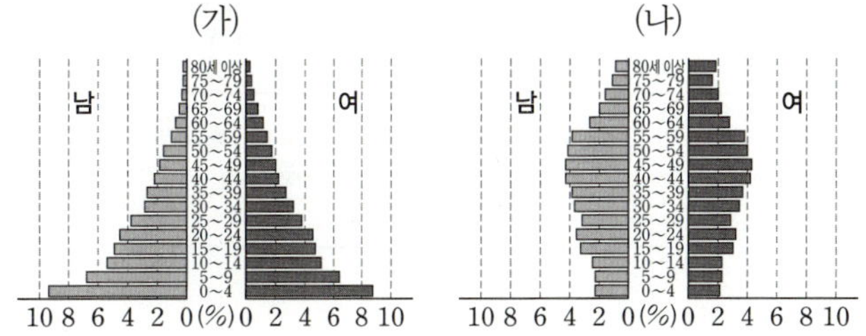

① (가) 시기에 노령화 지수는 100을 넘는다.
② (나) 시기는 인구 변천 모형의 3단계에 해당한다.
③ (가) 시기는 (나) 시기보다 중위 연령이 높다.
④ (나) 시기는 (가) 시기보다 노년 부양비가 높다.
⑤ (가) 시기는 2015년, (나) 시기는 1960년이다.

291
| 평가원 기출 |

(가)~(라)에 대한 옳은 설명만을 〈보기〉에서 고른 것은? (단, (가)~(라)는 경기, 울산, 전남, 충북 중 하나임.)

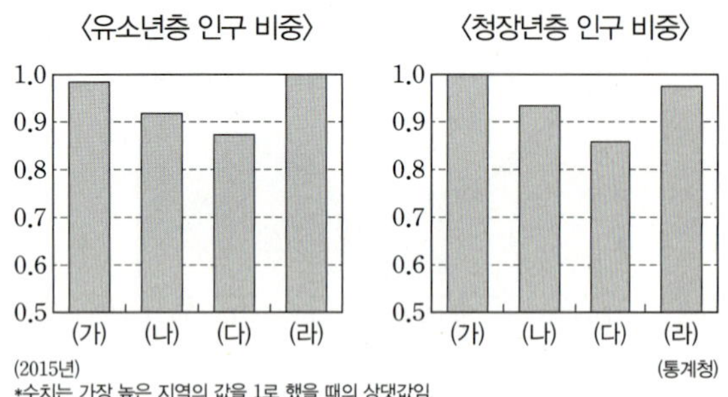

〈보기〉
ㄱ. (가)는 울산, (나)는 충북이다.
ㄴ. 총 부양비는 (다)가 가장 높다.
ㄷ. (가)는 (라)보다 유소년 부양비가 높다.
ㄹ. (다)는 (라)보다 노령화 지수가 낮다.

① ㄱ, ㄴ   ② ㄱ, ㄷ   ③ ㄴ, ㄷ   ④ ㄴ, ㄹ   ⑤ ㄷ, ㄹ

292 고난도
| 평가원 기출 |

그래프에 대한 옳은 분석만을 〈보기〉에서 있는 대로 고른 것은? (단, A~D는 각각 ㉠~㉣ 중 어느 하나에 해당됨.)

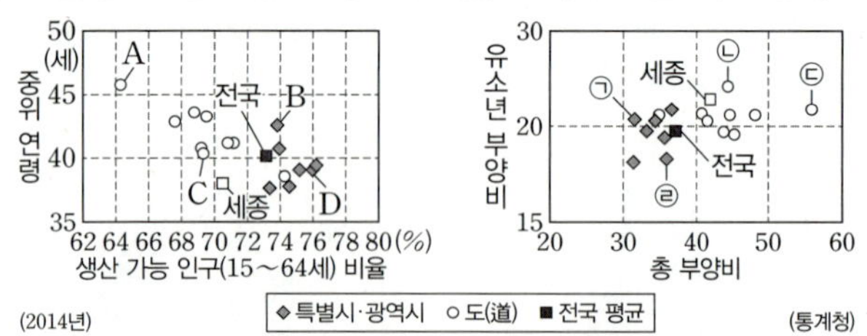

〈보기〉
ㄱ. A와 ㉢은 동일한 지역이다.
ㄴ. B는 D보다 노년층 인구 비율이 높다.
ㄷ. D의 노령화 지수는 80 이상이다.
ㄹ. 노년 부양비는 ㉡이 ㉠보다 높다.

① ㄱ, ㄹ   ② ㄴ, ㄷ   ③ ㄱ, ㄴ, ㄹ
④ ㄱ, ㄷ, ㄹ   ⑤ ㄴ, ㄷ, ㄹ

293

그래프의 (가)~(다) 지역을 A~C에서 고른 것은?

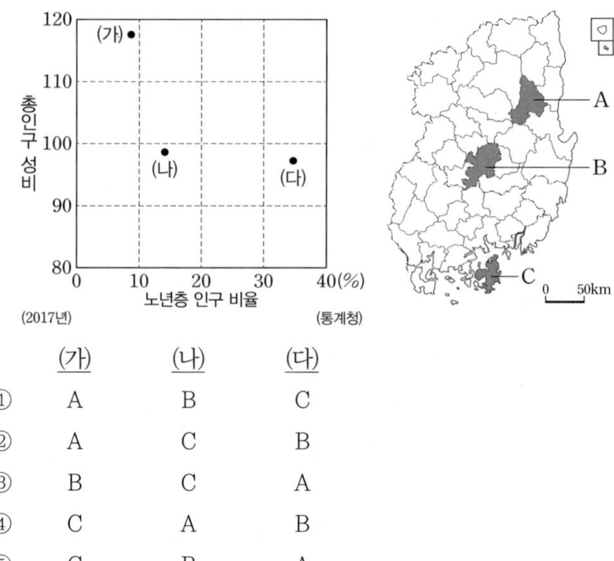

	(가)	(나)	(다)
①	A	B	C
②	A	C	B
③	B	C	A
④	C	A	B
⑤	C	B	A

294

그래프는 지도에 표시된 세 지역의 시기별 인구 증가율을 나타낸 것이다. (가)~(다) 지역에 대한 설명으로 옳은 것은?

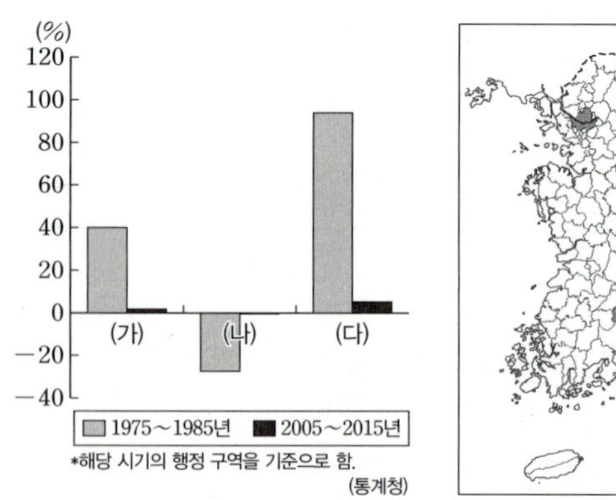

① (가)는 (나)보다 중위 연령이 높다.
② (나)는 (다)보다 인구 밀도가 높다.
③ (다)는 (가)보다 3차 산업 취업자 수 비율이 낮다.
④ (가)~(다) 중에서 청장년층 인구의 성비는 (가)가 가장 높다.
⑤ (가)는 영남권, (나)는 호남권, (다)는 수도권에 속한다.

295

그래프에 대한 분석으로 옳은 것은?

|평가원 기출|

<시 · 도별 인구 구조>

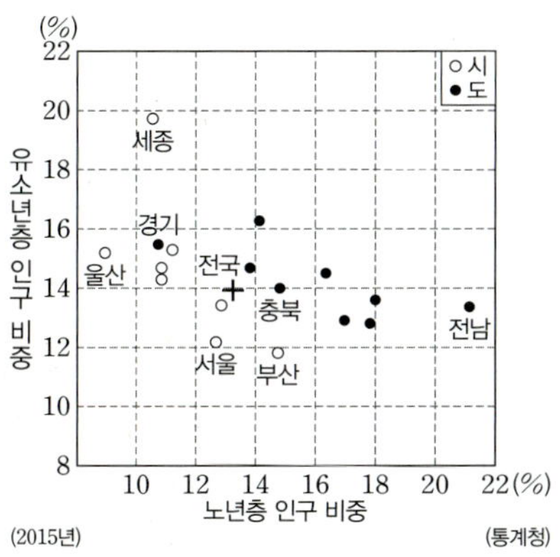

① 세종은 총 부양비가 가장 높다.

② 전남은 노년 부양비가 가장 낮다.

③ 부산은 충북보다 유소년 부양비가 낮다.

④ 경기는 울산보다 청장년층 인구 비중이 높다.

⑤ 모든 광역시는 전국보다 노령화 지수가 높다.

296

그래프는 두 지역의 연령대별 인구 비율을 나타낸 것이다. (가), (나) 지역에 대한 옳은 설명만을 <보기>에서 고른 것은? (단, (가), (나)는 광주, 전남 중 하나임.)

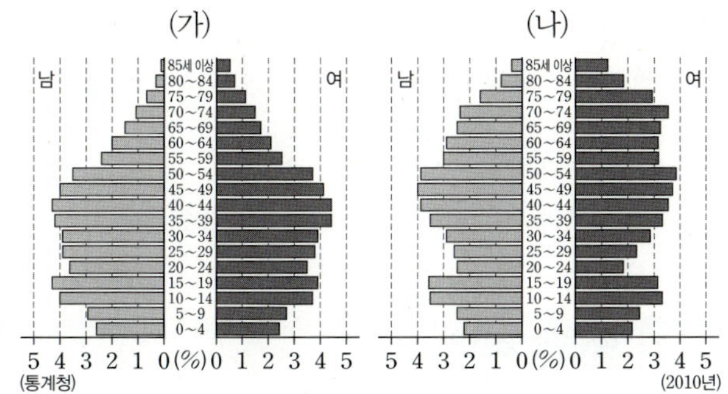

보기

ㄱ. (가)는 (나)보다 중위 연령이 낮다.

ㄴ. (가)는 (나)보다 3차 산업 취업자 수 비율이 높다.

ㄷ. (나)는 (가)보다 총 부양비가 낮다.

ㄹ. (가)는 도(道), (나)는 광역시에 해당한다.

① ㄱ, ㄴ ② ㄱ, ㄷ ③ ㄴ, ㄷ ④ ㄴ, ㄹ ⑤ ㄷ, ㄹ

[297~298] 그래프를 보고 물음에 답하시오.

<시 · 도별 유소년층 및 노년층 인구 비율>

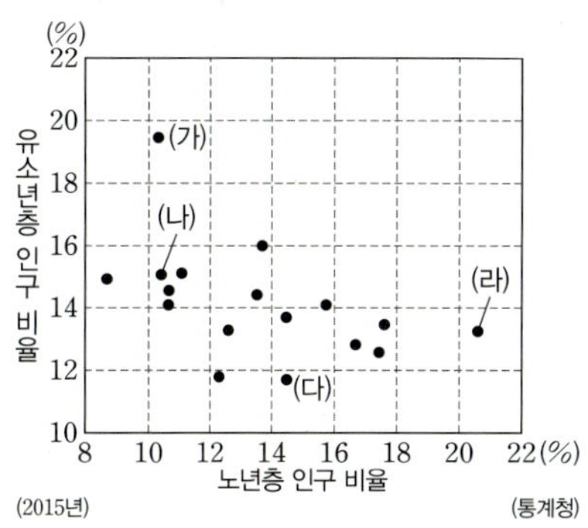

297

그래프의 (가)~(라) 지역을 지도의 A~D에서 고른 것은?

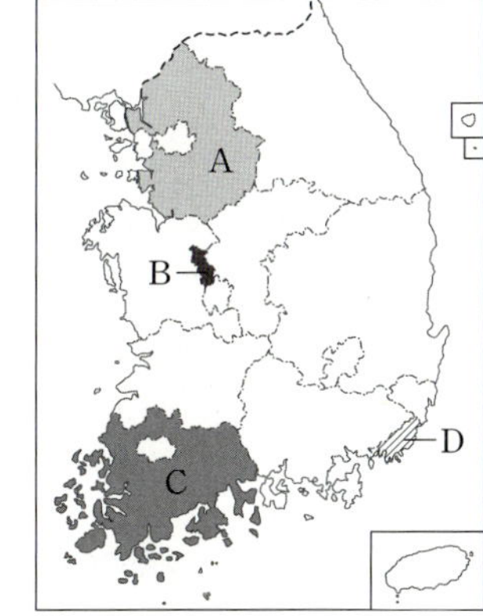

	(가)	(나)	(다)	(라)
①	A	B	C	D
②	A	B	D	C
③	B	A	C	D
④	B	A	D	C
⑤	C	D	A	B

298

위 그래프의 (가)~(라) 지역에 대한 옳은 설명만을 <보기>에서 고른 것은?

보기

ㄱ. (가)는 (나)보다 유소년층 인구가 많다.

ㄴ. (나)는 (다)보다 총인구가 많다.

ㄷ. (라)는 (가)보다 노령화 지수가 높다.

ㄹ. (다)는 호남권, (라)는 영남권에 위치한다.

① ㄱ, ㄴ ② ㄱ, ㄷ ③ ㄴ, ㄷ ④ ㄴ, ㄹ ⑤ ㄷ, ㄹ

14강 인구 문제와 다문화 공간의 등장

주제 1 저출산 · 고령화 현상

1. 저출산

현황	• 출산 억제 정책의 영향으로 합계 출산율 감소 • 2001년 이후 합계 출산율이 1.3명 이하인 초저출산 국가로 분류됨
원인	개인적 원인 : 초혼 연령 상승, 자녀에 대한 가치관 변화, 무자녀 부부 증가 등
	사회 · 경제적 원인 : 여성의 사회 진출 확대, 자녀 양육비 증가, 고용 불안 등
영향	• 장기적인 총인구 감소 • 노동력 부족, 소비와 투자 위축에 따른 국가 경쟁력 약화

2. 고령화

┌ 노년층 인구 20% 이상

현황	• 2000년에 고령화 사회, 2017년에 고령 사회로 진입 • 2025년에 초고령 사회 진입 예상
원인	• 저출산에 따른 유소년층 인구 비율 감소 • 사망률 감소 및 기대 수명의 증가 ← 경제 발전 및 의학 기술의 발달
영향	• 청장년층의 노년층 인구 부양 부담 증가 • 연금, 의료, 복지 등 사회적 비용 증가 • 노동력 고령화, 노동력 감소 등으로 인한 국가 경쟁력 약화

우리나라의 인구 부양비 변화

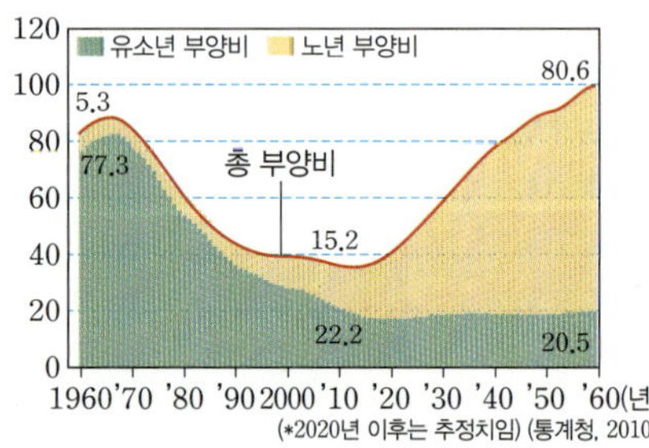

• 1965년 이후 저출산 · 고령화 현상이 심화되면서 유소년 부양비는 낮아지는 반면 노년 부양비는 높아지고 있다. 이러한 현상은 미래에도 계속될 것으로 예상된다.
• 유소년 부양비와 노년 부양비를 더한 총 부양비는 1965~2010년에는 낮아졌으나 이후 노년 부양비가 급격히 증가하면서 2010년 이후에는 총 부양비가 높아질 것으로 예상된다. 총 부양비의 상승은 청장년층 인구 비율이 낮아지는 것을 의미하므로, 앞으로 노동력 부족 문제가 심화될 것임을 예상할 수 있다.

3. 저출산 · 고령화 현상에 따른 공간 변화

(1) **정주 여건의 격차 발생** : 정주 여건이 갖춰진 지역은 인구가 유입되는 반면, 정주 여건이 열악한 지역은 인구 유출이 반복됨
(2) **노년층 인구 밀집 지역 형성** : 공간적 고립으로 지역 쇠퇴 현상 지속 → 노년층만 남게 되어 노년층 인구 밀집 지역 형성 예 촌락, 지방 중소 도시, 대도시의 구(舊) 시가지

(3) **사회 기반 시설에 대한 수요 변화** : 노년층을 위한 문화 및 교육 시설, 복지 시설 등이 증가

유소년 부양비와 노년 부양비의 분포

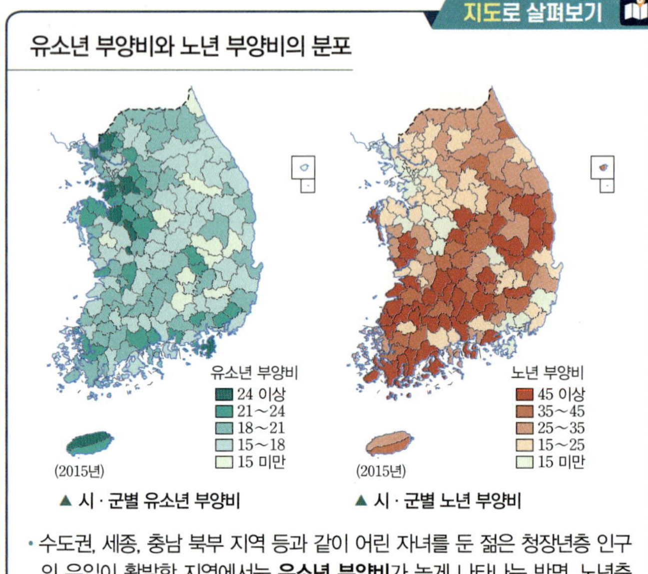

• 수도권, 세종, 충남 북부 지역 등과 같이 어린 자녀를 둔 젊은 청장년층 인구의 유입이 활발한 지역에서는 **유소년 부양비**가 높게 나타나는 반면, 노년층 인구 비율이 높은 촌락 지역에서는 유소년 부양비가 낮게 나타난다.
• **노년 부양비**는 유소년 부양비와 반대로 분포하는 경향이 강하며, 노년층 인구 비율이 높은 촌락 지역에서 높게 나타난다.

4. 저출산 · 고령화 현상의 대책

(1) 저출산 대책
① 임신 및 양육에 대한 재정적 지원 확대
② 출산 휴가 및 육아 휴직 제도의 개선 및 확대
③ 신혼부부를 위한 주거 · 복지 지원 확대
④ 다자녀 가구 우대 정책 실시
⑤ 직장 내 보육 시설 확충
⑥ 양성평등 문화 확립 및 가족 친화적 사회 분위기 조성

(2) 고령화 대책
① 노년층의 경제 활동 참여 기회 확대 예 정년 연장, 임금 피크제, 직업 재교육 등
② 지속 가능한 연금 제도 정착
③ 노인 복지 정책과 편의 시설 확대, 실버 산업 육성

주제 2 다문화 공간의 등장

1. 우리나라의 외국인 현황(2015년)

증가 배경	세계화에 따른 노동 시장 개방, 외국인의 국내 취업 및 유학 증가, 국제결혼 증가 등 → 전체 인구의 약 3.7% 차지
거주 유형	외국인 근로자, 결혼 이민자, 유학생 순으로 많음
출신 국가	중국(한국계 중국인 포함), 베트남 순으로 많음
분포	경기, 서울, 경남, 인천, 충남 순으로 많음 → 수도권에 집중

2. 외국인 근로자와 결혼 이민자

(1) 외국인 근로자

→ 위험하고(Dangerous), 어렵고(Difficult), 더러운(Dirty) 업무

유입 배경	국내 근로자 임금 상승, 3D 업종에 대한 기피 심화
현황	• 중국, 동남아시아 등으로부터 저임금 노동력이 유입 • 최근 전문직, 고임금 외국인 근로자의 유입도 증가 추세 • 전체 외국인 근로자 중 절반 이상이 수도권에 분포 → 산업 단지가 많고 서비스업이 발달해 일자리 수요가 많기 때문

(2) 결혼 이민자

→ 한국인 남성과 외국인 여성의 국제결혼 비율이 높다.

유입 배경	촌락 지역에서 결혼 적령기 인구의 성비 불균형 심화
현황	• 2000년대 중반까지 국제결혼 건수가 증가하였으나 최근 감소 추세 • 총 국제결혼 건수는 도시가 많지만 국제결혼 비율은 촌락이 높음 • 외국인 근로자와 달리 농어촌 지역에도 많이 거주

그래프로 살펴보기

우리나라의 외국인 현황

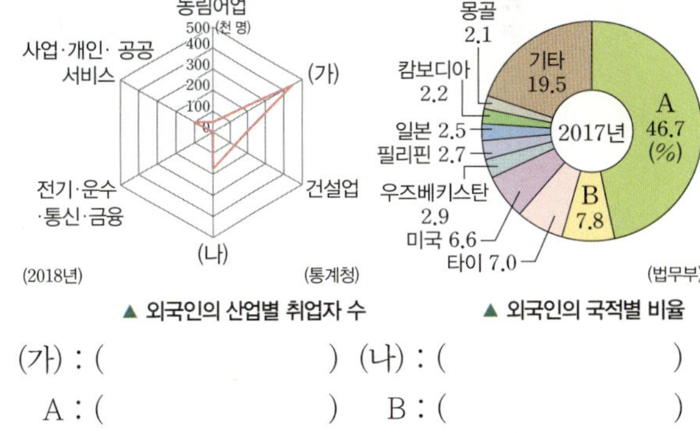

• 국내에 체류하고 있는 **외국인의 국적별 비율**을 보면 중국(한국계 포함)의 비율이 가장 높고, 중국 다음으로 베트남, 타이 등의 동남아시아 국가 비율이 높게 나타난다.
• **외국인의 산업별 취업자 수**를 보면 광업·제조업 취업자 수가 매우 많다는 것을 알 수 있으며, 대부분 단순 기능 인력인 저임금 노동력에 해당한다.

3. 다문화 사회의 영향

(1) 다문화 사회 및 공간의 형성

① 다문화 사회 : 외국인 근로자, 결혼 이민자의 증가로 다문화 사회 형성
② 다문화 공간 : 문화적 배경이 유사한 이주자들이 일정 지역에서 공동체 형성 예 서울의 이태원 이슬람 거리, 안산의 원곡동 국경 없는 마을, 김해의 동상동 외국인 거리 등

→ 이주자들의 문화와 우리나라의 문화가 융합되어 독특한 다문화 공간이 탄생한다.

(2) 다문화 사회의 영향

긍정적 영향	• 노동력 유입에 따른 노동력 부족 현상 완화 • 저출산·고령화 현상 완화 • 촌락 공동체 유지에 이바지 • 다양한 문화적 자산 확보
부정적 영향	• 외국인 근로자와 국내 근로자 간의 일자리 경쟁 • 문화적 차이에 따른 차별 발생 • 결혼 이민자 자녀의 국내 적응 문제 및 정체성 혼란 • 의사소통의 어려움과 문화적 이질감에 따른 갈등 발생

---

01 그래프는 우리나라의 인구 부양비 변화를 나타낸 것이다. A~C는 무엇인지 쓰시오. (단, A~C는 노년 부양비, 유소년 부양비, 총 부양비 중 하나임.)

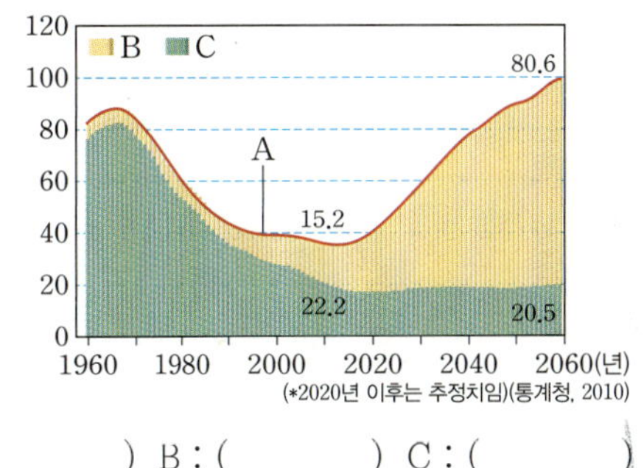

A : (　　　　　) B : (　　　　　) C : (　　　　　)

02 그래프의 (가), (나)에 들어갈 산업과 A, B에 들어갈 국가를 쓰시오. (단, (가), (나)는 광업·제조업, 도소매·음식·숙박업 중 하나이고, A, B는 베트남, 중국 중 하나임.)

(가) : (　　　　　) (나) : (　　　　　)
A : (　　　　　) B : (　　　　　)

다음의 설명이 맞으면 'O', 틀리면 '×'에 표시하시오.

03 2015년 이후 우리나라는 유소년 부양비가 감소하고 노년 부양비가 증가할 것으로 예상된다. ○ ×

04 저출산 현상의 원인으로 초혼 연령 상승, 자녀에 대한 가치관 변화를 들 수 있다. ○ ×

05 고령화 현상의 해결책으로 연금, 의료, 복지 혜택 축소를 들 수 있다. ○ ×

06 도시는 촌락보다 유소년 부양비가 높고 노년 부양비가 낮은 경향이 있다. ○ ×

07 국내 체류 외국인 근로자는 대부분 고임금 전문직에 종사하고 있다. ○ ×

08 (함정) 도시는 촌락보다 국제결혼 건수가 적지만 국제결혼 비율이 높다. ○ ×

09 다문화 사회의 부정적 영향으로 문화적 이질감에 따른 갈등을 들 수 있다. ○ ×

외국인 근로자와 결혼 이민자가 많고, 구성 비율이 높은 지역은 어디일까?

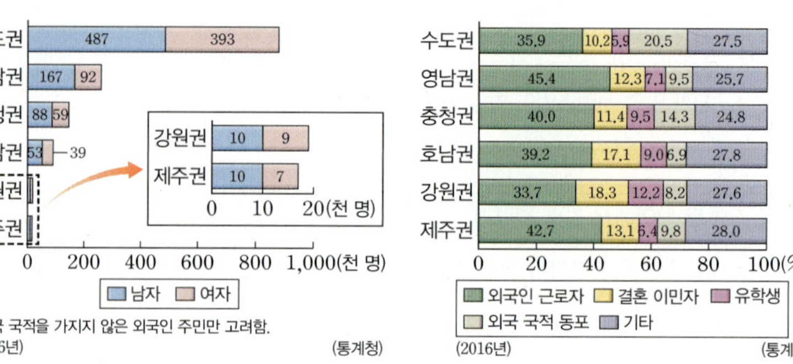

❸ 권역별 유형별 외국인 구성

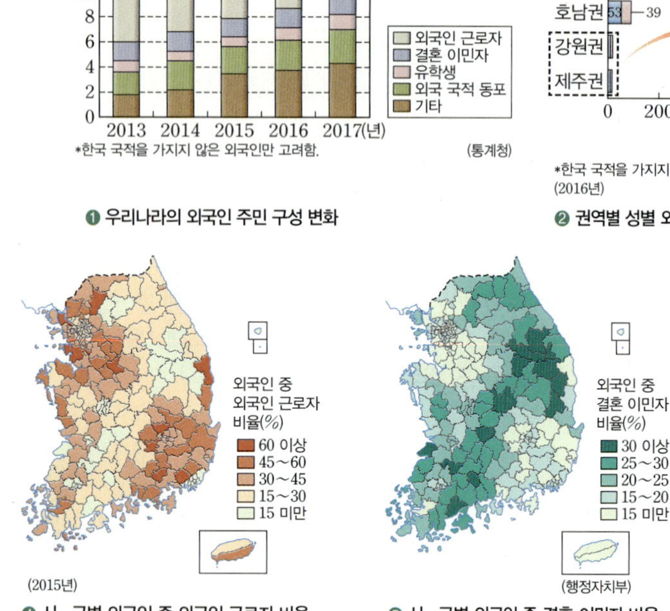

❷ 권역별 성별 외국인 수

(십만 명)
*한국 국적을 가지지 않은 외국인만 고려함.
(통계청)

외국인 근로자
결혼 이민자
유학생
외국 국적 동포
기타

❶ 우리나라의 외국인 주민 구성 변화

외국인 중 외국인 근로자 비율(%)
60 이상
45~60
30~45
15~30
15 미만
(2015년)

❹ 시·군별 외국인 중 외국인 근로자 비율

외국인 중 결혼 이민자 비율(%)
30 이상
25~30
20~25
15~20
15 미만
(행정자치부)

❺ 시·군별 외국인 중 결혼 이민자 비율

❶ **외국인 주민 구성 변화** 그래프를 보면 외국인 주민은 꾸준히 증가하고 있으며, 그 중에서 외국인 근로자의 비율이 가장 높다. 이렇게 유입된 외국인 근로자는 대부분 저임금 노동력에 해당하며, 광업·제조업 및 서비스업에 종사하고 있다.

❷ **권역별 성별 외국인 수** 그래프를 보면 인구 규모가 가장 큰 수도권이 외국인 수도 가장 많으며, 모든 권역에서 여자 외국인보다 남자 외국인이 많다는 것을 알 수 있다. 이는 남성 노동력 위주로 외국인 근로자가 유입되기 때문이다.

❸ **권역별 유형별 외국인 구성** 그래프를 보면 모든 권역에서 외국인 근로자의 비율이 가장 높고, 촌락이 많은 호남권과 강원권은 다른 권역에 비해 결혼 이민자의 비율이 높은 편이다.

❹ **시·군별 외국인 중 외국인 근로자 비율** 지도를 보면 외국인 근로자의 비율은 제조업이 발달하여 일자리를 쉽게 구할 수 있는 수도권과 남동 임해 지역에서 높게 나타난다.

❺ **시·군별 외국인 중 결혼 이민자 비율** 지도를 보면 결혼 이민자 비율은 도시보다 촌락에서 높게 나타나는데, 이는 촌락에서 결혼 적령기 여성의 유출이 많아 남초 현상이 나타나기 때문이다. 따라서 촌락에서는 국제결혼 중에서 한국인 남성과 외국인 여성의 결혼이 대부분을 차지하고 있다.

자료 분석에 적용하기

Q1 다음 자료를 보고 괄호 안의 내용 중 알맞은 말을 고르시오.

〈권역별 성별 외국인 수〉

〈권역별 유형별 외국인 구성〉

(1) 성별 외국인 수를 보면 외국인 수가 가장 많은 (가)는 (수도권 / 영남권)이고, 외국인 수가 (가) 다음으로 많은 (나)는 (수도권 / 영남권)이다.

(2) 성별 외국인 수를 보면 모든 권역에서 A는 B보다 인구가 많으므로 A는 (남자 / 여자)이고, B는 (남자 / 여자)이다.

(3) 유형별 외국인 구성을 보면 모든 권역에서 ㉠은 비율이 가장 높게 나타나므로 (결혼 이민자 / 외국인 근로자)이다.

(4) 유형별 외국인 구성을 보면 모든 권역에서 ㉡은 ㉠보다 비율이 낮게 나타나므로 (결혼 이민자 / 외국인 근로자) 이다.

(5) 유형별 외국인 구성을 보면 (라)는 강원권과 함께 ㉡의 비율이 다른 권역에 비해 비교적 높게 나타나고 있으므로 (도시 / 촌락)의 비율이 높은 (수도권 / 호남권)이다.

(6) (라)보다 외국인 수가 많은 (다)는 (충청권 / 호남권)이다.

WHERE & WHY 정답 Q1 (1) 수도권, 영남권 (2) 남자, 여자 (3) 외국인 근로자 (4) 결혼 이민자 (5) 촌락, 호남권 (6) 충청권

• 정답 및 해설 059~062쪽

주제 1 저출산·고령화 현상

족집게 전략 | 시·군별 유소년 및 노년 부양비, 총 부양비의 분포 지도를 토대로 해당 인구 지표가 무엇인지 묻는 문항이 자주 출제된다. 특히 유소년 부양비와 노년 부양비의 분포를 중심으로 알아 두자.

299 대표 문항 | 평가원 기출 |

(가)~(다)에 해당하는 인구 부양비로 옳은 것은? (단, (가)~(다)는 유소년 부양비, 노년 부양비, 총 부양비 중 하나임.)

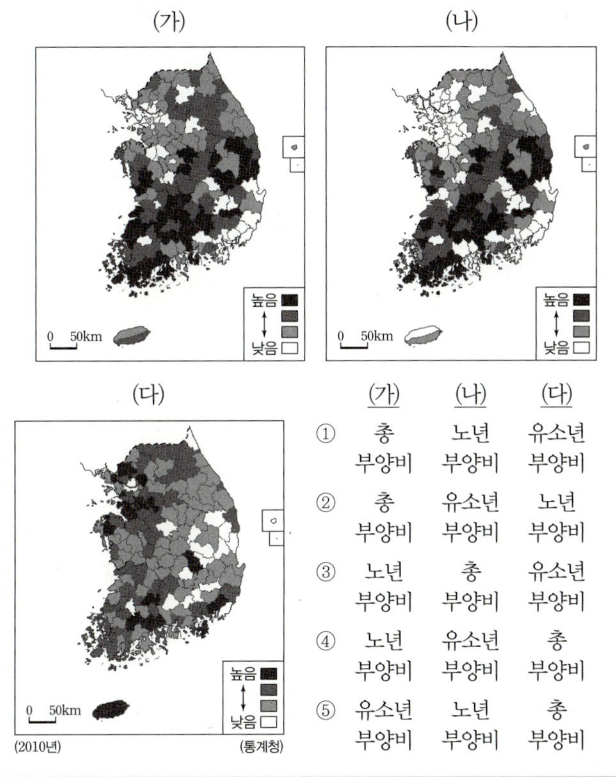

	(가)	(나)	(다)
①	총 부양비	노년 부양비	유소년 부양비
②	총 부양비	유소년 부양비	노년 부양비
③	노년 부양비	총 부양비	유소년 부양비
④	노년 부양비	유소년 부양비	총 부양비
⑤	유소년 부양비	노년 부양비	총 부양비

✎ **한줄 Tip** 제시된 인구 지표의 값이 가장 높거나 가장 낮은 지역이 어디인지를 파악하는 것이 우선이야.

300

그래프는 우리나라의 (가), (나) 시기 인구 부양비를 나타낸 것이다. (가) 시기와 비교한 (나) 시기의 상대적 특징으로 옳은 것은? (단, (가), (나) 시기는 1960년과 2015년 중 하나임.)

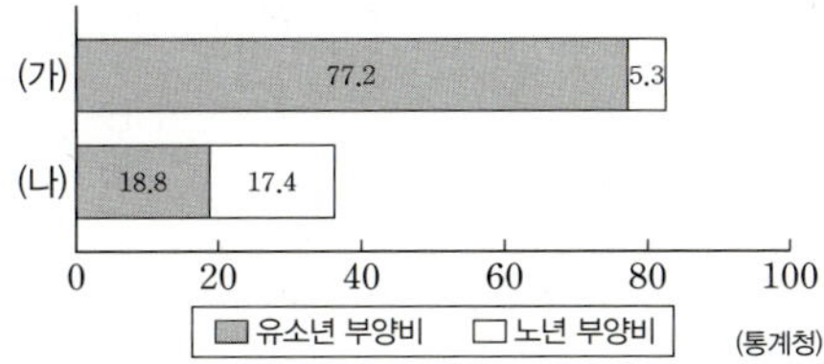

① 중위 연령이 낮다.
② 노령화 지수가 낮다.
③ 합계 출산율이 높다.
④ 유소년층 인구 비율이 높다.
⑤ 청장년층 인구 비율이 높다.

301 | 평가원 기출 |

그래프는 (가), (나) 지역의 인구 특성을 나타낸 것이다. (가), (나)의 상대적 특성을 비교할 때 그림의 A, B에 들어갈 지표로 옳은 것은?

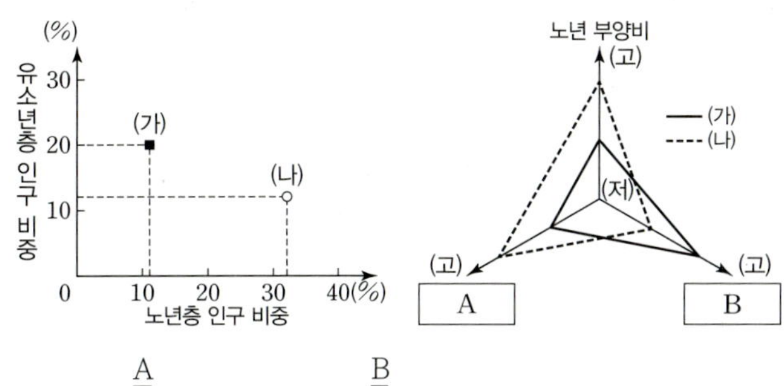

	A	B
①	총 부양비	노령화 지수
②	노령화 지수	청장년층 인구 비중
③	유소년 부양비	총 부양비
④	유소년 부양비	청장년층 인구 비중
⑤	청장년층 인구 비중	총 부양비

302 고난도↑

그래프는 우리나라의 총인구와 인구 부양비 변화를 나타낸 것이다. 이에 대한 설명으로 옳은 것은? (단, (가), (나)는 노년 부양비, 유소년 부양비 중 하나임.)

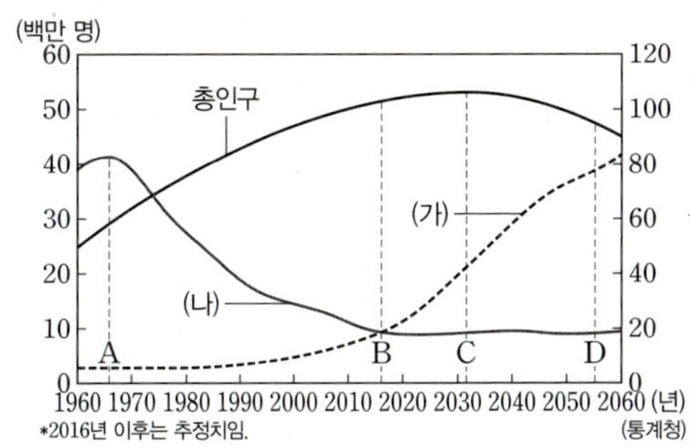

① C 시기에는 유소년층 인구보다 노년층 인구가 적다.
② A 시기는 B 시기보다 중위 연령이 높다.
③ B 시기는 D 시기보다 청장년층 인구 비율이 높다.
④ C 시기는 A 시기보다 출산 장려 정책의 필요성이 낮다.
⑤ (가)는 유소년 부양비, (나)는 노년 부양비이다.

303

| 평가원 기출 |

그래프는 (가), (나) 지역의 연령층별 인구 변화를 나타낸 것이다. 이에 대한 옳은 설명만을 〈보기〉에서 고른 것은? (단, 지역은 시·도 단위임.)

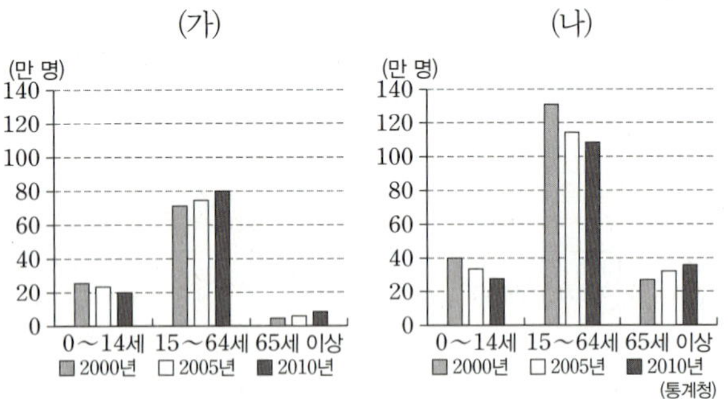

보기
ㄱ. (가)는 유소년 부양비가 증가하였다.
ㄴ. (나)는 노년 부양비가 증가하였다.
ㄷ. (가)는 (나)보다 2010년의 노령화 지수가 높다.
ㄹ. (가)는 (나)보다 2010년의 청장년층 인구 비율이 높다.

① ㄱ, ㄴ   ② ㄱ, ㄷ   ③ ㄴ, ㄷ   ④ ㄴ, ㄹ   ⑤ ㄷ, ㄹ

304

그래프는 (가), (나) 시기의 연령별 인구와 성비를 나타낸 것이다. 이에 대한 설명으로 옳은 것은? (단, (가), (나) 시기는 1960년, 2015년 중 하나임.)

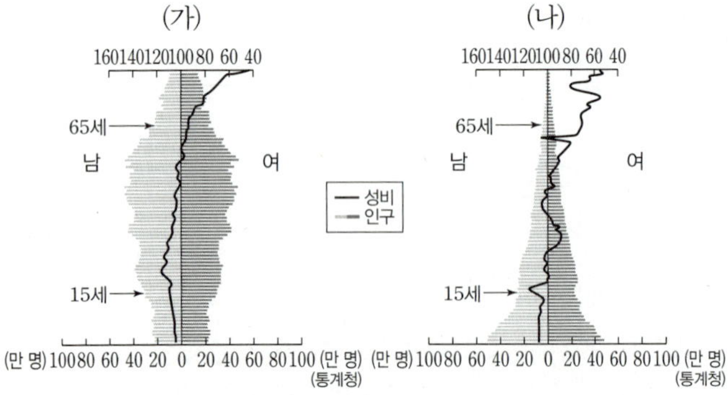

① (가) 시기는 인구 변천 모형의 3단계에 해당한다.
② (나) 시기는 노령화 지수가 100을 넘는다.
③ (가) 시기는 (나) 시기보다 저출산·고령화 문제가 심각하다.
④ (가) 시기는 1960년, (나) 시기는 2015년에 해당한다.
⑤ (가), (나) 시기 모두 노년층 인구의 성비는 100을 넘는다.

305

| 평가원 기출 |

그래프는 (가), (나) 두 지역의 인구 피라미드이다. 이에 대한 설명으로 옳은 것은? (단, (가), (나)는 시·군 규모임.)

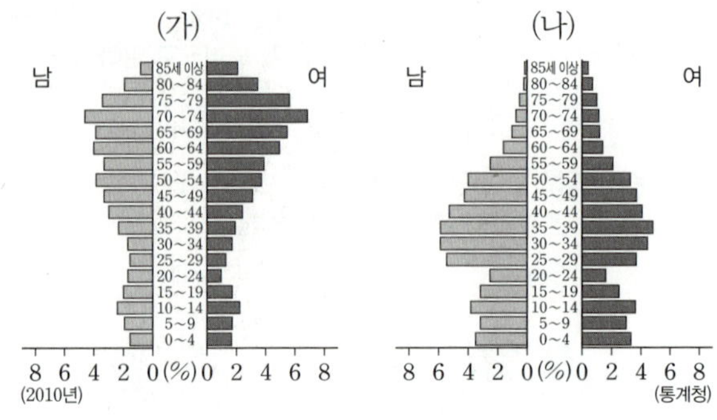

① (가)는 (나)보다 중위 연령이 낮다.
② (가)는 (나)보다 총 부양비가 낮다.
③ (가)는 (나)보다 성비가 높다.
④ (나)는 (가)보다 노령화 지수가 높다.
⑤ (나)는 (가)보다 생산 가능 인구 비중이 높다.

306

그래프는 두 시기의 연령층별 인구를 나타낸 것이다. (가), (나) 시기에 대한 옳은 설명만을 〈보기〉에서 고른 것은? (단, (가), (나) 시기는 2015년, 2065년 중 하나임.)

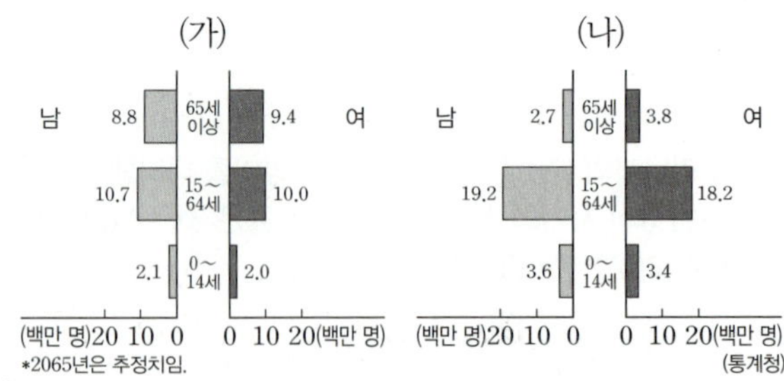

보기
ㄱ. (가) 시기에 총 부양비는 100을 넘는다.
ㄴ. (나) 시기에는 피라미드형 인구 구조가 나타난다.
ㄷ. (가) 시기는 (나) 시기보다 중위 연령이 높다.
ㄹ. (나) 시기는 (가) 시기보다 노령화 지수가 높다.

① ㄱ, ㄴ   ② ㄱ, ㄷ   ③ ㄴ, ㄷ   ④ ㄴ, ㄹ   ⑤ ㄷ, ㄹ

307

| 교육청 기출 |

지도는 (가), (나) 인구 지표의 상위와 하위 5개 지역을 각각 나타낸 것이다. 이에 대한 설명으로 옳은 것은? (단, (가), (나)는 노년 부양비, 유소년 부양비 중 하나임.)

(가)   (나)

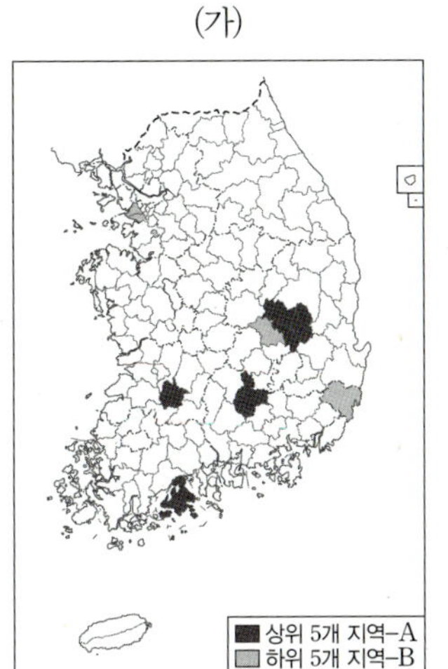
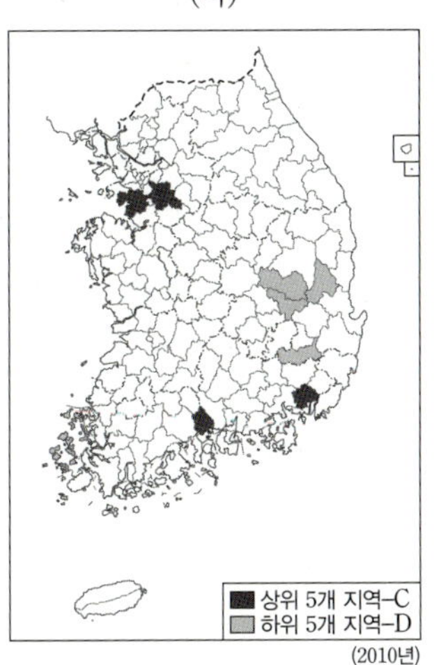

① (가)는 유소년 부양비, (나)는 노년 부양비이다.
② A는 B보다 3차 산업 종사자 비율이 높다.
③ B는 D보다 외국인 노동자 수가 많다.
④ C는 A보다 중위 연령이 높다.
⑤ D는 C보다 청장년층 인구 비중이 높다.

308

그래프는 해당 연령 여성 인구 1,000명당 출생아 수를 나타낸 것이다. 이에 대한 옳은 설명만을 〈보기〉에서 고른 것은? (단, (가), (나) 시기는 1994년, 2014년 중 하나임.)

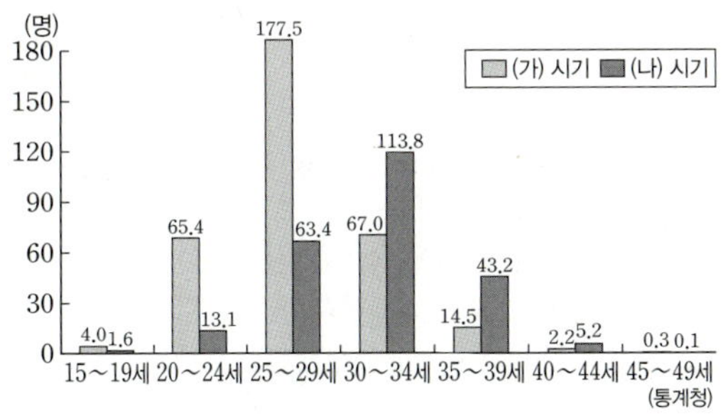

┌─ 보기 ─
│ ㄱ. (가) 시기는 (나) 시기보다 인구의 자연 증가율이 낮다.
│ ㄴ. (가) 시기는 (나) 시기보다 합계 출산율이 높다.
│ ㄷ. (나) 시기는 (가) 시기보다 초혼 연령이 높다.
│ ㄹ. (가) 시기는 2014년, (나) 시기는 1994년이다.
└

① ㄱ, ㄴ   ② ㄱ, ㄷ   ③ ㄴ, ㄷ   ④ ㄴ, ㄹ   ⑤ ㄷ, ㄹ

309 고난도↑

표는 우리나라의 총인구, 유소년층 및 노년층 인구 변화를 나타낸 것이다. 이를 분석한 내용으로 옳은 것은? (단, 2035년, 2055년은 추정치임.)

구분	2015년	2035년	2055년
총인구(만 명)	4,970	5,283	4,743
유소년층 인구(만 명)	690	598	443
노년층 인구(만 명)	657	1,518	1,857

① 2015년에 노령화 지수는 100을 넘는다.
② 2035~2055년에 청장년층 인구는 증가할 것이다.
③ 2035년보다 2055년에 노년 부양비가 낮을 것이다.
④ 2015년보다 2035년에 실버산업 수요가 많을 것이다.
⑤ 총인구 증가율은 2015~2035년보다 2035~2055년에 높을 것이다.

310

다음 자료에 대한 설명으로 옳은 것은? (단, (가), (나) 시기는 A, B 시기 중 하나임.)

〈인구의 자연 증가율과 출생 성비 변화〉

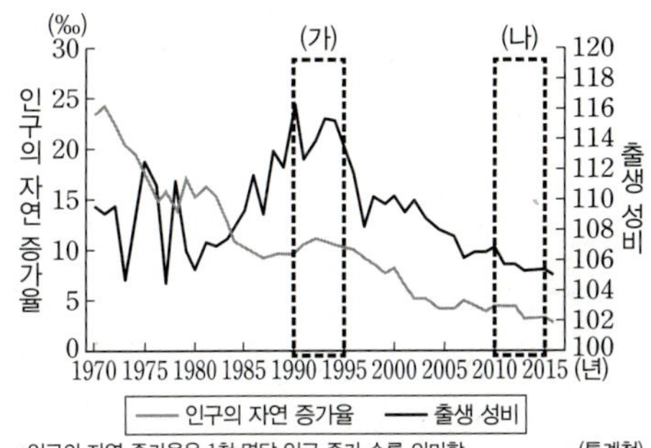

*인구의 자연 증가율은 1천 명당 인구 증가 수를 의미함. (통계청)

〈A, B 시기의 인구 정책 관련 포스터〉

▲ A 시기   ▲ B 시기

① (가) 시기는 (나) 시기보다 남아 선호 사상이 강하다.
② (나) 시기는 (가) 시기보다 노년 부양비가 낮다.
③ A 시기는 남자 출생아 수보다 여자 출생아 수가 많다.
④ B 시기는 출생률보다 사망률이 높다.
⑤ (가)와 B, (나)와 A는 동일한 시기에 해당한다.

주제 2 다문화 공간의 등장

족집게 전략 | 시·군별 인구 지표의 분포 지도를 제시한 후 표현 기준이 된 인구 지표를 묻는 문항이 주로 출제되는데, 특히 외국인 비율을 묻는 문항이 자주 출제되므로 이에 대해 학습해 두어야 한다.

311 대표 문항
| 평가원 기출 |

지도는 어떤 인구 관련 지표의 지역별 분포를 나타낸 것이다. (가), (나)에 해당하는 지표로 옳은 것은?

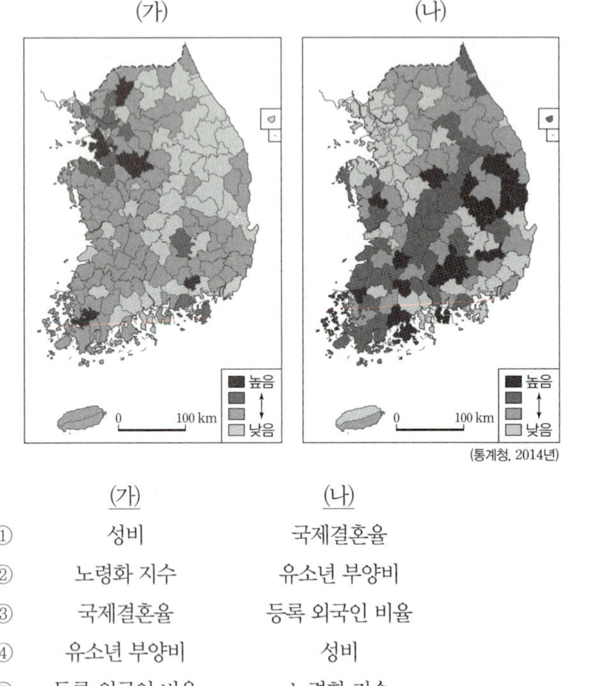

	(가)	(나)
①	성비	국제결혼율
②	노령화 지수	유소년 부양비
③	국제결혼율	등록 외국인 비율
④	유소년 부양비	성비
⑤	등록 외국인 비율	노령화 지수

✏️ **한줄 Tip** 외국인 비율이 높고 외국인 수도 많은 안산의 위치를 떠올려 보자.

312

지도 표현의 기준이 된 항목으로 옳은 것은?

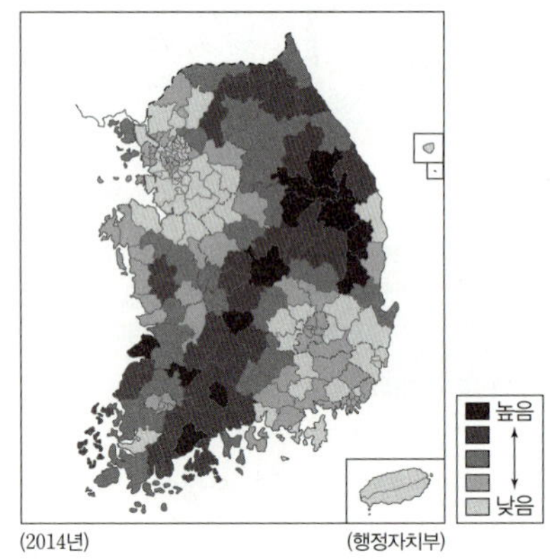

① 성비
② 외국인 수
③ 유소년 부양비
④ 외국인 중 결혼 이민자 비율
⑤ 외국인 중 외국인 근로자 비율

313

그래프에 대한 옳은 설명만을 〈보기〉에서 있는 대로 고른 것은? (단, (가)~(라)는 수도권, 영남권, 충청권, 호남권 중 하나이고, A, B는 남자, 여자 중 하나임.)

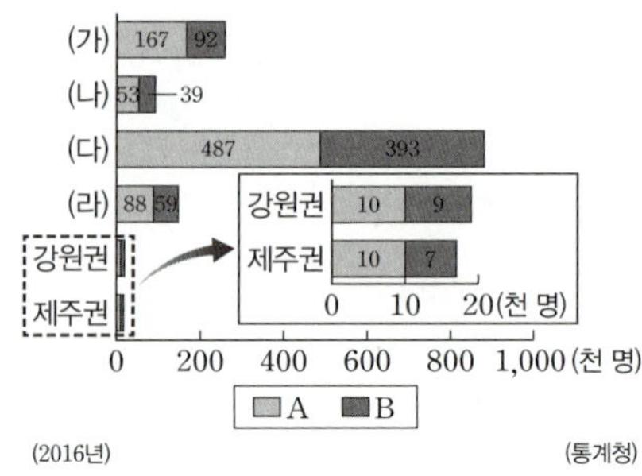

〈보기〉

ㄱ. (가)는 (다)보다 외국인 성비가 높다.
ㄴ. (나)는 호남권, (라)는 충청권이다.
ㄷ. 외국인 수는 영남권이 가장 많다.
ㄹ. 모든 권역의 외국인 성비는 100을 넘는다.

① ㄱ, ㄴ   ② ㄱ, ㄷ   ③ ㄷ, ㄹ
④ ㄱ, ㄴ, ㄹ   ⑤ ㄴ, ㄷ, ㄹ

314
| 교육청 기출 |

그래프의 (가) 지역과 비교한 (나) 지역의 상대적 특징을 그림의 A~E에서 고른 것은? (단, (가), (나)는 각각 동부(洞部)와 면부(面部) 중 하나임.)

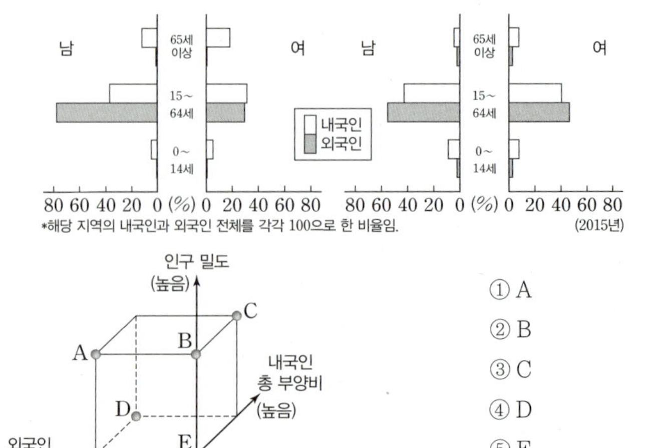

① A
② B
③ C
④ D
⑤ E

315

|교육청 기출|

지도는 경기도의 두 인구 지표를 시·군별로 나타낸 것이다. (가), (나) 인구 지표로 옳은 것은?

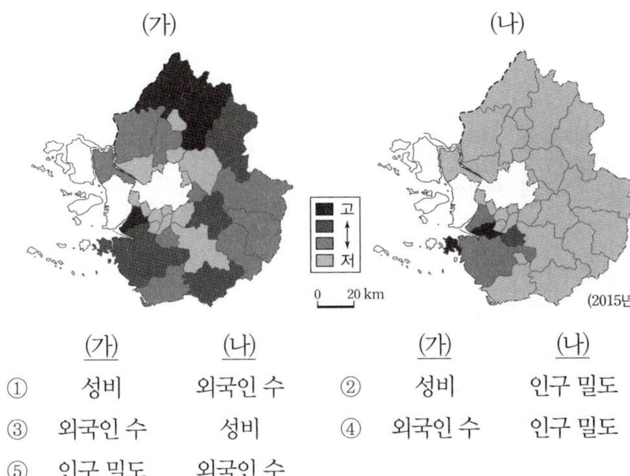

	(가)	(나)		(가)	(나)
①	성비	외국인 수	②	성비	인구 밀도
③	외국인 수	성비	④	외국인 수	인구 밀도
⑤	인구 밀도	외국인 수			

316 고난도

그래프에 대한 설명으로 옳은 것은? (단, (가)~(다)는 광업·제조업, 농림어업, 도소매·음식·숙박업 중 하나이고, A, B는 베트남, 중국 중 하나임.)

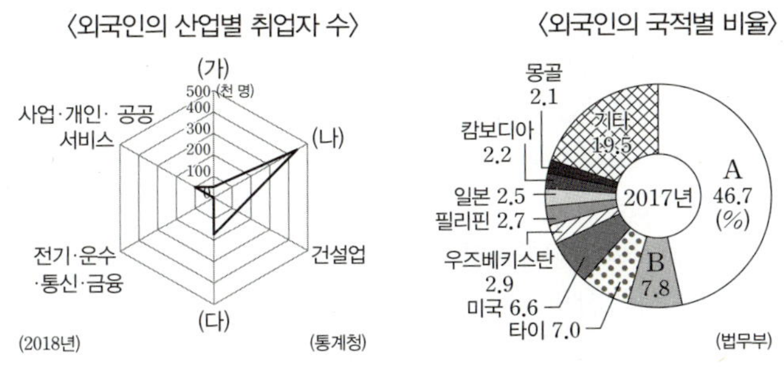

① A는 B보다 우리나라와 지리적으로 거리가 멀다.

② A, B는 모두 동남아시아에 위치한다.

③ (가)에 종사하는 외국인은 대부분 도시에 거주한다.

④ (나)에 종사하는 외국인은 대부분 고급 전문직에 해당한다.

⑤ (가)는 1차 산업, (나)는 2차 산업, (다)는 3차 산업에 해당한다.

[317~318] 그래프를 보고 물음에 답하시오.

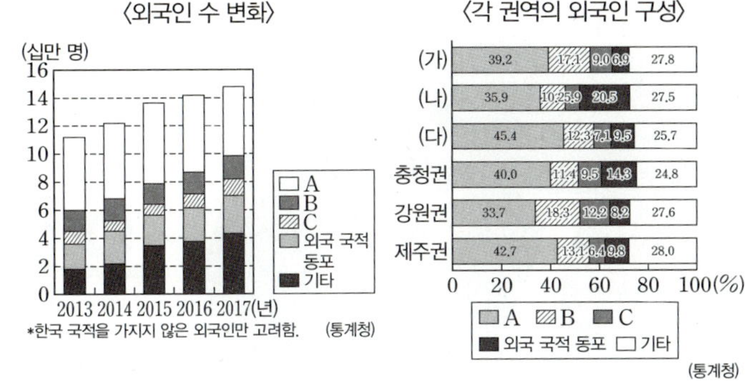

317

그래프의 A~C로 옳은 것은?

	A	B	C
①	유학생	결혼 이민자	외국인 근로자
②	결혼 이민자	유학생	외국인 근로자
③	결혼 이민자	외국인 근로자	유학생
④	외국인 근로자	결혼 이민자	유학생
⑤	외국인 근로자	유학생	결혼 이민자

318

위 그래프의 (가)~(다) 권역에 대한 옳은 설명만을 〈보기〉에서 고른 것은?

> 보기
> ㄱ. (가)는 (나)보다 외국 국적 동포 수가 많다.
> ㄴ. (나)는 (다)보다 외국인 수 대비 외국인 근로자의 비율이 낮다.
> ㄷ. (가)는 호남권, (다)는 영남권이다.
> ㄹ. 외국인 수는 (다)>(나)>(가) 순으로 많다.

① ㄱ, ㄴ ② ㄱ, ㄷ ③ ㄴ, ㄷ ④ ㄴ, ㄹ ⑤ ㄷ, ㄹ

Ⅶ 우리나라의 지역 이해

15강 지역의 의미와 구분, 북한
16강 수도권, 강원 지방, 충청 지방
17강 호남 지방, 영남 지방, 제주도

Ⅶ단원 핵심 지역 PREVIEW

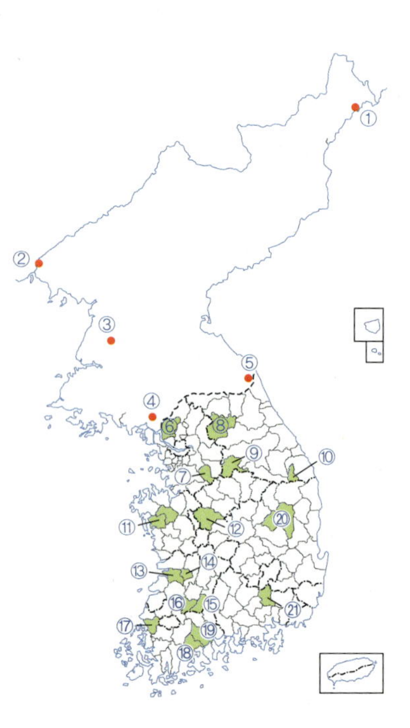

❶ 나진	북한 최초의 경제특구
❷ 신의주	홍콩식 경제 개발을 모델로 한 특별 행정구, 경의선의 종착지
❸ 평양	북한 최대의 도시, 정치 · 경제 · 사회의 중심지
❹ 개성	남북 경제 협력을 바탕으로 한 공업 지구
❺ 금강산	2002년 남한과 일본 등의 관광객 유치 목적으로 설치
❻ 파주	수도권 2기 신도시(운정), 남북 정상 회담 장소(판문점)
❼ 이천	도자기 축제, 벼농사(이천 쌀)
❽ 춘천	강원도청 소재지, 호반의 도시, 침식 분지
❾ 원주	강원도에서 인구가 가장 많음, 제조업 발달
❿ 태백	석탄 산업 합리화 정책으로 광업 쇠퇴, 폐광의 관광 자원화
⓫ 예산·홍성	충남도청 소재지, 내포 신도시 건설
⓬ 청주	충북도청 소재지, 오송 생명 과학 단지, 고속 철도(KTX)의 분기점
⓭ 김제	지평선 축제, 호남 지방 최대의 곡창 지대
⓮ 전주	전북도청 소재지, 슬로시티, 한옥마을
⓯, ⓰, ⓱	춘향제(⓯ 남원), 장류 축제(⓰ 순창), 나비 축제(⓱ 함평)
⓲ 보성	지리적표시제 제1호인 녹차, 다향제
⓳ 순천	낙안읍성, 람사르 협약에 등록된 연안 습지(순천만 갯벌)
⓴ 안동	경북도청 소재지, 국제 탈춤 페스티벌, 세계 문화유산(하회 마을)
㉑ 창녕	람사르 협약에 등록된 우포늪

| 15강 지역의 의미와 구분, 북한 | 주제 1 지역의 의미와 지역 구분 | • 동질 지역   • 기능 지역   • 점이 지대
 • 전통적 지역 구분 |
| | 주제 2 북한 지역의 특성 | • 대륙성 기후   • 밭농사   • 석탄   • 평양
 • 남포   • 군수 공업   • 철도   • 개방 지역 |

16강 수도권, 강원 지방, 충청 지방	주제 1 수도권의 특성	• 탈공업화 • 생산자 서비스업 • 첨단 산업 • 수도권 공장 총량제
	주제 2 강원 지방의 특성	• 영서 및 영동 지방 • 광업 • 관광 산업
	주제 3 충청 지방의 특성	• 제조업 • 기업 도시 • 혁신 도시 • 세종특별자치시 • 내포 신도시

17강 호남 지방, 영남 지방, 제주도	주제 1 호남 지방의 특성	• 호남평야 • 간척 사업 • 중화학 공업 • 축제
	주제 2 영남 지방의 특성	• 과수 농업 • 남동 임해 공업 지역 • 영남 내륙 공업 지역 • 교외화
	주제 3 제주도의 특성	• 화산 지형 • 밭농사 • 세계 유산 • 관광 산업

▶ 지역 지리 공부에는 왕도가 없다. 백지도 마스터가 만점 받는 지름길!

VII단원은 앞서 배운 우리나라의 자연환경과 인문 환경 내용을 지역 단위에서 구체화하는 부분으로, 지도를 통한 위치 학습이 매우 중요하다. 해당 지역의 특색을 알고 있더라도 지도에서의 위치를 모르면 정답을 찾을 수 없는 경우가 많기 때문이다. 그러므로 쉽지는 않겠지만 우리나라의 수요 행정 구역과 위치는 웬만하면 외워버리는 것이 좋다. 백지도의 빈칸을 어느 정도 채울 수 있게 된다면, 그때부터 지역 노트를 만들어 학교 시험, 모의평가, 참고서 등 다양한 문제 풀이를 통해 접했던 내용들을 지역별로 지도와 함께 정리해 두자. 행정 구역만 확실하게 숙지하고 있다면 자연환경, 지역 축제, 특화 산업 등 해당 지역을 특정할 수 있는 단서들을 수월하게 파악할 수 있을 것이다.

15강

지역의 의미와 구분, 북한

주제 1 지역의 의미와 지역 구분

1. 지역과 지역성
→ 특정한 기준에 의해 구분되며, 다양한 자연·인문 환경으로 구성된다.

지역	지리적 특성이 다른 곳과 구별되는 지표상의 공간 범위
지역성	• 다른 지역과 구분되는 그 지역의 고유한 특성 • 지역성은 시간의 흐름, 교통과 통신의 발달, 지역 간의 상호 작용 등에 따라 변화함

2. 지역 구분의 유형

동질 지역	특정한 지리적 현상이 동일하게 나타나는 공간 범위 ⑩ 농업 지역, 기후 지역, 문화권 등
기능 지역	중심지와 그 기능의 영향을 받는 배후지가 기능적으로 결합한 공간 범위 ⑩ 통학권, 통근권, 상권, 도시권 등
점이 지대	• 인접한 두 지역의 특성이 함께 섞여 나타나는 곳 • 문화권, 언어권 등의 동질 지역 간 경계에서 잘 나타남

동질 지역과 기능 지역

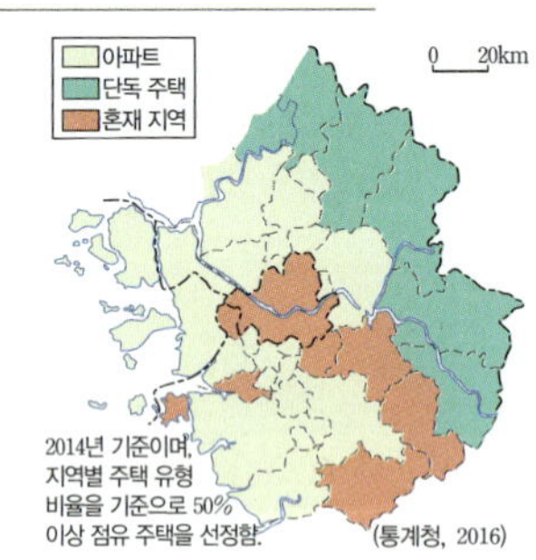

▲ 수도권의 주택 유형별 분포

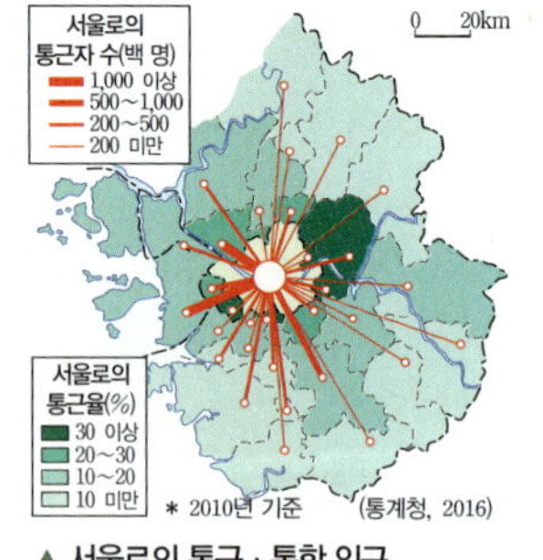

▲ 서울로의 통근·통학 인구

수도권의 주택 유형별 분포를 나타낸 지도를 보면 단독 주택, 아파트 등 주택 유형이 유사한 지역을 기준으로 구분한 것을 알 수 있다. 이는 특정한 지리적 현상이 동일하게 나타나는 공간 범위인 **동질 지역**의 사례이다. 서울로의 통근·통학 인구를 나타낸 지도를 보면 서울이라는 중심지가 주변 지역에 끼치는 영향력을 알 수 있다. 이는 중심지와 그 기능의 영향을 받는 배후지가 기능적으로 결합한 공간 범위인 **기능 지역**의 사례이다.

3. 우리나라의 지역 구분
→ ⑩ 고개, 산줄기, 대하천 등
(1) **전통적 지역 구분** : 주로 자연적 요소를 기준으로 구분
(2) **대지역 구분** : 북부 지방, 중부 지방, 남부 지방
(3) **행정 기준에 따른 지역 구분**
① 조선 시대 : 8도로 구분, 도내 주요 도시 앞 글자를 따 이름을 정함
② 남한의 행정 구역 : 17개의 광역 행정 구역으로 구분

시 (市)	특별시(1)	서울
	광역시(6)	부산, 대구, 인천, 광주, 대전, 울산
	특별자치시(1)	세종
도 (道)	도(8)	경기, 강원, 충북, 충남, 전북, 전남, 경북, 경남
	특별자치도	제주

전통적 지역 구분

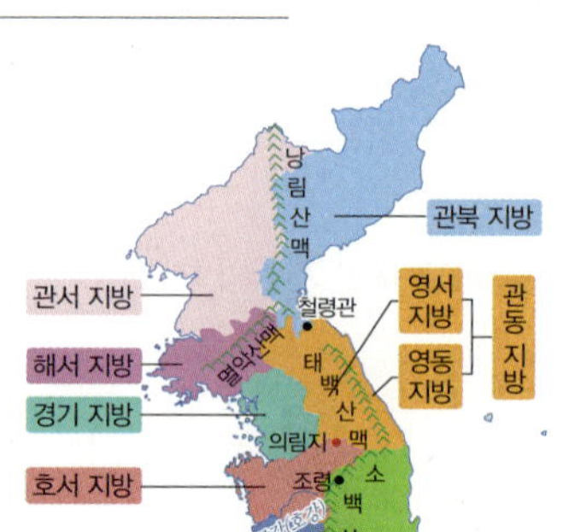

우리나라의 전통적인 지역 구분은 산줄기, 고개, 하천 등의 지형지물이나 시설물을 기준으로 삼았다. 철령관을 기준으로 북쪽을 **관북**, 서쪽을 **관서**, 동쪽을 **관동** 지방으로 구분하였다. 관동 지방에서도 **영서** 지방과 **영동** 지방을 구분하는 기준은 대관령이다. 경상도 일대인 **영남** 지방은 조령(문경 새재)을 기준으로 남쪽에 위치한 지역이라는 의미이다. **호남** 지방은 호강(금강) 또는 김제의 벽골제를 기준으로 남쪽에 위치한 지역이라는 의미이고, **호서** 지방은 호강(금강) 상류나 제천 의림지의 서쪽에 위치한 지역이라는 의미이다. 마지막으로 **경기** 지방은 도읍지인 한양(서울)을 둘러싸고 있는 지역이라는 의미이고, **해서** 지방은 한양(서울)을 기준으로 바다 건너 서쪽에 있는 지역이라는 의미이다.

주제 2 북한 지역의 특성

1. 북한의 자연환경
→ 대하천 중 두만강은 동해로 유입된다.

지형	• 북동부 지역은 낭림·함경·마천령산맥 등이 위치해 해발 고도가 높고 개마고원이 분포 • 압록강·대동강 등의 큰 하천은 주로 황해로 유입하며, 남서부 지역에 평야가 발달	
기후	기온	기온의 연교차가 큰 대륙성 기후가 나타남 ← 위도가 높고 대륙의 영향을 많이 받기 때문
	강수	• 연 강수량은 남한보다 적은 편, 지역에 따른 강수량의 차이가 큼 • 다우지(강원도 해안, 청천강 중·상류 지역), 소우지(대동강 하류 지역, 관북 지방)

북한의 기후

해발 고도가 높은 개마고원의 삼지연 일대, 관북 해안의 청진 일대, 저평한 대동강 하류의 평양과 남포 일대는 강수량이 적다. 반면, 위도가 비교적 낮고 동해안에 위치한 원산 일대는 강수량이 많고 겨울이 상대적으로 따뜻하다.

---

2. 북한의 주민 생활과 자원

(1) 북한의 주민 생활

→ 산지가 많고 기후가 한랭하기 때문이다.

농업	• 논농사보다 밭농사가 발달, 남한보다 경지 면적이 넓지만 토지 생산성이 낮음 • 남한보다 쌀의 재배 면적 비율이 낮은 반면, 옥수수의 재배 면적 비율이 높음
음식	옥수수, 밀, 메밀, 감자 등의 밭작물을 이용한 음식 문화가 주로 발달
가옥	폐쇄적인 전(田)자형 가옥 구조와 정주간이 나타남

→ 겨울이 춥고 긴 관북 지방에서 주로 나타난다.

(2) 북한의 자원

광물 자원	석회석, 무연탄, 철광석, 텅스텐, 마그네사이트 등의 매장량이 풍부함
에너지 소비 구조	• 1차 에너지 소비 구조에서 차지하는 비율은 석탄>수력>석유>기타 순으로 높음 • 총 발전량에서 차지하는 비율은 수력>화력>기타 순으로 높음

3. 북한의 인문 환경

(1) 북한의 인구와 도시

청진, 원산 등의 항구 도시가 일제 강점기부터 공업 도시로 성장하였다.

인구	• 남한보다 인구가 적고 인구 밀도가 낮음 • 경제난으로 출산율이 낮아지고, 영아 사망률이 높아짐에 따라 인구 증가율이 낮아짐 • 노년층 비율이 점차 늘고 있음
도시	• 서부의 평야 지대와 동해안에 도시가 주로 분포 • 평양 : 북한 최대 도시이자 정치 · 경제 · 사회의 중심지 • 남포 : 평양의 외항으로 서해 갑문이 설치되어 있음 • 신의주 : 철도 교통의 중심지와 중국과의 교역 통로

(2) 북한의 산업과 교통

산업	• 군수 공업 중심의 공업 발달로 생필품 부족, 식량 부족 문제 발생 • 평양 · 남포와 관북 해안 지역을 중심으로 공업 발달
교통	• 철도가 여객 수송과 화물 수송의 50% 이상을 담당 • 도로와 하천 및 해상 수송 발달 미약

(3) 북한의 개방 지역

신의주 특별 행정구	• 홍콩식 경제 개발을 위해 2002년에 지정 • 중국과 황금평 일대를 함께 개발하기로 하면서 다시 주목받고 있음
나선 경제특구	• 유엔 개발 계획(UNDP)을 계기로 1991년에 최초로 지정 • 중국 · 러시아와 인접한 지리적 이점을 바탕으로 동북아시아의 거점으로 개발하고자 하였으나 실패
개성 공업 지구	• 저렴한 북한의 노동력을 이용하고자 하는 남한의 기업 유치를 목적으로 조성 • 2016년 남북 간 마찰이 심화되면서 전면 중단
금강산 관광 지구	• 금강산의 자연 경관을 이용하여 관광객을 유치하고자 조성 • 2008년 우리나라 관광객 피격 사건 이후 운영 중단

빈칸에 알맞은 말을 쓰시오.

01 (가), (나) 지도에 해당하는 지역 구분 유형의 사례는? (단, 지역 구분 유형은 기능 지역과 동질 지역만 고려함.)

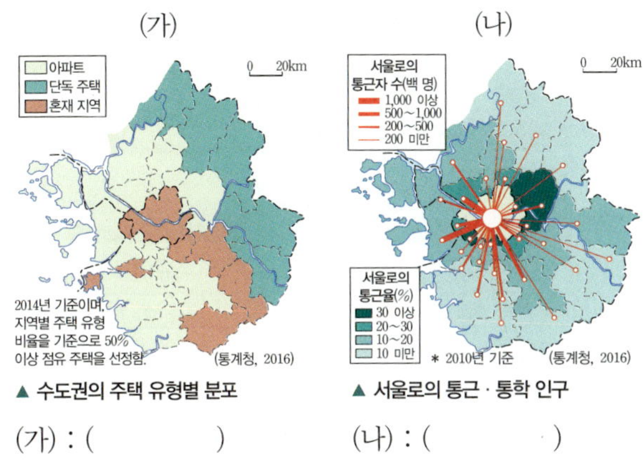

(가) : (　　　　　　)　　　(나) : (　　　　　　)

02 지도는 우리나라의 전통적 지역 구분을 나타낸 것이다. A~F에 해당하는 지역명은?

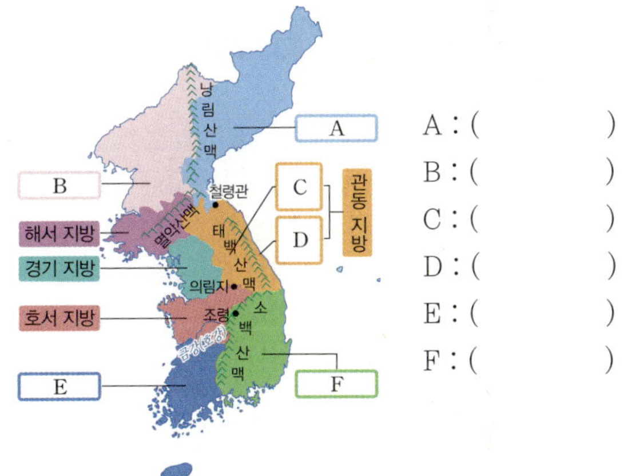

A : (　　　　　　)
B : (　　　　　　)
C : (　　　　　　)
D : (　　　　　　)
E : (　　　　　　)
F : (　　　　　　)

다음의 설명이 맞으면 'O', 틀리면 'X'에 표시하시오.

03 북한의 큰 하천은 대부분 동해로 유입한다. 　　O　X

04 청진은 원산보다 연 강수량이 적다. 　　O　X

05 원산은 남포보다 기온의 연교차가 크다. 　　O　X

06 함정　북한의 1차 에너지 소비 구조에서 차지하는 비율은 수력>석탄>석유>기타 순으로 높다. 　　O　X

07 북한은 남한보다 총 식량 생산량에서 옥수수 생산량이 차지하는 비율이 높다. 　　O　X

08 남포는 평양의 외항으로 서해 갑문이 설치되어 있다. 　　O　X

09 신의주 특별 행정구는 홍콩식 경제 개발을 위해 2002년에 지정된 북한의 개방 지역이다. 　　O　X

남한과 북한의 1차 에너지 공급 및 전력 생산 구조는 어떻게 다를까?

● 자료 1 남한과 북한의 1차 에너지 소비 구조

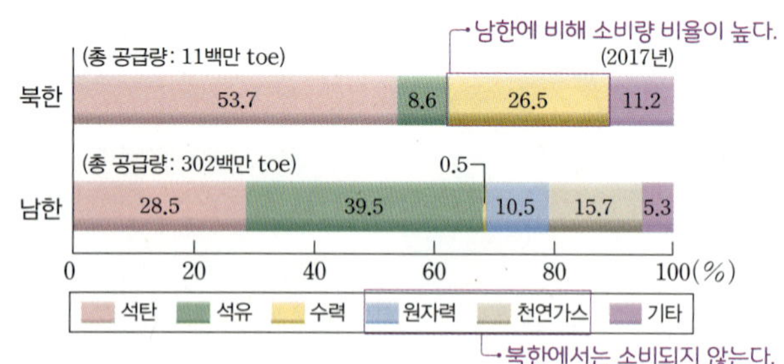

남한과 북한의 1차 에너지 소비 구조를 나타낸 그래프를 보면 남한은 석유＞석탄＞천연가스＞원자력＞수력 순으로 소비량이 많다. 반면, 북한에서는 남한에서 많이 소비되는 천연가스와 원자력이 소비되지 않고 있으며, 남한에서 소비량이 적은 수력의 소비량이 상대적으로 많다. 북한은 석탄＞수력＞석유 순으로 소비량이 많다.

● 자료 2 남한과 북한의 전력 생산

〈남한과 북한의 발전 방식별 발전량 비율〉

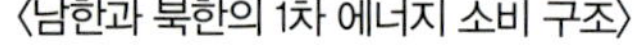

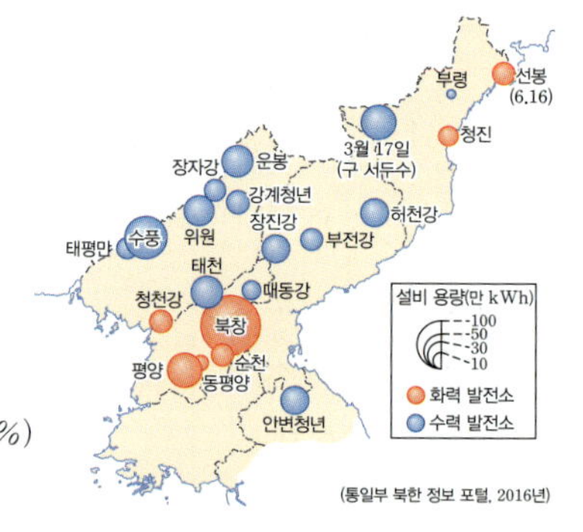

• **남한과 북한의 발전 방식별 발전량 비율**을 나타낸 그래프를 보면 남한은 화력 발전 방식의 발전량 비율이 가장 높고, 화력 발전 방식 다음으로 원자력 발전 방식의 발전량이 많으며, 수력 발전 방식의 발전량은 매우 적다. 반면 북한은 원자력 발전소가 없어 원자력 발전 방식의 발전량은 나타나지 않고, 수력과 화력 발전 방식의 발전량만 나타난다. 그 중에서도 수력 발전 방식이 화력 발전 방식보다 발전량이 많다.

• **북한의 주요 발전 설비 분포**를 나타낸 지도를 보면 화력 발전소는 주로 전력 소비량이 많고 인구가 밀집된 평양과 그 주변 지역을 중심으로 분포하고 있으며, 수력 발전소는 압록강의 지류인 장진강, 부전강 등의 하천 상류 지역에 주로 분포하고 있다.

● 자료 분석에 적용하기

〈남한과 북한의 1차 에너지 소비 구조〉

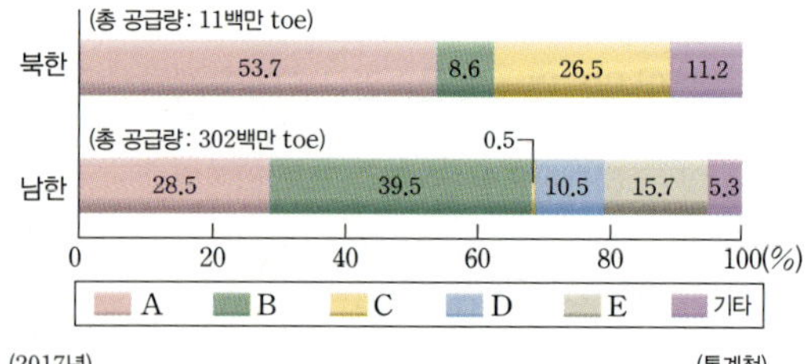

〈남한과 북한의 발전 방식별 발전량 비율〉

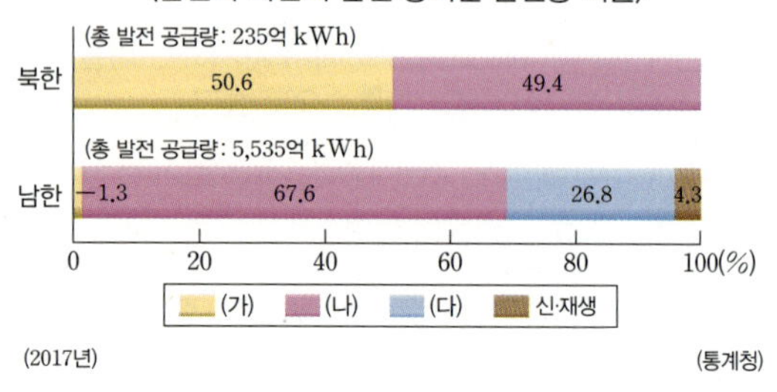

Q1 왼쪽의 그래프를 보고 괄호 안의 내용 중 알맞은 말을 고르시오.

(1) A는 남한에서 B 다음으로 소비량 비율이 높고, 북한에서는 소비량 비율이 가장 높으므로 (석유 / 석탄)이다.

(2) B는 남한에서 소비량 비율이 가장 높고, 북한에서는 A, C 다음으로 소비량 비율이 높으므로 (석유 / 석탄)이다.

(3) C는 남한에서 소비량 비율이 매우 낮은 반면, 북한에서는 A 다음으로 소비량 비율이 높으므로 (석탄 / 수력)이다.

(4) D는 남한에서 네 번째로 소비량 비율이 높은 반면, 북한에서는 소비량이 나타나지 않으므로 (원자력 / 천연가스)이다.

(5) E는 남한에서 세 번째로 소비량 비율이 높은 반면, 북한에서는 소비량이 나타나지 않으므로 (원자력 / 천연가스)이다.

(6) (가)는 남한에서 발전량 비율이 매우 낮은 반면, 북한에서는 발전량 비율이 가장 높으므로 (수력 / 화력) 발전 방식이다.

(7) (나)는 남한에서 발전량 비율이 가장 높고, 북한에서는 (가) 다음으로 발전량 비율이 높으므로 (수력 / 화력) 발전 방식이다.

(8) (다)는 남한에서 발전량 비율이 나타나지만, 북한에서는 발전량 비율이 나타나지 않으므로 (수력 / 원자력) 발전 방식이다.

HOW & WHY 정답 Q1 (1) 석탄 (2) 석유 (3) 수력 (4) 원자력 (5) 천연가스 (6) 수력 (7) 화력 (8) 원자력

• 정답 및 해설 063~066쪽

주제 1 지역의 의미와 지역 구분

족집게 전략 | 기능 지역과 동질 지역의 사례가 되는 지도를 제시한 후 각 지도가 어느 지역에 해당하는지 파악하고, 기능 지역과 동질 지역의 특징을 묻는 문항이 출제될 가능성이 높다. 따라서 기능 지역과 동질 지역의 의미, 사례, 특징 등을 숙지해 두어야 한다.

319 대표 문항

지도는 (가), (나)의 사례를 나타낸 것이다. 이에 대한 옳은 설명만을 〈보기〉에서 고른 것은? (단, (가), (나)는 기능 지역, 동질 지역 중 하나임.)

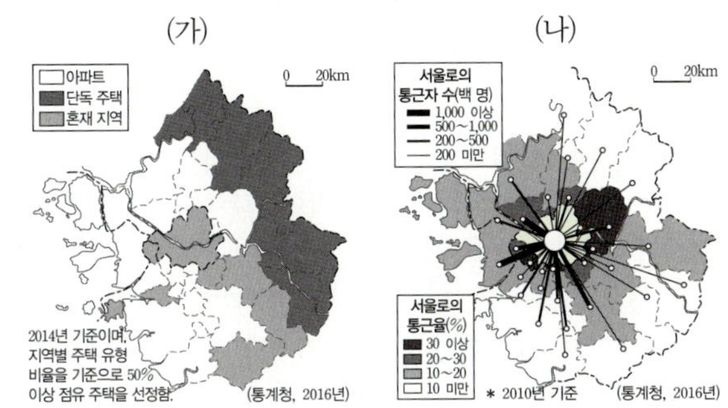

┌ 보기 ┐
ㄱ. (가)의 지역 간 경계에서는 점이 지대가 나타나기도 한다.
ㄴ. (나)의 사례로 문화권, 기후 지역을 들 수 있다.
ㄷ. (나)는 (가)보다 중심지와 배후지의 구분이 뚜렷하다.
ㄹ. (가)는 기능 지역, (나)는 동질 지역이다.

① ㄱ, ㄴ   ② ㄱ, ㄷ   ③ ㄴ, ㄷ   ④ ㄴ, ㄹ   ⑤ ㄷ, ㄹ

✎ **한줄 Tip** 제시된 지도를 보고 중심지와 배후지 간의 구분이 뚜렷하게 나타나면 기능 지역이라고 먼저 파악하면 쉽다.

320

표의 (가)~(다)에 대한 설명으로 옳지 않은 것은? (단, (가)~(다)는 기능 지역, 동질 지역, 점이 지대 중 하나임.)

〈지역 구분의 유형별 특징〉

(가)	인접한 두 지역의 특성이 함께 섞여 나타나는 곳
(나)	특정한 지리적 현상이 동일하게 나타나는 공간 범위
(다)	중심지와 그 기능의 영향을 받는 배후지가 기능적으로 결합한 공간 범위

① (가)는 문화권, 언어권 등의 지역 간 경계에서 잘 나타난다.
② (나)의 사례로 도시권, 상권, 통학권을 들 수 있다.
③ (다)는 교통과 통신 발달 시 배후지의 범위가 확대되는 경향이 있다.
④ (다)는 (나)보다 지역 간 상호 작용 파악에 용이하다.
⑤ (가)는 점이 지대, (나)는 동질 지역, (다)는 기능 지역이다.

321

다음 글의 (가)~(다)에 들어갈 내용으로 옳은 것은?

우리나라의 전통적 지역 구분은 산줄기, 고개, 하천 등의 지형지물이나 시설물을 기준으로 삼았다. ___(가)___ 을/를 기준으로 북쪽을 관북, 서쪽을 관서, 동쪽을 관동 지방으로 구분하였으며, 관동 지방에서 영서 지방과 영동 지방을 구분하는 기준은 ___(나)___ 이/가 된다. 또한 경상도 일대인 영남 지방은 ___(다)___ 을/를 기준으로 남쪽에 위치한 지역이라는 의미를 갖고 있다.

	(가)	(나)	(다)
①	대관령	조령	철령관
②	대관령	철령관	조령
③	조령	대관령	철령관
④	철령관	조령	대관령
⑤	철령관	대관령	조령

322 고난도

다음 글의 ㉠~㉤에 대한 설명으로 옳은 것은?

㉠ 호남 지방은 ___㉡___ 또는 김제의 벽골제를 기준으로 남쪽에 위치한 지역이라는 의미이고, ㉢ 호서 지방은 ___㉡___ 상류나 제천 의림지의 서쪽에 위치한 지역이라는 의미이다. ㉣ 경기 지방은 도읍지인 ___㉤___ 을/를 둘러싸고 있는 지역이라는 의미이고, 해서 지방은 ___㉤___ 을/를 기준으로 바다 건너 서쪽에 있는 지역이라는 의미이다.

① ㉡은 우리나라에서 유로가 가장 긴 하천에 해당한다.
② ㉣은 해서 지방보다 고위도에 위치한다.
③ ㉤은 오늘날의 행정 구역상 경기도에 속한다.
④ 전라도는 ㉠, 충청도는 ㉢에 속한다.
⑤ ㉠은 ㉣보다 오늘날 인구 밀도가 높다.

주제 2　북한 지역의 특성

족집게 전략 | 북한의 지리적 특성을 남한과 비교하는 문항이 주로 출제된다. 1차 에너지 소비 구조와 전력 생산, 농업 현황, 산업 구조 등 남한과 차이가 뚜렷한 인문 지리적 특성을 비교하는 문항의 출제 빈도가 높으므로 해당 주제의 남한 내용도 숙지해야 한다. 북한의 개방 지역을 백지도와 함께 묻는 문항도 비교적 많이 출제되므로 주요 지역의 특징과 함께 지도에서의 위치도 꼭 알아 두어야 한다.

323 대표 문항

| 평가원 기출 |

다음 자료에 대한 설명으로 옳은 것은? (단, (가), (나)는 수력, 화력, A ~C는 석유, 석탄, 수력 중 하나임.)

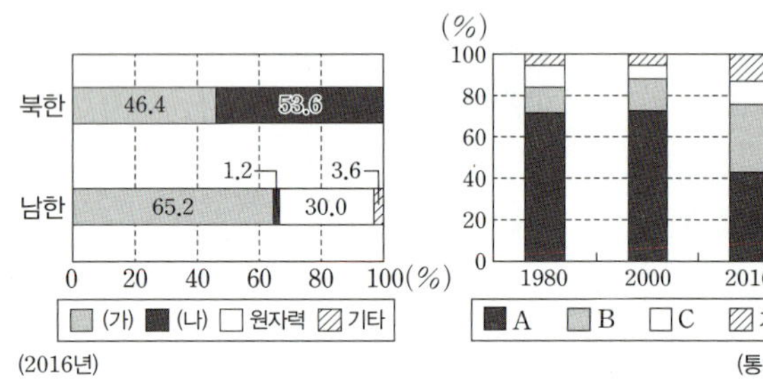

① (나)는 A를 이용하여 발전한다.

② (나)는 (가)보다 발전 과정에서 대기 오염 물질의 배출량이 많다.

③ A는 남한이 북한보다 자급률이 높다.

④ C는 남한에서 발전용보다 수송용으로 많이 사용된다.

⑤ B를 이용한 발전소는 A를 이용한 발전소보다 대체로 대소비지에 가까이 입지한다.

✎ 한줄 Tip　북한이 낯설다면 남한부터 분석하는 것도 방법이야.

324

| 평가원 기출 |

다음 자료에 대한 옳은 설명만을 〈보기〉에서 있는 대로 고른 것은?

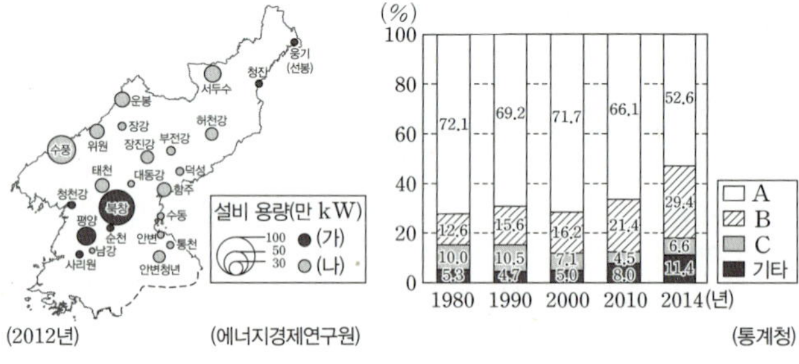

보기
ㄱ. (가)는 A를 연료로 한다.
ㄴ. (나)는 B를 이용한다.
ㄷ. (가)는 (나)보다 대기 오염 물질 배출량이 많다.
ㄹ. 남한에서 A는 C보다 해외 의존도가 높다.

① ㄱ, ㄴ　　② ㄱ, ㄷ　　③ ㄴ, ㄹ
④ ㄱ, ㄴ, ㄷ　　⑤ ㄱ, ㄷ, ㄹ

325

그래프는 지도에 표시된 세 지역의 기후 특징을 나타낸 것이다. (가)~(다) 지역에 대한 옳은 설명만을 〈보기〉에서 고른 것은?

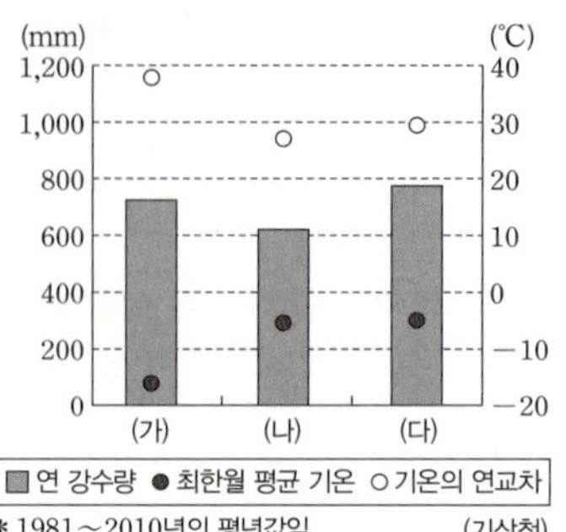

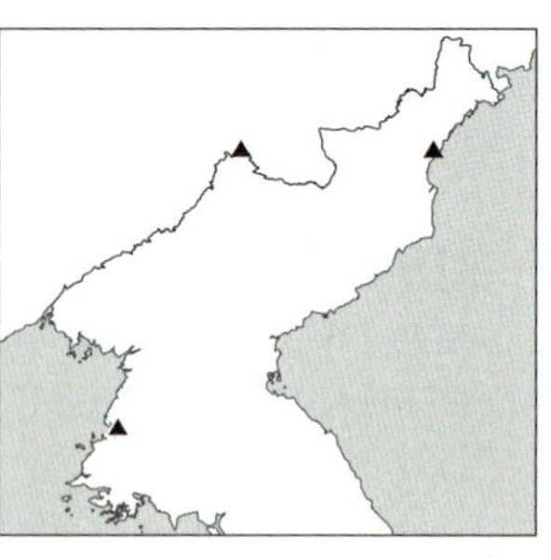

보기
ㄱ. (가)는 (나)보다 바다로부터의 거리가 멀다.
ㄴ. (나)는 (다)보다 한류의 영향을 많이 받는다.
ㄷ. (다)는 (가)보다 기온의 연교차가 크다.
ㄹ. (가)~(다) 중에서 위도는 (다)가 가장 높다.

① ㄱ, ㄴ　　② ㄱ, ㄷ　　③ ㄴ, ㄷ　　④ ㄴ, ㄹ　　⑤ ㄷ, ㄹ

326

그래프는 지도에 표시된 세 지역의 기후 특징을 나타낸 것이다. (가)~(다) 지역에 대한 설명으로 옳은 것은?

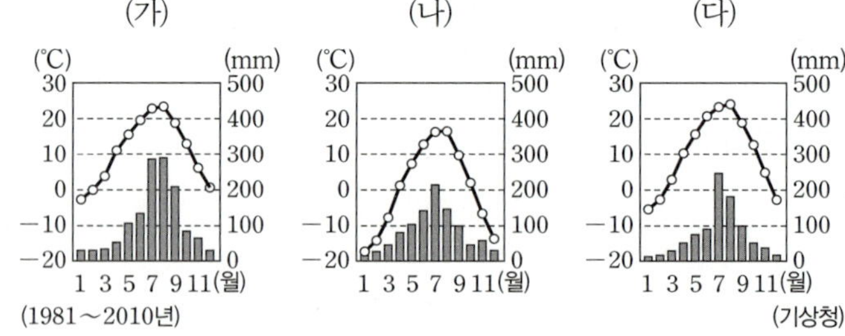

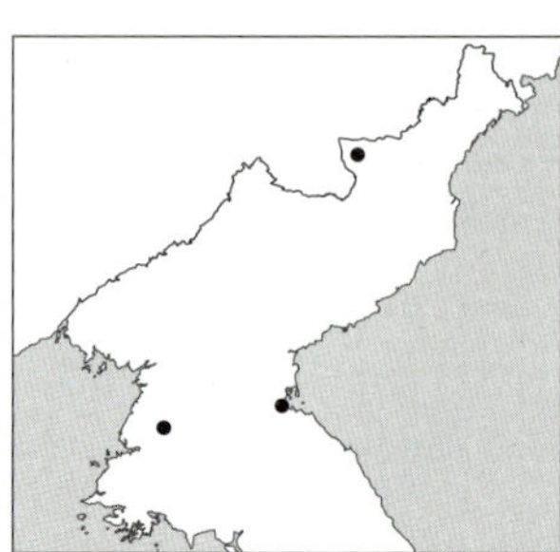

① (가)는 (나)보다 해발 고도가 낮다.

② (나)는 (가)보다 무상 기간이 길다.

③ (나)는 (다)보다 위도가 낮다.

④ (다)는 (가)보다 기온의 연교차가 작다.

⑤ (가)~(다) 중에서 겨울 강수 집중률은 (다)가 가장 높다.

327

| 평가원 기출 |

그래프는 남북한의 농업 관련 자료를 나타낸 것이다. 이에 대한 설명으로 옳지 <u>않은</u> 것은? (단, (가), (나)는 각각 남한, 북한 중 하나이며, A, B는 각각 쌀, 옥수수 중 하나임.)

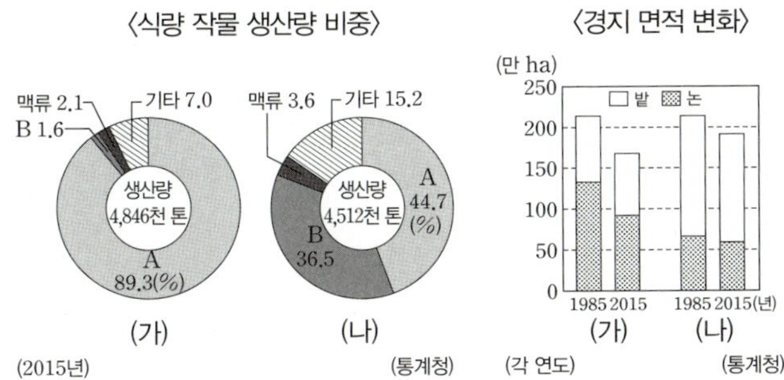

① (가)는 남한, (나)는 북한이다.

② A는 논, B는 밭에서 주로 재배된다.

③ (가)에서 B는 주로 A의 그루갈이 작물로 재배된다.

④ 북한은 남한보다 논 면적 대비 밭 면적의 비율이 높다.

⑤ 두 연도 간에 남한은 북한보다 경지 면적의 감소 폭이 크다.

328

지도는 북한의 지역별 농작물 생산량을 나타낸 것이다. (가), (나) 작물에 대한 옳은 설명만을 〈보기〉에서 고른 것은? (단, (가), (나)는 쌀, 옥수수 중 하나임.)

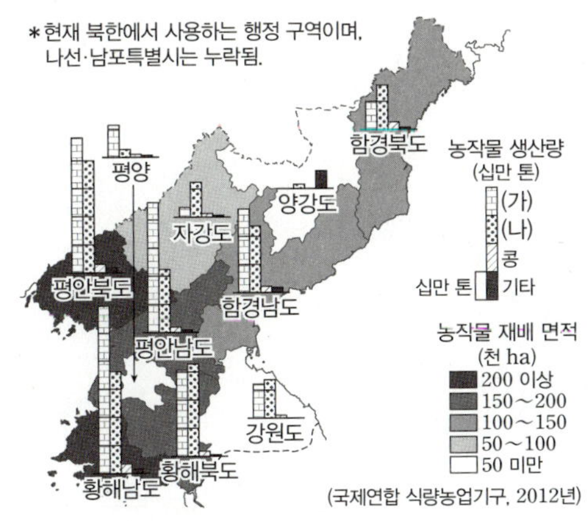

〈보기〉

ㄱ. 남한은 (가)의 재배 면적보다 (나)의 재배 면적이 넓다.

ㄴ. 북한은 남한보다 식량 작물 총 생산량에서 (나)의 생산량이 차지하는 비율이 높다.

ㄷ. (나)는 (가)보다 논에서 재배되는 비율이 높다.

ㄹ. (가)는 쌀, (나)는 옥수수에 해당한다.

① ㄱ, ㄴ   ② ㄱ, ㄷ   ③ ㄴ, ㄷ   ④ ㄴ, ㄹ   ⑤ ㄷ, ㄹ

329 고난도

| 평가원 기출 |

그래프는 남북한의 산업 구조 및 인구 구조 변화에 대한 것이다. 이에 대한 옳은 설명만을 〈보기〉에서 고른 것은? (단, A, B는 남한 또는 북한임.)

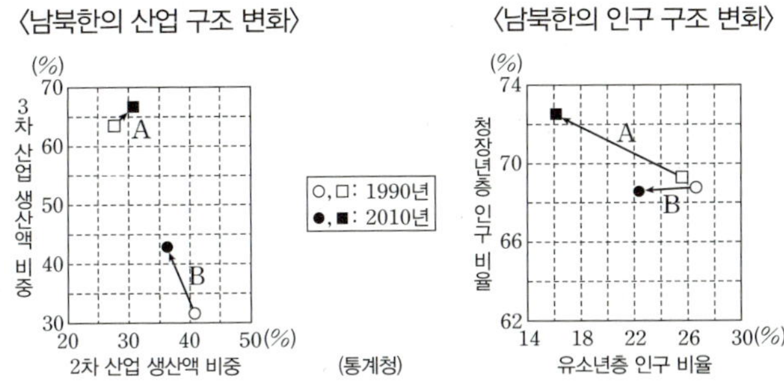

〈보기〉

ㄱ. 2010년 1차 산업 생산액 비중은 남한이 북한보다 크다.

ㄴ. 1990년 대비 2010년 남북한 모두 1차 산업 생산액 비중은 감소하였다.

ㄷ. 2010년 총 부양비는 북한이 남한보다 높다.

ㄹ. 2010년 노령화 지수는 북한이 남한보다 높다.

① ㄱ, ㄴ   ② ㄱ, ㄷ   ③ ㄴ, ㄷ   ④ ㄴ, ㄹ   ⑤ ㄷ, ㄹ

330

그래프는 남북한의 연령대별 인구 비율을 나타낸 것이다. (가), (나)에 대한 설명으로 옳은 것은? (단, (가), (나)는 남한, 북한 중 하나임.)

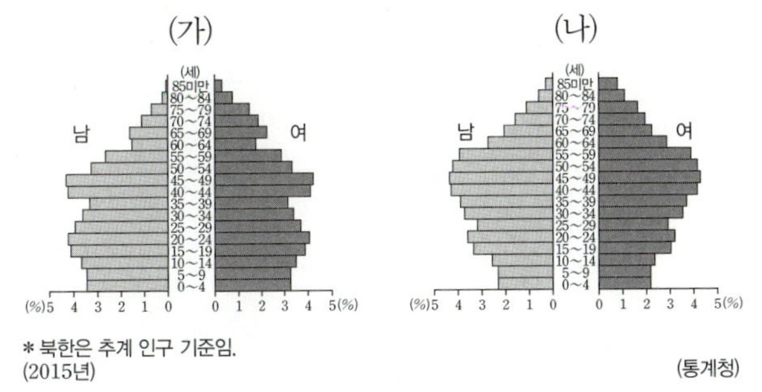

① (가)는 노령화 지수가 100을 넘는다.

② (나)는 인구 변천 모형의 3단계에 해당한다.

③ (가)는 (나)보다 인구 밀도가 높다.

④ (나)는 (가)보다 유소년 부양비가 낮다.

⑤ (가)는 남한, (나)는 북한이다.

331

| 평가원 기출 |

다음 자료의 (가), (나)에 대한 설명으로 옳은 것은?

○○신문

2018년 9월 △△일

남북 정상 회담 결과 발표

2018년 9월 남과 북의 정상이 역사적인 만남을 통하여 합의문을 발표하였다. 남과 북은 비핵화 실현과 평화 체제 구축을 위하여 노력하기로 하였으며, 경제적 교류와 협력을 더욱 증대하기로 하였다. 그 일환으로 2002년 관광 특구로 지정되었으나, 2008년 이후 중단되어 왔던 (가) 관광 사업을 정상화하기 위하여 노력하기로 하였다. 이러한 합의문 발표 이후 남과 북의 정상은 (나) 에 올라 천지를 배경으로 기념 사진을 촬영하였다.

① (가)는 산경표에서 백두대간이 시작되는 곳이다.

② (가)의 정상부는 시 · 원생대에 형성된 편마암이 풍화 작용을 받아 형성된 흙산이다.

③ (나)의 정상부에는 분화구가 함몰되어 형성된 칼데라호가 있다.

④ (가)는 (나)보다 정상의 해발 고도가 높다.

⑤ (가), (나)는 모두 관서 지방에 위치한다.

332

지도의 A~E에 대한 설명으로 옳은 것은?

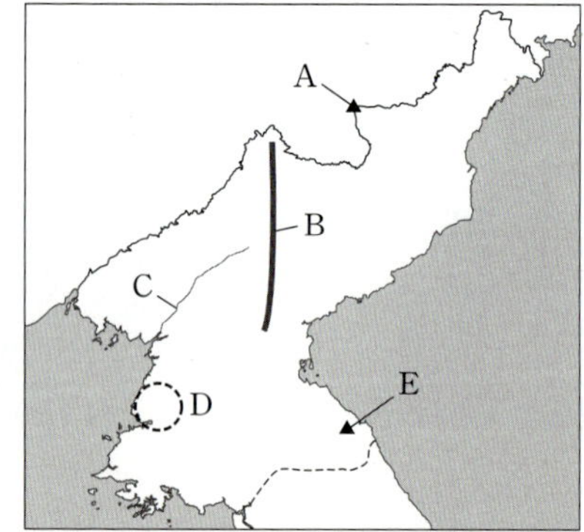

① B는 중생대 지각 변동 이후의 침식에 남은 2차 산맥이다.

② C의 하구에는 서해 갑문이 건설되어 있다.

③ D는 저평한 지형 때문에 공기의 상승이 어려워 소우지에 해당한다.

④ A는 E보다 주된 기반암의 형성 시기가 이르다.

⑤ E는 A보다 최고 지점의 해발 고도가 높다.

333

| 평가원 기출 |

(가)~(다)에서 설명하는 지역을 지도의 A~E에서 고른 것은?

(가)	(나)	(다)
화산 활동으로 형성된 산지이며, 정상부에는 칼데라호가 있음.	경원선의 종착지로 일제 강점기부터 공업 도시로 성장함.	2002년에 외자 유치 및 교역 확대를 위해 특별 행정구로 지정함.

	(가)	(나)	(다)
①	B	A	C
②	B	D	C
③	B	D	E
④	C	D	E
⑤	C	E	A

334

지도의 (가)~(라) 지역에 대한 옳은 설명만을 〈보기〉에서 고른 것은?

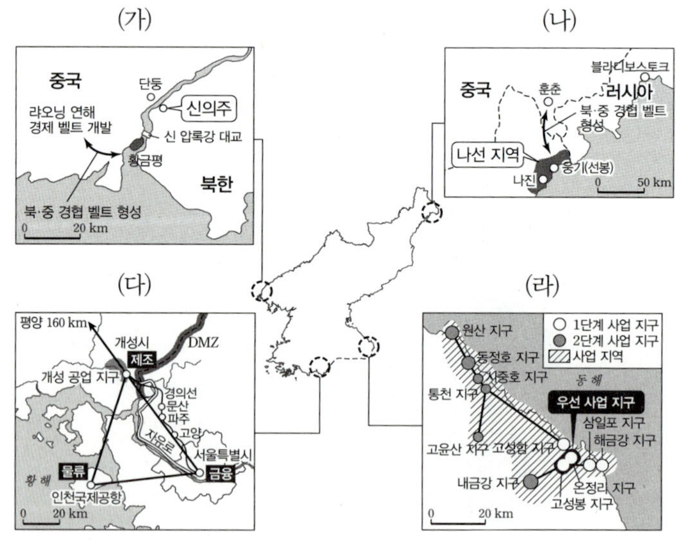

보기

ㄱ. (가)는 (나)보다 개방 지역으로 지정된 시기가 늦다.

ㄴ. (다)는 (가)보다 대중국 무역 의존도가 높다.

ㄷ. (라)는 (다)보다 제조업 생산액이 적다.

ㄹ. (나), (라)는 모두 조성 이후 중단없이 지속적으로 운영되고 있다.

① ㄱ, ㄴ ② ㄱ, ㄷ ③ ㄴ, ㄷ ④ ㄴ, ㄹ ⑤ ㄷ, ㄹ

335

| 평가원 기출 |

그래프는 북한의 교역에 관한 것이다. 이에 대한 옳은 분석만을 〈보기〉에서 고른 것은?

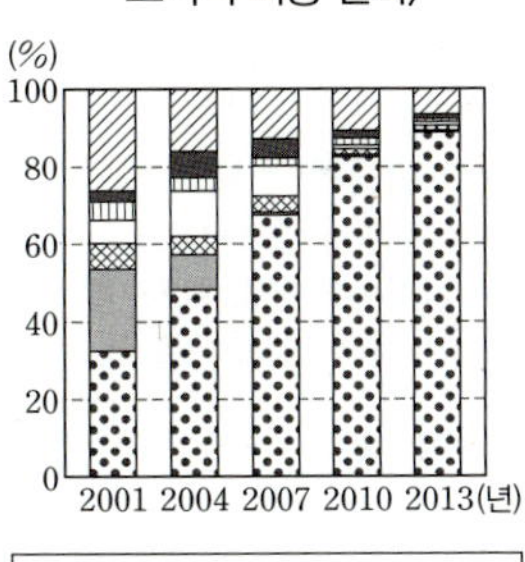

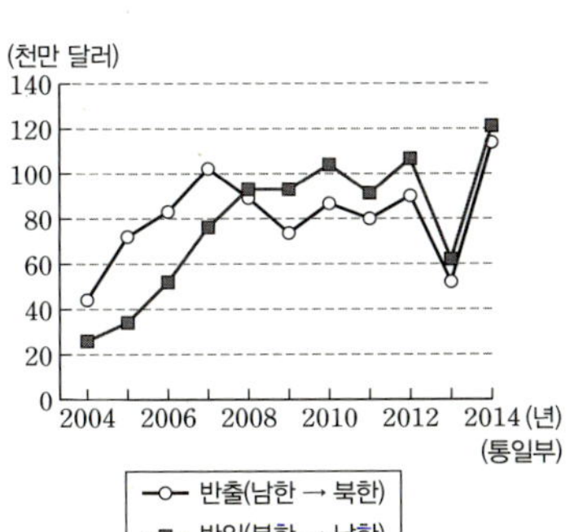

〈보기〉

ㄱ. 중국에 대한 교역 의존도가 지속적으로 높아졌다.

ㄴ. 2001년 대비 2013년 교역액 비중이 가장 큰 폭으로 감소한 국가는 러시아이다.

ㄷ. 2014년 남북 교역액은 2004년 남북 교역액의 2배 이상이다.

ㄹ. 2008년 이후 남북 교역의 반출액과 반입액의 격차는 지속적으로 증가하였다.

① ㄱ, ㄴ   ② ㄱ, ㄷ   ③ ㄴ, ㄷ   ④ ㄴ, ㄹ   ⑤ ㄷ, ㄹ

336 고난도↑

| 평가원 기출 |

그래프에 대한 옳은 분석만을 〈보기〉에서 고른 것은?

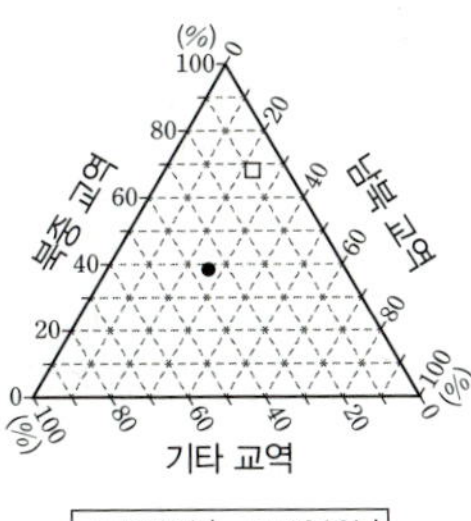

〈보기〉

ㄱ. 2005년에는 남북 교역 비중이 북중 교역 비중보다 높다.

ㄴ. 남북 교역 비중은 2012년이 2005년보다 낮다.

ㄷ. 남북 교역에서 반입액은 2012년이 2005년보다 많다.

ㄹ. 남북 교역에서 반출액과 반입액의 차이는 2012년이 2005년보다 크다.

① ㄱ, ㄴ   ② ㄱ, ㄷ   ③ ㄴ, ㄷ   ④ ㄴ, ㄹ   ⑤ ㄷ, ㄹ

337

그래프는 남북한의 A, B 길이를 나타낸 것이다. 이에 대한 설명으로 옳은 것은? (단, A, B는 도로, 철도 중 하나임.)

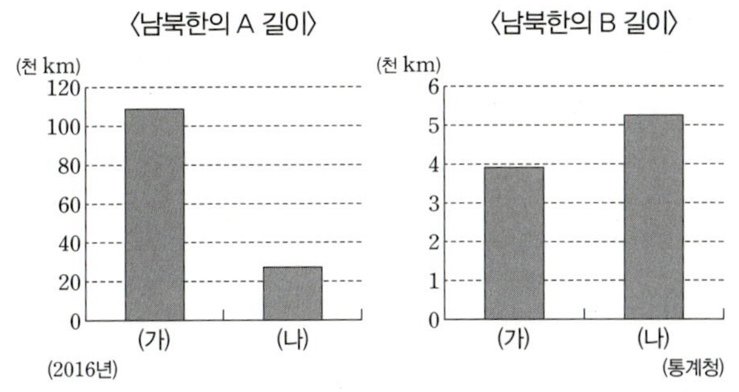

① (가)는 (나)보다 철도의 화물 수송 분담률이 높다.

② (나)는 (가)보다 도로의 길이가 길다.

③ A는 B보다 운행 시 지형의 제약을 적게 받는다.

④ B는 A보다 문전 연결성이 우수하다.

⑤ (가)는 남한, (나)는 북한, A는 철도, B는 도로이다.

338

다음 글의 (가)~(다) 도시를 지도의 A~D에서 고른 것은?

북한의 주요 도시 중 ⬚(가)⬚ 은/는 북한의 최대 도시이자 정치·경제·사회의 중심지 역할을 하고 있다. ⬚(나)⬚ 은/는 ⬚(가)⬚ 의 외항 역할을 하고 있으며 서해 갑문이 설치된 이후 물류 기능이 강화되었다. 그 외에 관북 지역의 주요 도시 중 ⬚(다)⬚ 은/는 경원선의 종착지이자 일제 강점기에 공업 도시로 성장한 곳으로, 최근 북한은 이곳의 갈마 해안에 관광 지구를 대대적으로 건설 중에 있다.

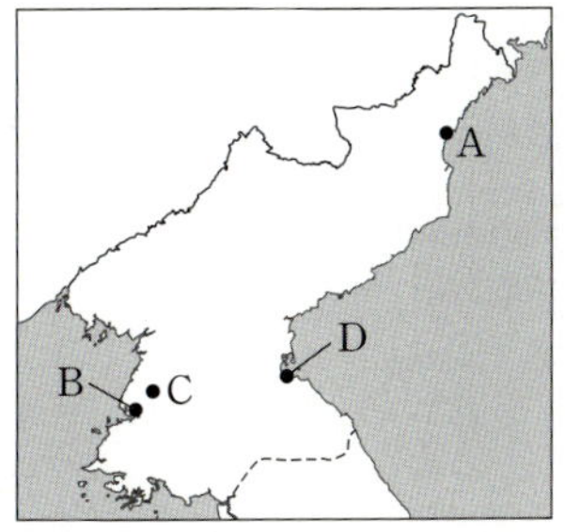

	(가)	(나)	(다)
①	A	B	C
②	B	C	A
③	B	C	D
④	C	B	A
⑤	C	B	D

16강 수도권, 강원 지방, 충청 지방

주제 1 수도권의 특성

1. 지역 특성

서울	조선 시대부터 우리나라의 수도로서 정치 · 경제 · 문화의 중심지 역할 수행
인천	• 국제 물류 기능 발달 → 인천 국제공항과 인천항 위치 • 서울의 관문 역할 수행
경기	• 수도권에서 면적이 가장 넓고 인구가 가장 많음 • 서울의 배후지 역할 수행

2. 산업 구조의 고도화

↱ 2차 산업의 비율이 감소하고 3차 산업의 비율이 증가하는 현상이다.

1960년대	정부 주도의 공업 정책을 기반으로 섬유, 봉제업 등의 경공업 발달 ㉔ 서울의 구로 공단
1980년대	지가 상승, 환경 오염, 교통 혼잡 등으로 서울의 공업이 인천과 경기도로 분산 ㉔ 인천의 남동 공단, 경기도 안산의 반월 · 시화 공단
1990년대	탈공업화가 진행되면서 생산자 서비스업을 중심으로 3차 산업이 빠르게 성장
2000년대 이후	풍부한 고급 기술 인력, 편리한 교통, 잘 갖춰진 연구소 및 정보 통신 시설과 편의 시설 등 → 지식 · 기술 집약적 첨단 산업의 중심지로 성장

수도권의 정보 통신 기술(ICT) 산업과 공간적 분화

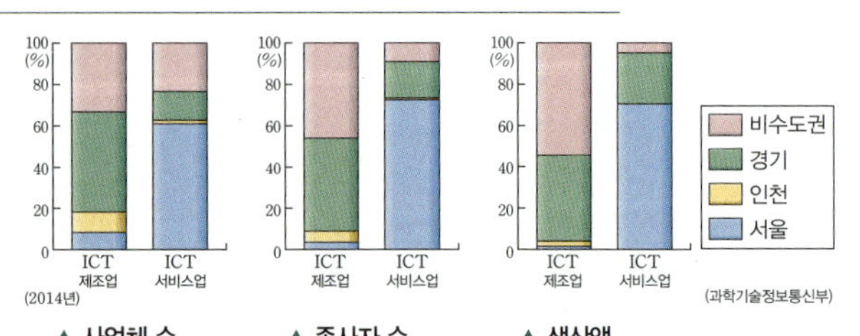

서울은 우리나라의 최고차 중심 도시이며 전문 기술 인력이 풍부하기 때문에 정보 통신 기술(ICT) 산업 중 정보 통신 기술 서비스업이 발달하였다. **경기**는 서울에 비해 지가가 저렴해 넓은 공장 부지를 확보할 수 있어 정보 통신 기술 산업 중 정보 통신 기술 제조업이 발달하였다. **인천**은 서울, 경기보다 정보 통신 기술 산업의 사업체 수, 종사자 수, 생산액이 모두 적다.

3. 수도권의 문제점과 해결 방안

(1) **인구와 산업의 과도한 집중** : 주택 부족, 지가 상승, 교통 혼잡, 환경 오염 등의 문제 발생 → 과밀 부담금 제도, 수도권 공장 총량제 등을 실시하여 해결 노력

↳ 수도권의 공장이 충청·호남 지방으로 이전하는 사례가 늘었다.

(2) **수도권과 비수도권 간 격차 심화** : 세종특별자치시, 주요 시 · 도에 혁신 도시 등을 건설하여 국가 균형 발전 도모

(3) **수도권 내 불균형 문제** : 수도권 정비 계획을 통해 다핵 연계형 공간 구조로 전환 → 공간 구조의 다핵화

↳ 도시나 일정 권역에서 활동의 중심이 다변화되는 현상이다.

주제 2 강원 지방의 특성

1. 자연환경

영서 지방	• 경사가 완만하며 산간 지대에 고위 평탄면 발달 • 한강 유역에 침식 분지 형성 → 춘천, 원주 등의 도시 분포 • 내륙에 위치하여 영동 지방보다 기온의 연교차가 큼 • 여름철 지형성 강수가 많이 내려 호우 피해가 큼
영동 지방	• 경사가 급하며 해안에 좁은 평야 형성 → 해안을 따라 강릉, 속초 등의 도시 분포 • 태백산맥, 수심이 깊은 동해의 영향으로 영서 지방보다 겨울이 온화함 • 북동 기류의 바람받이에 해당하여 겨울 강수량이 많음

2. 인문 환경

↱ 큰 산맥에 가로막혀 있지 않고 한강이 흐르기 때문이다.

영서 지방	• 경기도와 교류가 활발하여 수도권과 비슷한 방언 사용 • 산지가 많아 밭농사 비율이 높음 → 옥수수, 감자, 메밀 등을 이용한 음식 문화 발달 • 고위 평탄면에서 고랭지 농업, 목축업 등 발달
영동 지방	• 북부 해안 지방 및 경상북도 동해안과 교류가 활발하여 이들 지역과 비슷한 방언 사용 • 바다와 접해 있어 해산물을 이용한 음식 문화 발달 • 해안 지형과 항만을 중심으로 관광 산업 발달

3. 산업과 주민 생활

↱ 가정용 연료의 변화, 석탄 산업 합리화 정책 실시 등이 원인이다.

산업 특징	• 밭농사 중심의 농업과 임산 및 수산 자원을 바탕으로 1차 산업 발달 • 풍부한 지하자원을 배경으로 우리나라 최대의 광업 지역으로 성장 • 1980년대 이후 석탄 산업이 쇠퇴하면서 광업 지역의 경제 침체 및 인구 감소 ㉔ 영월, 정선, 태백, 삼척 등
산업 구조 변화	• 첨단 산업 중심의 산업 구조 고도화 추진 ㉔ 바이오 산업(춘천), 의료 산업 클러스터(원주), 해양 신소재 산업(강릉) • 지역 특산물을 활용한 제품 생산, 농어촌 체험 관광 • 풍부한 관광 자원을 활용한 관광 산업 육성 → 석회동굴, 해수욕장, 고랭지 농목업 경관, 폐광의 산업 유산 활용

㉔ 태백의 석탄 박물관, 정선의 레일 바이크 등 ↲

태백시의 변화

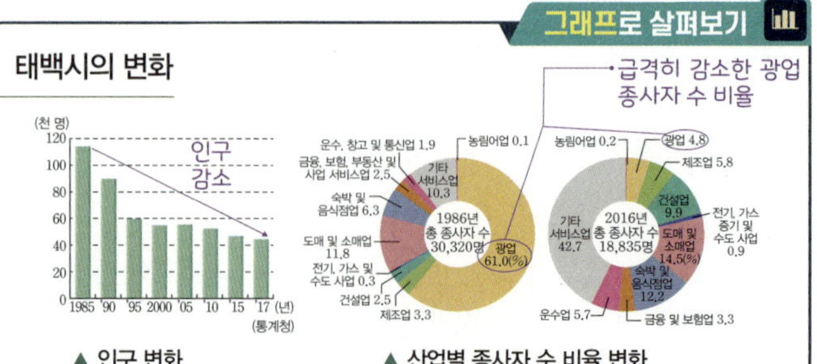

석탄을 중심으로 하는 광업 도시로 성장한 태백시는 1980년대 후반 석탄 산업이 쇠퇴하면서 지역 경제가 침체되었으며 인구도 감소하였다. 최근에는 석탄 박물관을 건설하고 각종 축제를 개최하는 등 관광 산업을 중심으로 지역 경제를 재활성화하려는 노력을 하고 있다.

주제 3 충청 지방의 특성

1. 지역 특성

(1) **공간 범위** : 대전광역시, 세종특별자치시, 충청북도, 충청남도

(2) **변화 과정**

→ 남한강, 금강을 이용한 내륙 수운

과거	하천 교통의 중심지로 성장 ㉙ 충주, 공주, 부여, 강경
1900년대	경부선과 호남선 철도 개통으로 대전이 성장
1970년대 이후	고속 국도의 건설로 교통과 물류의 중심지 역할
2000년대 이후	수도권 전철 연장, 고속 철도 개통으로 수도권과의 접근성 향상
최근	수도권 과밀화에 따른 분산 정책으로 각종 기능이 이전하면서 빠르게 성장

충청 지방의 인구 변화와 교통망

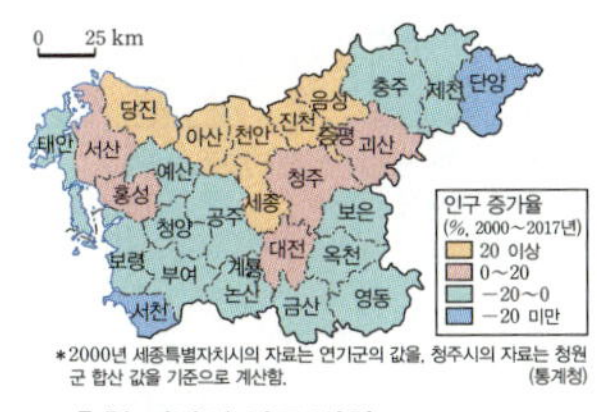

▲ 충청 지방의 인구 변화

▲ 충청 지방의 교통망

충청 지방은 행정 중심 복합 도시와 수도권 인접 지역의 인구 성장이 두드러진다. 특히 세종특별자치시와 수도권 전철이 연장된 천안과 아산, 제조업이 발달한 당진, 혁신 도시로 개발되고 있는 진천·음성 등에서 인구가 빠르게 증가하고 있다. 남한만 고려했을 때 충청 지방은 국토 중앙부에 위치하여 각 지역과의 접근성이 높은데, 2000년 이후 고속 철도가 개통되고 수도권 전철이 연장되어 수도권과의 접근성이 향상되자 빠르게 성장하고 있다.

2. 산업 및 도시의 변화

(1) **산업 변화**

→ 수도권 공장 총량제 실시가 원인이다.

제조업	• 수도권 공장 이전, 교통 발달에 따른 수도권 접근성 향상, 대중국 교역 전진 기지로의 성장 가능성 등이 높아지면서 공업이 빠르게 성장 • ㉙ 제철(당진), 전자·자동차(아산), 석유 화학(서산)
첨단 산업	대전(대덕 연구 단지)과 청주(오송 생명 과학 단지, 오창 과학 단지) 등을 중심으로 성장

(2) **도시 변화**

① 수도권 인접 도시(천안, 아산 등)와 제조업 발달 도시(당진, 서산 등)의 성장

② 세종특별자치시(행정 중심 복합 도시), 내포 신도시(충남도청 입지)의 성장

③ 태안, 충주(기업 도시), 진천·음성(혁신 도시)의 성장

▲ 내포 신도시

충남도청은 대전에 있었으나 2013년에 홍성과 예산의 경계 부근에 내포 신도시를 조성해 도청을 이전하였다. 이는 충청남도의 균형 발전을 위한 것이었다.

빈칸에 알맞은 말을 쓰시오.

01 그래프는 수도권 시·도의 정보 통신 기술(ICT) 산업 현황을 나타낸 것이다. (가)~(다)에 해당하는 지역은? (단, (가)~(다)는 서울, 인천, 경기 중 하나임.)

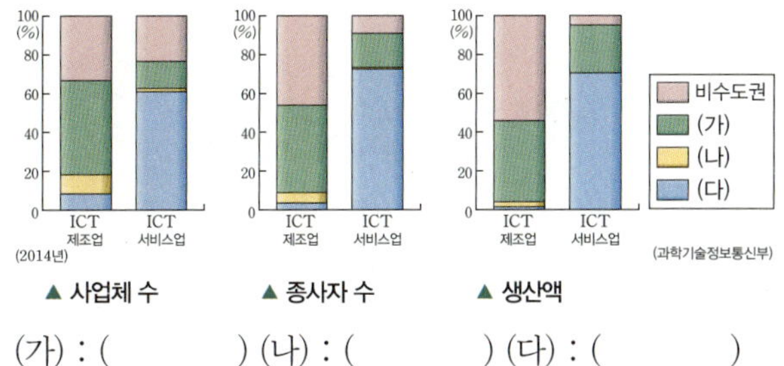

(가) : (　　　　) (나) : (　　　　) (다) : (　　　　)

02 그래프는 태백시의 산업별 종사자 수 비율 변화를 나타낸 것이다. (가), (나)에 해당하는 산업은? (단, (가), (나)는 광업, 숙박 및 음식점업 중 하나임.)

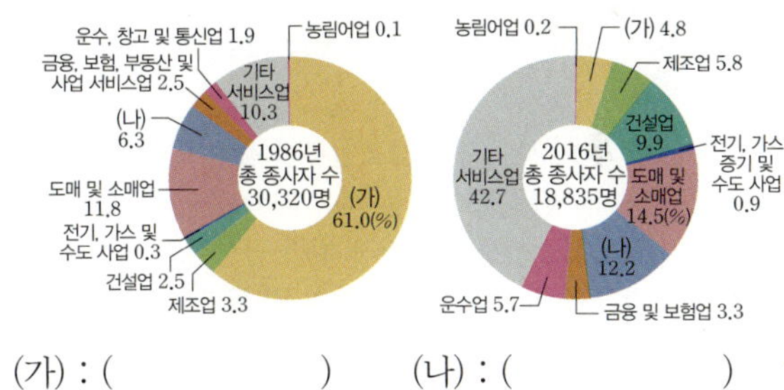

(가) : (　　　　)　　　　(나) : (　　　　)

다음의 설명이 맞으면 '○', 틀리면 '×'에 표시하시오.

03 총인구는 서울>경기>인천 순으로 많다.　○ ×

04 서울은 경기보다 3차 산업의 취업자 수 비율이 낮다.　○ ×

05 함정　서울은 경기보다 정보 통신 기술 제조업의 생산액이 많다.　○ ×

06 영동 지방의 강릉은 영서 지방의 춘천보다 겨울 강수량이 많다.　○ ×

07 강원 지방은 논 면적보다 밭 면적이 넓다.　○ ×

08 함정　태백시는 석탄 산업 합리화 정책 시행 이후에 인구가 급격히 증가하였다.　○ ×

09 태안에는 기업 도시, 진천과 음성에는 혁신 도시가 건설되어 있다.　○ ×

10 최근 10년간 충청 지방은 수도권 인접 시·군보다 호남권 인접 시·군의 인구 증가율이 높다.　○ ×

11 서산은 석유 화학 공업, 당진은 제철 공업이 발달해 있다.　○ ×

충청 지방의 시·군별 공업 특징은 어떻게 다를까?

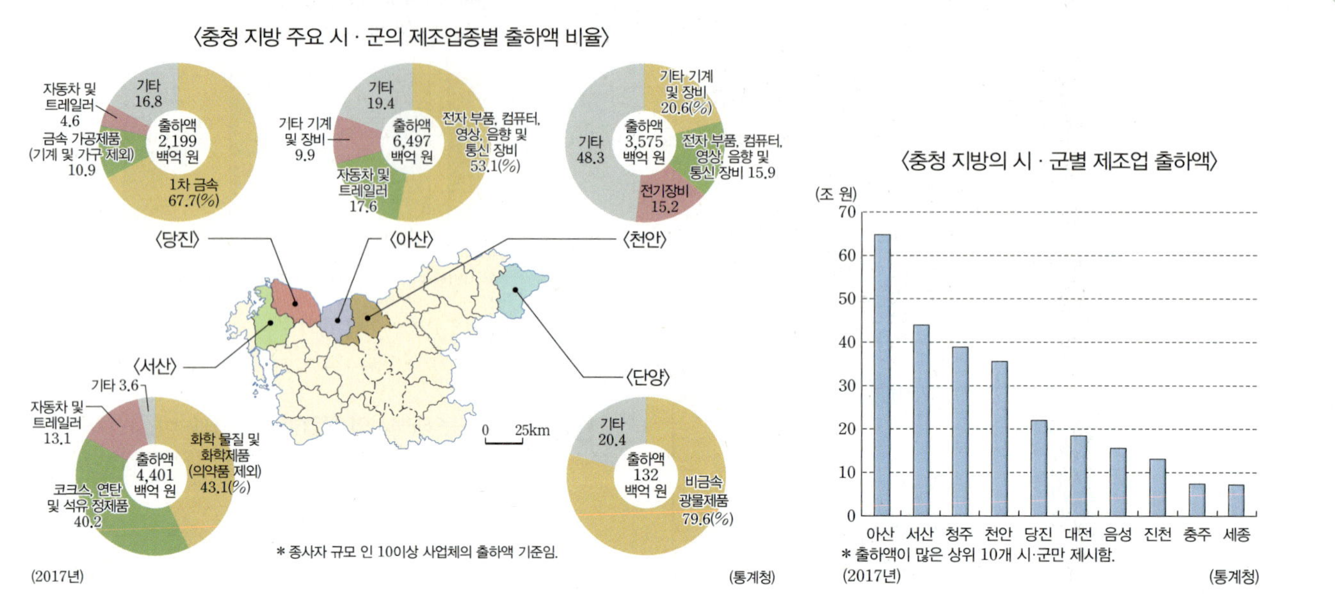

- **충청 지방 주요 시·군의 제조업종별 출하액 비율**을 보면 **서산**은 대산 석유 화학 단지가 입지하여 화학 물질 및 화학제품 제조업과 코크스, 연탄 및 석유 정제품 제조업 등 석유 화학 공업 출하액 비율이 높다. **당진**은 대규모 제철소가 입지하여 1차 금속 제조업 출하액 비율이 절반 이상일 정도로 높다. **아산**은 S 전자 생산 공장이 입지하여 전자 부품, 컴퓨터, 영상, 음향 및 통신 장비 제조업 출하액 비율이 가장 높고, 대규모 완성차 조립 공장이 입지하여 자동차 및 트레일러 제조업 출하액 비율도 높다. **천안**은 기타 기계 및 장비, 전자 부품, 컴퓨터, 영상, 음향 및 통신 장비 제조업 출하액 비율이 높다. **단양**은 조선 누층군이 분포하여 석회암 매장량이 많은 곳으로, 비금속 광물제품 제조업 출하액 비율이 80% 가까이 매우 높다.
- **충청 지방의 시·군별 제조업 출하액**을 보면 전자 부품, 컴퓨터, 영상, 음향 및 통신 장비 제조업과 자동차 및 트레일러 제조업이 발달한 **아산**의 제조업 출하액이 가장 많으며, 아산 다음으로 **서산, 청주, 천안, 당진** 등의 제조업 출하액이 많다. 특히 아산, 서산, 천안, 당진, 진천, 음성 등과 같이 수도권과 지리적으로 인접한 지역의 제조업 출하액이 많은 것은 수도권 공장의 이전과 관련이 깊다.

자료 분석에 적용하기

Q1 그래프는 충청 지방 주요 시·군의 제조업종별 출하액 비율을 나타낸 것이다. 이를 보고 괄호 안의 내용 중 알맞은 말을 고르시오.

(1) (가)는 (1차 금속 / 비금속 광물제품) 제조업의 출하액 비율이 가장 높게 나타나므로 (당진 / 단양)이다.

(2) (나)는 (1차 금속 / 기타 기계 및 장비) 제조업의 출하액 비율이 가장 높게 나타나므로 (당진 / 천안)이다.

(3) (다)는 전자 부품, 컴퓨터, 영상, 음향 및 통신 장비 제조업과 (1차 금속 / 자동차 및 트레일러) 제조업의 출하액 비율이 높게 나타나므로 (서산 / 아산)이다.

(4) (라)는 (기타 기계 및 장비 / 전자 부품, 컴퓨터, 영상, 음향 및 통신 장비) 제조업의 출하액 비율이 가장 높게 나타나므로 (당진 / 천안)이다.

(5) (마)는 화학 물질 및 화학제품 제조업과 코크스, 연탄 및 석유 정제품 제조업의 출하액 비율이 높게 나타나므로 (서산 / 아산)이다.

(6) 제시된 다섯 지역 중에서 전체 제조업 출하액이 가장 많은 지역은 (단양 / 당진 / 서산 / 아산 / 천안)이다.

HOW & WHY 정답 **Q1** (1) 비금속 광물제품, 단양 (2) 1차 금속, 당진 (3) 자동차 및 트레일러, 아산 (4) 기타 기계 및 장비, 천안 (5) 서산 (6) 아산

기출+예상 문제로 주제 정복하기

주제 1 수도권의 특성

족집게 전략 | 서울·인천·경기의 산업 구조, 인구 구조, 통근·통학 및 전출입 패턴과 관련된 자료를 토대로 해당 시·도가 어디인지 파악하는 문항이 주로 출제된다. 따라서 수도권 세 시·도의 특징을 산업구조와 인구 이동을 중심으로 학습하고, 그 밖의 주요 시·군은 지도에서의 위치를 함께 알아 두자.

339 대표 문항 | 평가원 기출 |

그래프의 (가)~(다)에 해당하는 지역을 그림의 A~C에서 고른 것은? (단, (가)~(다)는 경기, 서울, 인천 중 하나임.)

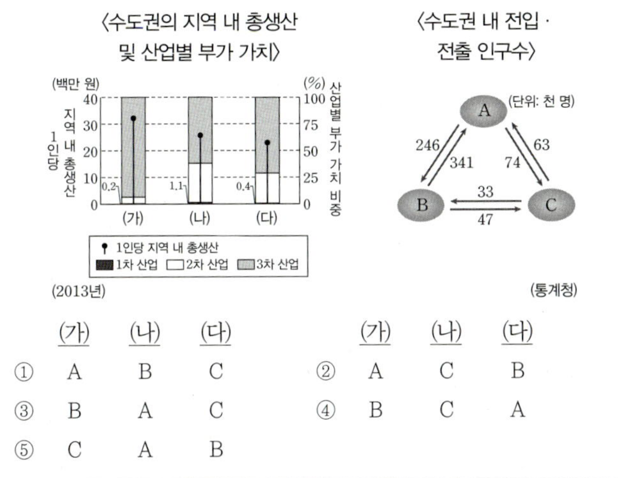

	(가)	(나)	(다)		(가)	(나)	(다)
①	A	B	C	②	A	C	B
③	B	A	C	④	B	C	A
⑤	C	A	B				

🖊 **한줄 Tip** 지역 내 총생산이 가장 많은 지역(경기)과 적은 지역(인천), 3차 산업 비율이 가장 높은 지역(서울)을 중심으로 추론해 보자.

340 | 평가원 기출 |

그래프에 대한 옳은 분석만을 〈보기〉에서 고른 것은?

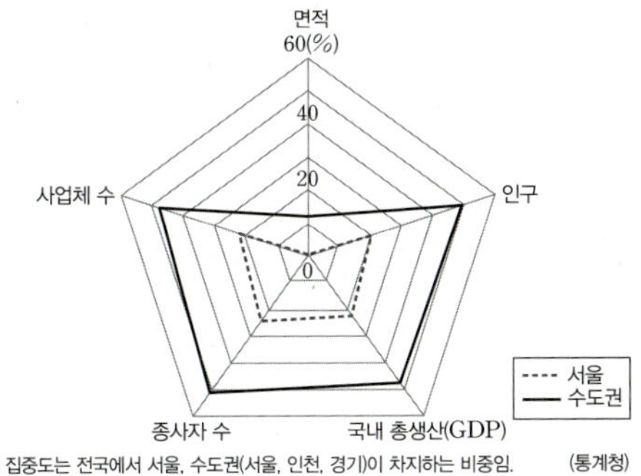

> **보기**
> ㄱ. 사업체당 종사자 수는 비수도권이 수도권보다 많다.
> ㄴ. 인구 천 명당 사업체 수는 인천·경기가 서울보다 많다.
> ㄷ. 단위 면적당 종사자 수는 인천·경기가 비수도권보다 많다.
> ㄹ. 인구 1인당 지역 내 총생산은 서울이 인천·경기보다 많다.

① ㄱ, ㄴ ② ㄱ, ㄷ ③ ㄴ, ㄷ ④ ㄴ, ㄹ ⑤ ㄷ, ㄹ

341

그래프의 (가)~(다) 지역에 대한 설명으로 옳은 것은? (단, (가)~(다)는 경기, 서울, 인천 중 하나임.)

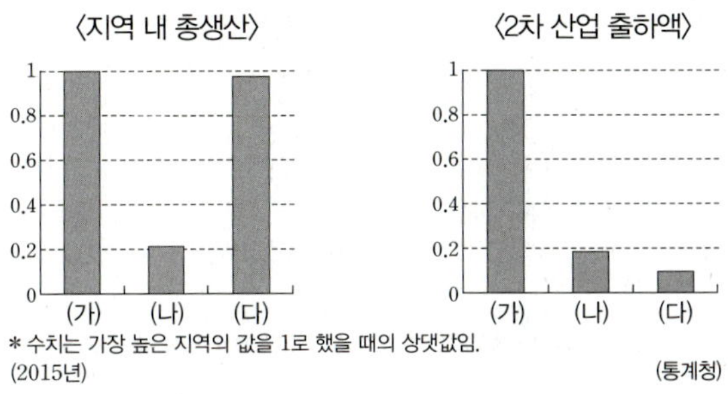

① (가)는 (나)보다 정보 통신 기술 산업의 제조업 생산액이 적다.
② (나)는 (다)보다 3차 산업 취업자 수 비율이 높다.
③ (다)는 (가)보다 주간 인구 지수가 높다.
④ 총인구는 (다)>(가)>(나) 순으로 많다.
⑤ (가)~(다) 중에서 백화점 사업체 수는 (나)가 가장 많다.

342 고난도↑

그래프에 대한 설명으로 옳은 것은? (단, (가)~(다), A~C는 각각 경기, 서울, 인천 중 하나임.)

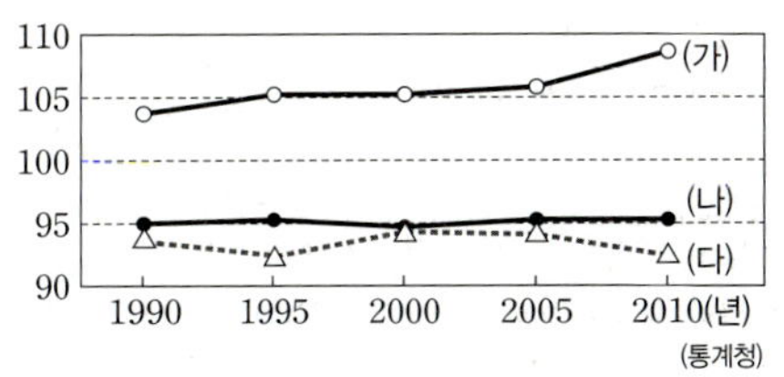

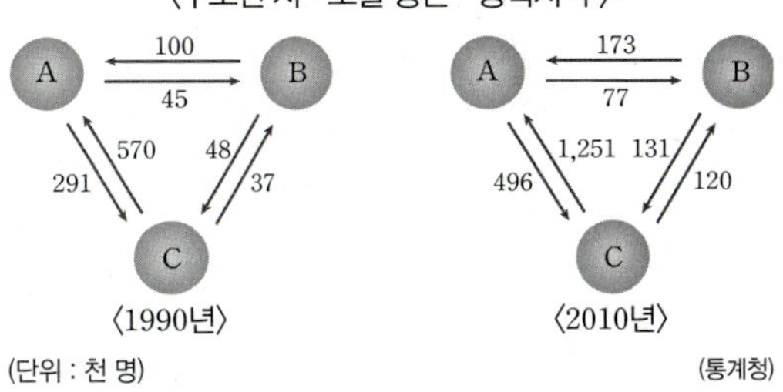

① (가)는 (나)보다 출근 시간대 통근·통학 순유입 인구가 적다.
② (나)는 (다)보다 통근·통학 인구가 많다.
③ C는 상주인구보다 주간 인구가 많다.
④ A는 B보다 주간 인구 지수가 높다.
⑤ (가)와 C, (나)와 B, (다)와 A는 서로 동일한 지역이다.

343

| 평가원 기출 |

다음 자료는 체험 학습 후 사회 관계망 서비스(SNS)에 올린 게시물이다. (가) 지역을 지도의 A~E에서 고른 것은?

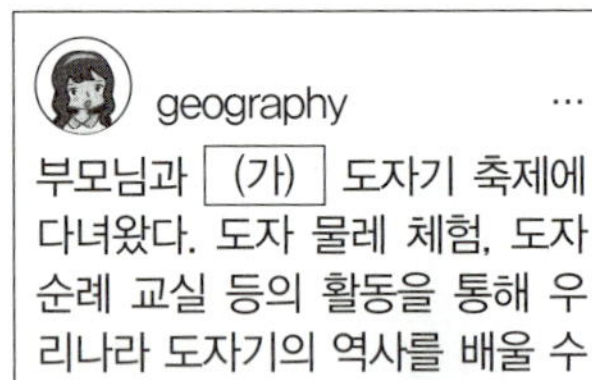

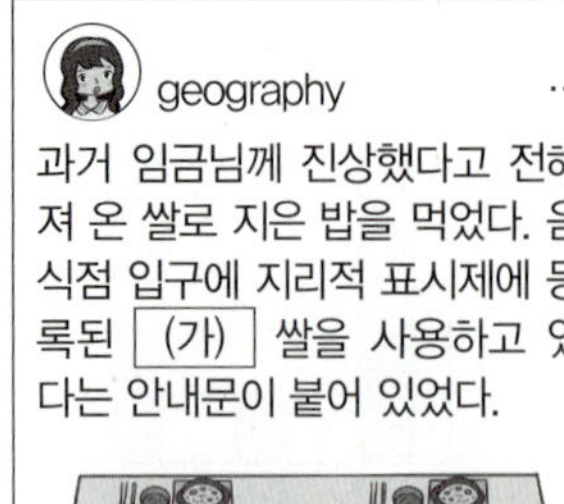

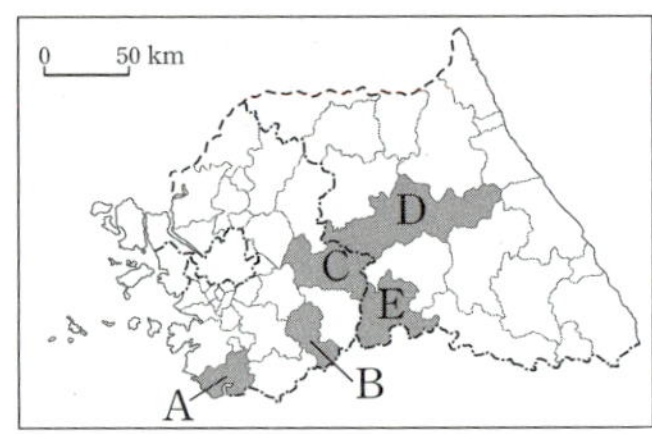

① A
② B
③ C
④ D
⑤ E

344

(가)~(다) 지역을 지도의 A~D에서 고른 것은?

(가) 남한과 북한을 연결하는 교통 요충지로서의 역할이 기대되고, 최근 신도시 개발이 이루어지고 있다.
(나) 수도권의 중심 항구 도시로 물류 기능이 발달해 있으며, 경제 자유구역으로 지정된 곳이 있다.
(다) 경기도의 도청 소재지이며 조선 시대에는 조선의 관문 역할을 하기도 하였다. 세계유산으로 지정된 화성이 유명하다.

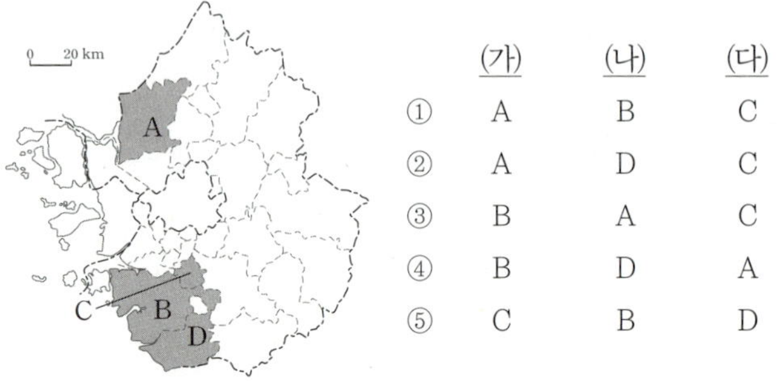

	(가)	(나)	(다)
①	A	B	C
②	A	D	C
③	B	A	C
④	B	D	A
⑤	C	B	D

345

그래프는 지도에 표시된 세 지역의 인구 변화를 나타낸 것이다. (가)~(다) 지역에 대한 옳은 설명만을 〈보기〉에서 있는 대로 고른 것은?

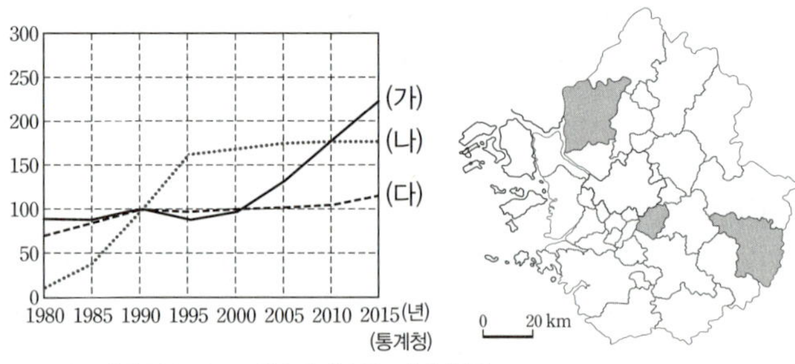

* 1990년 인구를 100으로 했을 때 해당 연도의 상대값임.
** 각 해당 연도의 행정 구역(시, 군, 출장소)을 기준으로 함.

〈보기〉
ㄱ. (가)에는 수도권 2기 신도시가 건설되어 있다.
ㄴ. (다)에서는 매년 도자기 축제가 개최된다.
ㄷ. (나)는 (다)보다 서울로의 통근율이 높다.
ㄹ. 2015년에 총인구는 (가)>(나)>(다) 순으로 많다.

① ㄱ, ㄷ   ② ㄱ, ㄹ   ③ ㄴ, ㄹ
④ ㄱ, ㄴ, ㄷ   ⑤ ㄴ, ㄷ, ㄹ

346

그래프는 지도에 표시된 세 지역의 상대적 특징을 나타낸 것이다. (가)~(다) 지역에 대한 설명으로 옳은 것은?

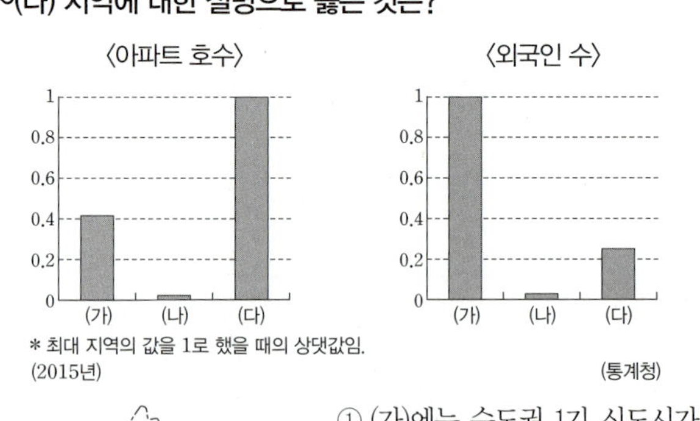

* 최대 지역의 값을 1로 했을 때의 상댓값임.
(2015년)
(통계청)

① (가)에는 수도권 1기 신도시가 위치한다.
② (가)는 (나)보다 제조업 출하액이 많다.
③ (나)는 (다)보다 중위 연령이 낮다.
④ (다)는 (가)보다 주간 인구 지수가 높다.
⑤ (가)~(다) 중에서 인구 밀도는 (나)가 가장 높다.

 강원 지방의 특성

족집게 전략 | 강원도의 시·군별 지표를 토대로 해당 지표 또는 해당 지역을 추론하는 문항이 자주 출제된다. 따라서 강원도의 주요 지역인 원주, 춘천, 평창, 태백 등을 중심으로 지역의 특징과 지도에서의 위치를 함께 알아 두자.

347 대표 문항

| 평가원 기출 |

그래프는 강원도 (가)~(다) 산업 종사자 수의 시·군별 비중을 순위별로 나타낸 것이다. 이에 해당하는 산업으로 옳은 것은?

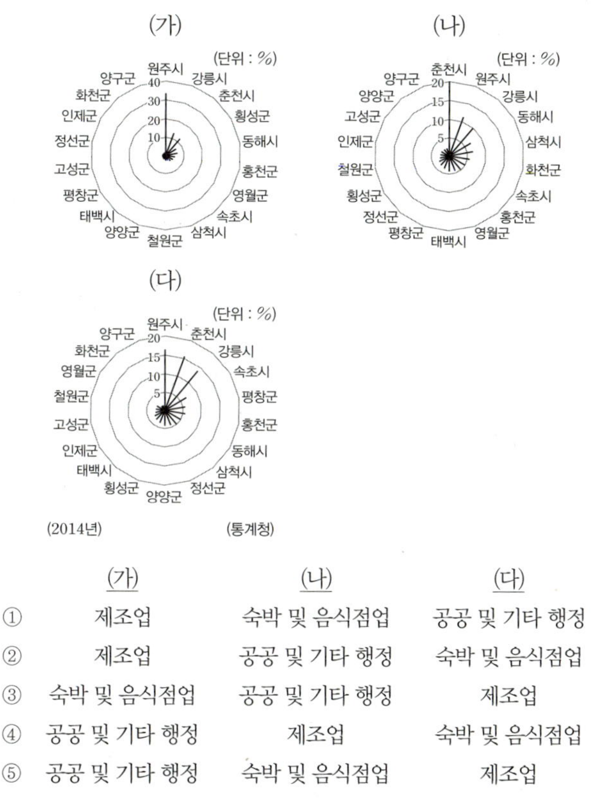

(2014년) (통계청)

	(가)	(나)	(다)
①	제조업	숙박 및 음식점업	공공 및 기타 행정
②	제조업	공공 및 기타 행정	숙박 및 음식점업
③	숙박 및 음식점업	공공 및 기타 행정	제조업
④	공공 및 기타 행정	제조업	숙박 및 음식점업
⑤	공공 및 기타 행정	숙박 및 음식점업	제조업

✏️ **한줄 Tip** 지표마다 비중이 높게 나타나는 상위 지역에 별도로 표시해 두면 자료를 해석할 때 가독성을 높일 수 있어.

348

지도의 A~E 지역 특성을 활용한 탐구 주제로 가장 적절한 것은?

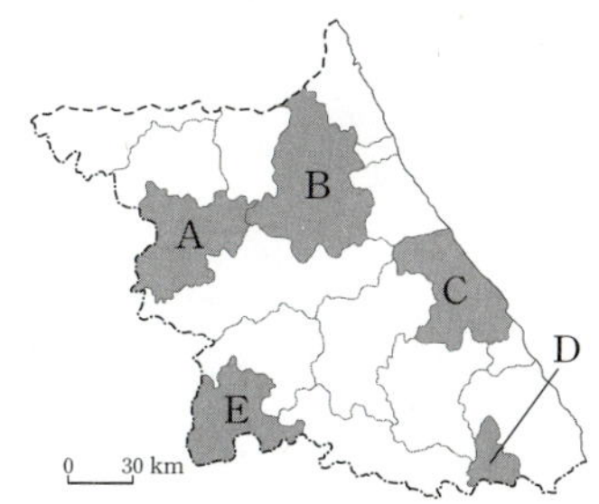

① A : 천연기념물로 지정된 석회동굴을 활용한 지역 홍보 방안

② B : 석탄 산업 쇠퇴 후 폐광의 관광 자원화 현황

③ C : 조력 발전소 건설 이후 해양 생태계의 변화

④ D : 국토 정중앙 테마 공원 조성을 통한 관광객 유치 방안

⑤ E : 기업 도시 조성 현황과 첨단 의료 복합 도시로의 성장 방안

349

(가), (나)와 같은 기후 특징이 나타나는 지역을 지도의 A~C에서 고른 것은?

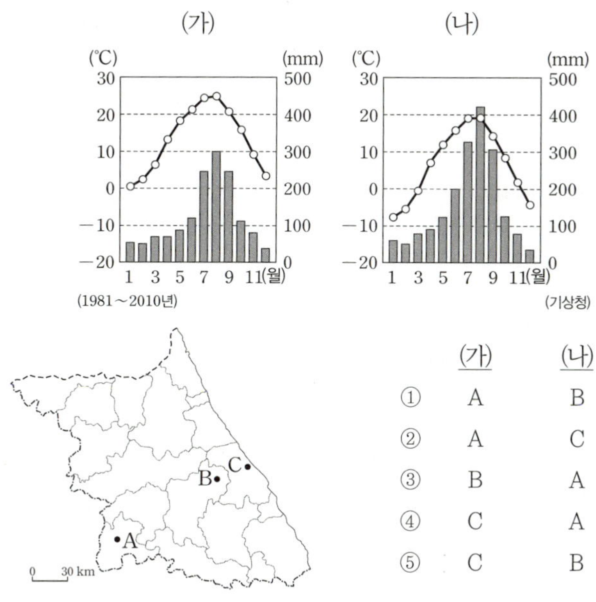

	(가)	(나)
①	A	B
②	A	C
③	B	A
④	C	A
⑤	C	B

350

다음 자료의 (가) 지역을 지도의 A~E에서 고른 것은?

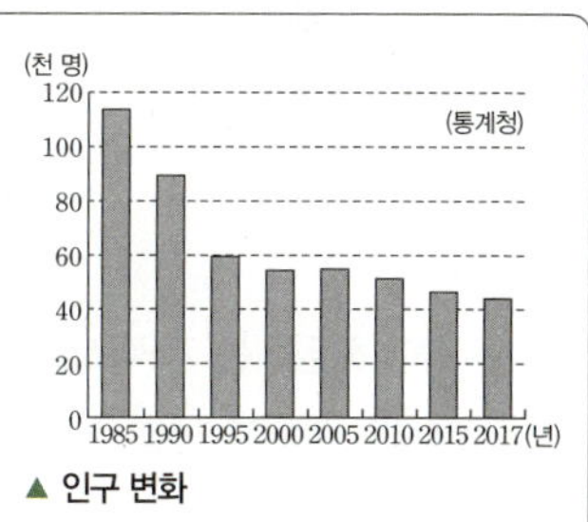

(가) 은/는 과거 우리나라 제1의 광업 도시였으나 가정용 연료의 변화, 1980년대 후반부터 시작된 석탄 산업 합리화 정책의 영향으로 광산 대부분이 문을 닫게 되었다. 석탄 산업이 쇠퇴하면서 지역의 인구는 급격하게 감소하였으며 지역 경제가 침체되었다. 최근 (가) 은/는 폐광 시설을 재활용하여 석탄 박물관을 건립하는 등 관광 산업을 육성하여 지역 경제를 재활성화하기 위해 노력하고 있다.

▲ 인구 변화

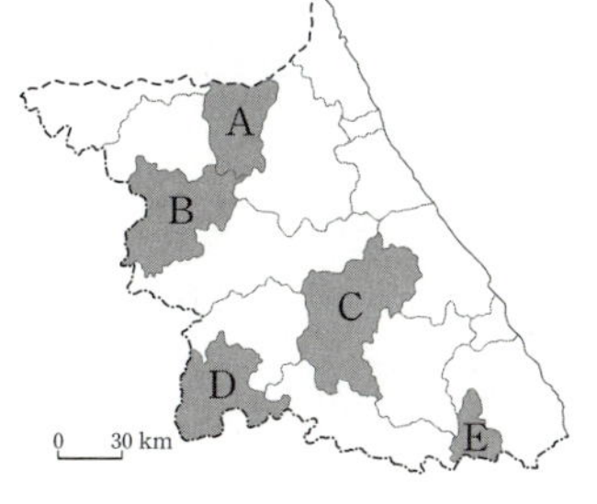

① A
② B
③ C
④ D
⑤ E

주제 3　충청 지방의 특성

족집게 전략 | 충청 지방은 최근 수도권으로부터의 기능 이전으로 급성장하고 있다. 이에 시·도 간 인구 이동, 시·군별 제조업 특성, 주요 도시의 특징을 묻는 문항들이 주로 출제된다. 따라서 이러한 측면을 고려해 주요 지역의 특징을 정리해 두어야 한다.

351 ◀ 대표 문항

| 평가원 기출 |

다음 자료에 대한 옳은 설명만을 〈보기〉에서 고른 것은? (단, (가)~(다)는 대전, 세종, 충북·충남 중 하나임.)

〈연령별 인구 비중〉

(단위 : %)

지역 \ 연령	(가)	(나)	(다)
15세 미만	19.8	14.3	14.6
15~64세	69.7	70.1	74.6
65세 이상	10.5	15.6	10.8

(2015년)

〈산업별 종사자 비중〉

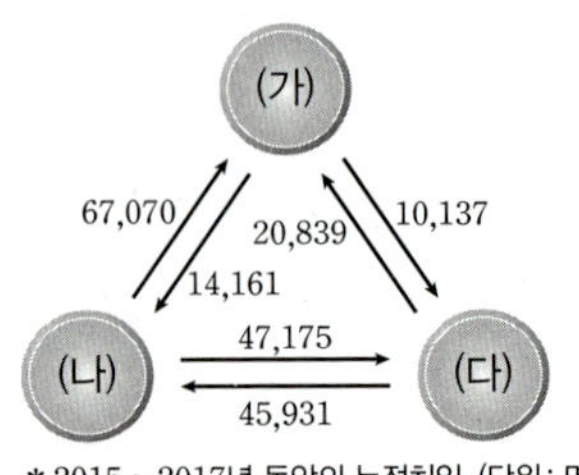

* 그래프의 값은 해당 지역의 전체 종사자에서 산업별 종사자가 차지하는 비중임.

(통계청)

〈보기〉
ㄱ. (가)는 충북·충남, (나)는 세종이다.
ㄴ. 대전은 세종보다 유소년 부양비가 낮다.
ㄷ. 세종은 충북·충남보다 노령화 지수가 낮다.
ㄹ. 충북·충남은 대전보다 제조업 종사자 비중이 낮다.

① ㄱ, ㄴ　② ㄱ, ㄷ　③ ㄴ, ㄷ　④ ㄴ, ㄹ　⑤ ㄷ, ㄹ

✎ **한줄 Tip**　최근 건설된 행정 중심 복합 도시인 세종특별자치시는 특징이 뚜렷하게 나타나므로 세종을 중심으로 자료를 분석하면 쉬워.

352

| 평가원 기출 |

(가)~(다)에 해당하는 지역으로 옳은 것은?

〈전입·전출 인구수〉

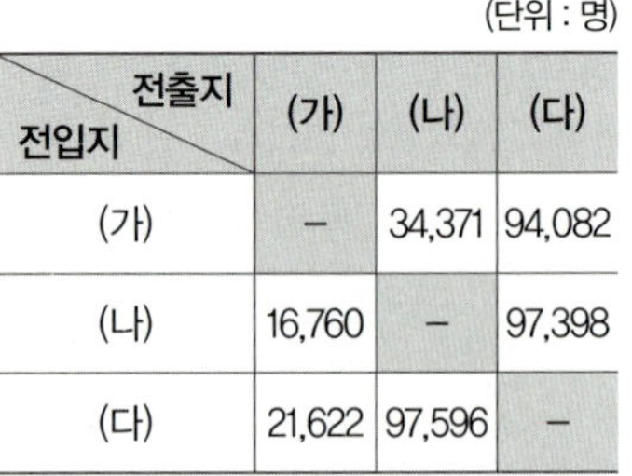

* 2015~2017년 동안의 누적치임. (단위: 명)
(2017년)

〈인구 부양비〉

(통계청)

	(가)	(나)	(다)			(가)	(나)	(다)
①	대전	세종	충남		②	대전	충남	세종
③	세종	대전	충남		④	세종	충남	대전
⑤	충남	대전	세종					

353 고난도 ↗

그래프에 대한 설명으로 옳은 것은? (단, (가)~(다), A~C는 각각 대전, 세종, 충남 중 하나임.)

〈(가)~(다) 간의 전·출입 인구〉

(단위 : 명)

전입지 \ 전출지	(가)	(나)	(다)
(가)	–	34,371	94,082
(나)	16,760	–	97,398
(다)	21,622	97,596	–

* 2012~2017년의 누적치임.　(통계청)

〈A~C의 연령층별 인구 비율〉

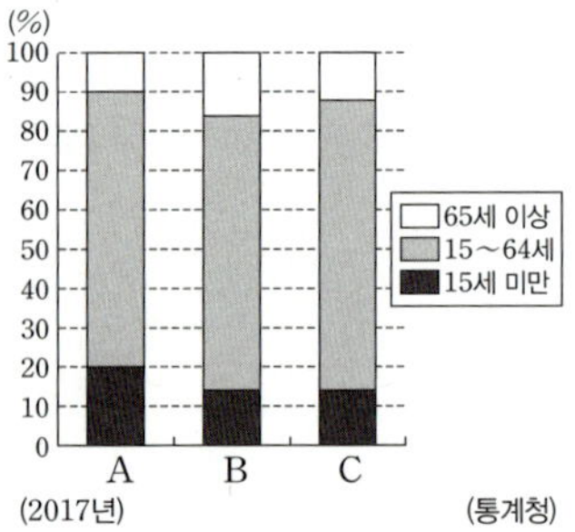

(2017년)　(통계청)

① (가)는 (나)보다 유소년층 인구 비율이 낮다.
② (나)는 (다)보다 3차 산업 취업자 수 비율이 높다.
③ A는 B보다 제조업 출하액이 많다.
④ C는 A와의 인구 이동에서 인구 순유입을 기록하였다.
⑤ (가)와 A, (나)와 B, (다)와 C는 서로 동일한 지역이다.

354

그래프는 지도에 표시된 두 지역의 연령층별 인구 비율을 나타낸 것이다. (가), (나) 지역에 대한 옳은 설명만을 〈보기〉에서 고른 것은?

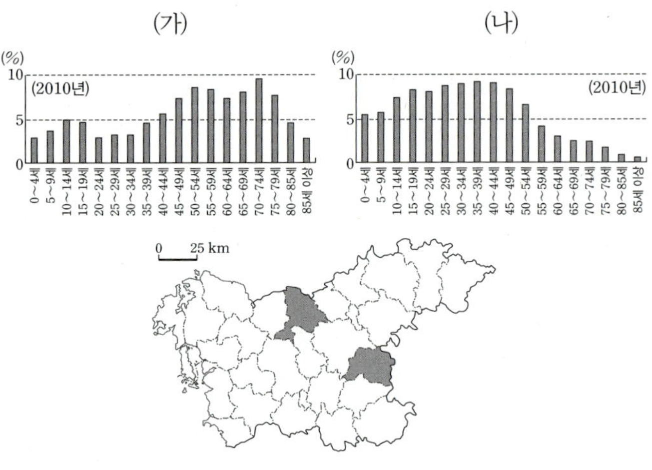

〈보기〉
ㄱ. (가)는 (나)보다 인구 밀도가 높다.
ㄴ. (가)는 (나)보다 중위 연령이 높다.
ㄷ. (나)는 (가)보다 수도권 접근성이 낮다.
ㄹ. (나)는 (가)보다 최근 10년간 인구 증가율이 높다.

① ㄱ, ㄴ　② ㄱ, ㄷ　③ ㄴ, ㄷ　④ ㄴ, ㄹ　⑤ ㄷ, ㄹ

355

| 평가원 기출 |

다음 자료의 (가)~(다)에 해당하는 지역을 지도의 A~C에서 고른 것은?

<충청 지방 답사 계획서>
• 일정 : 2016. 12. 5.~12. 7.
• 답사 주제 및 지역

답사 주제	지역
새로운 도청 입지에 따른 지역 경제 변화	(가)
혁신 도시 지정 후 토지 이용 변화	(나)
원료 산지에 입지한 시멘트 공장 주변의 자연환경 변화	(다)

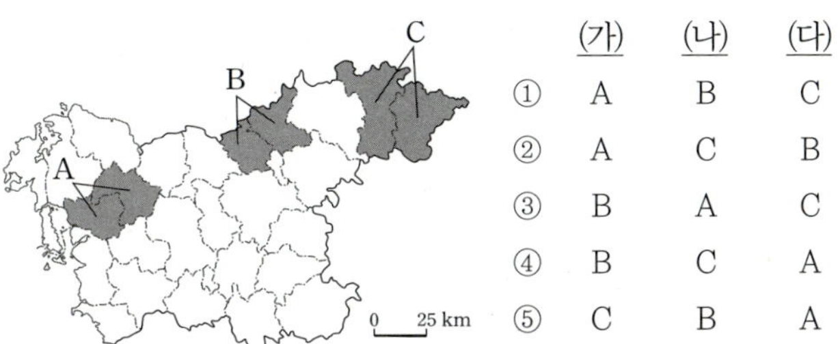

	(가)	(나)	(다)
①	A	B	C
②	A	C	B
③	B	A	C
④	B	C	A
⑤	C	B	A

356

지도의 A~E 지역을 대상으로 하는 지리 조사 주제로 적절하지 <u>않은</u> 것은?

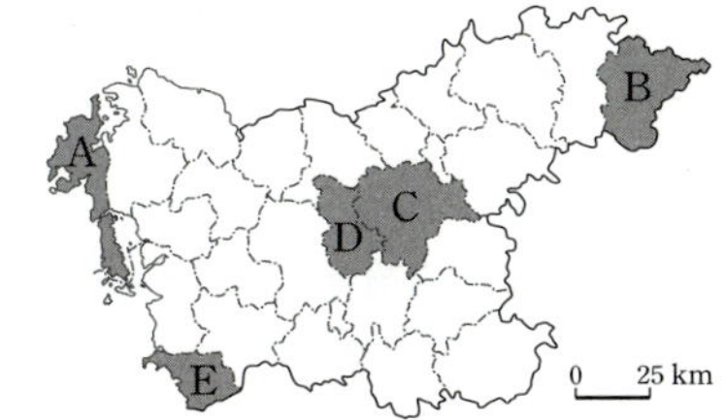

① A – 천연기념물로 지정된 해안 사구의 형성 과정 연구
② B – 조선 누층군의 분포와 시멘트 공업 입지의 상관 관계
③ C – 도청 소재지 주변의 행정 서비스 업체 분포 특징
④ D – 행정 중심 복합 도시 건설 이후의 인구 구조 변화
⑤ E – 기업 도시 건설로 인한 토지 이용 변화

[357~358] 다음 자료는 충청권 세 지역의 제조업종별 출하액 비율을 나타낸 것이다. 이를 보고 물음에 답하시오.

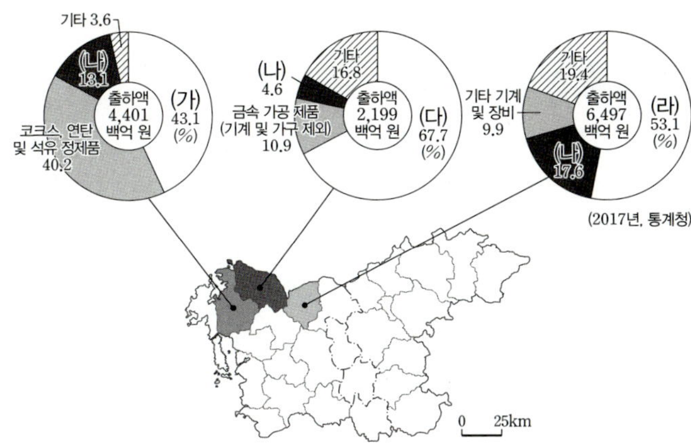

357

(가)~(라) 제조업으로 옳은 것은?

	(가)	(나)	(다)	(라)
①	1차 금속	전자 부품	자동차	화학
②	자동차	화학	1차 금속	전자 부품
③	자동차	화학	전자 부품	1차 금속
④	화학	자동차	1차 금속	전자 부품
⑤	화학	자동차	전자 부품	1차 금속

358

위 자료의 (가)~(라) 제조업에 대한 옳은 설명만을 〈보기〉에서 고른 것은?

〈보기〉
ㄱ. (가)는 (나)보다 사업체당 종사자 수가 적다.
ㄴ. (나)는 (다)보다 최종 제품에 들어가는 부품의 수가 적다.
ㄷ. (다)는 (라)보다 최종 제품의 무게가 무겁고 부피가 크다.
ㄹ. (라)는 (가)보다 총 생산비에서 원료비가 차지하는 비율이 높다.

① ㄱ, ㄴ   ② ㄱ, ㄷ   ③ ㄴ, ㄷ   ④ ㄴ, ㄹ   ⑤ ㄷ, ㄹ

17강 호남 지방, 영남 지방, 제주도

주제 1 호남 지방의 특성

1. 지역 특성

공간 범위	• 광주광역시 • 전라북도, 전라남도
지역 특성	• 동부의 산지, 서남부의 평야 및 도서 지역으로 구성 • 넓은 평야에서 농업, 서·남해안에서 어업이 발달 • 음식, 판소리, 민속놀이 등 다양한 문화 발달 • 우리나라 최대의 곡창 지대(호남평야, 나주평야 등) • 대규모 농지 개간 및 간척 사업 실시 예 부화군 계화도, 영산강 하구, 해남, 고흥, 새만금 일대 등

→ 경지 확대로 인한 쌀 자급률 증대, 일부 간척지에 산업 단지를 조성하여 경제 발전에 기여하였다.

2. 산업 구조의 변화와 혁신 도시

1차 산업		온화한 기후와 비옥한 평야를 바탕으로 농업 발달, 긴 해안선과 넓은 갯벌을 끼고 있어 어업 발달
제조업	1970년대	여수(석유 화학 단지), 익산(수출 자유 지역)을 중심으로 제조업 발달
	1980년대	광양(광양 제철소)을 중심으로 제철 공업 등 중화학 공업 발달
	1990년대 이후	• 중국과 교역에 유리한 지리적 조건 → 군산 국가 산업 단지, 대불 산업 단지 조성 • 광주(光) 산업, 자동차 산업, 전주(첨단 부품 소재 산업)를 중심으로 산업 구조 고도화 추진
경제 자유 구역		광양만권 경제 자유 구역 → 동북아 물류 중심지 지향
관광 산업	축제	대사습놀이와 세계 소리 축제(전주), 춘향제(남원), 지평선 축제(김제), 다향제(보성), 장류 축제(순창) 등
	슬로 시티	신안군 증도, 완도군 청산도, 전주시, 담양군 창평면
혁신 도시		전주·완주(농·생명 클러스터 구축), 나주(녹색 전력 연구 개발 기반 조성)

→ 영상·음성 등의 전기 신호를 빛의 신호로 바꾸어 보내는 광학 기술을 중심으로 한 산업

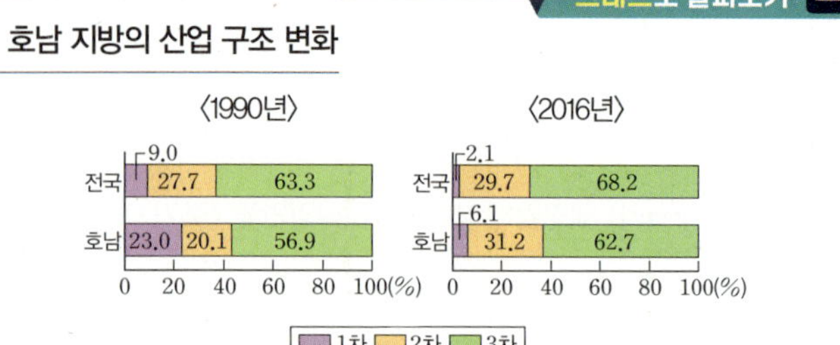

그래프로 살펴보기

호남 지방의 산업 구조 변화

〈1990년〉
- 전국: 9.0 / 27.7 / 63.3
- 호남: 23.0 / 20.1 / 56.9

〈2016년〉
- 전국: 2.1 / 29.7 / 68.2
- 호남: 6.1 / 31.2 / 62.7

(단위: 0 20 40 60 80 100(%))

1차 / 2차 / 3차

* 산업별 부가 가치 기준임. (통계청)

호남 지방은 넓고 비옥한 평야, 서·남해안의 긴 해안선 및 넓은 갯벌을 바탕으로 1990년까지만 해도 1차 산업의 부가 가치 비율이 전국 평균보다 높은 편이었다. 2016년에도 전국보다 1차 산업의 부가 가치 비율이 다소 높지만, 1990년에 비해 1차 산업의 부가 가치 비율은 크게 감소한 반면 2차 산업과 3차 산업의 부가 가치 비율이 크게 증가하였다. 이는 호남 지방에서 제조업 및 서비스업이 성장하면서 산업 구조가 고도화되었음을 의미한다.

주제 2 영남 지방의 특성

1. 지역 특성

공간 범위	• 부산광역시, 대구광역시, 울산광역시 • 경상북도, 경상남도
지역 특성	• 태백산맥과 소백산맥으로 둘러싸여 있음 • 낙동강 유역에 평야와 분지가 분포 • 조차가 작고 수심이 깊은 해안이 있어 항만 발달 → 대형 선박의 입항과 출항이 용이 • 우리나라의 산업화를 이끈 주요 공업 지역 위치 → 남동 임해 공업 지역, 영남 내륙 공업 지역

2. 산업 구조의 변화

1차 산업			과수 농업(북부 내륙 지역), 시설 원예 농업(낙동강 하구 삼각주, 대도시 근교) 발달
제조업	1960년대		부산, 대구를 중심으로 신발·섬유 공업 등 노동 집약적 경공업 발달
	1970년대 이후	영남 내륙	• 풍부한 노동력과 편리한 교통을 바탕으로 성장 • 주요 도시 : 대구(자동차, 섬유), 구미(전자) 등
		남동 임해	• 원료 수입과 제품 수출에 유리한 조건, 정부의 중화학 공업 육성 정책으로 최대의 중화학 공업 지역으로 성장 • 주요 도시 : 울산(석유 화학, 자동차, 조선), 거제(조선), 포항(제철), 창원(기계) 등

→ 중화학 공업을 중심으로 급격히 성장하였다.

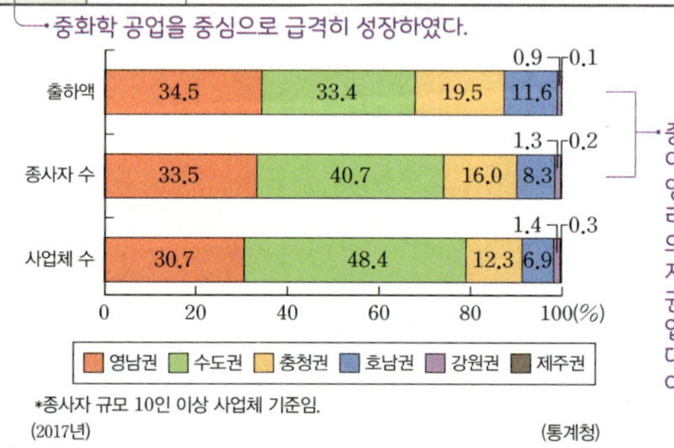

→ 중화학 공업이 잘 발달한 영남권은 우리나라 최대의 종합 공업 지역인 수도권보다 제조업 종사자 수 대비 출하액이 많다.

▲ 권역별 제조업 비율

3. 인구 분포 : 전통적 대도시(부산, 대구)와 공업 도시(울산, 창원, 포항, 구미 등)에 인구가 많음

4. 도시 특성

(1) **대도시의 교외화** : 1990년대 이후 부산, 대구의 인구와 기능이 주변으로 분산 → 부산에 인접한 김해와 양산, 대구에 인접한 경산의 인구 성장

(2) **역사 문화 도시**

안동	• 경상북도 도청의 이전으로 행정 기능 강화 • 세계 문화유산으로 등재된 하회 마을이 있음 • 문화유산을 중심으로 관광 산업 육성
경주	세계 문화유산으로 등재된 문화재와 사적이 많음 예 석굴암, 불국사, 경주 역사 지구, 양동 마을 등

1. 자연 환경

(1) 기후

① 남부 지방에 위치하여 연평균 기온이 높고, 섬 지역이므로 해양성 기후가 나타남 → 기온의 연교차가 작음

② 저지대에서 고지대로 갈수록 난대림~고산 식물까지 식생의 수직적 분포가 뚜렷하게 나타남 └위도가 낮고 한라산의 해발 고도가 높기 때문이다.

(2) 지형

① 신생대의 화산 활동으로 형성 → 기생 화산, 용암동굴, 주상 절리, 폭포 등 다양한 화산 지형 분포

② 현무암 풍화토의 영향으로 배수가 양호함, 지하에 절리와 동굴이 많아 하천 발달 미약 → 경지의 대부분이 밭이며, 논농사에 불리해 쌀 생산량이 매우 적음 └대부분 비가 올 때만 물이 흐르는 건천이다.

③ 독특하고 아름다운 자연환경을 바탕으로 유네스코 생물권 보전 지역(2002년), 세계 자연 유산(2007년), 세계 지질 공원(2010년)으로 등재 → 독특한 자연 환경을 활용한 관광 산업 발달, 겸업농가의 비중이 높음

지도로 살펴보기

제주도의 세계 유산

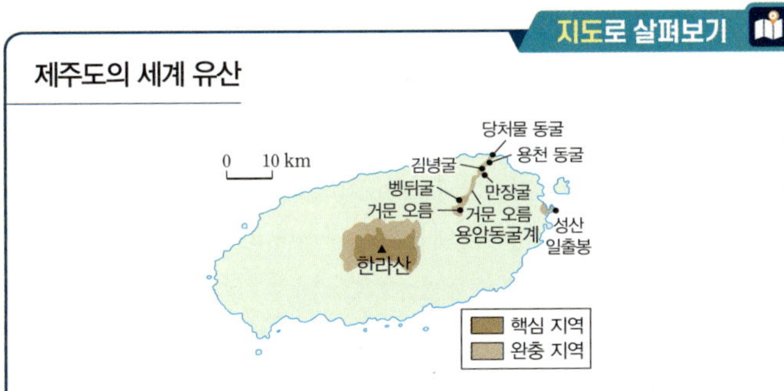

한라산과 거문 오름 용암동굴계, 성산 일출봉은 아름다운 경관과 독특한 화산 지형 및 생태계를 인정받아 우리나라 최초로 세계 유산 중 자연 유산에 등재 되었으며, 이를 보기 위해 많은 관광객들이 국내와 해외에서 찾아오고 있다.

2. 인문 환경

(1) 문화

① 전통 취락은 해안가의 용천대를 중심으로 입지 ← 물을 얻기 쉽기 때문

② 전통 가옥에서는 현무암 돌담, 그물 모양으로 엮은 지붕을 볼 수 있음 ← 강한 바람에 대비

③ 잡곡과 해산물을 이용한 음식 문화 발달

(2) 산업

① 1차 산업과 3차 산업(관광 산업 위주) 중심으로 발달

② 제조업 발달이 미약하여 2차 산업의 비율이 낮음

3. 제주도의 발전을 위한 노력

(1) 국제 자유 도시와 제주특별자치도 지정

① 규제 완화와 조세 혜택 제공

② 광범위한 분야에 대한 자치권 확보

(2) 유입 인구의 증가 : 투자 활성화와 쾌적한 자연환경의 영향으로 많은 인구가 유입됨

빈칸에 알맞은 말을 쓰시오.

01 그래프는 호남 지방의 산업 구조 변화를 나타낸 것이다. (가)~(다)에 해당하는 산업은? (단, (가)~(다)는 1차, 2차, 3차 산업 중 하나임.)

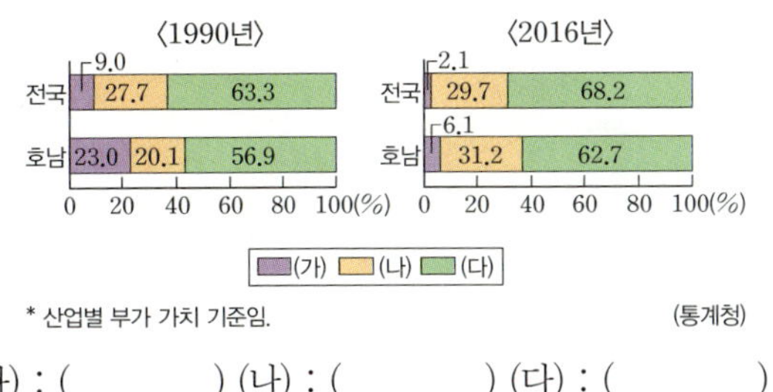

* 산업별 부가 가치 기준임.　　　　　(통계청)

(가) : (　　　　) (나) : (　　　　) (다) : (　　　　)

02 그래프는 권역별 제조업 비율을 나타낸 것이다. (가)~(다)에 해당하는 권역은? (단, (가)~(다)는 영남권, 호남권, 제주권 중 하나임.)

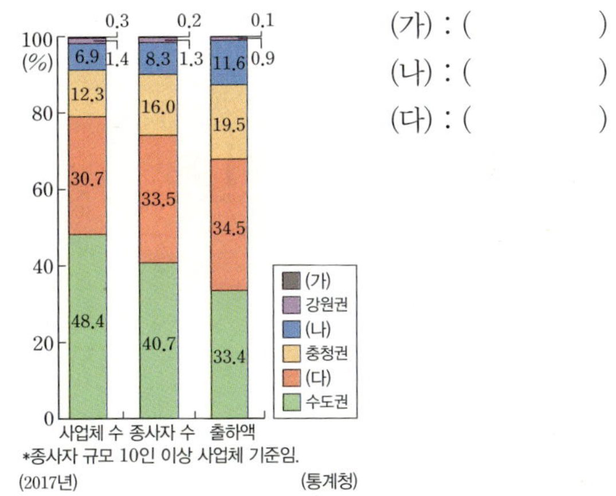

*종사자 규모 10인 이상 사업체 기준임.
(2017년)　　　　　(통계청)

(가) : (　　　　)

(나) : (　　　　)

(다) : (　　　　)

다음의 설명이 맞으면 '○', 틀리면 '✕'에 표시하시오.

03 호남 지방은 제주도보다 총 경지 면적에서 논 면적이 차지하는 비율이 높다.　○ ✕

04 남원은 춘향제, 김제는 지평선 축제, 보성은 다향제, 순창은 장류 축제가 유명하다.　○ ✕

05 함정 광주는 자동차 공업, 여수는 제철 공업, 광양은 석유 화학 공업이 잘 발달하였다.　○ ✕

06 영남 내륙 공업 지역은 우리나라 최대의 중화학 공업 지역이다.　○ ✕

07 함정 전주 한옥 마을, 안동 하회 마을, 경주 양동 마을은 모두 세계 문화유산에 등재되어 있다.　○ ✕

08 거제는 조선 공업, 포항은 제철 공업, 창원은 기계 공업이 발달하였다.　○ ✕

09 제주도는 신생대의 화산 활동으로 형성되었으며 세계 유산으로 등재된 지형이 있다.　○ ✕

10 함정 제주도는 제조업이 발달하여 2차 산업의 비율이 높은 편이다.　○ ✕

호남 지방과 영남 지방의 시·군별 공업 특징은 어떻게 다를까?

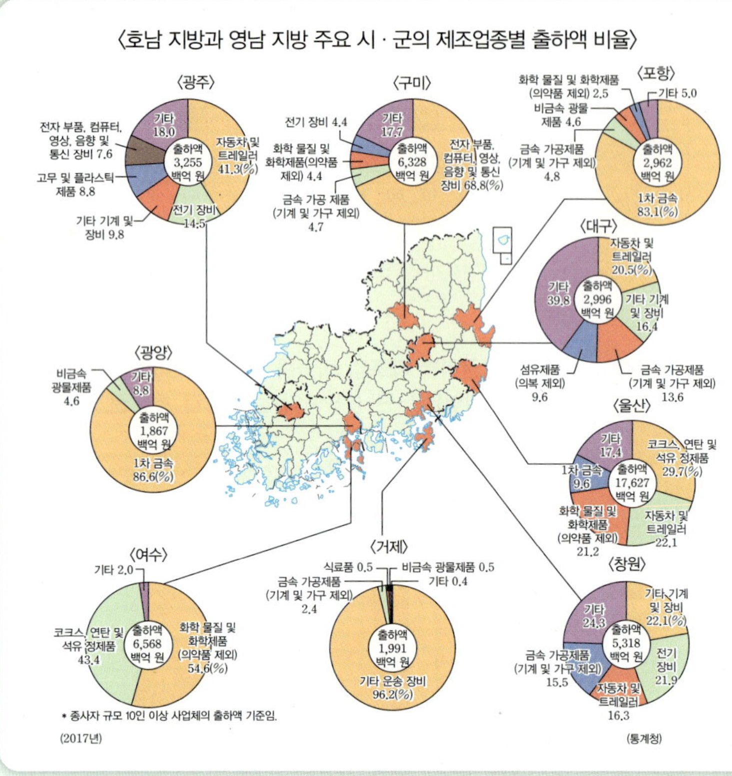

- **호남 지방에 속한 주요 시·군의 제조업종별 출하액 비율**을 보면 **광주**는 대규모 완성차 조립 공장이 입지해 자동차 및 트레일러 제조업 출하액 비율이 높다. **여수**는 대규모 석유 화학 공장이 위치해 화학 물질 및 화학제품 제조업과 코크스, 연탄 및 석유 정제품 제조업 출하액 비율이 대부분을 차지한다. **광양**은 대규모 제철소가 입지해 1차 금속 제조업의 출하액 비율이 가장 높다.
- **영남 지방에 속한 주요 시·군의 제조업종별 출하액 비율**을 보면 **대구**는 자동차 및 트레일러 제조업 출하액 비율이 가장 높고, 특히 상대적으로 다른 지역에 비해 섬유제품 제조업 출하액 비율이 높다. 우리나라의 대표적 공업 도시인 **울산**은 대규모 석유 화학 공장이 입지해 코크스, 연탄 및 석유 정제품 제조업과 화학 물질 및 화학제품 제조업 출하액 비율이 높다. 또한 완성차 조립 공장이 입지해 자동차 및 트레일러 제조업 출하액 비율이 높다. **포항**은 대규모 제철소가 입지해 광양과 같이 1차 금속 제조업 출하액 비율이 가장 높다. **구미**는 S 전자와 L 전자 생산 공장이 입지해 전자 부품, 컴퓨터, 영상, 음향 및 통신 장비 제조업 출하액 비율이 가장 높다. **창원**은 기계 공업이 발달하여 기타 기계 및 장비 제조업 출하액 비율이 높고, **거제**는 대규모 조선소가 입지해 조선업이 속한 기타 운송 장비 제조업 출하액 비율이 제조업 출하액의 대부분을 차지하고 있다.

Q1 그래프는 영·호남 지방 주요 지역의 제조업종별 출하액 비중을 나타낸 것이다. 이를 보고 괄호 안의 내용 중 알맞은 말을 고르시오.

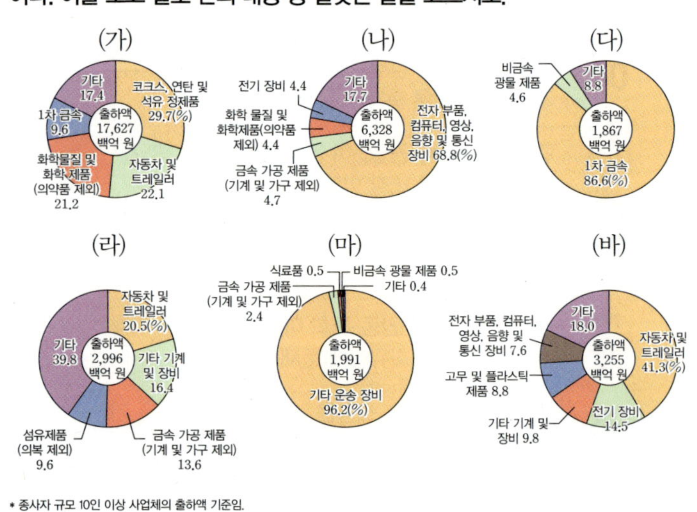

(1) (가)는 코크스, 연탄 및 석유 정제품 제조업과 (전자 부품, 컴퓨터, 영상, 음향 및 통신 장비 / 자동차 및 트레일러) 제조업의 출하액 비율이 높게 나타나므로 (울산 / 여수)이다.

(2) (나)는 (전자 부품, 컴퓨터, 영상, 음향 및 통신 장비 / 1차 금속) 제조업 출하액 비율이 가장 높게 나타나므로 (구미 / 포항)이다.

(3) (다)는 (자동차 및 트레일러 / 1차 금속) 제조업 출하액 비율이 가장 높으므로 (광양 / 광주)이다.

(4) (라)는 다른 지역보다 (섬유제품 / 기타 기계 및 장비) 제조업 출하액 비율이 높으므로 (구미 / 대구)이다.

(5) (마)는 (화학 물질 및 화학제품 / 기타 운송 장비) 제조업 출하액 비율이 대부분이므로 (울산 / 거제)이다.

(6) (바)는 (자동차 및 트레일러 / 화학 물질 및 화학제품) 제조업 출하액 비율이 가장 높으므로 (울산 / 광주)이다.

HOW & WHY 정답 **Q1** (1) 자동차 및 트레일러, 울산 (2) 전자 부품, 컴퓨터, 영상, 음향 및 통신 장비, 구미 (3) 1차 금속, 광양 (4) 섬유제품, 대구 (5) 기타 운송 장비, 거제 (6) 자동차 및 트레일러, 광주

• 정답 및 해설 070~072쪽

주제 1 호남 지방의 특성

족집게 전략 | 호남 지방은 제조업이 영남 지방만큼 발달하지는 않았지만 제조업이 발달한 지역의 특징을 묻는 문항이 자주 출제된다. 따라서 특정 제조업이 발달한 광주(자동차), 영암(조선), 여수(석유 화학), 광양(제철) 등의 특징과 위치를 함께 알아 두어야 한다.

359 대표 문항

| 평가원 기출 |

그래프는 호남 지방 3개 도시의 제조업 업종별 비중을 나타낸 것이다. A~C에 대한 설명으로 가장 적절한 것은?

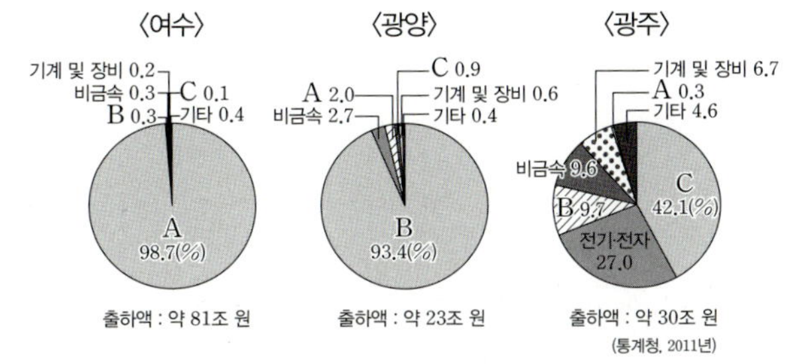

① A는 많은 부품을 필요로 하는 조립형 산업이다.

② B의 출하액은 광주가 광양보다 많다.

③ C는 1960~1970년대 수출 주력 산업이었다.

④ B의 완제품은 C의 원자재로 사용된다.

⑤ C는 A보다 원자재의 해외 의존도가 높다.

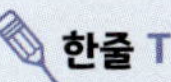 **한줄 Tip** 여수는 석유 화학, 광양은 1차 금속(제철), 광주는 자동차 공업이 발달해 있다는 점에 주목해서 자료를 해석하자.

360

그래프는 (가)~(다) 지역의 제조업종별 출하액 비율을 나타낸 것이다. (가)~(다) 지역을 지도의 A~D에서 고른 것은?

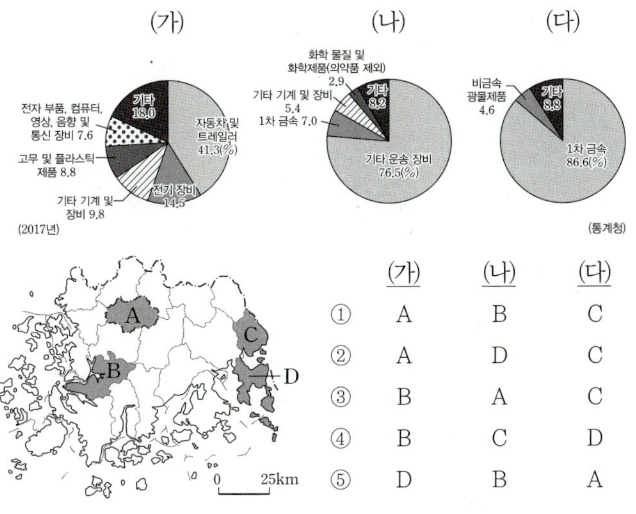

	(가)	(나)	(다)
①	A	B	C
②	A	D	C
③	B	A	C
④	B	C	D
⑤	D	B	A

361 고난도↑

그래프는 지도에 표시된 세 지역의 인구 특징을 나타낸 것이다. (가)~(다) 지역에 대한 설명으로 옳은 것은?

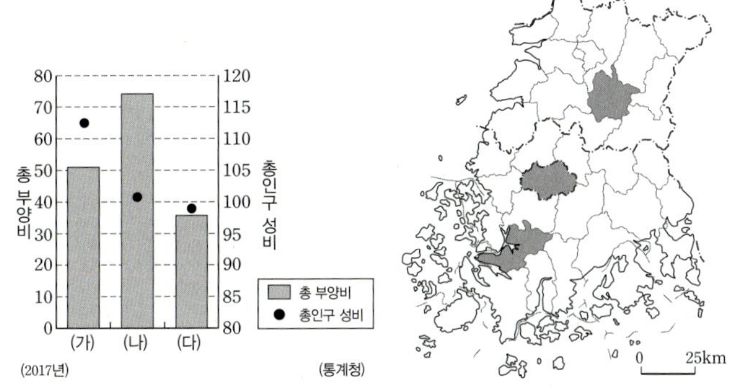

① (가)는 (나)보다 기타 운송 장비 제조업 출하액이 많다.

② (나)는 (다)보다 평균 해발 고도가 낮다.

③ (다)는 (가)보다 인구 밀도가 낮다.

④ 청장년층 인구 비율은 (나)>(가)>(다) 순으로 높다.

⑤ (가)는 광역시, (나)와 (다)는 군(郡)에 해당한다.

362

표는 지도에 표시된 세 지역의 용도별 면적을 나타낸 것이다. (가)~(다) 지역에 대한 설명으로 옳은 것은?

(단위 : 백만 ㎡)

용도\지역	논	대지	임야
(가)	86	59	188
(나)	218	19	116
(다)	47	7	609

(2017년) (통계청)

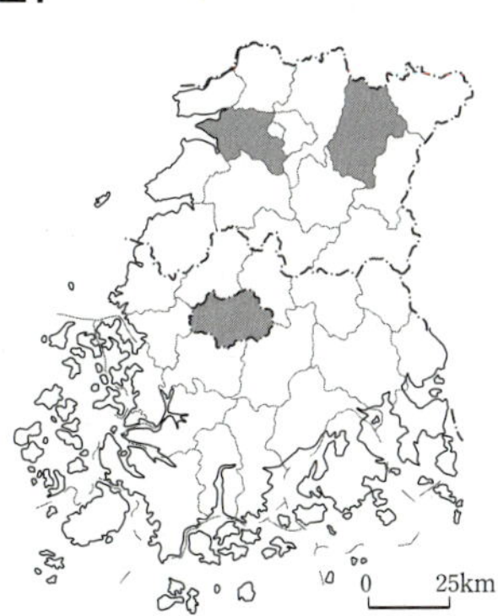

① (가)는 (나)보다 지역 내 1차 산업 취업자 수 비율이 높다.

② (나)는 (다)보다 경지 면적 중 밭 면적 비율이 높다.

③ (다)는 (가)보다 생산자 서비스업체 수가 많다.

④ (가)~(다) 중에서 노령화 지수는 (가)가 가장 높다.

⑤ 총인구는 (가)>(나)>(다) 순으로 많다.

363

| 평가원 기출 |

표는 지도에 표시된 네 지역의 답사 일정을 정리한 것이다. (가)에 해당하는 일정으로 가장 적절한 것은? (단, 하루에 한 지역만 답사하며, 각 날짜별 답사 지역은 다른 지역임.)

구분	주요 일정
1일 차	슬로 시티로 지정된 지역에서 전통 한옥 마을 탐방과 한지 박물관 견학
2일 차	벽골제 탐방과 지평선이 보이는 곡창 지대에서 벼 농사 문화 체험
3일 차	죽녹원 탐방과 대나무로 만든 다양한 수공업 제품 제작 체험
4일 차	(가)

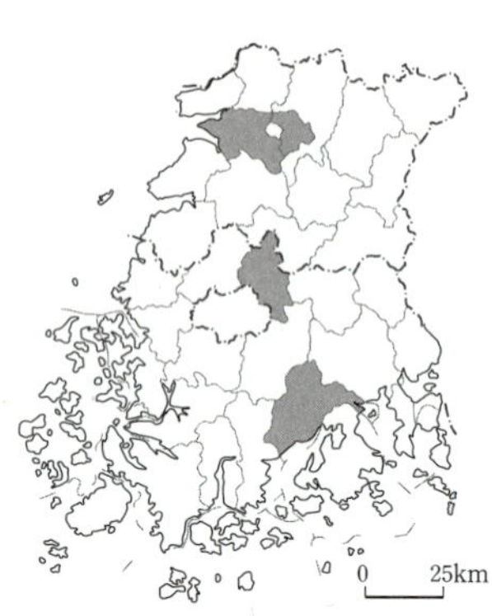

0 25km

① 친환경 농업 지역 방문과 나비 축제 체험
② 세계 문화유산으로 지정된 고인돌 유적지 탐방
③ 고추장의 본고장에서 장류를 주제로 한 축제 관람
④ 전통 공예품인 목기로 유명한 지역에서 춘향제 관람
⑤ 지리적 표시제 제1호인 녹차 재배지 방문과 다향제 참여

364

| 평가원 기출 |

(가)~(다)는 심벌마크에 반영된 지역 특성을 나타낸 것이다. 이에 해당하는 지역을 지도의 A~D에서 고른 것은?

(가)	(나)	(다)
넓은 평야에 발달한 농업을 벼와 지평선으로 표현함.	옛 읍성의 성곽 형태와 갯벌을 형상화하여 표현함.	지리적 표시제 1호로 등록된 차의 잎을 형상화하여 표현함.

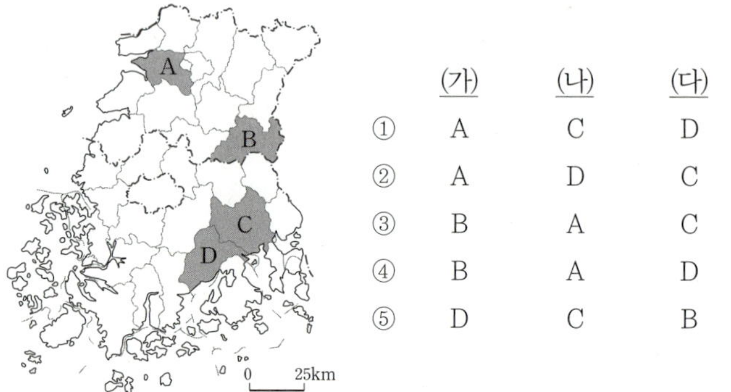

0 25km

	(가)	(나)	(다)
①	A	C	D
②	A	D	C
③	B	A	C
④	B	A	D
⑤	D	C	B

365

다음 자료는 어느 모둠의 호남 지방 답사 계획서의 일부이다. 이 모둠의 답사 경로를 지도의 A~E에서 고른 것은?

구분	지역	답사 일정
1일 차	○○	호남 지방 유일의 원자력 발전소 견학 및 원자력 발전소의 안전성 관련 홍보 영상 관람
2일 차	□□	호남 지방 유일의 광역시 방문 및 도시 내 완성차 조립 공장 견학
3일 차	△△	장류 축제 현장 방문 및 고추장 제조 공장에서 장류 숙성 과정 견학

출발지
→ 답사 경로

0 25km

① A
② B
③ C
④ D
⑤ E

366

다음 자료는 호남 지방에 속한 세 지역의 축제 포스터를 나타낸 것이다. (가)~(다) 지역에 대한 옳은 설명만을 〈보기〉에서 고른 것은?

(가)	(나)	(다)
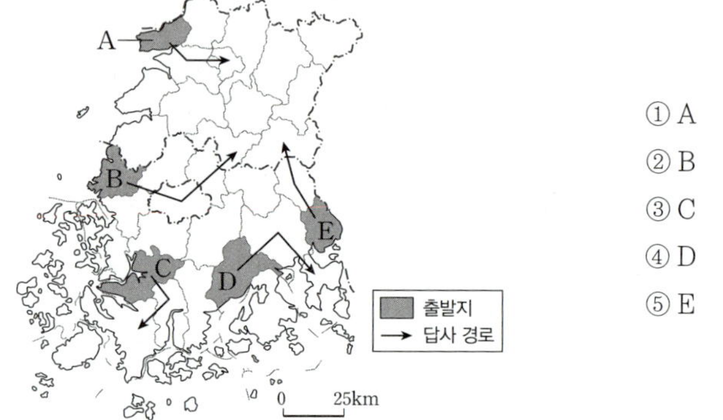		

보기

ㄱ. (가)의 특산물인 녹차는 지리적 표시제 1호로 지정되어 있다.
ㄴ. (나)에는 세계 유산으로 지정된 전통 마을이 있다.
ㄷ. (다)는 지리산 북서쪽에 위치하고 목기(木器)로 유명하다.
ㄹ. (가)~(다)는 모두 전라북도에 속한다.

① ㄱ, ㄴ   ② ㄱ, ㄷ   ③ ㄴ, ㄷ   ④ ㄴ, ㄹ   ⑤ ㄷ, ㄹ

족집게 전략 | 영남 지방은 도시별로 제조업이 특화되어 도시별 제조업 특징을 묻는 문항이 자주 출제된다. 울산, 거제, 포항, 대구, 부산, 창원, 구미 등 주요 도시별로 어떤 제조업이 발달했는지 알아 두자.

367 대표 문항
|평가원 기출|

다음 자료는 영남권 네 지역의 제조업 업종별 종사자 수 비율을 나타낸 것이다. A~D 제조업에 대한 옳은 설명만을 〈보기〉에서 고른 것은? (단, A~D는 섬유제품(의복 제외), 전자 부품 · 컴퓨터 · 영상 · 음향 및 통신 장비, 자동차 및 트레일러, 기타 운송 장비 제조업 중 하나임.)

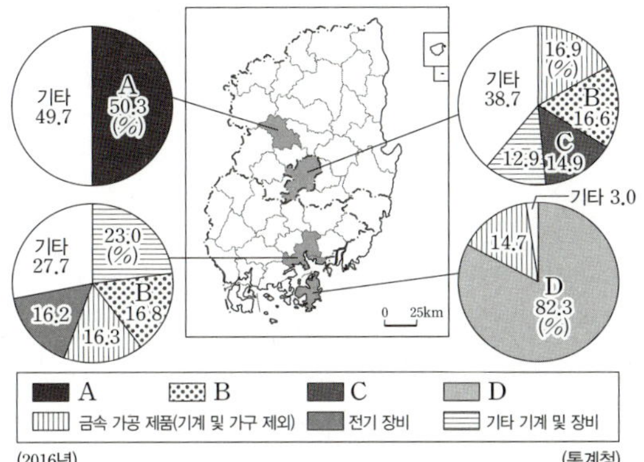

(2016년)　　　　(통계청)

* 기타 운송 장비 제조업에는 선박 건조업, 철도 장비 제조업 등이 포함됨.
** 각 지역에서 종사자 수 비율이 10% 이하인 업종은 기타에 포함됨.
*** 종사자 규모 10인 이상 사업체를 대상으로 함.

〈보기〉

ㄱ. B는 C보다 사업체당 종사자 수가 많다.
ㄴ. C는 A보다 2000년대 이후 수출액이 많다.
ㄷ. D는 A보다 전국에서 영남권이 차지하는 출하액 비율이 높다.
ㄹ. B와 D 모두 종사자 수가 가장 많은 지역은 수도권이다.

① ㄱ, ㄴ　　② ㄱ, ㄷ　　③ ㄴ, ㄷ　　④ ㄴ, ㄹ　　⑤ ㄷ, ㄹ

 **한줄 Tip** 대구는 섬유제품, 구미는 전자 부품, 거제는 기타 운송 장비(조선업), 창원은 기계 공업이 발달하였어.

368

그래프는 영남권 시 · 도별 지역 내 총생산과 1인당 지역 내 총생산을 나타낸 것이다. (가)~(다) 광역시에 대한 설명으로 옳은 것은?

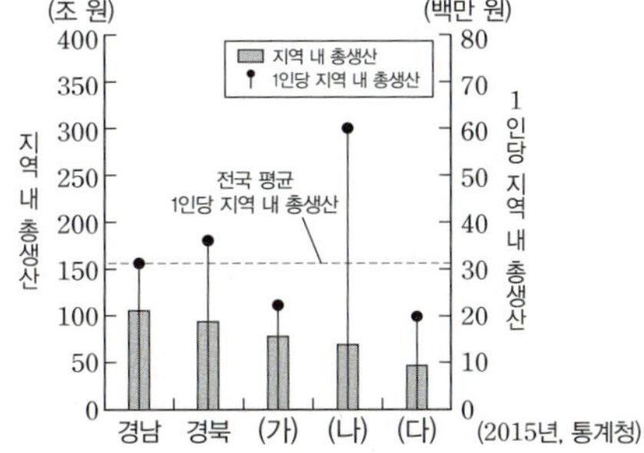

① (가)는 (나)보다 교외화 현상이 뚜렷하지 않다.
② (나)는 (다)보다 지역 내 2차 산업 취업자 수 비율이 높다.
③ (가), (다)는 모두 남동 임해 공업 지역에 속한다.
④ 총인구는 (가) > (나) > (다) 순으로 많다.
⑤ (가)는 울산, (나)는 부산, (다)는 대구이다.

[369~370] 그래프는 (가)~(다) 지역의 제조업종별 출하액 비율을 나타낸 것이다. 이를 보고 물음에 답하시오. (단, ㉠~㉢은 1차 금속, 자동차 및 트레일러, 코크스 · 연탄 및 석유 정제품 제조업 중 하나임.)

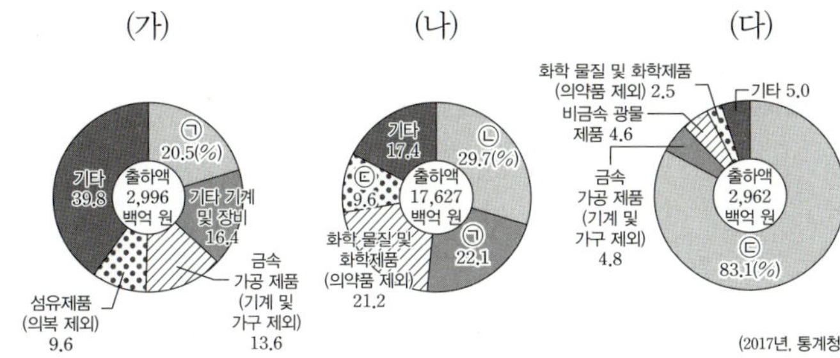

369 고난도

(가)~(다) 지역을 지도의 A~D에서 고른 것은?

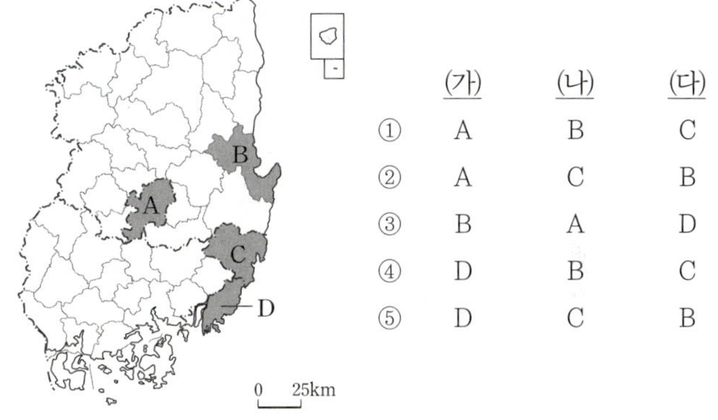

	(가)	(나)	(다)
①	A	B	C
②	A	C	B
③	B	A	D
④	D	B	C
⑤	D	C	B

370

위 그래프의 ㉠~㉢ 제조업에 대한 옳은 설명만을 〈보기〉에서 고른 것은?

〈보기〉

ㄱ. ㉠은 ㉡보다 총 생산비에서 원료비가 차지하는 비율이 높다.
ㄴ. ㉡과 ㉢의 대규모 생산 공장은 주로 해안에 입지한다.
ㄷ. ㉢의 최종 제품은 ㉠의 주원료로 이용된다.
ㄹ. ㉠~㉢ 중에서 영남권의 제조업 출하액에서 차지하는 비율이 가장 높은 업종은 ㉡이다.

① ㄱ, ㄴ　　② ㄱ, ㄷ　　③ ㄴ, ㄷ　　④ ㄴ, ㄹ　　⑤ ㄷ, ㄹ

371

| 평가원 기출 |

다음은 영남 및 호남 지방에 대한 수업 장면이다. 발표 내용이 옳지 <u>않은</u> 학생을 고른 것은?

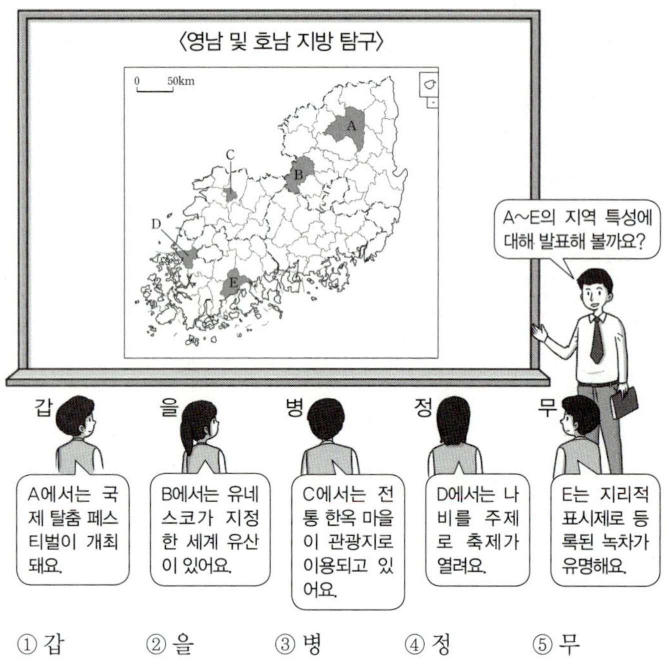

① 갑　　② 을　　③ 병　　④ 정　　⑤ 무

372

| 평가원 기출 |

A~E의 지역 특성을 고려한 탐구 학습 주제로 적절하지 <u>않은</u> 것은?

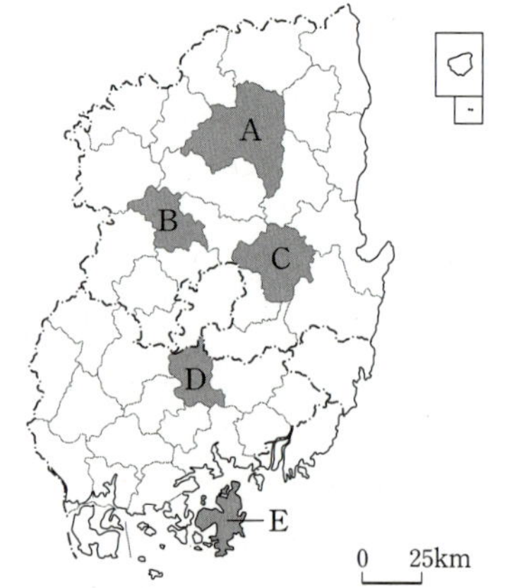

① A – 국제 탈춤 페스티벌 개최와 지역 경제 활성화
② B – 정보 통신 산업 중심으로의 산업 구조 고도화
③ C – 유네스코 세계 문화유산으로 지정된 마을의 취락 특성
④ D – 국제 협약에 의해 보존 중인 내륙 습지의 생태계 다양성
⑤ E – 광역시와의 연륙교 건설에 따른 지역 변화

373

그래프는 영남권 시·도의 산업별 부가 가치 비율을 나타낸 것이다. (가)~(다) 지역에 대한 설명으로 옳은 것은?

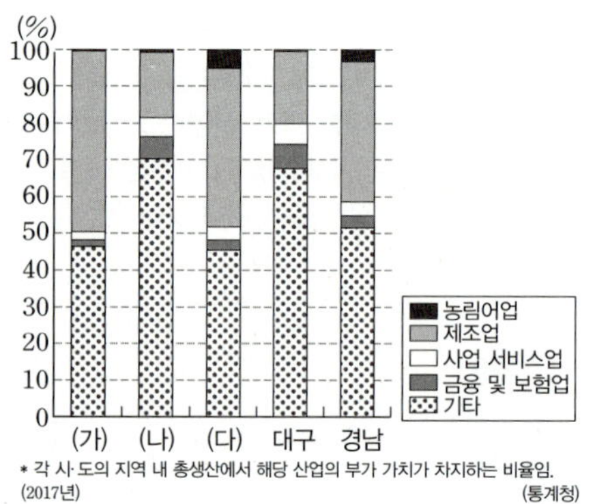

① (가)는 (나)보다 1인당 지역 내 총생산이 많다.
② (나)는 (다)보다 지역 내 1차 산업 취업자 수 비율이 높다.
③ (다)는 (가)보다 제조업 출하액이 많다.
④ (가)와 (다)는 광역시, (나)는 도(道)에 해당한다.
⑤ (가)~(다) 중에서 인구 밀도는 (다)가 가장 높다.

374

그래프는 지도에 표시된 세 지역의 내국인 남녀 인구 변화를 나타낸 것이다. (가)~(다) 지역에 대한 옳은 설명만을 〈보기〉에서 고른 것은?

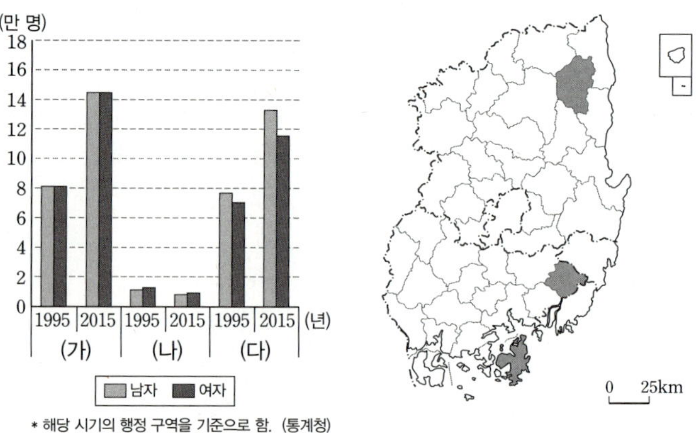

> **보기**
>
> ㄱ. (가)는 (나)보다 중위 연령이 높다.
> ㄴ. (나)는 (다)보다 제조업 출하액이 많다.
> ㄷ. (다)는 (가)보다 2015년에 내국인의 성비가 높다.
> ㄹ. (가)와 (다)는 경상남도에, (나)는 경상북도에 속한다.

① ㄱ, ㄴ　　② ㄱ, ㄷ　　③ ㄴ, ㄷ　　④ ㄴ, ㄹ　　⑤ ㄷ, ㄹ

주제 **3** 제주도의 특성

족집게 전략 | 제주도만 다루는 경우 주로 자연환경적 특성과 관련하여 출제되는데, 특히 화산 지형을 묻는 문항이 자주 출제된다. 그 밖의 인문환경적 특성은 농업이나 시·도별 산업 구조 등을 묻는 문항에 다른 지역과 함께 출제되는 경우가 많다. 따라서 제주도의 지역 특성은 자연환경적 특성을 토대로 학습해야 한다.

375 대표 문항

| 평가원 기출 |

지도에 나타난 지역에 대한 설명으로 옳은 것은?

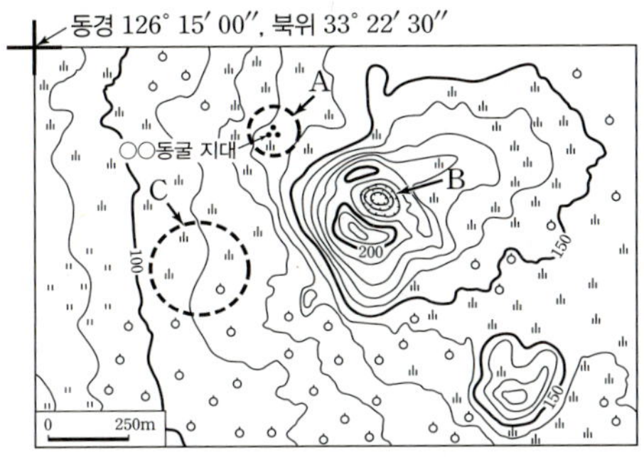

① A의 동굴은 주로 기반암의 용식으로 인하여 형성된다.

② B는 화구가 함몰되어 만들어진 칼데라이다.

③ C의 기반암은 유동성이 작은 용암이 굳어 형성되었다.

④ 이 지역의 기반암은 투수가 양호하다.

⑤ 이 지역에는 석회암이 풍화된 붉은색 토양이 나타난다.

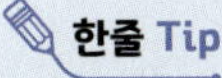 **한줄 Tip** 동굴 지대라는 지명, 밭이나 과수원으로 이용되는 토지, 경위도값을 통해 어느 지역인지 알아야 해.

376

그래프는 지도에 표시된 세 지역의 논, 밭 면적 비율을 나타낸 것이다. (가)~(다) 지역에 대한 옳은 설명만을 〈보기〉에서 고른 것은?

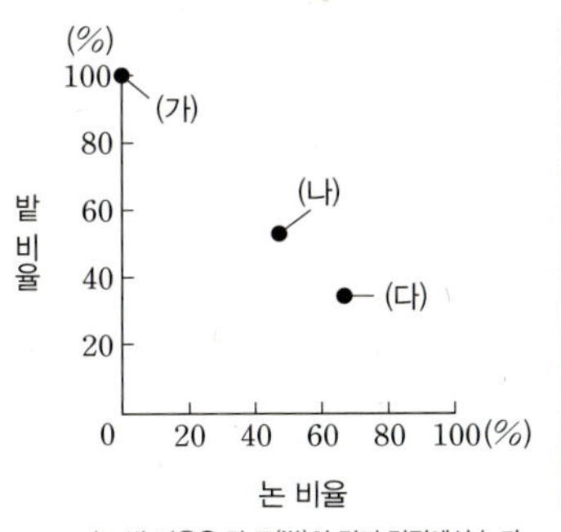

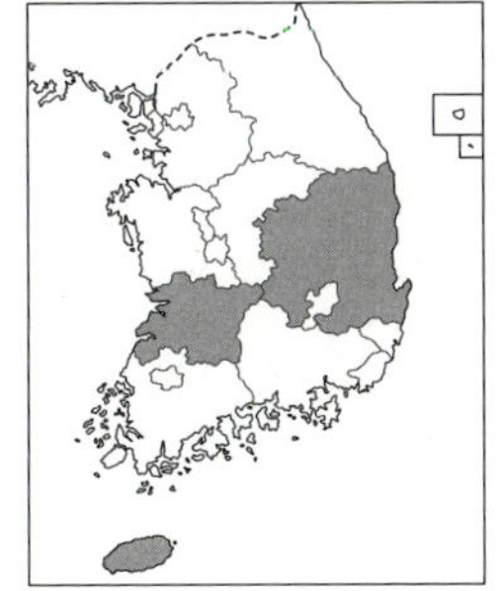

* 논·밭 비율은 각 도(道)의 경지 면적에서 논과 밭이 차지하는 비율임.
(2016년)   (통계청)

〈보기〉

ㄱ. (가)는 (나)보다 겸업농가 비율이 높다.

ㄴ. (다)는 (가)보다 쌀 생산량이 많다.

ㄷ. (나)는 호남 지방, (다)는 영남 지방에 속한다.

ㄹ. (가)~(다) 중에서 경지 면적은 (가)가 가장 넓다.

① ㄱ, ㄴ   ② ㄱ, ㄷ   ③ ㄴ, ㄷ   ④ ㄴ, ㄹ   ⑤ ㄷ, ㄹ

377

다음 글의 ㉠~㉤에 대한 설명으로 옳지 않은 것은?

> 제주도는 [㉠]으로 인해 형성된 섬으로 다양한 ○○ 지형이 분포한다. 제주도의 전통 가옥은 제주도에서 흔하게 볼 수 있는 ㉡ 현무암을 이용하여 돌담을 쌓았고, 지붕은 유선형(流線型)의 ㉢ 그물 지붕으로 만들었다. 제주도는 강수량이 많은 다우지에 속하지만 ㉣ 하천 발달이 미약하여 지표수가 부족한 편이다. 또한, 제주도의 ㉤ 전통 취락은 대부분 해안에 입지한다.

① ㉠에는 '신생대의 화산 활동'이 들어갈 수 있다.

② ㉡은 관입된 마그마가 지하에서 천천히 식어 형성되었다.

③ ㉢은 강한 바람에 대비한 전통 가옥 시설이다.

④ ㉣은 토양이 배수가 잘되고 지하에 절리와 동굴이 많기 때문이다.

⑤ ㉤은 해안에 용천대가 분포하여 물을 구하기 쉽기 때문이다.

memo

BON.N제
본

이투스북

BON. N제

정답 및 해설

빠른 정답

I. 국토 인식과 지리 정보

본문 009쪽 01 (1) A (2) C, E (3) D (4) B, D (5) A (6) A, B, C, D, E 02 × 03 ○ 04 × 05 ○ 06 × 07 × 08 × 09 × 10 ○

본문 011~015쪽 001 ② 002 ③ 003 ⑤ 004 ① 005 ② 006 ⑤ 007 ② 008 ⑤ 009 ④ 010 ④ 011 ⑤ 012 ④ 013 ③ 014 ④ 015 ⑤ 016 ⑤ 017 ① 018 ③ 019 ① 020 ⑤

본문 017쪽 01 (가)-혼일강리역대국도지도, (나)-대동여지도 02 A-조사 지역 선정, B-지리 정보 수집, C-지리 정보 분석 03 × 04 ○ 05 ○ 06 × 07 ○ 08 ○ 09 × 10 × 11 ○

본문 019~023쪽 021 ① 022 ① 023 ③ 024 ④ 025 ⑤ 026 ⑤ 027 ⑤ 028 ⑤ 029 ① 030 ① 031 ② 032 ① 033 ④ 034 ⑤ 035 ② 036 ② 037 ④ 038 ② 039 ①

II. 지형 환경과 인간 생활

본문 028쪽 01 (1) A-두만 지괴, 길주·명천 지괴, B-평북·개마 지괴, C-평남 분지, D-경기 지괴, E-옥천 습곡대, F-영남 지괴, G-경상 분지 (2) B, D, F (3) C, E (4) G (5) A 02 (1) A-마천령산맥, B-낭림산맥, C-함경산맥, D-태백산맥, E-소백산맥, F-노령산맥 (2) A, B, C, D, E (3) (가)-랴오둥 방향, (나)-중국 방향, (다)-한국 방향 03 ○ 04 ○ 05 ○ 06 ○ 07 ○ 08 × 09 × 10 ○ 11 × 12 × 13 × 14 ○ 15 ○ 16 × 17 × 18 ○ 19 ○ 20 × 21 ○ 22 ○

본문 030~035쪽 040 ③ 041 ③ 042 ④ 043 ① 044 ③ 045 ① 046 ③ 047 ④ 048 ② 049 ② 050 ③ 051 ② 052 ② 053 ④ 054 ④ 055 ③ 056 ② 057 ⑤ 058 ⑤ 059 ② 060 ③ 061 ① 062 ① 063 ① 064 ⑤

본문 038쪽 01 (1) A-한강, B-금강, C-영산강, D-섬진강, E-낙동강 (2) A, E, B, D, C (3) B, C, E 02 (1) A-자연 제방, B-배후 습지 (2) 높고, 높아, 밭 03 A-해안 단구, B-해식애, C-파식대, D-시 스택, E-사주, F-석호, G-사빈, H-육계도 04 × 05 ○ 06 ○ 07 ○ 08 ○ 09 × 10 ○ 11 ○ 12 ○ 13 × 14 ○ 15 × 16 ○ 17 × 18 × 19 × 20 ○ 21 ○ 22 ○

본문 040~045쪽 065 ① 066 ③ 067 ② 068 ④ 069 ④ 070 ④ 071 ② 072 ⑤ 073 ⑤ 074 ③ 075 ④ 076 ④ 077 ⑤ 078 ③ 079 ④ 080 ③ 081 ⑤ 082 ⑤ 083 ② 084 ① 085 ① 086 ① 087 ① 088 ②

본문 047쪽 01 (가)-침식 분지, (나)-고위 평탄면, (다)-칼데라, (라)-돌리네, (마)-용암 대지, (바)-기생 화산 02 ○ 03 × 04 × 05 ○ 06 ×

본문 049~053쪽 089 ⑤ 090 ① 091 ① 092 ④ 093 ⑤ 094 ③ 095 ① 096 ⑤ 097 ④ 098 ③ 099 ④ 100 ⑤ 101 ③ 102 ③ 103 ② 104 ② 105 ② 106 ②

III. 기후 환경과 인간 생활

본문 058쪽 01 (1) 크게 (2) 크다 (3) 높다 02 (1) 크다 (2) 크다 (3) 해발 고도 (4) 높다 03 (가)-B, (나)-A, (다)-C 04 × 05 ○ 06 ○ 07 × 08 ○ 09 ○ 10 × 11 ○ 12 ○ 13 ○ 14 ○ 15 ○ 16 × 17 × 18 ○ 19 ○ 20 × 21 ○ 22 × 23 ○

본문 060~067쪽 107 ⑤ 108 ① 109 ② 110 ⑤ 111 ③ 112 ⑤ 113 ① 114 ④ 115 ② 116 ⑤ 117 ③ 118 ③ 119 ⑤ 120 ① 121 ④ 122 ③ 123 ② 124 ④ 125 ② 126 ① 127 ① 128 ⑤ 129 ① 130 ③ 131 ③ 132 ② 133 ③ 134 ③ 135 ④ 136 ③ 137 ② 138 ④

본문 069쪽 01 (가)-호우, (나)-대설, (다)-태풍, A-경기, B-강원, C-제주 02 (가)-염류 토, (나)-충적토, (다)-석회암 풍화토 03 ○ 04 ○ 05 × 06 × 07 × 08 ○ 09 ○ 10 ×

본문 071~075쪽 139 ⑤ 140 ④ 141 ③ 142 ⑤ 143 ④ 144 ⑤ 145 ① 146 ② 147 ③ 148 ⑤ 149 ① 150 ③ 151 ④ 152 ③ 153 ④ 154 ④ 155 ③ 156 ⑤ 157 ③

IV. 거주 공간의 변화와 지역 개발

본문 079쪽 01 (1) 많다, 적다 (2) 적다, 많다 (3) 멀다, 가깝다 02 (1) 수도권, 영남권, 호남권 (2) 수도권, 강원권 (3) 높다 03 × 04 × 05 × 06 ○ 07 ○ 08 × 09 × 10 ○

본문 081~085쪽 158 ④ 159 ③ 160 ③ 161 ① 162 ② 163 ② 164 ⑤ 165 ④ 166 ⑤ 167 ④ 168 ③ 169 ④ 170 ② 171 ⑤ 172 ① 173 ④ 174 ⑤ 175 ④ 176 ③

본문 088쪽 01 A-ⓛ, B-ⓒ, C-㉠ 02 A-위성 도시, B-중심 도시, C-교외 지역, D-배후 농촌 지역 03 (1) ㉠ (2) ⓒ (3) ⓛ 04 (가)-거점 개발, (나)-균형 개발 05 × 06 ○ 07 ○ 08 × 09 ○ 10 ○ 11 × 12 × 13 ○ 14 ○ 15 × 16 × 17 ○ 18 ○ 19 × 20 × 21 × 22 ○ 23 ○ 24 ○

본문 090~095쪽 177 ⑤ 178 ① 179 ③ 180 ② 181 ② 182 ② 183 ⑤ 184 ③ 185 ④ 186 ③ 187 ⑤ 188 ⑤ 189 ② 190 ③ 191 ② 192 ③ 193 ③ 194 ④ 195 ④ 196 ③ 197 ⑤ 198 ① 199 ① 200 ①

본문 100쪽　01 A-석유, B-석탄, C-천연가스, D-원자력, E-수력　02 (가)-수력, (나)-화력, (다)-원자력　03 A-태양광, B-풍력, C-수력, D-조력　04 ○　05 ○　06 ○　07 ×　08 ○　09 ×　10 ×　11 ×　12 ○　13 ○　14 ×　15 ○　16 ×　17 ○　18 ○　19 ×　20 ○　21 ×　22 ○　23 ○

본문 102~107쪽　201 ③　202 ③　203 ⑤　204 ④　205 ①　206 ②　207 ⑤　208 ①　209 ①　210 ③　211 ⑤　212 ①　213 ④　214 ①　215 ②　216 ⑤　217 ⑤　218 ②　219 ②　220 ⑤　221 ⑤　222 ④　223 ④　224 ④

본문 110쪽　01 A-청장년층, B-노년층, C-유소년층　02 A-벼, B-맥류, C-채소, D-과수　03 A-충청권, B-수도권, C-호남권, D-영남권　04 A-소기업, B-중기업, C-대기업　05 ○　06 ○　07 ×　08 ○　09 ×　10 ○　11 ○　12 ○　13 ○　14 ×　15 ○　16 ○　17 ×　18 ×　19 ○　20 ○　21 ×　22 ○　23 ○　24 ○

본문 112~119쪽　225 ⑤　226 ②　227 ⑤　228 ③　229 ②　230 ①　231 ⑤　232 ③　233 ④　234 ③　235 ②　236 ⑤　237 ②　238 ④　239 ⑤　240 ⑤　241 ①　242 ⑤　243 ③　244 ⑤　245 ③　246 ④　247 ①　248 ④　249 ③　250 ④　251 ①　252 ⑤　253 ④　254 ③

본문 122쪽　01 A-백화점, B-대형마트, C-편의점, D-무점포 소매업　02 A-3차 산업, B-2차 산업, C-1차 산업　03 (가)-소비자, (나)-생산자　04 A-철도, B-지하철, C-도로, D-해운, E-항공　05 ○　06 ×　07 ○　08 ×　09 ○　10 ×　11 ○　12 ○　13 ○　14 ×　15 ○　16 ×　17 ×　18 ○　19 ○　20 ○　21 ○　22 ×　23 ×　24 ○　25 ○

본문 124~129쪽　255 ①　256 ④　257 ④　258 ⑤　259 ④　260 ⑤　261 ②　262 ①　263 ⑤　264 ③　265 ③　266 ③　267 ⑤　268 ①　269 ②　270 ③　271 ③　272 ③　273 ①　274 ③　275 ④　276 ①　277 ①　278 ①

본문 133쪽　01 A-사망률, B-출생률, C-총인구　02 (가)-2015년, (나)-2060년, (다)-1960년　03 ×　04 ×　05 ○　06 ○　07 ○　08 ×　09 ×　10 ○　11 ×

본문 135~139쪽　279 ⑤　280 ④　281 ③　282 ①　283 ①　284 ②　285 ②　286 ③　287 ④　288 ①　289 ④　290 ④　291 ①　292 ③　293 ⑤　294 ③　295 ③　296 ①　297 ④　298 ③

본문 141쪽　01 A-총 부양비, B-노년 부양비, C-유소년 부양비　02 (가) -광업·제조업, (나)-도소매·음식·숙박업, A-중국, B-베트남　03 ○　04 ○　05 ×　06 ○　07 ×　08 ×　09 ○

본문 143~147쪽　299 ①　300 ⑤　301 ②　302 ③　303 ④　304 ③　305 ⑤　306 ②　307 ③　308 ③　309 ④　310 ①　311 ⑤　312 ④　313 ④　314 ②　315 ①　316 ⑤　317 ④　318 ③

본문 151쪽　01 (가)-동질 지역, (나)-기능 지역　02 A-관북 지방, B-관서 지방, C-영서 지방, D-영동 지방, E-호남 지방, F-영남 지방　03 ×　04 ○　05 ×　06 ×　07 ○　08 ○　09 ○

본문 153~157쪽　319 ②　320 ②　321 ⑤　322 ④　323 ④　324 ④　325 ①　326 ①　327 ③　328 ④　329 ③　330 ④　331 ③　332 ③　333 ②　334 ②　335 ②　336 ③　337 ③　338 ⑤

본문 159쪽　01 (가)-경기, (나)-인천, (다)-서울　02 (가)-광업, (나)-숙박 및 음식점업　03 ×　04 ×　05 ×　06 ○　07 ○　08 ×　09 ○　10 ×　11 ○

본문 161~165쪽　339 ③　340 ⑤　341 ③　342 ④　343 ②　344 ②　345 ④　346 ②　347 ②　348 ⑤　349 ⑤　350 ⑤　351 ③　352 ③　353 ④　354 ④　355 ①　356 ⑤　357 ④　358 ②

본문 167쪽　01 (가)-1차 산업, (나)-2차 산업, (다)-3차 산업　02 (가)-제주권 (나)-호남권, (다)-영남권　03 ○　04 ○　05 ×　06 ×　07 ×　08 ○　09 ○　10 ×

본문 169~173쪽　359 ④　360 ①　361 ①　362 ⑤　363 ⑤　364 ①　365 ②　366 ②　367 ②　368 ②　369 ②　370 ③　371 ②　372 ③　373 ①　374 ⑤　375 ④　376 ①　377 ②

I. 국토 인식과 지리 정보

01강 우리나라의 위치와 영역

핵심 개념 CHECK!

▶ 본문 009쪽

01 (1) A (2) C, E (3) D (4) B, D (5) A (6) A, B, C, D, E　　02 ✕
03 ◯　04 ✕　05 ◯　06 ✕　07 ✕　08 ✕　09 ✕　10 ◯

◯✕ 문장 바로 알기

02 우리나라는 동경 135°를 표준시로 사용하여 영국의 표준시보다 9시간 ~~느리다.~~ 빠르다.

03 우리나라 중앙 경선에서 실제로 태양이 남중하는 시각은 낮 12시 30분이다.

04 배타적 경제 수역은 영해 기선으로부터 ~~200해리까지의 수역이다.~~ 200해리까지의 바다에서 영해를 제외한 수역이다.

05 우리나라의 배타적 경제 수역에서는 타국의 해양 조사선이 탐사 활동을 할 수 없다.

06 울릉도에서 영해의 범위는 ~~직선 기선~~에서부터 12해리까지이다. 통상 기선

07 우리나라 영해의 상공을 타국의 헬기가 사전 허가 없이 통과할 수 있~~다.~~ 없다.

08 ~~이어도에서는 통상 기선을 적용하여 영해를 설정한다.~~ 는 영토가 아니므로 영해 설정의 기준이 되지 않는다.

09 독도 주변 3해리 ~~내에서는 우리나라와 일본의 공동 조업이 가능하다.~~ 는 우리나라의 영해이므로 일본의 조업이 불가능하다.

10 우리나라가 동해라는 명칭을 사용한 시기는 일본국이 성립한 시기보다 이르다.

기출+예상 문제로 주제 정복하기

▶ 본문 011~015쪽

001 ②	002 ③	003 ⑤	004 ①	005 ②	006 ⑤
007 ②	008 ⑤	009 ④	010 ④	011 ⑤	012 ④
013 ③	014 ④	015 ①	016 ⑤	017 ①	018 ③
019 ①	020 ⑤				

001 우리나라 4극의 위치와 특징　　정답 ②

자료 분석

지역	지리 정보
독도 (가)	• 천연기념물 제336호로 지정 • 동도, 서도와 89개의 부속 도서로 구성
마안도 (나)	압록강 하구에 위치한 섬으로 『동국여지승람』에 마도(馬島)로 소개
유원진 (다)	두만강이 흐르며, 옌볜 조선족 자치주가 있는 북간도(동간도)와의 접경지
마라도 (라)	• 면적 약 0.3 km². 해안선 길이 약 4.2 km • 제주도 모슬포 항에서 남쪽으로 약 11 km 떨어져 있는 화산섬

문제 분석 (가)는 동단인 독도, (나)는 서단인 마안도(비단섬), (다)는 북단인 유원진, (라)는 남단인 마라도입니다.

정답 찾기 ② 태양의 남중 시각은 태양이 정남쪽에 왔을 때의 시각으로, 일출·일몰 시각과 같이 서쪽으로 갈수록 늦어집니다. 따라서 우리나라 영토의 동단인 독도는 서단인 마안도(비단섬)보다 태양의 남중 시각이 이릅니다.

오답 피하기 ① 마라도(라)에는 종합 해양 과학 기지가 없습니다. 종합 해양 과학 기지는 마라도 남쪽 149km에 위치한 수중 암초인 이어도에 건설되어 있습니다. ③ 우리나라의 표준 경선은 동경 135°입니다. 지도를 보면 동경 124° 부근에 위치한 마안도(나)는 동경 130° 부근에 위치한 유원진(다)보다 표준 경선(135°)으로부터 멀리 떨어져 있습니다. 따라서 마안도는 유원진보다 표준 경선과의 최단 거리가 멉니다. 표준 경선과의 최단 거리는 동단인 독도가 가장 가깝고, 유원진>마라도>마안도 순으로 가깝습니다. ④ 기온의 연교차는 대체로 저위도에서 고위도로 갈수록, 해안에서 내륙으로 갈수록 크게 나타납니다. 따라서 상대적으로 저위도 해안에 위치한 마라도는 고위도 내륙에 위치한 유원진보다 기온의 연교차가 작습니다. ⑤ 독도와 마라도 모두 영해 설정 시 통상 기선을 적용합니다.

002 우리나라 4극의 특징　　정답 ③

문제 분석 ㉠은 북단인 유원진, ㉡은 서단인 마안도(비단섬), ㉢은 동단인 독도, ㉣은 남단인 마라도입니다.

정답 찾기 ③ 대부분의 해안이 급경사를 이루는 독도는 마라도보다 최고봉의 해발 고도가 높습니다. 실제로 독도의 서도는 최고봉의 해발 고도가 약 58m, 마라도는 약 29m입니다. 마라도는 남북으로 긴 타원형의 경사가 완만한 화산섬입니다.

오답 피하기 ① 최한월 평균 기온은 위도가 낮을수록 높고, 비슷한 위도일 경우 내륙보다 해안 지역에서 높습니다. 따라서 최한월 평균 기온은 상대적으로 고위도 내륙에 위치한 유원진이 저위도 서해안에 위치한 마안도보다 낮습니다. ② 마안도는 독도보다 서쪽에 위치해 태양의 남중 시각이 늦습니다. 태양의 남중 시각은 동쪽에 위치할수록 이릅니다. ④ 해안선이 비교적 단조로운 독도와 마라도는 영해 설정에 통상 기선을 적용합니다. ⑤ 기온의 연교차는 대륙의 영향을 많이 받을수록 크며, 대체로 고위도 내륙으로 갈수록 기온의 연교차가 크게 나타납니다. 따라서 네 지역 중 기온의 연교차가 가장 큰 지역은 북단의 유원진입니다. 남단의 마라도는 기온의 연교차가 가장 작습니다.

003 우리나라의 위치 특징　　정답 ⑤

정답 찾기 ㄷ. 이어도는 마라도에서 남서쪽으로 149km 떨어져 있는 수중 암초로, 지도의 축척을 보면 지도상에서 반경 1,000km 이내에 위치한다는 것을 알 수 있습니다. ㄹ. 아시안 하이웨이는 아시아 32개국을 횡단하는 고속 국도로, 우리나라를 통과하는 AH1은 도쿄~불가리아, AH6은 부산~벨라루스를 잇는 노선입니다. 지도에는 아시아 대륙 전체가 표현되어 있으므로 아시안 하이웨이의 전 구간을 표시할 수 있습니다.

오답 피하기 ㄱ. 한반도 중심점은 우리나라의 표준 경선보다 서쪽에 위치하며, 경도 15° 마다 1시간의 시차가 발생합니다. 동경 135°인 표준 경선에서 태양이 남중하는 시각이 오후 12시이므로, 동경 127° 30′인 한반도 중심점에서 태양이 남중하는 시각은 그보다 30분 늦은 오후 12시 30분입니다. ㄴ. 혼일강리역대국도지도에는 아시아와 유럽, 아프리카가 표현되어 있지만, 신대륙인 아메리카와 오세아니아는 나타나 있지 않습니다.

004 경도와 위도의 개념　　정답 ①

고난도 평가원 기출				
❶	②	③	④ 함정	⑤
53%	5%	17%	20%	5%

다음은 위성위치측정장치(GPS)에 표시된 세 지점 (가)~(다)의 위치 정보이다.
이에 대한 옳은 설명만을 〈보기〉에서 있는 대로 고른 것은?

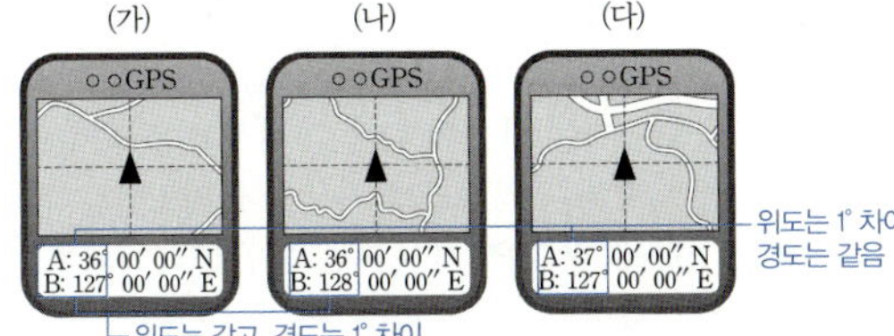

〈보기〉
ㄱ. A는 적도를, B는 본초 자오선을 기준으로 결정된다. (○)
ㄴ. 대척점을 알기 위해서는 A와 B를 모두 이용해야 한다. (○)
ㄷ. (가) 지점은 (나) 지점보다 태양의 남중 시각이 ~~빠르다.~~ 느리다
ㄹ. (가)와 (나) 지점 간 동서 거리는 (가)와 (다) 지점 간 남북 거리
보다 ~~길다.~~ 짧다

① ㄱ, ㄴ ② ㄷ, ㄹ ③ ㄱ, ㄴ, ㄷ
④ ㄱ, ㄴ, ㄹ ⑤ ㄴ, ㄷ, ㄹ

문제 분석 A는 위도, B는 경도입니다. (가)와 (나)는 위도가 같고 경도는 다르며, (가)와 (다)는 위도가 다르고 경도는 같습니다.

정답 찾기 ㄱ. 위도는 적도, 경도는 영국을 지나는 본초 자오선을 기준으로 결정됩니다. ㄴ. 대척점은 지구상의 어떤 한 지점에 대하여 지구의 정반대 쪽에 위치한 지점으로 위도와 경도를 모두 이용해야 알 수 있습니다.

오답 피하기 ㄷ. 태양은 동쪽에서 떠서 서쪽으로 이동하므로 태양이 정남쪽에 위치하는 남중 시각은 동쪽에 위치할수록 빠릅니다. (가) 지점은 (나)보다 서쪽에 위치하므로 태양의 남중 시각이 느립니다. ㄹ. (가)와 (나) 지점 간 동서 거리의 차이는 경도 1°의 간격, (가)와 (다) 지점 간 남북 거리의 차이는 위도 1°의 간격입니다. 지구는 구의 형태이기 때문에 고위도로 갈수록 양극 지점을 연결하는 경선 간의 간격은 짧아지는 반면, 적도와 평행한 위선 간의 간격은 차이가 거의 없습니다. 따라서 중위도에 위치한 우리나라는 경도 1°의 간격이 위도 1°의 간격보다 좁습니다.

💣 **함정 피하기**

ㄹ 선지를 옳은 설명으로 판단했다면 지구가 구체라는 것과 경위선의 개념을 연결하여 이해하지 못했을 가능성이 높다. 위선은 지구 중심과 적도를 잇는 선과의 각도가 같은 지점을 이은 선으로, 지구는 둥글기 때문에 위선의 간격은 고위도에서나 저위도에서나 거의 같다. 하지만 경선은 북극과 남극을 연결하는 선으로 이루어져 있기 때문에 적도에서는 간격이 넓고, 극지방으로 갈수로 간격이 좁아진다. 그렇기 때문에 중위도에 위치한 우리나라는 위선 1°의 간격이 경도 1°의 간격보다 넓은 것이다. 이는 앞의 003번 문항 자료를 통해서 직관적으로 확인할 수 있다. 이처럼 문제가 풀리지 않는 경우 종종 다른 문제에서 힌트를 얻을 수 있다.

005 우리나라의 수리적·지리적 위치
정답 ②

문제 분석 (가)에는 우리나라의 지리적 위치가, (나)에는 우리나라의 수리적 위치가 표현되어 있습니다.

정답 찾기 ㄱ. (가)를 통해 우리나라가 유라시아 대륙 동안의 반도에 위치한다는 것을 알 수 있습니다. 반도는 대륙과 해양 양방향으로의 진출에 유리합니다. ㄹ. 유라시아 대륙 동안은 비슷한 위도의 대륙 서안에 비해 대륙의 영향을 많이 받기 때문에 기온의 연교차가 큽니다.

오답 피하기 ㄴ. 대척점은 계절 및 낮과 밤이 반대입니다. 따라서 A가 여름 한낮일 때, 대척점은 겨울 한밤입니다. ㄷ. A 지점은 180°E에서 52° 30′ 서쪽에 위치하며, 경도 15°마다 1시간의 시차가 나타납니다. 따라서 A 지점은 날짜 변경선인 180°E보다 태양의 남중 시각이 3시간 30분 늦습니다.

006 우리나라의 위치 특징
정답 ⑤

문제 분석 밑줄 친 부분은 태풍의 위치를 지리적 위치로 표현하고 있습니다. 지리적 위치는 지형지물로 표현하는 위치입니다.

정답 찾기 ⑤ 우리나라는 유라시아 대륙 동안에 위치하여 대륙과 해양의 영향을 번갈아 받는 계절풍 기후가 나타납니다. 이에 따라 비슷한 위도의 대륙 서안보다 여름과 겨울의 기온 차가 큽니다. 이는 지리적 위치와 관련이 있습니다.

오답 피하기 ①, ④ 관계적 위치와 관련된 설명입니다. ②, ③ 수리적 위치와 관련된 설명입니다.

007 우리나라의 위치 특징
정답 ②

정답 찾기 ② 우리나라는 중위도인 북위 33~43°에 위치하여 냉·온대 기후가 나타납니다.

오답 피하기 ① 우리나라는 유라시아 대륙 동안에 위치하여 기온의 연교차가 큰 대륙성 기후가 나타납니다. ③ 우리나라는 삼면이 바다로 둘러싸인 반도국으로, 대륙과 해양 양방향으로 진출하기 유리해 임해 공업이 발달하였습니다. ④ 우리나라의 표준시가 영국보다 9시간 빠른 이유는 일본을 지나는 동경 135°를 표준 경선으로 정하였기 때문입니다. ⑤ 우리나라는 유라시아 대륙 동안에 위치하여 대륙과 해양의 영향을 번갈아 받는 계절풍 기후가 나타나 여름에는 고온 다습하고 겨울에는 한랭 건조합니다.

008 독도와 마라도의 특징
정답 ⑤

문제 분석 (가)는 (나)보다 일출과 일몰, 태양의 남중 시각이 늦으므로 상대적으로 서쪽에 위치한 마라도이며, (나)는 독도입니다.

정답 찾기 ㄷ. 우리나라의 표준 경선(135°E)은 독도(131° 52′E)보다 동쪽에 위치하므로 독도가 마라도보다 표준 경선과 가깝습니다. ㄹ. 독도와 마라도는 섬 전체가 천연 보호 구역으로 지정되어 있습니다.

오답 피하기 ㄱ. 우리나라 영토의 동단은 독도입니다. ㄴ. 최고 지점의 해발 고도는 독도가 마라도보다 높습니다.

009 우리나라의 위치 특징
정답 ④

문제 분석 지도에 주어진 경·위도를 토대로 (가)~(라) 지역의 위치를 파악할 수 있습니다. 경도 124° 10′E에 위치한 (가)는 국토의 서단인 마안도(비단섬)입니다. 경도 127° 30′E, 위도 38° 00′N에 위치한 (나)는 중앙 경선과 중앙 위선이 교차하는 지점입니다. 경도 131° 52′E에 위치한 (다)는 국토 동단인 독도입니다. 경도 125° 10′E, 위도 32° 07′N에 위치한 (라)는 마라도 남서쪽으로 약 149km 떨어져 있는 이어도입니다. 우리나라는 동경 124°~132°, 북위 33°~43° 범위에 걸쳐 위치하는데, 수중 암초인 이어도는 우리나라의 영토 범위에 포함되지 않습니다.

정답 찾기 ④ 이어도는 수중 암초이기 때문에 영토에 해당하지 않으므로 영해 설정을 하지 않습니다. 그러나 국제 해양법상 우리나라의 배타적 경제 수역에 포함되는 암초이므로, 종합 해양 과학 기지를 건설하여 관할하고 있습니다.

오답 피하기 ① (가)는 우리나라의 서단에 해당하므로 일출 시각과 일몰 시각 모두 가장 늦습니다. ② 대척점은 계절 및 낮과 밤이 반대인 지구의 정반대 지점입니다. 38° 00′ 00″N의 대척점 위도는 38° 00′ 00″S입니다. ③ 독도와 가장 가까운 유인도는 울릉도입니다. ⑤ 경도 15°당 1시간의 시차가 발생하므로 마안도(가)보다 약 7° 41′만큼 동쪽에 위치한 독도(다)는 태양의 남중 시각이 30분 정도 이릅니다.

010 우리나라의 위치 특징
정답 ④

문제 분석 (가)는 위도와 경도로 표현되는 수리적 위치, (나)는 지형지물로 표현되는 지리적 위치, (다)는 주변 국가와의 관계에 따라 달라지는 관계적 위치입니다.

④ 우리나라의 표준 경선은 동경 135°이고, 우리나라의 영역은 이보다 서쪽에 위치하기 때문에 태양의 남중 시각은 낮 12시보다 늦습니다.

오답 피하기 ① 수리적·지리적 위치는 거의 변하지 않는 절대적 위치이고, 관계적 위치는 주변 국가와의 관계에 따라 달라지는 상대적이고 가변적인 위치입니다. ③ 우리나라는 중위도(북위 33°~43°)에 위치하여 냉·온대 기후가 나타납니다. ⑤ 우리나라는 유라시아 대륙 동안에 위치해 기온의 연교차가 큰 대륙성 기후가 나타납니다.

011 우리나라의 영해와 배타적 경제 수역   정답 ⑤

문제 분석 A와 B는 우리나라의 배타적 경제 수역, C는 우리나라의 영해에 위치한 지점입니다.

정답 찾기 ⑤ 외국은 연안국의 영해 및 배타적 경제 수역에서 허가 없이 인공 섬을 설치할 수 없습니다. 배타적 경제 수역에서 인공 섬을 설치할 수 있는 권리는 연안국에 있습니다. 배타적 경제 수역은 연안국이 해양 자원 탐사·개발·이용·보전·관리 등에 관한 경제적 권리를 가집니다.

오답 피하기 ① 우리나라의 배타적 경제 수역에서는 우리나라 자원 탐사선이 탐사 활동을 할 수 있습니다. ② 배타적 경제 수역에서는 다른 국가의 선박과 항공기가 자유롭게 통행할 수 있습니다. ③ 영해는 우리나라가 주권적 권리를 가지므로 우리나라 해군 함정의 항해가 가능합니다. ④ 우리나라의 영해 및 배타적 경제 수역에서는 우리나라에 어업권이 있어 어선의 고기잡이가 가능합니다.

012 영해와 배타적 경제 수역   정답 ④

정답 찾기 ㄴ. 최저 조위선은 가장 낮은 수위가 나타나는 간조 때의 바다와 육지의 경계선으로, 통상 기선(ⓒ)에 해당합니다. ㄹ. 배타적 경제 수역(ⓔ)에서는 자원 탐사 및 개발, 어업 활동, 환경 보호, 인공 섬 설치 등 연안국의 경제적 권리가 인정됩니다. 따라서 타국은 연안국의 허가 없이 어로 활동과 해저 자원 탐사 활동을 할 수 없습니다.

오답 피하기 ㄱ. 대한 해협의 경우 부산과 쓰시마섬 사이가 매우 좁아 한·일 양국이 직선 기선으로부터 3해리까지만 영해로 설정하고 있습니다. ㄷ. 우리나라에서 간척 사업은 해안선이 복잡한 서·남해안에서 진행되며, 주로 직선 기선 안쪽의 얕은 바다에서 이루어집니다. 따라서 간척 사업으로 인해 영해가 확장되지 않습니다.

013 울릉도와 독도의 영해 기선   정답 ③

고난도 평가원 기출

①	②	❸	④ 함정	⑤
3%	3%	78%	8%	8%

눈으로 보는 해설

다음 자료는 학생이 지도의 (가)~(다)를 답사한 후 작성한 보고서이다. A에 들어갈 옳은 내용만을 〈보기〉에서 고른 것은?

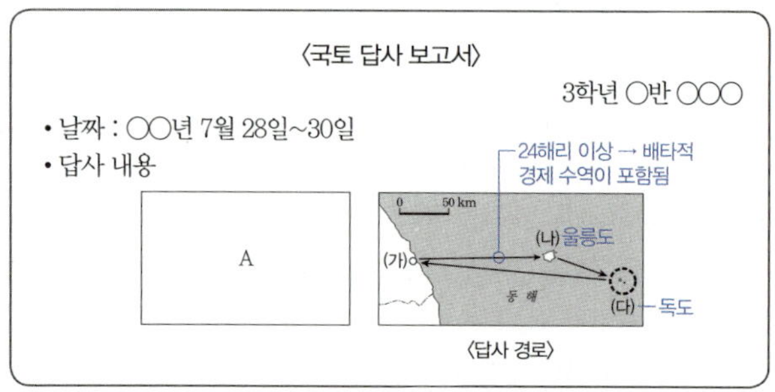

〔보기〕

ㄱ. (가) 항구를 출발해 (나) 섬으로 이동하는 내내 우리 영해를 벗어나지 않았다.   경로에는 영해를 벗어나는 구간이 있다.

ㄴ. (나) 섬의 정상에 올라 칼데라 분지를 관찰하였다. (○)

ㄷ. (다)의 국토 최동단 표석 앞에서 기념 사진을 찍었다. (○)

ㄹ. (다)에서 직선·거선의 기점 좌표를 GPS 기기로 실측했다.   통상 기선

① ㄱ, ㄴ   ② ㄱ, ㄷ   ③ ㄴ, ㄷ   ④ ㄴ, ㄹ   ⑤ ㄷ, ㄹ

문제 분석 (나) 섬은 울릉도, (다) 섬은 독도입니다.

정답 찾기 ㄴ. 울릉도에는 화구의 함몰로 형성된 칼데라 분지(나리 분지)가 있습니다. ㄷ. 독도는 우리나라의 최동단에 위치합니다.

오답 피하기 ㄱ. 영해 범위는 기선으로부터 12해리까지인데, (가)에서 (나)까지의 거리는 24해리가 넘습니다. 따라서 (가)에서 (나)로 가려면 일시적으로 우리 영해를 벗어나게 됩니다. ㄹ. 울릉도와 독도 모두 영해 설정 시에 통상 기선을 적용합니다.

함정 피하기

ㄴ과 ㄷ이 명백히 옳은 진술이기 때문에 정답 찾기는 쉬웠지만, ㄱ의 옳고 그름을 판단하기는 쉽지 않았을 것이다. ㄱ은 1해리가 대략 몇 m인지 알고 있거나, 평소 영해 기선을 표시한 지도를 숙지하고 있었다면 쉽게 판단할 수 있었다. 1해리는 약 1,852m이며 동해안과 울릉도는 모두 영해 설정 시 통상 기선을 적용한다. 동해안의 기선에서 12해리와 울릉도의 기선에서 12해리를 합하면 두 지역 간 최소 거리는 24해리이고, 24해리는 약 44.5km이다. 지도에서 축척을 활용하여 어림으로 계산하여도 동해안과 울릉도 간의 거리는 100km가 넘는다. 따라서 동해안을 출발해 울릉도까지 이동하는 동안 영해를 벗어나는 구간이 있다는 것을 알 수 있다.

014 마라도와 울릉도의 특징   정답 ④

문제 분석 주어진 수리적 위치와 섬의 모양을 통해 지역을 추론할 수 있습니다. (가)는 북위 33°에 위치하는 국토 남단의 마라도로, 남북으로 긴 타원 모양입니다. (나)는 동경 130°에 위치해 국토 동단의 독도와 인접한 울릉도입니다.

정답 찾기 ④ 마라도는 주로 점성이 작은 현무암질 용암의 분출로 형성되어 경사가 완만한 순상 화산의 형태를 띠는 반면, 울릉도는 주로 점성이 큰 조면암·안산암질 용암의 분출로 형성되어 경사가 급한 종상 화산의 형태를 띱니다.

오답 피하기 ① 마라도의 해안에는 파랑의 침식으로 형성된 해식애가 분포합니다. ② 울릉도는 일본의 오키섬과 달리 맑은 날 독도를 육안으로 볼 수 있을 정도로 가깝습니다. 이는 독도가 우리 영토임을 증명하는 지리적 근거 중 하나입니다. ③ 마라도와 가장 가까운 유인도인 가파도와의 거리는 독도와 가장 가까운 유인도인 울릉도와의 거리보다 가깝습니다. ⑤ 해안선이 단조로운 마라도와 울릉도는 모두 영해 설정 시 통상 기선을 사용합니다.

015 울릉도와 독도의 특징   정답 ①

문제 분석 (가)는 울릉도이고, (나)는 독도입니다.

정답 찾기 ① 종합 해양 과학 기지는 독도가 아니라 이어도에 설치되어 있습니다.

오답 피하기 ② 울릉도와 독도 인근 해역은 난류와 한류가 만나는 조경 수역입니다. ③ 울릉도와 독도 모두 영해 기선은 통상 기선입니다. ④ 울릉도에서는 맑은 날 독도가 보입니다. ⑤ 울릉도와 독도와의 최단 거리가 24해리 이상이기 때문에, 울릉도에서 독도를 가려면 우리나라의 배타적 경제 수역을 지나게 됩니다.

016 우리나라의 영역   정답 ⑤

문제 분석 A는 한·중 잠정 조치 수역, B는 우리나라의 배타적 경제 수역, C와 E는 한·일 중간 수역, D는 우리나라의 영해에 위치한 지점입니다.

[정답 찾기] ⑤ 배타적 경제 수역은 영해 기선으로부터 200해리까지의 바다에서 영해를 제외한 수역입니다. 한·일 중간 수역은 울릉도를 기준으로 배타적 경제 수역을 측정했기 때문에 독도 영해 주변이 중간 수역에 포함되었습니다. 따라서 해당 수역에 위치한 지점인 E는 독도 및 울릉도로부터의 거리가 200해리 미만입니다.

[오답 피하기] ① 타국 항공기에 대한 비행 허가 권한은 영공에 주어집니다. A는 한·중 잠정 조치 수역에 위치한 지점으로, 우리나라의 영해를 벗어났기 때문에 해당 지점의 상공은 우리나라의 영공이 아닙니다. 배타적 경제 수역에서는 다른 국가의 선박과 항공기가 자유롭게 통항할 수 있습니다. ② B는 우리나라의 영해가 아니므로 다른 나라 선박의 항해에 대한 허가 권한이 없습니다. ③ 한·중 잠정 조치 수역에 대한 내용입니다. C는 한·일 중간 수역에 위치해 중국이 아닌 일본과 공동으로 어족 자원을 보존·관리합니다. ④ D는 영해에 위치한 지점입니다. 배타적 경제 수역은 기선으로부터 200해리까지의 바다에서 영해를 제외한 부분입니다.

017 영역의 구성과 특징   정답 ①

[문제 분석] 그림의 A는 공해, B는 배타적 경제 수역, C는 영해, D는 영해 기선 안쪽의 바다인 내수(內水)에 해당합니다.

[정답 찾기] ① A는 특정 국가의 영해나 배타적 경제 수역이 아닌 공해이므로 자유롭게 어로 활동을 할 수 있습니다.

[오답 피하기] ② 배타적 경제 수역(B)에서는 연안국의 해양 자원 탐사 및 개발에 관한 주권적 권리가 보장됩니다. ③ 영해(C)의 상공은 연안국의 영공에 해당합니다. ④ D는 영해 기선 안쪽의 바다인 내수로, 영토에 준하는 주권적 권리를 가집니다. ⑤ 배타적 경제 수역(B)의 경우 영해 기선에서 200해리까지의 수역 중에서 영해를 제외한 부분이므로 영해와 배타적 경제 수역 설정의 기준선은 같습니다.

018 우리나라의 영역   정답 ③

[정답 찾기] ㄴ. 대한 해협은 우리나라와 일본이 너무 가까워 양국 모두 기선으로부터 3해리까지를 영해로 설정하였습니다. ㄷ. 우리나라는 해안선이 복잡한 서·남해안과 울산만·영일만 등의 동해안 일부에서 직선 기선을 기준으로 영해를 설정하였습니다.

[오답 피하기] ㄱ. 서·남해안에서의 간척 사업은 대체로 영해 기선의 안쪽에서 이루어지기 때문에, 간척 사업으로 인해 영해 면적이 달라지지는 않았습니다. ㄹ. 무해 통항권은 선박이 타국의 영해를 그 나라의 평화·질서·안전을 해치지 않는 한 자유롭게 통과할 수 있는 권리입니다. 따라서 군함 또는 잠수함의 수면 아래의 통항은 포함되지 않습니다.

019 우리나라의 배타적 경제 수역   정답 ①

[정답 찾기] ㄱ. ㉠에는 배타적 경제 수역의 범위를 정한 내용이 들어가야 하며, '기선(基線)으로부터 그 바깥쪽 200해리의 선까지'가 들어갈 수 있습니다. ㄴ. 영해의 상공은 영공이기 때문에 우리나라의 주권이 미칩니다. 따라서 우리나라의 영공으로 타국의 항공기가 우리나라의 허가 없이는 비행할 수 없습니다.

[오답 피하기] ㄷ. 우리나라는 러시아와 배타적 경제 수역이 겹치지 않습니다. 동해에는 일본과 어업 협정을 통해 설정한 한·일 중간 수역이 있습니다. ㄹ. 무해 통항권은 타국의 선박이 연안국의 평화·질서·안전을 해치지 않는 한 그 영해를 자유로이 통과할 수 있는 권리입니다. 따라서 배타적 경제 수역에 적용되는 개념이 아닙니다. 배타적 경제 수역은 연안국의 경제적 주권만 인정되는 곳으로, 타국의 선박과 항공기가 자유롭게 통행할 수 있습니다.

020 소중한 우리 영토, 독도   정답 ⑤

[문제 분석] 팔도총도는 조선 전기에 제작된 『신증동국여지승람』에 수록된 전국 지도로, 동해에 울릉도와 우산도(독도)가 표현되어 있습니다. 삼국

접양지도는 일본에서 제작한 지도로, 동해에 위치한 두 개의 섬(울릉도와 독도)을 조선과 같은 색으로 표현하였으며, 독도 아래에는 '조선의 것(朝鮮ノ持之)'이라는 해설까지 덧붙였습니다. 이는 당시 일본이 독도를 조선의 영토로 인식하고 있었음을 증명하는 중요한 자료입니다.

[정답 찾기] ⑤ 팔도총도와 삼국접양지도에는 모두 독도가 조선의 영토라는 인식이 담겨 있습니다.

[오답 피하기] ① 삼국접양지도에는 분수계가 표현되지 않았습니다. ②, ③ 팔도총도는 조선 전기에 제작된 지도이며, 삼국접양지도는 일본에서 제작된 지도입니다. ④ 팔도총도는 전국 지도로, 다른 나라의 국경이 나타나 있지 않습니다.

02강   국토 인식의 변화와 지리 정보

핵심 개념 CHECK!   ▶ 본문 017쪽

01 (가)-혼일강리역대국도지도, (나)-대동여지도   **02** A-조사 지역 선정, B-지리 정보 수집, C-지리 정보 분석   **03** ×   **04** ○   **05** ○   **06** ×   **07** ○   **08** ○   **09** ×   **10** ×   **11** ○

○|× 문장 바로 알기

03 택리지는 신증동국여지승람보다 제작 시기가 ~~이르다.~~ 늦다.

04 택리지는 신증동국여지승람보다 저자의 주관적 해석이 많이 담겨 있다.

05 택리지에 제시된 가거지의 조건에서 생리는 경제적 기반을 의미한다.

06 혼일강리역대국도지도에는 ~~아메리카와 오스트레일리아가~~ 아시아와 유럽, 아프리카 대륙이 표현되어 있다.

07 혼일강리역대국도지도는 국가 주도, 천하도는 주로 민간 주도로 만들어졌다.

08 천하도와 혼일강리역대국도지도에는 모두 중국 중심의 세계관이 반영되어 있다.

09 ~~대동여지도~~ 동국지도 는 우리나라에서 축척의 개념이 최초로 사용된 지도이다.

10 대동여지도에서 산줄기에 표현된 선의 굵기를 토대로 ~~정확한 해발 고도를 알 수 있다.~~ 대략적인 규모만 가늠할 수 있다.

11 대동여지도에서 쌍선으로 표현된 하천은 배가 다닐 수 있는 하천을 의미한다.

기출+예상   문제로 주제 정복하기   ▶ 본문 019~023쪽

021 ①	022 ①	023 ③	024 ④	025 ⑤	026 ⑤
027 ⑤	028 ⑤	029 ①	030 ①	031 ②	032 ①
033 ④	034 ⑤	035 ②	036 ②	037 ④	038 ②
039 ①					

자료 분석

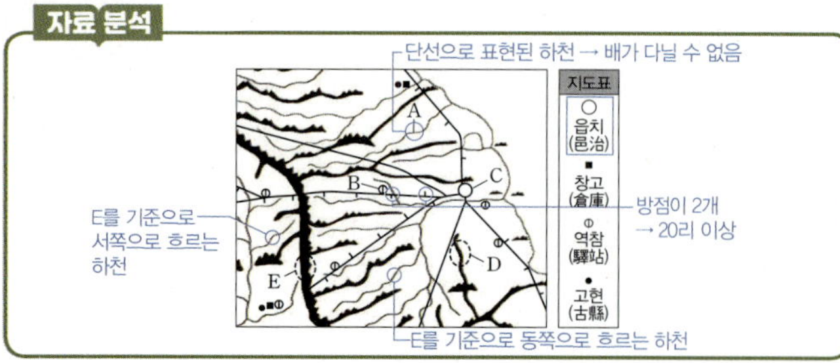

정답 찾기 ① A는 단선으로 표현되었으므로 배가 다닐 수 없는 하천입니다. 대동여지도는 배가 다닐 수 있는, 즉 수운 교통로로 이용되는 하천은 쌍선으로 표현하였습니다.

오답 피하기 ② 지도표를 보면 C는 읍치입니다. 읍치란 관아가 있는 행정의 중심지를 말합니다. ③ 방점 간의 거리는 약 10리입니다. 지도를 보면 C에서 B로 연결되는 도로가 있고, 두 지점 사이에는 방점이 2개 찍혀 있으므로 거리는 약 20리 이상입니다. ④ 대동여지도에서 산줄기는 분수계에 해당하는데, E 산줄기는 동쪽으로 흐르는 하천과 서쪽으로 흐르는 하천을 나누는 경계입니다. ⑤ 규모가 큰 산지는 상대적으로 굵은 산줄기로 표현하였습니다. 따라서 E는 D보다 규모가 큽니다.

022 신증동국여지승람과 택리지   정답 ①

문제 분석 (가)는 건치 연혁, 군명, 형승 등의 지역 정보를 나열하여 백과사전식으로 기술한 것으로 보아 관찬 지리지인 신증동국여지승람입니다. (나)는 산세, 위치, 역사 등의 지역 정보를 종합적이고 체계적으로 기술한 것으로 보아 사찬 지리지인 택리지입니다.

정답 찾기 ㄱ. 신증동국여지승람은 여러 지역 정보를 백과사전식으로 나열해 서술하였습니다. ㄴ. 관찬 지리지인 신증동국여지승람은 조선 전기 국가 통치에 필요한 지역의 기초 자료를 수집하기 위해 편찬되었습니다.

오답 피하기 ㄷ. 사찬 지리지인 택리지는 조선 후기에 실학사상의 영향을 받아 개인에 의해 저술되었습니다. ㄹ. 택리지에 기술된 가거지의 조건은 지리, 생리, 인심, 산수입니다. 생리(生利)는 땅이 비옥하거나 물자 교류가 편리해 경제적 기반이 유리한 곳을 의미합니다. ㉠의 안산(安山)은 풍수지리의 개념과 관련된 용어이므로 지리에 해당합니다.

023 동국지도와 대동여지도   정답 ③

문제 분석 (가)는 정상기의 동국지도, (나)는 김정호의 대동여지도에 대한 내용입니다.

정답 찾기 ㄴ. 김정호의 대동여지도는 현대 지도의 범례에 해당하는 지도표를 사용하여 좁은 지면에 다양한 지리 정보를 효과적으로 수록하였습니다. ㄷ. 정상기의 동국지도는 백리척이라는 축척을 사용한 지도로 김정호의 대동여지도보다 먼저 제작되었습니다.

오답 피하기 ㄱ. 정상기의 동국지도는 필사본으로 제작되었습니다. 목판본으로 제작된 지도는 대동여지도입니다. ㄹ. 두 지도 모두 표현 범위가 유사한 전국 지도이므로, 실제 거리를 더 축소해서 표현했다는 것은 지도의 크기가 상대적으로 작다는 것을 의미합니다. 자료를 보면 (가)는 전체 크기가 1.4m×2.7m이고, (나)는 전체 크기가 3.8m×6.6m임을 알 수 있습니다. 따라서 상대적으로 지도의 크기가 작은 (가)가 (나)보다 실제 거리를 더 축소해서 표현하였습니다.

눈으로 보는 해설

그림은 대동여지도의 일부를 나타낸 것이다. 이를 옳게 분석한 내용만을 〈보기〉에서 고른 것은?

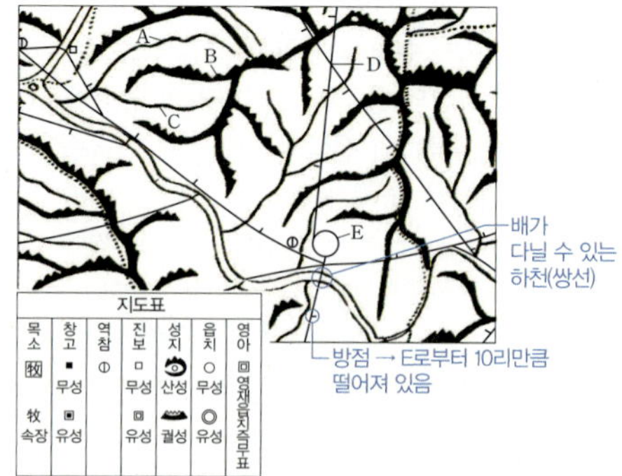

보기
ㄱ. D는 도로가 교차하는 곳으로 교통 시설이 입지하고 있다.
ㄴ. E 지점으로부터 10리 이내에 나루터가 있을 것이다. (○)
ㄷ. E 지점은 서풍보다 동풍의 영향을 많이 받을 것이다. 동풍보다 서풍
ㄹ. B 산줄기는 A 하천과 C 하천의 분수계를 이룬다. (○)

① ㄱ, ㄴ   ② ㄱ, ㄷ   ③ ㄴ, ㄷ   ④ ㄴ, ㄹ   ⑤ ㄷ, ㄹ

정답 찾기 ㄴ. 지도를 보면 E에서 10리 이내에 배가 다닐 수 있는 하천이 있으며, 도로가 하천을 가로질러 남쪽으로 뻗어 있습니다. 따라서 도로를 따라 이동하려면 배를 타고 하천을 건너야 하므로, E 지점으로부터 10리 이내에 배가 닿고 출발하는 나루터가 있을 것으로 추론할 수 있습니다. ㄹ. B 산줄기는 A, C 하천의 분수계를 이루고 있습니다.

오답 피하기 ㄱ. 지도를 보면 D는 직선상의 도로가 교차하고 있지만 역참 등의 교통 관련 시설이 표현되어 있지 않습니다. ㄷ. 지도를 보면 E는 동쪽으로 산줄기가 가까이 위치하는 반면, 서쪽으로는 산줄기가 상대적으로 멀리 떨어져 있습니다. 따라서 E는 동풍보다 서풍의 영향을 많이 받을 것입니다.

함정 피하기

ㄴ 선지를 판단하지 못했다면 나루터의 의미를 몰랐거나, 하천을 건너기 위해 배가 필요하다는 것을 생각하지 못했을 가능성이 높다. 강을 건너거나 강으로 오르내리는 나룻배가 닿고 떠나는 곳을 나루터라고 한다. 배가 다닐 수 있는 하천은 수심이 깊은 하천이므로 배를 이용해야 건널 수 있다.

025 천하도와 혼일강리역대국도지도   정답 ⑤

문제 분석 (가)는 조선 중기 이후 주로 민간에서 제작된 천하도, (나)는 조선 초기 국가 주도로 제작된 혼일강리역대국도지도입니다.

정답 찾기 ⑤ 두 지도 모두 중국 중심의 세계관인 중화사상이 반영되어 지도 중앙에 중국이 표현되어 있습니다.

오답 피하기 ① 실생활에 도움이 되는 학문인 실학사상은 주로 조선 후기의 지도 제작에 영향을 미쳤으며, 이로 인해 조선 전기보다 과학적이고 정교한 지도가 많이 만들어졌습니다. 실학사상이 반영된 대표적 세계 지도로는 조선 후기에 제작된 최한기의 지구전후도가 있습니다. ②, ③ 천하도는 조선 중기 이후 민간 주도로 제작되었으며, 혼일강리역대국도지도는 조선 초기에 국가 주도로 제작되었습니다. ④ 관념적 세계 지도인 천하도는 중국, 조선, 일본을 제외하면 실제 세계에 대한 정보가 적은 반면, 혼일강리역대국도지도는 아시아, 유럽, 아프리카까지 표현되어 실제 세계에 대한 정보가 천하도보다 많습니다.

026 혼일강리역대국도지도와 지구전후도　　　정답 ⑤

문제 분석 (가)는 조선 전기에 국가 주도로 제작된 세계 지도인 혼일강리역대국도지도이며, (나)는 조선 후기에 실학자 최한기가 서양 지도의 영향을 받아 제작한 세계 지도인 지구전후도입니다.

정답 찾기 ㄷ. 혼일강리역대국도지도는 조선 전기, 지구전후도는 조선 후기에 제작되었습니다. ㄹ. 혼일강리역대국도지도에는 아시아와 유럽, 아프리카 대륙이 표현되어 있습니다. 지구전후도에는 구대륙뿐만 아니라 아메리카, 오세아니아, 남극 대륙까지 표현되어 있습니다.

오답 피하기 ㄱ. 수리적 위치는 위도와 경도로 표현되는 위치입니다. 따라서 수리적 위치가 나타나 있는 지도는 경·위선을 사용하여 제작한 지구전후도입니다. 혼일강리역대국도지도에는 위도와 경도가 나타나 있지 않습니다. ㄴ. 중화사상의 영향을 받아 제작된 지도는 지도 중심에 중국이 배치된 혼일강리역대국도지도입니다. 지구전후도는 중국 중심의 세계관을 극복한 과학적 지도로 평가받고 있습니다.

027 우리나라의 주요 고문헌과 고지도　　　정답 ⑤

문제 분석 첫 번째는 택리지, 두 번째는 대동여지도, 세 번째는 혼일강리역대국도지도의 특징을 설명한 것입니다.

정답 찾기 ㄷ. 대동여지도는 분첩 절첩식으로 제작되어 병풍처럼 접고 펼수 있기 때문에 휴대와 열람이 편리합니다. ㄹ. 혼일강리역대국도지도에는 중화사상이 반영되어 지도의 중심부에 중국이 위치하지만, 조선이 다른 국가에 비해 크게 그려진 점에서 주체적 국토 인식을 엿볼 수 있습니다.

오답 피하기 ㄱ. 국가 주도로 제작한 관찬 지리지에 대한 설명입니다. 택리지는 실학자 개인이 저술한 사찬 지리지입니다. ㄴ. 가거지의 조건 중 지리(地理)에는 풍수 사상이 반영되어 있습니다.

028 국토관의 변화 과정　　　정답 ⑤

정답 찾기 ㄷ. 산업화 시기에 강조된 국토관은 국토를 경제적 관점에서 바라보고 적극적으로 개발·이용하여 형평성보다 효율성을 중시하였습니다. 그 결과 지역 간 불균형 및 환경 파괴 문제가 발생하였습니다. ㄹ. 오늘날의 생태 지향적 국토관은 자연과 인간의 조화를 중시하여 산업화 시기에 파괴된 자연환경을 복원하는 데 도움이 됩니다.

오답 피하기 ㄱ. 일제 강점기에는 식민 지배를 정당화하고자 왜곡된 국토관을 강요하여 한반도를 '갯벌이 많아 쓸모없는 땅', '나약한 토끼 형상을 한 땅'과 같이 소극적·부정적으로 인식하도록 하였습니다. ㄴ. 우리나라는 산업화 시기의 국토관으로 인해 환경오염 문제가 심화되었습니다.

029 조선 시대의 지도 제작　　　정답 ①

정답 찾기 ① 우리나라 최초로 축척을 사용한 지도는 조선 후기에 제작된 정상기의 동국지도입니다. 동국지도는 백리척이라는 축척을 사용하여 지도의 정확도를 높였습니다.

오답 피하기 ② 혼일강리역대국도지도에는 아시아, 유럽, 아프리카가 표현되어 있습니다. ③ 중화사상이 반영된 천하도는 중국을 중심에 두고 세계를 원형으로 표현하였습니다. ④ 정상기의 동국지도는 김정호의 대동여지도보다 먼저 제작되었으며, 축척의 개념 등 대동여지도 제작에 영향을 주었습니다. ⑤ 대동여지도는 실학사상의 영향을 받아 조선 후기까지 축적된 지도 제작 기술을 집대성한 것으로, 국토를 실용적으로 파악하려는 관점이 담겨 있습니다.

030 중첩 원리를 활용한 최적 입지 선정　　　정답 ①

정답 찾기 ○○ 리조트의 입지 후보지 A~E의 항목별 평가 점수 및 합산 점수는 다음의 표와 같습니다.

평가 항목 점수　＼　입지 후보지	A	B	C	D	E
여름 강수량	3	3	2	1	2
지가	3	2	3	1	3
겨울 평균 기온	3	2	1	3	2
항목별 점수의 합	9	7	6	5	7

따라서 ○○ 리조트의 입지 지역으로 가장 적절한 곳은 항목별 점수의 합이 9점으로 가장 큰 A입니다.

031 지리 정보 체계의 중첩 원리　　　정답 ②

정답 찾기 ② 황사에 따른 호흡기 환자 수는 제시된 자료만으로 지리 정보 체계를 활용하여 분석할 수 없습니다.

오답 피하기 ① 토지 이용별 면적 비율은 토지 이용 자료를 통해 분석할 수 있습니다. ③ 도로에 인접한 편의점의 개수는 편의점 분포 자료와 도로망을 중첩 분석하여 파악할 수 있습니다. ④ 도로 상의 두 지점 간 최단 거리는 도로망 자료를 통해 파악할 수 있습니다. ⑤ 해발 고도 100m 미만 지역의 토지 소유 현황은 해발 고도 자료와 토지 소유 현황 자료를 중첩 분석하여 파악할 수 있습니다.

032 통계 지도의 특징　　　정답 ①

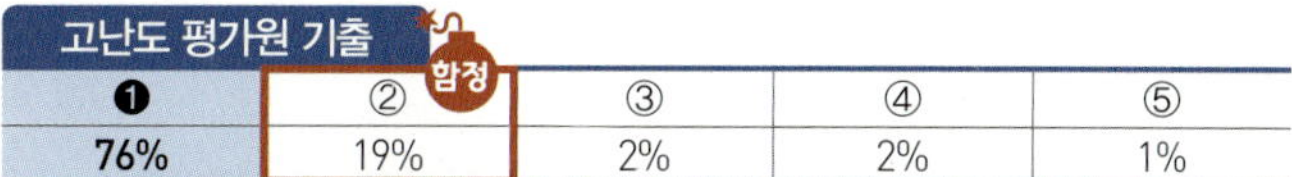

고난도 평가원 기출				
❶	② 함정	③	④	⑤
76%	19%	2%	2%	1%

🔍 눈으로 보는 해설

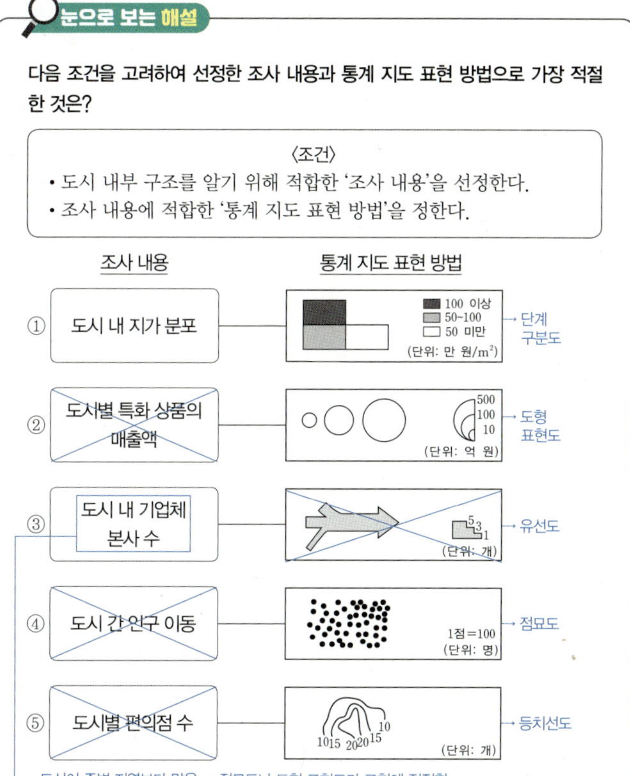

문제 분석 도시 내부는 지대와 접근성의 차이에 따라 여러 지역으로 나누어집니다. 이를 알기 위해 적합한 조사 내용은 도시 내 지가 분포(①)와 도시 내 기업체 본사 수(③)입니다.

정답 찾기 ① 도시 내 지가 분포는 상업·업무 기능이 집중된 도심에서 높고, 주거 기능이 집중된 주변 지역에서 낮습니다. 주어진 표현 방법은 단계 구분도로, 각 지역의 지가를 몇 개의 단계로 구분한 후 등급을 달리하여 표현할 수 있어 도시 내 지가 분포 표현에 적합합니다. 단계 구분도로 표현할 경우 지가가 높은 곳과 낮은 곳을 한눈에 알 수 있습니다.

오답 피하기 ② 도시별 특화 상품의 매출액은 도형 표현도로 나타내기에 적합하지만, 도시 내부 구조와 관련이 없는 주제입니다. ③ 도시 내 기업체 본사 수는 접근성이 높은 도심에 집중 분포하므로, 도시 내부 구조를 알기 위한 적합한 조사 내용입니다. 그러나 주어진 통계 지도 표현 방법은 사람이나 물자의 이동 방향과 이동량을 나타내는 유선도이므로 조사 내용에 적합하지 않습니다. ④ 주어진 통계 지도 표현 방법은 일정한 단위의 점을 이용해 밀도나 분포를 표현하는 점묘도이므로, 도시 간 인구 이동 조사에 적합하지 않습니다. 이에 가장 적합한 통계 지도 표현 방법은 유선도입니다. ⑤ 도시별 편의점 수는 도시 내부 구조가 아닌 인구 규모에 따른 도시 체계를 파악하기에 적합한 자료입니다. 도시와 도시를 비교하는 것이므로 도형 표현도, 단계 구분도를 통해 나타낼 수 있습니다.

함정 피하기

②번을 정답으로 골랐다면 제시된 〈조건〉을 꼼꼼히 읽지 않았을 것이다. 도시별 특화 상품의 매출액은 원이나 막대의 크기와 같이 도형 표현도로 나타내는 것이 적절하기 때문에 두 번째 조건에는 맞지만, 주제 선정이 적합하지 않아 첫 번째 조건에는 맞지 않다. 조건이 제시된 경우 모든 조건을 토대로 꼼꼼하게 진위를 판단하는 습관을 길러야 한다.

033 원격 탐사　　　　　　　　　　　　　정답 ④

문제 분석 제시된 지리 정보 수집 방법은 원격 탐사입니다. 원격 탐사는 인공위성이나 항공기 등을 이용한 지리 정보 수집 방법으로, 인간의 접근이 어렵거나 넓은 지역의 지리 정보를 주기적으로 수집하는 데 용이합니다.

정답 찾기 ㄱ. 인공위성을 이용한 정보 수집은 직접 접촉하지 않고 대상물에 대한 정보를 얻을 수 있습니다. ㄴ. 원격 탐사는 사람이 접근하기 어려운 지역의 정보를 수집할 수 있습니다. ㄷ. 인공위성은 주기적으로 한 지역에 대한 정보를 수집할 수 있습니다. 따라서 특정 지역의 토지 이용 변화를 주기적으로 파악할 수 있습니다.

오답 피하기 ㄹ. 원격 탐사는 인구 밀도, 인구 구조 등의 속성 정보는 파악하기 어렵습니다.

034 도형 표현도와 단계 구분도　　　　　　정답 ⑤

문제 분석 (가)는 도형 표현도, (나)는 단계 구분도입니다.

정답 찾기 ㄷ. 단계 구분도에서는 지역의 통계 값이 어느 등급 범위에 속하느냐에 따라 음영 분포가 달라집니다. 따라서 범례 등급의 범위를 조정하면 지역의 통계 값이 속하는 등급이 달라질 수 있기 때문에 음영 분포 또한 달라집니다. ㄹ. (가)는 시·도별로 소 사육 농가가 몇 가구인지, 사육하는 소는 몇 마리인지의 절대적 수량을 표현한 지도이므로 단위 지역의 면적과 상관이 없습니다. (나)는 시·도별로 1인당 지역 내 생산액이 얼마인지 표현한 지도입니다. 1인당 지역 내 생산액을 계산하기 위해 필요한 지표는 지역 내 총인구와 총 생산액이므로 단위 지역의 면적 정보는 필요하지 않습니다. 지역별 면적 자료가 활용되는 통계 지도로는 인구 밀도, 경지율 분포 등을 들 수 있습니다.

오답 피하기 ㄱ. (가)의 범례를 보면, 소 150,000두에 해당하는 원형 그래프의 반지름이 2배이면 소 450,000두에 해당하는 원보다 큽니다. 따라서 원형 그래프의 반지름이 2배이더라도 소 사육 두수는 2배가 아닙니다. ㄴ. (나) 지도는 음영이 진할수록 1인당 지역 내 총생산액이 많습니다.

035 지역 조사와 지리 정보　　　　　　　　정답 ②

정답 찾기 ㄱ. 경상남도의 시설 재배 농업에 대해 조사해 보고자 하는 것은 조사 주제 및 지역 선정에 해당합니다. ㄷ. 시·군별 작물별 생산량을 한 장의 통계 지도로 표현할 때 가장 적절한 통계 지도는 도형 표현도입니다. 도형 표현도는 두 가지 이상의 통계 자료를 한 번에 나타내는 데 용이합니다.

오답 피하기 ㄴ. 설문지를 만드는 것은 실내 조사 단계에서 할 일입니다. ㄹ. 시·군별 시설 재배 면적은 단계 구분도나 도형 표현도로 표현하는 것이 적절합니다. 유선도는 지역 간 사람이나 물자의 흐름을 표현하는 데 적절한 통계 지도입니다.

036 통계 지도의 유형　　　　　　　　　　정답 ②

정답 찾기 〈보기〉의 ㄱ은 단계 구분도, ㄴ은 도형 표현도, ㄷ은 유선도입니다. (가)의 시·군별 인구 순 이동률 자료는 인구 이동률 정도를 몇 개의 등급으로 나누어 어느 지역에서 얼마만큼의 인구 증감이 나타났는지 경향을 살펴야 하므로 단계 구분도(ㄱ)로 표현하는 것이 가장 적절합니다. (나)의 지역 간 인구 이동 자료는 출발 지역과 도착 지역을 파악해야 하므로 지역 간 이동 방향과 이동량을 화살표의 방향과 굵기로 나타낸 유선도(ㄷ)로 표현하는 것이 적절합니다. 따라서 (가)는 ㄱ, (나)는 ㄷ과 연결됩니다.

오답 피하기 ㄴ. 도형 표현도는 지역별 통계의 총량을 파악해야 할 때 적합합니다. 특히 지역별 두 가지 이상의 통계 자료를 한 번에 나타낼 때 유용합니다.

037 종이 지도와 위성사진　　　　　　　　정답 ④

문제 분석 (가)는 지형도이고, (나)는 위성사진입니다.

정답 찾기 ㄱ. 지형도에는 문자와 기호를 통해 다양한 지역 정보가 표현됩니다. ㄷ. (가)에는 지명, 지역 경계가 표현되어 있지만 (나)에는 표현되어 있지 않습니다. ㄹ. 인공위성을 통한 정보 수집 활동은 주기적으로 이루어집니다.

오답 피하기 ㄴ. 위성사진은 인공위성을 통해 조사 지역과 떨어져 정보를 수집할 수 있어 사람의 접근이 어려운 지역의 정보 수집에 유리합니다.

038 지역 조사의 과정과 지리 정보　　　　　정답 ②

문제 분석 ㉠은 지리 정보 수집 단계에서 실내 조사, ㉡은 야외 조사에 해당합니다.

정답 찾기 ㄱ. 지리 정보 수집 단계에서 실내 조사에는 문헌 조사, 인터넷 조사 등이 포함됩니다. ㄷ. 시장의 역사는 속성 정보에 해당합니다.

오답 피하기 ㄴ. 야외 조사의 경로와 일정을 계획하는 것은 실내 조사 단계에서 할 일입니다. ㄹ. 지역별 수나 양은 통계 지도 중에서 도형 표현도로 나타내는 것이 적절합니다. 등치선도는 같은 값을 연결한 선으로 등온선, 개화일 등의 연속된 지리 정보 표현에 적절한 통계 지도입니다.

039 지역 조사의 순서　　　　　　　　　　정답 ①

문제 분석 지역 조사는 조사 주제 및 지역 선정 → 지리 정보 수집(실내 조사와 야외 조사) → 지리 정보 분석 → 보고서 작성의 순서로 이루어집니다.

정답 찾기 갑. 지도의 A 호수에 대해 조사하려고 하는 것은 지역 조사 순서에서 조사 주제 및 지역 선정에 해당합니다. 을. 조사 주제와 관련된 논문을 읽는 등의 문헌 조사 활동은 지리 정보 수집 단계에서 실내 조사에 해당합니다. 병. 조사 지역을 직접 방문하여 주민들과 면담하는 것은 지리 정보 수집 단계에서 야외 조사에 해당합니다. 정. 자료를 정리하는 것은 지리 정보 분석 단계에 해당합니다. 따라서 네 학생의 조사 활동을 지역 조사 순서에 맞게 나열하면 갑 - 을 - 병 - 정의 순입니다.

03강 한반도의 형성과 산지의 모습

핵심 개념 CHECK!
▶ 본문 028쪽

01 (1) A—두만 지괴, 길주·명천 지괴, B—평북·개마 지괴, C—평남 분지, D—경기 지괴, E—옥천 습곡대, F—영남 지괴, G—경상 분지
(2) B, D, F (3) C, E (4) G (5) A　　**02** (1) A—마천령산맥, B—낭림산맥, C—함경산맥, D—태백산맥, E—소백산맥, F—노령산맥 (2) A, B, C, D, E (3) (가)—랴오둥 방향, (나)—중국 방향, (다)—한국 방향

03 ○　**04** ○　**05** ○　**06** ○　**07** ○　**08** ×　**09** ×　**10** ○
11 ×　**12** ×　**13** ×　**14** ○　**15** ○　**16** ×　**17** ×　**18** ○
19 ○　**20** ×　**21** ○　**22** ○

○|× 문장 바로 알기

03 중생대 대보 조산 운동의 영향으로 넓은 범위에 화강암이 관입하였다.

04 신생대의 화산 활동으로 백두산과 울릉도가 형성되었다.

05 고위 평탄면은 경동성 요곡 운동의 영향을 받아 형성되었다.

06 공룡 발자국 화석은 중생대의 육성 퇴적암에서 발견된다.

07 중생대 초기에 일어난 송림 변동의 영향으로 랴오둥 방향의 지질 구조선이 형성되었다.

08 조선 누층군은 평안 누층군에 비해 형성 시기가 ~~늦다.~~ 이르다.

09 고생대 초기에 형성된 조선 누층군은 대표적인 해성층으로 ~~무연탄~~이 많이 매장되어 있다. 석회석

10 고생대 말~중생대 초에 형성된 평안 누층군은 주로 호소에서 형성된 육성층이다.

11 중생대에 형성된 경상 누층군은 ~~강원도~~ 일대에 넓게 분포한다. 영남 지방

12 최종 빙기보다 후빙기에 육지 면적이 ~~넓다.~~ 좁다.

13 후빙기는 최종 빙기보다 침식 기준면이 ~~낮고,~~ 하천 상류의 ~~퇴적~~ 작용이 활발하다. 높고 / 침식

14 고위 평탄면은 밭으로 많이 개간되어 집중 호우 시 토양 침식 문제가 발생하기도 한다.

15 1차 산맥은 2차 산맥에 비해 평균 해발 고도가 높고, 산지의 연속성이 뚜렷하다.

16 ~~1차 산맥~~은 지질 구조선을 따라 차별 침식을 받아 형성되었다. 2차 산맥

17 주된 기반암이 변성암으로 이루어진 산지는 ~~돌산~~인 경우가 많다. 흙산

18 금강산은 장기간의 침식으로 화강암이 노출되면서 형성된 돌산이다.

19 한국 방향의 산맥은 모두 1차 산맥이다.

20 ~~소백산맥과 노령산맥은 모두 중국 방향의 1차 산맥이다.~~ 소백산맥은 중국 방향의 1차 산맥, 노령산맥은 중국 방향의 2차 산맥이다.

21 경상 분지는 지각 변동의 영향을 적게 받아 비교적 지층이 수평을 이룬다.

22 마그마가 지하에서 천천히 굳어져 형성된 암석은 화강암이다.

기출+예상 문제로 주제 정복하기
▶ 본문 030~035쪽

040 ③	**041** ③	**042** ④	**043** ①	**044** ③	**045** ①
046 ③	**047** ④	**048** ②	**049** ②	**050** ③	**051** ②
052 ②	**053** ④	**054** ④	**055** ③	**056** ③	**057** ⑤
058 ⑤	**059** ②	**060** ③	**061** ①	**062** ①	**063** ①
064 ⑤					

040 지질 시대별 주요 지각 변동
정답 ③

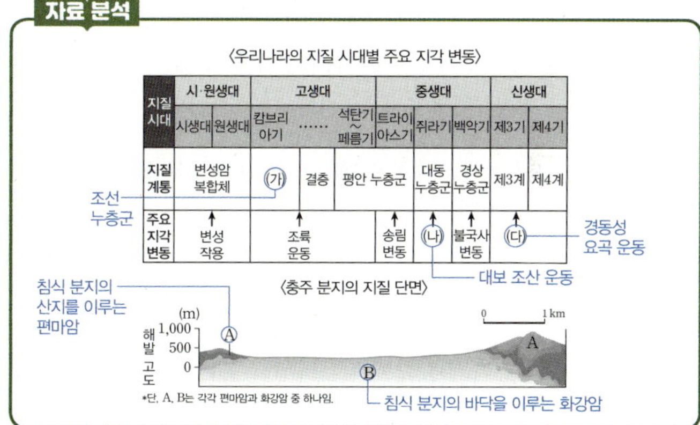

문제 분석 〈우리나라의 지질 시대별 주요 지각 변동〉을 나타낸 표에서 (가)는 조선 누층군, (나)는 대보 조산 운동, (다)는 경동성 요곡 운동이고, 〈충주 분지의 지질 단면〉에서 A는 변성암인 편마암, B는 화강암입니다.

정답 찾기 ③ 편마암(A)은 시·원생대에 형성되었으며 화강암(B)은 주로 중생대에 형성되었습니다.

오답 피하기 ① 변성암인 편마암(A)으로 구성된 산은 주로 흙산입니다. 돌산의 경관을 보이는 것은 주된 기반암이 화강암인 산입니다. ② 조선 누층군(가)은 고생대 퇴적암으로, 석회석이 주로 매장되어 있습니다. ④ 제주도의 화산체는 신생대 화산 활동으로 형성되었습니다. 대보 조산 운동(나)은 중생대에 일어난 격렬한 지각 변동으로, 중국(북동-남서) 방향의 지질 구조선을 형성하였습니다. ⑤ 대보 화강암은 대보 조산 운동(나) 때 마그마의 관입으로 형성되었습니다.

041 중생대의 지각 변동
정답 ③

정답 찾기 ③ 침식 분지는 편마암이 기반암을 이루는 곳에 중생대 화강암이 관입한 이후, 주변 암석에 비해 풍화와 침식에 약한 화강암이 빠르게 침식을 받아 가운데가 깊게 파여 형성됩니다.

오답 피하기 ① 남북 방향의 1차 산맥은 신생대 경동성 요곡 운동의 영향으로 형성되었습니다. 대보 조산 운동으로 중국 방향의 지질 구조선이 형성되었고, 이후에 지질 구조선을 따라 하천의 침식이 진행되면서 중국 방향의 산맥이 형성되었습니다. ② 화강암은 풍화 물질의 입자가 비교적 크기 때문에 쉽게 제거됩니다. 그래서 정상부가 화강암으로 이루어진 산지는 기반암이 노출된 경우가 많은 돌산입니다. 흙산의 기반암은 시·원생

대에 형성된 변성암입니다. ④ 불국사 변동은 중생대 영남 지방을 중심으로 일어난 지각 변동입니다. 동고서저 지형 형성의 주된 요인은 융기의 축이 동해 쪽에 치우친 경동성 요곡 운동입니다. ⑤ 갈탄은 신생대 퇴적층에서 발견됩니다. 경상 분지는 중생대 퇴적층입니다.

042 한반도의 지체 구조와 지각 변동   정답 ④

문제 분석 A는 평남 분지, B는 경기 지괴, C는 경상 분지이며, (가)는 중생대, (나)는 고생대, ㉠은 대보 조산 운동, ㉡은 송림 변동입니다.

정답 찾기 ④ 대보 조산 운동으로 인해 관입된 암석은 화강암입니다. 화강암이 주된 기반암인 산지는 돌산을 이루는 경우가 많으며, 북한산은 금강산, 설악산과 함께 대표적인 돌산에 해당합니다.

오답 피하기 ① 평남 분지는 고생대 지층으로 석회암이 매장되어 있는 조선 누층군, 석탄(무연탄)이 매장되어 있는 평안 누층군으로 구성됩니다. 공룡 발자국 화석이 발견되는 곳은 중생대에 대규모 호수였던 경상 분지(C)입니다. ② 경기 지괴는 평북·개마 지괴와 함께 시·원생대에 형성된 안정 지괴입니다. 중생대(가)에 형성된 지층은 경상 누층군이 있습니다. ③ 경상 분지에 분포하는 퇴적층은 중생대에 형성된 육성층으로, 공룡 발자국 화석이 발견됩니다. 다량의 석회암이 매장되어 있는 지층은 고생대 조선 누층군입니다. ⑤ 한국 방향의 1차 산맥은 신생대 경동성 요곡 운동으로 형성되었습니다. ㉡은 북부 지방을 중심으로 일어난 송림 변동으로, 이로 인해 랴오둥 방향의 지질 구조선이 형성되었습니다.

043 화강암과 현무암의 특징   정답 ①

문제 분석 서울 북한산의 인수봉은 화강암(가)이 노출된 돌산이고, 제주도 대포 해안 주상 절리대는 현무암(나)이 노출된 곳입니다.

정답 찾기 ① 화강암은 마그마가 지하에 관입한 후 천천히 식으면서 굳어져 형성된 암석입니다.

오답 피하기 ② 화강암은 주로 중생대 조산 운동으로 형성(관입)되었고, 평북·개마 지괴는 시·원생대에 형성되었습니다. ③ 오랜 퇴적 과정을 거쳐 형성된 암석은 퇴적암입니다. 우리나라에는 고생대 퇴적암이 분포하는 조선 누층군과 평안 누층군, 중생대 퇴적암이 분포하는 경상 누층군 등이 있습니다. ④ 대보 조산 운동은 중생대에 발생하였고, 주상 절리를 이루는 현무암은 신생대의 화산 활동으로 형성되었습니다. ⑤ 침식 분지에서 주변 산지를 구성하는 암석은 주로 변성암입니다.

044 지질 지대별 주요 지각 변동   정답 ③

문제 분석 A는 조선 누층군, B는 평안 누층군, C는 경상 누층군입니다.

정답 찾기 ③ 경상 누층군은 경상 분지가 있는 영남 지방을 중심으로 분포합니다.

오답 피하기 ① 석탄(무연탄)은 평안 누층군에 주로 매장되어 있습니다. 조선 누층군에는 주로 석회석이 매장되어 있습니다. ② 공룡 발자국 화석은 주로 경상 누층군에서 발견됩니다. ④ 조선 누층군은 고생대 얕은 바다에서 형성된 해성층, 평안 누층군은 주로 호소에서 형성된 육성층입니다. ⑤ 고생대에 퇴적된 평안 누층군은 이후 중생대 중기에 격렬한 대보 조산 운동의 영향을 받은 반면, 중생대 후기에 형성된 경상 분지는 큰 영향을 받지 않았습니다. 그 결과 경상 분지의 퇴적층은 수평층이 비교적 잘 유지되어 공룡 발자국 화석이 발견됩니다.

045 주요 지각 변동의 영향   정답 ①

문제 분석 D는 중생대 중기의 대보 조산 운동입니다. 대보 조산 운동은 가장 격렬했던 지각 변동으로 이로 인해 중국(북동–남서) 방향의 지질 구조선이 형성되었고, 중·남부 지방을 중심으로 넓은 범위에 걸쳐 화강암이 관입하였습니다. E는 신생대 제3기의 경동성 요곡 운동입니다. 경동성 요곡 운동은 융기 축이 동해안에 치우친 비대칭 융기 운동으로, 이로

인해 중부 지방에서는 동고서저의 지형이 형성되었습니다. F는 신생대 제4기의 화산 활동입니다. 신생대 제3기 말~제4기에 걸쳐 일어난 화산 활동으로 백두산, 울릉도, 독도, 제주도, 철원 등지에 다양한 화산 지형이 형성되었습니다.

정답 찾기 ㄱ. 화강암이 대규모로 관입한 것은 중생대 중기 대보 조산 운동(D)의 영향입니다. ㄴ. 함경산맥, 태백산맥 등의 1차 산맥이 형성된 것은 신생대 제3기 경동성 요곡 운동(E)의 영향입니다. ㄷ. 제주도, 울릉도 등의 화산섬이 형성된 것은 신생대 제3기 말~제4기의 화산 활동(F)입니다.

046 대보 조산 운동의 영향   정답 ③

문제 분석 (가)에 해당하는 지각 변동은 대보 조산 운동입니다. 대보 조산 운동은 중·남부 지방을 중심으로 일어난 격렬한 지각 변동으로, 이때 넓은 범위에 걸쳐 대규모로 화강암이 관입하였습니다.

정답 찾기 ③ 대보 조산 운동으로 인해 대규모로 마그마가 관입되었고, 이것이 천천히 식으면서 굳어 화강암이 형성되었습니다.

오답 피하기 ① 신생대 제3기 경동성 요곡 운동의 영향입니다. ② 송림 변동에 대한 설명입니다. 대보 조산 운동으로 인해 형성된 지질 구조선은 중국 방향의 지질 구조선이 대부분입니다. ④ 흙산의 주된 기반암을 이루는 것은 변성암입니다. ⑤ 평남 분지와 옥천 습곡대를 이루는 주요 기반암은 퇴적암으로, 고생대 조륙 운동으로 형성되었습니다.

047 변성암과 석회암의 분포   정답 ④

문제 분석 (가)는 시·원생대 지층을 중심으로 분포하므로 변성암, (나)는 고생대 조선 누층군을 중심으로 분포하므로 석회암입니다.

정답 찾기 ④ 조선 누층군에 매장되어 있는 석회암은 흰색을 띱니다. 흑갈색의 암석으로 이루어진 주상 절리가 분포하는 곳의 기반암은 현무암입니다.

오답 피하기 ① 지리산, 덕유산 등과 같이 변성암이 주된 기반암을 이루는 산지는 흙산입니다. ② 변성암은 오랜 기간 땅속에서 열과 압력에 의해 변성 작용을 받아 본래의 성질이 변하였습니다. ③ 조선 누층군은 얕은 바다에서 형성된 지층으로 당시 바다에 살던 삼엽충 등 바다 생물의 화석이 발견됩니다. ⑤ 시·원생대의 변성암이 고생대의 조선 누층군보다 형성 시기가 이릅니다.

048 지질 시대별 암석 구성   정답 ②

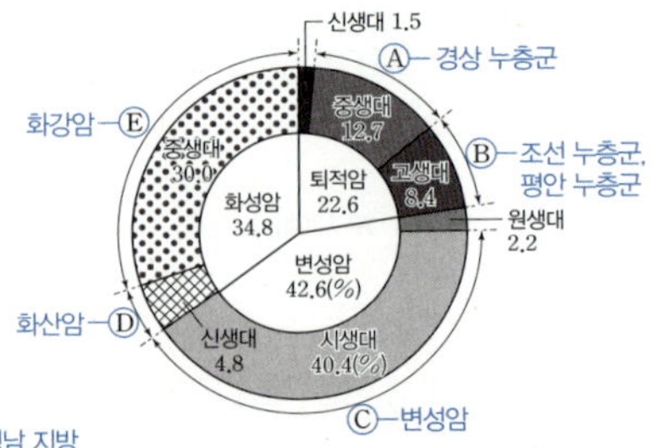

🔍 **눈으로 보는 해설**

그래프는 지질 시대별 암석 구성을 나타낸 것이다. A~E에 대한 설명으로 옳은 것은?

① A는 호남 지방을 중심으로 분포한다.
② B는 평안남도, 강원 남부 지역을 중심으로 분포한다. (○)
③ D는 주로 마그마의 관입으로 형성되었다. 분출
④ E가 주된 기반암인 산지는 주로 흙산을 이룬다. 돌산
⑤ C와 E로 이루어진 침식 분지에서 C는 주로 분지의 바닥 부분을 이룬다.
배후 산지

 A는 중생대 퇴적암이므로 경상 분지에 주로 분포하며, B는 고생대 퇴적암으로 조선 누층군과 평안 누층군에 해당합니다. C는 시·원생대의 변성암, D는 신생대의 화산암, E는 중생대에 마그마의 관입으로 형성된 화강암입니다.

정답 찾기 ② 고생대 퇴적암은 평남 분지와 옥천 습곡대가 위치한 평안남도와 강원 남부 일대를 중심으로 분포합니다.

오답 피하기 ① 중생대 퇴적암은 경상 분지가 위치한 지금의 영남 지방을 중심으로 분포합니다. ③ 마그마의 관입으로 형성된 암석은 중생대 화성암입니다. 신생대 화성암은 주로 마그마의 분출로 형성되었습니다. ④ 중생대 화강암이 주된 기반암을 이루는 산지는 돌산입니다. ⑤ 변성암이 기반암을 이루는 곳에 화강암이 관입하면, 화강암 지대가 주변의 변성암 지대보다 차별적으로 더 빠르게 풍화와 침식을 받습니다. 이에 변성암은 침식 분지에서 주로 배후 산지 부분을 이룹니다.

함정 피하기

지질 시대별로 어느 한 종류의 암석만 존재하는 것이 아니기 때문에 암석 구분을 어려워하는 학생이 많다. 게다가 화성암은 (중생대에 주로 형성된) 관입암과 (신생대에 주로 형성된) 분출암으로 구체적으로 분류하며, 퇴적암은 고생대~신생대 전 시기에 걸쳐 형성되어 대략적 분포 비율을 알아 두지 않는다면 자료 분석이 쉽지 않다. 이는 지층별 분포 지도와 연계하여 그 면적을 떠올리거나, 분포 비율의 순위를 기억해 두면 보다 쉽게 학습할 수 있다.

049 동해의 확장과 경동성 요곡 운동　　정답 ②

문제 분석 일본이 한반도에서 분리되면서 그 사이에 동해가 형성되었습니다. 이때 한반도 동쪽에는 강한 횡압력이 작용하여 경동성 요곡 운동 (가)이 발생하였고, 융기량이 큰 강원 지역에서는 지반의 융기로 인한 다양한 지형이 형성되었습니다.

정답 찾기 ㄱ. 고위 평탄면은 과거 오랜 침식으로 평탄해진 곳이 경동성 요곡 운동으로 융기한 이후에도 평탄하게 남아있는 지형으로, 태백산맥의 대관령과 소백산맥의 진안고원 등이 대표적입니다. ㄹ. 주로 중·상류를 흐르는 감입 곡류 하천은 경동성 요곡 운동으로 지반이 융기하면서 하방 침식이 강화되어 형성되었습니다. 영월은 한강 중·상류 지역에 해당하며, 감입 곡류 하천의 급류를 이용한 래프팅 장소로도 유명합니다.

오답 피하기 ㄴ, ㄷ. 해안 퇴적 지형인 해안 사구와 석호는 후빙기 해수면 상승 이후 형성되었습니다.

050 조선 누층군과 평안 누층군의 분포　　정답 ③

문제 분석 고생대 초 지괴 사이로 바닷물이 들어오면서 형성된 조선 누층군은 고생대 말~중생대 초 육지의 호수나 해안 습지에서 형성된 평안 누층군보다 분포 범위가 넓습니다. 따라서 (가)는 조선 누층군, (나)는 평안 누층군입니다.

정답 찾기 ㄴ. 평안 누층군에는 에너지 자원인 석탄(무연탄)이 매장되어 있습니다. ㄷ. 조선 누층군은 고생대 전기, 평안 누층군은 고생대 후기에 형성되었습니다.

오답 피하기 ㄱ. 공룡 발자국 화석은 주로 경상 누층군에서 발견됩니다. ㄹ. 조선 누층군은 주로 얕은 바다에서 퇴적된 해성층이며, 평안 누층군은 주로 호수나 해안 습지에서 식물 등이 퇴적된 육성층입니다.

051 한반도의 지각 변동　　정답 ②

문제 분석 한반도는 시·원생대부터 신생대에 이르기까지 다양한 지각 변동을 겪어 왔으며, 특히 중생대 세 차례의 지각 변동과 신생대 제3기 경동성 요곡 운동은 오늘날 한반도의 골격이 되는 지형을 형성하는 데 큰 영향을 미쳤습니다.

정답 찾기 ㄱ. 대보 조산 운동은 중·남부 지방을 중심으로 발생한 가장 격렬했던 지각 변동으로, 중국(북동-남서) 방향의 지질 구조선이 형성되었습니다. ㄷ. 경상 분지에는 중생대 퇴적암이 분포합니다.

오답 피하기 ㄴ. 대보 조산 운동 시 마그마가 관입해 형성된 암석이 대보 화강암입니다. 대보 조산 운동이 중·남부 지방을 중심으로 영향을 미쳤으므로, 대보 화강암도 중·남부 지방을 중심으로 분포합니다. ㄹ. 경동성 요곡 운동의 영향으로 형성된 산맥은 1차 산맥에 해당합니다. 1차 산맥이지만 한국 방향의 산맥이 아닌 대표적인 사례로 랴오둥 방향의 함경산맥을 들 수 있습니다. 따라서 ㄹ의 영향으로 형성된 산맥이 모두 한국 방향의 산맥은 아닙니다.

052 한반도의 주요 지각 변동　　정답 ②

정답 찾기 ㄱ. 대보 조산 운동으로 관입한 화강암은 중국 방향의 구조선을 따라 분포하는 경향이 있습니다. 대보 조산 운동으로 인해 중국 방향의 구조선이 발달했기 때문입니다. ㄹ. 후빙기 해수면이 상승하면서 골짜기가 침수되어 서·남해안에 리아스 해안이 형성되었습니다.

오답 피하기 ㄴ. 변성암은 시·원생대 지체 구조에 주로 분포합니다. 고생대에 형성된 지체 구조에는 조선 누층군과 평안 누층군이 분포합니다. ㄷ. 동고서저 지형은 중부 지방에서 뚜렷하게 나타납니다. 남부 지방의 경우 영·호남의 경계가 되는 소백산맥이 태백산맥보다 높게 형성되어 중앙부의 해발 고도가 가장 높습니다. 한라산을 제외하고 남부 지방에서 제일 높은 산인 지리산도 소백산맥에 위치합니다.

053 변성암, 석회암, 화강암의 분포　　정답 ④

문제 분석 변성암은 시·원생대에 형성된 이후 오랜 기간 열과 압력을 받아 성질이 변한 암석으로 국토의 약 42.6%를 차지합니다. 석회암은 고생대 조선 누층군에 분포하는 암석으로 고생대에 얕은 바다에서 형성된 퇴적암입니다. 화강암은 마그마가 지하에서 관입 후 천천히 굳어져 형성된 암석입니다.

정답 찾기 ④ (가)는 돌산의 주된 기반암을 이루는 화강암, (나)는 시멘트 공업의 주요 원료로 이용하는 석회암, (다)는 흙산의 주된 기반암을 이루는 편마암 등의 변성암에 대한 설명입니다. 지도의 A는 분포 면적이 가장 넓은 변성암, C는 평안남도와 강원 남부, 충북 북동부에 주로 분포하는 석회암, 나머지 B는 화강암의 분포를 나타낸 것입니다. 따라서 (가)는 B, (나)는 C, (다)는 A와 연결됩니다.

054 기후 변화와 지형 형성　　정답 ④

문제 분석 최종 빙기와 후빙기는 기후 차이로 인해 지형 형성 작용에도 차이가 나타납니다. (가)는 최종 빙기, (나)는 후빙기입니다.

정답 찾기 ④ 후빙기에는 최종 빙기보다 해수면이 높아 남해로 유입되는 하천의 길이가 짧습니다.

오답 피하기 후빙기는 최종 빙기보다 연평균 기온이 높고(①), 설악산의 해발 고도가 낮습니다.(②) 해발 고도는 해수면과의 높이 차이이므로, 해수면이 높아지면 해발 고도는 낮아집니다. ③ 냉대림은 기온이 낮은 곳에 분포하므로, 상대적으로 평균 기온이 낮은 최종 빙기는 후빙기보다 냉대림의 분포 면적이 넓습니다. ⑤ 화학적 풍화는 상대적으로 기온이 높고 강수량이 많은 지역에서, 물리적 풍화는 기온이 낮고 건조한 지역에서 우세하므로 후빙기는 최종 빙기보다 화학적 풍화가 활발합니다.

055 최종 빙기와 후빙기의 지형 형성　　정답 ③

문제 분석 (가)는 황해와 남해의 일부가 육지였으므로 최종 빙기, (나)는 오늘날의 해안선과 비슷하므로 후빙기입니다.

정답 찾기 ㄴ. 최종 빙기는 후빙기보다 해수면이 낮았기 때문에 해발 고도는 육지의 어떤 지점이든 최종 빙기가 후빙기보다 높습니다. ㄷ. 현재를 기준으로 할 때 하천의 하류 지점은 빙기에 중·상류에 해당하며, 후빙기 해수면이 상승하면서 퇴적 작용이 활발하게 나타났습니다. 따라서 오늘날 하천 하류인 A 지점은 최종 빙기 때보다 퇴적층의 두께가 두껍습니다.

오답 피하기 ㄱ. 최종 빙기에 하천의 상류인 B는 후빙기보다 한랭 건조하기 때문에 물리적 풍화 작용이 활발하였습니다. ㄹ. 후빙기에 하천의 상류인 B는 최종 빙기보다 기온이 높고 강수량이 많기 때문에 산지의 식생 밀도가 높습니다.

056 기후 변동과 지형 형성　　　　정답 ②

정답 찾기 ㄱ. (가)는 상류부가 한랭 건조하여 퇴적 작용이 우세하고, 하류부에서 침식이 이루어지므로 최종 빙기의 지형 변화입니다. (나)는 상류부가 온난 습윤하고 침식 작용이 우세한 반면, 하류부에서는 퇴적 작용이 우세하므로 후빙기입니다. ㄷ. 후빙기에 하천 하류부는 해수면 상승의 영향으로 퇴적 작용이 활발하였습니다.

오답 피하기 ㄴ. 최종 빙기에 하천 상류부는 식생 밀도가 낮아 사면으로부터의 공급 물질이 많았고, 연 강수량이 적어 유량이 적기 때문에 침식보다 퇴적 작용이 우세하였습니다. ㄹ. 하천 상류부의 식생 밀도는 최종 빙기보다 후빙기에 높습니다.

057 해수면 변동과 지형 변화　　　　정답 ⑤

문제 분석 그래프의 ㉠은 해수면의 높이가 현재와 비슷한 후빙기, ㉡은 해수면의 높이가 매우 낮았던 최종 빙기입니다. 지도의 A는 한강 수계의 하류, B는 상류에 위치한 지점입니다.

정답 찾기 ⑤ ㉡ 최종 빙기는 후빙기보다 기온이 낮고 강수량이 적어 하천 상류 지점에서의 유량이 적었습니다.

오답 피하기 ① 후빙기는 최종 빙기보다 침식 기준면인 해수면이 높습니다. ② 후빙기는 최종 빙기보다 하천 하류의 퇴적층의 두께가 두껍습니다. 이는 하천 하류의 A 지점에서 후빙기에 퇴적 작용이 활발하기 때문입니다. ③ 후빙기는 최종 빙기보다 하천 상류의 식생 밀도가 높습니다. 이는 후빙기가 최종 빙기보다 기온이 높고 강수량이 많기 때문입니다. ④ 최종 빙기는 후빙기보다 기온이 낮고 강수량도 적기 때문에 물리적 풍화 작용이 활발하였습니다.

058 돌산과 흙산　　　　정답 ⑤

문제 분석 A는 주로 변성암으로 이루어져 있으므로 흙산, B는 주로 화강암으로 이루어져 있으므로 돌산입니다.

정답 찾기 ⑤ A 변성암 산지로는 오대산, 덕유산, 지리산 등이 있고, 화강암 산지로는 금강산, 북한산, 설악산, 금강산 등이 있습니다.

059 1차 산맥과 2차 산맥　　　　정답 ②

문제 분석 1차 산맥은 경동성 요곡 운동으로 융기하여 형성된 산맥으로, 해발 고도가 높고 산지의 연속성이 강합니다. 대표적 1차 산맥으로는 함경산맥, 태백산맥 등이 있습니다. 2차 산맥은 중생대에 형성된 지질 구조선을 따라 차별 풍화·침식이 일어나 형성된 산맥으로, 상대적으로 해발 고도가 낮고 산지의 연속성이 약합니다. 대표적 2차 산맥으로는 차령산맥, 노령산맥 등이 있습니다.

정답 찾기 ㄱ. 한국 방향의 산맥은 낭림산맥, 마천령산맥, 태백산맥이 해당되는데, 이들 산맥은 모두 1차 산맥입니다. ㄷ. 1차 산맥은 2차 산맥에 비해 해발 고도가 높고 산줄기의 연속성이 뚜렷합니다.

오답 피하기 ㄴ. 중국 방향의 산맥에는 소백산맥도 포함되는데, 소백산맥은 2차 산맥이 아닙니다. ㄹ. 1차 산맥이 2차 산맥보다 해발 고도가 높고 험준합니다.

060 동고서저의 경동 지형　　　　정답 ③

문제 분석 (가)는 가운데 부분의 해발 고도가 가장 높으므로 남부 지방인 B에 해당하는 동서 단면도입니다. 남부 지방은 1차 산맥인 소백산맥이 영·호남을 가로 질러 중앙부에 높게 솟아 있습니다. 태백산맥은 남부 지방으로 갈수록 해발 고도가 낮아집니다. (나)는 동고서저의 지세가 뚜렷하므로 중부 지방인 A에 해당하는 동서 단면도입니다. 중부 지방은 1차 산맥인 태백산맥이 동쪽에 높게 솟아 있으며, 서쪽으로 갈수록 평균 해발 고도가 낮아집니다.

정답 찾기 ㄴ. ㉡은 남부 지방에서 소백산맥과 태백산맥의 사이에 해당하므로 분지 형태인 낙동강 유역에 해당합니다. ㄷ. 중부 지방의 동쪽 부분은 해발 고도가 높은 태백산맥이며, 태백산맥은 경동성 요곡 운동의 영향으로 형성되었습니다.

오답 피하기 ㄱ. 소백산맥(㉠)은 중국 방향의 산맥입니다. ㄹ. A에 해당하는 단면도는 (나), B에 해당하는 단면도는 (가)입니다.

061 태백산맥의 특징　　　　정답 ①

문제 분석 (가)는 중·남부 지방에 위치하고 1차 산맥이면서 한국 방향 산맥이므로 태백산맥입니다. 중·남부 지방에 위치하는 산맥 중에서 1차 산맥은 태백산맥과 소백산맥인데, 그 중 한국 방향 산맥은 태백산맥뿐입니다.

정답 찾기 ㄱ, ㄴ. 태백산맥은 동해 지각의 확장으로 한반도에 강한 횡압력이 작용하면서 경동성 요곡 운동의 영향으로 형성되었으며, 동해안과 평행하게 분포합니다.

오답 피하기 ㄷ. 호남 지방과 영남 지방의 경계를 이루는 산맥은 소백산맥입니다. ㄹ. 중·남부 지방에서 한라산 다음으로 해발 고도가 높은 산은 지리산으로 소백산맥에 위치합니다.

062 우리나라의 산지 분포 특색　　　　정답 ①

눈으로 보는 해설

지도는 우리나라의 산맥 분포를 나타낸 것이다. 이에 대한 설명으로 옳지 <u>않은</u> 것은?

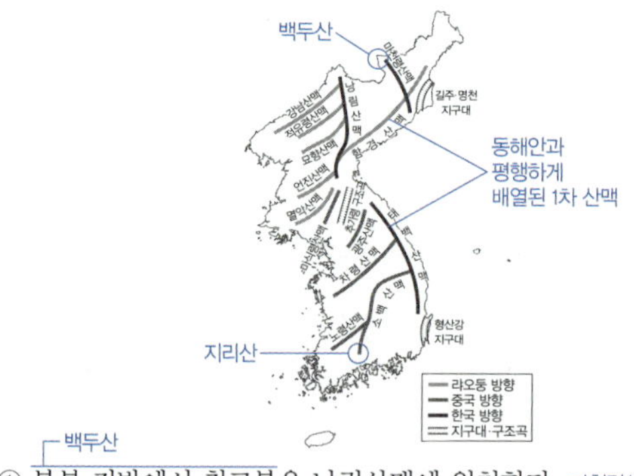

백두산
① 북부 지방에서 최고봉은 낭림산맥에 위치한다. 마천령산맥
② 남부 지방의 1차 산맥에서 최고봉은 소백산맥에 위치한다. (○)
③ 한국 방향의 산맥은 경동성 요곡 운동의 영향을 받아 형성되었다. (○)
④ 경동 지형의 특징은 남부 지방보다 중부 지방에서 뚜렷하게 나타난다. (○)
⑤ 동해안과 평행하게 배열된 산맥은 대체로 산줄기의 연속성이 뚜렷하다. (○)
지리산

문제 분석 우리나라의 산맥은 기복에 따라 해발 고도가 높고 산지의 연속성이 뚜렷한 1차 산맥과, 해발 고도가 낮고 산지의 연속성이 미약한 2차 산맥으로 분류할 수 있습니다. 또한 산맥의 방향에 따라 남북으로 뻗은 한국 방향 산맥, 북동–남서로 뻗은 중국 방향 산맥, 동북동–서남서로 뻗은 랴오동 방향 산맥으로 구분할 수 있습니다.

정답 찾기 ① 북부 지방의 최고봉은 백두산인데, 백두산은 마천령산맥에 위치합니다.

오답 피하기 ② 남부 지방의 1차 산맥에서 최고봉은 소백산맥에 위치하는 지리산입니다. ③ 한국 방향의 산맥은 낭림산맥, 마천령산맥, 태백산맥이 있는데, 이들 산맥 모두 경동성 요곡 운동의 영향을 받아 형성되었습니다. ④ 경동 지형이란 한쪽은 완경사, 다른 한쪽은 급경사의 지형입니다. 중부 지방은 동쪽은 급경사, 서쪽은 완경사임에 비해 남부 지방은 중앙부에 높은 산지가 있어 경동 지형의 특징이 두드러지게 나타나지 않습니다. ⑤ 동해안을 따라 평행하게 배열된 산맥에는 함경산맥과 태백산맥이 있는데, 이들 산맥은 모두 1차 산맥으로 산줄기의 연속성이 뚜렷합니다.

함정 피하기

정답을 고르지 못했다면 백두산의 위치를 중강진과 헷갈렸을 가능성이 높다. 낭림산맥은 관북 지방과 관서 지방의 경계가 되며, 백두산은 마천령산맥의 북단에 위치한다. 또한 남부 지방에서도 태백산맥이 소백산맥보다 높다고 생각했을 수 있다. 남부 지방에서는 소백산맥이 태백산맥보다 높다. 백두산과 지리산을 잇는 백두대간도 남부 지방에서는 소백산맥에 위치한다. 한라산을 제외하면 남부 지방의 최고봉은 지리산에 있다는 것 또한 기억해야 한다.

063 고위 평탄면의 특징　　정답 ①

문제 분석 '영서와 영동의 경계가 되는 산지 정상부에 위치한 고원'이며, 해발 고도가 높지만 경사가 완만한 단면도를 통해 A는 대관령 일대의 고위 평탄면이라는 것을 알 수 있습니다.

정답 찾기 ㄱ. 과거 오랜 침식으로 평탄해진 곳이 융기한 이후에도 평탄하게 남아 있는 지형인 고위 평탄면은 신생대 제3기 경동성 요곡 운동의 영향을 받아 융기되었습니다. ㄴ. 고위 평탄면은 해발 고도가 높고 경사가 완만하여 강한 바람이 비교적 꾸준히 불기 때문에 풍력 발전에 유리합니다.

오답 피하기 ㄷ. 고위 평탄면은 해발 고도가 높아 여름철 기후가 서늘하기 때문에, 성장기에 고온 다습한 환경이 필요한 벼농사에는 불리합니다. 대관령 일대에서는 여름철 서늘한 기후를 이용한 고랭지 채소 재배가 활발히 이루어지고 있습니다. 실제로 영동 고속 국도 개통으로 대소비지인 서울과의 접근성이 좋아져 재배 면적이 증가 추세에 있습니다. ㄹ. 높새바람은 늦봄에서 초여름 사이에 부는 북동풍으로, 이 바람이 고위 평탄면을 넘을 때 푄 현상이 나타나 영서 지방에 고온 건조한 바람이 불게 됩니다.

064 고위 평탄면의 특징　　정답 ⑤

문제 분석 지도는 해발 고도가 약 1,000~1,100m로 매우 높으면서, 등고선의 간격이 주변 산지에 비해 넓은 것으로 보아 평창군 대관령 일대의 고위 평탄면을 나타내고 있습니다.

정답 찾기 ㄴ. 고위 평탄면은 태백산맥 서쪽에 집중되어 있는데, 이 지역은 경동성 요곡 운동의 영향을 받아 융기량이 많습니다. ㄷ. 고위 평탄면에서는 여름철의 서늘한 기후를 이용한 고랭지 작물 재배가 이루어집니다. ㄹ. 대관령을 기준으로 동쪽은 영동 지방, 서쪽은 영서 지방입니다.

오답 피하기 ㄱ. 지형도를 보면 고위 평탄면은 평지에서 멀어질수록 해발 고도가 낮아져 등고선의 숫자가 작아집니다. 반면, 평지 주변이 산지로 둘러싸인 침식 분지는 평지에서 멀어질수록 해발 고도가 높아져 등고선의 숫자가 커집니다.

04강　하천 지형과 해안 지형

핵심 개념 CHECK!　▶ 본문 038쪽

01 (1) A-한강, B-금강, C-영산강, D-섬진강, E-낙동강 (2) A, E, B, D, C (3) B, C, E　　**02** (1) A-자연 제방, B-배후 습지 (2) 높고, 높아, 밭　　**03** A-해안 단구, B-해식애, C-파식대, D-시 스택, E-사주, F-석호, G-사빈, H-육계도　　**04** ×　**05** ○　**06** ○
07 ○　**08** ○　**09** ×　**10** ○　**11** ○　**12** ○　**13** ×　**14** ○
15 ×　**16** ○　**17** ×　**18** ×　**19** ×　**20** ○　**21** ○　**22** ○

○|× 문장 바로 알기

04 하천 상류는 하천 하류보다 경사가 ~~완만하고~~ 유량이 ~~많다.~~
　　　　　　　　　　　　　　　　　　급하고　　　　　적다.

05 하천 하류는 하천 상류보다 퇴적물의 평균 입자 크기가 작고 원마도가 높다.

06 경동성 요곡 운동의 영향으로 큰 하천은 주로 황·남해로 흐른다.

07 동해로 유입하는 하천은 황·남해로 유입하는 하천보다 하구 퇴적물의 평균 입자 크기가 크다.

08 감조 구간에서 하천의 주기적 수위 변동 폭은 하류가 상류보다 크다.

09 우리나라는 세계 주요 하천보다 하상계수가 ~~작고~~ 하천 교통 발달에 ~~유리하다.~~
　　　　　　　　　　　　　　　　　　　　　크고
　　　　불리하다.

10 감입 곡류 하천은 측방 침식보다 하방 침식이 활발하다.

11 침식 분지는 주로 중·상류의 하천 합류 지점에서 잘 발달한다.

12 자유 곡류 하천은 측방 침식이 활발하여 감입 곡류 하천보다 유로의 변경이 잦다.

13 배후 습지는 자연 제방보다 퇴적 물질의 평균 입자 크기가 ~~크며~~ 배수가 ~~양호하다.~~
　　　　　　　　　　　　　　　　　　　　　작으며
　　　불량

14 하천 하류에 분포하는 범람원의 퇴적층 두께는 최종 빙기에 비해 현재가 두껍다.

15 우리나라는 ~~선상지와 삼각주가 범람원보다~~ 널리 발달하였다.
　　　　범람원이 선상지와 삼각주보다

16 서·남해안은 해안선과 산맥이 대체로 교차하여 리아스 해안을 이룬다.

17 갯벌은 주로 ~~파랑의~~ 퇴적 작용으로 형성된다.
　　　　조류

18 해안 사구는 사빈보다 퇴적 물질의 평균 입자 크기가 ~~크다.~~
　　　　　　　　　　　　　　　　　　　　　　작다.

19 석호의 물은 염도가 ~~낮아 농업용수로 이용된다.~~
　　　　　　　　높아 농업용수로 바로 이용할 수 없다.

20 하안 단구와 해안 단구 모두 단구면에서 둥근 자갈이나 모래가 발견된다.

21 우각호와 석호는 모두 자연 상태에서 시간이 지날수록 호수의 규모가 작아진다.

22 도시화가 진행되면 지표 포장 면적이 증가하여 강수 시 하천의 최고 수위 도달 시간이 단축되기 때문에 홍수의 위험이 커진다.

---

065 ①	066 ③	067 ②	068 ④	069 ④	070 ④
071 ②	072 ⑤	073 ⑤	074 ③	075 ④	076 ④
077 ⑤	078 ③	079 ④	080 ③	081 ⑤	082 ⑤
083 ②	084 ①	085 ①	086 ①	087 ①	088 ②

065 하천 상류와 하류의 특징 정답 ①

자료 분석

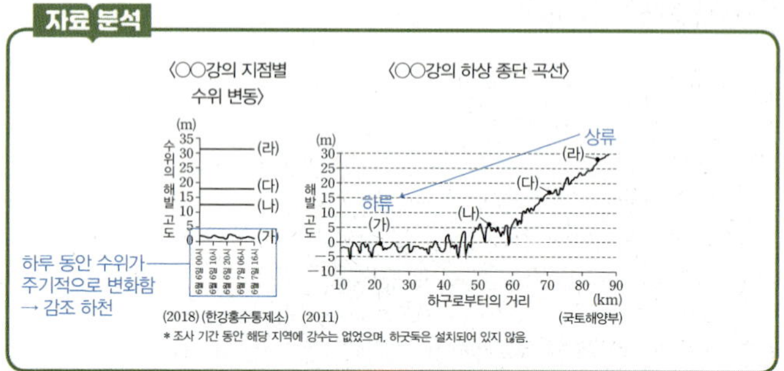

문제 분석 강수에 의한 수위 변화는 하루 동안에 주기적으로 나타나기 어렵습니다. (가)에서는 하천의 수위가 하루 동안에도 주기적으로 변하였는데, 이러한 하천 수위 변화는 감조 하천에서 나타납니다.

정답 찾기 ① 감조 하천은 밀물과 썰물에 의해 수위 변화가 나타납니다.

오답 피하기 ② 하폭은 상류에서 하류로 갈수록 대체로 넓어집니다. ③ 하천 퇴적물의 평균 입자 크기는 상류에서 하류로 갈수록 대체로 작아집니다. ④ 평균 유량은 하류가 상류보다 많습니다. ⑤ 하상 고도 차이는 세로축의 해발 고도 차이를 비교하여 알 수 있는데, (가)와 (나)의 하상 고도 차이는 약 5m이며 (다)와 (라)의 하상 고도 차이는 약 12m입니다.

066 우리나라의 주요 하천 유역 정답 ③

정답 찾기 ③ 우리나라의 대하천은 대부분 조차가 큰 황·남해로 흘러들어가 삼각주 발달이 미약하지만, 비교적 조차가 작고 토사량이 많은 낙동강 하구에는 삼각주가 넓게 형성되어 있습니다.

오답 피하기 ① 하상계수란 하천의 최대 유량을 최소 유량으로 나눈 비율입니다. 댐을 건설하면 강수 시 빗물을 저장함으로써 최대 유량을 줄여주고, 강수량이 적은 시기에 물을 흘려보냄으로써 최소 유량을 증가시켜 하상계수가 낮아집니다. ② 지도의 유역 경계를 살펴보면 낙동강 유역이 금강 유역보다 면적이 넓습니다. ④ 하굿둑은 낙동강, 금강, 영산강에만 건설되어 있습니다. ⑤ A에 떨어진 빗물은 서쪽으로 흐르는 하천, 금강 유역에 속한 B에 떨어진 빗물은 금강으로 유입됩니다.

067 금강, 섬진강, 낙동강의 특징 정답 ②

문제 분석 지도의 A는 금강, B는 섬진강, C는 낙동강입니다.

정답 찾기 ② 섬진강 하구에는 하굿둑이 건설되어 있지 않습니다.

오답 피하기 ① 금강의 하구는 조차가 큰 서해안에 위치합니다. 이에 금강이 운반한 물질은 조류에 의해 주변의 만 지역에 퇴적되어 갯벌이 형성됩니다. ③ 낙동강 하구에는 낙동강의 운반 물질이 퇴적되어 형성된 삼각주가 분포합니다. ④ 백두대간은 백두산에서 지리산에 이르는 산줄기로, 남부 지방에서는 한강과 낙동강, 금강과 낙동강의 분수계를 이룹니다. ⑤ 유역 면적은 지도에서의 면적을 통해 알 수 있는데, 세 하천 중에서는 낙동강의 유역 면적이 가장 넓고 섬진강의 유역 면적이 가장 좁습니다.

068 유량 변동이 심한 하천 정답 ④

정답 찾기 갑, 을. 수운이 발달하려면 연중 유량이 일정하고 풍부해야 합니다. 하상계수가 큰 우리나라의 하천은 여름에는 유량이 풍부하지만 나머지 계절(특히 겨울과 봄)에는 유량이 적어서 수운 발달에 불리합니다. 반면, 세계의 주요 하천들(A)은 연중 유량이 일정하기 때문에 하상계수가 작아 우리나라보다 수운 발달에 유리합니다. 정. 다목적 댐의 발전량은 유량이 많을 때 많으므로 겨울보다는 강수량이 많은 여름에 많습니다.

오답 피하기 병. 유역 면적은 한강이 가장 넓지만, 하상계수는 한강이 가장 작습니다.

069 하천 상류와 하류의 특징 정답 ④

문제 분석 A는 한강 하구 부근, B는 한강의 상류, C는 금강 하구, D는 섬진강 하구입니다.

정답 찾기 ㄱ. 조차가 큰 서해안으로 흐르는 하천 하류부는 조류의 영향을 받기 때문에, 한강 하류부는 밀물과 썰물의 영향으로 하천 수위가 주기적으로 오르내립니다. ㄴ. 한강 상류부인 B는 황해로 흐릅니다. 중부 지방에서 백두대간은 한강과 동해로 흐르는 하천의 분수계에 해당하므로 B는 백두대간의 서쪽에 위치합니다. ㄹ. 한강은 금강보다 유역 면적이 넓고 유역의 연 강수량도 많은 편이므로, A는 C보다 연간 유출량이 많습니다.

오답 피하기 ㄷ. 하굿둑은 낙동강, 금강, 영산강 하구에 건설되어 있습니다.

070 하천 상류와 하류의 특징 비교 정답 ④

문제 분석 지도는 한강 유역과 유로를 나타낸 것이며, A는 하구 부근, B는 하류, C, D는 상류입니다.

정답 찾기 ㄱ. 조차가 큰 서해안으로 흐르는 하천의 하류부는 조류의 영향을 많이 받습니다. 따라서 하구 부근에 위치한 A는 조류의 영향으로 하천 수위가 주기적으로 오르내립니다. ㄴ. D는 하방 침식 작용이 측방 침식 작용보다 활발한 하천 상류에 위치합니다. ㄹ. 하천 퇴적물의 평균 원마도는 물질의 운반 거리가 긴 하류(B)가 상류(C)보다 높습니다.

오답 피하기 ㄷ. 담수란 염분이 섞이지 않은 물을 의미합니다. 감조 하천인 한강 하류부는 바닷물이 역류해 담수와 바닷물이 섞이는 구간이 나타나며, 하구와 가까울수록 바닷물의 비율이 높습니다. 따라서 상대적으로 바다와 가까운 A는 B보다 담수의 비율이 낮습니다.

071 한강과 낙동강 유역의 자연·인문 환경 정답 ②

눈으로 보는 해설

지도의 A, B 하천에 대한 설명으로 옳은 것은?

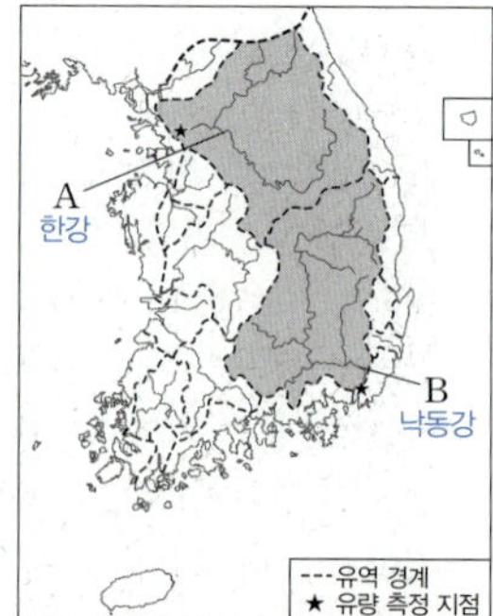

① A는 B보다 유역 내 총 경지 면적이 넓다. 좁다
② A는 B보다 하구에서의 연간 총 유량이 많다. (○)
③ B는 A보다 유역 면적에 거주하는 총인구가 많다. 적다
④ B는 A보다 하구에서의 퇴적 물질 공급량 대비 제거량이 많다. 적다
⑤ A와 B의 하구에는 모두 하굿둑이 건설되어 있다.

문제 분석 지도의 A는 한강, B는 낙동강입니다.

정답 찾기 ② 낙동강이 흐르는 영남 지방은 태백산맥과 소백산맥 사이에 위치해 강수량이 적은 소우지에 해당합니다. 반면 한강 유역은 대표적인 다우지 중 하나입니다. 따라서 유역 면적에는 큰 차이가 없으나, 유역 내 강수량이 월등히 많은 한강이 낙동강보다 하구에서의 연간 총 유량이 많습니다.

오답 피하기 ① 한강 유역은 도시화율이 높은 수도권이 포함되어 시가지 면적이 넓고, 산지가 많은 강원·충북 등이 포함되어 낙동강 유역에 비해 총 경지 면적이 좁습니다. ③ 유역 면적에 거주하는 총인구는 한강 유역이 낙동강 유역보다 많습니다. 한강 유역은 우리나라 인구의 절반 이상이 거주하는 수도권이 포함되므로 낙동강 유역보다 유역 면적에 거주하는 총인구가 많습니다. ④ 조차가 큰 황해로 유입하는 한강은 하구에서 하천 퇴적 물질의 공급량보다 조류에 의해 제거되는 토사량이 더 많기 때문에 삼각주가 발달하기 어렵습니다. 반면 낙동강 하구는 상대적으로 조차가 작아 하천 퇴적 물질의 공급량보다 조류에 의해 제거되는 토사량이 적으므로 비교적 큰 규모의 삼각주가 발달하였습니다. ⑤ 하굿둑은 우리나라에서 금강, 영산강, 낙동강 하구에만 건설되어 있습니다.

함정 피하기

개념 공부를 끝내고 본 문항을 접하였다면 비교적 쉽게 해결하였겠지만, 그렇지 않다면 선지의 내용이 낯설어 어려웠을 것이다. 본 문항은 하천을 토대로 지역의 자연환경과 인문 환경을 함께 묻는 일종의 통합형 문항이며, 학교 시험 중 변별력을 둔 문항이나 수능·모의평가에서는 이러한 유형의 문항이 자주 출제된다. 제시된 자료에만 국한되지 말고 다른 단원의 내용까지 생각해 볼 수 있는 유연한 사고가 필요하다.

---

072 감입 곡류 하천과 자유 곡류 하천　　정답 ⑤

문제 분석 동일한 하천에서 (가)는 하천이 산지 사이를 흐르므로 감입 곡류 하천이 흐르는 중·상류 지역이며, (나)는 하천 주변에 비교적 평야가 넓게 나타나므로 자유 곡류 하천이 흐르는 중·하류 지역입니다.

정답 찾기 ⑤ E는 하천과 비교적 멀리 떨어진 저지대에서 논농사가 이루어지고 있으며, D는 E보다 해발 고도가 높은 곳에서 밭농사가 이루어지고 있습니다. 따라서 D의 토양은 E의 토양보다 배수가 불량하다고 볼 수 있습니다.

오답 피하기 ① 경사가 급하고 침식 기준면과 하상 고도 차이가 큰 중·상류 지역(가)이 중·하류 지역(나)보다 하방 침식 작용이 활발합니다. ② A는 등고선이 물굽이 모양으로 나타나는 것으로 보아, 과거에 하천의 유로였으나 더 이상 물이 흐르지 않게 된 구하도입니다. 감입 곡류 하천은 하방 침식이 활발하여 자유 곡류 하천보다 유로 변경이 자유롭지는 않지만, 감입 곡류 하천에서도 측방 침식이 나타나므로 유로가 변경됩니다. ③ 지형도를 보면 하천과 B 지점 사이에는 등고선이 있지만, C 지점 사이에는 등고선이 없습니다. 따라서 B가 C보다 인근 하상과의 고도 차이가 큽니다. ④ 동일 하천에서 상류에 퇴적된 물질은 하류에 퇴적된 물질보다 평균 입자 크기가 큽니다. 따라서 하천 상류 지역의 C는 하류 지역의 E보다 퇴적물의 평균 입자 크기가 큽니다.

073 하천 퇴적 지형의 특징　　정답 ⑤

문제 분석 A는 곡류 하천 주변의 평야에서 논농사가 이루어지므로 범람원의 배후 습지입니다. B는 산지와 평지가 만나는 계곡 입구에서 등고선의 간격이 부채 모양으로 넓게 나타나며, 대부분의 토지가 과수원으로 이용되므로 선상지 중앙부의 선앙입니다.

정답 찾기 ㄷ. A는 B보다 해발 고도가 낮은 곳에 위치하며, 하천으로부터의 거리가 가깝기 때문에 침수 가능성이 높습니다. ㄹ. 범람원과 선상지는 모두 하천의 퇴적 작용으로 형성되었습니다. 범람원은 하천이 범람할

때 운반 물질이 주변에 쌓여 형성되며, 선상지는 계곡의 입구에서 유속이 급격히 감소하면서 운반 물질이 쌓여 형성됩니다.

오답 피하기 ㄱ. 지도를 보면 A는 등고선이 나타나지 않는 것으로 보아 해발 고도 차이가 10m 이내인 완만한 평지이며, B는 등고선이 2~3개 정도 나타나는 것으로 보아 경사면입니다. ㄴ. 배후 습지는 고도가 낮고 퇴적물 중 점토의 비중이 높아 배수가 불량한 반면, 선앙은 퇴적물 중 모래·자갈의 비중이 높아 배수가 양호합니다.

074 하천 상류와 하류에 발달하는 지형　　정답 ③

문제 분석 동일한 하천에서 (가)는 (나)보다 하폭이 좁고 산지 사이를 흐르므로 상류 지역이며, (나)는 하폭이 넓고 평야를 흐르므로 하류 지역입니다. B는 감입 곡류 하천 주변에서 등고선의 간격이 상대적으로 넓게 나타나는 것으로 보아 계단 모양의 하안 단구입니다. C는 하천과 비교적 멀리 떨어져 논농사가 이루어지고 있으므로 배후 습지이며, D는 하천 가까이에서 밭농사가 이루어지고, 과수원과 취락이 입지한 것으로 보아 자연 제방입니다.

정답 찾기 ③ 하안 단구는 과거의 하상이나 범람원이었던 곳이 지반의 융기 또는 해수면 변동, 하천 침식의 영향을 받아 형성되었습니다. 따라서 하안 단구는 과거 하천의 일부였습니다.

오답 피하기 ① (가)의 A는 논으로 이용되고 있으므로 자연 제방이 아닙니다. 자연 제방은 주로 측방 침식이 우세한 하천 중·하류 지역에 잘 나타납니다. ② 하상 고도가 높은 상류가 하상 고도가 낮은 하류보다 하방 침식이 활발합니다. ④ 하안 단구인 B는 인접한 하천과 해발 고도 차이가 크기 때문에 하천 범람에 의한 피해가 거의 발생하지 않습니다. ⑤ (나)에서 C는 배후 습지, D는 자연 제방입니다. 모래 비율은 배후 습지보다 자연 제방이 높습니다.

075 하천 상류와 하류에 발달하는 지형　　정답 ④

문제 분석 A는 하천 중·상류 지역의 감입 곡류 하천 주변에 발달한 하안 단구입니다. B는 하천 중·하류 지역의 자유 곡류 하천 주변에 발달한 범람원의 자연 제방, C는 범람원의 배후 습지입니다.

정답 찾기 ㄴ. 하천 중·상류 지역에 주로 발달하는 하안 단구의 단구면은 퇴적물 중 모래와 자갈의 구성 비율이 높은 편입니다. 반면, 하천 중·하류 지역에 주로 발달하는 범람원의 배후 습지는 퇴적물 중 점토의 구성 비율이 높습니다. 따라서 하안 단구는 배후 습지보다 퇴적 물질의 평균 입자 크기가 큽니다. ㄹ. 배후 습지인 C는 자연 제방인 B보다 점토 비율이 높아 배수가 불량합니다.

오답 피하기 ㄱ, ㄷ. 하안 단구는 지반의 융기 및 해수면 변동의 영향으로 형성되어 하상과의 해발 고도 차이가 큽니다. 자연 제방은 하천 범람 시 가까이에 입자가 큰 물질부터 퇴적되면서 만들어진 지형으로, 배후 습지보다는 고도가 높지만 하안 단구보다 하상과의 해발 고도 차이가 크지 않습니다. 이에 하안 단구는 자연 제방보다 하천 범람으로 인한 침수 빈도가 낮습니다.

076 자유 곡류 하천과 감입 곡류 하천　　정답 ④

문제 분석 왼쪽 지도는 자유 곡류 하천이 흐르는 중·하류 지역, 오른쪽 지도는 감입 곡류 하천이 흐르는 중·상류 지역을 나타낸 것입니다.

정답 찾기 ㄴ. 자연 상태인 경우 평야 위를 자유롭게 흐르는 자유 곡류 하천은 측방 침식이 활발하여 감입 곡류 하천보다 유로 변경 가능성이 큽니다. ㄹ. 하방 침식은 하상의 경사가 급한 감입 곡류 하천이 자유 곡류 하천보다 활발합니다.

오답 피하기 ㄱ. A 호수는 하천의 유로 변경으로 형성된 우각호입니다. ㄷ. 하상의 평균 경사는 급경사의 산지 사이를 흐르는 C 하천이 평야 위를 흐르는 B 하천보다 급합니다.

077 침식 분지의 특징　　　　　　　　정답 ⑤

문제 분석 지도는 주위가 산지로 둘러싸인 완만한 평지에 하천이 흐르고 있으므로 침식 분지를 나타낸 것입니다.

정답 찾기 ㄴ, ㄷ. 침식 분지에서 산지 부분(㉠)의 주된 기반암은 시·원생대부터 오랜 시간 열과 압력을 받아 형성된 변성암이며, 평지 부분(㉡)의 기반암은 중생대에 지하에서 마그마가 관입하여 형성된 화강암입니다. 변성암은 화강암보다 풍화와 침식에 강하여 산지로 남아 침식 분지를 형성하였습니다. ㄹ. 고도가 높아질수록 기온이 높아지는 기온 역전 현상은 산지(㉠)에서 냉각된 공기가 산사면을 따라 흘러내려 분지 바닥(㉡)에 쌓이면서 발생합니다.

오답 피하기 ㄱ. 농경과 인간 거주는 산지(㉠)보다 완만한 평지(㉡)가 유리합니다. 침식 분지는 이러한 이점을 바탕으로 일찍부터 내륙의 중심지로 발달하였습니다.

078 선상지와 삼각주　　　　　　　　정답 ③

문제 분석 (가)는 선상지이며, (나)는 삼각주입니다.

정답 찾기 ㄱ. 선상지의 정상부를 선정, 중앙부를 선앙, 말단부를 선단이라고 합니다. ㄴ. 삼각주는 하천과 바다가 만나는 곳에 하천 운반 물질이 퇴적되어 형성된 지형으로, 범람원처럼 자연 제방과 배후 습지로 구성됩니다. ㄷ. 선상지는 하천 중·상류 지역에 주로 발달하며, 삼각주는 하천 하구에 발달합니다. 따라서 퇴적물의 입자 크기는 상대적으로 상류에 위치한 선상지가 하구에 위치한 삼각주보다 큽니다.

오답 피하기 ㄹ. 선상지에서는 물을 얻기 위해 곡구의 선정이나 용천대가 분포하는 선단에 주로 취락이 입지합니다. 반면 삼각주에서는 침수 피해를 줄이기 위해 주로 자연 제방에 취락이 입지합니다.

079 서해안과 동해안의 해안 지형 비교　　　　정답 ④

문제 분석 서해안의 A는 사빈, B는 해안 사구, C는 습지입니다. 동해안의 D는 석호, E는 사빈입니다.

정답 찾기 ④ C 습지는 석호(D)에 비해 바다와 멀리 떨어져 있으며, 바닷물이 통하지 않기 때문에 물의 염도가 낮습니다.

오답 피하기 ① 파랑과 연안류의 퇴적 작용으로 형성되는 사빈은 파랑의 에너지가 분산되어 퇴적 작용이 활발한 만에서 넓게 발달합니다. ② 석호는 후빙기 해수면 상승으로 형성된 만의 입구를 사주가 막아 형성된 호수입니다. 석호는 호수로 유입하는 하천 운반 물질로 인해 면적이 좁아지고 수심이 얕아집니다. ③ 해안 사구는 사빈의 모래가 바람에 날린 후 퇴적되어 형성된 지형입니다. 즉, 해안 사구는 사빈의 모래 중 바람에 날릴 수 있을 정도로 작고 가벼운 모래로 이루어져 있으므로 사빈보다 퇴적물의 평균 입자 크기가 작습니다. ⑤ 사빈은 파랑과 연안류의 퇴적 작용으로 형성됩니다. 주로 조류의 퇴적 작용으로 형성되는 것은 갯벌입니다.

080 동해안과 서해안의 특색　　　　　　정답 ③

문제 분석 (가)는 섬이 많고 해안선이 복잡한 서해안, (나)는 해안선이 단조로운 동해안입니다.

정답 찾기 ③ 조차가 크고 해안선이 복잡한 서해안은 동해안보다 조류의 퇴적 작용이 활발하여 갯벌이 널리 분포합니다.

오답 피하기 ① 석호는 동해안에 주로 분포합니다. ② 산맥과 해안선의 방향이 대체로 교차하는 서해안은 하천의 침식곡이 해수면 상승으로 침수되어 형성된 리아스 해안입니다. 동해안은 산맥이 해안선과 평행하고 융기량이 많아 서해안에 비해 해안선이 단순합니다. ④ 신생대 지반 융기 운동은 동해 쪽에 치우쳐 일어났기 때문에 동해안이 서해안보다 융기량이 많습니다. ⑤ 해안 퇴적물의 평균 입자 크기는 동해안이 서해안보다 큽니다. 동해안으로 유입되는 하천은 서해안으로 유입되는 하천에 비해

유로가 짧고 하천의 평균 경사가 급하여 하천 운반 물질의 평균 입자 크기가 큽니다. 반면 서해안으로 유입되는 하천은 유로가 길고 하천의 평균 경사가 완만할 뿐만 아니라, 갯벌이 발달하여 해안 퇴적물의 평균 입자 크기가 동해안에 비해 작습니다.

081 주요 해안 지형의 특징　　　　　　정답 ⑤

문제 분석 A는 해안선과 가까이 등고선의 간격이 넓게 나타나는 것으로 보아 해안 단구의 단구면이며, B는 시 스택입니다. C는 바다 쪽으로 점이 찍혀있으므로 갯벌, D는 육지 쪽으로 점이 찍혀있으므로 사빈, E는 사빈의 배후에 퇴적된 모래 언덕인 해안 사구입니다.

정답 찾기 ⑤ 사구는 사빈의 모래가 바람에 날린 후 퇴적되어 형성된 지형입니다. 따라서 해안 사구(E)는 사빈(D)보다 퇴적물의 평균 입자 크기가 작습니다.

오답 피하기 ② 시 스택(B)은 육지의 일부였으나 파랑의 침식 작용으로 육지와 분리된 지형입니다. 파랑의 침식 작용을 받는 해안은 규모에 차이가 있으나 해식애가 발달하는데, 해식애는 파랑의 침식으로 육지 쪽으로 후퇴합니다. 이때 침식에 강한 부분이 돌출된 형태로 남은 것이 시 스택입니다.

082 태안반도의 다양한 해안 지형　　　　정답 ⑤

문제 분석 A는 밀물 때(만조) 바닷물에 잠기고 썰물 때(간조)에 물 위로 드러나는 갯벌, B는 해안가에 퇴적된 모래사장인 사빈, C는 사빈의 모래가 바람에 날려 퇴적되어 형성된 모래 언덕인 해안 사구입니다. 해안 사구에는 배후 농경지와 마을을 보호해주는 방풍림이 조성되어 있습니다.

정답 찾기 ㄷ. 해안 사구는 사빈의 모래가 바람에 날려 퇴적되어 형성된 모래 언덕입니다. ㄹ. 사빈과 해안 사구는 파랑 에너지가 분산되는 만입부에서 잘 형성됩니다.

오답 피하기 ㄱ. 갯벌은 밀물 때는 바닷물에 잠기고 썰물 때는 물 위로 드러납니다. ㄴ. 오늘날 해안 지역의 사빈, 사구, 석호 등의 퇴적 지형은 대부분 후빙기 해수면 상승 이후 형성된 것입니다.

083 동해안의 다양한 해안 지형　　　　　정답 ②

문제 분석 A는 시 스택, B는 해안 단구, C는 석호, D는 사빈입니다.

정답 찾기 ② 해안 단구(B)는 과거의 파식대나 해안 퇴적 지형이 지반의 융기나 해수면 하강으로 형성된 지형입니다.

오답 피하기 ① 시 스택(A)은 육지의 일부였으나 파랑의 침식으로 육지와 분리된 지형입니다. ③ 석호(C)는 후빙기 해수면 상승으로 형성된 만의 입구를 사주가 가로막아 형성된 호수이므로, 후빙기 상승 직후에는 만의 일부였습니다. ④ 사빈(D)은 파랑과 연안류의 퇴적 작용으로 형성됩니다. ⑤ 시 스택(A)은 파랑의 침식 작용이 활발한 곳, 사빈(D)은 파랑의 퇴적 작용이 활발한 만에 잘 발달합니다.

084 서해안의 다양한 해안 지형　　　　　정답 ①

문제 분석 A는 해식애, B는 갯벌, C는 사빈, D는 해안 사구입니다.

정답 찾기 ① 해식애(A)는 파랑의 침식 작용으로 형성된 해안 절벽으로, 파랑의 침식 작용이 지속되면 육지 쪽으로 후퇴하여 해수면 높이에서 파식대가 형성됩니다.

오답 피하기 ② 갯벌(B)은 주로 조류의 퇴적 작용으로 형성됩니다. ③ 사빈(C)은 주로 파랑과 연안류의 퇴적 작용으로 형성됩니다. ④ 다양한 생물종이 서식하는 갯벌(B)은 사빈(C)보다 오염 물질의 정화 능력이 뛰어납니다. ⑤ 해안 사구는 사빈의 모래가 바람에 날린 후 배후에 퇴적되어 형성된 지형입니다. 따라서 해안 사구(D)는 사빈(C)보다 퇴적물의 평균 입자 크기가 작습니다.

문제 분석 (가)는 주요 하천의 유로를 따라 분포하므로 댐입니다. (나)는 만의 입구에 분포하므로 방조제이며, (다)는 낙동강, 금강, 영산강 하구에 분포하므로 하굿둑입니다.

정답 찾기 ① 댐을 건설하면 비가 올 때 물을 가두고, 비가 적게 올 때 물을 흘려보낼 수 있어 하상계수가 작아집니다.

오답 피하기 ② 방조제는 만의 입구에 건설되므로 방조제가 건설되면 해안선의 모양이 단순해져 길이가 짧아집니다. ③ 방조제를 건설하면 갯벌이 감소하고, 하굿둑을 건설하면 바다에 공급되는 토사의 양이 감소하므로 갯벌 발달에 도움이 되지 않습니다. ④ 댐, 방조제, 하굿둑 모두 용수를 확보하기 위한 목적이 있습니다. ⑤ 해안에 공급되는 모래는 주로 하천이 운반해 오는데, 댐, 방조제, 하굿둑이 건설되면 모래가 바다에 이르기 어려우므로 (가)~(다)가 건설되면 해안에 공급되는 모래의 양이 감소합니다.

086 갯벌의 분포와 특징   정답 ①

문제 분석 (가)는 서해안의 만입부에 주로 분포하고, 시·도별 비중에서 전남과 경기·인천의 비중이 높으므로 갯벌입니다.

정답 찾기 ① 방조제는 간척 목적으로 만들어진 경우가 많으므로 방조제가 건설되면 갯벌 면적이 감소합니다. 하굿둑이 건설되면 바다로 공급되는 토사의 양이 감소하므로 갯벌 발달에 부정적 영향을 줍니다.

오답 피하기 ② 순천만 갯벌은 우리나라 최초로 람사르 협약에 등록된 연안 습지입니다. 순천만은 람사르 협약 등록 이전에 습지 보호 구역으로 지정되어 있었으며, 현재 자연 생태 공원이 조성되어 있습니다.

087 도시화와 하천 수위 변화   정답 ①

문제 분석 (가) 시기는 하천 주변에 식생이 많이 분포하므로 도시화 이전입니다. (나) 시기는 하천 주변이 아스팔트나 콘크리트 건물 등의 인공 물질로 포장되어 있으므로 도시화 이후입니다. 그래프의 A는 도시화 이후, B는 도시화 이전의 강우량에 따른 하천 수위 변화를 나타낸 것입니다. 도시화 이전에는 강우 시 빗물이 지하로 흡수되는 양이 많아 하천 수위가 천천히 상승하지만, 도시화 이후에는 강우 시 빗물의 지표 유출량이 많아 하천 수위가 급격히 증가합니다.

정답 찾기 ㄱ. (가)는 도시화 이전, (나)는 도시화 이후의 모습을 나타낸 것이고, A는 도시화 이후의 하천 수위 변화, B는 도시화 이전의 하천 수위 변화를 모식적으로 나타낸 것입니다. ㄴ. 하천이 최고 수위에 도달하는 시간은, 포장 면적이 넓어 빗물이 지하로 스며들지 못하고 하천으로 빠르게 유입되는 (나) 시기가 (가) 시기보다 빠릅니다.

오답 피하기 ㄷ. 하천 주변 지표면의 평균 투수율은 자연 상태의 (가) 시기가 도시화된 (나) 시기보다 높습니다. ㄹ. 녹지가 늘어나면 빗물 유출량이 줄어들어 하천 수위는 A에서 B로 변할 것입니다.

088 도시화와 하천 수위 변화   정답 ②

문제 분석 (가)는 (나)에 비해 강우 발생 시 최고 수위에 도달하는 시간이 짧고, 최고 수위가 높습니다. 도시화가 진행되면 지표 포장 면적이 증가하여 지표 유출량이 많아지기 때문에 하천 수위가 빠르게 높아집니다. 따라서 (가)는 도시화 이후의 하천, (나)는 도시화 이전의 하천입니다.

정답 찾기 ㄴ. 불투수성 포장 물질에 의한 지표 포장 면적이 넓으면 강수 시 빗물이 토양으로 흡수되기 어려워 하천 수위가 빠르게 상승합니다. ㄷ. (나) 시기는 (가) 시기보다 하천의 수위 상승 속도가 늦고 최고 수위도 낮은데, 이는 강수 시 토양의 빗물 흡수율이 높기 때문입니다.

오답 피하기 ㄱ. 배후 습지는 강수 시 물을 저장하는 기능을 하므로 잘 보존되어 있을수록 하천 수위 상승 속도를 늦출 수 있습니다. 그러나 (가)

시기는 (나) 시기보다 하천의 수위 상승 속도가 빠르므로, 배후 습지의 경관이 잘 보존되어 있다고 볼 수 없습니다. ㄹ. 도시화 이전에는 토양의 빗물 흡수율이 높아 지표 유출량이 적기 때문에, 강수 시 하천 수위의 상승 속도가 늦고 하천의 최고 수위 또한 낮습니다.

05강 화산 지형과 카르스트 지형

핵심 개념 CHECK!   ▶ 본문 047쪽

01 (가)-침식 분지, (나)-고위 평탄면, (다)-칼데라, (라)-돌리네, (마)-용암 대지, (바)-기생 화산   **02** ○   **03** ×   **04** ×   **05** ○   **06** ×

○× 문장 바로 알기

02 제주도의 산록부는 주로 유동성이 큰 현무암질 용암이 분출하여 형성되었다.

03 울릉도에서 알봉은 나리 분지에 비해 형성 시기가 ~~이르다.~~ 늦다.

04 철원의 용암 대지는 배수가 양호하여 ~~밭농사가~~ 활발히 이루어진다. 수리 시설을 통한 벼농사가

05 카르스트 지형은 고생대의 조선 누층군에 주로 분포한다.

06 ~~용암동굴과 석회동굴은 모두 기반암의 용식 작용으로 형성되었다.~~ 용암동굴은 용암의 분출, 석회동굴은 기반암의 용식 작용으로 형성

기출+예상 문제로 주제 정복하기   ▶ 본문 049~053쪽

089 ⑤	090 ①	091 ①	092 ④	093 ⑤	094 ③
095 ①	096 ⑤	097 ④	098 ③	099 ④	100 ⑤
101 ③	102 ③	103 ②	104 ②	105 ②	106 ②

089 용암 대지와 제주도   정답 ⑤

자료 분석

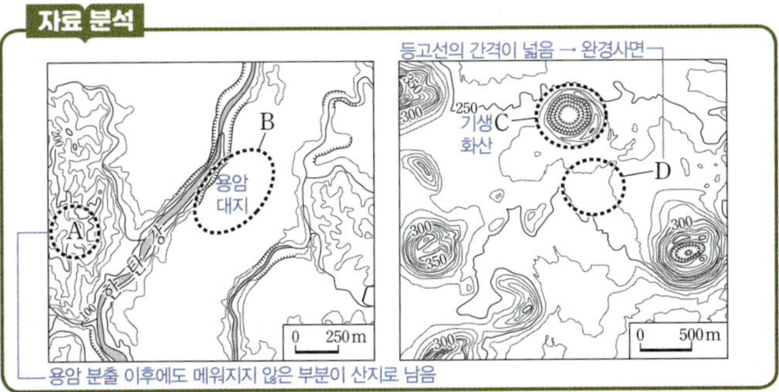

문제 분석 왼쪽 지도는 한탄강 주변으로 등고선의 간격이 넓게 나타나는 것으로 보아 용암 대지를 나타낸 것입니다. 오른쪽 지도는 등고선이 동심원상으로 나타나는 것으로 보아 곳곳에 오름이 분포하는 제주도를 나타낸 것입니다.

정답 찾기 ⑤ 용암 대지는 신생대에 유동성이 큰 현무암질 용암이 골짜기를 메워 형성된 것이고, 경사가 급한 A는 용암 대지 형성 이전부터 존재하던 지형입니다. 따라서 A의 기반암은 B의 기반암, 즉 용암의 분출로 형성된 기반암보다 형성 시기가 이릅니다.

 ① 한탄강 주변의 용암 대지는 산과 하천 등 기복이 있던 지역에 용암이 분출하여 낮은 곳을 메워 형성된 것입니다. 따라서 A는 용암이 분출하기 이전의 지형이 남아 있는 것입니다. ② 종유석과 석순은 석회동굴에 발달하는 지형입니다. 석회동굴은 석회암이 주된 기반암을 이루는 곳에 분포합니다. ③ C는 기생 화산으로 정상부의 움푹 파인 곳은 화구에 해당합니다. 칼데라는 화구가 함몰되어 형성되기 때문에 규모가 큽니다. 우리나라의 칼데라는 백두산 천지, 울릉도 나리 분지가 대표적이며 두 곳 모두 규모가 큽니다. ④ D는 제주도의 완경사면으로, 기반암이 현무암입니다. 석회암이 풍화된 붉은색의 토양은 조선 누층군이 분포하는 강원 남부, 충북 북동부 등을 중심으로 분포합니다.

090 제주도 용암동굴의 특징   정답 ①

고난도 평가원 기출				
❶	②	③	④ 함정	⑤
48%	3%	2%	44%	3%

🔍 눈으로 보는 해설

다음 자료는 (가) 동굴의 위치와 단면이다. 이 동굴의 특성에 대한 설명으로 옳은 것은?

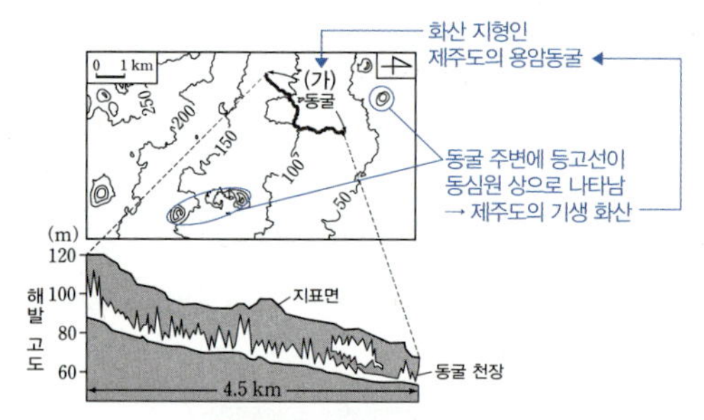

① 용암의 냉각 속도 차이로 인해 형성되었다. (○)
② 바닥에는 과거의 하천 퇴적층이 넓게 나타난다. (×)
③ 화구의 함몰로 형성된 칼데라 분지와 연결된다. → 울릉도
④ 천장에는 기반암의 용해와 침전으로 형성된 종유석이 발달한다. → 석회동굴
⑤ 점성이 큰 용암이 굳으면서 만들어진 종상 화산체에 형성되었다. → 작은

 지형도에서 (가) 동굴 주변으로 동심원 상의 등고선이 나타나는 것으로 보아, 자료는 제주도의 용암동굴을 나타낸 것입니다.

 ① 용암동굴은 유동성이 큰 용암이 멀리까지 흘러가는 과정에서 공기와 만나는 표층부와 하층부의 냉각 속도 차이로 인해 형성됩니다.

 ② 용암동굴의 바닥은 기반암이 그대로 노출되어 있는 경우가 많고, 특히 제주도는 절리가 잘 발달하는 기반암의 특성상 투수성이 높아 하천 퇴적층이 넓게 나타나지 않습니다. ③ 화구의 함몰로 인한 칼데라 분지는 울릉도에서 나타납니다. ④ 기반암의 용해와 침전으로 형성된 종유석은 석회암이 지하수의 용식 작용을 받아 형성된 석회동굴의 내부에서 발달합니다. ⑤ 단면도처럼 수평적으로 길게 발달하는 용암동굴은 점성이 작아 유동성이 큰 용암이 멀리까지 흐르는 과정에서 형성됩니다.

💣 함정 피하기

④를 정답으로 골랐다면? 단면도의 천장이 지그재그로 되어 있는 모양만 보고 종유석이 발달한 석회동굴로 착각했을 것이다. 함께 제시된 지도가 제주도임을 몰랐기 때문이다. 실제로 제주도 해안에 위치한 몇몇 용암동굴에는 바닷가에 쌓인 조개껍데기들이 빗물에 용식되어 동굴 내부에 종유석, 석순, 석주 등을 만들기도 한다. 하지만 자료의 동굴은 기반암이 현무암이기 때문에 '기반암의 용해'와는 관련이 없다.

091 고문헌 속 주요 화산 지형의 분포와 특징   정답 ①

 자료는 택리지에 표현된 주요 화산 지형인 철원 용암 대지, 울릉도 및 제주도에 대한 것입니다. (가)는 강원도이고 벌레 먹은 듯한 검은 돌이라는 표현을 통해 현무암이 분포하는 철원 용암 대지임을 알 수 있습니다. (나)는 함경도 동남쪽의 바다에 위치한다는 것을 통해 울릉도임을 알 수 있습니다. (다)는 산 위에 큰 못이 있다는 것을 통해 제주도임을 알 수 있습니다.

 ① 용암 대지는 유동성이 큰 용암이 분출하여 낮은 곳을 메워 형성되었습니다.

 ② 칼데라는 화구의 함몰로 형성된 지형이고 이곳에 물이 고인 호수가 칼데라 호입니다. 백두산의 천지가 해당됩니다. 한라산 정상부의 백록담은 분화구에 물이 고여 형성된 화구호로 백두산의 천지에 비해 규모가 작습니다. ③ 용암동굴은 점성이 작은 용암이 분출하여 흐르는 과정에서 형성됩니다. 울릉도는 점성이 큰 용암이 분출하여 형성된 종상 화산이고, 제주도는 점성이 작은 현무암이 분출하여 순상 화산체를 이루고 있으므로 용암동굴은 제주도에 분포합니다. ④ 기반암이 용식 작용을 받아 형성되는 지형은 석회암 분포 지역에서 잘 발달합니다. ⑤ 철원의 용암 대지에서는 수리 시설을 통해 논농사가 활발하며, 제주도와 울릉도에서는 주로 밭농사가 이루어집니다.

092 울릉도와 제주도의 화산 지형   정답 ④

 지도의 A는 백두산, B는 울릉도, C는 제주도(한라산)입니다. (가)의 분화구가 함몰되어 형성된 지형은 칼데라이고, 칼데라에서 밭농사가 이루어지는 지역은 울릉도입니다. (나)의 산 정상부의 분화구에 물이 고여 형성된 호수가 분포하는 곳은 제주도의 한라산이 대표적입니다. 따라서 (가)는 B, (나)는 C와 연결됩니다.

 A. 백두산 정상부에는 화구의 함몰로 형성된 칼데라에 물이 고여 형성된 호수인 칼데라호(천지)가 있습니다. 천지는 계절에 따라 다소 차이가 있지만 면적 $9.165km^2$, 둘레 14.4km인 큰 호수입니다.

093 철원 용암 대지의 특징   정답 ⑤

 우리나라의 화산 지형은 백두산과 그 주변, 울릉도와 독도, 제주도, 철원 용암 대지 등이 있습니다. 그 중에서 벼농사가 발달한 곳은 철원 용암 대지입니다.

 ⑤ 한탄강 주변을 중심으로 분포하는 용암 대지는 점성이 작은 용암이 분출하여 낮은 곳을 메워 형성되었습니다. 이곳의 기반암을 이루는 현무암은 식는 과정에서 절리가 발달하였고, 이 절리를 따라 하천 침식이 이루어지면서 하천 주변에서는 주상 절리가 분포합니다. 오늘날 한탄강 주변의 용암 대지는 논으로 이용됩니다.

 ①은 침식 분지, ②는 고위 평탄면, ③은 선상지, ④는 울릉도 나리 분지의 지형도입니다.

094 제주도의 지형 특징   정답 ③

 지도는 기생 화산이 곳곳에 분포하는 제주도를 나타낸 것입니다.

 을. 제주도의 주요 기반암인 현무암이 풍화되어 만들어진 토양(현무암 풍화토)은 흑갈색입니다. 병. 제주도는 주요 기반암인 현무암에 기둥 모양으로 수직 절리가 발달하였습니다.

 갑. 제주도는 절리가 잘 발달하는 기반암의 특성상 지표수가 부족하여 대부분의 하천이 비가 올 때만 물이 흐르는 건천입니다. 따라서 하천의 유량은 풍부하지 않습니다. 정. 제주도의 전통 가옥은 용천대가 분포해 물을 구하기 쉬운 해안 지역에 주로 입지합니다.

095 나리 분지와 한탄강 일대의 용암 대지   정답 ①

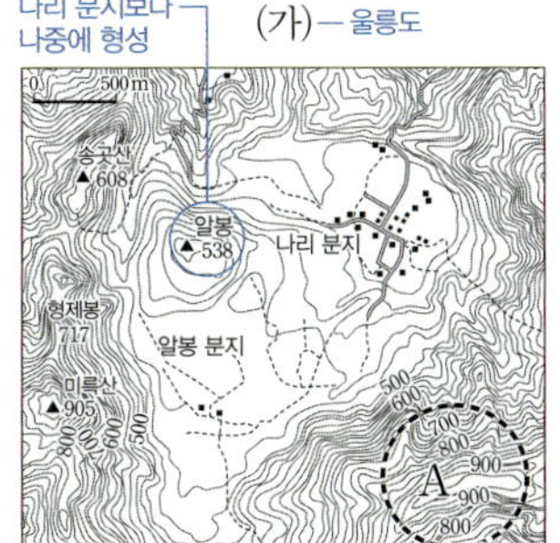 

문제 분석 (가)는 울릉도의 나리 분지, (나)는 한탄강 일대의 용암 대지가 형성된 지역을 나타낸 지도입니다.

정답 찾기 ① (가)의 알봉 분지는 칼데라 지형이 나리 분지가 형성된 후 그 안에서 알봉이 분출하면서 형성된 지형입니다.

오답 피하기 ② 울릉도의 나리 분지는 화구가 함몰되어 형성된 칼데라입니다. ③ 한탄강 주변의 평평한 부분은 기반암이 현무암인 용암 대지로, 한탄강 연안에는 현무암의 주상 절리가 분포합니다. ④ 철원 용암 대지는 용암이 열하 분출하여 낮은 곳을 메워 형성되었습니다. 따라서 산지 부분인 C는 평탄한 부분인 B보다 형성 시기가 이릅니다. ⑤ 울릉도는 점성이 큰 용암이 분출하여, 철원의 용암 대지는 점성이 작은 용암이 분출하여 형성된 지형입니다.

함정 피하기

④를 정답으로 골랐다면? 용암 대지의 형성 과정이나 이중 화산에 대한 이해가 부족한 것이다. 한탄강 일대의 용암 대지는 신생대에 유동성이 크고 점성이 작은 현무암질 용암이 골짜기를 메워 형성된 평평한 대지이므로, 급경사의 봉우리인 C는 용암 분출 이전에 형성되었다고 추론해 볼 있다. 반면 울릉도의 경우 이와는 반대로 알봉이 나리 분지보다 나중에 형성된 이중 화산체이다. 분화구가 함몰되며 나리 분지가 형성된 이후, 분지 내에서 알봉이 새롭게 분화해 솟아오르면서 이중 화산의 형태를 띠게 된 것이다. 화산 지형은 이처럼 지형도를 토대로 같은 지형에서도 부분 지역의 다양한 요소를 비교하는 경우가 많으므로 지형의 형성 과정을 구체적으로 학습해 두는 것이 좋다.

096 칼데라의 특징   정답 ⑤

문제 분석 (가)는 울릉도, (나)는 백두산 정상부에 위치한 호수인 천지입니다.

정답 찾기 ⑤ 울릉도의 나리 분지는 화구의 함몰로 형성된 분지(칼데라 분지)이고, 백두산의 천지는 화구가 함몰되어 형성된 칼데라에 물이 고여 형성된 호수(칼데라호)입니다. 따라서 두 지역은 화구의 함몰로 형성된 지형, 즉 칼데라가 분포합니다.

오답 피하기 ① 용암동굴이 발달한 곳은 제주도입니다. ② 현무암은 점성이 작은 용암의 분출로 형성된 암석입니다. 울릉도와 백두산 정상부는 모두 점성이 큰 용암이 분출되어 형성되었습니다. ③ 화산 지형이 분포하는

곳 중에서 취락이 주로 용천대에 분포하는 곳은 제주도입니다. ④ 울릉도의 평지에서는 밭농사가 이루어지지만 백두산 산정부에서는 농업 활동이 이루어지지 않습니다.

097 주요 화산 지형의 분포와 특징   정답 ④

문제 분석 지도에서 (가)는 백두산, (나)는 철원, (다)는 울릉도, (라)는 제주도입니다.

정답 찾기 ④ 철원 용암 대지에는 칼데라 지형이 없고, 울릉도의 정상부 주변에는 칼데라 분지가 분포합니다.

오답 피하기 ① 철원 용암 대지는 점성이 작은 용암이 분출하여 낮은 부분을 메워 형성되었습니다. ② 제주도는 지표수가 부족하기 때문에 용천대가 있어 물을 구하기 쉬운 해안가를 중심으로 취락이 입지하였습니다. ③ 백두산과 한라산은 산록부는 점성이 작은 용암이 분출하여 형성된 순상 화산, 정상부는 점성이 큰 용암이 분출하여 형성된 종상 화산의 형태를 띠는 복합 화산입니다. ⑤ 철원 용암 대지에서는 벼농사가 이루어지고 울릉도와 제주도에서는 주로 밭농사가 이루어집니다.

098 화산 지형과 카르스트 지형   정답 ③

문제 분석 왼쪽 지도는 화산섬인 제주도, 오른쪽 지도는 돌리네가 분포하는 지역의 지도입니다.

정답 찾기 ㄷ. A의 기반암은 신생대에 화산 활동으로 형성된 화성암(현무암)이고, C의 기반암은 고생대(조선 누층군)에 형성된 퇴적암입니다. ㄹ. 제주도는 지표수가 부족하여, 돌리네는 물이 빠지는 곳이 있어 주로 밭으로 이용됩니다.

오답 피하기 ㄱ. 제주도에서 경사가 완만한 부분은 점성이 작은 용암이 분출하여 형성되었으며 기반암은 주로 현무암입니다. 따라서 A에는 흑갈색의 현무암 풍화토가 분포합니다. ㄴ. 용암의 열하 분출로 형성된 화산 지형으로는 철원 용암 대지가 있습니다.

099 석회동굴의 특징   정답 ④

문제 분석 ○○동굴은 석회암 분포 지역에 위치하고, 동굴 형성에 절리 밀도와 지하수의 양이 큰 영향을 미치므로 석회동굴입니다.

정답 찾기 ㄴ. 석회동굴이 분포하는 지역의 기반암은 석회암이고 석회암 풍화토는 철과 알루미늄이 산화되어 붉은색을 띱니다. ㄹ. 석회동굴 내부에는 석회암이 용해된 물질이 침전되어 형성된 종유석, 석순 등의 지형이 발달합니다.

오답 피하기 ㄱ. 용암의 냉각, 수축으로 형성된 주상 절리는 주로 현무암 분포 지역에서 나타납니다. ㄷ. 용암의 굳는 속도 차이에 의해 형성된 동굴은 용암동굴입니다.

100 돌리네의 특징   정답 ⑤

문제 분석 남한강 주변에서 움푹 파인 지형 여러 개가 한꺼번에 나타나는 지역은 돌리네가 발달한 카르스트 지형입니다.

정답 찾기 ⑤ 돌리네는 석회암이 용식 작용을 받아 형성된 움푹 파인 지형으로 이러한 용식 작용이 계속되면 인접한 돌리네는 서로 결합하기도 합니다. 이러한 지형을 우발라라고 합니다.

오답 피하기 ① 돌리네는 물이 빠지는 구멍이 있어 배수가 양호하기 때문에 습지가 형성되기 어렵습니다. ② 돌리네는 석회암이 용식 작용을 받아 형성됩니다. ③ 돌리네는 물 빠지는 구멍이 있어 배수가 양호하기 때문에 논보다는 주로 밭으로 이용됩니다. ④ 석회암 풍화토는 붉은색입니다. 기반암이 풍화되어 검은색 토양이 널리 나타나는 곳은 제주도, 철원 용암 대지 일대입니다.

101 카르스트 지형의 특징　　　　　　　　정답 ③

문제 분석 정선읍은 강원도 남부에 위치하는데 강원도 남부에는 고생대에 형성된 조선 누층군이 분포합니다. (가)에 나타난 등고선은 움푹 파인 지형을 의미하며, 그곳에서 밭농사가 이루어지므로 (가)의 지형은 돌리네입니다.

정답 찾기 ㄴ. 돌리네는 기반암인 석회암이 물에 의한 용식 작용을 받아 형성된 지형입니다. ㄹ. 석회암 풍화토는 붉은색의 간대토양입니다.

오답 피하기 ㄱ. 지도의 (가)는 움푹 파인 와지를 나타내는 저하 등고선으로, 화산 지형의 화구도 같은 모양으로 표현됩니다. 그러나 주어진 지도는 기반암의 용식 작용으로 형성된 카르스트 지형을 나타냅니다. ㄹ. 돌리네에는 싱크홀이 있어 비가 올 때 호수가 형성되지 않습니다. 그렇기 때문에 경지를 밭으로 이용합니다.

102 돌리네와 해안 단구의 특징　　　　　　정답 ③

문제 분석 (가)는 돌리네, (나)는 해안 단구의 단구면입니다.

정답 찾기 ③ 신생대 제3기에 동해 쪽에 치우친 융기 운동이 있었기 때문에 동해안에 위치하는 (나) 지역은 경동성 요곡 운동의 영향을 받았습니다.

오답 피하기 ① 돌리네가 형성된 지역의 기반암은 석회암인데, 석회암은 흰색을 띱니다. 흑갈색을 띠는 암석으로는 현무암을 들 수 있습니다. ② 돌리네는 물에 의한 용식 작용을 받아 형성되기 때문에 산의 정상부보다는 산기슭이나 산중턱의 평탄한 부분을 중심으로 분포합니다. ④ 해안 단구는 해수면 변동이나 지각의 융기 운동으로 형성됩니다. 산지와 평지가 만나는 곳에 형성된 하천 퇴적 지형은 선상지입니다. ⑤ 돌리네는 물이 빠지는 구멍이 있어 밭으로, (나)의 해안 단구면은 모래와 자갈 등이 있어 배수가 양호하여 주로 밭으로 이용됩니다.

103 카르스트 지형과 하천 지형　　　　　　정답 ②

문제 분석 A는 하안 단구, B는 감입 곡류 하천의 퇴적 사면, C는 돌리네입니다.

정답 찾기 ② B는 하천 주변의 습지에 해당합니다.

오답 피하기 ① 하안 단구에 해당하는 A에서는 하천의 작용으로 형성된 둥근 자갈이 발견됩니다. ③ B와 인접한 하천은 산지 사이를 구불구불 흐르는 감입 곡류 하천이고, B는 이러한 하천과 인접한 습지로 하천의 퇴적 작용으로 형성된 토양이 분포합니다. ④ 돌리네인 C의 기반암은 석회암이고 석회암 풍화토는 붉은색의 간대토양입니다. ⑤ 석회암이 물에 의한 용식 작용을 받은 것은 화학적 풍화 작용에 해당합니다.

104 석회동굴과 용암동굴　　　　　　　　정답 ②

문제 분석 우리나라의 자연 동굴로는 석회암이 용식 작용을 받아 형성된 석회동굴, 점성이 작은 용암이 분출하여 흐르다가 용암의 표면과 속의 식는 속도 차이로 인해 형성된 용암동굴이 대표적입니다. 지도에서 (가)는 석회암 분포 지역을 중심으로 분포하므로 석회동굴, (나)는 제주도에 분포하므로 용암동굴입니다.

정답 찾기 ㄱ. 석회동굴이 분포하는 지역의 지표에는 석회암이 분포하고, 석회암 풍화토는 붉은색의 간대토양입니다. ㄹ. 석회동굴이 분포하는 조선 누층군은 고생대에, 용암동굴이 분포하는 제주도의 현무암은 신생대에 형성되었습니다.

오답 피하기 ㄴ. 용암동굴은 점성이 작은 용암이 흐르다가 식는 속도 차이로 형성되었기 때문에 용암이 흐르는 방향, 즉 높은 곳에서 낮은 곳으로의 방향성을 띱니다. 따라서 용암동굴의 방향은 등고선과 교차하여 나타납니다. ㄷ. 석회동굴은 기반암이 용식 작용을 받아 형성되었기 때문에 기복이 큰 반면, 용암동굴은 용암이 흘러 형성된 동굴이기 때문에 석회동굴에 비해 기복이 작고 바닥면이 평평합니다.

105 카르스트 지형의 분포와 특징　　　　　정답 ②

문제 분석 땅이 계속 꺼지는 현상이 발생하고 지형학자들이 석회동굴이 있을 것으로 추정하는 것으로 보아 발구덕 마을은 석회암이 기반암인 지역에 분포하는 마을입니다.

정답 찾기 ② 석회암이 기반암인 지역의 커다란 구덩이는 돌리네에 해당합니다.

오답 피하기 ① 석회암은 고생대 조선 누층군에 분포합니다. 평안 누층군에는 석탄이 매장되어 있습니다. ③ 커다란 구덩이는 돌리네이며, 돌리네는 주로 밭으로 이용됩니다. ④ 커다란 구덩이, 즉 돌리네는 물이 잘 빠져 호수가 형성되지 않습니다. ⑤ 석회암 풍화토는 붉은색입니다.

106 화산 지형과 카르스트 지형의 분포　　　정답 ②

문제 분석 (가)는 화산암, (나)는 석회암의 분포를 나타낸 것입니다.

정답 찾기 화산암은 백두산과 그 주변 지역, 울릉도, 독도, 제주도 등지에 나타나고, 석회암은 강원 남부, 충북 북동부 등지에 나타나는데, 이 지역에서는 석회암이 용식 작용을 받아 형성된 돌리네를 볼 수 있습니다. ㄱ은 제주도, ㄴ은 강원도 평창의 고위 평탄면, ㄷ은 돌리네가 분포하는 지역입니다. 따라서 (가)는 ㄱ에, (나)는 ㄷ에 분포합니다.

오답 피하기 ㄴ. 고위 평탄면은 중생대 이후 오랜 침식을 받아 평탄해진 지역이 신생대에 동쪽에 치우친 융기 운동을 받아 높아진 이후에도 융기 이전의 지형 흔적이 남아 있는 곳입니다.

06강 우리나라의 기후와 주민 생활

핵심 개념 CHECK!
▶ 본문 058쪽

01 (1) 크게 (2) 크다 (3) 높다　　**02** (1) 크다 (2) 크다 (3) 해발 고도 (4) 높다　　**03** (가)-B, (나)-A, (다)-C　　**04** ×　**05** ○
06 ○　**07** ×　**08** ○　**09** ○　**10** ○　**11** ○　**12** ○　**13** ○
14 ○　**15** ○　**16** ×　**17** ○　**18** ○　**19** ○　**20** ×　**21** ○
22 ×　**23** ○

○× 문장 바로 알기

04 우리나라는 대륙의 동쪽에 위치하여 기온의 연교차가 ~~작은 해양성 기후~~가 나타난다.
　　　큰 대륙성 기후

05 부산은 원산보다 위도의 영향으로 연평균 기온이 높다.

06 비슷한 위도의 동해안이 서해안보다 겨울 기온이 높은 것은 지형과 바다의 영향 때문이다.

07 기온의 연교차는 남쪽에서 북쪽으로, 해안에서 내륙으로 갈수록 ~~작아진다.~~ 커진다.

08 지형의 영향으로 서귀포는 제주보다 연 강수량이 많다.

09 시베리아 고기압의 영향을 받는 겨울에는 한랭 건조한 북서풍이 분다.

10 울릉도는 홍천보다 겨울 강수 집중률이 ~~낮다.~~ 높다.

11 강릉은 비슷한 위도의 인천보다 최한월 평균 기온이 높다.

12 겨울철은 여름철보다 평균 풍속이 빠르다.

13 높새바람이 불면 원주는 강릉보다 일 최고 기온이 높게 나타난다.

14 1월에는 대체로 서고동저형의 기압 배치가 나타난다.

15 북동 기류 유입 시 영동 지방은 영서 지방보다 강수량이 많다.

16 북한 지역의 청진은 남포보다 기온의 연교차가 ~~크다.~~ 작다.

17 기온의 일교차는 장마철이 봄과 가을보다 ~~크다.~~ 작다.

18 김장 시기는 남부 지방에서 북부 지방으로 갈수록 대체로 빨라진다.

19 강화도의 또아리집과 호남 해안 지방의 까대기는 바람이 강한 곳에서 볼 수 있는 가옥 형태이다.

20 일조 시간이 ~~짧은~~ 서해안 일부 지역에서는 천일제염업이 발달하였다.
　　　긴

21 대관령 일대에서는 여름철 서늘한 기후를 이용한 고랭지 농업이 이루어진다.

22 열섬 현상은 ~~교외 지역의 기온이 도심보다~~ 높게 나타나는 현상이다.
　　　도심의 기온이 교외 지역보다

---

23 겨울이 온화한 남부 지방에서는 그루갈이가 가능하다.

기출+예상 문제로 주제 정복하기
▶ 본문 060~067쪽

107 ⑤	**108** ①	**109** ②	**110** ⑤	**111** ③	**112** ⑤
113 ①	**114** ④	**115** ②	**116** ⑤	**117** ③	**118** ②
119 ⑤	**120** ①	**121** ④	**122** ③	**123** ②	**124** ④
125 ②	**126** ①	**127** ①	**128** ⑤	**129** ①	**130** ③
131 ②	**132** ②	**133** ②	**134** ③	**135** ④	**136** ②
137 ②	**138** ④				

107 우리나라의 기후 특색
정답 ⑤

자료 분석

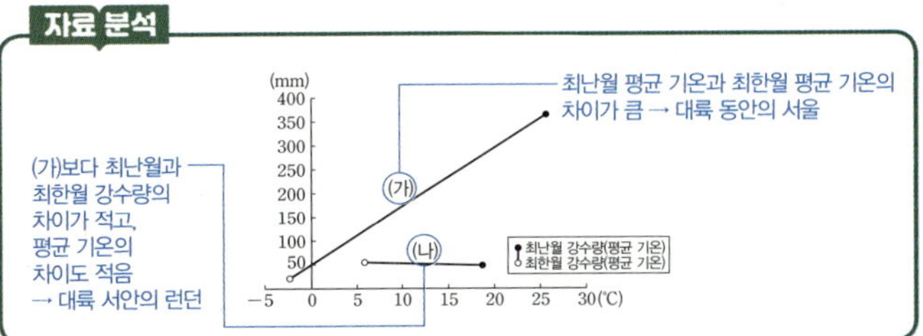

문제 분석 지도에 표시된 지역은 대륙 서안의 런던과 대륙 동안의 서울입니다. (가)는 기온의 연교차가 크므로 계절풍의 영향을 받는 서울, (나)는 기온의 연교차가 작고, 최난월과 최한월의 강수량 차이 또한 작으므로 연중 편서풍의 영향을 받는 대륙 서안의 런던입니다.

정답 찾기 ⑤ 서울(가)은 대륙 동안, 런던(나)은 대륙 서안에 위치합니다.

오답 피하기 ① 런던(나)은 바다에서 불어오는 편서풍의 영향으로 연중 습윤하고 기온의 연교차가 작은 해양성 기후가 나타나고, 서울(가)은 겨울철 대륙에서 불어오는 계절풍의 영향으로 기온의 연교차가 큰 대륙성 기후가 나타납니다. ② 대륙 동안에 위치한 서울(가)은 계절풍, 대륙 서안에 위치한 런던(나)은 편서풍의 영향을 많이 받습니다. ③ 런던(나)은 서울(가)보다 최난월 평균 기온과 최한월 평균 기온의 차이인 기온의 연교차가 작습니다. ④ 서울(가)이 런던(나)보다 여름철 강수 집중률이 높으므로, 여름에 홍수가 자주 발생합니다.

108 기후 요소와 기후 요인
정답 ①

정답 찾기 ㄱ. 인천이 군산보다 겨울 평균 기온이 낮은 것은 인천이 군산보다 고위도에 위치하기 때문이므로, 이는 위도(가)와 관련 있습니다. ㄴ. 강릉이 홍천보다 겨울 평균 기온이 높은 이유는 홍천은 내륙, 강릉은 동해안에 위치하였기 때문이므로, 이는 수륙 분포(나)와 관련 있습니다. ㄷ. 진안고원에 위치한 장수는 포항보다 해발 고도가 높은 곳에 위치해 여름 평균 기온이 낮게 나타나는데, 이는 해발 고도(다)와 관련 있습니다. 따라서 (가)는 ㄱ, (나)는 ㄴ, (다)는 ㄷ과 관련 있습니다.

109 지역별 기후 특색
정답 ②

자료 분석

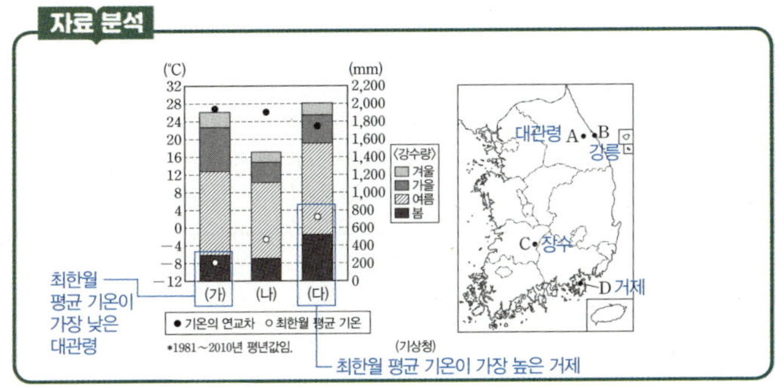

 지도의 A는 대관령, B는 강릉, C는 장수, D는 거제입니다.
 ② (가)는 세 지역 중 기온의 연교차가 가장 크고 최한월 평균 기온이 가장 낮으므로 해발 고도가 높고 고위도에 위치한 대관령(A)입니다. (나)는 기온의 연교차가 두 번째로 크고 최한월 평균 기온이 두 번째로 낮으므로 진안고원이 분포하는 장수(C)입니다. (다)는 기온의 연교차가 가장 작고, 연 강수량이 약 2,000mm 정도로 많으므로 다우지인 거제(D)입니다. 따라서 (가)는 A, (나)는 C, (다)는 D와 연결됩니다.
 강릉(B)은 최한월 평균 기온이 0℃ 이상이고, 연 강수량은 약 1,460mm입니다.

110 지역별 기후 특색　　　정답 ⑤

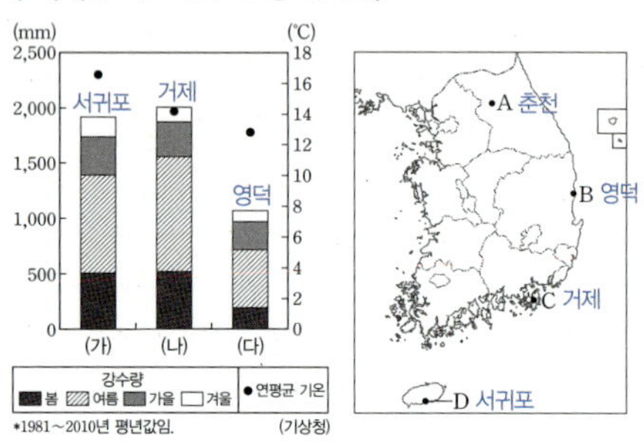

그래프는 세 지역의 기후 특성을 나타낸 것이다. 이에 대한 설명으로 옳은 것은? (단, (가)~(다)는 지도의 A~D 중 하나임.)

① (가)는 (다)보다 고위도에 위치한다. 저위도
② (나)는 (가)보다 최한월 평균 기온이 높다. 낮다
③ A는 B보다 기온의 연교차가 작다. 크다
④ D는 C보다 연 강수량이 많다. 적다
⑤ (가)는 D, (나)는 C, (다)는 B이다. (○)

 지도의 A는 춘천, B는 영덕, C는 거제, D는 서귀포입니다. (다)는 (가), (나)에 비해 연 강수량이 매우 적으므로 비가 적은 경북 동해안의 영덕(B)입니다. (가), (나)는 연평균 기온이 영덕보다 높으므로 상대적으로 고도 내륙에 위치한 춘천은 제외됩니다. 따라서 (가)와 (나)는 거제(C)와 서귀포(D) 중 하나인데, 그 중 (가)는 (나)보다 연평균 기온이 높으므로 가장 위도가 낮은 서귀포이며, 나머지 (나)는 거제입니다. 거제는 연 강수량 2,000mm 이상의 다우지로, 서귀포에 비해 연 강수량이 다소 많고 여름 강수 집중률이 높습니다.

 ⑤ (가)와 D는 서귀포, (나)와 C는 거제, (다)와 B는 영덕입니다.
 ① 서귀포(가)는 영덕(다)보다 저위도에 위치합니다. ② 거제(나)는 서귀포(가)보다 고위도에 위치하므로 최한월 평균 기온이 낮습니다. ③ 춘천(A)은 영덕(B)보다 고도 내륙에 위치하므로 기온의 연교차가 큽니다. ④ 그래프를 보면 서귀포(가)는 거제(나)보다 연 강수량이 적습니다.

(나)를 서귀포로 생각했다면? 연평균 기온을 미처 보지 못하고, 연 강수량이 가장 많은 것을 보고 (나)를 서귀포로 판단했을 수 있다. 1981~2010년 평년값 기준 기상 관측소가 있는 곳 중에서 최다우지는 거제이며, 연평균 기온이 가장 높은 곳은 서귀포임을 암기해 두면 문항 해결에 도움이 된다.

111 지역별 기후 특색　　　정답 ③

 지도의 A는 군산, B는 대관령, C는 안동, D는 영덕입니다.

 ③ (가)는 네 지역 중 연 강수량이 가장 많으므로 대관령(B)입니다. 주변에 바람받이 산지가 많은 대관령은 지형성 강수가 자주 내려 연 강수량이 많습니다. (나)는 기온의 연교차가 네 지역 중 가장 작으므로 동해안에 위치한 영덕(D)입니다. (다)는 (라)보다 연 강수량이 많고 기온의 연교차가 작으므로 서해안에 위치한 군산(A)입니다. (라)는 기온의 연교차가 상대적으로 크고, 연 강수량이 적으므로 영남 내륙에 위치한 안동(C)입니다. 따라서 (가)는 B, (나)는 D, (다)는 A, (라)는 C와 연결됩니다.

112 지역별 기후 특색　　　정답 ⑤

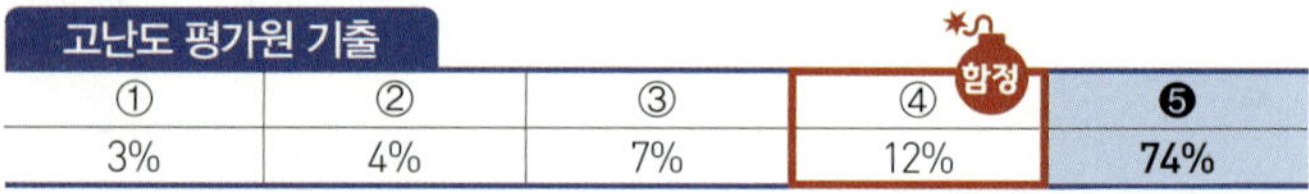

고난도 평가원 기출				
①	②	③	④ 함정	❺
3%	4%	7%	12%	74%

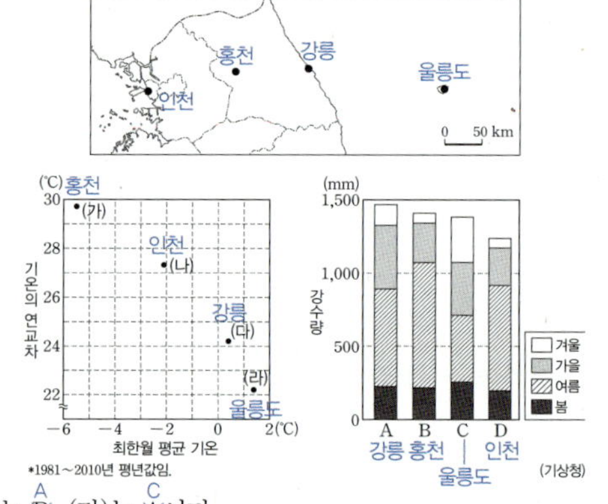

그래프는 지도에 표시된 네 지역의 기후 자료이다. 이에 대한 설명으로 옳은 것은? (단, (가)~(라), A~D는 지도에 표시된 지역 중 하나임.)

① (다)는 B, (라)는 A이다.
② (가)는 (라)보다 겨울 강수량이 많다. 적다
③ (다)는 (나)보다 여름 강수 집중률이 높다. 낮다
④ A는 D보다 최한월 평균 기온이 낮다. 높다
⑤ D는 C보다 최난월 평균 기온이 높다. (○)

 지도에 표시된 지역은 인천, 홍천, 강릉, 울릉도입니다. (가)는 기온의 연교차가 가장 크고 최한월 평균 기온이 가장 낮으므로 내륙에 위치한 홍천입니다. (라)는 기온의 연교차가 가장 작고 최한월 평균 기온이 가장 높으므로 해양성 기후가 나타나는 울릉도입니다. (나)는 (다)보다 기온의 연교차가 크고 최한월 평균 기온이 낮으므로 서해안에 위치한 인천, 나머지 (다)는 강릉입니다. C는 겨울 강수량이 가장 많고, 강수의 계절 분포가 비교적 고르므로 울릉도입니다. A는 네 지역 중 연 강수량이 가장 많고, 겨울 강수량이 울릉도 다음으로 많으므로 강릉입니다. B는 D보다 연 강수량이 많고 여름 강수 집중률이 높으므로 내륙의 홍천, 나머지 D는 인천입니다. 따라서 (가)와 B는 홍천, (나)와 D는 인천, (다)와 A는 강릉, (라)와 C는 울릉도입니다.

 ⑤ 기온의 연교차는 최난월 평균 기온에서 최한월 평균 기온을 뺀 값이므로, 최난월 평균 기온은 최한월 평균 기온에서 기온의 연교차를 더한 값과 같습니다. 따라서 인천(D)은 최난월 평균 기온이 약 25℃, 울릉도(C)는 약 23℃이므로, 인천이 울릉도보다 최난월 평균 기온이 높습니다.

 ① (다)는 강릉(A), (라)는 울릉도(C)입니다. ② 홍천(가)은 울릉도(라)보다 겨울 강수량이 적습니다. ③ 강릉(다)은 인천(나)보다 여름 강수 집중률이 낮습니다. ④ 강릉(A)은 인천(D)보다 지형과 바다의 영향으로 최한월 평균 기온이 높습니다.

113 홍천, 대관령, 울릉도의 강수 특색   정답 ①

문제 분석 (가)는 월별 누적 강수량의 증가가 (나), (다)보다 일정하므로 월별 강수 분포가 비교적 고르게 나타나는 울릉도입니다. (나)는 (다)보다 12월의 누적 강수량이 적으므로 연 강수량이 상대적으로 적은 홍천, (다)는 12월의 누적 강수량이 1,800mm 이상인 대관령입니다.

정답 찾기 ① 울릉도(가)는 홍천(나)보다 12, 1, 2월의 강수량이 연 강수량에서 차지하는 비율이 높으므로 겨울 강수 집중률이 높습니다.

오답 피하기 ② 동해 가운데에 위치한 울릉도(가)는 대관령(다)보다 바다의 영향을 크게 받으므로 기온의 연교차가 작습니다. ③ 홍천(나)은 대관령(다)보다 해발 고도가 낮은 곳에 위치합니다. ④ 대관령(다)은 울릉도(가)보다 해발 고도가 높은 곳에 위치해 최난월 평균 기온이 낮습니다. ⑤ 12월의 누적 강수량이 연 강수량에 해당하므로, 연 강수량은 대관령(다)이 가장 많습니다.

114 기후 자료 분석   정답 ④

문제 분석 (가)는 이른 날이 2월 1일, 늦은 날은 5월 1일 정도가 되므로 서리 내린 마지막 날에 해당합니다. (나)는 이른 날이 10월 11일, 늦은 날은 1월 11일 정도가 되므로 서리 내린 첫날에 해당합니다.

정답 찾기 ㄴ. 서리 내린 마지막 날(가)에서 서리 내린 첫날(나)까지의 기간에는 여름이 포함되고, 서리 내린 첫날(나)에서 서리 내린 마지막 날까지의 기간에는 겨울이 포함됩니다. 따라서 (가)에서 (나)까지의 기간에 내린 강수량이 (나)에서 (가)까지의 기간에 내린 강수량보다 많습니다. ㄹ. (나)에서 (가)까지의 기간은 서리가 내리는 기간에 해당하는데, 동일한 위도에서 동해안은 서해안보다 겨울 평균 기온이 높으므로 서리일수가 짧습니다.

오답 피하기 ㄱ. 서리가 내린 마지막 날에서 서리가 내린 첫날까지의 기간은 서리가 내리지 않는 무상 기간에 해당하며, 무상 기간은 저위도에서 고위도로 갈수록 짧아집니다. ㄷ. 서리가 내린 첫날에서 서리가 내린 마지막 날까지의 기간에는 겨울이 포함되며, 겨울에는 시베리아 기단의 세력이 우세합니다. 북태평양 기단의 세력이 우세한 시기는 여름입니다.

115 울릉도, 서울, 대관령, 강릉의 기후 특색 비교   정답 ②

문제 분석 지도의 A는 서울, B는 대관령, C는 강릉입니다. 울릉도는 우리나라의 최다설지로 연중 강수량이 비교적 고르지만, 다른 지역과 같이 여름철 강수량이 가장 많습니다. 우리나라는 장마 전선과 태풍의 영향으로 여름철에 강수가 집중됩니다. 그러므로 계절별 강수량 비율 1위인 (가)는 여름, 3위인 (나)는 가을과 봄을 제외한 겨울입니다.

정답 찾기 ② 여름철(가) 평균 기온은 서울(A)이 가장 높고, 해발 고도가 높은 곳에 위치한 대관령(B)이 가장 낮습니다. 겨울(나) 강수량 비율은 동해안에 위치한 강릉(C)이 가장 높으며, 서울(A)이 가장 낮습니다. 따라서 여름철 평균 기온은 A>C>B 순으로 높고, 겨울 강수량 비율은 C>B>A 순으로 높습니다.

116 지역별 기온 차이   정답 ⑤

그래프는 네 지역의 기후 값 차이를 나타낸 것이다. 이에 대한 설명으로 옳은 것은? (단, (가)~(라)는 지도에 표시된 네 지역 중 하나이며, ㉠, ㉡은 1월, 7월 중 하나임.)

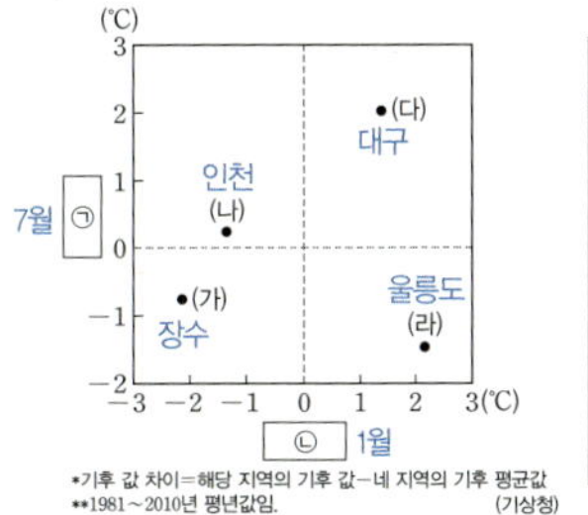

① ㉠에는 서고동저형의 기압 배치가 자주 나타난다. 남고북저
② (가)는 (나)보다 고위도에 위치한다. 저위도
③ (나)는 (가)보다 해발 고도가 높은 곳에 위치한다. 낮은
④ (다)는 (라)보다 여름 평균 기온이 낮다. 높다
⑤ (라)는 (다)보다 ㉡에 강수량이 많다. (○)

문제 분석 지역별 기온 차이가 상대적으로 크게 나타나는 ㉡은 1월, ㉠은 7월입니다. (가)는 1월 평균 기온이 가장 낮은 장수입니다. (라)는 1월 평균 기온이 가장 높고, 7월 평균 기온은 가장 낮으므로 울릉도입니다. (다)는 7월 평균 기온이 가장 높으므로 대구입니다. (나)는 대구 다음으로 7월 평균 기온이 높고, 장수 다음으로 1월 평균 기온이 낮으므로 인천입니다.

정답 찾기 ⑤ 울릉도(라)는 대구(다)보다 1월(㉡)에 강수량이 많습니다.

오답 피하기 ① 7월(㉠)에는 남고북저형의 기압 배치가 자주 나타나며, 서고동저형의 기압 배치는 1월에 주로 나타납니다. ② 장수(가)는 인천(나)보다 저위도에 위치합니다. ③ 인천(나)은 장수(가)보다 해발 고도가 낮습니다. ④ 대구(다)는 울릉도(라)보다 여름 평균 기온이 높습니다.

117 높새바람의 특징   정답 ③

문제 분석 자료의 시점은 늦봄~초여름에 해당하는 6월이고, 일 최저 기온이 가장 낮은 B는 해발 고도가 가장 높은 곳인 대관령입니다. A는 C보다 일 최고 기온이 낮고 일 평균 상대 습도가 높으므로 영동 지방인 동해안의 강릉입니다. 나머지 C는 영서 지방의 원주로, 일 최고 기온이 가장 높고 일 평균 상대 습도는 가장 낮습니다.

정답 찾기 ㄴ. 강릉(A)은 원주(C)보다 일 최고 기온과 일 최저 기온의 차이가 작으므로 기온의 일교차가 작습니다. ㄷ. 영서 지방에 위치한 원주(C)가 영동 지방에 위치한 강릉(A)보다 기온이 높고 상대 습도가 낮게 나타나는데, 이는 높새바람인 북동풍이 태백산맥을 넘어 불어오면서 고온 건조해지는 푄 현상과 관련 있습니다.

오답 피하기 ㄱ. 대관령(B)이 강릉(A)보다 해발 고도가 높습니다. ㄹ. 강릉(A)은 영동 지방, 원주(C)는 영서 지방에 위치합니다.

문제 분석 지도에 표시된 지역은 청진, 희천, 평양, 강릉, 대구입니다. (가)는 기온의 연교차가 가장 큰 북부 내륙의 희천, (나)는 기온의 연교차가 희천 다음으로 큰 내륙의 평야 지대인 평양입니다. (다)는 최난월 평균 기온이 가장 낮고, 연 강수량이 가장 적으므로 청진입니다. (라)는 (마)보다 연 강수량이 적고 최난월 평균 기온이 높으므로 대구, 나머지 (마)는 강릉입니다. 강원도 동해안에 위치한 강릉은 다섯 지역 중 기온의 연교차가 가장 작고, 연 강수량이 가장 많습니다.

정답 찾기 ③ 청진(다)은 대구(라)보다 고위도에 위치하므로 최한월 평균 기온이 낮습니다.

오답 피하기 ① 희천(가)은 강릉(마)보다 겨울철 강수 집중률이 낮습니다. ② 관북 해안의 청진(다)은 내륙의 평양(나)보다 한류에 의한 안개 발생 일수가 많습니다. ④ 대구(라)는 희천(가)보다 저위도에 위치하므로 서리가 내리지 않는 무상 일수가 많습니다. ⑤ 강릉(마)은 평양(나)보다 저위도에 위치하므로 단풍 시기가 늦습니다.

119 기후 요소의 지역별 분포　　　　　　　　　정답 ⑤

정답 찾기 ⑤ (가)는 대구, 서울, 광주 등 대도시에서 상대적으로 높게 나타나고 고위도 내륙보다 남해안이 상대적으로 높게 나타나므로 열대야 일수입니다. (나)는 중국과 지리적으로 인접한 수도권과 서해안이 동해안보다 상대적으로 높게 나타나므로 황사 일수의 지역별 분포를 나타낸 것입니다.

오답 피하기 적설량은 대관령, 울릉도 등에서 높게 나타납니다.

120 바람의 유형과 발생 원리　　　　　　　　　정답 ①

문제 분석 해안 지역에서는 육지와 바다의 비열 차에 의해 낮에는 바다에서 육지 쪽으로 해풍이, 밤에는 육지에서 바다 쪽으로 육풍이 붑니다.

정답 찾기 ㄱ. 맑은 날은 흐린 날보다 육지와 바다의 온도 차에 따른 기압 차가 크게 나타나기 때문에, 해풍과 육풍이 뚜렷하게 나타납니다. ㄴ. 낮에는 지표면의 온도가 해수면보다 빨리 상승해 육지는 저기압, 바다는 고기압이 되면서 바다에서 육지 쪽으로 해풍(ⓒ)이 붑니다. 밤에는 반대로 육지가 고기압, 바다가 저기압이 되면서 육지에서 바다 쪽으로 육풍(ⓒ)이 주로 붑니다.

오답 피하기 ㄷ. 습윤한 바람이 바람받이 사면을 타고 상승하면서 내리는 비는 지형성 강수입니다. ㄹ. 높새바람이 불면 태백산맥을 넘어 고온 건조한 바람이 되므로, 영동 지방은 영서 지방보다 기온이 낮습니다.

121 지역별 기후 특색 비교　　　　　　　　　　정답 ④

문제 분석 지도의 A는 인천, B는 강릉, C는 장수, D는 대구입니다. 그래프의 기후 값 차이가 0보다 크면 해당 지점의 기후 값이 청주의 기후 값보다 크다는 의미입니다. 동해안의 강릉은 북동 기류, 진안고원에 위치한 장수는 북서 계절풍에 의한 겨울철 강수량이 많습니다.

정답 찾기 ④ (가)는 네 지역 중 연평균 기온이 가장 높고, 겨울 강수량이 상대적으로 적으므로 영남 내륙의 대구(D)입니다. (나)는 겨울 강수량이 가장 많고, 연평균 기온이 대구 다음으로 높으므로 동해안의 강릉(B)입니다. (다)는 (라)보다 겨울 강수량이 적고 연평균 기온이 높은 곳이므로 서해안의 인천(A)입니다. 연평균 기온이 가장 낮은 (라)는 해발 고도가 높은 진안고원에 위치한 장수(C)입니다. 따라서 (가)는 D, (나)는 B, (다)는 A, (라)는 C와 연결됩니다.

122 지역별 바람 특성 및 기온 변화　　　　　　정답 ③

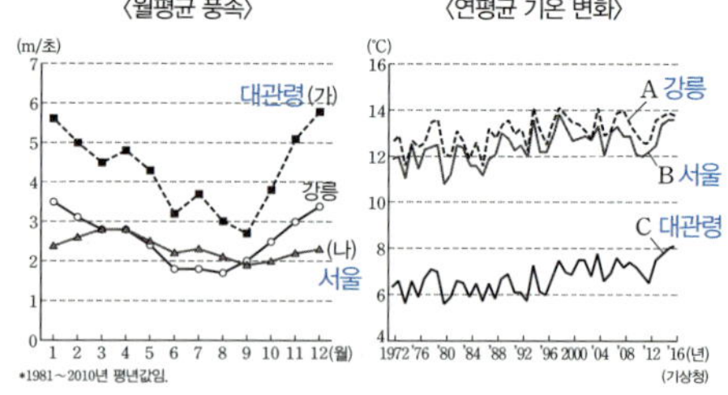

문제 분석 풍속은 대체로 해안이 내륙보다 빠르며, 해발 고도가 높아 주위에 바람을 막는 장애 요인이 적을수록 빠르게 나타납니다. 따라서 (가)는 대관령, (나)는 서울입니다. 연평균 기온이 가장 높은 A는 세 지역 중 최한월 평균 기온이 가장 높은 강릉이며, 연평균 기온이 가장 낮은 C는 해발 고도가 높은 대관령이고, 나머지 B는 서울입니다.

정답 찾기 ③ 〈월평균 풍속〉 그래프를 보면 강릉(가)은 서울(나)보다 1월과 7월의 풍속 차이가 큽니다.

오답 피하기 ① 대관령(가)은 강릉보다 해발 고도가 높은 곳에 위치해 연평균 기온이 낮습니다. ② 바람을 막는 장애 요인이 많은 대도시 서울(나)은 해발 고도가 높은 산지에 위치해 바람의 세기와 풍속이 일정한 대관령(가)보다 풍력 발전소 입지에 불리합니다. ④ 대관령(C)은 서울(B)보다 해발 고도가 높습니다. ⑤ 〈월평균 풍속〉 그래프를 보면 여름철(6~8월) 평균 풍속은 (가)의 대관령(C)이 가장 빠릅니다.

함정 피하기

A를 서울, B는 강릉으로 파악했다면? 서울이 열섬 현상으로 연평균 기온이 강릉보다 높다고 판단했을 가능성이 높다. 우리나라는 지역별로 최한월(1월) 평균 기온의 차이가 크게 나타난다. 이에 연평균 기온의 지역 차는 1월 평균 기온이 좌우하는 경우가 많다. 동해안의 강릉은 서울보다 1월 평균 기온이 높으므로 연평균 기온이 높다.

123 지역별 기후 특색 및 변화　　　　　　　　정답 ②

문제 분석 부산, 인천, 제주 중 겨울철 평균 기온이 가장 높은 곳은 저위도에 위치한 제주입니다. 따라서 (다)는 제주이며, 겨울철 평균 기온이 가장 낮은 (나)는 인천이고, 나머지 (가)는 부산입니다.

정답 찾기 ㄱ. (가)는 부산, (나)는 인천입니다. ㄷ. 〈계절별 기온 변화〉 그래프에서 겨울 기온의 상승 폭은 인천(나)>부산(가)>제주(다) 순으로 크므로, 위도가 높을수록 겨울 기온이 크게 상승하였습니다.

오답 피하기 ㄴ. 인천(나)은 제주(다)보다 고위도에 위치하고 겨울 기간이 길게 나타나므로 서리가 내리지 않는 무상 일수가 짧습니다. ㄹ. 인천(나)은 겨울, 제주(다)는 봄 기온이 가장 크게 상승하였습니다.

124 계절별 기후 특색　　　　　　　　　　　　정답 ④

문제 분석 (가)는 서고동저형의 기압 배치가 나타나므로 겨울, (나)는 남고북저형의 기압 배치가 나타나므로 여름입니다.

 ④ 여름(나)은 겨울(가)보다 고온 다습한 기후로 인해 냉방기기에 대한 수요가 많습니다.

오답 피하기 ① 열대야 및 열대일은 여름(나)에 주로 나타납니다. ② 여름(나)의 계절풍은 북태평양 고기압에서 주로 불어와 고온 다습한 성질이 나타납니다. ③ 겨울(가)은 여름(나)보다 강수량이 적습니다. ⑤ (가) 시기는 겨울, (나) 시기는 여름입니다.

125 비슷한 위도의 지역별 기후 특색 　정답 ②

문제 분석 지도에 표시된 지역은 군산, 장수, 대구, 포항입니다. (가)는 기온의 연교차가 가장 작으므로 동해안에 위치한 포항, (나)는 연 강수량이 가장 적으므로 영남 내륙에 위치한 대구, (다)는 (라)보다 최한월 평균 기온이 높으므로 군산, (라)는 연 강수량이 많고, 최한월 평균 기온이 가장 낮으므로 해발 고도가 높은 진안고원 일대의 장수입니다.

정답 찾기 ② 동해안의 포항(가)은 비슷한 위도의 서해안에 위치한 군산(다)보다 최한월 및 연평균 기온이 높습니다.

오답 피하기 ① 포항(가)은 대구(나)보다 연 강수량 대비 여름 강수량이 적으므로 여름 강수 집중률이 낮습니다. ③ 군산(다)은 대구(나)보다 최난월 평균 기온이 낮습니다. ④ 군산(다)은 장수(라)보다 해발 고도가 낮습니다. ⑤ 포항(가)은 동해안, 군산(다)은 서해안에 위치합니다.

126 지역별 기후 특색 　정답 ①

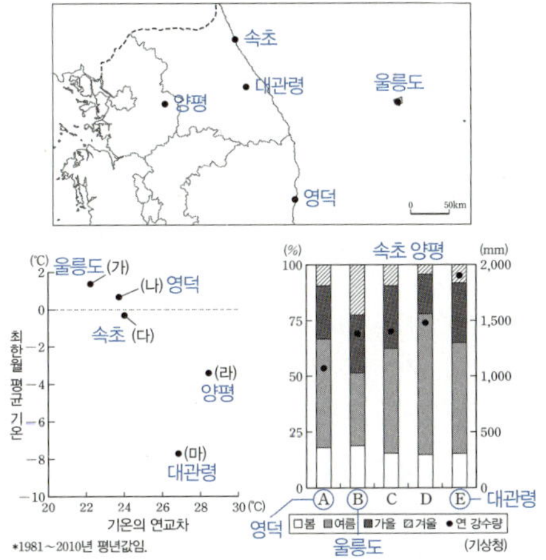

문제 분석 지도에 표시된 지역은 속초, 양평, 대관령, 울릉도, 영덕입니다. (가)는 최한월 평균 기온이 가장 높고 기온의 연교차가 가장 작으므로 울릉도입니다. (나)는 울릉도 다음으로 최한월 평균 기온이 높으므로 경북 동해안의 영덕입니다. (마)는 최한월 평균 기온이 가장 낮으므로 해발 고도가 높은 대관령입니다. (다)는 (라)보다 기온의 연교차가 작으므로 속초이며, 나머지 (라)는 내륙에 위치한 양평입니다. A는 연 강수량이 가장 적으므로 경북 동해안의 영덕, B는 겨울 강수 비중이 가장 높은 울릉도, E는 연 강수량이 가장 많은 대관령입니다. D는 C보다 여름 강수 비중이 높으므로 양평, 나머지 C는 속초입니다. 따라서 (가)와 B는 울릉도, (나)와 A는 영덕, (다)와 C는 속초, (라)와 D는 양평, (마)와 E는 대관령입니다.

정답 찾기 ① 울릉도(가)는 대관령(마)보다 겨울 강수량이 많습니다. 우리나라에서 겨울 강수량이 가장 많은 곳은 울릉도입니다.

오답 피하기 ② 영덕(나)은 양평(라)보다 연 강수량이 적습니다. 경북 내륙과 동해안은 상대적으로 소우지에 해당합니다. ③ (나)의 영덕(A)은 (다)의 속초(C)보다 기온의 연교차가 작습니다. ④ 최난월 평균 기온은 기온의 연교차에 최한월 평균 기온을 더한 값과 같습니다. 따라서 울릉도(B)는 양평(D)보다 최난월 평균 기온이 낮습니다. ⑤ 속초(다)는 대관령(E)보다 해발 고도가 낮습니다.

함정 피하기

A가 영덕임을 파악하지 못했다면? 남한의 경우 영남 내륙(의성, 영천, 대구, 안동, 구미 등)과 함께 경북 동해안(울진, 영덕 등)도 상대적으로 소우지를 형성하고 있음을 인지하지 못했을 가능성이 높다. 남한의 경우 영남 내륙과 함께 경북 동해안 등도 비가 적은 지역임을 알아 두자.

127 계절풍과 계절별 기후 특색 　정답 ①

문제 분석 (가)는 북서풍이 탁월하므로 1월, (나)는 남서풍 등 남풍 계열의 바람이 탁월하므로 7월입니다.

정답 찾기 ① 1월에는 한반도 북서쪽에 발달한 시베리아 고기압으로 인해 서고동저형의 기압 배치가 주로 나타납니다.

오답 피하기 ② 북서풍이 탁월한 시기는 시베리아 기단의 영향을 받는 1월(가)입니다. ③ 1월(가)은 7월(나)보다 평균 기온이 낮습니다. ④ 1월(가)은 7월(나)보다 평균 풍속이 빠릅니다. ⑤ 고온 다습한 남풍 계열 바람이 부는 7월(나)은 한랭 건조한 북서풍이 부는 1월(가)보다 상대 습도가 높습니다.

128 계절풍의 특징 　정답 ⑤

문제 분석 (가)는 북서풍과 북풍 계열의 관측 횟수 백분율이 높으므로 시베리아 고기압의 영향을 주로 받는 1월입니다. (나)는 남풍 계열의 관측 횟수 백분율이 높으므로 북태평양 고기압의 영향을 주로 받는 7월입니다.

정답 찾기 ⑤ 고산은 (가), (나) 시기 모두 최대 풍속이 20m/s를 넘는 풍향이 많아 백령도나 흑산도에 비해 풍속이 빠릅니다.

오답 피하기 ① (가)의 세 지점 풍향은 북풍과 북서풍의 비율이 다른 풍향보다 높습니다. 한편, 남풍 및 남동풍의 비율이 높은 시기는 (나)입니다. ② (나)의 백령도에서는 동풍 비율이 10% 정도, 서풍 비율은 5% 정도이므로, 동풍 비율이 서풍 비율보다 높습니다. ③ (가)는 1월, (나)는 7월입니다. ④ 무풍 비율은 그래프 중심의 수치로 알 수 있는데, 세 지역 모두 (가)보다 (나) 시기에 무풍 비율이 더 높습니다.

129 우리나라에 영향을 주는 기단 　정답 ①

문제 분석 A는 주로 겨울에 우리나라에 영향을 주는 한랭 건조한 시베리아 기단, B는 늦봄에서 초여름에 영향을 주는 냉량 습윤한 오호츠크해 기단입니다. C는 주로 여름에 영향을 주는 고온 다습한 북태평양 기단, D는 여름에서 초가을에 영향을 주는 적도 기단입니다.

정답 찾기 갑. 꽃샘추위는 초봄에 나타나는 반짝 추위로, 이는 시베리아 기단의 일시적인 확장으로 나타납니다. 을. 오호츠크해 기단의 영향이 강해져 높새바람(북동풍)이 불면, 영서 지방은 푄 현상에 의한 고온 건조한 바람의 영향으로 가뭄 피해가 나타나기도 합니다.

오답 피하기 병. 북태평양 기단의 영향을 받는 여름에는 남고북저형의 기압 배치가 나타납니다. 한편, 서고동저형의 기압 배치는 시베리아 기단의 영향을 받는 겨울에 주로 나타납니다. 정. 적도 기단은 태풍과 관련 있습니다.

130 계절별 기후 특색　　　　　　　　　　정답 ③

정답 찾기 ③ 장마 전선은 한대 기단인 오호츠크해 기단과 열대 기단인 북태평양 기단이 만나서 형성된 정체 전선입니다.

오답 피하기 ① 꽃샘추위는 봄철 시베리아 기단의 일시적인 확장으로 나타나는 반짝 추위를 말하며, 오호츠크해 기단이 우리나라에 영향을 미칠 때 잘 나타나는 것은 높새바람과 관련 있습니다. ② 높새바람은 오호츠크해 기단으로부터 불어오는 북동풍입니다. ④ 소나기는 강한 일사로 인한 상승 기류가 발생하여 나타나는 대류성 강수입니다. ⑤ 북동 기류의 영향으로 폭설이 내리는 지역은 주로 영동 지방입니다. 충청과 호남 서해안을 중심으로 발생하는 폭설은 북서 계절풍과 관련 있습니다.

131 위도가 비슷한 지역의 기후 값 비교　　　　정답 ②

문제 분석 지도의 (가)는 전북 서해안의 군산, (나)는 경북 내륙의 안동, (다)는 경북 동해안의 포항입니다. 따라서 표의 A는 군산>포항>안동 순, B는 안동>군산>포항 순, C는 포항>군산>안동 순으로 크게 나타나는 지표입니다.

정답 찾기 ② A − 연 강수량 : 경북 내륙의 분지 지역은 태백산맥과 소백산맥으로 둘러싸여 수증기의 공급이 적기 때문에 우리나라에서 비가 가장 적습니다. 따라서 경북 내륙의 안동은 연 강수량이 세 지역 중 가장 적습니다. 그러므로 표에서 안동의 수치가 가장 작은 A는 연 강수량입니다.
B − 기온의 연교차 : 기온의 연교차는 내륙으로 갈수록, 비슷한 위도의 서해안이 동해안보다 큽니다. 따라서 기온의 연교차는 안동>군산>포항의 순으로 큽니다. 그러므로 표의 B는 기온의 연교차입니다.
C − 연평균 기온 : 우리나라는 여름철에 한반도 전역이 북태평양 기단의 영향을 강하게 받아 지역별 최난월 평균 기온에는 큰 차이가 없습니다. 따라서 최난월 평균 기온이 높은 지역은 대체로 연평균 기온이 높고, 기온의 연교차가 작습니다. 연평균 기온은 대체로 기온의 연교차와 반비례합니다. 따라서 연평균 기온은 기온의 연교차와 반대로 포항>군산>안동의 순으로 크게 나타납니다. 그러므로 표의 C는 연평균 기온입니다.

132 북한의 지역별 기후 특색　　　　　　　정답 ②

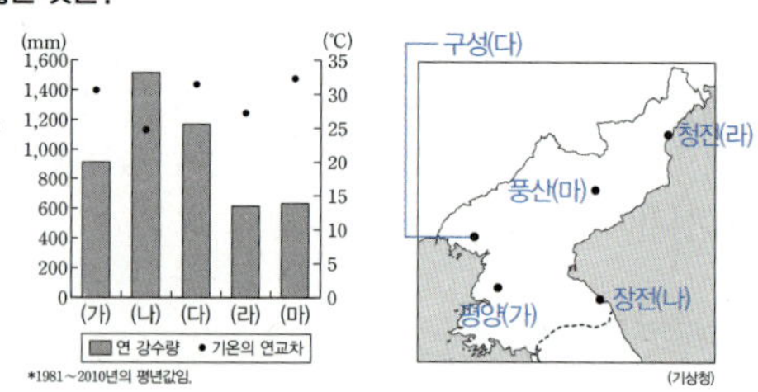

문제 분석 지도에 표시된 지역은 청진, 풍산, 구성, 평양, 장전입니다. 그래프에서 연 강수량이 가장 많고 기온의 연교차가 가장 작은 (나)는 강원도 동해안에 위치한 장전입니다. 기온의 연교차가 장전 다음으로 작고, 연 강수량이 가장 적은 (라)는 관북 해안에 위치한 청진입니다. 기온의 연교차가 가장 크고, 청진 다음으로 연 강수량이 적은 (마)는 개마고원 일대의 풍산입니다. 풍산은 함경산맥의 비그늘 사면에 위치해 연 강수량이 적

습니다. (가)와 (다)는 구성과 평양 중 하나인데, (가)는 (다)보다 연 강수량이 적은 것으로 보아 상승 기류가 발생하기 어려운 저평한 지형으로 소우지를 이루는 평양이며, 나머지 (다)는 적유령산맥 끝자락에 위치한 구성입니다.

정답 찾기 ② 강원도 동해안의 장전(나)은 구성(다)보다 겨울철 북동 기류에 의한 강수가 많아 겨울 강수량이 많습니다.

오답 피하기 ① 동해안에 위치한 장전(나)은 상대적으로 내륙에 위치한 평양(가)보다 최한월 평균 기온이 높습니다. ③ 관서 지방에 위치한 구성(다)은 관북 지방에 위치한 풍산(마)보다 지역 내 경지 중 논의 비율이 높습니다. ④ 청진(라)은 평양(가)보다 고위도에 위치합니다. ⑤ 풍산(마)은 장전(나)보다 고위도 내륙에 위치하므로 첫 서리일이 이릅니다.

> **함정 피하기**
>
> 지도에 표시된 지역이 북한에서 전형적으로 출제되던 지역이 아니라 당황했을 가능성이 높다. 풍산, 장전 등은 빈출 지역은 아니지만 지도에서의 위치를 보면 앞서 배웠던 지형적 특성과 다우지와 소우지의 분포 원리를 떠올려 충분히 파악할 수 있다. 북부 내륙에 위치한 풍산은 백두산 주변으로 형성된 개마고원과 함경산맥 사이의 비그늘 사면에 위치해 비가 적고, 강원도 동해안의 장전은 북동 기류가 태백산맥에 부딪쳐 비가 많이 내린다.

133 기후와 전통 가옥 구조　　　　　　　정답 ②

자료 분석

○학생1 : 선생님, (가) 지역의 부뚜막은 왜 이렇게 넓은가요? 다른 용도로 쓸 수도 있을 것 같은데요. ┌정주간
○교사 : (가) 지역은 부뚜막을 넓혀 방처럼 사용하려고 한 거죠. 그리고 방을 두 줄로 배치하여 실내를 따뜻하게 만들었죠. └겹집 구조
(가) 지역 → 관북 지방

○학생2 : 선생님, (나) 지역의 부엌 아궁이는 방 쪽으로 향해 있지 않네요? 온돌 시설이 없나요?
○교사 : (나) 지역은 온돌 시설을 부분적으로만 하는 경우가 많아요. 반면 여름이 무덥기 때문에 대청마루와 같은 상방을 만들었죠.
(나) 지역 → 제주도

문제 분석 (가)는 전통 가옥에 정주간과 '田'자형의 겹집 구조가 나타나므로 관북 지방입니다. (나)는 전통 가옥에 아궁이가 방 쪽으로 향해 있지 않고, 대청마루와 같은 상방이 나타나므로 제주도입니다.

정답 찾기 ② 제주도(나)는 관북 지방(가)보다 최난월 평균 기온이 높고, 무상 일수가 많으며, 기온의 연교차가 작습니다. 따라서 (가)와 비교한 (나) 지역의 상대적 특성은 그림의 B에 해당합니다.

134 기후와 주민 생활　　　　　　　　　정답 ③

정답 찾기 ③ 관북 지방의 전통 가옥에 나타나는 정주간은 추운 겨울에 실내에서 활동할 수 있도록 트여 있는 공간입니다. 따라서 정주간은 강수보다 기온 특성과 관련된 사례입니다.

오답 피하기 ① 김장 시기는 겨울이 먼저 시작되는 북부 지방이 남부 지방보다 이릅니다. ② 온돌은 겨울철 추위에 대비하기 위한 난방 시설이고, 대청마루는 무더운 여름에 대비하기 위한 시설입니다. ④ 저평한 지형으로 인해 강수가 적은 소우지인 대동강 하구에서는 천일제염업이 발달하였습니다. ⑤ 우리나라는 강수량의 계절 차가 커서 연 강수량에 비해 물 자원 이용률이 낮습니다. 따라서 안정적인 용수 확보를 위해 과거부터 보와 저수지 등을 축조해 왔으며, 최근에는 다목적 댐을 건설하였습니다.

135 지역별 기후 요소 비교　　　　　　　정답 ④

문제 분석 (가)는 동계 올림픽 개최지, 고랭지 채소밭, 풍력 발전기 등의 내용을 통해 평창의 대관령임을 알 수 있습니다. 화산섬으로 우데기라는 전통 가옥 시설을 볼 수 있는 (나)는 울릉도입니다.

정답 찾기 ④ A와 C는 울릉도, B는 대관령이 상대적으로 높게 나타나는 기후 요소입니다. 연평균 기온과 겨울 강수량은 울릉도가 대관령보다 상

대적으로 높으며(많으며), 연 강수량과 기온의 연교차는 대관령이 울릉도
보다 많습니다(큽니다). 따라서 A는 연평균 기온, B는 연 강수량, C는 겨
울 강수량에 해당합니다.

136 지역별 전통 가옥 구조 비교   정답 ②

문제 분석 (가)는 상방과 고팡을 통해 제주도의 전통 가옥 구조, (나)는 정
주간을 통해 관북 지방의 전통 가옥 구조임을 알 수 있습니다.

정답 찾기 ② 관북 지방(나)은 제주도(가)보다 고위도에 위치하므로 기온
의 연교차가 큽니다. 기온의 연교차는 저위도에서 고위도, 해안에서 내륙
으로 갈수록 대체로 커집니다.

오답 피하기 ① 연 강수량은 제주도가 관북 지방보다 많습니다. ③ 봄꽃의
개화 시기는 대체로 북부 지방에서 남부 지방으로 갈수록 빨라지므로, 제
주도가 관북 지방보다 이릅니다. ④ 관북 지방은 제주도보다 고위도에 위
치하므로 최한월 평균 기온이 낮습니다. ⑤ 관북 지방은 제주도보다 겨울
이 춥기 때문에 가옥 구조가 폐쇄적입니다.

137 제주도의 전통 가옥 구조   정답 ②

문제 분석 제주도 전통 가옥에서 그물 지붕이 발달한 것은 바람이 많이
부는 기후 특성과 관련 있으므로, (가)에 들어갈 기후 요소는 바람입니다.

정답 찾기 ② 호남 지방에서는 까대기를 설치하여 바람에 대비하였습니
다. 까대기는 건물이나 담에 임시로 덧붙여 만든 구조물로 주로 볏짚으로
만들었으나, 최근에는 유리나 비닐로 만들기도 합니다.

오답 피하기 ① 제방과 보는 여름에 강수가 집중되는 특성과 관련된 것으
로 강수와 관련 있습니다. ③ 설피나 발구는 눈이 많이 오는 지역에서 볼
수 있는 이동 도구로, 이는 강수(강설)와 관련 있습니다. ④ 젓갈류와 염
장 식품은 여름철 고온 다습한 기후와 관련 있습니다. ⑤ 경북 내륙의 과
수 재배와 서해안 일대의 천일제염업은 강수와 관련 있습니다.

138 기온 역전 현상과 열섬 현상   정답 ④

문제 분석 (가)는 지면의 냉각으로 지표 부근의 기온이 상공의 기온보다
더 낮은 기온 역전 현상, (나)는 도시 내부의 기온이 주변의 교외 지역보
다 높게 나타나는 열섬 현상과 관련 있습니다.

정답 찾기 ㄱ. 기온 역전 현상(가)이 발생하여 분지 바닥에 냉기류가 쌓이
면 농작물에 냉해가 발생할 수 있습니다. ㄷ. 열섬 현상(나)은 포장 면적
확대, 건물·공장·자동차 등에서의 인공 열 발생 등의 영향으로 나타납
니다. ㄹ. 열섬 현상(나)을 완화하기 위한 방안에는 바람길 조성, 건물 옥
상 녹화 사업, 생태 하천 복원 등이 있습니다.

오답 피하기 ㄴ. 기온 역전 현상(가)은 기온의 일교차가 크고 바람이 없는
맑은 날 밤에 주로 발생합니다.

07강 자연재해와 기후 변화

핵심 개념 CHECK!   ▶ 본문 069쪽

01 (가)-호우, (나)-대설, (다)-태풍, A-경기, B-강원, C-제주
02 (가)-염류토, (나)-충적토, (다)-석회암 풍화토   03 ○   04 ○
05 ×   06 ×   07 ×   08 ○   09 ○   10 ×

○× 문장 바로 알기

03 우리나라에 영향을 주는 태풍은 진행 방향을 기준으로 오른쪽 반원에
서 피해가 크다.

04 가뭄, 홍수, 대설은 모두 강수와 관련된 자연재해이다.

05 제주는 ~~호우~~(태풍), 경기는 ~~태풍~~(호우)으로 인한 피해 복구비가 가장 많다.

06 한반도의 기온이 상승하면서 고산 식물 분포의 고도 하한선은 ~~낮아지고~~(높아지고) 있다.

07 기후 변화로 여름 기간은 늘어나고, 겨울 시작일은 ~~앞당겨질~~(늦어질) 것으로
예상된다.

08 식생의 수평적 분포는 위도, 수직적 분포는 해발 고도에 따른 기온 차
이가 반영된다.

09 성숙토는 미성숙토보다 토양층의 발달이 뚜렷하다.

10 ~~성대 토양~~(간대토양)은 모암의 성질을 반영하고, ~~간대토양~~(성대 토양)은 기후와 식생의 특
성을 반영한다.

기출+예상 문제로 주제 정복하기   ▶ 본문 071~075쪽

139 ⑤	140 ④	141 ⑤	142 ⑤	143 ④	144 ⑤
145 ①	146 ②	147 ③	148 ⑤	149 ①	150 ③
151 ④	152 ③	153 ④	154 ④	155 ③	156 ⑤
157 ③					

139 기온과 관련된 자연재해   정답 ⑤

자료 분석

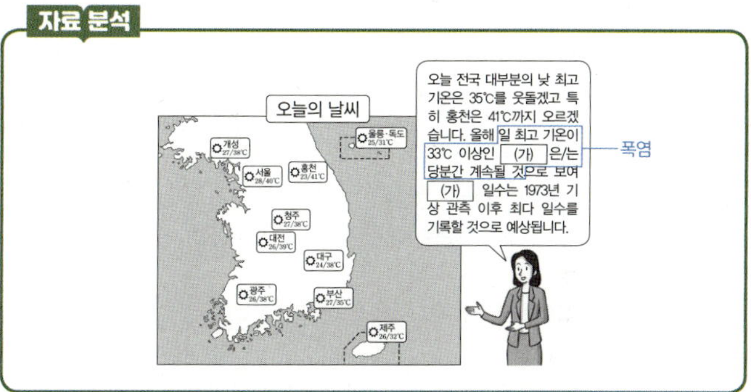

문제 분석 (가)는 장마가 끝난 후 주로 발생하는 폭염입니다.

정답 찾기 ⑤ 폭염은 북태평양 고기압이 우리나라에 강하게 영향을 주는
한여름에 주로 발생합니다.

오답 피하기 ① 정주간은 관북 지방에서 볼 수 있는 전통 가옥 구조로, 추
운 겨울철을 대비하기 위한 것입니다. 한편, 폭염에 대비한 시설로는 대
청마루가 있습니다. ② 호우에 대한 설명입니다. ③ 북서 계절풍이 한반
도에 강하게 영향을 주는 계절은 겨울로, 이때는 한파, 대설 등의 자연재
해가 나타납니다. ④ 태풍에 대한 설명입니다.

140 자연재해별 특징   정답 ④

문제 분석 (가)는 '강한 비바람, 가로수 및 간판 파손' 등의 내용을 통해 태
풍 관련, (나)는 '수도 동파 방지'의 내용을 통해 한파와 관련된 안내 문자
내용임을 알 수 있습니다. 나머지 (다)는 지진 관련 안내 문자 내용입니다.

정답 찾기 ㄱ. 태풍은 저위도 열대 해상에서 발생하여 고위도로 이동하기
때문에 대체로 북부 지방보다 남부 지방의 피해가 큽니다. ㄷ. 태풍(가)이
한파(나)보다 최근 10년간 평균 피해액이 많습니다. 태풍과 호우는 우리
나라에서 피해액이 가장 많은 자연재해 중 하나입니다. ㄹ. 한파(나)는 기
온, 지진(다)은 지형 요인과 관련된 자연재해입니다.

 ㄴ. 한파는 겨울철에 한랭한 공기가 유입되어 기온이 급격히 내려가는 현상으로, 이 시기에는 주로 서고동저형의 기압 배치가 나타납니다.

141 황사와 태풍　　　　　　　　　정답 ⑤

문제 분석 (가)는 '흙이 비처럼'이라는 내용을 통해 황사임을 알 수 있습니다. (나)는 '민가의 기와가 날아가고 나무가 뽑혔다.' '큰 바람이 불어 나무가 부러지고 벼가 쓰러졌다.'의 내용을 통해 태풍임을 알 수 있습니다.

정답 찾기 ㄷ. 태풍(나)은 주로 7~9월에 영향을 주므로 봄보다 가을에 자주 내습합니다. ㄹ. 황사는 중국의 서부 내륙 사막 등지에서 발생하며, 상층의 편서풍을 타고 우리나라로 이동합니다. 저위도 열대 해상에서 발생하여 고위도로 이동하는 태풍은 적도 부근에서 북서쪽으로 이동하다 북위 30° 부근에서 편서풍의 영향을 받아 북동쪽으로 이동 방향을 바꿉니다. 따라서 편서풍은 황사(가), 태풍(나)의 진행 방향에 모두 영향을 줍니다.

오답 피하기 ㄱ. 황사는 산사태와 큰 관련이 없습니다. 산사태 발생 위험을 증가시키는 것은 태풍(나) 또는 호우입니다. ㄴ. 호우에 대한 설명입니다.

142 자연재해별 특징　　　　　　　　정답 ⑤

문제 분석 (가)는 12~2월에 특보가 주로 발령되므로 대설입니다. (나)는 주로 봄철에 특보가 발령되므로 황사이며, (다)는 늦여름~가을에 특보 발령 비율이 높으므로 태풍이고, 나머지 (라)는 호우입니다.

정답 찾기 ⑤ 우리나라는 장마 전선, 태풍 등의 영향으로 여름철에 강수가 집중됩니다. 따라서 대설(가)보다 호우(라)가 연 강수량에 큰 영향을 끼칩니다.

오답 피하기 ① 태풍(다)과 관련된 설명입니다. ② 범람원에서 터돋움집이 입지하는 것은 홍수와 관련된 것으로, 이와 관련된 기상 특보는 호우(라) 또는 태풍(다)입니다. ③ 황사(나)와 관련된 설명입니다. ④ 대설(가)과 관련된 설명입니다.

143 자연재해별 주요 특징　　　　　　정답 ④

문제 분석 (가)는 봄철에 주로 발생하고, 재해 대응 행동 요령으로 공기 정화기와 마스크 등의 사용이 있으므로 황사입니다. (나)는 여름철에 자주 발생하고, 출입문 개방, 분무 장치 설치 등의 대책이 필요한 자연재해이므로 폭염입니다.

정답 찾기 ④ 폭염(나)은 남고북저형의 기압 배치가 주로 나타나는 여름철에 주로 발생합니다.

오답 피하기 ① 태풍에 대한 설명입니다. ② 높새바람으로 인한 가뭄에 대한 설명입니다. ③ 폭염(나)에 대비한 전통 가옥 시설로는 대청마루가 대표적입니다. 우데기는 겨울철 많은 눈에 대비한 울릉도의 전통 가옥 시설입니다. ⑤ 황사(가)는 강수와 큰 관련이 없습니다.

144 권역별 자연재해 피해　　　　　　정답 ⑤

문제 분석 (가)는 제주권 내 피해 복구비가 가장 많으므로 태풍이며, 전국에서 태풍 피해 복구비가 가장 많은 C는 영남권입니다. (나)는 강원권 내 피해 복구비가 가장 많고, 영남권에서 태풍 다음으로 피해 복구비가 많으므로 호우입니다. (다)는 대부분의 권역에서 피해가 나타나지만 피해 복구비가 가장 적은 대설이며, 나머지 (라)는 영남권에서만 주로 피해가 나타나는 지진입니다. A는 전국에서 호우 피해 복구비가 가장 많은 수도권이며, 나머지 B는 영남권과 마찬가지로 권역 내에서 태풍 피해 복구비가 가장 많은 호남권입니다.

정답 찾기 ⑤ (가)는 태풍, (나)는 호우, (다)는 대설, (라)는 지진입니다.

오답 피하기 ①, ② 태풍(가)과 지진(라)으로 인한 피해 복구비는 모두 영남권(C)이 가장 많습니다. ③ 영남권(C)에서 피해 복구비가 가장 많은 것은 태풍(가)입니다. ④ 호우(나)로 인한 피해 복구비는 영남권(C)이 호남권(B)보다 많습니다.

145 권역별 자연재해 피해　　　　　　정답 ①

눈으로 보는 해설

그래프는 권역별 세 자연재해의 피해액 현황을 나타낸 것이다. 이에 대한 옳은 설명만을 〈보기〉에서 있는 대로 고른 것은? (단, (가)~(다)는 대설, 태풍, 호우 중 하나이고, A~C는 호남권, 강원권, 제주권 중 하나임.)

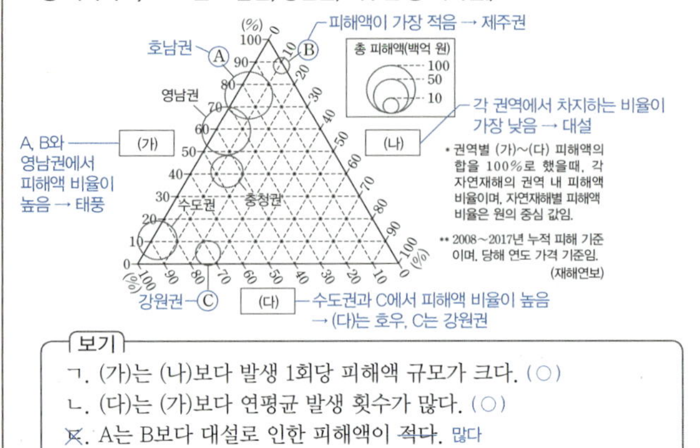

① ㄱ, ㄴ　　　② ㄱ, ㄷ　　　③ ㄷ, ㄹ
④ ㄱ, ㄴ, ㄹ　　　⑤ ㄴ, ㄷ, ㄹ

문제 분석 B는 자연재해 총 피해액 규모가 가장 작은 제주권입니다. (나)는 대부분의 권역에서 (가), (다)보다 권역 내 피해액 비율이 상대적으로 낮으므로 대설입니다. (다)는 제주권(B)에서 피해액이 거의 없고, 수도권 내 피해액 비율이 90%에 달하는 것으로 보아 호우입니다. 따라서 나머지 (가)는 태풍입니다. A와 C는 호남권과 강원권 중 하나인데, C는 권역 내 대설(나)의 피해액 비율이 다른 권역에 비해 상대적으로 높게 나타나므로 강원권입니다. 따라서 나머지 A는 호남권입니다. 호남권은 권역 내 태풍의 피해액 비율이 가장 높습니다.

정답 찾기 ㄱ. 태풍(가)은 대설(나)보다 발생 1회당 피해액 규모가 큽니다. ㄴ. 호우(다)는 태풍(가)보다 연평균 발생 횟수가 많습니다.

오답 피하기 ㄷ. 호남권(A)은 제주권(B)보다 권역 내 대설(나)로 인한 피해액 비율은 낮지만 총 피해액이 훨씬 많으므로, 호남권이 제주권보다 대설로 인한 피해액이 많습니다. ㄹ. A는 호남권, B는 제주권, C는 강원권입니다.

함정 피하기

(가)를 호우, (다)를 태풍으로 파악했다면? 호우와 태풍 피해가 주로 발생하는 지역이 어디인지를 파악하지 못했을 가능성이 높다. 호우는 한강 중·상류에 위치한 경기와 강원의 피해액이 많고, 태풍은 태풍이 자주 통과하는 제주, 전남, 경남의 피해액이 많다. 또한, 대설, 호우, 태풍 중 대설 피해액이 가장 적다는 것도 알아 두자.

146 시기별 자연재해 발생 특색　　　　정답 ②

문제 분석 겨울에 발생률이 높은 A는 대설, 늦봄~초가을에 걸쳐 발생률이 대체로 높은 B는 호우, 늦여름~초가을에 발생률이 높은 C는 태풍입니다.

정답 찾기 갑. 영동 지방의 대설은 주로 북동 기류와, 호남 지방의 대설은 주로 북서풍과 밀접한 관련이 있습니다. 병. 태풍은 저위도의 열대 해상에서 발생한 저기압으로, 강풍과 함께 폭우를 동반하는 경우가 많습니다.

오답 피하기 을. 늦봄~초여름 높새바람으로 인한 가뭄 피해와 관련된 내용입니다. 정. 남고북저형 기압 배치는 주로 여름철에 나타나며, A와 같이 대설이 발생하는 겨울철에는 서고동저형 기압 배치가 주로 나타납니다.

147 시설별 자연재해 피해 현황　　　　　정답 ③

정답 찾기 ③ (가)는 농경지와 건물 등에 침수 피해를 유발하는 호우이며, (나)는 다른 자연재해보다 상대적으로 피해액 비율이 낮으므로 대설입니다. (다)는 선박의 자연재해 피해 원인 중 대부분을 차지하는 것으로 보아 풍수해를 일으키는 태풍입니다. 나머지 (라)는 지진으로, 지진은 주로 건물 피해를 유발합니다.

148 자연재해별 주요 특징과 장마　　　　　정답 ⑤

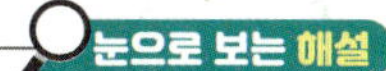

눈으로 보는 **해설**

다음 자료에 대한 설명으로 옳은 것은? (단, (가)~(다)는 대설, 태풍, 호우 중 하나임.)

〈(가)~(다)의 도(道)별 피해 복구비 비율〉

〈A 기후 현상의 시작일과 기간 및 평균 강수량〉

구분	시작일	기간(일)	평균 강수량(mm)
중부 지방	6. 24.~25.	29	366.4
남부 지방	6. 23.	31	348.6
제주도	6. 19.~20.	33	398.6

*1981~2010년 평년값임.　　6월에 시작 → A는 장마　　(기상청)

① 강원은 경북보다 호우로 인한 피해 복구비가 적다. 많다
② ㉠은 제주, ㉡은 경기이다.
③ 전남의 (가) 피해는 주로 북동풍의 영향으로 발생한다. 경기 / 제주 / 북서풍
④ (가)는 늦여름에서 가을, (다)는 여름에 주로 발생한다. 겨울 / 늦여름~가을
⑤ A 기후 현상은 주로 (나) 자연재해를 유발한다. (○)

문제 분석 그래프의 (가)는 강원권이 차지하는 비율이 가장 높으므로 대설입니다. (다)는 남부 지방인 전남, 경남 등의 피해 복구비 비율이 높으므로 태풍이며, 나머지 (나)는 호우입니다. 호우의 피해 복구비에서 차지하는 비율이 가장 높은 ㉠은 경기, 대설(가)과 호우(나)보다 태풍(다) 피해 복구비에서 차지하는 비율이 높은 ㉡은 제주입니다. 표의 A 기후 현상은 6월에 주로 시작하는데, 제주도에서 시작해 중부 지방으로 이동하는 것으로 보아 장마입니다.

정답 찾기 ⑤ 장마(A)는 주로 호우(나)를 유발합니다.

오답 피하기 ① 호우(나)의 피해 복구비에서 강원은 경북보다 비율이 높으므로, 호우로 인한 피해 복구비는 강원이 경북보다 많습니다. ② ㉠은 경기, ㉡은 제주입니다. ③ 전남의 대설(가) 피해는 주로 북서풍의 영향으로 발생합니다. ④ 대설(가)은 주로 겨울, 태풍(다)은 주로 늦여름~가을에 발생합니다.

함정 피하기

전남의 대설 피해를 북동풍의 영향으로 파악했다면? 북서 계절풍과 북동 기류에 의해 대설 피해가 나타나는 지역을 이해하지 못했을 가능성이 높다. 북서 계절풍으로 눈이 많이 내리는 곳은 호남 서해안, 소백산맥 서사면, 울릉도 등이고, 북동 기류로 눈이 많이 내리는 곳은 영동 지방임을 파악하고 있어야 한다.

149 우리나라의 기후 변화 및 영향　　　　　정답 ①

문제 분석 결빙 일수의 감소와 식물 성장 가능 기간의 증가는 한반도의 평균 기온 상승과 관련 있습니다.

정답 찾기 갑. 한반도의 기온이 상승하면 최한월 평균 기온이 0℃ 이상인 곳에 주로 분포하는 난대림은 그 분포 면적이 확대됩니다.

오답 피하기 을. 서늘한 기후에서 서식하는 고산 식물은 기온이 상승하면 해발 고도가 더 높은 곳으로 서식지가 이동하게 됩니다. 따라서 고산 식물의 분포 고도 하한선은 높아지게 됩니다. 병. 열대야 현상은 밤(오후 6시 1분부터 다음 날 오전 9시) 최저 기온이 25℃ 이상인 현상입니다. 기온이 상승하면 대도시 지역의 열대야 발생 일수는 늘어나게 됩니다. 정. 한반도 기온 상승으로 여름 기간이 늘어나면, 가을이 늦어지므로 단풍이 드는 시기가 늦어집니다. 무. 한반도 기온 상승으로 여름 기간이 늘어나고 겨울 기간이 짧아지면, 겨울이 늦어지므로 첫서리가 내리는 시기는 늦어지게 됩니다.

150 한반도 온난화에 따른 변화　　　　　정답 ③

문제 분석 ㉡은 봄꽃 개화 시기가 빨라지는 것과 관련 있으므로 지구 온난화입니다.

정답 찾기 ③ 지구 온난화로 인해 백두산 냉대림의 분포 고도 하한선은 점차 높아지고 있습니다.

오답 피하기 ② 지구 온난화는 산업화 · 도시화에 따른 화석 연료 사용 증가로 온실가스 배출량이 증가하여 가속화 되었습니다. ④ 탄소 발자국은 사람이 활동하거나 상품을 생산, 소비하는 과정에서 직간접적으로 발생하는 이산화탄소의 총량을 의미하는데, 탄소 발자국이 작을수록 이산화탄소 배출량이 적은 것을 의미합니다. 따라서 지구 온난화를 완화하기 위해서는 상대적으로 탄소 발자국이 작은 제품을 사용해야 합니다. ⑤ ㉣을 통계 지도로 표현할 경우 봄꽃의 개화 시기가 같은 지점을 선으로 연결하는 등치선도가 가장 적합합니다.

151 한반도 온난화와 열섬 현상　　　　　정답 ④

문제 분석 (가)는 세계 연평균 기온 상승과 관련 있으므로 지구 온난화입니다. (나)는 도심의 기온이 주변 지역보다 높게 나타나는 것과 관련 있으므로 열섬입니다.

정답 찾기 ④ 열섬 현상이 발생하면 도심의 기온이 상승하므로 상승 기류가 나타나 대기가 불안정해집니다.

오답 피하기 ① 지구 온난화의 주요 원인에는 화석 연료 소비 증가에 따른 대기 중 이산화탄소 농도 증가가 있습니다. ② 지구 온난화가 심화되면 제시문에서 서술한 기후에 서식하는 고산 식물의 분포 고도 하한선은 높아집니다. ③ 열섬 현상으로 평균 기온이 상승하면, 대도시의 열대야 발생 빈도는 높아집니다. ⑤ 열섬 현상의 주요 원인에는 건물, 공장, 자동차 등에서 발생하는 인공 열 방출과 포장 면적 증가 등이 있습니다.

152 한반도 온난화의 영향　　　　　정답 ③

문제 분석 주요 농작물 재배 가능지의 변화를 보면 사과, 복숭아, 포도 등 대부분의 농작물 재배 가능지가 북상할 것으로 예상되고 있는데, 이는 한반도 온난화에 따른 연평균 기온 상승과 관련 있습니다.

정답 찾기 ③ 한반도 온난화로 여름 기간이 늘어나고 겨울 기간이 줄어들면, 첫서리 내리는 시기는 늦어질 것입니다.

오답 피하기 한반도 온난화로 연평균 기온이 상승하면 열대야 일수는 증가(①)하고, 하천의 결빙 일수는 감소하며(②), 한류성 어종의 어획량은 감소할 것입니다(④). ⑤ 한반도 온난화로 겨울 기간이 감소하면 겨울철 난방용품의 사용 기간이 줄어들 것입니다.

153 지구 온난화의 영향   정답 ④

문제 분석 그래프를 보면 여름일수는 증가하고, 서리일수는 감소하였는데, 이는 지구 온난화에 따른 한반도 온난화와 관련 있습니다.

정답 찾기 ④ 여름일수의 증가 폭은 약 20~33일 정도이고, 서리일수의 감소 폭은 약 8~15일 정도로, 여름일수의 증가 폭이 서리일수의 감소 폭보다 큽니다.

오답 피하기 ① 서리일수는 인천이 약 15일, 부산은 약 10일 감소할 것으로 예상되므로, 인천이 부산보다 더 감소합니다. ② 여름일수는 대구가 약 28일, 광주는 약 21일 증가할 것으로 예상되므로, 대구가 광주보다 더 증가합니다. ③ 여름일수는 내륙에 위치한 광주, 대전 등의 도시보다 해안에 위치한 부산, 울산 등의 도시에서 더 크게 증가할 것으로 예상되고 있습니다. 따라서 여름일수는 내륙 도시보다 해안 도시에서 더 증가합니다. ⑤ 서울은 여름일수와 서리일수의 총 변화 폭이 약 28일 정도로, 가장 작을 것으로 예상되고 있습니다.

154 지역별 기후 특색 및 기후 변화   정답 ④

눈으로 보는 해설

그래프는 지도에 표시된 네 지역의 기후 특성과 기후 변화를 나타낸 것이다. (가)~(라) 지역에 대한 설명으로 옳은 것은?

① (가)는 (나)보다 단풍 절정 시기가 <del>이르다.</del> 늦다
② (다)는 (라)보다 저위도에 위치한다. 고위도
③ 거제는 <del>모든</del> 월의 평균 기온이 상승하였다.
④ 대구는 서울보다 연평균 기온의 상승 폭이 크다. (○)
⑤ 여름 평균 기온의 상승 폭이 가장 큰 곳은 <del>울릉도</del>이다.
          서울

문제 분석 지도에 표시된 지역은 서울, 울릉도, 대구, 거제입니다. 연 강수량이 가장 많은 (가)는 거제, 기온의 연교차가 가장 큰 (나)는 고위도에 위치한 서울, 연 강수량이 가장 적은 (라)는 영남 내륙에 위치한 대구, 나머지 (다)는 동해에 위치해 기온의 연교차가 가장 작은 울릉도입니다.

정답 찾기 ④ 대구(라)는 서울(나)보다 6~8월을 제외한 모든 월의 평균 기온 상승 폭이 크므로, 대구가 서울보다 연평균 기온의 상승 폭이 큽니다.

오답 피하기 ① 거제(가)는 서울(나)보다 저위도에 위치하므로 단풍 절정 시기가 늦습니다. 단풍 절정 시기는 남부 지방에서 북부 지방으로, 해안에서 내륙으로 갈수록 이릅니다. ② 울릉도(다)는 대구(라)보다 고위도에 위치합니다. ③ 거제(가)는 7, 8월에 평균 기온 변화가 음(−)의 값이므로, 평균 기온이 하강하였습니다. ⑤ 6~8월의 평균 기온 상승 폭이 가장 큰 곳은 서울(나)입니다.

(가)를 울릉도, (다)를 거제로 파악했다면? 울릉도와 거제의 강수량을 파악하지 못했을 가능성이 높다. 거제는 연 강수량이 약 2,007mm로 우리나라의 기상 관측소 중 연 강수량이 가장 많은 곳임을 파악하고 있어야 한다.

155 지역별 기후, 식생, 토양 특색   정답 ③

문제 분석 A는 최한월 평균 기온이 가장 높고, 기온의 연교차가 작으므로 남부 지방 혹은 제주도입니다. C는 기온의 연교차가 가장 크고, 최한월 평균 기온이 가장 낮으므로 북부 내륙에 위치한 지역이며, B는 A와 C 중간의 기후 특성이 나타나므로 중부 지방에 위치한 지역으로 추론해 볼 수 있습니다.

정답 찾기 ③ 우리나라의 연 강수량은 대체로 남부 지방에서 북부 지방으로 갈수록 적어지므로, 남부 지방에 위치한 A가 북부 내륙에 위치한 C보다 연 강수량이 많습니다.

오답 피하기 ① 회백색 토양은 주로 개마고원 부근의 북부 내륙에 분포하므로 C에 주로 분포하며, A에는 적색토가 주로 분포합니다. ② C의 식생은 대체로 냉대림입니다. 난대림은 최한월 평균 기온이 높은 A에 주로 분포합니다. ④ 중부 지방에 위치한 B는 남부 지방에 위치한 A보다 서울과의 직선 거리가 가깝습니다. ⑤ 북부 내륙에 위치한 C는 중부 지방에 위치한 B보다 봄꽃의 개화 시기가 늦습니다.

156 우리나라의 토양 분포   정답 ⑤

문제 분석 (가)는 석회암 풍화토, (나)는 충적토의 분포를 나타낸 지도입니다.

정답 찾기 ㄷ. 석회암 풍화토(가)는 성숙토, 충적토(나)는 미성숙토에 해당합니다. 토양층의 발달은 생성 기간이 오래된 성숙토가 생성 기간이 짧은 미성숙토보다 뚜렷합니다. ㄹ. 미성숙토인 충적토(나)는 성숙토인 석회암 풍화토(가)보다 토양 형성 시기가 늦습니다.

오답 피하기 ㄱ. 석회암 풍화토(가)는 기반암의 성질을 반영하는 간대토양입니다. 기후와 식생의 영향을 주로 반영하는 토양은 회백색토, 갈색삼림토, 적색토 등의 성대 토양입니다. ㄴ. 기반암의 특성을 잘 반영한 간대토양은 성숙토인 석회암 풍화토(가)입니다.

157 식생의 수평적·수직적 분포   정답 ③

문제 분석 A는 해발 고도가 높은 곳에 주로 분포하므로 냉대림이며, C는 한라산이 있는 제주도와 남해안 일대에 주로 분포하므로 난대림입니다. 냉대림과 난대림의 중간에 분포하는 B는 온대림입니다.

정답 찾기 ③ 한라산 남사면은 냉대림이 분포하는 해발 고도가 북사면보다 높은데, 이는 북반구에 위치한 우리나라의 특성상 남사면의 일사량이 더 많기 때문입니다.

오답 피하기 ① 식생의 수직적 분포는 저위도에 위치하면서 해발 고도가 높아 난대림~냉대림, 고산 식물 등 다양한 식생이 나타나는 한라산에서 가장 뚜렷합니다. ② 침엽수와 활엽수를 함께 볼 수 있는 것은 온대림(B)입니다. ④ 지구 온난화가 지속되면 기온이 높은 곳에 서식하는 난대림(C)의 분포 범위는 확대됩니다. ⑤ 우리나라 식생 분포의 지역 차이는 강수량보다 위도와 해발 고도에 따른 기온 차이의 영향이 큽니다.

08강 촌락과 도시의 변화

핵심 개념 CHECK!

▶ 본문 079쪽

01 (1) 많다, 적다 (2) 적다, 많다 (3) 멀다, 가깝다 **02** (1) 수도권, 영남권, 호남권 (2) 수도권, 강원권 (3) 높다 **03** ✕ **04** ✕ **05** ✕ **06** ○ **07** ○ **08** ✕ **09** ✕ **10** ○

O|X 문장 바로 알기

03 노량진, 마포, 삼랑진은 모두 ~~육상~~ 교통과 관련해 발달한 취락이다.
　　　　　　　　　　　하천 교통

04 ~~집촌~~은 ~~산촌~~에 비해 가옥과 농지 간 거리가 가까워 경지 관리에 효율적이다.
　산촌은 집촌

05 범람원의 배후 습지는 자연 제방보다 홍수의 위험이 ~~낮아 취락 입지~~
　　　　　　　　　　　　　　　　　　　　　높아 취락 입지에 불리하다.
~~에 유리하다.~~

06 도시와의 접근성이 높은 촌락은 도시와의 접근성이 낮은 촌락보다 겸업농가 비율이 높다.

07 도시는 촌락보다 상위 계층의 정주 공간이며, 토지를 집약적으로 이용한다.

08 고차 중심지는 저차 중심지보다 그 수가 ~~많고~~, 중심지 간 거리가 ~~가깝다~~.
　　　　　　　　　　　　　　　 적고　　　　　　　　　　　 멀다

09 2000년대 이후 서울, 부산 등 대도시의 인구가 지속적으로 ~~증가하고~~
　　　　　　　　　　　　　　　　　　　　　　　　　 감소
있다.

10 수위 도시의 인구가 2위 도시의 인구보다 2배 이상 많은 상태를 종주 도시화라고 한다.

기출+예상 문제로 주제 정복하기

▶ 본문 081~085쪽

158 ④	159 ③	160 ③	161 ①	162 ②	163 ②
164 ⑤	165 ④	166 ⑤	167 ④	168 ③	169 ④
170 ②	171 ⑤	172 ①	173 ④	174 ⑤	175 ④
176 ③					

158 전통 촌락의 형태　　　　　　　　　정답 ④

문제 분석 (가)는 집촌, (나)는 산촌입니다.

정답 찾기 ㉠ 집촌은 협동 노동의 필요성이 큰 벼농사 지역에서 주로 분포합니다. ㉢ 집촌은 산촌보다 가옥과 경지 간의 거리가 멀어 경지 관리가 비교적 어렵습니다. 산촌은 경지 가까이에 가옥이 위치해 가옥과 경지의 결합도가 높습니다. ㉣ 산촌이 집촌보다 경지의 규모가 협소한 산간 지역이나 구릉 지역에 잘 발달하는 편입니다.

오답 피하기 ㉡ 혈연 중심의 동족촌에서 전형적으로 나타나는 촌락 형태는 집촌(가)입니다.

159 전통 촌락의 입지와 기능　　　　　　정답 ③

정답 찾기 ③ 범람원의 자연 제방에 취락이 입지하는 것은 침수 위험이 상대적으로 낮은 곳에 취락이 입지하는 것입니다.

오답 피하기 ① 촌락은 도시보다 인구 밀도가 낮습니다. ② 도시는 촌락보다 1차 산업 종사자 비율이 낮습니다. ④ 배산임수의 취락은 대게 북쪽에 산이 있는 남향 사면에 위치합니다. ⑤ 농촌, 어촌, 산지촌, 광산촌은 촌락을 기능에 따라 구분한 것입니다.

160 전통 촌락과 근교 촌락의 특징 비교　　정답 ③

문제 분석 (가), (나) 모두 유소년층 인구는 감소하였으나 (가)는 청장년층 인구가 다소 증가하였고, (나)는 청장년층의 인구가 크게 감소하였습니다. 따라서 (가)는 대도시 근교 촌락, (나)는 전통 촌락입니다. (가)는 대구와 인접한 칠곡, (나)는 경북 내륙에 위치한 의성입니다.

정답 찾기 ③ 대구와 인접한 칠곡(가)은 의성(나)보다 대구로의 통근·통학 인구가 많습니다.

오답 피하기 ① (가)는 1970년보다 2015년에 유소년층 인구는 감소하고 노년층 인구는 증가하였으므로, 노령화 지수는 2015년이 1970년보다 높습니다. ② (나)는 1970~2015년에 인구가 감소하였는데, 이는 전출 인구가 전입 인구보다 많았기 때문입니다. ④ 칠곡(가)이 의성(나)보다 행정 구역 면적은 좁지만, 2015년에 총인구가 많으므로 인구 밀도가 높습니다. ⑤ 대도시와 인접한 칠곡(가)이 전통 촌락 지역인 의성(나)보다 2015년에 겸업농가 비율이 높습니다.

161 도시와 촌락 지역의 특색 비교　　　　정답 ①

문제 분석 (가)는 (나)보다 대지와 도로 등의 비율이 높으므로 도시, (나)는 임야와 밭 등의 비율이 높으므로 촌락인 군(郡) 지역입니다.

정답 찾기 촌락 지역인 (나)는 도시 지역인 (가)보다 중위 연령이 높고 (ㄱ), 토지 이용의 집약도가 낮습니다(ㄴ).

오답 피하기 ㄷ. 도시(가)가 촌락(나)보다 상업 용지의 평균 지가가 높습니다. ㄹ. 도시(가)가 촌락(나)보다 주민 중 아파트 거주 비율이 높습니다.

162 정주 공간으로서 도시와 촌락 특징 비교　정답 ②

문제 분석 지도의 A는 서울의 교외 지역에 위치한 남양주, B는 김제, C는 서귀포, D는 평창입니다.

정답 찾기 ② (가)와 (라)는 겸업농가 비율이 높은데, (가)는 (라)보다 채소와 식량 작물 농가 수 비율이 높고, (라)는 식량 작물 농가 수 비율이 매우 낮으므로 (가)는 대도시 인근에 위치한 남양주(A), (라)는 절리가 많은 기반암의 영향으로 논이 거의 없는 서귀포(C)입니다. (나)는 (다)보다 채소 재배 농가 비율이 높고, (다)는 식량 작물 재배 농가 비율이 높습니다. 따라서 (나)는 고랭지 채소 재배가 활발한 평창(D)이고, (다)는 평야가 발달해 벼농사가 활발하게 이루어지는 김제(B)입니다.

163 집촌과 산촌의 특징 비교　　　　　　정답 ②

문제 분석 (가)는 가옥이 흩어져 분포하는 산촌, (나)는 가옥이 배산임수의 조건을 갖춘 곳에 밀집하여 분포하는 집촌에 해당합니다.

정답 찾기 ② 집촌(나)은 산촌(가)에 비해 공동체 의식이 높고, 가옥과 경지의 결합도는 낮으며, 가옥 밀집도는 높습니다. 따라서 (가) 촌락과 비교한 (나) 촌락의 상대적 특성은 그림의 B에 해당합니다.

164 대도시 근교 지역의 변화　　　　　　정답 ⑤

문제 분석 지도를 보면, 과거에 비해 최근에는 시가지, 가옥, 아파트, 학교, 병원 등이 증가하였지만 농경지는 감소하였습니다. 이러한 변화는 인구 유입에 따른 도시화와 관련해 나타난 변화입니다.

정답 찾기 ⑤ A에는 과거가 최근보다 상대적으로 높은 지표가 들어가야 하는데, 이러한 지표에는 경지율, 전업농 비율, 농업 종사자 비율이 있습니다. B에는 최근이 과거보다 상대적으로 높은 지표가 들어가야 하는데, 이러한 지표에는 인구 밀도, 소득원의 다양성이 있습니다.

165 우리나라의 도시 체계 변화   정답 ④

자료 분석

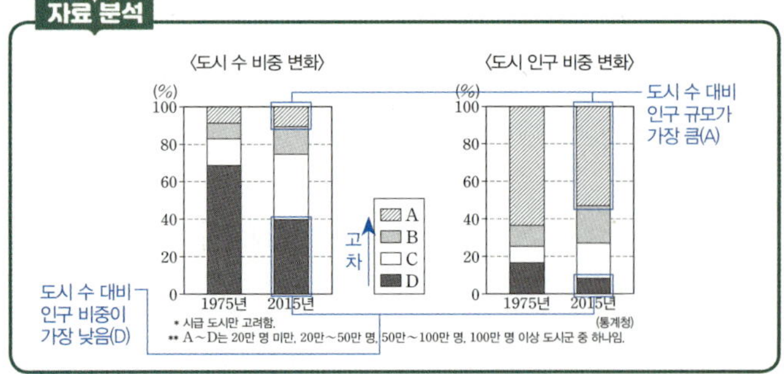

문제 분석 우리나라는 서울, 부산 등 대도시를 중심으로 도시화가 이루어지면서, 도시 인구 중 대도시가 차지하는 비중이 높게 나타납니다.

정답 찾기 ㄱ. 2015년 기준 A는 도시 수 비중 대비 도시 인구 비중이 가장 높으므로 인구 규모가 큰 100만 명 이상 도시군입니다. 반면 D는 도시 수 비중 대비 도시 인구 비중이 가장 낮으므로 인구 규모가 작은 20만 명 미만 도시군입니다. ㄴ. 100만 명 이상 도시군의 도시 인구 비중은 1975년 60% 이상에서 2015년 60% 미만으로 감소하였습니다. ㄹ. 그래프를 보면 C 도시군은 1975년 인구 비중이 약 7%에서 2015년 약 18%로 2배 이상 증가하여, 도시 인구 비중의 증가 폭이 가장 큽니다.

오답 피하기 ㄷ. 20만 명 미만 도시군(D)의 도시 수 비중은 감소하였습니다.

166 우리나라의 도시 발달   정답 ⑤

눈으로 보는 해설

그래프는 (가)~(라) 도시의 인구 변화를 나타낸 것이다. 이에 대한 설명으로 옳은 것은? (단, (가)~(라)는 지도의 A~D 중 하나임.)

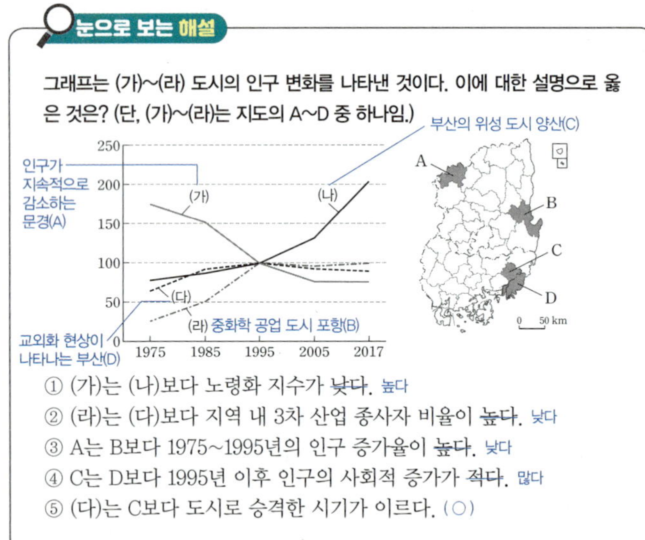

① (가)는 (나)보다 노령화 지수가 낮다. 높다
② (라)는 (다)보다 지역 내 3차 산업 종사자 비율이 높다. 낮다
③ A는 B보다 1975~1995년의 인구 증가율이 높다. 낮다
④ C는 D보다 1995년 이후 인구의 사회적 증가가 적다. 많다
⑤ (다)는 C보다 도시로 승격한 시기가 이르다. (○)

문제 분석 지도의 A는 문경, B는 포항, C는 양산, D는 부산입니다. (가)는 1975년 이후 지속적으로 인구가 감소하였으므로 문경, (나)는 1995년 이후 인구가 가장 크게 증가하였으므로 부산의 주거 기능 등을 분담하는 위성 도시인 양산입니다. (다)는 1975~1995년에는 인구가 증가하였지만, 1995년 이후에는 인구가 다소 감소하였으므로 최근 교외화 현상이 나타나고 있는 부산입니다. (라)는 1975~1995년에는 인구가 크게 증가하였다가 이후 인구가 정체되었는데, 이는 1970년대 정부 주도의 공업화 정책으로 중화학 공업이 성장한 포항입니다.

정답 찾기 ⑤ 부산(다)은 위성 도시인 양산(C)보다 도시로 승격한 시기가 이릅니다.

오답 피하기 ① 인구 유출이 있었던 문경(가)은 인구의 사회적 증가가 많은 양산(나)보다 노령화 지수가 높습니다. ② 포항(라)은 부산(다)보다 지역 내 3차 산업 종사자 비율이 낮습니다. ③ A 문경(가)은 B 포항(라)보다 1975~1995년의 인구 증가율이 낮습니다. ④ C 양산(나)은 D 부산(다)보

다 1995년 이후 인구 증가가 많았는데, 이는 부산의 교외화와 관련해 인구의 사회적 증가가 많았기 때문입니다.

함정 피하기

(다)를 부산, (라)를 포항으로 파악했다면? 부산과 포항의 인구 규모 및 변화를 파악하지 못했을 가능성이 높다. 부산은 최근 교외화로 인구가 감소하고 있고, 포항은 1970년대 이후 정부 주도의 공업화 과정에서 부산보다 총인구 증가율이 높았음을 파악하고 있어야 한다.

167 도(道)별 도시 체계   정답 ④

문제 분석 100만 명 이상 도시군의 비중이 나타나는 (라)는 경기, 군(郡) 지역군의 인구 비율이 가장 높은 (나)는 전남, 군(郡) 지역군 없이 도시로만 구성되어 있는 (다)는 제주시와 서귀포시가 있는 제주, 나머지 (가)는 경북입니다.

정답 찾기 ㄱ. 경북(가)은 제주(다)보다 총인구가 많습니다. ㄴ. 전남(나)은 경기(라)보다 군(郡) 지역의 인구 비율이 높으므로 도시화율이 낮습니다. ㄹ. 경북(가)은 영남권, 전남(나)은 호남권, 경기(라)는 수도권에 위치합니다.

오답 피하기 ㄷ. 제주(다)는 기반암의 영향으로 쌀농사가 거의 이루어지지 않으므로 전남(나)보다 쌀 생산량이 적습니다.

168 도시 내부 구조 및 대도시권   정답 ③

정답 찾기 ③ 도시 내부의 주요 교통 결절점에서 도심의 상업 및 업무 기능을 분담하는 것은 부도심입니다.

오답 피하기 ① 도시 간의 상호 작용은 대체로 도시의 인구 규모에 비례합니다. ② 계층화된 도시 체계는 도시 간 상호 작용에 의해 나타나는 도시 간의 계층 질서로, 상위 계층의 도시는 하위 계층의 도시보다 도시의 기능은 다양하고, 도시의 수는 적습니다. ④ 종주 도시는 인구 규모 1위 도시의 인구가 2위 도시의 인구보다 2배 이상 많은 수위 도시를 말합니다. ⑤ 대도시권은 대도시를 중심으로 일상적인 생활이 이루어지는 범위로, 중심 도시로부터 최대 통근 가능 지역인 배후 농촌 지역까지 포함합니다.

169 권역별 도시 발달   정답 ④

눈으로 보는 해설

그래프는 (가)~(다) 권역의 인구 규모에 따른 도시 순위를 나타낸 것이다. 이에 대한 옳은 설명만을 〈보기〉에서 있는 대로 고른 것은? (단, (가)~(다)는 수도권, 영남권, 충청권 중 하나임.)

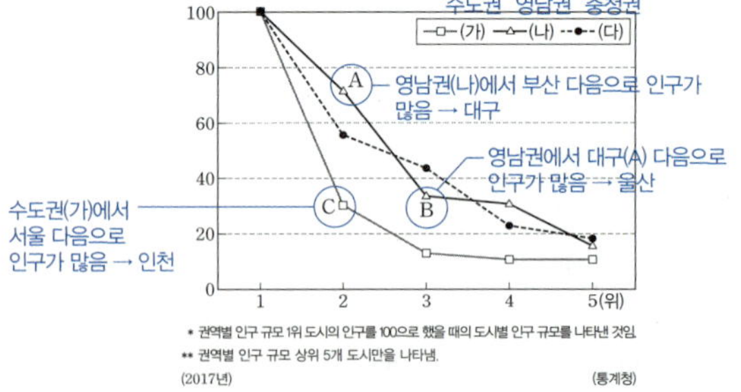

보기

ㄱ. (가)는 (나)보다 수위 도시의 인구가 많다. (○)
ㄴ. (나)는 (다)보다 지역 내 총생산이 많다. (○)
ㄷ. (다)는 (가)보다 총인구가 많다. 적다
ㄹ. A는 대구, B는 울산, C는 인천이다. (○)

① ㄱ, ㄴ   ② ㄱ, ㄷ   ③ ㄷ, ㄹ
④ ㄱ, ㄴ, ㄹ   ⑤ ㄴ, ㄷ, ㄹ

함정 피하기

(나)를 수도권으로 파악했다면? 수도권과 영남권의 도시 순위 분포를 학습하지 못했을 가능성이 높다. 수도권은 우리나라의 최고차 도시인 서울과 인천의 인구 규모 차이가 매우 큼을 알고 있어야 한다. 또한 영남권의 경우 광역시가 3개 위치하고 있으며, 부산과 대구의 인구 규모 차이는 서울과 인천의 인구 규모 차이보다 작음을 파악하고 있어야 한다.

170 권역별 도시 발달 정답 ②

눈으로 보는 해설

그래프에 대한 설명으로 옳은 것은? (단, A~D는 20만 명 미만, 20만~50만 명, 50만~100만 명, 100만 명 이상 도시군 중 하나임.)

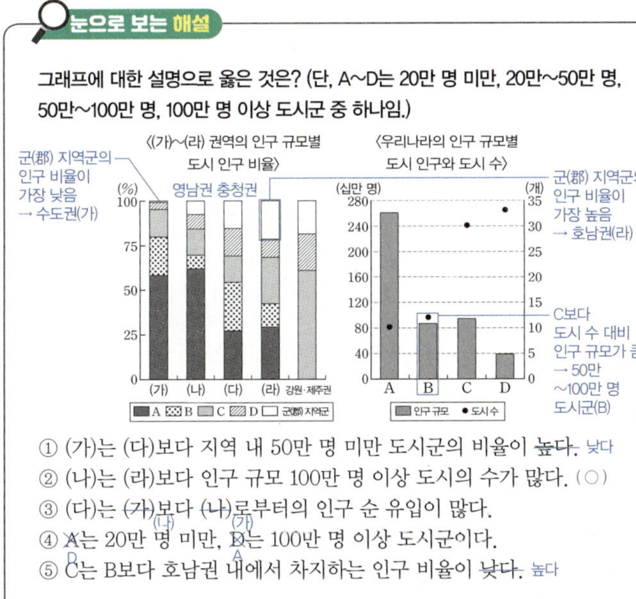

① (가)는 (다)보다 지역 내 50만 명 미만 도시군의 비율이 높다. 낮다
② (나)는 (라)보다 인구 규모 100만 명 이상 도시의 수가 많다. (○)
③ (다)는 (가)보다 (나)로부터의 인구 순 유입이 많다.
④ A는 20만 명 미만, D는 100만 명 이상 도시군이다.
⑤ C는 B보다 호남권 내에서 차지하는 인구 비율이 낮다. 높다

문제 분석 (가)는 군(郡) 지역군의 인구 비율이 가장 낮으므로 도시화율이 가장 높은 수도권, (라)는 군(郡) 지역군의 인구 비율이 가장 높으므로 촌락 지역의 인구 비율이 높은 호남권입니다. A는 도시 수 대비 인구 규모가 크므로 100만 명 이상 도시군, D는 도시 수 대비 인구 규모가 가장 작으므로 20만 명 미만 도시군입니다. B는 C보다 도시 수 대비 인구 규모가 크므로 50만~100만 명 도시군, C는 20만~50만 명 도시군입니다. (나)는 (다)보다 인구 규모 100만 명 이상 도시군(A)이 차지하는 비율이 높으므로 영남권, (다)는 충청권입니다.

정답 찾기 ② 영남권(나)은 호남권(라)보다 인구 규모 100만 명 이상 도시군의 비율이 높으므로, 100만 명 이상 도시의 수가 많습니다.

오답 피하기 ① 수도권(가)는 충청권(다)보다 지역 내 50만 명 미만 도시군(C, D)의 비율이 낮습니다. ③ 충청권(다)은 영남권(나)보다 수도권(가)로부터의 인구 순 유입이 많습니다. ④ A는 100만 명 이상, D는 20만 명 미만 도시군입니다. ⑤ 20만~50만 명 도시군(C)은 50만~100만 명 도시군(B)보다 호남권(라) 내에서 차지하는 인구 비율이 높습니다.

함정 피하기

(나)를 충청권, (다)를 영남권으로 파악했다면? 충청권과 영남권의 도시 체계 특징을 파악하지 못했을 가능성이 높다. 영남권에는 광역시가 3개(부산, 대구, 울산) 있어, 상대적으로 인구 규모가 큰 100만 명 이상 도시군(A)이 차지하는 인구 비율이 높음을 파악하고 있어야 한다.

171 중심지 이론 및 정주 체계 정답 ⑤

문제 분석 지도에 표시된 지역은 평창군, 강릉시, 삼척시입니다. 의료기관 수의 합계가 가장 많은 (가)는 인구 규모가 가장 큰 강릉이고, 의료기관 수의 합계가 가장 적은 (다)는 인구 규모가 가장 작은 평창군입니다. 따라서 (나)는 삼척시입니다. A는 B보다 의료기관 수가 적으므로 상대적으로 최소 요구치가 큰 종합 병원이고, B는 병원입니다.

정답 찾기 ⑤ 병원(B)은 의원보다 고차 중심지이므로 중심지 기능을 유지하기 위한 최소 요구치가 큽니다.

오답 피하기 ① 평창군(다)은 2018 동계 올림픽 개최지입니다. ② 강릉(가)은 삼척(나)보다 의료기관 수의 합계가 많은 고차 중심지이므로, 중심지 기능이 다양합니다. ③ 고차 중심지인 강릉(가)은 저차 중심지인 평창(다)보다 인구 규모가 큽니다. ④ 종합 병원(A)은 의원보다 고차 중심지이므로, 서비스를 제공하는 공간적 범위가 넓습니다.

172 우리나라의 도시 발달 정답 ①

문제 분석 그래프를 통해 우리나라의 도시 순위 변화와 도시 발달 특색을 파악합니다.

정답 찾기 ㄱ. 종주 도시화는 인구 규모 1위 도시의 인구가 2위 도시의 인구보다 2배 이상인 현상을 의미합니다. 1975년과 2015년 모두 서울은 부산보다 인구 규모가 2배 이상이므로 서울은 종주 도시로서의 지위가 유지되었습니다. ㄴ. 10대 도시 중 수도권에 위치한 도시는 1975년에 서울, 인천, 성남으로 3개, 2015년에는 서울, 인천, 수원, 고양으로 4개입니다. 따라서 10대 도시 중 수도권에 위치한 도시의 수는 2015년이 1975년보다 많습니다.

오답 피하기 ㄷ. 총인구에서 10대 도시 인구 합이 차지하는 비중은 2015년이 1975년에 비해 높습니다. ㄹ. 1975년에 비해 2015년 인구가 가장 많이 증가한 광역시는 인천입니다.

173 중심지 이론 및 정주 체계 정답 ④

문제 분석 지도에 표시된 지역은 울진군, 구미시, 대구시입니다. 의료기관이 가장 많은 (다)는 대구, 그다음으로 많은 (나)는 구미, 의료기관 수가 가장 적은 (가)는 울진입니다. 대구 내 의료기관 수는 C>B>A 순으로 많으므로, A는 종합 병원, B는 병원, C는 의원입니다.

정답 찾기 ④ 종합 병원(A)은 병원(B)보다 고차 중심지이므로 의료기관당 종사자 수가 많습니다.

오답 피하기 ① 원자력 발전소는 울진(가)에 입지해 있습니다. ② 경북 도청은 안동에 있습니다. ③ 울진(가)은 대구(다)보다 총인구가 적으므로 인구 밀도가 낮습니다. ⑤ 의원(C)은 종합 병원(A)보다 저차 중심지여서 최소 요구치의 범위가 좁으므로, 환자들의 평균 이동 거리가 짧습니다.

174 도시 순위 변화 정답 ⑤

정답 찾기 ㄴ. 종주 도시화 현상은 인구 규모 1위 도시의 인구가 2위 도시의 인구보다 두 배 이상이 되는 현상으로, 1970년과 2017년 모두 서울의 인구가 부산보다 두 배 이상 많으므로 종주 도시화 현상이 나타났습니다. ㄷ. 수도권에 위치한 10대 도시는 1970년 서울, 인천, 수원으로 3개였는데, 2017년에 서울, 인천, 수원, 고양으로 4개입니다. 따라서 수도권에 위치하는 10대 도시는 1970년보다 2017년에 많습니다. ㄹ. 1970년에 1위

도시 서울과 10위 도시 수원의 인구 차이는 2017년에 1위 도시 서울과 10위 도시 고양의 인구 차이보다 작습니다. 따라서 수위 도시와 10위 도시의 인구 차이는 2017년이 1970년보다 큽니다.

오답 피하기 ㄱ. 1970년보다 2017년에 10대 도시의 인구가 모두 증가하였으므로, 2017년이 1970년보다 10대 도시의 총인구가 많습니다.

175 우리나라의 도시 발달　　　　　정답 ④

문제 분석 지도에 표시된 A는 최근 서울의 교외화로 인구가 크게 증가하고 있는 용인, B는 평야 지역에 위치해 농업이 발달한 김제, C는 서울 다음으로 인구 규모가 큰 부산, D는 1970년대 정부 주도의 공업화 정책으로 성장한 중화학 공업 도시인 포항입니다.

정답 찾기 ④ (가)는 총인구가 가장 많으므로 인구 규모가 큰 부산(C), (나)는 1975~1995년에 인구 증가율이 높고 1995~2015년에는 인구가 정체하였으므로 1970년대 정부 주도의 공업화 정책으로 인구가 성장한 포항(D)입니다. (다)는 두 시기 모두 인구 증가율이 음(−)의 값이므로 인구가 감소한 김제(B), (라)는 최근 인구 증가율이 가장 높으므로, 대규모 주택 단지 건설로 인구의 사회적 증가가 많은 용인(A)입니다.

176 중심지 이론과 정주 체계　　　　　정답 ③

문제 분석 버스 배차 간격은 도시 간의 상호 작용을 나타내는 지표입니다. 서울과의 버스 배차 간격이 짧을수록 서울과 상호 작용이 활발한 고차 계층 도시입니다.

정답 찾기 ㄴ. C는 D보다 서울과의 버스 배차 간격이 짧으므로, 서울과 상호 작용이 많은 고차 계층의 중심지이고, 중심지 기능이 다양합니다. ㄷ. D는 B보다 서울과의 상호 작용이 적습니다. 따라서 D가 저차 계층의 중심지로 도시 규모도 작을 것입니다.

오답 피하기 ㄱ. 서울과의 상호 작용이 가장 활발한 A가 C보다 고차 계층 중심지입니다. ㄹ. E는 C보다 서울과의 배차 간격이 훨씬 깁니다. 이는 서울과의 고속버스 이용객이 적음을 의미합니다.

09강　도시 및 지역 개발과 공간 불평등

핵심 개념 CHECK!　　　▶ 본문 088쪽

01 A–ⓒ, B–ⓔ, C–ⓖ　**02** A–위성 도시, B–중심 도시, C–교외 지역, D–배후 농촌 지역　**03** (1) ⓖ (2) ⓔ (3) ⓒ　**04** (가)–거점 개발, (나)–균형 개발　**05** ×　**06** ○　**07** ○　**08** ×　**09** ○　**10** ○　**11** ×　**12** ×　**13** ○　**14** ○　**15** ×　**16** ×　**17** ○　**18** ○　**19** ×　**20** ×　**21** ×　**22** ○　**23** ○　**24** ○

○|× 문장 바로 알기

05 지대 지불 능력이 높은 상업·업무 기능이 도심으로 집중하는 현상을 ~~이심~~ 현상이라고 한다.
　　집심

06 인구 공동화 현상은 도심의 상주인구 밀도가 감소하여 주야간 인구 밀도가 차이나는 현상이다.

07 도심과 주변 지역을 연결하는 교통의 결절점에 발달하는 것은 부도심이다.

08 ~~주변(외곽) 지역~~은 도시의 녹지 공간 보전과 시가지의 무질서한 팽창을 억제하기 위한 곳이다.
　　개발 제한 구역

09 중심 도시를 바탕으로 일상생활이 이루어지는 범위를 대도시권이라고 한다.

10 교통망이 확충되면서 대도시의 과밀화 해소를 위해 주변에 신도시와 위성 도시 등이 발달하였다.

11 도심은 주변(외곽) 지역보다 주간 인구 지수가 ~~낮게~~ 나타난다.
　　　　　　　　　　　　　　　　　　　　　높게

12 주변(외곽) 지역은 도심보다 거주자의 평균 통근 거리가 ~~가깝다.~~
　　　　　　　　　　　　　　　　　　　　　　　　　　멀다

13 주변(외곽) 지역은 도심보다 시가지의 형성 시기가 늦다.

14 대도시 근교 지역은 대도시에서 먼 지역보다 아파트 거주 인구 비율이 높다.

15 ~~위성 도시~~는 도심의 과밀화를 완화하는 기능을 한다.
　　부도심은

16 철거 재개발은 보존 재개발보다 원거주민의 이주율이 ~~낮다.~~
　　　　　　　　　　　　　　　　　　　　　　　　　　높다

17 보존 재개발은 철거 재개발보다 기존 건물의 활용도가 높다.

18 균형 개발은 낙후 지역에 대한 우선적인 투자가 이루어진다.

19 ~~불균형 개발은 균형 개발~~보다 지역 간 형평성을 중시한다.
　　균형 개발은 불균형 개발

20 균형 개발은 주로 ~~하향식~~ 개발로 추진된다.
　　　　　　　　　상향식

21 지방 육성과 수도권 집중 억제, 통합적 고속 교통망 구축 등은 ~~제1차~~ 국토 종합 개발 계획의 주요 정책이다.
　　　　　　　　　　　　　　　　　　　　　　　　　　　　제3차

22 1980년 이후 도시 근로자 가구 소득 대비 농가 소득의 비율이 낮아졌다.

23 수도권은 영남권보다 지역 내 총생산이 많다.

24 환경 불평등은 환경 개발 수혜 지역과 환경오염 부담 지역이 일치하지 않는 것을 의미한다.

기출+예상 문제로 주제 정복하기　　　▶ 본문 090~095쪽

177 ⑤	178 ①	179 ③	180 ②	181 ②	182 ②
183 ⑤	184 ③	185 ④	186 ③	187 ⑤	188 ⑤
189 ②	190 ③	191 ②	192 ③	193 ③	194 ④
195 ④	196 ③	197 ⑤	198 ①	199 ①	200 ①

177 서울의 내부 지역 간 상대적 특성　　　　　정답 ⑤

자료 분석

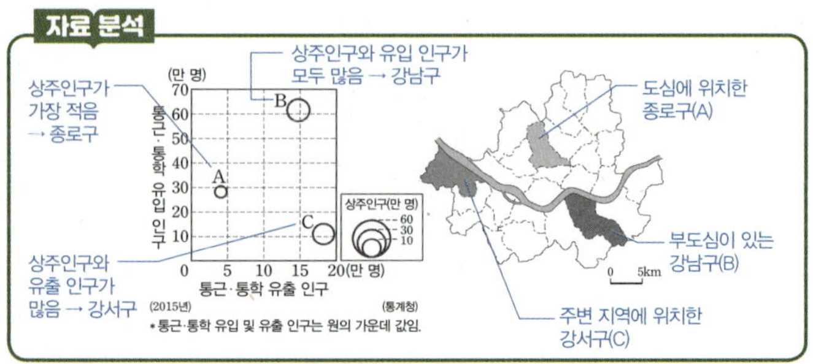

문제 분석 A는 상주인구가 적고 통근·통학 유출 인구 대비 유입 인구가 훨씬 많으므로 서울의 도심에 해당하는 종로구, B는 상주인구도 많고 통

근·통학 유입 인구도 많으므로 부도심이 위치하는 강남구, C는 상주인구가 많고 통근·통학 유출 인구가 많은 것으로 보아 주변(외곽) 지역에 위치하여 주거 기능이 밀집한 강서구입니다.

정답 찾기 ⑤ 주간 인구 지수는 상주인구 대비 주간 인구의 비율로 도심에 위치한 A가 가장 높고, 주변(외곽) 지역에 위치한 C가 가장 낮습니다.

오답 피하기 ① 강남구(B)는 종로구(A)보다 면적 대비 상주인구가 많으므로 인구 밀도가 높습니다. ② 종로구(A)는 시가지 형성 시기가 오래된 반면, 강남구(B)는 1960년대 이후 개발이 시작되었습니다. ③ 중심 업무 및 상업 기능이 집중된 종로구(A)가 주거 기능이 발달한 강서구(C)보다 상업지의 평균 지가가 높습니다. ④ 부도심이 위치한 강남구(B)는 주거 기능이 우세한 강서구(C)보다 생산자 서비스업 사업체 수가 많습니다.

178 부산의 도시 내부 구조   정답 ①

문제 분석 (가)는 강서구, (나)는 북구, (다)는 중구, (라)는 기장군입니다. 중구(다)는 상주인구가 감소하고 주간 인구 지수가 매우 높으므로 도심에 해당합니다. 강서구(가)는 주간 인구 지수가 높으므로 제조업 기능이 발달해 통근·통학 유입 인구가 많은 곳입니다. 북구(나)는 주간 인구 지수가 100 미만이고 상주인구가 많으므로 주거 기능이 발달한 곳입니다.

정답 찾기 ① 강서구(가)는 북구(나)보다 주간 인구 지수가 높은 것으로 보아 통근·통학 순 유입 인구가 많음을 알 수 있습니다. 따라서 (가)는 (나)보다 지역 내 공업 용지 비율도 높습니다.

오답 피하기 ② 북구(나)는 기장군(라)보다 2000~2015년에 상주인구의 증가가 적으므로, 대규모 주택 단지 건설은 기장군이 북구보다 많았습니다. ③ 중구(다)와 강서구(가)는 2015년에 주간 인구 지수는 비슷하지만, 상주인구는 강서구(가)가 중구(다)보다 많으므로 주간 인구는 강서구(가)가 중구(다)보다 많습니다. ④ 도심에 위치한 중구(다)는 주변(외곽) 지역에 위치한 기장군(라)보다 거주자의 평균 통근 거리가 짧습니다. ⑤ 2000~2015년에 기장군(라)은 상주인구가 증가하고 중구(다)는 상주인구가 감소하였으므로, 인구 공동화 현상은 중구(다)가 뚜렷하게 나타났습니다.

179 도시 내부 지역의 특징   정답 ③

눈으로 보는 해설

그래프는 서울시의 구(區)별 통근·통학 순 유입 인구 및 상주인구, 행정동 및 법정동 현황을 나타낸 것이다. 이에 대한 설명으로 옳은 것은? (단, (가)~(라), A~C는 지도에 표시된 네 지역 중 하나임.)

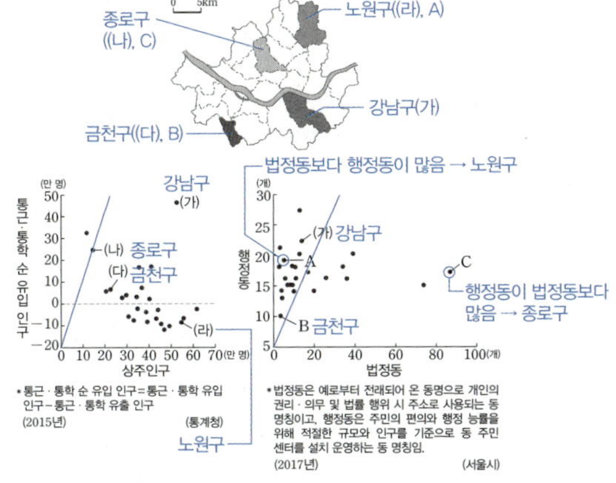

① (가)는 (나)보다 시가지화가 이루어진 시기가 <del>이르다.</del> 늦다

② (나)는 (가)보다 법정동이 <del>적다.</del> 많다

③ (라)는 (다)보다 행정동이 많다. (○)

④ A는 B보다 주간 인구 지수가 <del>높다.</del> 낮다

⑤ C는 A보다 상업 용지의 평균 지가가 <del>낮다.</del> 높다

문제 분석 상주인구와 통근·통학 순 유입 인구가 많은 (가)는 강남구, 상주인구가 적고 통근·통학 순 유입 인구가 많은 (나)는 종로구, 상주인구가 많고 통근·통학 순 유입 인구가 음(−)의 값인 (라)는 노원구, 나머지 (다)는 금천구입니다. 상주인구가 많은 강남구(가)는 법정동 대비 행정동이 많습니다. 행정동 대비 법정동이 많은 C는 종로구이고, A와 B 중 법정동이 많은 A는 노원구, 나머지 B는 금천구입니다.

정답 찾기 ③ (라) 노원구(A)는 (다) 금천구(B)보다 상주인구가 많아 행정동이 많습니다.

오답 피하기 ① 강남구(가)는 종로구(나)보다 시가지화가 이루어진 시기가 늦습니다. ② (나) 종로구(C)는 강남구(가)보다 법정동이 많습니다. ④ A 노원구(라)는 통근·통학 순 유입 인구가 음(−)의 값, B 금천구(다)는 통근·통학 순 유입 인구가 양(+)의 값이므로, 주간 인구 지수는 A가 B보다 낮습니다. ⑤ 종로구(C)는 노원구(A)보다 상업 용지의 평균 지가가 높습니다.

함정 피하기

A를 금천구, B를 노원구로 파악했다면? 상주인구가 많은 곳일수록 상대적으로 행정동 수가 많음을 파악하지 못했을 가능성이 높다. 행정동 대비 법정동 수가 많은 곳은 대체로 시가지화된 시기가 오래된 도심에 위치한 구(區)임을 알아야 한다.

180 서울과 부산의 도시 내부 구조   정답 ②

문제 분석 (가)는 (나)보다 구(區)의 수가 많고 구의 상주인구를 더한 총인구 또한 많으므로, (가)는 서울, (나)는 부산입니다. A는 상주인구와 주간 인구 모두 많으므로 상업·업무 기능과 주거 기능이 함께 발달한 부도심이 있는 강남구입니다. B는 서울 내에서 상주인구가 가장 적고 상주인구 대비 주간 인구의 비율이 높으므로 도심에 해당하는 중구입니다. C는 상주인구 대비 주간 인구가 적으므로 주변(외곽) 지역에 위치한 구입니다. D는 부산 내에서 상주인구가 가장 적고 상주인구 대비 주간 인구가 많으므로 주간 인구 지수가 높은 도심에 위치한 중구입니다. E는 주간 인구보다 상주인구가 많으므로 주변(외곽) 지역에 위치한 구(區)입니다.

정답 찾기 ② A는 C보다 상주인구 대비 주간 인구가 많으므로 주간 인구 지수가 높습니다.

오답 피하기 ① 서울(가)은 부산(나)보다 인구 규모가 크므로 지역 내 총생산이 많습니다. ③ 주변(외곽) 지역에 위치한 C는 도심에 위치한 B보다 상주인구가 많으므로 초등학교 학생 수가 많습니다. ④ D는 A보다 주간 인구가 적으므로, 생산자 서비스업 사업체 수는 서울의 강남구(A)가 부산의 중구(D)보다 많습니다. ⑤ 서울의 도심에 위치한 B가 부산의 주변(외곽) 지역에 위치한 E보다 상업·업무 기능이 강합니다.

181 서울의 도시 내부 구조   정답 ②

문제 분석 (가)는 주간 인구 지수가 가장 높으므로 도심에 위치한 구(區)이고, (나)는 제조업 사업체 수가 가장 많으므로 공업 기능이 발달한 구(區)이며, (다)는 주간 인구 지수가 100 미만으로 주거 기능이 발달한 주변(외곽) 지역에 위치한 구(區)입니다. (라)는 주간 인구 지수가 높고 상주인구 또한 많으므로 부도심이 있는 구(區)입니다.

정답 찾기 ㄱ. 도심에 위치한 (가)는 주변(외곽) 지역에 위치해 공업 기능이 발달한 (나)보다 상업·업무 기능이 강합니다. ㄷ. 주변(외곽) 지역에 위치한 (다)는 주간 인구 지수가 100 미만이므로 출근 시간대 유출 인구가 유입 인구보다 많고, 도심에 위치한 (가)는 주간 인구 지수가 높으므로 출근 시간대 유입 인구가 유출 인구보다 많습니다. 따라서 출근 시간대 순 유출 인구는 (다)가 (가)보다 많습니다.

오답 피하기 ㄴ. (라)는 (나)보다 상주인구가 많고 주간 인구 지수 또한 높으로, 주간 인구가 많습니다. ㄹ. 부도심이 있는 (라)는 주거 기능이 밀집한 (다)보다 업무용 건물의 평균 충수가 많습니다.

182 도심과 주변(외곽) 지역의 특징 비교 · 정답 ②

문제 분석 (가)는 주변(외곽) 지역에 위치한 동(洞)으로 출근 시간대 승차 인원이 하차 인원보다 많으며, (나)는 도심에 위치한 동(洞)으로 출근 시간대 하차 인원이 승차 인원보다 많습니다. 즉 (가) 역은 주거 기능이 밀집해 있는 곳에, (나) 역은 상업·업무 기능이 집적되어 있는 곳에 위치하여 (가) 역은 출근 시간대 승차 인원이, (나)는 하차 인원이 많은 것입니다.

정답 찾기 ㄱ. 주변(외곽) 지역에 위치한 (가)역은 출근 시간대 승차 인원이 퇴근 시간대 승차 인원보다 많습니다. ㄷ. 초등학교 학생 수는 주거 기능이 발달해 상주인구가 많은 주변(외곽) 지역이 도심보다 많습니다. 따라서 (가)역 주변 지역이 도심에 위치한 (나)역 주변 지역보다 초등학교 학생 수가 많습니다.

오답 피하기 ㄴ. 접근성이 좋은 도심에 위치한 (나)역이 (가)역보다 승·하차 인원의 합이 많습니다. ㄹ. 생산자 서비스업체 수는 상업·업무 기능이 밀집한 도심이 주변(외곽) 지역보다 많으므로, (나)역 주변 지역이 (가)역 주변 지역보다 생산자 서비스업체 수가 많습니다.

183 도심과 주변(외곽) 지역의 특징 비교 · 정답 ⑤

문제 분석 (가)는 통근·통학 소요 시간이 20분 미만 인구 비율이 높으므로 도심에 위치한 구(區)이고, (나)는 통근·통학 소요 시간이 50분 이상인 인구 비율이 대구 평균보다 높으므로 직장과 주거지의 거리가 먼 주변(외곽) 지역에 위치한 구(區)입니다.

정답 찾기 ⑤ 주변(외곽) 지역에 위치한 (나)는 도심에 위치한 (가)보다 백화점 수가 적고, 상주인구는 많으며, 상점의 평균 임대료는 낮습니다. 따라서 (가)와 비교한 (나)의 상대적 특성은 그림의 E에 해당합니다.

184 광주의 도시 내부 구조 · 정답 ③

문제 분석 A는 제조업 종사자 수가 많은 지역이고, B는 상주인구가 가장 많은 지역으로 주간 인구 지수가 가장 낮으므로 주변(외곽) 지역에 위치한 구(區)입니다. C는 상주인구는 적지만 주간 인구 지수가 높으므로 도심에 해당합니다.

정답 찾기 ㄴ. B는 상주인구가 많은 주변(외곽) 지역이므로, 도심(C)보다 초등학교 학급 수가 많습니다. ㄷ. C는 주간 인구 지수가 100 이상이므로 통근·통학 유입 인구가 유출 인구보다 많습니다.

오답 피하기 ㄱ. A는 B보다 행정 구역 면적은 넓지만, 상주인구가 적으므로 인구 밀도가 낮습니다. ㄹ. 구(區)별 총종사자 대비 제조업 종사자 비중은 A~C 중 A가 가장 높습니다.

185 수도권의 지역별 특징 · 정답 ④

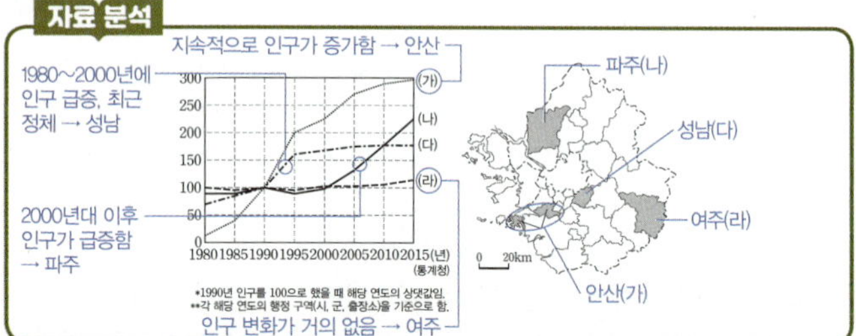

문제 분석 (가)는 안산, (나)는 파주, (다)는 성남, (라)는 여주입니다.

정답 찾기 ㄱ. 안산(가)은 제조업 발달로 외국인 노동력 유입이 많습니다. 따라서 안산(가)이 여주(라)보다 거주 외국인 수가 많습니다. ㄴ. 지역 내 제조업 종사자 비율은 대규모 디스플레이 산업 단지 등이 입지한 파주(나)가 성남(다)보다 높습니다. ㄷ. 2기 신도시 등이 입지한 파주(나)가 여

주(라)보다 주택 중 아파트 비율이 높습니다.

오답 피하기 ㄹ. 우리나라의 1기 신도시에는 중동, 일산, 산본, 평촌, 분당이 있습니다. 따라서 수도권 1기 신도시는 네 지역 중 성남(다)에만 위치해 있습니다.

186 수도권의 지역별 특징 · 정답 ③

문제 분석 지도의 A는 서울의 배후 농촌 지역인 가평군, B는 서울, C는 서울의 주거 기능 등을 분담하는 성남, D는 서울의 공업 기능 등을 분담하는 화성입니다.

정답 찾기 ③ 건축물을 건축할 수 있는 땅인 대지의 비율이 가장 높은 (가)는 서울(B)입니다. (나)는 공장 용지의 비율이 가장 높으므로 서울의 공업 기능을 분담하는 화성(D)입니다. (다)는 서울 다음으로 대지 비율이 높으므로 서울의 주거 기능을 분담하는 성남(C)이고, 임야의 비율이 가장 높은 (라)는 가평군(A)입니다.

187 수도권의 지역별 특징 · 정답 ⑤

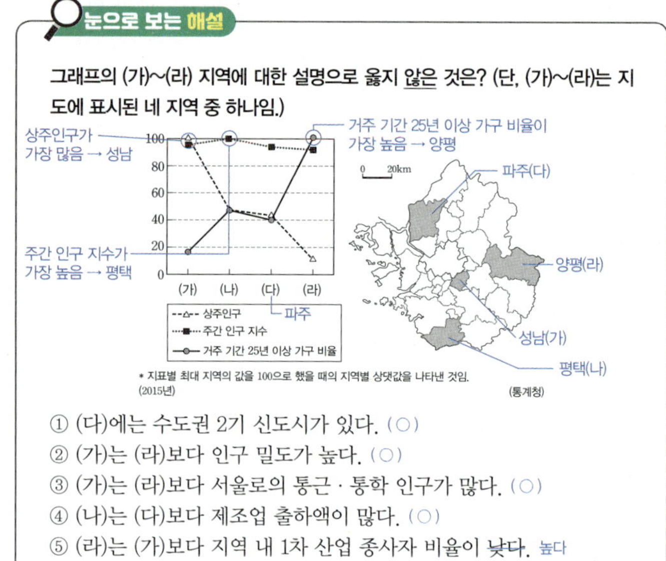

문제 분석 지도에 표시된 지역은 파주, 성남, 양평군, 평택입니다. (가)는 상주인구가 가장 많고, 거주 기간 25년 이상 가구 비율이 가장 낮으므로, 서울의 주거 기능 등을 분담하는 성남입니다. (나)는 주간 인구 지수가 가장 높고 상주인구는 성남 다음으로 많으므로 서울의 제조업 기능 등을 분담하는 평택입니다. (다)와 (라) 중 거주 기간 25년 이상 가구 비율이 높은 (라)는 서울의 배후 농촌 지역인 양평군, 나머지 (다)는 파주입니다.

정답 찾기 ⑤ 배후 농촌 지역인 양평군(라)은 성남(가)보다 지역 내 1차 산업 종사자 비율이 높습니다.

오답 피하기 ① 파주(다)에는 수도권 2기 신도시인 운정이 있습니다. ② 성남(가)은 양평군(라)보다 상주인구가 많고 행정 구역 면적은 좁으므로 인구 밀도가 높습니다. ③ 성남(가)은 양평(라)보다 서울과 지리적으로 가깝고 상주인구가 훨씬 많으므로 서울로의 통근·통학 인구가 많습니다. ④ 평택(나)은 파주(다)보다 제조업 출하액이 많습니다.

함정 피하기

(나)를 파주, (다)를 평택으로 파악했다면? 제조업 기능이 발달한 평택이 상대적으로 주간 인구 지수가 높음을 파악하지 못했을 가능성이 높다. 수도권의 경우 서울을 기준으로 남서부의 서해안 지역(화성, 평택 등)은 상대적으로 제조업이 발달해 주간 인구 지수와 지역 내로의 통근·통학 인구 비율이 높게 나타남을 알고 있어야 한다.

188 경상남도 대도시권의 특징 　　정답 ⑤

문제 분석 지도에 표시된 지역은 함양군, 창원, 양산입니다. (가)는 아파트 거주 가구 비율이 가장 낮고 20년 이상 거주 가구 비율이 높으므로 촌락 지역인 함양군, (다)는 아파트 거주 가구 비율이 가장 높으므로 부산의 주거 기능 등을 분담하는 양산입니다. 따라서 나머지 (나)는 창원입니다.

정답 찾기 ㄴ. 함양군(가)은 창원(나)보다 유소년층 인구에 대한 노년층 인구 비율인 노령화 지수가 높습니다. ㄷ. 기계 공업 등이 발달한 창원(나)은 양산(다)보다 제조업 출하액이 많습니다. ㄹ. 부산과 인접한 양산(다)은 창원(나)보다 부산으로의 통근 인구 비율이 높습니다.

오답 피하기 ㄱ. 경남도청은 창원(나)에 있습니다.

189 대도시권의 공간 구조 　　정답 ②

문제 분석 (가)는 위성 도시, (나)는 중심 도시, (다)는 교외 지역, (라)는 배후 농촌 지역입니다.

정답 찾기 ② 중심 도시의 기능을 분담하는 위성 도시(가)는 중심 도시(나)보다 도시 발달의 역사가 늦습니다.

오답 피하기 ① 교통의 발달로 중심 도시와 주변 지역 간에 광역 교통 체계 등이 구축되면 대도시 일일 생활권의 범위가 확대됩니다. ③ 중심 도시와 인접한 교외 지역(다)은 촌락의 경관이 우세한 배후 농촌 지역(라)보다 도시적 경관이 뚜렷합니다. ④ 중심 도시와 인접한 (다)가 배후 농촌 지역인 (라)보다 중심 도시(나)로의 통근자 수가 많습니다. ⑤ 대도시 교외화는 중심 도시(나)의 인구가 교외 지역(다)으로 이주하는 현상입니다.

190 수도권의 지역별 특징 　　정답 ③

문제 분석 지도에 표시된 지역은 고양, 성남, 화성, 용인입니다. 화성은 비교적 서울과 멀리 떨어져 있고 제조업이 발달하였으며, 네 지역 중 인구 규모가 가장 작습니다. 따라서 서울과의 통근·통학 총인구가 가장 적고 서울로부터의 통근·통학 유입 인구가 서울로의 통근·통학 유출 인구보다 많은 A가 화성입니다. 고양, 성남, 용인 중에서 상대적으로 서울과 거리가 먼 용인이 서울과의 통근·통학 총인구가 적으므로 B가 용인입니다. 용인은 1990년대 이후 서울의 거주지 교외화 과정에서 인구가 증가하였습니다. 강북보다 인구가 많은 강남과 인접한 성남이 고양보다 서울과의 통근·통학 총인구가 많으므로 D가 성남이고, C는 고양입니다.

정답 찾기 ㄴ. 화성(A)은 용인(B)보다 제조업이 발달하였으므로, 공장 용지 면적이 용인보다 넓습니다. ㄷ. 성남(D)이 고양(C)보다 서울로의 통근·통학 순 유출 인구가 적으므로 주간 인구 지수가 높습니다.

오답 피하기 ㄱ. 수도권 1기 신도시는 성남, 고양, 부천, 안양, 군포로 서울과 인접한 곳에 분포해 있습니다. 따라서 제시된 지역 중에서는 고양(C), 성남(D)이 1기 신도시에 해당합니다. ㄹ. 화성(A)은 서울로부터의 통근·통학 유입 인구가 서울로의 통근·통학 유출 인구보다 많으므로 서울과의 통근·통학에서 순 유입을 보입니다.

191 도시 재개발 방식 비교 　　정답 ②

문제 분석 과거 판자촌들이 대규모 아파트 단지로 변모하였으므로 제시된 지역에서는 기존의 시설을 완전히 철거하고 새로운 시설물로 대체하는 철거 재개발이 이루어졌습니다.

정답 찾기 갑. 철거 재개발이 이루어지면 건물의 고층화로 토지 이용의 효율성이 높아집니다. 병. 철거 재개발은 보존 재개발보다 기존 건물의 활용도가 낮습니다.

오답 피하기 을. 역사·문화적으로 보존이 필요한 지역에서 주로 행해지는 도시 재개발은 보존 재개발입니다. 정. 철거 재개발은 기존 건물을 최대한 유지하는 수준에서 필요한 부분만 수리·개조하는 수복 재개발보다 원거주민의 재정착률이 낮게 나타납니다.

192 도시 재개발 방식 비교 　　정답 ③

문제 분석 (가)는 뉴타운 사업과 관련 있으므로 철거 재개발, (나)는 역사적으로 보존이 필요한 지역에서 근대 역사 문화 벨트를 조성하는 사업이 시행되었으므로 보존 재개발 사례입니다.

정답 찾기 ③ 철거 재개발(가)은 보존 재개발(나)보다 상주인구 증가 폭과 투입 자본 규모가 크고, 보존 재개발(나)은 철거 재개발(가)보다 원거주민의 재정착률과 기존 건물의 활용도가 높습니다. 따라서 이러한 특징을 나타낸 그림은 ③번입니다.

193 우리나라의 국토 개발 과정 　　정답 ③

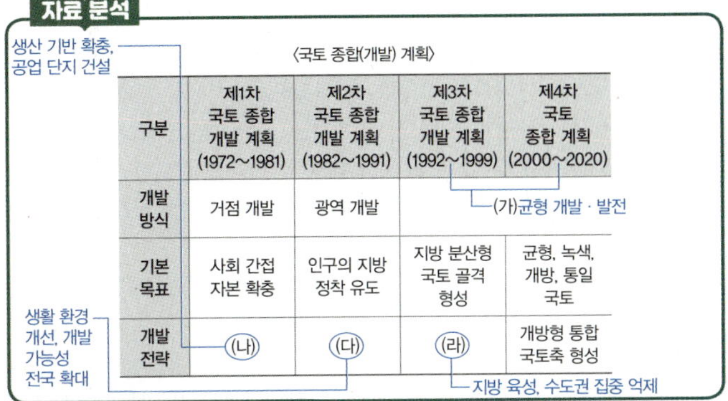

자료 분석

<국토 종합(개발) 계획>

구분	제1차 국토 종합 개발 계획 (1972~1981)	제2차 국토 종합 개발 계획 (1982~1991)	제3차 국토 종합 개발 계획 (1992~1999)	제4차 국토 종합 계획 (2000~2020)
개발 방식	거점 개발	광역 개발	(가)균형 개발·발전	
기본 목표	사회 간접 자본 확충	인구의 지방 정착 유도	지방 분산형 국토 골격 형성	균형, 녹색, 개방, 통일 국토
개발 전략	(나)	(다)	(라)	개방형 통합 국토축 형성

문제 분석 우리나라는 국토 개발을 통해 높은 경제 성장을 이룰 수 있었는데, 시기별 주요 특징을 묻는 문제입니다.

정답 찾기 ㄴ. 제1차 국토 종합 개발 계획에서는 고속 국도, 항만, 다목적 댐 등 사회 간접 자본을 확충해 산업 기반을 조성하였습니다. ㄷ. 제2차 국토 종합 개발 계획에서는 광역 개발이 이루어졌는데, 광역 개발은 지방의 주요 도시와 배후 지역을 포함한 지역 생활권을 설정하여 개발한 지역 개발 방식입니다.

오답 피하기 ㄱ. (가)는 균형 개발로, 이는 낙후 지역에 투자를 집중하여 지역 간 균형 발전을 도모합니다. 투자 효과가 큰 지역을 선정하여 집중 투자하는 방식은 성장 거점 개발입니다. ㄹ. 혁신 도시와 기업 도시를 지정 및 육성한 것은 제4차 국토 종합 계획과 관련 있습니다.

194 우리나라의 국토 계획 　　정답 ④

문제 분석 (가)는 인구의 지방 분산 유도, 국민 복지 향상 등이 추진되었으므로 제2차 국토 종합 개발 계획이고, ㉠은 광역 개발입니다. (나)는 신산업 지대 조성, 통일에 대비한 기반 조성 등이 추진되었으므로 제3차 국토 종합 개발 계획이고, ㉡은 균형 개발입니다. (다)는 수출 주도형 공업화, 물 자원 종합 개발 등이 추진되었으므로 제1차 국토 종합 개발 계획이고, ㉢은 성장 거점 개발입니다.

정답 찾기 ④ 제2차 국토 종합 개발 계획(가)은 광역 개발(㉠), 제3차 국토 종합 개발 계획(나)은 균형 개발(㉡), 제1차 국토 종합 개발 계획(다)은 성장 거점 개발(㉢)이 추진되었습니다.

오답 피하기 ① 개발 제한 구역은 1975년에 설정되었고, (가) 제2차 국토 종합 개발 계획은 1982~1991년에 시행되었습니다. ② 혁신 도시는 제4차 국토 종합 계획과 관련 있고, (나)는 제3차 국토 종합 개발 계획입니다. ③ 제1차 국토 종합 개발 계획(다)은 제2차 국토 종합 개발 계획(가)보다 시행 시기가 이릅니다. ⑤ ㉣은 제1차 국토 종합 개발 계획과 관련된 주요 정책이 들어가야 하므로, 사회 간접 자본 확충 등이 들어갈 수 있으며, '수도권 집중 억제'는 국토의 불균형 성장을 완화하기 위한 정책으로 제3차 국토 종합 개발 계획 이후와 관련 있습니다.

195 지역 개발 방식의 특징 　　　　　　　　　정답 ④

문제 분석 (가)는 성장 거점 개발, (나)는 균형 개발과 관련 있습니다.

정답 찾기 ④ 균형 개발 방식(나)이 성장 거점 개발 방식(가)보다 개발 과정에서 지역 이기주의가 발생할 가능성이 높습니다.

오답 피하기 ① 성장 거점 개발(가)은 주로 중앙 정부가 주도하므로 하향식 개발 방식으로 추진됩니다. 한편, 상향식 개발 방식은 균형 개발 방식과 관련 있습니다. ② 균형 개발 방식(나)은 효율성보다 형평성을 중시합니다. ③ 균형 개발 방식(나)이 성장 거점 개발 방식(가)보다 개발 과정에서 지역 주민의 의사가 많이 반영됩니다. ⑤ 성장 거점 개발 방식(가)은 주로 개발 도상국, 균형 개발 방식(나)은 주로 선진국에서 채택합니다.

196 제4차 국토 종합 계획 　　　　　　　　　정답 ③

문제 분석 균형 국토, 개방 국토, 녹색 국토, 통일 국토를 지향했던 제4차 국토 종합 계획은 국내외 여건 변화에 대응하기 위해 두 차례의 수정 과정을 거쳤습니다. 글로벌 녹색 국토 조성을 위한 제4차 국토 종합 계획 수정 계획(2011~2020)은 유라시아 · 태평양 지역을 선도한다는 '글로벌 국토'의 실현과 저탄소 녹색 성장 기반을 마련하는 '녹색 국토'의 실현이라는 목표를 담고 있습니다.

정답 찾기 초국경적 국토 경영 기반 구축(ㄴ)과 자연 친화적이고 안전한 국토 공간 조성(ㄷ)은 모두 제4차 국토 종합 계획 2차 수정 계획과 관련 있습니다.

오답 피하기 ㄱ. 수출 주도형 공업화 정책 추진은 제1차 국토 종합 개발 계획과 관련 있습니다. ㄹ. 서해안 신산업 지대 조성과 수도권 집중 억제는 제3차 국토 종합 개발 계획과 관련 있습니다.

197 혁신 도시와 기업 도시의 분포 　　　　　　정답 ⑤

문제 분석 (가)는 태안, 충주, 원주에 표시되어 있으므로 기업 도시, (나)는 원주, 진천 · 음성, 김천, 진주 등에 표시되어 있으므로 혁신 도시입니다. 두 도시 모두 수도권의 과밀 문제를 해소하고 지방의 자립적, 혁신적 발전 역량을 확충하기 위한 정책 중 하나입니다.

정답 찾기 ⑤ 혁신 도시와 기업 도시 모두 2010년 이후에 추진되었으므로 제4차 국토 종합 계획과 관련 있습니다.

오답 피하기 ① 기업 도시(가)는 민간 기업의 주도적인 참여로 추진되었습니다. ② 혁신 도시(나)는 공공 기관의 지방 이전으로 균형적인 국토 성장을 위해 조성된 도시로, 공공 기관 청사 및 이와 관련된 기업, 학교, 연구소 등이 함께 입지하도록 계획되었습니다. ③ 기업 도시와 혁신 도시가 모두 지정되어 있는 곳은 원주입니다. ④ 기업 도시와 혁신 도시 모두 수도권 과밀 문제를 완화하기 위한 정책 과정에서 추진되었습니다.

198 우리나라의 국토 계획 　　　　　　　　　정답 ①

문제 분석 우리나라 국토 계획의 주요 특징을 파악합니다. ㉡은 성장 거점 개발, ㉢은 균형 개발 방식과 관련 있습니다.

정답 찾기 ㄱ. 제1차 국토 종합 개발 계획의 시행 결과 수도권과 남동 임해 지역을 중심으로 성장하면서, 경부축 중심의 발전이 두드러졌습니다. ㄴ. 성장 거점 개발 방식(㉡)은 경제적 효율성을 중시합니다.

오답 피하기 ㄷ. 불균형 개발 방식은 투자 효과가 큰 지역을 선정하여 집중 투자하는 것이고, ㉢은 균형 개발 방식에 해당합니다. ㄹ. ㉠ 제1차 국토 종합 개발 계획은 성장 거점 개발이 진행되었으므로 정부 주도의 하향식 개발이 추진되었습니다. ㉢ 제3차 국토 종합 개발 계획은 균형 개발이 진행되었으므로 상향식 개발이 추진되었습니다.

199 지역 격차의 현황 　　　　　　　　　　　정답 ①

문제 분석 우리나라는 성장 거점 개발이 추진되면서 투자가 집중된 수도권과 남동 임해 지역의 발전 수준이 높습니다. 따라서 이 지역의 지역 내 총생산이 많습니다.

정답 찾기 ① (가)는 2017년 지역 내 총생산이 가장 많으므로 수도권이고, (나)는 수도권 다음으로 지역 내 총생산이 많으므로 영남권입니다. (다)는 (라)보다 2007~2017년에 지역 내 총생산의 증가가 많았으므로, 최근 수도권의 제조업 기능이 분산되고 있는 충청권이며, (라)는 호남권입니다.

200 시·도별 지역 격차 　　　　　　　　　　정답 ①

정답 찾기 ㄱ. A는 1인당 지역 내 총생산은 가장 많지만, 지역 내 총생산은 상대적으로 적은 편입니다. 이는 인구 규모가 작지만 정유 및 석유 화학 공업, 자동차 공업 등의 발달로 1인당 지역 내 총생산이 많은 울산입니다. B는 지역 내 총생산이 경기와 함께 가장 많은 곳이므로 인구 규모가 큰 서울입니다. ㄴ. 호남권에 속하는 광주, 전북, 전남의 지역 내 총생산을 합한 것이 경기의 지역 내 총생산보다 적습니다.

오답 피하기 ㄷ. 1인당 지역 내 총생산이 가장 적은 곳은 대구입니다. ㄹ. 그래프에서 서울은 전국 평균보다 1인당 지역 내 총생산이 많지만, 인천과 경기는 전국 평균보다 적습니다.

V. 생산과 소비의 공간

10강 자원의 의미와 분포 특성

핵심 개념 CHECK!
▶ 본문 100쪽

01 A-석유, B-석탄, C-천연가스, D-원자력, E-수력
02 (가)-수력, (나)-화력, (다)-원자력　　**03** A-태양광, B-풍력, C-수력, D-조력　　**04** ○　**05** ○　**06** ○　**07** ×　**08** ○
09 ×　**10** ×　**11** ×　**12** ○　**13** ○　**14** ×　**15** ×　**16** ×
17 ×　**18** ○　**19** ×　**20** ○　**21** ×　**22** ○　**23** ○

O|X 문장 바로 알기

04 자원의 편재성은 자원 민족주의의 발생 원인이 된다.

05 석유는 재생 불가능한 자원, 태양광은 재생 가능한 자원에 해당한다.

06 석회석은 시멘트 공업의 원료로 이용되며 고생대 조선 누층군에 주로 분포한다.

07 우리나라에서 석회석은 철광석보다 가채 연수가 ~~짧다.~~ 길다

08 고령토는 도자기 및 내화 벽돌, 종이, 화장품의 원료로 이용된다.

09 우리나라의 1차 에너지 소비 구조에서 차지하는 비율은 석유 > ~~천연가스 >~~ ~~석탄~~ 순으로 높다.
석탄 > 천연가스

10 석탄은 주로 ~~수송용 및 화학 공업의 원료로~~ 이용된다.
산업용으로

11 연소 시 오염 물질 배출량은 ~~석유 >~~ ~~석탄~~ > 천연가스 순으로 많다.
석탄 > 석유

12 석탄은 우리나라의 1차 에너지원별 발전량에서 차지하는 비율이 가장 높다.

13 원자력은 우리나라의 1차 에너지 생산량에서 차지하는 비율이 가장 높다.

14 원자력은 석탄보다 상용화된 시기가 ~~이르다.~~ 늦다

15 천연가스는 현재 ~~전량을 해외로부터~~ 수입하고 있다.
울산 앞바다에서 소량 생산

16 수력 발전은 유량이 ~~적고~~ 큰 낙차 확보가 가능한 곳이 유리하다.
많고

17 수력은 원자력보다 발전 용량 대비 발전량 비율이 ~~높다.~~ 낮다

18 원자력 발전소는 우리나라에서 경북, 울산, 전남, 부산에만 입지해 있다.

19 조력 발전은 태양광 발전보다 밤 발전량 대비 낮 발전량 비율이 ~~높다.~~
낮다

20 수력 발전은 조력 발전보다 발전량이 기후 조건의 영향을 많이 받는다.

21 수력 발전은 풍력 발전보다 연간 발전량 대비 겨울철 발전량 비율이 ~~높다.~~ 낮다

---

22 풍력 발전은 태양광 발전보다 발전 시 소음 발생량이 많다.

23 우리나라에서 조력 발전소는 안산의 시화호에만 건설되어 있다.

기출+예상 문제로 주제 정복하기
▶ 본문 102~107쪽

201 ③	202 ③	203 ⑤	204 ④	205 ①	206 ②
207 ⑤	208 ①	209 ①	210 ③	211 ⑤	212 ①
213 ④	214 ①	215 ②	216 ⑤	217 ⑤	218 ②
219 ②	220 ⑤	221 ⑤	222 ④	223 ④	224 ④

201 자원의 의미 변화　　정답 ③

자료 분석

┌─ 재생 불가능한 자원
(가) 가정용 연료로의 소비 감소와 석탄 산업 합리화 정책의 실시로 강원도 태백 일대의 수많은 석탄 광산은 무연탄 채굴을 멈추고 폐광되었다. └ 경제적 의미의 자원 → 기술적 의미의 자원으로 변화
(나) 탐사 및 채굴 기술이 발달해 텅스텐 매장량이 추가로 확인되면서 강원도 상동의 텅스텐 광산 재개발이 추진되고 있다.
재생 수준이 사용량과 투자 정도에 따라 달라지는 자원　　기술적 의미의 자원 → 경제적 의미의 자원으로 변화

정답 찾기 ③ 재생 불가능한 자원인 무연탄이 경제적 의미의 자원에서 기술적 의미의 자원으로 변화한 (가)는 B에 해당하고, 재생 수준이 사용량과 투자 정도에 따라 달라지는 자원인 텅스텐이 기술적 의미의 자원에서 경제적 의미의 자원으로 변화한 (나)는 D에 해당합니다.

202 자원의 의미와 특징　　정답 ③

문제 분석 ㉠은 자원의 가변성에 대한 내용이고 ㉡은 자원의 편재성에 대한 내용입니다.

정답 찾기 ③ 재생 불가능한 자원의 고갈 시기를 늦추기 위해 자원의 가격에 부과되는 세금을 줄이면 자원 소비량이 늘어나 자원의 고갈 시기가 오히려 앞당겨질 수 있습니다.

오답 피하기 ① 자원의 가변성에 대한 설명입니다. ② 자원의 편재성은 자원의 국제 이동과 자원 민족주의 발생의 원인이 됩니다. ④ 금속 광물과 비금속 광물은 사용량과 투자 정도에 따라 재생 수준이 달라지는 자원에 해당합니다. ⑤ 전력 생산에 이용 시 경제적 효율성은 재생 가능한 자원보다 재생 불가능한 자원(화석 에너지)이 높게 나타납니다.

203 자원 관련 개념　　정답 ⑤

문제 분석 도시 광산, 신·재생 에너지, 자원의 가변성, 자원의 유한성, 자원의 편재성 개념과 이를 설명할 수 있는 조사 내용이 적절하게 연결되었는지 파악해야 합니다.

정답 찾기 ⑤ 자원이 일부 지역이나 국가에 치우쳐 분포하는 특성을 자원의 편재성이라고 하고, 자원의 편재성을 파악하기 위해서는 지역 간, 국가 간 이동이 많은 자원의 분포 지역을 파악하면 됩니다.

오답 피하기 ① 도시 광산의 개념은 옳으나 도시 광산을 설명할 수 있는 조사 내용이 적절하지 않습니다. ② 신·재생 에너지의 개념은 옳으나 신·재생 에너지를 설명할 수 있는 조사 내용이 적절하지 않습니다. ③ 자원의 매장량이 한정되어 있어 고갈될 수밖에 없는 특성은 자원의 유한성입니다. ④ 기술적, 경제적 상황에 따라 자원의 가치가 달라지는 특성은 자원의 가변성입니다.

204 자원의 재생 가능성에 따른 분류 · 정답 ④

문제 분석 A는 고갈 가능성이고, B는 재생 가능성입니다. 재생 가능성이 가장 낮은 (가)는 화석 연료, 비금속 광물과 함께 재생 가능성이 중간 정도인 (나)는 금속 광물, 재생 가능성이 가장 높은 (다)는 신·재생 에너지에 해당합니다.

정답 찾기 ㄱ. 화석 연료는 금속 광물보다 재생 가능성이 낮으므로 고갈 가능성이 높습니다. ㄴ. 금속 광물은 재생 수준이 사용량과 투자 정도에 따라 달라지는 자원입니다. ㄹ. 화석 연료의 사례로 석유와 석탄을 들 수 있고, 신·재생 에너지의 사례로 수력과 풍력을 들 수 있습니다.

오답 피하기 ㄷ. 신·재생 에너지는 화석 에너지보다 우리나라의 총 발전량에서 차지하는 비율이 낮습니다.

205 영남권의 시도별 1차 에너지 공급량 비율 · 정답 ①

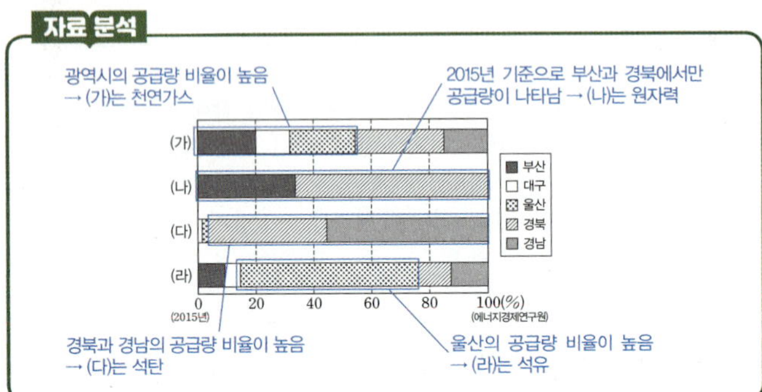

문제 분석 부산, 대구, 울산과 같은 광역시의 공급량 비율이 높게 나타나는 (가)는 천연가스입니다. 2015년 기준으로 원자력 발전소가 입지한 부산과 경북에서만 공급량이 나타나는 (나)는 원자력입니다. 참고로 2016년 12월부터 울산에서도 원자력 발전소가 가동되면서 2017년 통계에는 울산도 원자력 공급량이 표시되고 있습니다. 대규모 제철소가 위치한 경북, 대규모 화력 발전소가 위치한 경남의 공급량 비율이 높은 (다)는 석탄입니다. 석유 화학 공업이 발달한 울산의 공급량 비율이 가장 높게 나타나는 (라)는 석유입니다.

정답 찾기 ① 천연가스는 수송용보다 가정 및 상업용으로 많이 사용됩니다.

오답 피하기 ② 원자력의 공급량이 가장 많은 지역은 원자력 발전소가 가장 많이 입지한 영남권입니다. ③ 석탄은 강원, 전남에서 생산되고 있으므로 전량 수입한다고 볼 수 없습니다. ④ 우리나라의 1차 에너지원별 발전량이 가장 많은 에너지는 석탄입니다. ⑤ 화력 발전소의 연료로는 석탄, 천연가스, 석유 등의 화석 연료가 이용됩니다.

206 주요 광물 자원의 특징 · 정답 ②

문제 분석 시멘트 공업의 주원료로 이용되고 조선 누층군에 주로 분포하는 (가)는 석회석, 제철 공업의 주원료로 이용되는 (나)는 철광석, 도자기 및 내화 벽돌, 종이, 화장품의 원료로 이용되는 (다)는 고령토입니다.

정답 찾기 ㄱ. 석회석은 조선 누층군이 분포하는 강원과 충북에서 생산량이 많습니다. 따라서 석회석은 영남권보다 충청권의 생산량이 많습니다. ㄷ. 석회석은 매장량이 풍부하여 가채 연수가 긴 편입니다. 반면 철광석은 대부분 고갈되어 가채 연수가 매우 짧습니다.

오답 피하기 ㄴ. 암석 내 탄산칼슘의 중량 비율이 50%를 넘는 암석은 석회석입니다. ㄹ. 석회석과 고령토는 비금속 광물이고 철광석은 금속 광물입니다.

207 주요 광물 자원의 특징 · 정답 ⑤

문제 분석 가채 연수가 가장 짧은 (가)는 철광석, 가채 연수가 가장 긴 (다)는 석회석, 나머지 (나)는 고령토입니다. 강원, 경남, 경북에서 생산

량이 많은 A는 고령토, 강원에서만 생산되고 있는 B는 철광석, 조선 누층군이 분포하는 강원, 충북의 생산량 비율이 높은 C는 석회석입니다.

정답 찾기 ⑤ 그래프를 보면 가채 연수는 석회석(C)>고령토(A)>철광석(B) 순으로 깁니다.

오답 피하기 ① 석회석에 대한 설명입니다. ② 철광석은 금속 광물, 고령토와 석회석은 비금속 광물입니다. ③ 철광석에 대한 설명입니다. ④ 철광석은 석회석보다 국내 매장량과 생산량이 적어 해외 의존도가 높습니다.

208 주요 시·도의 1차 에너지원별 공급량 · 정답 ①

고난도 평가원 기출				
❶	②	③	④	⑤ 함정
63%	8%	11%	11%	17%

눈으로 보는 해설

그래프의 (가)~(다)는 지도에 표시된 세 지역의 1차 에너지원별 공급량을 나타낸 것이다. 이에 대한 설명으로 옳지 <u>않은</u> 것은? (단, A~C는 석유, 석탄, 천연가스 중 하나임.)

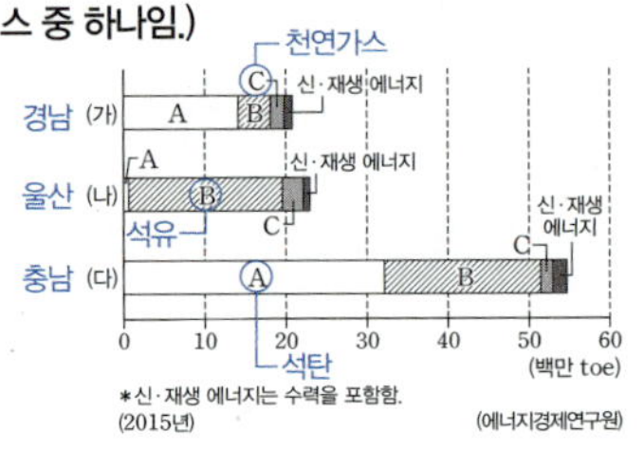

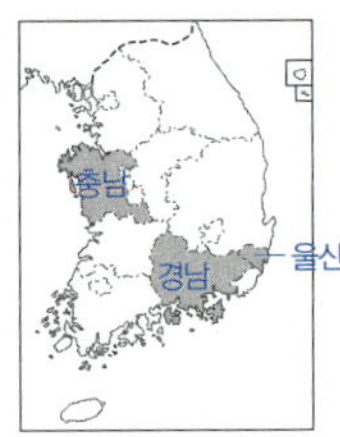

① 경남은 충남보다 1차 에너지원별 공급량에서 석탄이 차지하는 지역 내 비중이 ~~작다.~~ 높다
② A는 제철 공업의 주요 연료로 이용된다. (○)
③ B는 울산의 1차 에너지원별 공급량에서 가장 큰 비중을 차지한다. (○)
④ C는 B보다 가정용으로 이용되는 비중이 크다. (○)
⑤ 발전에 이용되는 1차 에너지의 비중은 A>C>B 순이다. (○)

문제 분석 지도에 표시된 세 지역은 충남, 경남, 울산입니다. 세 지역 중에서 1차 에너지 공급량이 가장 많은 (다)는 충남입니다. 충남 내에서 공급 비율이 가장 높은 A는 석탄입니다. 충남과 같이 지역 내 석탄 공급량 비율이 높은 (가)는 경남이고, 나머지 (나)는 울산입니다. 석유 화학 공업이 발달한 울산 내에서 공급량 비율이 높은 B는 석유이므로 나머지 C는 천연가스입니다.

정답 찾기 ① 그래프를 보면 경남(가)은 충남(다)보다 1차 에너지원별 공급량에서 석탄(A)이 차지하는 지역 내 비율이 높습니다.

오답 피하기 ② 석탄은 제철 공업의 주연료로 이용됩니다. ③ 석유는 석유 화학 공업이 발달한 울산의 1차 에너지원별 공급량에서 가장 큰 비율을 차지합니다. ④ 천연가스는 석유보다 가정용으로 이용되는 비율이 높습니다. ⑤ 발전에 이용되는 1차 에너지의 비율은 석탄>천연가스>석유 순으로 높습니다.

함정 피하기

(다)를 충남이 아니라 경남으로 판단했다면? A가 석탄이라는 것은 쉽게 찾을 수 있었겠지만 B, C가 무엇인지 판별하기가 어려웠을 것이다. 시·도별 1차 에너지 공급량 순위를 모두 외울 필요는 없지만 1차 에너지 공급량이 가장 많은 시도는 충남이라는 것을 꼭 암기해 두자. 그리고 충남은 보령, 태안에 대규모 화력 발전소가 입지해 있고, 당진에 대규모 제철소가 입지해 있어서 석탄의 공급량 비율이 높은 대표적인 지역이라는 것, 서산에는 석유 화학 공업이 발달해 있어서 석탄 다음으로 석유 공급량이 많다는 것을 명심해야 한다.

209 주요 시·도의 1차 에너지원별 공급량 정답 ①

문제 분석 지도에 표시된 세 지역은 경북, 부산, 전남입니다. 석탄의 공급량 비율이 가장 낮은 (나)는 부산입니다. 부산 내에서 공급량 비율이 가장 높은 C는 원자력입니다. (다)는 (가)보다 원자력의 공급량이 많으므로 (가)는 전남, (다)는 경북입니다. 여수에 석유 화학 공업이 발달한 전남에서 공급량이 가장 많은 A는 석유이고, 나머지 B는 천연가스입니다.

정답 찾기 ① 그래프를 보면 1차 에너지원별 공급량에서 석유(A)가 차지하는 지역 내 비율은 부산(나)이 경북(다)보다 높습니다.

오답 피하기 ② 1차 에너지원별 공급량에서 원자력이 차지하는 지역 내 비율이 가장 높은 지역은 부산입니다. ③ 천연가스는 석유보다 수송용 연료로 사용되는 양이 적습니다. ④ 천연가스는 원자력보다 발전 과정에서 발생하는 폐기물을 처리하는 데 비용이 적게 듭니다. 원자력 발전은 방사성 폐기물 처리에 많은 비용이 든다는 단점이 있습니다. ⑤ 원자력은 화석 에너지인 석유보다 발전 시 대기 오염 물질의 배출량이 적습니다.

210 1차 에너지원별 특징 정답 ③

문제 분석 2016년에 발전량이 (나)>(가)>(라)>(다) 순으로 많으므로 (가)는 원자력, (나)는 석탄, (다)는 석유, (라)는 천연가스입니다.(참고로 2017년부터 1차 에너지원별 발전량은 석탄>천연가스>원자력>석유 순으로 많습니다.) 2016년에 소비량이 C>A>D>B 순으로 많으므로 A는 석탄, B는 원자력, C는 석유, D는 천연가스입니다.

정답 찾기 ③ 석탄은 천연가스보다 대기 오염 물질 배출량이 많습니다.

오답 피하기 ① 원자력은 석탄보다 상업적 발전에 이용되기 시작한 시기가 늦습니다. ② 석유는 천연가스보다 1차 에너지 소비 구조에서 차지하는 비율이 높습니다. ④ 원자력은 수송용으로 이용되지 않습니다. ⑤ (가)와 B는 원자력, (나)와 A는 석탄, (다)와 C는 석유, (라)와 D는 천연가스입니다.

211 1차 에너지원별 특징 정답 ⑤

문제 분석 2012년 기준 경북, 전남, 부산에서만 생산되는 (가)는 원자력이고, 여러 지역에서 골고루 생산되고 있는 (나)는 수력입니다. 강원과 전남에서만 생산되는 (다)는 석탄이고, 울산에서만 생산되고 있는 (라)는 천연가스입니다.

정답 찾기 ⑤ 전체 1차 에너지 생산에서 원자력(가)이 차지하는 비중은 74.2%로 가장 높습니다. 따라서 1차 에너지의 생산량이 가장 많은 지역은 이러한 원자력을 가장 많이 생산하는 경북입니다.

오답 피하기 ① 원자력은 주로 냉각수를 얻기 쉬운 해안에서 생산됩니다. ② 신·재생 에너지인 수력은 화석 에너지인 석탄보다 에너지 생산 시 대기 오염 물질 배출량이 적습니다. ③ 천연가스는 석탄보다 상용화된 시기가 늦습니다. ④ 〈1차 에너지의 유형별 생산 비중〉 그래프를 보면 석탄이 2.2%, 수력이 3.8%를 차지하므로 1차 에너지 생산량은 석탄이 수력보다 적습니다.

212 주요 시·도의 1차 에너지원별 공급량 정답 ①

문제 분석 대규모 화력 발전소와 제철소가 입지한 충남, 경남, 전남의 공급량 비율이 높게 나타나는 (가)는 석탄, 도시가스 공급망이 잘 갖춰진 경기, 서울, 인천에서 공급량 비율이 높게 나타나는 (나)는 천연가스입니다.

정답 찾기 ㄱ. 석탄은 천연가스보다 연소 시 대기 오염 물질 배출량이 많습니다. ㄴ. 석탄은 우리나라의 총 발전량에서 차지하는 비율이 가장 높습니다.

오답 피하기 ㄷ. 천연가스는 주로 가정 및 상업용으로 이용되고, 석탄은 주로 산업용으로 이용됩니다. ㄹ. 천연가스는 석탄보다 산업에 본격적으로 이용되기 시작한 시기가 늦습니다.

213 1차 에너지의 권역별 생산량 비율 정답 ④

문제 분석 B 권역에서만 생산되는 (라)는 천연가스이고, B는 울산이 속한 영남권입니다. 영남권과 C에서만 생산되는 (다)는 원자력이고, C는 영광이 속한 호남권입니다. 따라서 나머지 A는 수도권입니다. 호남권(전남)과 강원권에서만 생산되는 (나)는 석탄이며, 나머지 (가)는 수력입니다.

정답 찾기 ④ 천연가스(라)를 이용하는 화력 발전소는 하천수의 위치 에너지(가)를 이용하는 수력 발전소보다 입지가 자유롭습니다.

오답 피하기 ① 수력은 화석 에너지인 석탄보다 재생 가능성이 높습니다. ② 석탄은 원자력보다 1차 에너지 총 소비량이 많습니다. ③ 원자력 발전소는 천연가스를 이용하는 화력 발전소보다 발전소당 건설비가 비쌉니다.

214 발전량 및 발전 방식별 설비 용량 정답 ①

문제 분석 2015년 기준 1차 에너지원별 발전량이 많은 순서대로 A는 석탄, B는 원자력, C는 천연가스, D는 석유, E는 수력입니다. 발전 설비 용량이 많은 순서대로 (가)는 화력, (나)는 원자력, (다)는 수력 발전입니다.

정답 찾기 ① 석유는 대부분을 해외에서 수입하고 있으므로 수력보다 자원의 해외 의존도가 높습니다.

오답 피하기 ② 우리나라의 1차 에너지 소비 구조에서 차지하는 비율은 석유가 가장 높습니다. ③ 원자력은 원자력 발전 방식의 에너지원으로 이용됩니다. ④ 화석 에너지를 발전 에너지원으로 이용하는 화력 발전 방식은 원자력 발전 방식보다 연료비가 많이 듭니다. ⑤ 원자력 발전 방식은 자연력을 이용하는 수력 발전 방식보다 발전량이 기후 조건의 영향을 적게 받습니다.

215 권역별 1차 에너지 생산량 정답 ②

문제 분석 영남권(울산)에서만 생산되는 A는 천연가스, 영남권(경북, 부산)과 호남권(영광)에서만 생산되는 B는 원자력, 강원권과 호남권(전남)에서만 생산되는 C는 석탄의 일종인 무연탄입니다.

정답 찾기 ② 원자력 발전소는 냉각수를 얻기 쉬운 해안에 주로 입지합니다.

오답 피하기 ① 평안 누층군에서 주로 채굴되는 에너지 자원은 무연탄입니다. ③ 무연탄은 수송용 연료로 거의 이용되지 않습니다. ④ 천연가스는 무연탄보다 상용화된 시기가 늦습니다. ⑤ 원자력은 무연탄보다 발전에 이용될 때 배출되는 이산화탄소량이 적습니다.

216 권역별 1차 에너지 공급 구조 정답 ⑤

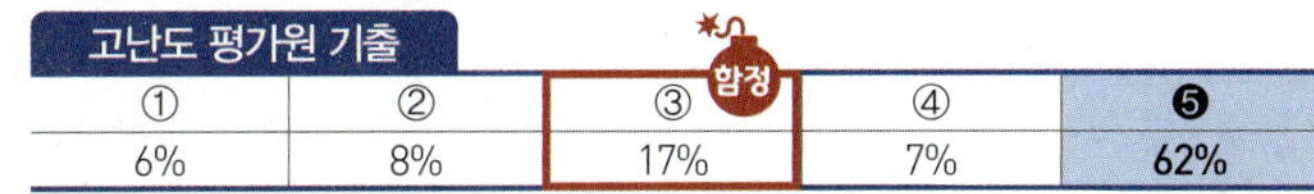

고난도 평가원 기출				
①	②	③ 함정	④	❺
6%	8%	17%	7%	62%

눈으로 보는 해설

그래프는 권역별 1차 에너지 공급 구조를 나타낸 것이다. 이에 대한 설명으로 옳지 않은 것은? (단, (가)~(라)는 수도권, 영남권, 충청권, 호남권 중 하나임.)

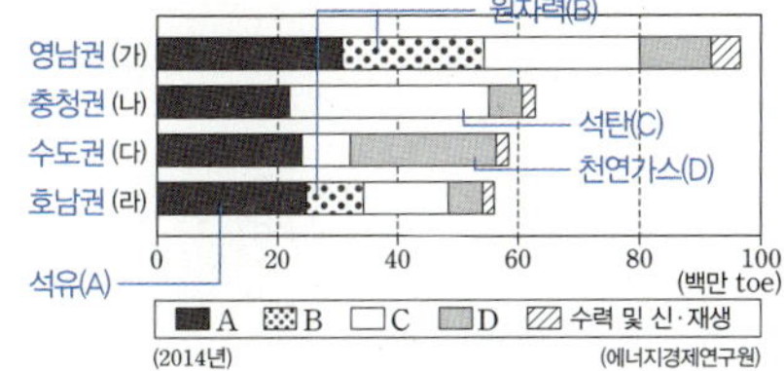

① (가)의 주변 해역에서는 D가 생산되고 있다. (○)
② (나)는 충청권, (다)는 수도권이다. (○)
③ A는 C보다 우리나라 1차 에너지 공급에서 차지하는 비중이 높다. (○)
④ C는 D보다 발전 시 대기 오염 물질의 배출량이 많다. (○)
⑤ 우리나라 1차 에너지원별 발전량은 A>B>D>C 순이다.
C>B>D>A

정답 찾기 ⑤ 2014년 기준 우리나라 1차 에너지원별 발전량은 석탄(C) > 원자력(B) > 천연가스(D) > 석유(A) 순으로 많습니다.

오답 피하기 ① 영남권의 주변 해역인 울산 앞바다에서는 천연가스가 생산되고 있습니다. ③ 석유는 석탄보다 우리나라 1차 에너지 공급에서 차지하는 비중이 높습니다. ④ 석탄은 천연가스보다 발전 시 대기 오염 물질의 배출량이 많습니다.

> **함정 피하기**
>
> 시도별 1차 에너지 공급 구조가 아니라 권역별 1차 에너지 공급 구조를 나타냈을 때는 좀 더 신중한 접근이 요구된다. 일단 영남권과 호남권에서만 공급이 이루어지는 원자력부터 찾는 것이 좋으며, 영남권과 호남권을 구분할 때는 원자력의 공급량을 비교하여 원자력 공급량이 좀 더 많은 권역을 영남권으로 잡아주면 된다. 영남권 다음으로 1차 에너지 총 공급량이 많은 권역은 충청권이라는 점도 알아 두자.

217 석유, 석탄, 천연가스의 부문별 소비량   정답 ⑤

문제 분석 거의 대부분 산업용으로만 소비되고 있는 (가)는 석탄입니다. 세 에너지 중에서 수송용 소비량이 가장 많은 (나)는 석유이고, 가정·상업·공공용 소비량이 가장 많은 (다)는 천연가스입니다.

정답 찾기 ⑤ 석유는 천연가스보다 상용화된 시기가 이릅니다.

오답 피하기 ① 신생대 제3기층의 배사 구조에 주로 매장되어 있는 화석 에너지는 석유와 천연가스입니다. ② 우리나라의 총 발전량에서 차지하는 비율이 가장 높은 에너지는 석탄입니다. ③ 천연가스는 울산 앞바다에서 소량 생산되고 있으므로 전량을 해외에서 수입하고 있다고 볼 수 없습니다. ④ 석탄은 석유보다 연소 시 대기 오염 물질 배출량이 많습니다.

218 각 권역의 발전 방식별 설비 용량 비율   정답 ②

문제 분석 (가)는 강원권에서 상대적으로 설비 용량 비율이 높으나 대부분의 권역에서 설비 용량 비율이 낮은 편입니다. (나)는 제주권, 수도권, 충청권에서 설비 용량 비율이 매우 높게 나타납니다. (다)는 영남권과 호남권에서만 설비 용량이 나타납니다.

정답 찾기 ② 강원권에서 설비 용량 비율이 높은 (가)는 수력 발전 방식이고, 제주권, 수도권, 충청권에서 설비 용량 비율이 매우 높은 (나)는 화력 발전 방식이며, 영남권과 호남권에서만 설비 용량이 나타나는 (다)는 원자력 발전 방식입니다.

219 권역별 신·재생 에너지 생산량   정답 ②

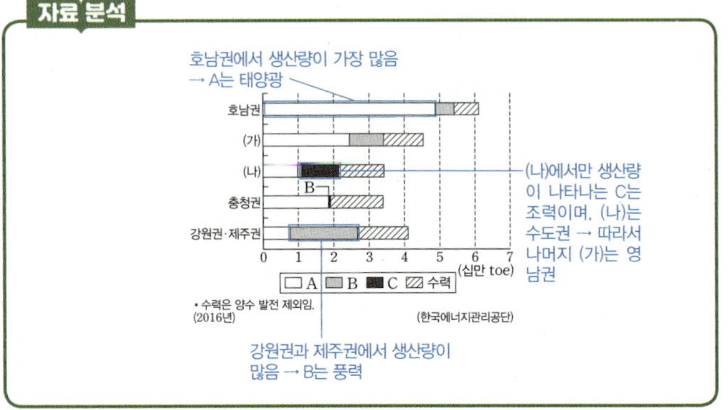

정답 찾기 ② 태양광(A)은 일조 시수가 긴 곳이 발전소 입지에 유리합니다.

오답 피하기 ① (가)는 영남권, (나)는 수도권입니다. ③ 풍력은 바람의 힘으로 큰 날개를 회전시켜 전력을 생산하므로 대도시에 입지하기 어렵습니다. ④ 조력은 조차가 작은 동해안보다 조차가 큰 서해안이 발전소 입지에 유리합니다. ⑤ 세 에너지 중에서 생산량이 가장 많은 것은 태양광입니다.

220 도별 신·재생 에너지 생산량 비율   정답 ⑤

정답 찾기 ⑤ 전남과 전북의 생산량 비율이 높게 나타나는 (가)는 태양광입니다. 제주와 강원에서 생산량 비율이 높게 나타나는 (나)는 풍력입니다. 대하천의 중·상류에 다목적 댐이 많이 건설되어 있는 강원, 충북, 경기에서 생산량 비율이 높은 (다)는 수력입니다.

221 주요 신·재생 에너지의 발전소 분포   정답 ⑤

문제 분석 전북과 전남의 해안 지역에 발전소가 주로 분포하는 (가)는 태양광입니다. 안산에만 발전소가 위치해 있는 (나)는 조력입니다.

정답 찾기 ㄷ. 태양광은 조력보다 상업적 발전이 시작된 시기가 이릅니다. ㄹ. 조차는 기후 조건의 영향을 거의 받지 않습니다. 따라서 조력은 태양광보다 발전량이 기후 조건의 영향을 적게 받습니다.

오답 피하기 ㄱ. 풍부한 유량과 큰 낙차를 얻을 수 있는 곳이 발전에 유리한 에너지는 수력입니다. ㄴ. 발전소 입지 선정 시 가장 중요한 조건이 풍향과 풍속인 에너지는 풍력입니다.

222 시도별 신·재생 에너지 발전량   정답 ④

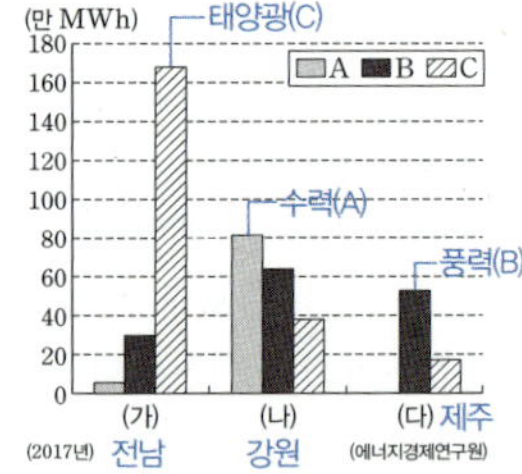
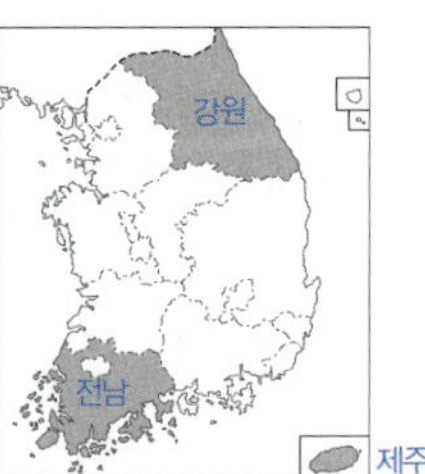

문제 분석 지도에 표시된 세 지역은 강원, 전남, 제주입니다. (다)는 A의 발전량이 거의 없으므로 제주이고, A는 수력입니다. 제주는 기반암의 특성상 하천 발달이 어려워 수력 발전량이 거의 없습니다. 제주에서 발전량이 가장 많은 B는 풍력, 나머지 C는 태양광입니다. 태양광 발전량이 가장 많은 (가)는 전남, 수력 발전량이 가장 많은 (나)는 강원입니다.

정답 찾기 ④ 바람의 힘으로 큰 날개를 돌려 전력을 생산하는 풍력은 태양광보다 발전 시 소음 발생량이 많습니다.

 ① 제주는 연 강수량이 많지만 화산 지형의 특성상 하천 발달이 미약하여 수력 발전량이 거의 없습니다. ② 그래프를 보면 전남은 강원보다 풍력 발전량이 적습니다. ③ 수력은 강수량이 많은 여름에는 발전량이 많은 반면, 강수량이 적은 겨울에는 발전량이 적습니다. 따라서 수력은 풍력보다 연간 발전량에서 겨울철 발전량이 차지하는 비율이 낮습니다. ⑤ 태양광은 수력보다 상업적 발전이 시작된 시기가 늦습니다.

함정 피하기

시도별 신·재생 에너지 발전량을 나타낸 문항에서 제주가 출제된 경우, 제주의 수력 발전량이 거의 없다는 점을 포인트로 잡아 자료를 분석해야 문제 풀이가 수월하다. 이를 통해 제주와 수력을 파악하고, 제주에서는 풍력 발전량이 많다는 점을 이용하여 풍력을 찾아내면 된다.

223 시·도별 신·재생 에너지 발전량　　　정답 ④

문제 분석 2016년 기준 A>B>C>D 순으로 발전량이 많으므로 A는 태양광, B는 수력, C는 풍력, D는 조력이다. 경기에서만 생산되는 (가)는 조력이고, 강원, 경북, 제주에서 발전량 비율이 높은 (나)는 풍력입니다. 경기, 강원, 충북에서 발전량 비율이 높은 (다)는 수력이고, 전북, 전남에서 발전량 비율이 높은 (라)는 태양광입니다.

정답 찾기 ④ 바람의 힘으로 큰 날개를 돌려 전력을 생산하는 풍력은 태양광보다 발전 시 소음 발생량이 많습니다.

오답 피하기 ① 태양광은 수력보다 상업적 발전이 시작된 시기가 늦습니다. ② 풍력은 조차를 이용하는 조력보다 발전량이 기상 조건의 영향을 많이 받습니다. ③ 〈신·재생 에너지의 발전량 변화〉 그래프를 보면 조력은 수력보다 2016년에 전국 발전량이 적습니다. ⑤ A와 (라)는 태양광, B와 (다)는 수력, C와 (나)는 풍력, D와 (가)는 조력입니다.

224 풍력과 화력 발전소의 분포와 특징　　　정답 ④

문제 분석 강원도 산간 지대와 제주도의 해안 지역에 발전소가 주로 분포하는 A는 풍력 발전 양식입니다. 보령, 태안의 충남과 수도권, 경남 등 전력 대소비지 일대에 발전소가 가깝게 분포하는 B는 화력 발전 양식입니다.

정답 찾기 ④ 바람의 힘을 이용하는 풍력 발전 양식은 화석 에너지를 연소시켜 전력을 생산하는 화력 발전 양식에 비해 기후의 제약을 많이 받습니다.

오답 피하기 ① 풍력은 발전량에서 수력보다 비중이 낮습니다. ② 화력 발전 양식에 대한 설명입니다. ③ 화력 발전 양식은 발전소가 소비지로부터 가까운 곳에 주로 입지합니다. ⑤ 화석 에너지를 발전 에너지원으로 이용하는 화력 발전 양식은 풍력 발전 양식에 비해 발전 시 배출되는 대기 오염 물질과 온실 기체의 양이 많습니다.

11강 농업과 공업의 변화

핵심 개념 CHECK!　　　▶ 본문 110쪽

01 A−청장년층, B−노년층, C−유소년층　**02** A−벼, B−맥류, C−채소, D−과수　**03** A−충청권, B−수도권, C−호남권, D−영남권　**04** A−소기업, B−중기업, C−대기업　**05** ○　**06** ○　**07** ×
08 ○　**09** ×　**10** ○　**11** ○　**12** ○　**13** ○　**14** ×　**15** ○
16 ○　**17** ×　**18** ×　**19** ○　**20** ○　**21** ×　**22** ○　**23** ○
24 ○

○⃝× 문장 바로 알기

05 농업 입지 요인에서 자연적 요인의 영향은 작아지고, 사회·경제적 요인의 영향이 커지고 있다.

06 농촌 인구는 1970∼2017년에 유소년층 인구 비율이 감소하고 노년층 인구 비율이 증가하였다.

07 농가 수 감소율보다 경지 면적의 감소율이 커서 농가당 경지 면적은 감소하였다.
　　　<u>커서</u> → 작아서　　<u>감소</u> → 증가

08 근교 농촌 지역을 중심으로 상품 작물의 재배 면적이 증가 추세에 있다.

09 벼의 지역 내 재배 면적 비율이 가장 높은 지역은 제주이다.
　　　<u>높은</u> → 낮은

10 맥류는 주로 벼의 그루갈이 작물로 재배된다.

11 강원은 전남보다 경지 면적에서 채소의 재배 면적이 차지하는 비율이 높다.

12 농업의 부가 가치 향상 방안으로 지리적 표시제, 농산물 브랜드화 등을 들 수 있다.

13 1960년대에는 풍부한 저임금 노동력을 바탕으로 노동 집약적 경공업이 발달하였다.

14 우리나라의 제조업 출하액이 가장 많은 권역은 충청권이다.
　　　<u>충청권</u> → 영남권

15 영남권은 수도권보다 제조업 사업체당 출하액이 많다.

16 우리나라의 대기업은 사업체 수가 적지만 제조업 출하액과 종사자 수 비율이 높아 공업의 이중 구조가 나타난다.

17 우리나라는 현재 기술, 지식 집약적인 첨단 산업이 발달하였고 공업화가 빠르게 진행되고 있다.
　　　<u>공업화</u> → 탈공업화

18 시멘트, 통조림 제조업은 시장 지향형 공업에 해당한다.
　　　<u>시장</u> → 원료

19 한 가지 원료로 여러 제품을 생산하는 공업은 집적 지향형 공업에 해당하는 경우가 많다.

20 제철, 정유 공업은 적환지 지향형 공업에 해당한다.

21 우리나라 최대의 종합 공업 지역은 남동 임해 공업 지역이다.
　　　<u>남동 임해</u> → 수도권

22 호남 공업 지역은 대중국 교역의 거점 지역으로 성장하고 있다.

23 태백산 공업 지역은 풍부한 지하자원을 바탕으로 원료 지향형 공업이 발달하였다.

24 수도권 공업 지역과 남동 임해 공업 지역에서 공업 집중에 따른 집적 불이익이 발생하고 있다.

225 ⑤	226 ②	227 ⑤	228 ③	229 ②	230 ①
231 ⑤	232 ③	233 ④	234 ③	235 ②	236 ⑤
237 ③	238 ④	239 ⑤	240 ⑤	241 ①	242 ⑤
243 ③	244 ⑤	245 ③	246 ④	247 ①	248 ④
249 ③	250 ④	251 ①	252 ⑤	253 ④	254 ③

기출+예상 문제로 주제 정복하기   ▶ 본문 112~119쪽

225 도별 농업 특징   정답 ⑤

자료 분석

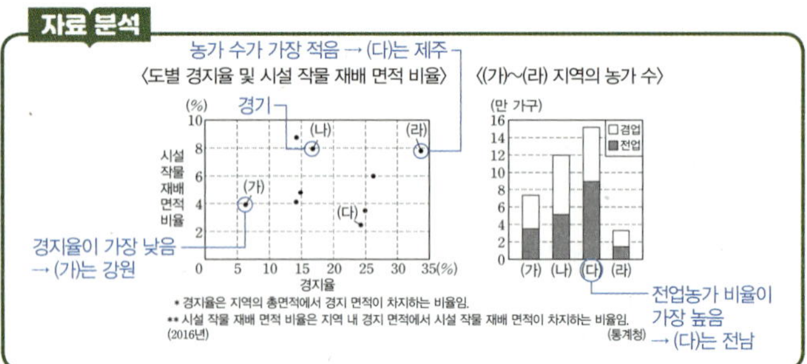

문제 분석 경지율이 가장 낮은 (가)는 산지가 많은 강원입니다. 농가 수가 가장 많은데다 전업농가 비율이 높은 (다)는 전남이고, 농가 수가 가장 적은 (라)는 제주입니다. 나머지 (나)는 경기입니다.

정답 찾기 ㄷ. 평야가 발달한 전남은 경기보다 쌀 생산량이 많습니다. ㄹ. 전남은 제주보다 경지 면적 중 논 비율이 높습니다. 제주는 화산 지형 특성상 논 조성이 어렵습니다.

오답 피하기 ㄱ. 강원은 제주보다 과실 생산량이 적습니다. 제주는 감귤, 한라봉 등의 과실 생산량이 많습니다. ㄴ. 경기는 강원보다 노지 채소 재배 면적이 좁습니다. 도시가 많은 경기는 채소를 시설 재배하는 경우가 많은 반면 강원은 노지인 고랭지에서 채소 재배가 활발합니다.

226 도별 농업 특징   정답 ②

문제 분석 지도에 표시된 네 지역은 경기, 경북, 전남, 제주입니다. 네 지역 중 농가 인구 비율이 가장 낮고 겸업농가 비율이 높은 편인 (나)는 경기입니다. 네 지역 중 경지 면적 중 밭 비율이 가장 높은 (라)는 화산 지형 특성상 논 조성이 어려운 제주입니다. (가)와 (다)는 경북, 전남 중 하나인데, (다)는 (가)보다 경지 면적 중 밭 비율이 높으므로 (가)는 전남, (다)는 경북입니다.

정답 찾기 ② 경기는 경북보다 과수 재배 면적이 좁습니다. 경북은 모든 시 · 도 중에서 과수 재배 면적이 가장 넓습니다.

오답 피하기 ① 평야 지대에서 논농사가 활발한 전남은 수도권의 경기보다 농가당 경지 면적이 넓습니다. ③ 경북은 인구 규모가 작은 제주보다 농가 인구가 많습니다. ④ 제주는 전남보다 맥류 재배 면적이 좁습니다. ⑤ 쌀 생산량은 전남이 가장 많고 제주가 가장 적습니다.

227 근교 농업 지역과 전통 농업 지역의 특징   정답 ⑤

문제 분석 (가)는 (나)보다 농가당 경지 면적이 좁고 노년층 인구 비율이 낮습니다. 따라서 (가)는 근교 농업 지역이고, (나)는 전통 농업 지역임을 알 수 있습니다.

정답 찾기 ⑤ 근교 농업 지역은 전통 농업 지역보다 논 농사의 비율이 낮기 때문에 농가당 경지 면적이 좁고 대도시와 가까우므로 전업농가 비율이 낮습니다. 또한 근교 농업 지역은 전통 농업 지역보다 대도시와 가까우므로 경지의 평균 지가가 높습니다.

228 우리나라 농촌의 변화   정답 ③

정답 찾기 ㄷ. 경지 면적을 농가 수로 나누면 농가당 경지 면적을 구할 수 있습니다. 2016년은 1976년보다 농가당 경지 면적이 넓습니다. ㄹ. 농가 수에서 전업농가 수가 차지하는 비율이 낮을수록 겸업농가 수 비율이 높습니다. 2016년은 1976년보다 전업농가 수 비율이 낮으므로 겸업농가 수 비율이 높습니다.

오답 피하기 ㄱ. 농가 인구를 농가 수로 나누면 농가당 인구를 구할 수 있습니다. 2016년은 1976년보다 농가당 인구가 적습니다. ㄴ. 2016년은 1976년보다 경지 이용률이 낮은 것으로 보아 그루갈이 면적이 좁다는 것을 알 수 있습니다.

229 도별 농업 특징   정답 ②

문제 분석 논 면적이 거의 없고 밭 면적이 대부분인 (가)는 기반암의 특성상 논 조성이 어려운 제주입니다. 논 면적이 가장 넓은 (다)는 전남이고 나머지 (나)는 경기입니다. 겸업농가 수와 전업농가 수를 합한 총 농가 수가 가장 적은 C는 제주입니다. A, B는 경기, 전남 중 하나인데, A는 B보다 총 농가 수 대비 겸업농가 수 비율이 높습니다. 따라서 A는 경기, B는 전남입니다.

정답 찾기 ② 그래프를 보면 경기는 전남보다 총 농가 수 대비 겸업농가 수 비율이 높습니다.

오답 피하기 ① 제주는 경기보다 겸업농가 수와 전업농가 수를 합한 총 농가 수가 적습니다. ③ 경기는 전남보다 총 경지 면적이 좁습니다. 전남은 모든 도 중에서 총 경지 면적이 가장 넓습니다. ④ 전남은 제주보다 총 경지 면적 대비 밭 면적 비율이 낮고 논 면적 비율이 높습니다. ⑤ (가)와 C는 제주, (나)와 A는 경기, (다)와 B는 전남입니다.

230 주요 시·군별 농업 특징   정답 ①

문제 분석 지도에 표시된 세 지역은 구리, 평창, 예산입니다. 세 지역 중 채소 · 산나물의 재배 농가 수 비율이 가장 높은 (가)는 고랭지 채소 재배가 활발한 평창입니다. 세 지역 중 벼의 재배 농가 수 비율이 가장 높은 (나)는 충남의 평야 지대에 위치한 예산입니다. 채소 · 산나물 외에 과수의 재배 농가 수 비율도 높은 (다)는 서울과 인접한 구리입니다.

정답 찾기 ㄱ. 강원도 산지에 위치한 평창은 예산보다 경지의 평균 해발 고도가 높습니다. ㄴ. 예산은 수도권에 위치한 구리보다 겸업농가 수 비율이 낮고 전업농가 수 비율이 높습니다.

오답 피하기 ㄷ. 서울과 인접한 구리는 평창보다 경지의 평균 지가가 높습니다. ㄹ. (가)는 강원, (나)는 충남, (다)는 경기에 속합니다.

231 우리나라 농촌의 변화   정답 ⑤

문제 분석 (가)는 농가 인구 비율이 점차 증가하는 반면 (나)는 농가 인구 비율이 점차 감소하고 있으므로 (가)는 65세 이상, (나)는 15세 미만입니다. A는 농가 수 비율이 점차 증가하는 반면 B는 농가 수 비율이 점차 감소하므로 A는 겸업농가, B는 전업농가입니다.

정답 찾기 ⑤ 전업농가는 겸업농가보다 농가 소득원의 다양성이 낮습니다.

오답 피하기 ① 그래프를 보면 농가 인구는 1980~2015년에 감소하였습니다. ② 2015년에 농가 인구는 65세 이상 인구가 15세 미만 인구보다 많습니다. 따라서 농가의 노령화 지수는 2015년에 100을 넘습니다. ③ 1980~2015년에 농가의 감소율이 경지 면적의 감소율보다 큽니다. 따라서 농가당 경지 면적은 1980년보다 2015년에 넓습니다. ④ (가)는 65세 이상의 노년층 인구, (나)는 15세 미만의 유소년층 인구에 해당합니다.

232 도별 농업 특징 　　　　　　　정답 ③

①	②	❸	④ 함정	⑤
7%	5%	68%	13%	7%

눈으로 보는 해설

다음 자료에 대한 설명으로 옳은 것은? (단, (가)~(다)는 강원, 전남, 충북 중 하나이며, A~C는 과수, 맥류, 채소 중 하나임.)

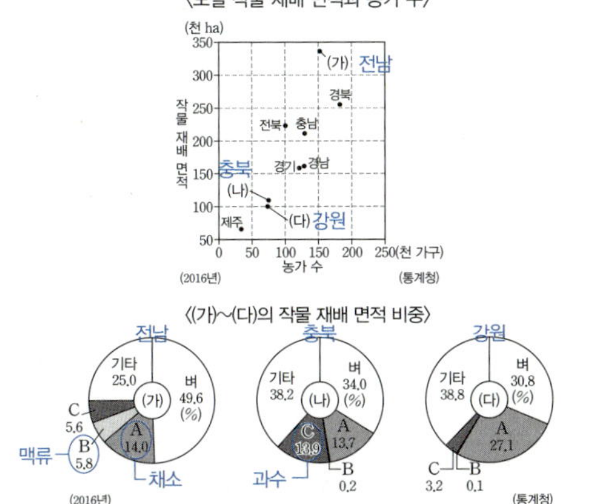

① (가)는 전남, (나)는 강원이다. 충북
② 농가당 작물 재배 면적은 (다)가 (가)보다 넓다. 좁다
③ (가)~(다) 중 채소 재배 면적은 전남이 가장 넓다. (○)
④ 도내 과수 재배 면적 비중은 강원이 충북보다 높다. 낮다
⑤ 도내 맥류 재배 면적 비중은 충북이 전남보다 높다. 낮다

문제 분석 (가)는 경북 다음으로 농가 수가 많고 작물 재배 면적이 가장 넓으므로 평야가 발달한 전남입니다. (다)는 세 지역 중 벼의 재배 면적 비율이 가장 낮고 제주 다음으로 농가 수가 적으며, 작물 재배 면적이 좁으므로 강원입니다. 나머지 (나)는 충북입니다. 강원(다)에서 벼 다음으로 재배 면적이 넓은 A는 채소이고, 다른 두 지역에 비해 (가)에서 상대적으로 재배 면적 비율이 높은 B는 맥류입니다. 나머지 C는 과수입니다.

정답 찾기 ③ 작물 재배 면적에 채소 재배 면적 비율을 곱한 후 100으로 나누면 채소 재배 면적을 구할 수 있습니다. 세 지역 중 채소 재배 면적은 전남이 가장 넓습니다.

오답 피하기 ① (가)는 전남, (나)는 충북입니다. ② 작물 재배 면적을 농가 수로 나누면 농가당 작물 재배 면적을 구할 수 있습니다. (다)는 (가)보다 농가당 작물 재배 면적이 좁습니다. ④ 도내 과수(C) 재배 면적 비율은 강원 (다)가 충북 (나)보다 낮습니다. ⑤ 도내 맥류(B) 재배 면적 비율은 충북 (나)가 전남 (가)보다 낮습니다.

함정 피하기

경지 면적은 전남이 가장 넓고 농가 수는 경북이 가장 많다는 점을 알아두면 자료를 분석할 때 훨씬 수월하게 분석이 가능하다.

233 도별 농업 특징 　　　　　　　정답 ④

정답 찾기 ④ (가)는 제주와 강원 내에서 재배 면적 비율이 높으므로 채소입니다. (나)는 전북, 충남과 같이 평야가 넓게 발달한 지역에서 재배 면적 비율이 높으므로 벼입니다. (다)는 제주와 경북에서 재배 면적 비율이 높으므로 과수입니다.

234 주요 작물별 특징 　　　　　　　정답 ③

문제 분석 (가)는 채소, (나)는 벼, (다)는 과수입니다.

정답 찾기 ㄴ. 벼는 과수보다 영농의 기계화에 유리합니다. ㄹ. 전국의 재배 면적은 벼가 가장 넓습니다.

오답 피하기 ㄱ. 채소는 주로 밭에서 재배되고, 벼는 주로 논에서 재배됩니다. ㄷ. 채소와 과수는 최근 1인당 연간 소비량이 증가 추세에 있습니다.

235 도별 농업 특징 　　　　　　　정답 ②

정답 찾기 ② 세 지역 중 겸업농가 비율이 가장 높은 (가)는 수도권에 위치한 A(경기)입니다. 세 지역 중 과수 재배 면적 비율이 가장 높은 (나)는 C(경북)입니다. 나머지 (다)는 B(전북)입니다.

236 도별 농업 특징 　　　　　　　정답 ⑤

①	②	③ 함정	④	❺
4%	6%	16%	6%	68%

눈으로 보는 해설

그래프에 대한 설명으로 옳은 것은? (단, (가)~(다)는 경북, 전북, 충남 중 하나이며, A~C는 과실, 맥류, 쌀 중 하나임.)

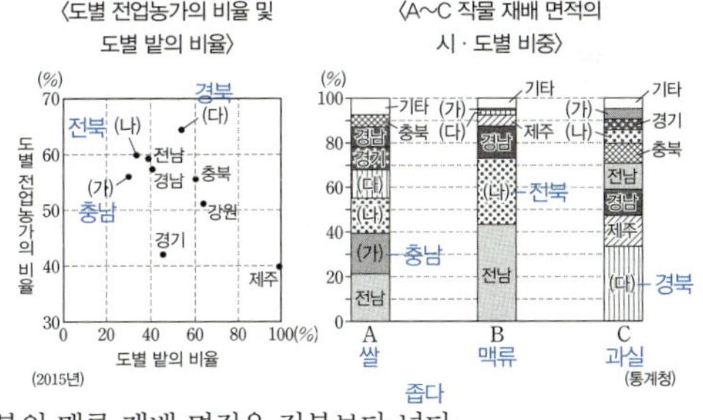

① 경북의 맥류 재배 면적은 전북보다 넓다. 좁다
② 전북의 과실 재배 면적은 충북보다 넓다. 좁다
③ 경지 면적 중 논의 비율은 전북이 충남보다 높다. 낮다
④ 밭의 비율이 가장 낮은 도는 전국에서 쌀의 재배 면적이 가장 넓다. 충남
⑤ 전업농가의 비율이 가장 높은 도는 전국에서 과실 재배 면적이 가장 넓다. (○)

문제 분석 세 지역 중 밭의 비율이 가장 높은 (다)는 경북입니다. (가), (나)는 전북과 충남 중 하나인데, (나)는 (가)보다 전업농가 비율이 높으므로 (가)는 충남, (나)는 전북입니다. 전남, 충남, 전북에서 재배 면적이 넓은 A는 쌀이고, 전남과 전북의 재배 면적이 절반 이상인 B는 맥류이며, 경북과 제주의 재배 면적이 넓은 C는 과실입니다.

정답 찾기 ⑤ 전업농가의 비율이 가장 높은 도는 경북이며, 경북은 전국에서 과실 재배 면적이 가장 넓습니다.

오답 피하기 ① 경북의 맥류 재배 면적은 전북보다 좁습니다. ② 전북의 과실 재배 면적은 충북보다 좁습니다. ③ 전북은 충남보다 경지 면적 중 밭의 비율이 높으므로 경지 면적 중 논의 비율은 낮습니다. ④ 밭의 비율이 가장 낮은 도는 충남이며, 전국에서 쌀의 재배 면적이 가장 넓은 도는 전남입니다.

함정 피하기

왼쪽 자료만으로 (가)와 (나)의 구분이 어려울 때는 오른쪽의 작물 재배 면적의 시도별 비중 자료를 이용하여 (가), (나) 구분의 힌트를 얻는 것도 좋은 방법이다.

237 도별 농업 특징 정답 ③

문제 분석 세 도 중에서 작물 재배 총 면적이 가장 좁은 (가)는 경지 면적이 좁은 강원입니다. 강원 내에서 재배 면적 비율이 가장 높은 A는 식량 작물이고, 식량 작물 다음으로 재배 면적이 넓은 B는 채소입니다. 나머지 C는 과수입니다. (나), (다)는 경북, 전남 중 하나인데, (나)는 (다)보다 과수 재배 면적 비율이 높습니다. 따라서 (나)는 경북이고, (다)는 전남입니다.

정답 찾기 ㄷ. 그래프를 보면 경북은 강원보다 과수의 재배 면적이 넓습니다. ㄹ. A는 식량 작물, B는 채소, C는 과수입니다.

오답 피하기 ㄱ. 근교 농업 지역은 전통 농업 지역보다 경지 면적 대비 식량 작물의 재배 면적 비율이 낮습니다. ㄴ. 채소는 주로 밭에서 재배됩니다.

238 주요 작물별 특징 정답 ④

문제 분석 전국 생산량이 가장 많지만 생산량이 감소 추세에 있는 (가)는 벼입니다. 벼 다음으로 생산량이 많고 생산량이 증가 추세에 있는 (나)는 과실입니다. 생산량이 가장 적고 감소 추세에 있는 (다)는 맥류입니다. 경북, 제주에서 많이 생산되는 A는 과실입니다. 전남, 전북에서 대부분 생산되는 B는 맥류입니다. 전남, 충남, 전북 등의 평야 지대에서 주로 생산되는 C는 벼입니다.

정답 찾기 ④ 1985~2015년에 과실의 생산량은 증가 추세, 맥류의 생산량은 감소 추세에 있습니다.

오답 피하기 ① 벼는 주로 논에서, 과실은 주로 밭에서 재배됩니다. ② 맥류는 주로 벼의 그루갈이 작물로 재배됩니다. ③ 맥류는 국내 생산량이 많은 벼보다 자급률이 낮습니다. ⑤ (가)와 C는 벼, (나)와 A는 과실, (다)와 B는 맥류입니다.

239 도별 농업 특징 정답 ⑤

고난도 평가원 기출				
①	② 함정	③	④	❺
5%	15%	7%	6%	67%

눈으로 보는 해설

자료에 대한 설명으로 옳은 것은? (단, A~C는 벼, 과수, 채소 중 하나임.)

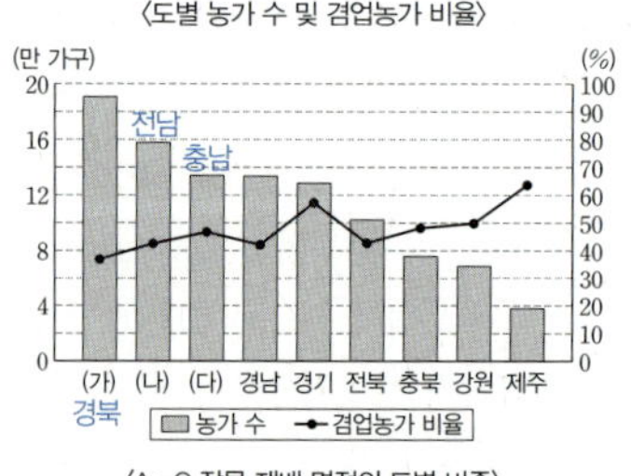

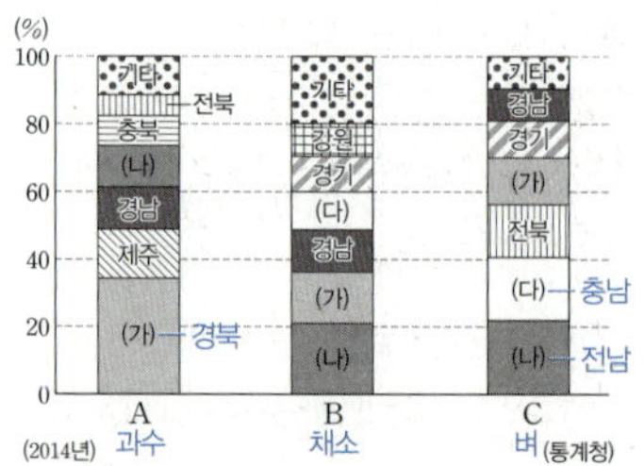

① 전체 겸업농가는 전업농가보다 많다. [적다] ―경북
② 농가가 가장 많은 도는 벼 재배 면적이 가장 넓다. ―전남
③ 전업농가가 가장 많은 도는 채소 재배 면적이 가장 넓다. ―전남
④ 경북의 벼 재배 면적은 충남보다 넓다. [좁다] ―경북
⑤ 전남의 채소 재배 면적은 경남보다 넓다. (○) ―경북

문제 분석 농가 수가 가장 많은 (가)는 경북이고, (나)와 (다)는 전남, 충남 중 하나입니다. (나)는 (다)보다 농가 수가 많고 겸업농가 비율이 낮으므로 (나)는 전남, (다)는 충남입니다. 경북과 제주의 재배 면적이 넓은 A는 과수이고 전남, 경북 외에 강원의 재배 면적이 넓은 B는 채소이며, 전남, 충남, 전북의 재배 면적이 넓은 C는 벼입니다.

정답 찾기 ⑤ 전남의 채소 재배 면적은 경남보다 넓습니다.

오답 피하기 ① 대부분의 도에서 겸업농가 비율이 50% 미만이므로 전체 겸업농가는 전업농가보다 적습니다. ② 농가가 가장 많은 도는 경북이며, 벼 재배 면적이 가장 넓은 도는 전남입니다. ③ 전업농가가 가장 많은 도는 경북이며, 채소 재배 면적이 가장 넓은 도는 전남입니다. ④ 경북의 벼 재배 면적은 충남보다 좁습니다.

함정 피하기

(가)~(다)가 어느 도인지 문항의 발문에 제시되지 않았더라도 다른 도를 제외하고 언급되지 않은 도가 (가)~(다)에 해당한다는 것을 알아야 한다.

240 주요 제조업별 특징 정답 ⑤

자료 분석

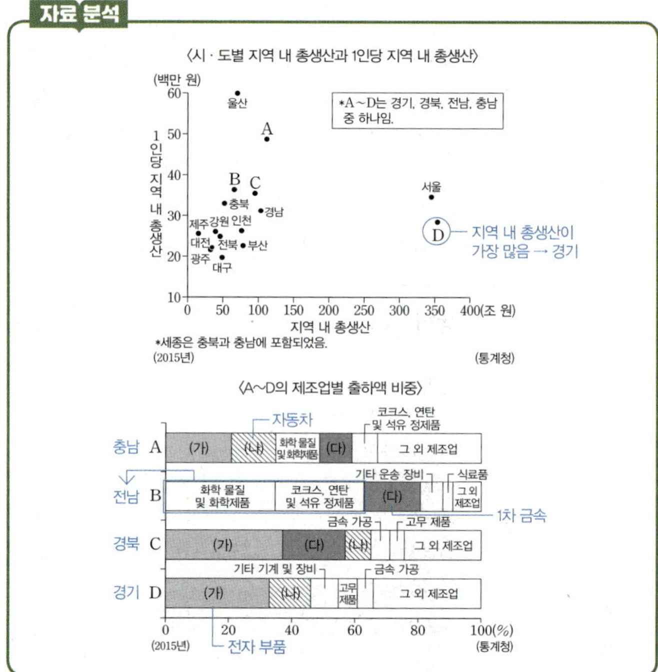

문제 분석 모든 시·도 중에서 지역 내 총생산이 가장 많은 D는 경기이고, 경기 내에서 출하액 비율이 가장 높은 (가)는 전자 부품·컴퓨터·영상·음향 및 통신 장비 제조업입니다. 경기보다 전자 부품·컴퓨터·영상·음향 및 통신 장비의 출하액 비율이 높은 C는 구미가 속한 경북입니다. 화학 물질 및 화학제품 제조업, 코크스·연탄 및 석유 정제품 제조업의 출하액 비율이 50%를 넘는 B는 여수가 속한 전남이고, 전남에서 석유 화학 계열 제조업 다음으로 출하액이 많은 (다)는 1차 금속 제조업입니다. 나머지 (나)는 자동차 및 트레일러 제조업입니다. 나머지 A는 충남입니다.

정답 찾기 ⑤ 1차 금속 제조업에서 생산된 최종 제품인 철강 제품은 자동차 및 트레일러 제조업의 주요 재료로 이용됩니다.

오답 피하기 ① 계열화된 공정이 필요한 집적 지향형 제조업으로는 화학 물질 및 화학제품 제조업과 자동차 및 트레일러 제조업을 들 수 있습니다. ② 자동차 및 트레일러 제조업은 1970년대 이후에 우리나라의 수출 주력 제조업입니다. ③ 1차 금속 제조업은 최종 제품의 무게가 무겁기 때문에 운송비가 많이 듭니다. ④ 전자 부품·컴퓨터·영상·음향 및 통신 장비 제조업은 자동차 및 트레일러 제조업보다 최종 제품의 무게가 가볍고 부피가 작습니다.

241 주요 제조업별 특징　　　　　　　　　　정답 ①

정답 찾기 ① (가)는 (나), (다)와는 달리 출하액이 가장 많은 지역이 B가 아니라 A입니다. 따라서 (가)는 전자 제조업이고, A는 수도권입니다. 나머지 1차 금속 제조업과 기타 운송 장비 제조업에서 출하액이 가장 많은 B는 영남권입니다. (다)는 (나)보다 영남권의 출하액 비율이 더 높게 나타나므로 (나)는 1차 금속 제조업, (다)는 기타 운송 장비 제조업이 됩니다.

242 주요 제조업별 특징　　　　　　　　　　정답 ⑤

문제 분석 울산과 전남에서 생산액 비율이 높게 나타나는 A는 코크스·연탄 및 석유 정제품 제조업입니다. 전남에서 석유 화학 계열 제조업 다음으로 생산액이 많은 B는 1차 금속 제조업입니다. 울산에서 석유 화학 계열 제조업 다음으로 생산액이 많은 D는 자동차 및 트레일러 제조업이고, 나머지 C는 전자 부품·컴퓨터·영상·음향 및 통신 장비 제조업입니다.

정답 찾기 ⑤ 자동차 및 트레일러 제조업은 공정의 대부분이 자동화된 코크스·연탄 및 석유 정제품 제조업보다 사업체당 종사자 수가 많습니다.

오답 피하기 ① 코크스·연탄 및 석유 정제품 제조업은 관련 산업의 집적이 크게 이루어진 제조업이지만 종합 조립 제조업은 아닙니다. ② 코크스·연탄 및 석유 정제품 제조업은 전자 부품·컴퓨터·영상·음향 및 통신 장비 제조업보다 생산비에서 원료비가 차지하는 비율이 높습니다. ③ 전자 부품·컴퓨터·영상·음향 및 통신 장비 제조업의 최종 제품이 1차 금속 제조업의 주원료로 이용된다고 볼 수 없습니다. ④ 전자 부품·컴퓨터·영상·음향 및 통신 장비 제조업은 자동차 및 트레일러 제조업보다 최종 제품의 무게가 가볍고 부피가 작습니다.

243 주요 제조업별 특징　　　　　　　　　　정답 ③

문제 분석 (가)는 대규모 제철소가 입지한 경북, 전남에서 종사자 수 비율이 높게 나타나므로 1차 금속 제조업, (나)는 울산과 광주에서 종사자 비율이 높게 나타나므로 자동차 및 트레일러 제조업입니다.

정답 찾기 ㄷ. 1차 금속 제조업의 최종 제품인 철강 제품은 자동차 및 트레일러 제조업의 주원료로 이용됩니다. ㄹ. 1차 금속 제조업은 자동차 및 트레일러 제조업보다 생산비에서 원료비가 차지하는 비율이 높습니다.

오답 피하기 ㄱ. 많은 부품을 필요로 하는 종합 조립 제조업은 자동차 및 트레일러 제조업입니다. ㄴ. 1960년대 우리나라의 공업 발달을 선도한 제조업은 섬유제품 제조업과 같은 노동 집약적 경공업입니다.

244 주요 제조업별 특징　　　　　　　　　　정답 ⑤

문제 분석 대규모 제철소가 입지한 당진에서 종사자 수 비율이 높은 (가)는 1차 금속 제조업이며, 대산 석유 화학 단지가 입지해 있는 서산에서 종사자 수 비율이 높은 (다)는 화학 제조업입니다. S전자 생산 공장이 입지해 있는 아산에서 종사자 수 비율이 높은 (라)는 전자 부품 제조업, 나머지 (나)는 자동차 제조업입니다.

정답 찾기 ⑤ 전자 부품 제조업은 1차 금속 제조업보다 경기가 속한 수도권의 출하액이 많습니다.

오답 피하기 ① 운송비에 비해 부가 가치가 큰 입지 자유형 공업에는 첨단 산업이 해당합니다. ② 자동차 제조업의 최종 제품인 자동차가 화학 제조업의 주원료로 이용된다고 보기 어렵습니다. ③ 화학 제조업의 대규모 생산 공장은 원료의 수입과 제품의 수출에 유리한 해안에 주로 입지합니다. ④ 전자 부품 제조업은 대량의 원료를 수입하는 적환지 지향형 공업에 해당하지 않습니다.

245 주요 제조업별 특징　　　　　　　　　　정답 ③

문제 분석 제조업 출하액이 가장 많은 (가)는 영남권, 제조업 사업체 수가 가장 많은 (나)는 수도권입니다. 영남권과 수도권 다음으로 제조업 출하액이 많은데다 2000~2016년의 제조업 출하액 증가율이 높은 (다)는 충청권이고, 나머지 (라)는 호남권입니다.

정답 찾기 ㄴ. 수도권과 충청권은 지리적으로 서로 맞닿아 있습니다. ㄷ. 그래프를 보면 충청권은 호남권보다 2000~2016년의 제조업 출하액 증가율이 높습니다.

오답 피하기 ㄱ. 영남권은 수도권보다 2016년에 제조업 사업체 수는 적지만 제조업 출하액이 많으므로 제조업 사업체당 출하액이 많습니다. ㄹ. (가)는 영남권, (라)는 호남권입니다.

246 주요 제조업별 특징　　　　　　　　　　정답 ④

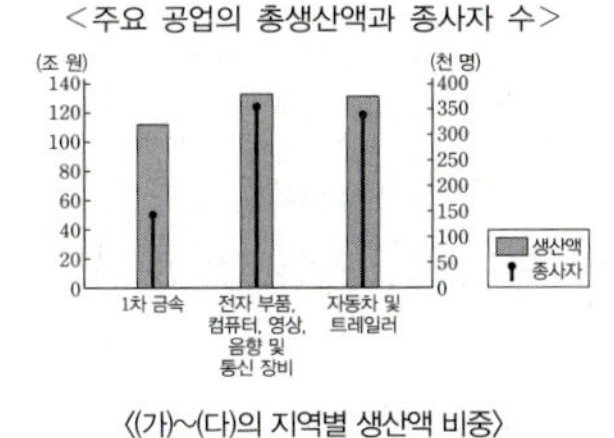

고난도 평가원 기출				
①	②	③ 함정	❹	⑤
7%	5%	12%	70%	6%

눈으로 보는 해설

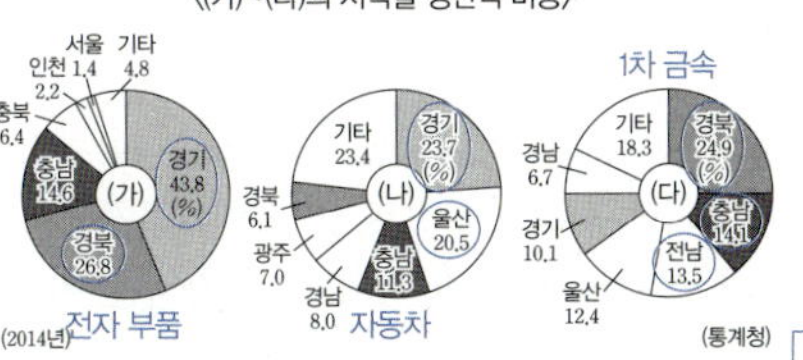

(가)~(다)에 대한 설명으로 옳은 것은? (단, (가)~(다)는 그래프에 제시된 공업 중 하나임.)

① (가)는 한 가지 원료로 여러 제품을 생산하는 계열화된 공업이다.
② (나)는 최종 제품의 제조 과정에서 주요 원료의 무게와 부피가 감소하는 공업이다. 예 시멘트
③ (가)는 (다)보다 총생산액이 ~~적다~~. [많다]
④ (나)는 (다)보다 종사자 1인당 생산액이 적다. (○)
⑤ ~~(나)~~에서 생산된 제품은 ~~(다)~~의 주요 재료로 이용된다. [(다)] [(나)]

문제 분석 경기와 경북(구미)의 생산액 비율이 높은 (가)는 전자 부품, 컴퓨터, 영상, 음향 및 통신 장비 제조업입니다. 경기, 울산, 광주의 생산액 비율이 높은 (나)는 자동차 및 트레일러 제조업입니다. 경북, 충남, 전남의 생산액 비율이 높은 (다)는 1차 금속 제조업입니다.

정답 찾기 ④ 생산액을 종사자 수로 나누면 종사자 1인당 생산액을 구할 수 있습니다. 그래프를 보면 자동차 및 트레일러 제조업(나)은 1차 금속 제조업(다)보다 종사자 1인당 생산액이 적습니다.

오답 피하기 ① 전자 부품, 컴퓨터, 영상, 음향 및 통신 장비 제조업은 한 가지 원료로 여러 제품을 생산하는 계열화된 공업이 아닙니다. ② 자동차 및 트레일러 제조업은 여러 부품을 조립하여 최종 제품을 만들기 때문에 최종 제품의 제조 과정에서 주요 원료의 무게와 부피가 감소하는 공업이 아닙니다. ③ 그래프를 보면 전자 부품, 컴퓨터, 영상, 음향 및 통신 장비 제조업은 1차 금속 제조업보다 총생산액이 많습니다. ⑤ 자동차 및 트레일러 제조업에서 생산된 제품이 1차 금속 제조업의 주요 재료로 이용된다고 볼 수 없습니다.

247 주요 제조업별 특징　　　　　　정답 ①

정답 찾기 ① 경기, 경북, 대구의 출하액 비율이 높은 (가)는 섬유 제조업이고, 경기, 울산, 충남, 경남, 광주의 출하액 비율이 높은 (나)는 자동차 제조업입니다. 경남의 출하액 비율이 50%를 넘는 (다)는 기타 운송 장비 제조업입니다.

248 주요 제조업별 특징　　　　　　정답 ④

문제 분석 (가)는 섬유 제조업, (나)는 자동차 제조업, (다)는 기타 운송 장비 제조업입니다.

정답 찾기 ㄱ. 노동 집약적 경공업인 섬유 제조업은 자동차 제조업보다 총 생산비에서 노동비가 차지하는 비율이 높습니다. ㄴ. 자동차 제조업은 조선업이 속한 기타 운송 장비 제조업보다 최종 제품의 무게가 가볍고 부피가 작습니다. ㄹ. 기타 운송 장비 제조업은 주로 주문 생산 방식으로 제품 생산이 이루어집니다.

오답 피하기 ㄷ. 중화학 공업인 기타 운송 장비 제조업은 노동 집약적 경공업인 섬유 제조업보다 우리나라의 공업 발달을 선도한 시기가 늦습니다.

249 주요 공업 지역의 특징　　　　　　정답 ③

문제 분석 지도의 A는 당진, B는 아산, C는 울산, D는 광양입니다.

정답 찾기 ③ 수도권의 공장 이전으로 공업이 빠르게 성장한 당진과 아산 중 대규모 반도체 생산 공장이 입지해 있는 지역은 아산입니다. 따라서 (가)는 B(아산), (나)는 A(당진)가 됩니다. 자동차 공업과 석유 화학 공업이 발달한 공업 도시는 C(울산)입니다. 대규모 제철소가 입지하여 1차 금속 제조업이 발달한 도시는 D(광양)입니다.

250 주요 제조업별 특징　　　　　　정답 ④

	①	②	③	❹	⑤
고난도 평가원 기출	12%	2%	3%	**77%**	6%

눈으로 보는 해설

그래프는 특별·광역시별 (가), (나) 제조업의 특성을 나타낸 것이다. 이에 대한 옳은 설명만을 〈보기〉에서 고른 것은? (단, (가), (나)는 섬유제품(의복 제외), 자동차 및 트레일러 제조업 중 하나임.)

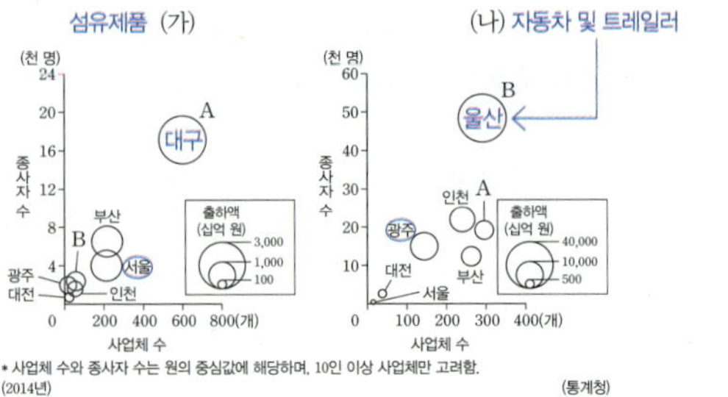

문제 분석 출하액이 많은 지역에 서울이 있으므로 (가)는 섬유제품 제조업이고, 특별·광역시 중에서 섬유제품 제조업의 출하액이 가장 많은 A는 대구입니다. 출하액이 많은 지역에 광주가 있으므로 (나)는 자동차 및 트레일러 제조업이고, 특별·광역시 중에서 자동차 및 트레일러 제조업의 출하액이 가장 많은 B는 울산입니다.

정답 찾기 ㄴ. 서울과 부산은 섬유제품 제조업의 출하액이 비슷하지만 서울이 부산보다 종사자 수가 적습니다. 따라서 섬유제품 제조업의 종사자 1인당 출하액은 서울이 부산보다 많습니다. ㄹ. 노동 집약적 경공업인 섬유제품 제조업은 중화학 공업인 자동차 및 트레일러 제조업보다 우리나라 공업화를 주도한 시기가 이릅니다.

오답 피하기 ㄱ. A는 대구, B는 울산입니다. ㄷ. 자동차 및 트레일러 제조업의 사업체당 종사자 수는 광주보다 울산이 많으므로 광주가 가장 많다고 볼 수 없습니다.

251 주요 지역의 제조업 특징　　　　　　정답 ①

문제 분석 세 지역 중에서 대기업 비율이 가장 높은 (가)는 울산입니다. (나), (다)는 서울과 인천 중 하나인데, (다)는 (나)보다 제조업 종사자 수와 매출액이 모두 많습니다. 따라서 (나)는 서울, (다)는 인천입니다.

정답 찾기 ㄱ. 울산은 서울보다 제조업 사업체 수가 적은 반면 종사자 수가 많으므로 제조업 사업체당 종사자 수가 많습니다. ㄴ. 지역 내 총생산은 그 지역의 인구 규모와 비례합니다. 서울은 인천보다 인구가 많으므로 지역 내 총생산이 많습니다.

오답 피하기 ㄷ. 인천은 공업 도시인 울산보다 2차 산업 취업자 수 비율이 낮습니다. 울산은 전국의 시도 중에서 2차 산업 취업자 수 비율이 가장 높습니다. ㄹ. 울산은 영남권에 속하고 서울과 인천은 수도권에 속합니다.

252 우리나라의 공업 지역　　　　　　정답 ⑤

문제 분석 (가)는 수도권 공업 지역, (나)는 태백산 공업 지역, (다)는 충청 공업 지역, (라)는 호남 공업 지역, (마)는 남동 임해 공업 지역입니다.

정답 찾기 ⑤ 남동 임해 공업 지역은 원료의 수입과 제품 수출에 유리한 조건과 정부의 정책적 지원을 바탕으로 중화학 공업이 크게 성장할 수 있었습니다.

오답 피하기 ① 우리나라 최대의 중화학 공업 지역은 남동 임해 공업 지역입니다. ② 호남 공업 지역에 대한 설명입니다. ③ 태백산 공업 지역에 대한 설명입니다. ④ 충청 공업 지역에 대한 설명입니다.

253 주요 지역별 제조업 특징   정답 ④

그래프는 지도에 표시된 네 지역의 주요 제조업별 출하액 비율을 나타낸 것이다. 이에 대한 설명으로 옳은 것은? (단, A~C는 1차 금속, 기타 운송 장비, 화학 물질 및 화학제품(의약품 제외) 제조업 중 하나임.)

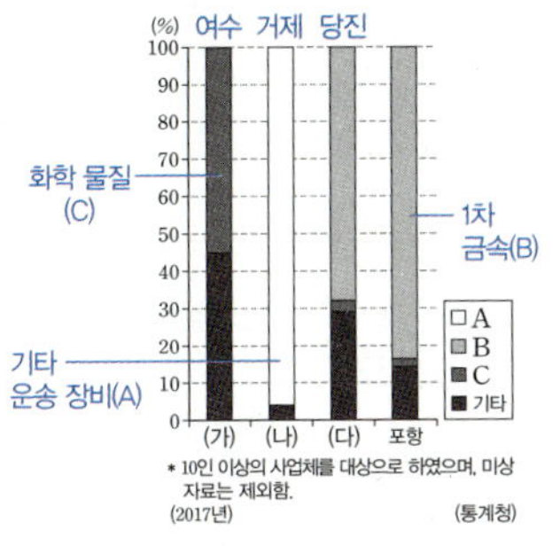

① (가)는 (나)보다 기타 운송 장비 제조업의 출하액이 많다. 적다
② (나)는 영남 지방, (다)는 호남 지방에 속한다. 충청
③ C의 대규모 생산 공장은 주로 내륙에 입지한다. 해안
④ B의 최종 제품은 A의 주원료로 이용된다. (○)
⑤ C는 A보다 주문 생산의 비율이 높다.
   A   C

문제 분석 포항에서 출하액 비율이 가장 높은 B는 1차 금속 제조업이고, 포항과 같이 1차 금속 제조업의 출하액 비율이 높은 (다)는 대규모 제철소가 입지한 당진입니다. (가)와 (나)는 여수, 거제 중 하나인데, (나)는 (가)보다 특정 제조업 A의 출하액 비율이 매우 높게 나타나므로 (나)는 거제이고, A는 기타 운송 장비 제조업입니다. 나머지 (가)는 여수이고, 여수에서 출하액 비율이 높은 C는 화학 물질 및 화학제품 제조업입니다.

정답 찾기 ④ 1차 금속 제조업의 최종 제품인 철강 제품은 기타 운송 장비 제조업의 주원료로 이용됩니다.

오답 피하기 ① 여수는 거제보다 기타 운송 장비 제조업의 출하액이 적습니다. ② 거제는 영남 지방, 당진은 충청 지방에 속합니다. ③ 화학 물질 및 화학제품 제조업의 대규모 생산 공장은 원료의 수입과 제품의 수출에 유리한 해안에 주로 입지합니다. ⑤ 기타 운송 장비 제조업은 주로 주문 생산 방식으로 제품 생산이 이루어집니다.

함정 피하기

여수와 거제를 구분할 때 거제는 다른 지역과는 달리 조선업이 속한 기타 운송 장비 제조업의 출하액 비율이 매우 높게 나타난다는 점을 이용하자.

254 주요 제조업별 특징   정답 ③

문제 분석 B, C는 도 지역이므로 경북과 전남 중 하나인데, B는 C보다 제조업과 농림어업 부가 가치가 가장 많습니다. 따라서 B는 경북이고 C는 전남입니다. A, D는 시 지역이므로 대구, 울산 중 하나인데, A는 D보다 제조업 부가 가치가 많으므로 A는 울산, D는 대구입니다. 울산과 여수가 속한 전남의 출하액 비율과 종사자 1인당 출하액이 많은 (가)는 석유 화학, (나)는 경북과 대구의 출하액 비율이 높은 편이므로 섬유 공업입니다.

정답 찾기 ③ 석유 화학 공업은 섬유 공업보다 관련 업종과 집적하려는 경향이 강합니다.

오답 피하기 ① 많은 부품을 필요로 하는 조립형 제조업은 자동차 공업을 예로 들 수 있습니다. ② 섬유 공업은 저렴한 노동력이 풍부한 지역에 입지하려는 경향이 강합니다. ④ 석유 화학 공업은 노동 집약적 경공업인 섬유 공업보다 생산비에서 노동비가 차지하는 비율이 낮습니다. ⑤ 석유 화학 공업은 1960년대 우리나라의 공업화를 주도했다고 볼 수 없습니다.

12강 교통·통신 발달과 서비스업 변화

핵심 개념 CHECK!   ▶ 본문 122쪽

01 A-백화점, B-대형마트, C-편의점, D-무점포 소매업
02 A-3차 산업, B-2차 산업, C-1차 산업   03 (가)-소비자, (나)-생산자   04 A-철도, B-지하철, C-도로, D-해운, E-항공   05 ○   06 ×   07 ○   08 ×   09 ○   10 ×
11 ×   12 ○   13 ○   14 ×   15 ○   16 ×   17 ×   18 ○
19 ×   20 ○   21 ○   22 ×   23 ×   24 ○   25 ○

○|× 문장 바로 알기

05 인구 증가, 교통 발달, 소득 수준의 향상 등으로 인해 정기 시장이 상설 시장으로 변화하였다.

06 상점이 유지되기 위해서는 재화의 도달 범위가 최소 요구치의 범위와 같거나 좁아야 한다. 넓어야

07 교통이 발달하면 재화의 도달 범위는 확대된다.

08 인구 밀도가 높아지고 소득 수준이 향상되면 최소 요구치의 범위는 확대된다. 축소

09 맞벌이 부부 증가, 자가용 승용차 이용의 보편화로 대형 마트가 성장하였다.

10 정보 통신 기술의 발달로 TV 홈 쇼핑, 인터넷 쇼핑 등을 통한 거래액이 감소하였다. 증가

11 백화점은 편의점보다 전국의 사업체 수가 많다. 적다

12 우리나라는 1960년대까지 1차 산업의 비중이 높은 전 공업화 사회였다.

13 우리나라는 1990년대 이후 탈공업화 현상이 나타나고 있다.

14 우리나라는 현재 3차 산업 > 1차 산업 > 2차 산업 순으로 취업자 수 비중이 높다. · 2차 산업 > 1차 산업

15 우리나라에서 2차 산업 취업자의 비중이 가장 높은 시·도는 울산이다.

16 우리나라에서 3차 산업 취업자의 비중이 가장 높은 시·도는 경기이다. 서울

17 우리나라에서 지역 내 총생산이 가장 많은 시·도는 서울이다. 경기

18 생산자 서비스업은 소비자 서비스업보다 대도시 도심과 부도심에 입지하는 경향이 강하다.

19 소비자 서비스업은 생산자 서비스업보다 기업과의 거래액 비중이 높다. 낮다

20 도로는 기동성과 문전 연결성이 우수하고 지형적 제약을 적게 받는다.

21 철도는 정시성과 안전성이 우수하다.

22 해운은 항공보다 국제 여객 수송 분담률이 높다. 낮다

23 지하철은 철도보다 인 · km 기준의 국내 여객 수송 분담률이 ~~높다.~~ 낮다

24 도로는 인 기준과 인 · km 기준의 국내 여객 수송 분담률이 모두 가장 높다.

25 해운은 항공보다 대량 화물의 장거리 수송에 유리하다.

 ▶ 본문 124~129쪽

255 ①	256 ④	257 ④	258 ⑤	259 ④	260 ⑤
261 ②	262 ①	263 ⑤	264 ③	265 ③	266 ③
267 ⑤	268 ①	269 ②	270 ③	271 ③	272 ③
273 ①	274 ③	275 ④	276 ①	277 ①	278 ①

255 주요 소매 업태별 특징 비교   정답 ①

자료 분석

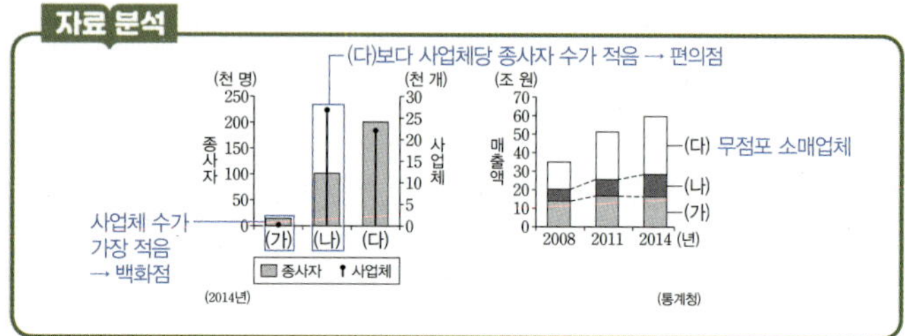

문제 분석 (가)는 백화점, (나)는 편의점, (다)는 무점포 소매업체입니다.

정답 찾기 ① 백화점은 편의점보다 사업체 간 평균 거리가 멉니다.

오답 피하기 ② 백화점은 무점포 소매업체보다 2008년부터 2014년까지 매출액 증가율이 낮습니다. ③ 편의점은 백화점보다 일상생활 용품의 판매 비중이 높은 반면, 고가 제품의 판매 비중이 낮습니다. ④ 편의점은 백화점보다 2014년에 전국 대비 특별 · 광역시에 분포하는 비중이 낮습니다. 백화점은 대도시 도심에 입지하는 경향이 강합니다. ⑤ 2014년에 종사자당 매출액은 백화점이 가장 많습니다.

256 주요 소매 업태별 특징 비교   정답 ④

함정 고난도 평가원 기출

①	②	③	❹	⑤
13%	1%	4%	73%	9%

눈으로 보는 해설

그래프의 (가)~(다) 소매 업태에 대한 옳은 설명만을 〈보기〉에서 고른 것은? (단, (가)~(다)는 대형 마트, 무점포 소매업체, 편의점 중 하나임.)

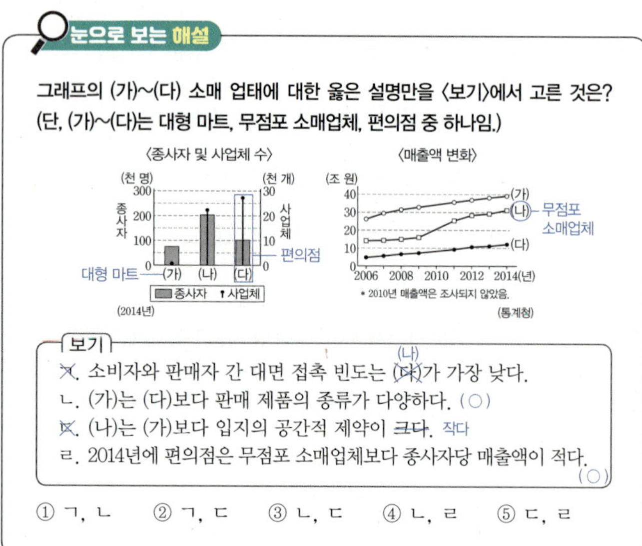

〈보기〉

ㄱ. 소비자와 판매자 간 대면 접촉 빈도는 ~~(다)~~ (나)가 가장 낮다.
ㄴ. (가)는 (다)보다 판매 제품의 종류가 다양하다. (○)
ㄷ. (나)는 (가)보다 입지의 공간적 제약이 ~~크다.~~ 작다
ㄹ. 2014년에 편의점은 무점포 소매업체보다 종사자당 매출액이 적다. (○)

① ㄱ, ㄴ ② ㄱ, ㄷ ③ ㄴ, ㄷ ④ ㄴ, ㄹ ⑤ ㄷ, ㄹ

문제 분석 사업체 수가 가장 적은 (가)는 대형 마트입니다. (나)는 (다)보다 사업체 수가 적고, 사업체당 종사자 수가 많으며, 매출액 증가율이 높습니다. 따라서 (나)는 무점포 소매업체이고, (다)는 편의점입니다.

정답 찾기 ㄴ. 대형 마트는 편의점보다 고차 중심지이므로 판매 제품의 종류가 다양합니다. ㄹ. 그래프를 보면 2014년에 편의점은 무점포 소매업체보다 종사자당 매출액이 적습니다.

오답 피하기 ㄱ. 소비자와 판매자 간 대면 접촉 빈도는 무점포 소매업체가 가장 적습니다. ㄷ. 인터넷, 전화, TV 홈쇼핑 등을 통해 판매를 하는 무점포 소매업체는 대형 마트보다 입지의 공간적 제약이 적습니다.

함정 피하기

편의점과 무점포 소매업체를 헷갈렸을 가능성이 높다. 편의점은 소매 업태 중 사업체 수가 가장 많지만, 사업체당 종사자 수는 매우 적은 저차 중심지에 해당한다. 이처럼 소매 업태 자료를 분석할 때는 중심지 이론을 떠올리며 사업체 수가 가장 많거나 적은 것, 매출액 증가율이 높은 것, 종사자 수가 가장 적은 것이 무엇인지 등 가장 두드러지는 요소부터 파악해야 한다.

257 주요 소매 업태별 특징 비교   정답 ④

문제 분석 판매액이 가장 많은 A는 대형 마트이고 사업체 수가 가장 적은 B는 백화점입니다. 사업체 수가 가장 많은 C는 편의점입니다.

정답 찾기 ㄴ. 백화점은 편의점보다 일상생활 용품의 판매 비율이 낮은 반면 고가 제품의 판매 비율이 높습니다. ㄹ. 세 소매 업태 중 재화의 도달 범위가 가장 좁은 것은 저차 중심지인 편의점입니다.

오답 피하기 ㄱ. 대형 마트는 백화점보다 도심에 입지하는 경향이 약합니다. ㄷ. 편의점은 대형 마트보다 대량 구매 비율이 낮으므로 자가용 이용 고객의 비율이 낮습니다.

258 주요 소매 업태별 특징 비교   정답 ⑤

문제 분석 사업체 수가 가장 적은 A는 백화점입니다. 백화점 다음으로 사업체 수가 적고 매출액이 가장 많은 B는 대형 마트입니다. 사업체 수가 가장 많은 C는 편의점입니다.

정답 찾기 ⑤ 세 소매 업태 중에서 사업체의 서울 집중도는 백화점이 가장 높습니다. 백화점은 대도시 도심에 입지하는 경향이 강합니다.

오답 피하기 ① 백화점은 대형 마트보다 고급 전문 상품의 판매 비율이 높고 일상생활 용품의 판매 비율이 낮습니다. ② 대형 마트는 편의점보다 사업체의 규모가 큰 편이므로 사업체당 매출액이 많습니다. ③ 편의점은 24시간 영업하는 경우가 많아 백화점보다 일평균 영업 시간이 깁니다. ④ A는 백화점, B는 대형 마트, C는 편의점입니다.

259 전자 상거래의 특징   정답 ④

문제 분석 (가)는 기존의 상품 유통 구조이며, (나)는 전자 상거래 방식입니다.

정답 찾기 ④ 전자 상거래 방식은 기존의 유통 구조보다 유통 단계가 적고, 상거래 활동의 시 · 공간적 제약이 작으며, 상거래 활동이 시작된 시기가 늦습니다.

260 고차 중심지와 저차 중심지   정답 ⑤

문제 분석 (가)는 (나)보다 면적이 넓은데도 의료 기관의 수는 훨씬 적습니다. 따라서 (가)는 (나)보다 인구 규모가 작은 지역이라고 볼 수 있습니다. (나)를 보면 A는 B보다 기관의 수가 많습니다. 따라서 B는 A보다 고차 중심지이므로 A는 병원, B는 종합 병원입니다.

정답 찾기 ⑤ 종합 병원은 병원보다 고차 중심지이므로 병원당 병상 수가 많습니다.

 ① (가)는 (나)보다 면적이 넓지만 인구 규모가 작으므로 인구 밀도가 낮습니다. ② (가)는 (나)보다 저차 중심지이므로 지역의 기능이 다양하지 못합니다. ③ (나)는 (가)보다 고차 중심지이므로 상업지의 평균 지가가 높습니다. ④ 병원은 종합 병원보다 저차 중심지이므로 의료 서비스를 제공하는 지역의 범위가 좁습니다.

261 주요 소매 업태별 특징   정답 ②

 ② (가)는 월별 1인당 구매 단가가 가장 높으므로 백화점입니다. (나)는 백화점 다음으로 월별 1인당 구매 단가가 높고, 매출액이 가장 많으므로 대형 마트입니다. (다)는 월별 1인당 구매 단가가 가장 낮고 사업체 수가 가장 많으므로 편의점입니다.

262 소매 업태별 특징   정답 ①

 (가)는 백화점, (나)는 대형 마트, (다)는 편의점입니다.

 ㄱ. 백화점은 대형 마트보다 일상생활 용품의 판매 비율이 낮고, 고급 전문 상품의 판매 비율이 높습니다. ㄴ. 대형 마트는 편의점보다 사업체의 규모가 크므로 사업체당 매출액이 많습니다.

 ㄷ. 편의점은 백화점보다 저차 중심지이므로 최소 요구치 범위가 좁습니다. ㄹ. 전국 대비 서울의 사업체 수 비중은 최소 요구치가 커 대도시인 서울에 집중 분포하는 백화점이 가장 높습니다.

263 시·도별 산업 구조 특징   정답 ⑤

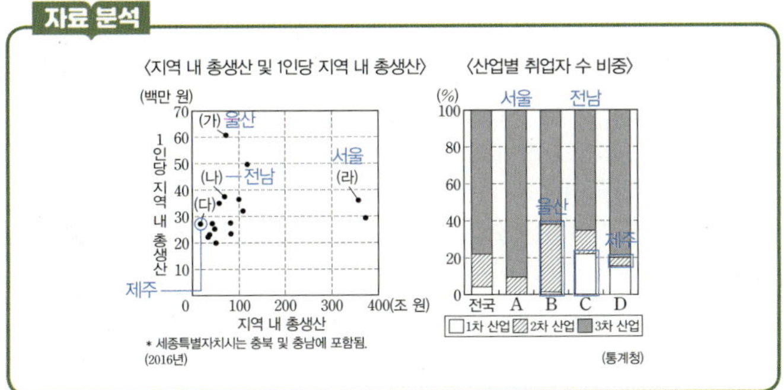

 1인당 지역 내 총생산이 가장 많은 (가)는 울산, 네 지역 중 지역 내 총생산이 가장 많은 (라)는 서울, 지역 내 총생산이 가장 적은 (다)는 제주, 나머지 (나)는 전남입니다. 네 지역 중 3차 산업 취업자 수 비중이 가장 높은 A는 서울, 2차 산업 취업자 수 비중이 가장 높은 B는 울산, 1차 산업 취업자 수 비중이 가장 높은 C는 전남, 2차 산업 취업자 수 비중이 가장 낮은 D는 제주입니다.

 ⑤ 서울(A)은 특별시, 울산(B)은 광역시, 전남(C)은 도(道)입니다.

 ① 울산에 대한 설명입니다. ② 제주는 전남보다 1차 산업 취업자 수 비중이 낮고 총 취업자 수도 적습니다. 따라서 제주는 전남보다 1차 산업 취업자 수가 적습니다. ③ (나)는 전남, D는 제주입니다. ④ 우리나라의 최고차 중심 도시인 서울은 울산보다 생산자 서비스업 사업체 수 비중이 높습니다.

264 시·도별 산업 구조 특징   정답 ③

 ③ A는 경기의 비율이 매우 높게 나타나고, 경기 다음으로 경남, 경북의 비율이 높으므로 제조업 종사자입니다. B는 우리나라의 최고차 중심 도시이자 생산자 서비스업이 발달한 서울의 비율이 가장 높으므로 금융·보험업 종사자입니다. C는 경기, 서울 외에도 대덕 연구 단지가 입지해 있는 대전의 비율이 높게 나타나므로 연구 개발비입니다.

265 시·도별 산업 구조 특징   정답 ③

 ③ 1차 산업 취업자 수 비율이 가장 높은 (가)는 농업이 특화된 전남입니다. 2차 산업의 취업자 수 비율이 가장 낮고, 지역 내 총생산이 가장 적은 (나)는 제주입니다. 100%에서 1차 산업 취업자 수 비율과 2차 산업 취업자 수 비율을 뺀 3차 산업 취업자 수 비율이 가장 높고, 지역 내 총생산도 매우 많은 (다)는 서울입니다. 2차 산업 취업자 수 비율이 가장 높은 (라)는 공업 도시인 울산입니다.

266 시·도별 산업 구조 특징   정답 ③

 (가)는 전남, (나)는 제주, (다)는 서울, (라)는 울산입니다.

 ③ 우리나라의 최고차 중심 도시인 서울은 울산보다 생산자 서비스업의 업체 수가 많습니다.

 ① 전남은 서울보다 3차 산업 취업자 수 비율이 낮습니다. 서울은 전국의 시·도 중에서 3차 산업 취업자 수 비율이 가장 높습니다. ② 도 지역인 제주는 시 지역인 서울보다 인구 밀도가 낮습니다. ④ 공업 도시인 울산은 제주보다 제조업 출하액이 많습니다. ⑤ 전남과 제주는 도(道)에 해당하고, 서울과 울산은 특별·광역시에 해당합니다.

267 시·도별 산업 구조 특징   정답 ⑤

눈으로 보는 해설

그래프는 시 지역과 도 지역의 산업별 취업자 수 비중을 나타낸 것이다. A~E 지역에 대한 설명으로 옳은 것은?

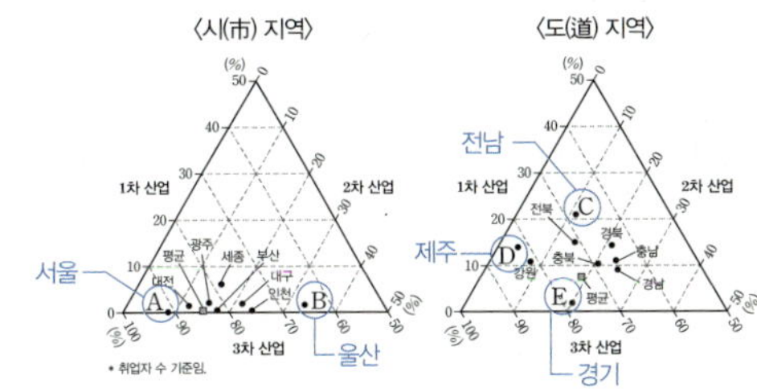

① A는 남동 임해 공업 지역의 대표적인 도시이다.
② C는 D보다 총 농가 수 대비 겸업농가 수 비중이 높다. <u>낮다</u>
③ D는 E보다 지역 내 총생산이 많다. <u>적다</u>
④ C는 수도권, E는 호남권에 속한다. <u>호남권</u> <u>수도권</u>
⑤ A~E 중에서 1인당 지역 내 총생산은 B가 가장 많다. (○)

 모든 시·도 중에서 3차 산업 취업자 수 비율이 가장 높은 A는 서울, 2차 산업 취업자 수 비율이 가장 높은 B는 울산입니다. 모든 시·도 중에서 1차 산업 취업자 수 비율이 가장 높은 C는 전남, 2차 산업 취업자 수 비율이 가장 낮은 D는 제주입니다. 그리고 도 지역 중에서 1차 산업 취업자 수 비율이 가장 낮은 E는 경기입니다.

 ⑤ 1인당 지역 내 총생산은 울산이 가장 많습니다.

 ① 서울은 남동 임해 공업 지역에 속하지 않습니다. ② 전남은 관광 산업이 발달한 제주보다 총 농가 수 대비 겸업농가 수 비율이 낮습니다. ③ 제주는 경기보다 인구와 산업 시설이 적으므로 지역 내 총생산이 적습니다. ④ 전남은 호남권, 경기는 수도권에 속합니다.

함정 피하기

- 〈도(道) 지역〉에서 D와 E를 헷갈렸다면? 1·2차 산업은 고려하지 않고 3차 산업에만 주목해 3차 산업 비율이 높은 D를 경기, 상대적으로 비율이 낮은 E를 제주로 착각했을 수도 있다. 제주는 2차 산업 비율이 매우 낮고, 관광 산업이 발달하여 3차 산업 비율이 도 지역 중에서는 비교적 높은 편이다.
- 그래프는 모든 시·도를 하나의 그래프로 표현한 것이 아니라 시 지역과 도 지역으로 나누어 표현했으므로 도 지역 중 1차 산업 취업자 수 비율이 가장 낮은 경기를 서울이나 다른 광역시로 착각하지 않도록 조심해야 한다.

268 생산자 서비스업과 소비자 서비스업의 분포 정답 ①

문제 분석 (나)는 (가)보다 서비스업 종사자 수의 서울 집중도가 특히 높습니다. 개인이 주 고객인 소비자 서비스업은 인구 분포를 따라 분산 입지하는 반면, 기업의 생산 활동을 지원하는 생산자 서비스업은 기업과의 접근성이 높고 관련 정보의 획득이 유리한 대도시의 도심 또는 부도심에 집중적으로 입지합니다. 따라서 (가)는 소비자 서비스업, (나)는 생산자 서비스업입니다.

정답 찾기 ㄱ. 소비자 서비스업은 생산자 서비스업보다 전국의 사업체 수가 많습니다. ㄴ. 소비자 서비스업은 생산자 서비스업보다 사업체의 규모가 작으므로 사업체당 종사자 수가 적습니다.

오답 피하기 ㄷ. 생산자 서비스업은 소비자 서비스업보다 개인 소비자와의 거래액 비율이 낮고, 기업과의 거래액 비율이 높습니다. ㄹ. 생산자 서비스업은 소비자 서비스업보다 사업체의 서울 집중도가 높습니다.

269 우리나라의 산업 구조 변화 정답 ②

문제 분석 취업자 수 비율이 감소 추세에 있으며 2016년에 취업자 수 비율이 가장 낮은 (가)는 1차 산업입니다. 취업자 수 비율이 증가 추세에 있으며 2016년에 취업자 수 비율이 가장 높은 (다)는 3차 산업이고, 나머지 (나)는 2차 산업입니다.

정답 찾기 ② 농업이 속한 1차 산업은 3차 산업보다 생산 요소로서 토지의 중요성이 높습니다.

오답 피하기 ① 2006~2016년에 2차 산업 취업자 수 비율에 큰 변화가 없으나, 총 취업자 수가 증가하였으므로 2차 산업 취업자 수는 소폭 증가하였습니다. ③ 3차 산업은 2차 산업보다 생산 과정의 기계화와 자동화가 어렵습니다. ④ 2006~2016년의 종사자 수 증가율은 3차 산업이 가장 높습니다. ⑤ 우리나라는 1966~1986년에 2차 산업 취업자 수 비율이 증가하였으므로 탈공업화 현상이 나타났다고 볼 수 없습니다.

270 생산자 서비스업과 소비자 서비스업의 분포 정답 ③

문제 분석 (나)는 (가)보다 특정 권역의 집중도가 높게 나타납니다. 따라서 (가)는 소비자 서비스업인 소매업, (나)는 생산자 서비스업인 전문 서비스업입니다. A는 전문 서비스업의 사업체 수 비율이 가장 높으므로 수도권이고, 나머지 B는 수도권 다음으로 전문 서비스업의 사업체 수 비율이 높으므로 영남권입니다.

정답 찾기 ③ 소비자 서비스업인 소매업은 생산자 서비스업인 전문 서비스업보다 전국의 사업체 수가 많습니다.

오답 피하기 ① 수도권은 영남권보다 지역 내 총생산이 많습니다. ② 영남권은 서울, 경기가 속한 수도권보다 생산자 서비스업의 사업체 수가 적습니다. ④ 소비자 서비스업인 소매업은 생산자 서비스업인 전문 서비스업보다 개인 소비자와의 거래액 비율이 높습니다. ⑤ 생산자 서비스업인 전문 서비스업은 소비자 서비스업인 소매업보다 대체로 사업체의 규모가 크므로 사업체당 종사자 수가 많습니다.

271 교통수단별 특징 정답 ③

자료 분석

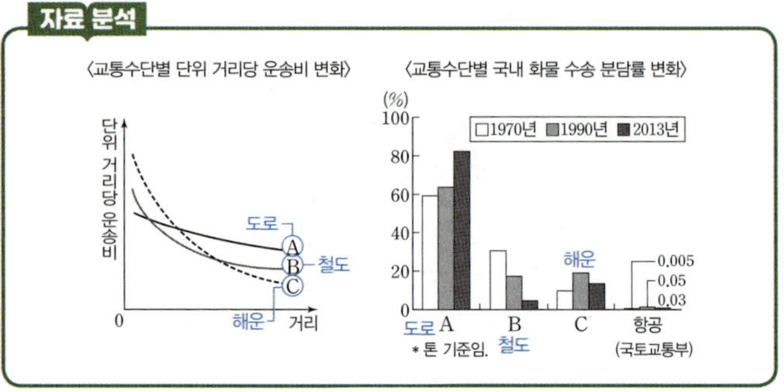

문제 분석 거리가 증가할수록 단위 거리당 운송비가 A>B>C 순으로 비싸고, 국내 화물 수송 분담률이 A>C>B 순으로 높으므로 A는 도로, B는 철도, C는 해운입니다.

정답 찾기 ㄴ. 철도는 해운보다 국내 여객 수송에서 차지하는 비율이 높습니다. ㄷ. 화물의 장거리 수송에 유리한 해운은 도로보다 주행 비용 증가율이 낮습니다.

오답 피하기 ㄱ. 도로는 철도보다 기종점 비용이 낮습니다. ㄹ. 해운은 레일 위를 운행하는 철도보다 수송 시 기상 제약을 많이 받습니다.

272 교통수단별 특징 정답 ③

문제 분석 도로 다음으로 총 수송 거리 분담률이 높은 A는 철도입니다. B와 C는 해운, 항공 중 하나인데, B는 C보다 총 수송 거리 분담률이 높습니다. 따라서 B는 C보다 장거리 여객 수송 비율이 높은 항공이고, C는 장거리 여객 수송의 비율이 낮은 해운입니다.

정답 찾기 ③ 해운은 철도보다 국내 화물 수송 분담률이 높습니다.

오답 피하기 ① 레일 위를 운행하는 철도는 항공보다 기상 조건의 제약을 적게 받습니다. ② 항공은 해운보다 평균 운송 속도가 빠릅니다. ④ 기종점 비용은 항공>해운>철도 순으로 비쌉니다. ⑤ 주행 비용 증가율은 항공>철도>해운 순으로 높습니다.

273 교통수단별 특징 정답 ①

문제 분석 국내 여객 수송 분담률이 가장 높은 C는 도로이며, 도로 다음으로 국내 여객 수송 분담률이 높은 B는 지하철, 지하철 다음으로 국내 여객 수송 분담률이 높은 A는 철도입니다. 국제 여객 수송의 대부분을 분담하고 있는 E는 항공이며, 나머지 D는 해운입니다.

정답 찾기 ① 철도는 지하철보다 장거리 여객 수송의 비율이 높으므로 인·km 기준의 국내 여객 수송 분담률이 높습니다.

오답 피하기 ② 지하철은 도로보다 문전 연결성이 낮습니다. ③ 도로는 해운보다 주행 비용 증가율이 높아 대량 화물의 장거리 수송에 불리합니다. ④ 해운은 항공보다 평균 운행 속도가 느립니다. ⑤ 항공은 레일 위를 운행하는 철도보다 운행 시 기상 조건의 영향을 많이 받습니다.

274 교통수단별 특징 정답 ③

문제 분석 국내 여객 및 화물 수송 분담률 모두 가장 높은 A는 도로입니다. 도로 다음으로 국내 화물 수송 분담률이 높은 B는 해운입니다. 도로 다음으로 국내 여객 수송 분담률이 높은 E는 지하철이고, 지하철 다음으로 국내 여객 수송 분담률이 높은 D는 철도입니다. 나머지 C는 항공입니다.

정답 찾기 ③ 지하철은 철도보다 최초로 운행이 시작된 시기가 늦습니다.

오답 피하기 ① 도로는 철도보다 주행 시 지형적 제약을 적게 받습니다. ② 해운은 항공보다 고부가 가치 화물의 수송 비율이 낮습니다. ④ 국제 여객 수송에는 해운과 항공만 이용됩니다. ⑤ 기종점 비용은 항공이 가장 비쌉니다.

275 교통수단별 특징 정답 ④

정답 찾기 ④ 국내 화물 수송 분담률이 가장 높은 B는 도로입니다. 도로 다음으로 국내 화물 수송 분담률이 높고, 국제 화물 수송 분담률이 가장 높은 C는 해운입니다. 도로와 해운 다음으로 국내 화물 수송 분담률이 높은 A는 철도이고, 해운 다음으로 국제 화물 수송 분담률이 높은 D는 항공입니다.

276 교통수단별 특징 정답 ①

문제 분석 A는 철도, B는 도로, C는 해운, D는 항공입니다.

정답 찾기 ㄱ. 철도는 도로보다 정시성과 안전성이 우수합니다. ㄴ. 도로는 해운보다 주행 비용 증가율이 높습니다.

오답 피하기 ㄷ. 해운은 항공보다 국제 여객 수송 분담률이 낮습니다. ㄹ. 항공은 철도보다 기종점 비용이 비쌉니다.

277 남·북한의 교통수단별 특징 정답 ①

고난도 평가원 기출				
❶	②	③ 함정	④	⑤
82%	4%	11%	2%	1%

🔍 눈으로 보는 해설

다음 자료에 대한 옳은 설명만을 〈보기〉에서 고른 것은?

〈남한의 교통수단별 국내 수송 분담률〉

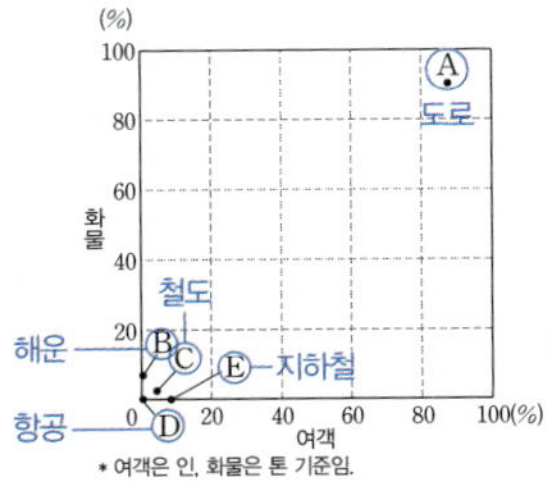

〈남·북한의 육상 교통로별 비중〉

(단위 : %)

육상 교통로	남한	북한
도로 (가)	96.2	83.0
철로 (나)	3.2	16.9
지하철로 (다)	0.6	0.1
계	100.0	100.0

* 도로, 지하철, 철도 길이의 합에서 차지하는 비중을 나타냄.

(통계청)

보기
ㄱ. A의 여객 수송 분담률은 남한이 북한보다 높다. (○)
ㄴ. B, D는 C, E보다 기상 악화에 따른 운행 제약이 크다. (○)
ㄷ. 북한의 화물 수송 분담률은 (나)를 이용하는 교통수단보다 (가)를 이용하는 교통수단이 ~~높다~~ 낮다
ㄹ. (가)는 A, (나)는 ~~B~~ C, (다)는 ~~C~~ E가 이용하는 교통로이다.

① ㄱ, ㄴ ② ㄱ, ㄷ ③ ㄴ, ㄷ ④ ㄴ, ㄹ ⑤ ㄷ, ㄹ

문제 분석 〈남한의 교통수단별 국내 수송 분담률〉에서 국내 여객 및 화물 수송 분담률 모두 가장 높은 A는 도로입니다. 도로 다음으로 E>C의 순서로 국내 여객 수송 분담률이 높으므로 C는 철도, E는 지하철입니다. 도로 다음으로 국내 화물 수송 분담률이 높은 B는 해운이며, 나머지 D는 항공입니다. 〈남·북한의 육상 교통로별 비중〉에서 남한 교통로의 대부분을 차지하는 (가)는 도로이고, 남한보다 북한에서 비율이 높은 (나)는 철로입니다. 나머지 (다)는 지하철로입니다.

정답 찾기 ㄱ. 도로의 여객 수송 분담률은 남한이 북한보다 높습니다. 북한은 철도 중심의 수송 체계를 갖추고 있습니다. ㄴ. 해운과 항공은 레일 위를 운행하는 철도와 지하철보다 기상 악화에 따른 운행 제약이 큽니다.

오답 피하기 ㄷ. 철도가 육상 교통의 중심인 북한은 화물 수송 분담률에서 철로보다 도로를 이용하는 교통수단이 낮습니다. ㄹ. 도로는 도로(A), 철로는 철도(C), 지하철로는 지하철(E)이 이용하는 교통로입니다.

💣 함정 피하기

• 익숙하지 않은 북한의 교통로별 비율이 제시되어 당황하였을 수 있다. 이 문제는 지역 지리 단원의 북한 내용과 결합되어 출제된 통합형 문항이다. 따라서 북한의 인문 지리적 특성을 먼저 떠올려 보아야 한다. 북한은 험난하고 산지가 많기 때문에 도로 발달이 어렵고, 경제적 사정이 좋지 않아 비포장 도로가 많은 편이다. 이에 북한의 교통 체계는 남한과 달리 철도가 육상 수송의 중심이며, 도로와 해운이 보조적 역할을 하는 구조이다.
• 북한이 철도 중심의 교통 체계임을 알고 있었더라도 북한에서 도로가 철로의 비중보다 높은 것을 보고 (가)를 철로로 판단했을 수도 있다. 도로는 도시 내 각 지역, 도시와 도시 모두를 연결하기 때문에 도시와 도시를 연결하는 철로보다 길이가 길기 마련이다. 표는 수송 분담률을 나타낸 것이 아니라 교통로의 길이 비중을 나타낸 것임을 인지해야 한다.

278 교통수단별 특징 정답 ①

문제 분석 국내 여객 및 화물 수송 분담률이 모두 가장 높은 A는 도로입니다. 도로 다음으로 국내 여객 수송 분담률이 높은 B는 철도입니다. 도로 다음으로 국내 화물 수송 분담률이 높은 C는 해운입니다.

정답 찾기 ① 기종점 비용은 해운>철도>도로 순으로 비쌉니다.

오답 피하기 ② 평균 운송 속도는 해운이 가장 느립니다. ③ 평균 운송 거리는 도로가 가장 짧습니다. ④ 기상 조건의 제약은 철도가 가장 적게 받고, 바다 위를 운행하는 해운이 가장 많이 받습니다. ⑤ 주행 비용 증가율은 도로가 가장 높고, 해운이 가장 낮습니다.

13강 인구 분포와 인구 구조의 변화

핵심 개념 CHECK!

▶ 본문 133쪽

01 A-사망률, B-출생률, C-총인구   02 (가)-2015년,
(나)-2060년, (다)-1960년   03 ×   04 ×   05 ○   06 ○
07 ○   08 ×   09 ×   10 ○   11 ×

○|× 문장 바로 알기

03 1960년대 이전에 우리나라의 인구는 대부분 북동부[남서부] 지역에 밀집되어 있었다.

04 1960~1980년대보다 1990년대 이후에[1990년대 이후보다 1960~1980년대에] 이촌 향도 현상이 뚜렷하게 나타났다.

05 수도권의 인구 비율이 높아지면서 우리나라의 인구 중심점이 북서쪽으로 이동하고 있다.

06 인구 변천 모형에서 인구가 급속히 증가하는 초기 확장기는 2단계에 해당한다.

07 인구 변천 모형의 3단계에서는 가족계획, 자녀에 대한 가치관 변화로 출생률이 낮아진다.

08 우리나라는 6·25 전쟁이 발생했던 시기에[6·25 전쟁 종료 이후에] 출산 붐 현상이 나타났다.

09 1960년에 비해 2015년에는 유소년층 인구 비율이 높고[낮고] 노년층 인구 비율이 낮다[높다].

10 2015년에 비해 2060년에는 노령화 지수가 높을 것으로 예상된다.

11 군사 분계선 인접 지역과 중화학 공업 발달 지역은 성비가 낮은[높은] 편이다.

기출+예상 문제로 주제 정복하기

▶ 본문 135~139쪽

279 ⑤	280 ④	281 ③	282 ①	283 ①	284 ②
285 ②	286 ③	287 ④	288 ①	289 ④	290 ④
291 ①	292 ③	293 ⑤	294 ③	295 ③	296 ①
297 ④	298 ③				

279 도별 인구 변화 분석 정답 ⑤

자료 분석

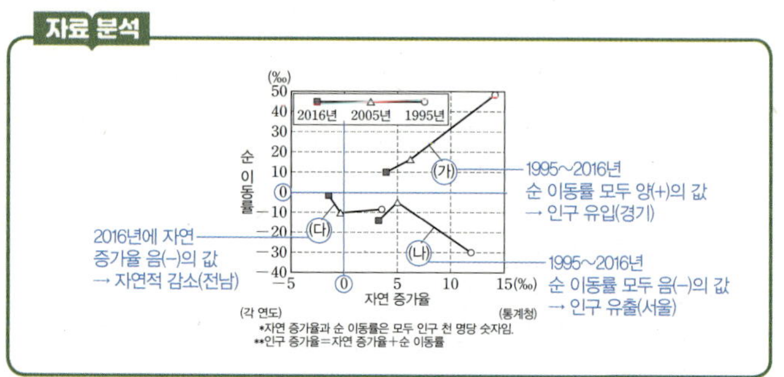

문제 분석 1990년대 중반 이후 대도시의 교외화 현상으로 서울의 인구가 경기와 인천으로 많이 이동하였습니다. 1995~2016년 순 이동률이 모두 양(+)의 값을 기록하고 있는 (가)는 지속적으로 인구가 유입되고 있는 경기이고, 순 이동률이 모두 음(−)의 값을 기록한 (나)는 교외화 현상으로 인구 유출이 발생하고 있는 서울입니다. (다)는 2016년에 유일하게 자연 증가율이 음(−)의 값을 기록하고 있어 자연적 감소가 발생한 지역입니다. 따라서 (다)는 촌락의 비율이 높은 전남입니다.

정답 찾기 ㄷ. (나), (다)는 2005년에 순 이동률이 음(−)의 값을 기록했으므로 순 전출을 보이고 있습니다. ㄹ. (다)는 2016년에 자연 증가율이 음(−)의 값을 기록하였으므로 출생자 수 비해 사망자 수가 많습니다.

오답 피하기 ㄱ. 서울(가)은 수도권, 전남(다)은 호남권에 위치해 있습니다. ㄴ. (나)는 1995년에 인구 순이동률과 자연 증가율을 더한 값이 음(−)의 값이므로 인구가 감소하였습니다.

280 권역별 인구 이동 특징 정답 ④

문제 분석 모든 권역과의 인구 이동에서 인구 순유입을 기록하고 있는 (나)는 충청권입니다. 충청권으로 유입되고 있는 인구가 많은 (가)는 수도권이고, 나머지 (다)는 영남권입니다. 2014년에 제조업 생산액이 가장 많은 B는 영남권이고, 영남권 다음으로 제조업 생산액이 많은 C는 수도권입니다. 세 권역 중 제조업 생산액은 가장 적지만 2004~2014년의 제조업 생산액 증가율이 가장 높은 A는 충청권입니다.

정답 찾기 ④ 그래프를 보면 제조업 생산액 증가율은 A(충청권)가 가장 높습니다. 따라서 제조업 생산액 증가율은 수도권(가)과 영남권(다)보다 충청권(나)이 높습니다.

오답 피하기 ① (가)와 C는 수도권, (다)와 B는 영남권입니다. ② 수도권과 영남권은 지리적으로 서로 맞닿아 있지 않습니다. ③ 충청권은 영남권보다 총인구가 적습니다. ⑤ 〈권역별 전입·전출 인구〉에서 영남권(다)은 전출 인구가 전입 인구보다 많습니다.

281 우리나라 주요 지역의 인구 특징 정답 ③

문제 분석 지도의 A는 원주, B는 천안, C는 안동입니다.

정답 찾기 ③ (가)는 세 지역 중에서 노년 부양비와 총 부양비가 가장 낮은데다 총인구도 가장 많습니다. 따라서 (가)는 수도권과 지리적으로 인접하여 청장년층을 중심으로 인구가 빠르게 증가하고 있는 B(천안)입니다. (다)는 세 지역 중에서 노년 부양비와 총 부양비가 가장 높은데다 총인구도 가장 적습니다. 따라서 (다)는 경북 내륙에 위치하며 농업이 특화된 C(안동)입니다. 나머지 (나)는 A(원주)입니다.

282 도별 인구 변화 특징 정답 ①

문제 분석 지도에 표시된 세 도는 강원, 충남, 전남입니다. 인구 밀도가 감소 추세에 있다가 최근 증가 추세로 돌아선 (가)는 충남입니다. 인구 밀도가 1975년 이후 크게 감소한 (나)는 전남이고, 세 지역 중 인구 밀도가 가장 낮은 (다)는 산지가 많은 강원입니다.

정답 찾기 ① 충남은 수도권과 지리적으로 인접해 있으므로 전남보다 수도권과의 접근성이 높습니다.

오답 피하기 ② 평야 지대에 위치한 전남은 산지가 많은 강원보다 농경지의 평균 해발 고도가 낮습니다. ③ 강원은 충남보다 총인구가 적습니다. ④ 전남은 호남권, 강원은 강원권에 속합니다. ⑤ 인구 밀도의 변화를 보면 알 수 있듯이 2000~2015년의 인구 증가율은 충남이 가장 높습니다.

283 서울과 3개 광역시의 산업 및 인구 구조 정답 ①

고난도 평가원 기출				
❶	②	③	④ 함정	⑤
32%	7%	7%	45%	9%

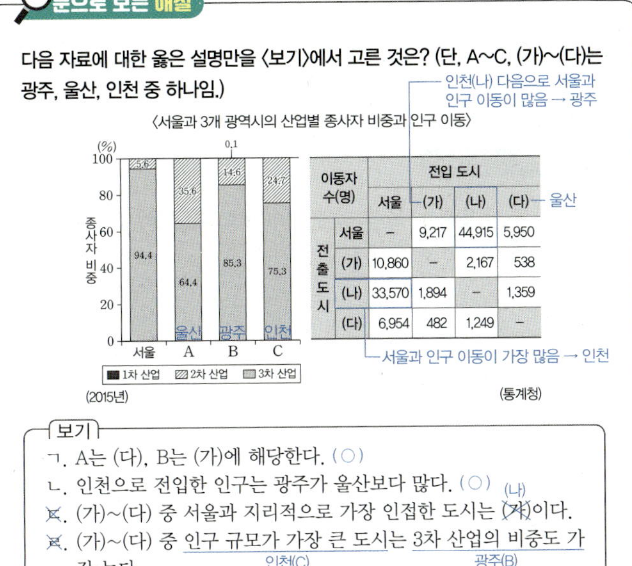

이동자 수(명)		전입 도시			
		서울	(가)	(나)	(다)
전출 도시	서울	–	9,217	44,915	5,950
	(가)	10,860	–	2,167	538
	(나)	33,570	1,894	–	1,359
	(다)	6,954	482	1,249	–

보기
ㄱ. A는 (다), B는 (가)에 해당한다. (○)
ㄴ. 인천으로 전입한 인구는 광주가 울산보다 많다. (○) (나)
ㄷ. (가)~(다) 중 서울과 지리적으로 가장 인접한 도시는 (가)이다. 인천(C)
ㄹ. (가)~(다) 중 인구 규모가 가장 큰 도시는 3차 산업의 비중도 가장 높다. 광주(B)

① ㄱ, ㄴ ② ㄱ, ㄷ ③ ㄴ, ㄷ ④ ㄴ, ㄹ ⑤ ㄷ, ㄹ

문제 분석 세 지역 중에서 2차 산업의 종사자 비율이 가장 높은 A는 공업 도시인 울산이고, 3차 산업의 종사자 비율이 가장 높은 B는 광주이며, 나머지 C는 인천입니다. 인천은 광주보다 제조업이 발달해 2차 산업 비중이 높습니다. 서울과의 인구 이동이 가장 많은 (나)는 서울과 지리적으로 서로 맞닿아 있는 인천입니다. 인천 다음으로 서울과의 인구 이동이 많은 (가)는 울산보다 인구 규모가 큰 광주이며, 나머지 (다)는 울산입니다.

정답 찾기 ㄱ. A와 (다)는 울산이고, B와 (가)는 광주입니다. ㄴ. 인천 (나)으로 전입한 인구는 광주(가)가 2,167명이고, 울산(다)이 1,249명입니다. 따라서 인천으로 전입한 인구는 광주가 울산보다 많습니다.

오답 피하기 ㄷ. 세 지역 중 서울과 지리적으로 가장 인접한 도시는 인천 (나)입니다. ㄹ. 세 지역 중 인구 규모가 가장 큰 도시는 인천(나)이며, 3차 산업의 비중이 가장 높은 도시는 광주(가)입니다.

함정 피하기

④를 정답으로 골랐다면 3차 산업 종사자 비중이 가장 높은 도시(B)를 인천으로 착각했거나, 인구 이동 자료를 제대로 분석하지 못했을 것이다. 도시 간 또는 지역 간 인구 이동을 나타낸 표를 분석할 때는 인구 이동의 규모가 큰 지역부터 동그라미를 쳐서 표시하는 것이 좋다. 인구 이동의 규모는 대체로 해당 지역의 인구 규모에 비례한다는 점을 꼭 알아 두자.

284 주요 인구 지표의 분포　　정답 ②

정답 찾기 ② (가)는 수도권과 남동 임해 공업 지역, 광역시에서 수치가 높게 나타나는 반면 강원 산간 지역과 촌락 지역에서 수치가 낮게 나타납니다. 따라서 (가) 지도 표현의 기준이 된 항목은 인구 밀도입니다. (나)는 군사 분계선과 인접한 지역, 거제·영암과 같이 남성 노동력을 많이 필요로 하는 중화학 공업 발달 지역에서 수치가 높게 나타나는 반면 촌락 지역에서 수치가 낮게 나타납니다. 따라서 (나)는 성비입니다.

오답 피하기 유소년층 인구 비율은 정부청사 이전으로 인해 젊은 공무원들을 비롯한 청장년층 인구 유입이 활발한 세종에서 가장 높고, 대체로 특별·광역시 등의 대도시에 비해 주변 위성 도시에서 높게 나타납니다.

285 권역별 인구 변화　　정답 ②

문제 분석 2015년에 인구 비율이 (라)>(가)>(나)>(다) 순으로 높으므로 (가)는 영남권, (나)는 충청권, (다)는 호남권, (라)는 수도권입니다. 호남권은 인구가 감소하고, 충청권은 인구가 증가하고 있습니다.

정답 찾기 ② 최근 5년간 충청권은 수도권과의 인구 이동에서 인구 순유입을 기록하였습니다. 이는 수도권의 과밀 현상을 완화하기 위해 수도권의 공장이 지리적으로 인접한 충청권으로 이전하면서 나타난 현상입니다.

오답 피하기 ① 1975~2015년에 수도권의 인구 비율은 더욱 높아졌으므로 인구의 수도권 집중도가 낮아졌다고 볼 수 없습니다. ③ 그래프를 보면 1995~2015년에 영남권의 인구 비율은 낮아진 반면 충청권의 인구 비율은 높아졌습니다. 따라서 영남권은 충청권보다 1995~2015년의 인구 증가율이 낮습니다. ④ 호남권과 수도권은 지리적으로 서로 맞닿아 있지 않습니다. ⑤ 수도권은 영남권보다 지역 내 총생산이 많습니다.

286 충청남도의 시·군별 인구 증감　　정답 ③

문제 분석 인구의 자연적 증감과 사회적 증감이 모두 가장 높은 (가)는 천안입니다. 천안은 수도권과 지리적으로 인접해 있어 최근 많은 인구가 유입되고 있습니다. 인구의 자연적 증감과 사회적 증감이 음(−)의 값을 기록하여 인구가 감소하고 있는 (나)는 촌락 지역인 부여입니다. 인구의 자연적 증감은 음(−)의 값이지만 사회적 증감은 양(+)의 값을 기록하여 많은 인구의 순유입이 이루어지고 있는 (다)는 홍성입니다. 홍성은 내포 신도시에 충남도청이 입지하면서 인구가 많이 유입되고 있습니다.

정답 찾기 ㄴ. 천안은 부여보다 수도권과 지리적으로 가까우므로 수도권 접근성이 높습니다. ㄷ. 천안과 홍성은 2012~2016년에 인구의 사회적 증감이 양(+)의 값이므로 전출 인구보다 전입 인구가 많습니다.

오답 피하기 ㄱ. 충남도청은 홍성과 예산의 내포 신도시에 입지해 있습니다. ㄹ. 홍성과 부여는 군(郡), 천안은 시(市)에 해당합니다.

287 우리나라의 인구 구조 변화　　정답 ④

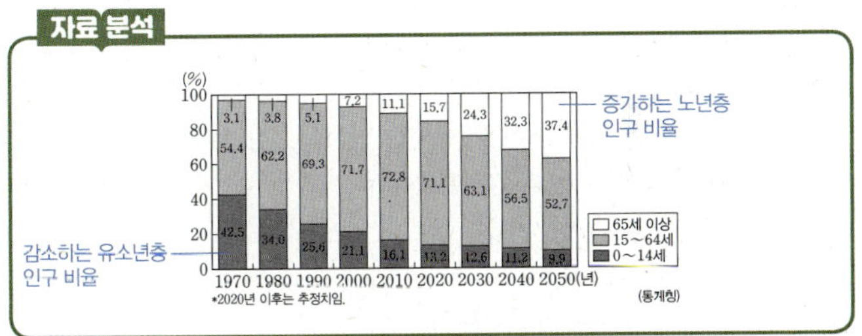

문제 분석 그래프를 보면 1970~2050년에 65세 이상의 노년층 인구 비율은 높아질 것으로 예상되는 반면 0~14세의 유소년층 인구 비율은 낮아질 것으로 예상됩니다. 이를 통해 우리나라는 앞으로 저출산·고령화로 인한 인구 문제가 심각해질 것으로 예상해 볼 수 있습니다.

정답 찾기 ㄴ. 1980년에 비해 2010년에는 청장년층 인구 비율이 높으므로 총 부양비는 감소하였습니다. ㄹ. 2000년에 비해 2050년에 노년층 인구 비율은 5배 이상 높아진 반면 청장년층 인구 비율은 낮습니다. 따라서 2000년에 비해 2050년에 노년 부양비는 5배 이상이 될 것입니다.

오답 피하기 ㄱ. 2010년에 유소년층 인구 비율은 노년층 인구 비율보다 높으므로 노령화 지수가 100 미만입니다. ㄷ. 1990년에 비해 2030년에 유소년층 인구 비율이 낮은 반면 노년층 인구 비율이 높으므로 중위 연령이 높을 것입니다.

288 인구 관련 용어의 정의　　정답 ①

문제 분석 단위 면적에 분포하는 인구는 인구 밀도입니다. 가로축은 성별, 세로축은 연령대별 인구나 비율을 표시하여 인구 구조를 나타낸 그래프는 인구 피라미드입니다. 따라서 제시된 글자 카드에서 인구 밀도와 인구 피라미드를 빼고 남은 글자는 '성'과 '비'입니다.

정답 찾기 ① 남은 글자로 만들 수 있는 인구 관련 용어는 성비입니다. 성비는 여성 100명에 대한 남성의 수를 의미합니다.

오답 피하기 ② 노년 부양비에 대한 설명입니다. ③ 유소년 부양비에 대한 설명입니다. ④ 합계 출산율에 대한 설명입니다. ⑤ 인구 증가율에 대한 설명입니다.

289 우리나라의 인구 부양비 변화　　　　정답 ④

문제 분석 (가)는 (나)와 (다)를 합한 값이므로 총 부양비입니다. 2015년 이후 증가 추세에 있는 (나)는 노년 부양비이고, 1965년 이후 감소 추세에 있는 (다)는 유소년 부양비입니다.

정답 찾기 ④ 총 부양비는 유소년층 인구 비율과 노년층 인구 비율을 합한 값을 청장년층 인구 비율로 나눈 후 100을 곱하여 구합니다. 2065년에 총 부양비는 100을 넘으므로 청장년층 인구 비율은 50% 미만일 것으로 예상됩니다.

오답 피하기 ① 2015년에 노년 부양비는 유소년 부양비보다 낮으므로 노령화 지수는 100 미만입니다. ② 총 부양비는 청장년층 인구 비율과 반비례 관계입니다. 2015년은 1965년보다 총 부양비가 낮으므로 청장년층 인구 비율이 높습니다. ③ 2015년에 비해 2065년에는 노년 부양비가 높을 것으로 예상되므로 중위 연령도 높을 것입니다.

290 우리나라의 인구 구조 변화　　　　정답 ④

문제 분석 (가) 시기는 (나) 시기보다 유소년층 인구 비율이 높은 반면 노년층 인구 비율이 낮습니다. 따라서 (가) 시기는 1960년이고, (나) 시기는 2015년입니다.

정답 찾기 ④ 2015년은 1960년보다 노년층 인구 비율이 높으므로 노년 부양비가 높습니다.

오답 피하기 ① 1960년에는 유소년층 인구가 노년층 인구보다 많으므로 노령화 지수가 100 미만입니다. ② 2015년은 유소년층 인구 비율이 낮은 반면 노년층 인구 비율이 높으므로 출생률과 사망률이 모두 낮은 수준을 유지하는 인구 변천 모형의 4단계에 해당합니다. ③ 1960년은 2015년보다 유소년층 인구 비율이 높고 노년층 인구 비율이 낮으므로 중위 연령이 낮습니다.

291 주요 지역의 인구 특징 분석　　　　정답 ①

문제 분석 청장년층 인구 비율이 가장 높은 (가)는 울산이고, 청장년층 인구 비중이 가장 낮은 (다)는 전남입니다. 중화학 공업이 발달한 울산은 청장년층 인구 비중이 전국의 시·도 중에서 가장 높고, 농업이 특화된 전남은 청장년층 인구 비중이 낮은 편입니다. (나), (라)는 경기와 충북 중 하나인데, (라)는 (나)보다 유소년층 인구 비율이 높습니다. 따라서 (라)는 수도권에 속한 경기이고, 나머지 (나)는 충북입니다.

정답 찾기 ㄱ. (가)는 울산, (나)는 충북입니다. ㄴ. 청장년층 인구 비율과 총 부양비는 반비례 관계에 있습니다. (다)는 네 지역 중 청장년층 인구 비율이 가장 낮으므로 총 부양비가 가장 높습니다.

오답 피하기 ㄷ. 유소년 부양비는 유소년층 인구 비율을 청장년층 인구 비율로 나눈 후 100을 곱하여 구합니다. (가)는 (라)보다 유소년층 인구 비율이 낮은 반면 청장년층 인구 비율이 높으므로 유소년 부양비가 낮습니다. ㄹ. (다)는 (라)보다 유소년층 인구 비율과 청장년층 인구 비율이 낮으므로 노년층 인구 비율이 높습니다. 노령화 지수는 노년층 인구 비율을 유소년층 인구 비율로 나눈 후 100을 곱하여 구하므로 (다)는 (라)보다 노령화 지수가 높습니다.

292 시·도별 인구 구조 특징　　　　정답 ③

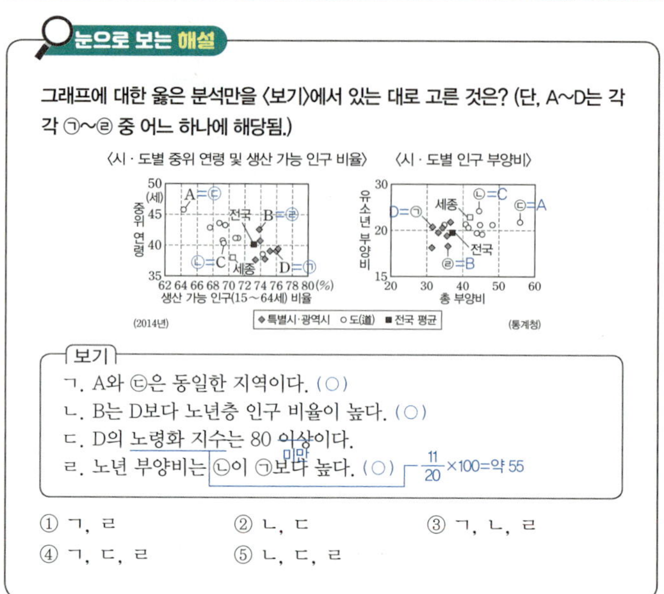

문제 분석 생산 가능 인구는 청장년층 인구를 의미하며, 청장년층 인구 비율은 총 부양비와 반비례 관계입니다. 〈시·도별 중위 연령 및 생산 가능 인구 비율〉 그래프에서 청장년층 인구 비율이 D>B>C>A 순으로 높으므로 총 부양비는 A>C>B>D 순으로 높습니다. 〈시·도별 인구 부양비〉 그래프를 보면 총 부양비는 ㉢>㉡>㉣>㉠ 순으로 높으므로 ㉠은 D, ㉡은 C, ㉢은 A, ㉣은 B와 동일한 시·도입니다.

정답 찾기 ㄱ. A와 ㉢은 동일한 지역입니다. ㄴ. B는 D보다 중위 연령이 높으므로 노년층 인구 비율이 높습니다. ㄹ. 노년 부양비는 총 부양비에서 유소년 부양비를 빼면 구할 수 있습니다. ㉠의 노년 부양비는 약 11(=31−20)이고, ㉡의 노년 부양비는 약 18(=43−25)입니다. 따라서 노년 부양비는 ㉡이 ㉠보다 높습니다.

오답 피하기 ㄷ. D는 ㉠과 동일한 지역이고, ㉠의 유소년 부양비는 약 20, 총 부양비는 약 31이므로 노년 부양비는 약 11입니다. 따라서 D의 노령화 지수는 약 55로 80 미만입니다.

함정 피하기
⑤를 정답으로 골랐다면 노령화 지수의 개념을 명확히 몰랐거나, 주어진 지역 간 청장년층 인구 비율과 총 부양비의 크기를 비교하기 전에 A~D와 ㉠~㉣이 각각 어느 지역에 해당하는지 분석하려 애썼을 가능성이 높다. 노령화 지수는 노년 인구를 유소년 인구로 나누어 100을 곱한 값이므로 유소년 부양비와 총 부양비를 활용하여 비교할 수 있다. 또한 A~D와 ㉠~㉣이 구체적으로 어느 지역인지 몰라도, 생산 가능 인구(청장년층 인구) 비율이 총 부양비에 반비례한다는 사실을 떠올린다면 선지의 옳고 그름을 판단하는 데 지장이 없다. 이러한 유형의 문제를 반복해서 풀어보며 주어진 단서를 바탕으로 가려진 정보를 파악하는 연습을 해 두어야 한다.

293 주요 지역의 인구 특징　　　　정답 ⑤

문제 분석 지도의 A는 군 지역인 청송, B는 광역시인 대구, C는 시 지역인 거제입니다.

정답 찾기 ⑤ 세 지역 중 노년층 인구 비율이 가장 낮으면서 총인구 성비가 가장 높은 (가)는 C(거제)입니다. 거제는 젊은 남성 노동력을 많이 필요로 하는 조선업이 발달하여 총인구 성비가 높은 편입니다. (나)와 (다)

는 대구와 청송 중 하나인데, (다)는 (나)보다 노년층 인구 비율이 높습니다. 따라서 (다)는 군 지역인 A(청송), 나머지 (나)는 광역시인 B(대구)입니다.

294 주요 지역의 인구 특징 　　　　　정답 ③

문제 분석 지도에 표시된 세 지역은 우리나라의 최고차 중심 도시인 서울, 시 지역인 포항, 군 지역인 구례입니다. 두 시기 모두 인구 증가율이 음(−)의 값을 기록하여 인구가 감소한 (나)는 군 지역인 구례입니다. (가)와 (다)는 서울과 포항 중 하나인데, (다)는 (가)보다 1975~1985년의 인구 증가율이 높습니다. 따라서 (다)는 남동 임해 공업 지역에 위치하여 1970년대 1차 금속 제조업 발달과 함께 인구가 빠르게 증가한 포항이고, 나머지 (가)는 서울입니다.

정답 찾기 ③ 서울은 모든 시·도 중에서 3차 산업 취업자 수 비율이 가장 높습니다. 따라서 공업이 발달한 포항은 서울보다 3차 산업 취업자 수 비율이 낮습니다.

오답 피하기 ① 서울은 군 지역인 구례보다 중위 연령이 낮습니다. ② 군 지역인 구례는 시 지역인 포항보다 인구 밀도가 낮습니다. ④ 세 지역 중에서 청장년층 인구의 성비는 최고차 중심 도시인 서울이 가장 낮습니다. ⑤ 서울은 수도권, 구례는 호남권, 포항은 영남권에 속합니다.

295 시·도별 인구 구조 특징 　　　　　정답 ③

문제 분석 세종은 모든 시·도 중에서 유소년층 인구 비중이 가장 높고, 경기는 모든 도 중에서 노년층 인구 비중이 가장 낮습니다. 전남은 모든 시·도 중에서 노년층 인구 비중이 가장 높고, 울산은 100%에서 유소년층 인구 비중과 노년층 인구 비중을 뺀 청장년층 인구 비중이 모든 시·도 중에서 가장 높습니다.

정답 찾기 ③ 부산은 충북과 노년층 인구 비중이 비슷하지만 유소년 인구 비중은 낮으므로 유소년 부양비는 낮습니다.

오답 피하기 ① 세종은 청장년층 인구 비중이 가장 낮은 지역이 아니므로 총 부양비가 가장 높다고 볼 수 없습니다. ② 전남은 노년층 인구 비중이 가장 높으므로 노년 부양비가 가장 낮다고 볼 수 없습니다. ④ 경기는 울산보다 100%에서 유소년층 인구 비중과 노년층 인구 비중을 뺀 청장년층 인구 비중이 낮습니다. ⑤ 전국보다 유소년층 인구 비중이 높고 노년층 인구 비중이 낮은 광역시가 존재하므로 모든 광역시가 전국보다 노령화 지수가 높다고 볼 수 없습니다.

296 광역시와 도 지역의 인구 특징 　　　　　정답 ①

문제 분석 (가)는 (나)보다 노년층 인구 비율이 낮으므로 (가)는 광역시인 광주, (나)는 도 지역인 전남입니다.

정답 찾기 ㄱ. (가)는 (나)보다 노년층 인구 비율이 낮으므로 중위 연령이 낮습니다. ㄴ. 광역시인 광주(가)는 도 지역인 전남(나)보다 3차 산업 취업자 수 비율이 높습니다.

오답 피하기 ㄷ. 청장년층 인구 비율은 총 부양비와 반비례 관계입니다. (나)는 (가)보다 청장년층 인구 비율이 낮으므로 총 부양비가 높습니다.

297 시·도별 인구 특징 　　　　　정답 ④

문제 분석 지도의 A는 경기, B는 세종, C는 전남, D는 부산입니다.

정답 찾기 ④ 전국의 시·도 중에서 유소년층 인구 비율이 가장 높은 (가)는 B(세종)이고, 노년층 인구 비율이 가장 높은 (라)는 C(전남)입니다. (나)와 (다)는 경기와 부산 중 하나인데, (나)는 (다)보다 유소년층 인구 비율이 높은 반면 노년층 인구 비율이 낮습니다. 따라서 (나)는 수도권에 속한 A(경기)이고, (다)는 D(부산)입니다.

298 시·도별 인구 특징 　　　　　정답 ③

문제 분석 (가)는 세종(B), (나)는 경기(A), (다)는 부산(D), (라)는 전남(C)입니다.

정답 찾기 ㄴ. 경기는 전국의 시·도 중에서 인구가 가장 많습니다. 따라서 경기는 부산보다 총인구가 많습니다. ㄷ. 전남은 세종보다 노년층 인구 비율이 높고 유소년층 인구 비율이 낮으므로 노령화 지수가 높습니다.

오답 피하기 ㄱ. 세종은 경기보다 유소년층 인구 비율이 높지만 총인구가 훨씬 적으므로 유소년층 인구가 적습니다. ㄹ. 부산은 영남권, 전남은 호남권에 위치합니다.

14강 인구 문제와 다문화 공간의 등장

핵심 개념 CHECK! 　　　　　▶ 본문 141쪽

01 A−총 부양비, B−노년 부양비, C−유소년 부양비
02 (가)−광업·제조업, (나)−도소매·음식·숙박업, A−중국, B−베트남　**03** ○　**04** ○　**05** ×　**06** ○　**07** ×　**08** ×　**09** ○

○× 문장 바로 알기

03 2015년 이후 우리나라는 유소년 부양비가 감소하고 노년 부양비가 증가할 것으로 예상된다.

04 저출산 현상의 원인으로 초혼 연령 상승, 자녀에 대한 가치관 변화를 들 수 있다.

05 고령화 현상의 해결책으로 연금, 의료, 복지 혜택 ~~축소~~ 확대를 들 수 있다.

06 도시는 촌락보다 유소년 부양비가 높고 노년 부양비가 낮은 경향이 있다.

07 국내 체류 외국인 근로자는 대부분 ~~고임금 전문직~~ 저임금 단순 기능직에 종사하고 있다.

08 도시는 촌락보다 국제결혼 건수가 ~~적지만~~ 많지만 국제결혼 비율이 ~~높다~~ 낮다.

09 다문화 사회의 부정적 영향으로 문화적 이질감에 따른 갈등을 들 수 있다.

기출+예상 문제로 주제 정복하기 　　　　　▶ 본문 143~147쪽

299 ①	300 ⑤	301 ②	302 ③	303 ④	304 ③
305 ⑤	306 ②	307 ③	308 ③	309 ④	310 ①
311 ⑤	312 ④	313 ④	314 ②	315 ①	316 ⑤
317 ④	318 ③				

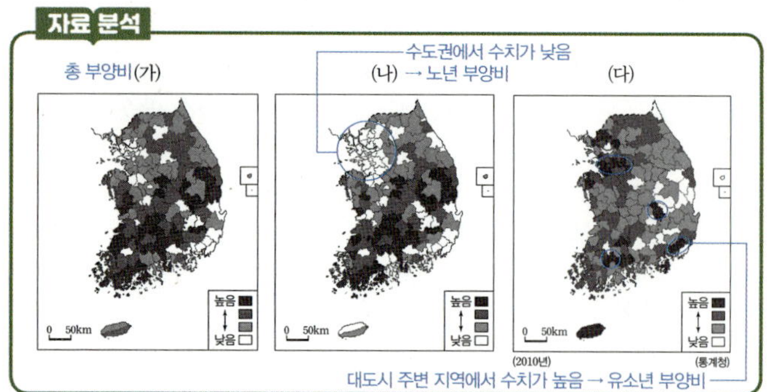

299 시군별 부양비 분포　　　　　정답 ①

문제 분석 (나)는 수도권에서 수치가 낮게 나타나는 반면 경북 내륙, 소백산맥 일대의 촌락 지역에서 수치가 높습니다. (다)는 수도권과 제주도, 부산과 인접한 양산, 김해에서 수치가 높습니다.

정답 찾기 ① 수도권에서 수치가 낮게 나타나는 반면 경북 내륙, 소백산맥 일대의 촌락 지역에서 수치가 높게 나타나는 (나)는 노년 부양비입니다. 노년 부양비는 노년층 인구 비율이 높은 촌락에서 높게 나타납니다. 청장년층 인구 중 어린 자녀를 두고 있는 20, 30대의 인구 비율이 높은 수도권과 제주도, 부산과 인접한 양산, 김해에서 수치가 높게 나타나는 (다)는 유소년 부양비입니다. 나머지 (가)는 총 부양비입니다.

300 저출산·고령화 현상의 심화　　　　　정답 ⑤

문제 분석 (가) 시기는 (나) 시기보다 유소년 부양비가 높고 노년 부양비가 낮습니다. 우리나라는 과거보다 최근에 저출산·고령화 현상이 심각하므로 (가) 시기는 1960년, (나) 시기는 최근인 2015년입니다.

정답 찾기 ⑤ 유소년 부양비와 노년 부양비를 더한 값은 총 부양비이고, 총 부양비는 청장년층 인구 비율에 반비례합니다. (나) 시기는 (가) 시기보다 총 부양비가 낮으므로 청장년층 인구 비율이 높습니다.

오답 피하기 ① (나) 시기는 (가) 시기보다 유소년 부양비가 낮고 노년 부양비가 높으므로 중위 연령이 높습니다. ② (나) 시기는 (가) 시기보다 유소년 부양비가 낮고 노년 부양비가 높으므로 노령화 지수가 높습니다. ③ (나) 시기는 (가) 시기보다 유소년 부양비가 낮으므로 합계 출산율이 낮습니다. ④ (나) 시기는 (가) 시기보다 유소년 부양비가 낮으므로 유소년층 인구 비율이 낮습니다.

301 저출산·고령화 현상의 심화　　　　　정답 ②

문제 분석 그래프를 보면 (가)는 (나)보다 유소년층 인구 비중이 높은 반면 노년층 인구 비중이 낮습니다.

정답 찾기 ② (가)는 (나)보다 A가 낮고 B가 높습니다. (가)는 (나)보다 유소년층 인구 비중이 높은 반면, 노년층 인구 비중이 낮으므로 노령화 지수가 낮습니다. 청장년층 인구 비중은 100%에서 유소년층 인구 비중과 노년층 인구 비중을 빼면 구할 수 있습니다. 그래프의 값을 이용하여 실제로 계산해 보면 (가)는 (나)보다 청장년층 인구 비중이 높습니다. 따라서 A는 노령화 지수, B는 청장년층 인구 비중입니다.

오답 피하기 (가)는 (나)보다 청장년층 인구 비중이 높으므로 총 부양비는 낮습니다.

302 우리나라의 인구 부양비 변화　　　　　정답 ③

그래프는 우리나라의 총인구와 인구 부양비 변화를 나타낸 것이다. 이에 대한 설명으로 옳은 것은? (단, (가), (나)는 노년 부양비, 유소년 부양비 중 하나임.)

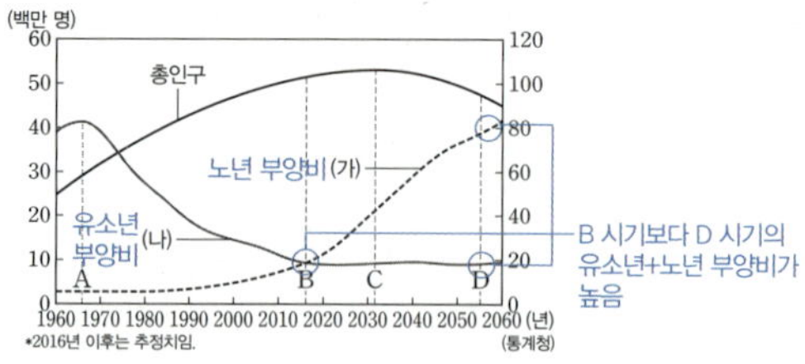

① C 시기에는 유소년층 인구보다 노년층 인구가 적다. (많다)
② A 시기는 B 시기보다 중위 연령이 높다. (낮다)
③ B 시기는 D 시기보다 청장년층 인구 비율이 높다. (○)
④ C 시기는 A 시기보다 출산 장려 정책의 필요성이 낮다. (높다)
⑤ (가)는 유소년 부양비, (나)는 노년 부양비이다. (노년 / 유소년)

문제 분석 (가)는 2015년 이후 증가 추세에 있으므로 노년 부양비이고, (나)는 1965년 이후 감소 추세에 있으므로 유소년 부양비입니다.

정답 찾기 ③ B 시기는 D 시기보다 유소년 부양비와 노년 부양비를 더한 총 부양비가 낮으므로 청장년층 인구 비율이 높습니다.

오답 피하기 ① C 시기에는 유소년 부양비보다 노년 부양비가 높으므로 유소년층 인구보다 노년층 인구가 많습니다. ② A 시기는 B 시기보다 유소년 부양비가 높고 노년 부양비가 낮으므로 중위 연령이 낮습니다. ④ C 시기는 A 시기보다 유소년 부양비가 낮으므로 출산 장려 정책의 필요성이 높습니다. ⑤ (가)는 노년 부양비, (나)는 유소년 부양비입니다.

그래프에 총 부양비가 제시되어 있지 않지만 유소년 부양비와 노년 부양비가 제시되어 있으므로 이를 합하여 총 부양비를 구할 수 있고, 총 부양비는 청장년층 인구 비율과 반비례 관계이므로 시기별 청장년층 인구 비율까지 비교할 수 있다.

303 지역별 인구 구조 비교　　　　　정답 ④

정답 찾기 ㄴ. (나)는 청장년층 인구가 감소한 반면 노년층 인구가 증가하였으므로 노년 부양비가 증가하였습니다. ㄹ. 그래프는 연령층별 인구수를 나타낸 것입니다. 2010년에 총인구 중 청장년층이 차지하는 비율은 (가)가 (나)보다 높습니다.

오답 피하기 ㄱ. (가)는 청장년층 인구가 증가한 반면 유소년층 인구가 감소하였으므로 유소년 부양비가 감소하였습니다. ㄷ. 노령화 지수는 노년층 인구를 유소년층 인구로 나눈 후 100을 곱하여 구합니다. 유소년층 인구가 노년층 인구보다 많은 (가)는 (나)보다 2010년의 노령화 지수가 낮습니다.

304 우리나라의 시기별 인구 구조　　　　　정답 ③

정답 찾기 ③ (가) 시기는 (나) 시기보다 유소년층 인구 비율이 낮은 반면 노년층 인구 비율이 높아 저출산·고령화 문제가 심각하다는 것을 알 수 있습니다.

오답 피하기 ① 저출산·고령화 문제가 심각한 (가) 시기는 인구 변천 모형의 4단계에 해당합니다. ② (나) 시기는 노년층 인구보다 유소년층 인구가 많으므로 노령화 지수가 100 미만입니다. ④ (가) 시기는 2015년, (나) 시기는 1960년에 해당합니다. ⑤ (가), (나) 시기 모두 노년층 인구에서 남자보다 여자가 많으므로 노년층 인구의 성비는 100 미만입니다.

305 지역별 인구 구조 비교　　　　　　　정답 ⑤

문제 분석 (가)는 (나)보다 노년층 인구 비중이 높은 반면 유소년층 인구 비중이 낮습니다. 따라서 (가)는 촌락인 군 지역이고, (나)는 도시인 시 지역입니다.

정답 찾기 ⑤ 그래프를 보면 시 지역인 (나)는 군 지역인 (가)보다 생산 가능 인구인 청장년층 인구의 비중이 높습니다.

오답 피하기 ① (가)는 (나)보다 유소년층 인구 비중이 낮은 반면 노년층 인구 비중이 높으므로 중위 연령이 높습니다. ② (가)는 (나)보다 청장년층 인구 비중이 낮으므로 총 부양비가 높습니다. ③ (가)는 (나)보다 여자 100명당 남자의 수인 성비가 낮습니다. ④ (나)는 (가)보다 유소년층 인구 비중이 높은 반면 노년층 인구 비중이 낮으므로 노령화 지수가 낮습니다.

306 우리나라의 시기별 인구 구조　　　　　정답 ②

문제 분석 (가) 시기는 (나) 시기보다 노년층 인구 비율이 높은 반면 유소년층 인구 비율이 낮습니다. 따라서 (가) 시기는 미래인 2065년이고, (나) 시기는 2015년입니다.

정답 찾기 ㄱ. (가) 시기에 청장년층 인구 비율은 50% 미만이므로 총 부양비는 100을 넘습니다. ㄷ. (가) 시기는 (나) 시기보다 노년층 인구 비율이 높은 반면 유소년층 인구 비율이 낮으므로 중위 연령이 높습니다.

오답 피하기 ㄴ. (나) 시기에도 유소년층 인구 비율이 낮은 편이므로 피라미드형 인구 구조가 나타난다고 볼 수 없으며 방추형이나 종형 인구 구조가 나타납니다. ㄹ. (나) 시기는 (가) 시기보다 노년층 인구 비율이 낮은 반면 유소년층 인구 비율이 높으므로 노령화 지수가 낮습니다.

307 주요 인구 지표의 분포　　　　　　　정답 ③

문제 분석 (가)는 상위 5개 지역이 대부분 촌락에 해당하므로 노년 부양비입니다. A는 노년 부양비 상위 5개 지역, B는 노년 부양비 하위 5개 지역이 됩니다. (나)는 상위 5개 지역이 서울, 부산과 같은 대도시에 인접한 도시이거나 광양과 같이 공업이 발달한 도시이므로 유소년 부양비입니다. C는 유소년 부양비 상위 5개 지역, D는 유소년 부양비 하위 5개 지역이 됩니다.

정답 찾기 ③ 노년 부양비 하위 5개 지역은 울산과 수도권 도시들이 해당하고, 유소년 부양비 하위 5개 지역은 촌락이 대부분입니다. 따라서 B는 D보다 외국인 노동자 수가 많습니다.

오답 피하기 ① (가)는 노년 부양비, (나)는 유소년 부양비입니다. ② 대부분 촌락인 노년 부양비 상위 5개 지역은 대부분 도시인 노년 부양비 하위 5개 지역보다 3차 산업 종사자 비율이 낮습니다. ④ 유소년 부양비 상위 5개 지역은 노년 부양비 상위 5개 지역보다 중위 연령이 낮습니다. ⑤ 대부분 촌락인 유소년 부양비 하위 5개 지역은 대부분 도시인 유소년 부양비 상위 5개 지역보다 청장년층 인구 비율이 낮습니다.

308 합계 출산율 변화　　　　　　　　　정답 ③

문제 분석 (가) 시기는 (나) 시기보다 출생아 수가 많은데다 출생아 수가 가장 많은 연령대도 낮습니다. 따라서 (가) 시기는 (나) 시기보다 초혼 연령이 낮은 1994년이고, (나) 시기는 2014년입니다.

정답 찾기 ㄴ. (가) 시기는 (나) 시기보다 출생아 수가 많으므로 합계 출산율이 높습니다. ㄷ. (나) 시기는 (가) 시기보다 출생아 수가 가장 많은 연령대가 높으므로 초혼 연령이 높습니다.

오답 피하기 ㄱ. (가) 시기는 (나) 시기보다 출생아 수가 많으므로 인구의 자연 증가율이 높습니다. ㄹ. (가) 시기는 1994년, (나) 시기는 2014년입니다.

309 우리나라의 인구 구조 변화　　　　　정답 ④

🔍 눈으로 보는 해설

표는 우리나라의 총인구, 유소년층 및 노년층 인구 변화를 나타낸 것이다. 이를 분석한 내용으로 옳은 것은? (단, 2035년, 2055년은 추정치임.)

구분	2015년	2035년	2055년
총인구(만 명)	4,970	5,283	4,743
유소년층 인구(만 명)	690	598	443
노년층 인구(만 명)	657	1,518	1,857

① 2015년에 노령화 지수는 100을 넘는다. 미만이다
② 2035~2055년에 청장년층 인구는 증가할 것이다. 감소
③ 2035년보다 2055년에 노년 부양비가 낮을 것이다. 높을
④ 2015년보다 2035년에 실버산업 수요가 많을 것이다. (○)
⑤ 총인구 증가율은 2015~2035년보다 2035~2055년에 높을 것이다. 낮을

문제 분석 총인구에서 유소년층 인구(노년층 인구)가 차지하는 백분율을 구하면 유소년층 인구(노년층 인구) 비율을 구할 수 있고, 노년층 인구를 유소년층 인구로 나눈 후 100을 곱하면 노령화 지수를 구할 수 있습니다.

정답 찾기 ④ 2015년보다 2035년에 노년층 인구가 많으므로 실버산업 수요가 많을 것입니다.

오답 피하기 ① 2015년에 유소년층 인구보다 노년층 인구가 적으므로 노령화 지수는 100 미만입니다. ② 총인구에서 유소년층 인구와 노년층 인구를 빼면 청장년층 인구를 구할 수 있습니다. 이를 통해 계산해보면 2035~2055년에 청장년층 인구는 감소할 것입니다. ③ 2035년보다 2055년에 청장년층 인구 비율이 낮은 반면 노년층 인구 비율이 높으므로 노년 부양비가 높을 것입니다. ⑤ 2015~2035년에 총인구가 증가하지만 2035~2055년에는 총인구가 감소할 것으로 예상됩니다.

💣 함정 피하기

그래프로 제시된 것보다 표에 직접 수치로 제시되었을 때 오히려 분석하기 까다로운 경우가 많으므로, 직접 수치를 빠르게 계산하면서 선지의 진위 여부를 판단하는 것이 가장 정확하다.

310 우리나라의 인구 정책 변화　　　　　정답 ①

문제 분석 (가) 시기는 (나) 시기보다 인구의 자연 증가율이 높고 출생 성비도 높았습니다. A 시기의 인구 정책 관련 포스터 문구를 보면 출생 성비 불균형이 심각했다는 것을 알 수 있습니다. B 시기의 인구 정책 관련 포스터 문구를 보면 저출산 문제가 심각하다는 것을 알 수 있습니다. 따라서 (가) 시기와 A 시기, (나) 시기와 B 시기는 동일한 시기입니다.

정답 찾기 ① (가) 시기는 (나) 시기보다 출생 성비가 높은 것으로 보아 남아 선호 사상이 강하다는 것을 알 수 있습니다.

오답 피하기 ② (나) 시기는 (가) 시기보다 저출산 문제가 심각하므로 노년 부양비가 높습니다. ③ A 시기는 여자 짝꿍을 시켜달라는 남자 아이의 말을 통해 여자 출생아 수보다 남자 출생아 수가 많아 성비 불균형이 심각하다는 것을 알 수 있습니다. ④ B 시기에 해당하는 (나) 시기에 인구의 자연 증가율이 0보다 크므로 출생률보다 사망률이 낮다는 것을 알 수 있습니다. ⑤ (가)와 A, (나)와 B는 동일한 시기에 해당합니다.

311 등록 외국인의 분포 정답 ⑤

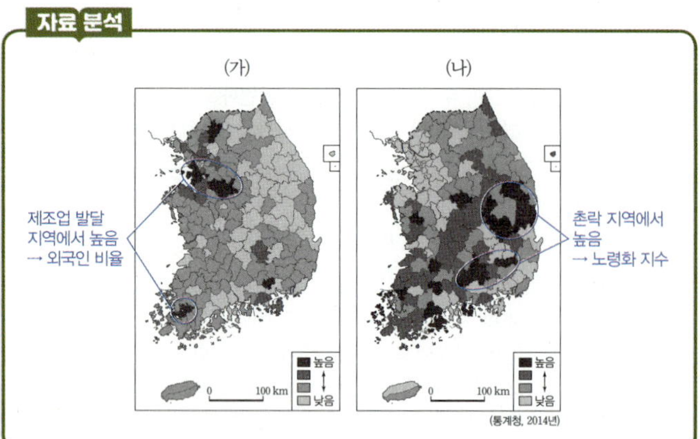

정답 찾기 ⑤ (가)는 공업이 발달하여 외국인 노동자 수가 많은 경기도 남부의 안산, 화성, 평택 일대에서 수치가 높게 나타나는 반면 촌락 지역에서 수치가 낮게 나타나므로 등록 외국인 비율입니다. (나)는 수도권과 부산 주변 위성 도시에서 수치가 낮게 나타나는 반면 경북 내륙의 촌락 지역에서 수치가 높게 나타나므로 노령화 지수입니다.

312 결혼 이민자의 시군별 비율 정답 ④

정답 찾기 ④ 지도를 보면 촌락 지역에서 비율이 높게 나타나는 반면 인구가 많은 수도권과 대도시에서는 비율이 낮게 나타납니다. 따라서 제시된 지도는 외국인 중 결혼 이민자 비율을 나타낸 것입니다. 결혼 이민자 비율은 인구가 적고 결혼 적령기 남성의 결혼 문제가 심각한 촌락에서 높게 나타납니다.

313 권역별 외국인 수 정답 ④

문제 분석 외국인 수가 (다)>(가)>(라)>(나) 순으로 많으므로 (가)는 영남권, (나)는 호남권, (다)는 수도권, (라)는 충청권입니다. 모든 권역에서 A 인구가 B 인구보다 많으므로 A는 남자, B는 여자입니다.

정답 찾기 ㄱ. 그래프를 보면 영남권(가)은 수도권(다)보다 외국인 여성 100명당 남성의 수가 많으므로 외국인 성비가 높습니다. ㄴ. (나)는 호남권, (라)는 충청권입니다. ㄹ. 모든 권역은 외국인 여자(B)보다 남자(A)가 많으므로 외국인 성비는 100을 넘습니다.

오답 피하기 ㄷ. 외국인 수는 수도권이 가장 많습니다.

314 지역별 외국인 인구 특징 비교 정답 ②

문제 분석 (가) 지역은 (나) 지역보다 내국인의 노년층 인구 비율이 높고, 외국인의 경우 성비가 높게 나타납니다. 따라서 (가) 지역은 촌락에 속한 면부이고, (나) 지역은 도시에 속한 동부입니다.

정답 찾기 ② 도시에 속한 동부 (나) 지역은 촌락에 속한 면부 (가) 지역보다 인구 밀도가 높습니다. 그래프를 보면 (나) 지역은 (가) 지역보다 내국인의 청장년층 인구 비율이 높으므로 내국인의 총 부양비가 낮고, 외국인 여성 100명당 남성의 수인 외국인 성비가 낮습니다. 이러한 특징을 나타낸 점은 B입니다.

315 경기도의 외국인 분포 특징 정답 ①

정답 찾기 ① (가)는 군사 분계선과 인접한 지역에서 수치가 높게 나타나므로 성비입니다. (나)는 안산, 화성과 같이 제조업이 발달한 지역에서 수치가 높게 나타나므로 외국인 수입니다.

오답 피하기 인구 밀도는 수원, 성남과 같이 면적 대비 인구가 많은 지역에서 수치가 높게 나타납니다.

316 우리나라 외국인의 특징 정답 ⑤

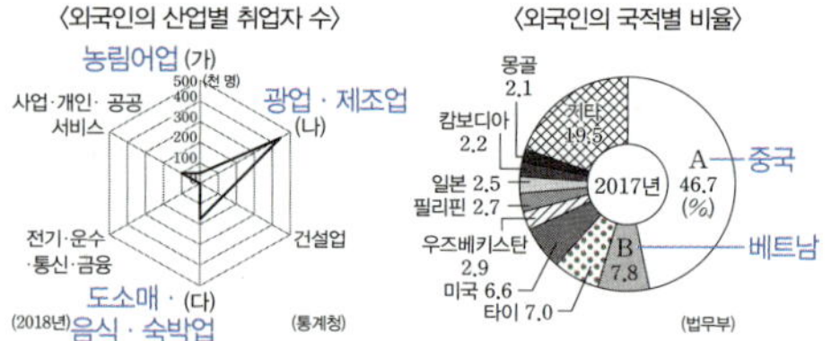

문제 분석 외국인의 취업자 수가 (나)>(다)>(가) 순으로 많으므로 (가)는 농림어업, (나)는 광업 · 제조업, (다)는 도소매 · 음식 · 숙박업입니다. 외국인의 국적별 비율에서 가장 높은 비율을 차지하고 있는 A는 중국이고, 중국 다음으로 비율이 높은 B는 베트남입니다.

정답 찾기 ⑤ 농림어업인 (가)는 1차 산업, 광업 · 제조업인 (나)는 2차 산업, 도소매 · 음식 · 숙박업인 (다)는 3차 산업에 해당합니다.

오답 피하기 ① 중국은 베트남보다 우리나라와 지리적으로 거리가 가깝습니다. ② 중국은 동아시아에 위치합니다. ③ 농림어업에 종사하는 외국인은 대부분 촌락에 거주합니다. ④ 광업 · 제조업에 종사하는 외국인은 대부분 저임금 미숙련 노동자에 해당합니다.

함정 피하기

산업별 취업자 수에서 취업자 수가 가장 많은 산업, 외국인의 국적별 비율에서 가장 높은 비율을 차지하고 있는 국가부터 파악해야 한다.

317 우리나라의 외국인 분포 정답 ④

정답 찾기 ④ 〈외국인 수 변화〉 그래프에서 가장 인구가 많은 A는 외국인 근로자입니다. 외국인 근로자 다음으로 인구가 많은 B는 결혼 이민자이고, 나머지 C는 유학생입니다.

318 우리나라의 외국인 분포 정답 ③

문제 분석 A는 외국인 근로자, B는 결혼 이민자, C는 유학생입니다. 〈각 권역의 외국인 구성〉 그래프에서 외국인 근로자의 비율이 가장 높은 (다)는 영남권입니다. (가)와 (나)는 수도권과 호남권 중 하나인데, (가)는 (나)보다 결혼 이민자의 비율이 높습니다. 따라서 (가)는 호남권, (나)는 수도권입니다.

정답 찾기 ㄴ. (나) 수도권은 (다) 영남권보다 외국인 수 대비 외국인 근로자(A)의 비율이 낮습니다. ㄷ. (가)는 호남권, (다)는 영남권입니다.

오답 피하기 ㄱ. 호남권은 수도권보다 외국인 수가 적은데다 외국 국적 동포의 비율도 낮으므로 외국 국적 동포의 수가 적습니다. ㄹ. 외국인 수는 (나)의 수도권>(다)의 영남권>(가)의 호남권 순으로 많습니다.

VII. 우리나라의 지역 이해

15강 지역의 의미와 구분, 북한

핵심 개념 CHECK!

▶ 본문 151쪽

01 (가)–동질 지역, (나)–기능 지역 　**02** A–관북 지방, B–관서 지방, C–영서 지방, D–영동 지방, E–호남 지방, F–영남 지방
03 × 　**04** ○ 　**05** × 　**06** × 　**07** ○ 　**08** ○ 　**09** ○

O× 문장 바로 알기

03 북한의 큰 하천은 대부분 ~~동해로~~ 유입한다.
　　　　　　　　　　　　황해로

04 청진은 원산보다 연 강수량이 적다.

05 원산은 남포보다 기온의 연교차가 ~~크다.~~ 작다

06 북한의 1차 에너지 소비 구조에서 차지하는 비율은 ~~수력>석탄~~>석유>기타 순으로 높다.
　　　　　　　　　　　　　　　　　　　석탄>수력

07 북한은 남한보다 총 식량 생산량에서 옥수수 생산량이 차지하는 비율이 높다.

08 남포는 평양의 외항으로 서해 갑문이 설치되어 있다.

09 신의주 특별 행정구는 홍콩식 경제 개발을 위해 2002년에 지정된 북한의 개방 지역이다.

기출+예상 문제로 주제 정복하기

▶ 본문 153~157쪽

319 ② 　**320** ② 　**321** ⑤ 　**322** ④ 　**323** ④ 　**324** ④
325 ① 　**326** ① 　**327** ③ 　**328** ④ 　**329** ③ 　**330** ④
331 ③ 　**332** ③ 　**333** ② 　**334** ② 　**335** ② 　**336** ③
337 ③ 　**338** ⑤

319 기능 지역과 동질 지역　　　　　　정답 ②

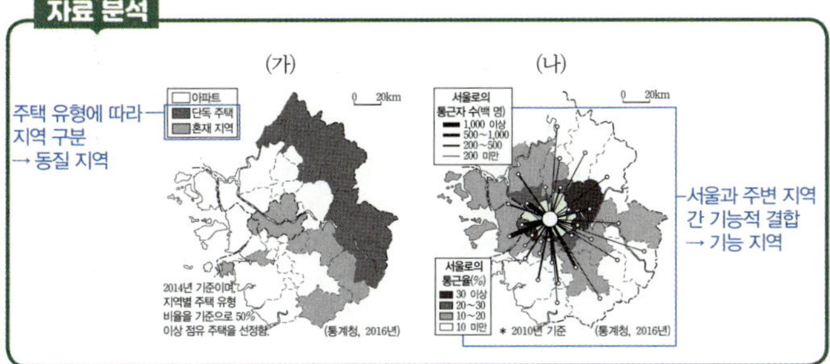

문제 분석 (가)는 단독 주택, 아파트 등 주택 유형에 따라 지역을 구분한 것으로 보아, 특정 지리적 현상이 동일하게 나타나는 동질 지역의 사례를 나타낸 지도입니다. (나)는 서울로의 통근·통학 인구를 통해 서울과 그 주변 지역 간의 기능적 결합도를 보여주므로 기능 지역의 사례를 나타낸 지도입니다.

정답 찾기 ㄱ. 동질 지역 간 경계에서는 인접한 지역의 특성이 함께 분포하는 점이 지대가 나타나기도 합니다. ㄷ. 중심시와 배후지의 구분은 동질 지역보다 기능 지역에서 뚜렷하게 나타납니다.
오답 피하기 ㄴ. 문화권, 기후 지역은 동질 지역 사례에 해당합니다.

320 동질 지역, 기능 지역, 점이 지대　　　　정답 ②

문제 분석 인접한 두 지역의 특성이 함께 섞여 나타나는 곳인 (가)는 점이 지대입니다. 특정 지리적 현상이 동일하게 나타나는 공간 범위인 (나)는 동질 지역입니다. 중심지와 그 기능의 영향을 받는 배후지가 기능적으로 결합한 공간 범위인 (다)는 기능 지역입니다.
정답 찾기 ② 도시권, 상권, 통학권은 기능 지역 사례에 해당합니다.
오답 피하기 ① 점이 지대는 지역 간 경계에서 잘 나타납니다. ③ 기능 지역은 교통과 통신 발달 시 중심지의 영향력이 확대되므로 배후지의 범위가 확대됩니다. ④ 중심지와 배후지의 기능적 결합을 볼 수 있는 기능 지역은 동질 지역보다 지역 간 상호 작용 파악에 용이합니다.

321 우리나라의 전통적인 지역 구분 경계　　　정답 ⑤

정답 찾기 ⑤ (가)는 관북, 관서, 관동 지방을 나누는 기준인 철령관입니다. (나)는 관동 지방을 영서와 영동 지방으로 나누는 기준인 대관령입니다. 경상도 일대인 영남 지방은 (다)를 기준으로 남쪽에 위치한 지역이라는 의미이므로, (다)는 문경 새재라고도 불리는 조령입니다.

322 우리나라의 전통적인 지역 구분　　　　정답 ④

🔍 눈으로 보는 해설

다음 글의 ㉠~㉫에 대한 설명으로 옳은 것은?

> ㉠ 호남 지방은 ㉡ 또는 김제의 벽골제를 기준으로 남쪽에 위치한 지역이라는 의미이고, ㉢ 호서 지방은 ㉡ 상류나 제천 의림지의 서쪽에 위치한 지역이라는 의미이다. ㉣ 경기 지방은 도읍지인 ㉤ 을/를 둘러싸고 있는 지역이라는 의미이고, 해서 지방은 ㉤ 을/를 기준으로 바다 건너 서쪽에 있는 지역이라는 의미이다.
> ㉡ 금강(호강)
> ㉤ 서울(한양)

① ㉡은 우리나라에서 ~~유로가 가장 긴 하천~~에 해당한다.
② ㉣은 해서 지방보다 ~~고위도~~에 위치한다.
　　　　　　　　　　　저위도
③ ㉤은 오늘날 행정 구역상 ~~경기도~~에 속한다.
　　　　　　　　　　　　　서울특별시
④ 전라도는 ㉠, 충청도는 ㉢에 속한다. (○)
⑤ ㉠은 ㉣보다 오늘날 인구 밀도가 ~~높다.~~
　　　　　　　　　　　　　　　　낮다

문제 분석 호남 지방은 ㉡ 또는 벽골제를 기준으로 남쪽에 위치한 지역이라는 의미이므로, ㉡은 금강(호강)입니다. 경기 지방은 도읍지인 ㉤을 둘러싸고 있는 지역이라는 의미이므로, ㉤은 서울(한양)입니다.
정답 찾기 ④ 전라도는 호남 지방(㉠), 충청도는 호서 지방(㉢)에 속합니다.
오답 피하기 ① 금강은 우리나라에서 유로가 가장 긴 하천이 아닙니다. ② 경기 지방은 해서 지방보다 남쪽에 위치하므로 위도가 낮습니다. ③ 서울은 오늘날 행정 구역상 서울특별시에 해당하므로 경기도에 속하지 않습니다. ⑤ 호남 지방은 경기 지방보다 오늘날 인구 밀도가 낮습니다.

💣 함정 피하기

문맥을 통해 빈칸에 들어가야 할 내용 또는 지명부터 파악하는 것이 중요하다. 또한 도읍지가 무엇을 의미하는지 모르는 학생들이 많은데, 도읍지는 한 나라의 수도이다. 고지도와 고문헌을 다루는 Ⅰ단원이나 과거의 지역 구분을 다루는 해당 단원에서 종종 출제되는 단어이니 기억해 두자.

323 남북한의 발전량 및 1차 에너지 공급 비율　　　정답 ④

자료 분석

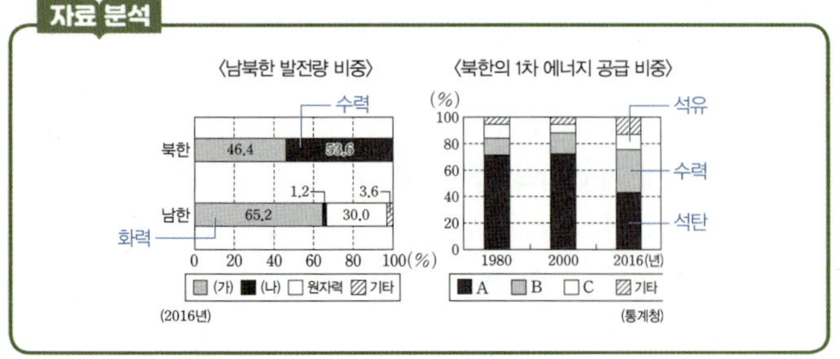

문제 분석 남한에서 발전량 비율이 가장 높은 (가)는 화력 발전 방식이고, 북한에서 발전량 비율이 가장 높은 (나)는 수력 발전 방식입니다. 북한의 1차 에너지 공급에서 차지하는 비율이 A>B>C 순으로 높으므로 A는 석탄, B는 수력, C는 석유입니다.

정답 찾기 ④ 석유는 남한에서 발전용보다 수송용으로 많이 사용됩니다.

오답 피하기 ① 수력 발전 방식은 수력(B)을 이용해 발전합니다. ② 신·재생 에너지를 이용하는 수력 발전 방식은 화석 연료를 이용하는 화력 발전 방식보다 발전 과정에서 대기 오염 물질 배출량이 적습니다. ③ 석탄 자급률은 남한이 북한보다 낮습니다. 남한은 국내에서 무연탄이 소량 생산되나, 제철용·산업용으로 사용하는 석탄의 일종인 코크스를 전량 수입에 의존하고 있어 석탄 자급률이 낮습니다. ⑤ 하천수의 위치 에너지를 이용하는 수력 발전소는 화력 발전소보다 입지적 제약이 커 대체로 대소비지에서 멀리 떨어져 입지해 있습니다.

324 북한의 전력 생산과 1차 에너지 소비 구조　　　정답 ④

문제 분석 평양 주변에 설비가 주로 분포하는 (가)는 화력 발전 방식입니다. 대하천의 중·상류에 설비가 주로 분포하는 (나)는 수력 발전 방식입니다. 북한의 2014년 1차 에너지 소비 구조는 A>B>C 순으로 비율이 높으므로 A는 석탄, B는 수력, C는 석유입니다.

정답 찾기 ㄱ. 화력 발전 방식은 화석 에너지인 석탄을 연료로 사용합니다. ㄴ. 수력 발전 방식은 수력을 이용하여 전력을 생산합니다. ㄷ. 화석 에너지를 연료로 사용하는 화력 발전 방식은 수력 발전 방식보다 대기 오염 물질 배출량이 많습니다.

오답 피하기 ㄹ. 남한에서 석탄은 석유보다 해외 의존도가 낮습니다. 남한에서 석탄(무연탄)은 강원도에서도 생산되고 있습니다.

325 북한의 주요 지역별 기후 특징　　　정답 ①

문제 분석 지도에 표시된 세 지역은 중강진, 청진, 남포입니다. 세 지역 중 기온의 연교차가 가장 큰 (가)는 북부 내륙에 위치한 중강진입니다. 세 지역 중 연 강수량이 가장 적은 (나)는 관북 해안에 위치한 청진입니다. 나머지 (다)는 남포입니다.

정답 찾기 ㄱ. 내륙에 위치한 중강진은 해안에 위치한 청진보다 바다로부터의 거리가 멉니다. ㄴ. 관북 해안의 고위도에 위치한 청진은 남포보다 한류의 영향을 많이 받습니다. 청진은 연중 북한 한류의 영향을 받습니다.

오답 피하기 ㄷ. 저위도 서해안의 남포는 고위도 내륙의 중강진보다 기온의 연교차가 작습니다. ㄹ. 세 지역 중 위도는 남포가 가장 낮습니다.

326 북한의 주요 지역별 기후 특징　　　정답 ①

문제 분석 지도에 표시된 세 지역은 삼지연, 평양, 원산입니다. 세 지역 중 최한월 평균 기온이 가장 높고 연 강수량도 가장 많은 (가)는 원산입니다. 세 지역 중에서 최한월 평균 기온이 가장 낮은 (나)는 개마고원 일대에 위치한 삼지연이고, 나머지 (다)는 평양입니다.

정답 찾기 ① 해안에 위치한 원산은 개마고원 일대에 위치한 삼지연보다 해발 고도가 낮습니다.

오답 피하기 ② 고위도 내륙에 위치한 삼지연은 저위도 동해안에 위치한 원산보다 겨울이 길고 추워 서리가 내리지 않는 무상 기간이 짧습니다. ③ 삼지연은 평양보다 북쪽에 위치하여 위도가 높습니다. ④ 평양은 동해안에 위치한 원산보다 기온의 연교차가 큽니다. ⑤ 원산은 겨울철 북동 기류 유입 시 바람받이에 해당하여 겨울 강수량이 많습니다. 따라서 세 지역 중 겨울 강수 집중률은 원산이 가장 높습니다.

327 남북한의 농업 특징　　　정답 ③

문제 분석 남한과 북한 모두에서 생산량 비율이 가장 높은 A는 쌀입니다. (가)는 (나)보다 쌀 생산량 비율이 높으므로 남한이며, (나)는 북한입니다. 북한에서 쌀 다음으로 생산량이 많은 B는 옥수수입니다.

정답 찾기 ③ 남한에서 쌀의 그루갈이 작물로 주로 재배되는 것은 맥류입니다.

오답 피하기 ② 쌀은 논, 옥수수는 밭에서 주로 재배됩니다. ④ 남한보다 산지와 고원의 비율이 높고 평야의 비율이 낮은 북한은 논 면적 대비 밭 면적의 비율이 높습니다. ⑤ 1985~2015년에 남한은 북한보다 경지 면적의 감소 폭이 큽니다.

328 북한의 농업 특징　　　정답 ④

문제 분석 북한의 남서부 평야 지대에서 주로 생산되고 (나)보다 생산량이 많은 (가)는 쌀입니다. 쌀과는 달리 고지대에서도 상당량이 생산되고 있는 (나)는 옥수수입니다.

정답 찾기 ㄴ. 북한은 남한보다 식량 작물 총 생산량에서 옥수수의 생산량이 차지하는 비율이 높습니다.

오답 피하기 ㄱ. 남한은 쌀의 재배 면적이 모든 작물 중에서 가장 넓습니다. ㄷ. 옥수수는 주로 밭에서, 쌀은 주로 논에서 재배됩니다.

329 남북한의 산업 및 인구 구조 변화　　　정답 ③

고난도 평가원 기출

①	②	❸	④ 함정	⑤
8%	3%	74%	12%	3%

눈으로 보는 해설

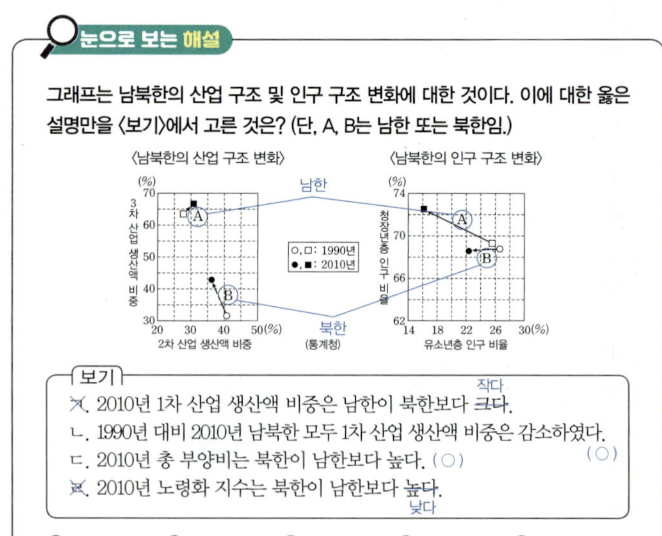

문제 분석 A는 B보다 3차 산업 생산액 비율이 높은 반면 2차 산업 생산액 비율이 낮습니다. 또한 A는 B보다 1990~2010년에 유소년층 인구 비율이 감소 폭이 커 저출산 문제가 심각하다는 것을 알 수 있습니다. 따라서 A는 남한, B는 북한입니다.

정답 찾기 ㄴ. 100%에서 3차 산업 생산액 비율과 2차 산업 생산액 비율을 빼면 1차 산업 생산액 비율을 구할 수 있습니다. 1990년 대비 2010년 남북한 모두 1차 산업 생산액 비율은 감소하였습니다. ㄷ. 총 부양비는 청장년층 인구 비율에 반비례합니다. 2010년에 북한은 남한보다 청장년층 인구 비율이 낮으므로 총 부양비는 높습니다.

오답 피하기 ㄱ. 2010년 1차 산업 생산액 비율은 남한이 북한보다 작습니다. ㄹ. 100%에서 청장년층 인구 비율과 유소년층 인구 비율을 빼면 노년층 인구 비율을 구할 수 있습니다. 2010년 북한은 남한보다 유소년층 인구 비율이 높고 노년층 인구 비율이 낮으므로 노령화 지수가 낮습니다.

함정 피하기

선택지로 청장년층 인구 비율이나 총 부양비가 제시되었을 경우, 청장년층 인구 비율과 총 부양비는 반비례 관계라는 것을 반드시 알고 있어야 한다.

330 남북한의 인구 구조 비교 　　　　정답 ④

문제 분석 (가)는 (나)보다 유소년층 인구의 비율이 높고 노년층 인구의 비율이 낮습니다. 따라서 (가)는 북한, (나)는 남한입니다.

정답 찾기 ④ 남한은 북한보다 유소년층 인구 비율이 낮으므로 유소년 부양비가 낮습니다.

오답 피하기 ① 북한은 유소년층 인구가 노년층 인구보다 많으므로 노령화 지수가 100 미만입니다. ② 남한은 유소년층 인구 비율이 낮은 반면 노년층 인구 비율이 높으므로 저출산·고령화 문제가 심각합니다. 따라서 남한은 인구 변천 모형의 4단계에 해당합니다. ③ 북한은 남한보다 면적이 넓은 반면 총인구는 적으므로 인구 밀도가 낮습니다.

331 북한의 자연환경 특징 　　　　정답 ③

문제 분석 2008년 이후 중단되어 온 (가) 관광 산업이라고 하였으므로 (가)는 금강산입니다. 2018년에 남과 북의 정상이 함께 오른 산이며, 천지가 있는 (나)는 백두산입니다.

정답 찾기 ③ 백두산의 정상부에는 분화구가 함몰되어 형성된 칼데라호가 있으며 천지라고 불립니다.

오답 피하기 ① 산경표에서 백두대간이 시작되는 곳은 백두산입니다. ② 금강산은 주된 기반암이 중생대의 화강암인 돌산입니다. ④ 백두산은 우리나라에서 정상의 해발 고도가 가장 높은 산입니다. ⑤ 백두산은 관북 지방에, 금강산은 관동 지방에 위치합니다.

332 북한의 자연환경 특징 　　　　정답 ③

문제 분석 A는 백두산, B는 낭림산맥, C는 청천강, D는 대동강 하류 일대, E는 금강산입니다.

정답 찾기 ③ 대동강 하류 일대는 저평한 지형 때문에 공기의 상승이 어려워 소우지에 해당합니다.

오답 피하기 ① 낭림산맥은 신생대에 지반 융기의 영향을 받아 형성된 1차 산맥입니다. ② 서해 갑문은 대동강 하구의 남포에 건설되어 있습니다. ④ 백두산의 주된 기반암인 화산암은 신생대에, 금강산의 주된 기반암인 화강암은 중생대에 형성되었습니다. ⑤ 백두산은 우리나라에서 최고 지점의 해발 고도가 가장 높은 산입니다.

333 북한 주요 지역의 특징 　　　　정답 ②

문제 분석 지도의 A는 나진, B는 백두산, C는 신의주, D는 원산, E는 개성입니다.

정답 찾기 ② 화산이며 정상부에 칼데라호가 있는 (가)는 백두산(B)입니다. 경원선의 종착지이고 일제 강점기부터 공업 도시로 성장한 (나)는 원산(D)입니다. 2002년에 외자 유치 및 교역 확대를 위해 특별 행정구로 지정된 (다)는 신의주(C)입니다.

334 북한의 주요 개방 지역 특징 　　　　정답 ②

문제 분석 (가)는 신의주 특별 행정구, (나)는 나선 경제특구, (다)는 개성 공업 지구, (라)는 금강산 관광 지구입니다.

정답 찾기 ㄱ. 나선 경제특구는 북한의 개방 지역 중에서 개방 지역으로 지정된 시기가 가장 이릅니다. ㄷ. 금강산 관광 지구는 관광 산업 중심이므로 개성 공업 지구보다 제조업 생산액이 적습니다.

오답 피하기 ㄴ. 개성 공업 지구는 중국과 지리적으로 인접한 신의주 특별 행정구보다 대중국 무역 의존도가 낮습니다. ㄹ. 나선 경제특구는 제도적 미비와 사회 기반 시설의 부족 등으로 큰 성과를 거두지 못하고 실패하였으며, 금강산 관광 지구는 2008년 우리나라 관광객 피격 사건 이후 운영이 중단되었습니다.

335 북한의 교역 특징 　　　　정답 ②

정답 찾기 ㄱ. 〈북한의 주요 국가별 교역액 비중 변화〉그래프를 보면 중국이 차지하는 비율이 2001년 이후 꾸준히 높아졌습니다. 따라서 중국에 대한 교역 의존도가 지속적으로 높아졌다고 볼 수 있습니다. ㄷ. 〈남북 교역액 변화〉그래프를 보면 2014년 남북 교역액(=반입+반출)은 2004년 남북 교역액(=반입+반출)의 2배 이상입니다.

오답 피하기 ㄴ. 2001년 대비 2013년 교역액 비중의 감소 폭은 러시아보다 일본이 더 큽니다. ㄹ. 2008년 이후 남북 교역의 반출액과 반입액의 격차는 2013년에 큰 폭으로 감소했으므로 지속적으로 증가했다고 볼 수 없습니다.

336 북한의 교역 특징 　　　　정답 ③

고난도 평가원 기출 함정				
①	②	❸	④	⑤
4%	6%	83%	4%	3%

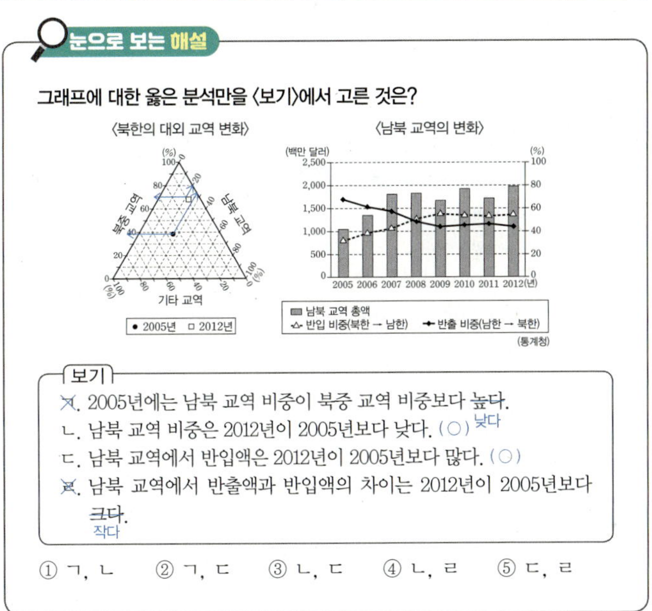

문제 분석 반입액(반출액)은 남북 교역 총액에 반입(반출) 비율을 곱한 후 100으로 나누어 구해야 합니다.

정답 찾기 ㄴ. 그래프를 보면 남북 교역 비중은 2012년(□)에 약 21%, 2005년(●)에 약 27%였습니다. ㄷ. 남북 교역 총액에 반입 비중을 곱한 후 100으로 나누면 반입액을 구할 수 있습니다. 남북 교역에서 반입액은 2012년이 2005년보다 많습니다.

오답 피하기 ㄱ. 〈북한의 대외 교역 변화〉그래프를 보면 2005년(●)에 북한은 남북 교역 비율이 북중 교역 비율보다 낮습니다. ㄹ. 〈남북 교역의 변화〉그래프를 보면 2005년에 비해 2012년에 남북 교역 총액은 2배 정

도 많지만, 반출액 비율과 반입액 비율의 차이는 2012년에 비해 2005년
에 2배 이상 차이납니다. 따라서 남북 교역에서 반출액과 반입액의 차이
는 2012년이 2005년보다 작습니다.

> **함정 피하기**
>
> 정답 찾기는 쉬웠으나 자료 분석이 어려웠을 것이다. 절댓값과 비율의 차
> 이를 구분하지 못하는 학생이 많기 때문이다. 반입 비중과 반출 비중만으
> 로 반입액과 반출액을 시기별로 비교하면 안 되고, 교역 총액에서 차지하
> 는 비율을 계산하여 반입액과 반출액을 직접 구해보는 것이 좋다.

337 남북한의 교통 체계 　　　　　　　　　정답 ③

문제 분석 A는 (가)와 (나)의 길이 차이가 큰 것으로 보아 도로이며, (가)
는 도로 중심의 교통 체계인 남한입니다. 나머지 (나)는 북한이고, B는 철
도입니다. 북한은 남한과 달리 철도가 수송의 주축을 이루고 있으며, 도
로는 철도 수송의 연계를 위한 보조적 역할에 불과합니다. 이에 북한은
남한에 비해 도로 길이가 짧고 철도 길이가 깁니다.

정답 찾기 ③ 도로는 철도보다 운행 시 지형의 제약을 적게 받습니다.

오답 피하기 ① 남한은 북한보다 철도의 화물 수송 분담률이 낮습니다. ②
북한은 남한보다 도로의 길이가 짧습니다. ④ 철도는 도로보다 문전 연결
성이 낮습니다.

338 북한의 주요 도시 특징 　　　　　　　　정답 ⑤

문제 분석 지도의 A는 청진, B는 남포, C는 평양, D는 원산입니다.

정답 찾기 ⑤ 북한 최대의 도시이자 정치 · 경제 · 사회의 중심지 역할을
하고 있는 (가)는 평양(C)입니다. 평양의 외항 역할을 하고 있으며 서해
갑문이 설치되어 있는 (나)는 남포(B)입니다. (다)는 경원선의 종착지이자
일제 강점기에 공업 도시로 성장한 원산(D)으로, 최근 북한이 원산 갈마
해안에 관광 지구를 건설하고 있습니다.

16강　수도권, 강원 지방, 충청 지방

핵심 개념 CHECK!　　　　　　　　　　▶ 본문 159쪽

01 (가)-경기, (나)-인천, (다)-서울　　**02** (가)-광업, (나)-숙
박 및 음식점업　**03** ×　**04** ×　**05** ×　**06** ○　**07** ○　**08** ×
09 ○　**10** ×　**11** ○

○ | × 문장 바로 알기

03 총인구는 ~~서울 > 경기~~ > 인천 순으로 많다.
　　　　　　　　경기 > 서울

04 서울은 경기보다 3차 산업의 취업자 수 비율이 ~~낮다.~~ 높다

05 서울은 경기보다 정보 통신 기술 ~~제조업~~의 생산액이 많다.
　　　　　　　　　　　　　서비스업

06 영동 지방의 강릉은 영서 지방의 춘천보다 겨울 강수량이 많다.

07 강원 지방은 논 면적보다 밭 면적이 넓다.

08 태백시는 석탄 산업 합리화 정책 시행 이후에 인구가 급격히 ~~증가하~~
였다. 　　　　　　　　　　　　　　　　　　　감소

09 태안에는 기업 도시, 진천과 음성에는 혁신 도시가 건설되어 있다.

10 최근 10년간 충청 지방은 수도권 인접 시 · 군보다 호남권 인접 시 ·
군의 인구 증가율이 ~~높다.~~ 낮다

11 서산은 석유 화학 공업, 당진은 제철 공업이 발달해 있다.

기출+예상 문제로 주제 정복하기 　　　　▶ 본문 161~165쪽

339 ③	340 ⑤	341 ③	342 ④	343 ②	344 ②
345 ④	346 ②	347 ②	348 ⑤	349 ⑤	350 ⑤
351 ③	352 ③	353 ⑤	354 ④	355 ①	356 ⑤
357 ④	358 ②				

339 수도권 시·도별 특징 　　　　　　　　정답 ③

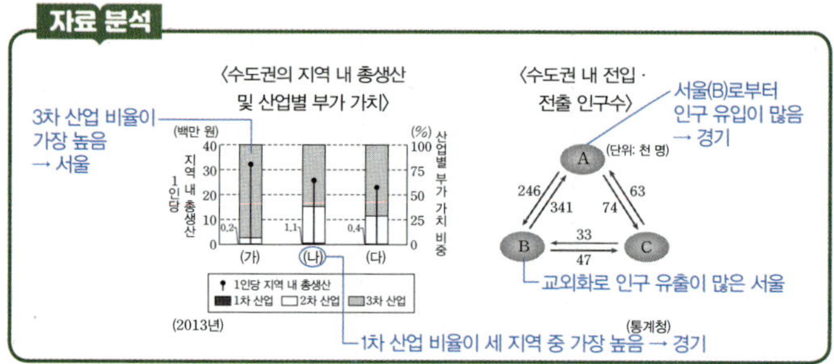

문제 분석 세 지역 중 (가)는 3차 산업의 비율이 가장 높고, (나)는 1차 산
업의 비율이 가장 높습니다. 세 지역 중 A와 B 간의 인구 이동 규모가 가
장 크고, B는 A와의 인구 이동에서 순유출이 나타납니다.

정답 찾기 ③ 세 지역 중 3차 산업의 비율이 가장 높은 (가)는 우리나라의
최고차 중심 도시인 서울이며, 1차 산업의 비율이 가장 높은 (나)는 도 지
역인 경기입니다. 나머지 (다)는 인천입니다. 전입 · 전출 인구 규모가 가
장 큰 A와 B는 인구가 많은 서울과 경기 중 하나인데, B는 A와의 인구
이동에서 순유출이 나타나는 것으로 보아 최근 교외화 현상으로 인구 유출
이 많은 서울이며, A는 서울로부터 많은 인구가 유입되는 경기입니다. 나
머지 C는 인천입니다. 따라서 (가)는 B, (나)는 A, (다)는 C와 연결됩니다.

340 수도권 집중도 분석 　　　　　　　　정답 ⑤

문제 분석 수도권 집중도에서 서울 집중도를 빼면 인천 · 경기의 집중도를,
100%에서 수도권 집중도를 빼면 비수도권 집중도를 구할 수 있습니다.

정답 찾기 ㄷ. 단위 면적당 종사자 수는 종사자 수를 면적으로 나누어 구
할 수 있습니다. 단위 면적당 종사자 수의 경우 인천 · 경기는 면적 비중
보다 종사자 수 비중이 높고, 비수도권은 면적 비중보다 종사자 수 비중
이 낮습니다. 따라서 단위 면적당 종사자 수는 인천 · 경기가 비수도권보
다 많습니다. ㄹ. 인구 1인당 지역 내 총생산은 각 지역의 국내 총생산을
인구로 나누어 구할 수 있습니다. 인구 1인당 지역 내 총생산의 경우 서울
은 인구 비중보다 지역 내 총생산 비중이 높고, 인천 · 경기는 인구 비중
보다 지역 내 총생산 비중이 낮습니다. 따라서 인구 1인당 지역 내 총생산
은 서울이 인천 · 경기보다 많습니다.

오답 피하기 ㄱ. 사업체당 종사자 수는 종사자 수를 사업체 수로 나누어
구할 수 있습니다. 이와 같은 방식으로 계산하면 사업체당 종사자 수는
비수도권이 수도권보다 적습니다. ㄴ. 인구 천 명당 사업체 수는 사업체
수를 인구로 나눈 것과 결과가 같습니다. 이와 같은 방식으로 계산하면
인구당 사업체 수는 인천 · 경기가 서울보다 적으므로, 인구 천 명당 사업
체 수도 인천 · 경기가 서울보다 적습니다.

문제 분석 (가)는 2차 산업 출하액이 가장 많으므로 경기입니다. (나)는 지역 내 총생산이 가장 적으므로 인천입니다. 나머지 (다)는 서울로, 경기 다음으로 지역 내 총생산이 많습니다.

정답 찾기 ③ 경기의 많은 인구가 서울로 통근·통학하므로 서울은 경기보다 주간 인구 지수가 높습니다.

오답 피하기 ① 지식 기반 제조업이 발달한 경기는 인천보다 정보 통신 기술 산업의 제조업 생산액이 많습니다. ② 최고차 도시인 서울은 전국의 시·도 중에서 3차 산업 취업자 수 비율이 가장 높습니다. 따라서 인천은 서울보다 3차 산업 취업자 수 비율이 낮습니다. ④ 총인구는 경기>서울>인천 순으로 많습니다. ⑤ 세 지역 중에서 백화점 사업체 수는 최고차 도시인 서울이 가장 많습니다.

---

342 수도권 시·도 간 통근·통학 특징 　정답 ④

눈으로 보는 해설

그래프에 대한 설명으로 옳은 것은? (단, (가)~(다), A~C는 각각 경기, 서울, 인천 중 하나임.)

〈수도권 시·도별 주간 인구 지수〉

주간 인구 지수가 100 이상 → 서울(A)

〈수도권 시·도별 통근·통학자 수〉

주간 인구 지수가 가장 낮음 → 경기(C)

서울 A ←100 / 45→ B 인천　　A ←173 / 77→ B

570 / 48 / 291 / 37　　1,251 / 131 / 496 / 120

경기 C 〈1990년〉 (단위: 천 명)　　인구 규모가 큼 → 서울, 경기　C 〈2010년〉 (통계청)

① (가)는 (나)보다 출근 시간대 통근·통학 순유입 인구가 적다.
② (나)는 (다)보다 통근·통학 인구가 많다. → 적다
③ C는 상주인구보다 주간 인구가 많다. → 적다
④ A는 B보다 주간 인구 지수가 높다. (○)
⑤ (가)와 B, (나)와 B, (다)와 A는 서로 동일한 지역이다.
　A　　　　　　　C

문제 분석 (가)는 모든 시기에 주간 인구 지수가 100 이상이므로 서울입니다. (다)는 주간 인구 지수가 가장 낮은 것으로 보아 교외화 현상으로 서울로의 통근·통학자 수가 매우 많은 경기이며, 나머지 (나)는 인천입니다. 2010년에 A는 B, C로부터 통근·통학 인구의 순유입이 이루어지고 있으므로 서울입니다. C는 통근·통학 인구의 규모가 B보다 크므로 인구가 가장 많은 경기이며, 나머지 B는 인천입니다.

정답 찾기 ④ 〈수도권 시·도별 주간 인구 지수〉그래프를 보면 (가)의 서울(A)은 (나)의 인천(B)보다 주간 인구 지수가 높습니다.

오답 피하기 ① 서울은 인천보다 출근 시간대 통근·통학 순유입 인구가 많습니다. ② 인천은 경기보다 인구 규모가 작으므로 통근·통학 인구가 적습니다. ③ 경기는 주간 인구 지수가 100 미만이므로 상주인구보다 주간 인구가 적습니다. ⑤ (가)와 A는 서울, (나)와 B는 인천, (다)와 C는 경기입니다.

수도권에서 통근·통학 인구 관련 통계가 제시되었을 때 인천은 인구 규모가 작고 통근·통학 인구의 특성이 서울·경기만큼 뚜렷하지 않기 때문에 서울과 경기를 중심으로 자료를 해석해야 한다.

---

343 경기도 이천의 특징 　정답 ②

문제 분석 A는 평택, B는 이천, C는 양평, D는 홍천, E는 원주입니다.

정답 찾기 ② 제시된 자료를 보면 (가)에서는 도자기 축제가 열리고, 임금님께 진상했다고 전해져 온 쌀이 생산됩니다. 따라서 (가)는 경기도 이천(B)입니다. 이천 쌀은 지리적 표시제에 등록된 특산물이며 품질이 좋기로 유명합니다.

---

344 수도권 주요 시·군별 특징 　정답 ②

문제 분석 지도의 A는 파주, B는 화성, C는 수원, D는 평택입니다.

정답 찾기 ② (가)는 남한과 북한을 연결하는 교통 요충지로서의 역할이 기대되고, 최근 신도시 개발이 이루어지고 있는 것으로 보아 경기 북부에 위치한 파주(A)입니다. 파주(운정)에는 수도권의 2기 신도시가 건설되어 있습니다. (나)는 수도권의 중심 항구 도시로 물류 기능이 발달해 있으며, 경제자유구역으로 지정된 곳이 있으므로 경기 남부의 평택(D)입니다. (다)는 경기도의 도청 소재지이며, 세계유산으로 지정된 화성이 있는 수원(C)입니다.

---

345 수도권 주요 시·군별 특징 　정답 ④

문제 분석 지도에 표시된 세 지역은 파주, 성남, 여주입니다. 2000년대 들어서 인구가 급격히 증가한 (가)는 수도권 2기 신도시가 건설된 파주입니다. 1990년대에 인구가 급격히 증가한 (나)는 수도권 1기 신도시가 건설되어 있는 성남입니다. 인구 변화가 크게 없는 (다)는 여주입니다.

정답 찾기 ㄱ. 파주에는 수도권 2기 신도시인 운정 신도시가 건설되어 있습니다. ㄴ. 여주에서는 이천, 광주와 함께 매년 도자기 축제가 개최됩니다. ㄷ. 서울과 인접한 성남은 서울과 거리가 먼 여주보다 서울로의 통근율이 높습니다.

오답 피하기 ㄹ. 2015년에 총인구는 세 지역 중 성남이 가장 많습니다.

---

346 수도권 주요 시·군별 특징 　정답 ②

문제 분석 지도에 표시된 세 지역은 고양, 양평, 안산입니다. 세 지역 중 외국인 수가 가장 많은 (가)는 안산입니다. 세 지역 중 아파트 호수가 가장 적은 (나)는 군 지역인 양평입니다. 세 지역 중 아파트 호수가 가장 많은 (다)는 일산 신도시가 건설되어 있는 고양입니다.

정답 찾기 ② 안산에는 반월 공단이 위치해 있어 양평보다 제조업 출하액이 많습니다.

오답 피하기 ① 세 지역 중 수도권 1기 신도시가 위치한 지역은 고양입니다. ③ 군 지역인 양평은 신도시가 건설되어 아파트 호수가 많은 고양보다 노년층 인구 비율이 높으므로 중위 연령이 높습니다. ④ 고양은 서울로 통근·통학하는 인구의 비율이 높아 제조업이 발달한 안산보다 주간 인구 지수가 낮습니다. ⑤ 세 지역 중에서 인구 밀도는 양평이 가장 낮습니다.

347 강원 지방의 주요 산업 분포　　　　　정답 ②

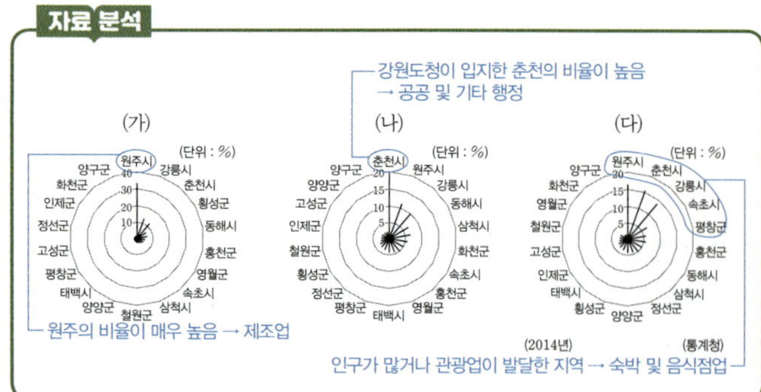

정답 찾기 ② (가)는 원주시의 비율이 매우 높게 나타나는 반면 다른 시 · 군의 비율은 그리 높지 않은 것으로 보아 제조업입니다. 원주는 강원도에서 제조업이 가장 발달한 지역입니다. (나)는 강원도청이 입지해 있는 춘천시의 비율이 가장 높게 나타나는 것으로 보아 공공 및 기타 행정입니다. (다)는 강원도에서 인구가 가장 많은 원주시, 춘천시, 강릉시 외에 관광업이 발달한 속초시와 평창군이 상위 5개 시 · 군에 속해 있는 것으로 보아 숙박 및 음식점업입니다.

348 강원 지방 주요 지역의 위치와 특징　　　　정답 ⑤

문제 분석 A는 춘천, B는 인제, C는 강릉, D는 태백, E는 원주입니다.

정답 찾기 ⑤ 원주에는 기업 도시가 건설되어 있으므로 이곳에 대한 주제로 기업 도시 조성 현황과 첨단 의료 복합 도시로의 성장 방안은 적절합니다.

오답 피하기 ① 춘천에는 천연기념물로 지정된 석회동굴이 없습니다. 석회동굴은 영월, 정선, 삼척 등 조선 누층군이 분포하는 강원 남부 지역에 주로 발달해 있습니다. ② 인제는 과거 석탄 산업이 발달했던 지역이 아닙니다. 강원 지방에서 과거 석탄 산업이 발달했던 지역은 태백, 정선, 영월, 삼척 등입니다. ③ 강릉은 조차가 작은 동해안에 위치하므로 조력 발전소가 건설되기 어렵습니다. ④ 국토 정중앙에 위치한다고 주장하는 양구에 대한 주제로 적절합니다.

349 강원 지방의 지역별 기후 특징　　　　　정답 ⑤

문제 분석 지도의 A는 원주, B는 대관령, C는 강릉입니다. 그래프를 보면 (가)는 1월 평균 기온이 0℃ 정도로 따뜻한 편이고, 겨울(12~2월) 강수량이 많은 편입니다. (나)는 (가)와 비교해 1월 평균 기온과 8월 평균 기온이 모두 낮고 연 강수량이 많습니다. 영서 내륙에 위치한 원주는 세 지역 중 기온의 연교차가 가장 크고 하계 강수 집중률이 높습니다. 해발 고도가 높고 주변에 산지가 많은 대관령은 세 지역 중 여름 평균 기온이 가장 낮고 연 강수량이 가장 많습니다. 동해안에 위치한 강릉은 비슷한 위도의 다른 지역보다 겨울 평균 기온이 높아 기온의 연교차가 작고, 북동 기류의 바람받이 사면에 위치해 겨울 강수량이 비교적 많습니다.

정답 찾기 ⑤ (가)는 (나)보다 최한월 및 최난월 평균 기온이 높으므로 대관령이 아니며, 기온의 연교차가 (나)보다 작으므로 원주도 아닙니다. 따라서 (가)는 강원도 동해안에 위치해 겨울 기온이 온화하고 강수량이 많은 강릉(C)입니다. (나)는 최난월 평균 기온이 (가)의 강릉보다 훨씬 낮으므로 해발 고도가 높은 대관령(B)입니다.

오답 피하기 영서 내륙에 위치한 원주는 대관령과 달리 해발 고도가 낮기 때문에 여름 평균 기온이 20℃를 넘습니다.

350 태백의 변화　　　　　정답 ⑤

정답 찾기 ⑤ (가)는 과거 우리나라 제1의 광업 도시였으나 석탄 산업 쇠퇴와 함께 인구가 급감하여 지역 경제가 침체되었습니다. 최근 (가)는 석탄 박물관을 건립하는 등 관광 산업을 육성하여 지역 경제를 재활성화기 위해 노력하고 있습니다. 따라서 (가)는 강원 남부의 태백(E)입니다.

351 충청 지방의 시·도별 특징　　　　　정답 ③

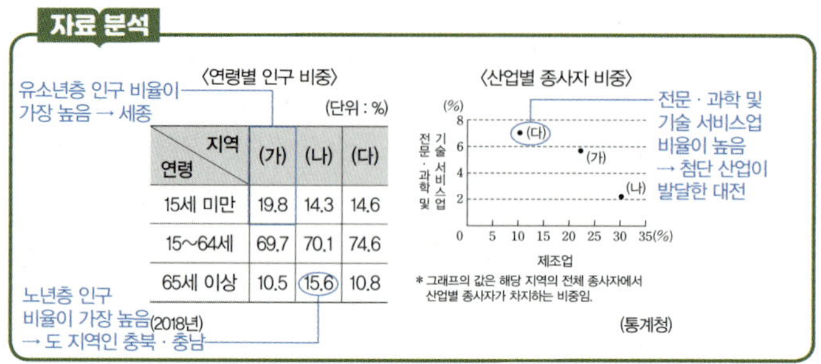

연령 \ 지역	(가)	(나)	(다)
15세 미만	19.8	14.3	14.6
15~64세	69.7	70.1	74.6
65세 이상	10.5	15.6	10.8

문제 분석 세 지역 중 (가)는 15세 미만의 유소년층 인구 비율이 가장 높으므로 행정 중심 복합 도시인 세종입니다. (나)는 65세 이상의 노년층 인구 비율이 가장 높으므로 도 지역인 충북 · 충남입니다. (다)는 전문 · 과학 및 기술 서비스업의 종사자 비율이 가장 높은 것으로 보아 첨단 산업이 발달한 대전입니다.

정답 찾기 ㄴ. 대전은 세종보다 청장년층 인구 비율이 높은 반면 유소년층 인구 비율이 낮으므로 유소년 부양비가 낮습니다. ㄷ. 세종은 충북 · 충남보다 유소년층 인구 비율이 높은 반면 노년층 인구 비율이 낮으므로 노령화 지수가 낮습니다.

오답 피하기 ㄱ. (가)는 세종, (나)는 충북 · 충남입니다. ㄹ. 〈산업별 종사자 비중〉그래프를 보면 충북 · 충남(나)은 대전(다)보다 제조업 종사자 비율이 높습니다.

352 충청 지방의 시·도별 특징　　　　　정답 ③

정답 찾기 ③ (가)는 (나), (다)와의 인구 이동에서 모두 인구 순유입을 기록하고 있고, 세 지역 중 유소년 부양비가 가장 높으므로 세종입니다. (나)와 (다)는 충남과 대전 중 하나인데, (다)는 (나)보다 노년 부양비가 높으므로 도 지역인 충남이며, (나)는 광역시인 대전입니다.

353 충청 지방의 시·도별 특징　　　　　정답 ⑤

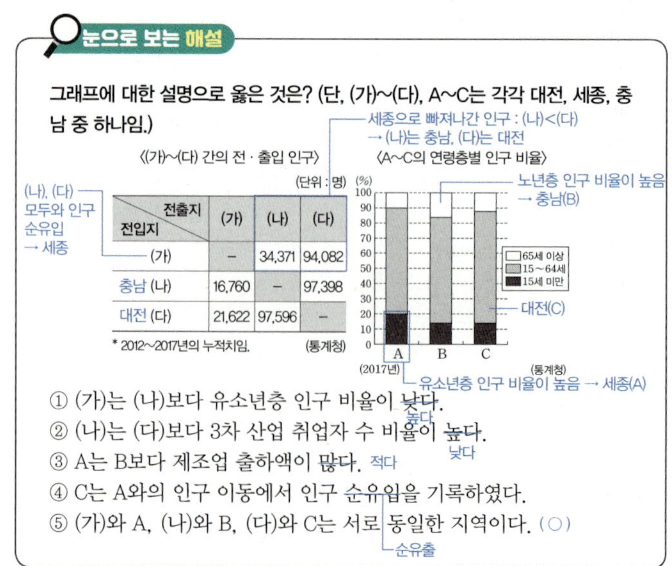

전입지 \ 전출지	(가)	(나)	(다)
(가)	–	34,371	94,082
충남 (나)	16,760	–	97,398
대전 (다)	21,622	97,596	–

* 2012~2017년의 누적치임.　(통계청)

① (가)는 (나)보다 유소년층 인구 비율이 낮다. (높다)
② (나)는 (다)보다 3차 산업 취업자 수 비율이 높다. (낮다)
③ A는 B보다 제조업 출하액이 많다. (적다)
④ C는 A와의 인구 이동에서 인구 순유입을 기록하였다. (순유출)
⑤ (가)와 A, (나)와 B, (다)와 C는 서로 동일한 지역이다. (○)

문제 분석 (가)는 (나), (다)와의 인구 이동에서 모두 인구 순유입을 기록하고 있으므로 세종입니다. 세종으로 (나)보다 (다)의 인구가 더 많이 유입되었으므로 (나)는 충남, (다)는 대전입니다. A는 15세 미만 인구 비율이 가장 높으므로 세종이고, B는 65세 이상 인구 비율이 가장 높으므로 충남이며, 나머지 C는 대전입니다.

정답 찾기 ⑤ (가)와 A는 세종, (나)와 B는 충남, (다)와 C는 대전입니다.

오답 피하기 ① 〈연령층별 인구 비율〉그래프를 보면 세종(A)은 충남(B)보다 15세 미만의 유소년층 인구 비율이 높습니다. ② 도 지역인 충남은 광역시인 대전보다 3차 산업 취업자 수 비율이 낮습니다. ③ 세종은 석유 화학, 제철, 자동차 공업 등이 발달한 충남보다 제조업 출하액이 적습니다. ④ 〈전·출입 인구〉표를 보면 대전(다)은 세종(가)과의 인구 이동에서 전입 21,622명, 전출 94,082명으로 인구 순유출을 기록하였습니다.

> **함정 피하기**
>
> 전입지와 전출지의 표를 분석하는 데 시간이 오래 걸렸을 것이다. 지역 간 인구 이동이 표 형태로 제시된 경우, 표에서 바로 자료를 분석하는 것보다 앞의 문항처럼 화살표를 이용해 그림으로 나타내면 인구 이동량과 방향이 직관적으로 드러나 빠르게 분석할 수 있다. 세종, 충남, 대전 간의 인구 이동에서 최근에 건설된 행정 중심 복합 도시인 세종으로 많은 인구가 유입되고 있으며, 특히 대전에서 세종으로의 인구 유입이 많다는 점을 기억해야 한다.

354 충청 지방의 시·군별 특징   정답 ④

문제 분석 지도에 표시된 두 지역은 수도권과 인접하여 인구가 빠르게 증가하고 있는 천안시와 군 지역인 보은입니다. (가)는 (나)보다 유소년층 인구 비율이 낮은 반면 노년층 인구 비율이 높습니다. 따라서 (가)는 보은이고, (나)는 천안입니다.

정답 찾기 ㄴ. 보은은 천안보다 유소년층 인구 비율이 낮은 반면 노년층 인구 비율이 높으므로 중위 연령이 높습니다. ㄹ. 수도권과 지리적으로 인접한 천안은 군 지역인 보은보다 최근 10년 간 인구 증가율이 높습니다.

오답 피하기 ㄱ. 보은과 천안은 면적이 비슷하지만, 보은은 천안보다 인구가 적습니다. 따라서 보은은 천안보다 인구 밀도가 낮습니다. ㄷ. 수도권과 지리적으로 인접한 천안이 보은보다 수도권 접근성이 높습니다.

355 충청 지방의 시·군별 특징   정답 ①

문제 분석 지도에 표시된 A는 홍성과 예산, B는 진천과 음성, C는 제천과 단양입니다.

정답 찾기 ① (가)를 대상으로 하는 주제는 새로운 도청 입지에 따른 지역 경제 변화입니다. 따라서 (가)에 해당하는 지역은 내포 신도시에 충남 도청이 입지한 홍성과 예산(A)입니다. (나)를 대상으로 하는 주제는 혁신 도시 지정 후 토지 이용 변화입니다. 따라서 (나)에 해당하는 지역은 혁신 도시가 건설되어 있는 진천과 음성(B)입니다. (다)를 대상으로 하는 주제는 원료 산지에 입지한 시멘트 공장 주변의 자연환경 변화입니다. 따라서 (다)에 해당하는 지역은 조선 누층군이 분포하여 석회암이 많이 매장되어 있고, 이를 바탕으로 시멘트 공장이 입지해 있는 제천과 단양(C)입니다. 따라서 (가)는 A, (나)는 B, (다)는 C와 연결됩니다.

356 충청 지방의 시·군별 특징   정답 ⑤

문제 분석 지도에 표시된 A는 태안, B는 단양, C는 청주, D는 세종, E는 서천입니다.

정답 찾기 ⑤ 서천에는 기업 도시가 건설되어 있지 않습니다. 충청 지방의 시·군 중에서 기업 도시는 태안과 충주에 건설되어 있습니다.

오답 피하기 ① 태안에는 천연기념물로 지정된 신두리 해안 사구가 있습니다. ② 단양은 조선 누층군이 분포하여 이곳에 풍부하게 매장된 석회암을 이용한 시멘트 공업이 발달하였습니다. ③ 청주에는 충북도청이 위치합니다. ④ 세종특별자치시는 국토의 균형 발전을 위해 건설된 행정 중심 복합 도시로, 정부 청사 이전과 함께 젊은 공무원 등 어린 자녀가 있는 청장년층을 중심으로 인구가 많이 유입되어 유소년층 인구 비율이 높습니다.

357 충청 지방의 주요 시·군별 제조업 특징   정답 ④

정답 찾기 ④ 서산에서 출하액 비율이 가장 높은 (가)는 화학 공업입니다. 서산에는 대규모 석유 화학 공업 단지인 대산 석유 화학 공업 단지가 있습니다. 대규모 제철소가 입지한 당진에서 출하액 비율이 가장 높은 (다)는 1차 금속 제조업입니다. S 전자 생산 공장이 입지한 아산에서 출하액 비율이 가장 높은 (라)는 전자 부품 제조업이며, 아산에서 전자 부품 제조업 다음으로 출하액 비율이 높은 (나)는 자동차 제조업입니다.

358 충청 지방에서 발달한 제조업 특징   정답 ②

문제 분석 (가)는 화학, (나)는 자동차, (다)는 1차 금속, (라)는 전자 부품 제조업입니다.

정답 찾기 ㄱ. 화학 공업은 공정의 대부분이 자동화되어 있어 자동차 제조업보다 사업체당 종사자 수가 적습니다. ㄷ. 철강 등을 생산하는 1차 금속 제조업은 전자 부품 제조업보다 최종 제품의 무게가 무겁고 부피가 큽니다.

오답 피하기 ㄴ. 자동차 제조업은 1차 금속 제조업보다 최종 제품에 들어가는 부품의 수가 많습니다. ㄹ. 전자 부품 제조업은 화학 공업보다 총 생산비에서 원료비가 차지하는 비율이 낮습니다.

17강   호남 지방, 영남 지방, 제주도

핵심 개념 CHECK!   ▶ 본문 167쪽

01 (가)-1차 산업, (나)-2차 산업, (다)-3차 산업   **02** (가)-제주권, (나)-호남권, (다)-영남권   **03** ○   **04** ○   **05** ×   **06** ×
07 ×   **08** ○   **09** ○   **10** ×

○|× 문장 바로 알기

03 호남 지방은 제주도보다 총 경지 면적에서 논 면적이 차지하는 비율이 높다.

04 남원은 춘향제, 김제는 지평선 축제, 보성은 다향제, 순창은 장류 축제가 유명하다.

05 광주는 자동차 공업, 여수는 ~~제철 공업~~(석유 화학 공업), 광양은 ~~석유 화학 공업~~(제철 공업)이 잘 발달하였다.

06 ~~영남 내륙 공업 지역~~(남동 임해 공업 지역)은 우리나라 최대의 중화학 공업 지역이다.

07 ~~전주 한옥 마을~~, 안동 하회 마을, 경주 양동 마을은 모두 세계 문화유산에 등재되어 있다.

08 거제는 조선 공업, 포항은 제철 공업, 창원은 기계 공업이 발달하였다.

09 제주도는 신생대의 화산 활동으로 형성되었으며 세계 유산으로 등재된 지형이 있다.

10 제주도는 제조업이 ~~발달하여~~ 2차 산업의 비율이 ~~높은~~ 편이다.
발달이 미약하여 / 낮은

기출+예상 문제로 주제 정복하기 ▸ 본문 169~173쪽

359 ④	360 ①	361 ①	362 ⑤	363 ⑤	364 ①
365 ②	366 ②	367 ②	368 ②	369 ②	370 ③
371 ②	372 ③	373 ①	374 ⑤	375 ④	376 ①
377 ②					

359 호남 지방 주요 시·군의 제조업 특성 정답 ④

문제 분석 여수에서 출하액 비율이 가장 높게 나타나는 A는 석유 화학 공업입니다. 대규모 제철소가 입지한 광양에서 출하액 비율이 가장 높게 나타나는 B는 제철 공업입니다. 대규모 완성차 조립 공장이 입지한 광주에서 출하액 비율이 가장 높게 나타나는 C는 자동차 공업입니다.

정답 찾기 ④ 제철 공업의 완제품인 철강 제품은 자동차 공업의 원자재로 사용됩니다.

오답 피하기 ① 많은 부품을 필요로 하는 조립형 산업은 자동차 공업입니다. ② 제철 공업의 출하액은 대규모 제철소가 입지한 광양이 광주보다 많습니다. ③ 1960~1970년대 수출 주력 산업은 섬유 공업과 같은 노동 집약적 경공업입니다. ⑤ 자동차 공업은 석유 화학 공업보다 원자재의 해외 의존도가 낮습니다. 석유 화학 공업의 원자재인 원유는 대부분을 수입에 의존하고 있습니다.

360 호남 지방 주요 시·군의 제조업 구조 정답 ①

문제 분석 지도의 A는 광주, B는 영암, C는 광양, D는 여수입니다.

정답 찾기 ① (가)는 자동차 및 트레일러 제조업의 출하액 비율이 가장 높으므로 완성차 조립 공장이 입지해 있는 광주(A)입니다. (나)는 기타 운송 장비 제조업의 출하액 비율이 대부분을 차지하고 있으므로 대규모 조선소가 입지해 있는 영암(B)입니다. (다)는 1차 금속 제조업의 출하액 비율이 가장 높으므로 대규모 제철소가 입지한 광양(C)입니다.

오답 피하기 여수(D)에는 대규모 석유 화학 공업 단지가 입지해 화학 물질 및 화학제품 제조업의 출하액 비율이 높게 나타납니다.

361 호남 지방 주요 시·군의 인구 특성 정답 ①

눈으로 보는 해설

그래프는 지도에 표시된 세 지역의 인구 특징을 나타낸 것이다. (가)~(다) 지역에 대한 설명으로 옳은 것은?

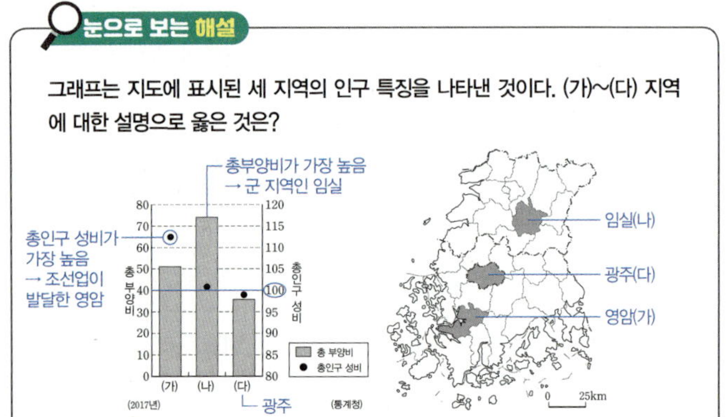

① (가)는 (나)보다 기타 운송 장비 제조업 출하액이 많다. (○)
② (나)는 (다)보다 평균 해발 고도가 ~~낮다~~. 높다
③ (다)는 (가)보다 인구 밀도가 ~~낮다~~. 높다
④ 청장년층 인구 비율은 ~~(나)>(가)>(다)~~ 순으로 높다. (다)>(가)>(나)
⑤ ~~(가)~~는 광역시, ~~(나)~~와 (다)는 군(郡)에 해당한다. (다) / (가)와 (나)

문제 분석 지도에 표시된 지역은 임실, 광주, 영암입니다. 총인구 성비가 가장 높은 (가)는 남성 노동력을 많이 필요로 하는 기타 운송 장비 제조업이 발달한 영암입니다. 총 부양비가 가장 높아 청장년층 인구 비율이 가장 낮은 (나)는 군 지역인 임실입니다. 총 부양비가 가장 낮아 청장년층 인구 비율이 가장 높은 (다)는 광역시인 광주입니다.

정답 찾기 ① 대규모 조선소가 입지한 영암은 임실보다 기타 운송 장비 제조업 출하액이 많습니다.

오답 피하기 ② 소백산맥의 진안고원 주변에 위치한 임실은 광주보다 평균 해발 고도가 높습니다. ③ 광역시인 광주는 영암보다 인구 밀도가 높습니다. ④ 청장년층 인구 비율은 총 부양비에 반비례합니다. 총 부양비가 (나)>(가)>(다) 순으로 높으므로 청장년층 인구 비율은 (다)>(가)>(나) 순으로 높습니다. ⑤ 영암과 임실은 군(郡)에 해당하고, 광주는 광역시에 해당합니다.

💣 함정 피하기

영암의 위치를 목포나 무안 등과 헷갈려 비교적 인구 특성이 비슷한 광주 · 임실과 구분하기 어려웠을 수도 있다. 지도에서의 위치가 헷갈린다면 땅의 크기나 생김새로 기억하는 것도 방법이다. 전남도청 소재지인 무안은 세로로 긴 편이며, 시(市) 지역인 목포는 세 지역 중 크기가 가장 작고 상대적으로 원형에 가깝다. 영암은 세 지역 중 크기가 가장 크고 비교적 가로로 긴 형태이다. 또한 성비는 군 부대가 주둔하는 군사 분계선 인접 지역, 남성 노동력을 많이 필요로 하는 중화학 공업 발달 지역 등지에서 높은데, 남부 지방에서는 특히 조선 공업이 발달한 영암과 거제의 성비가 높다는 점을 알아두면 좋다.

362 호남 지방 주요 시·군의 토지 이용 특성 정답 ⑤

문제 분석 지도에 표시된 세 지역은 김제, 진안, 광주입니다. 세 지역 중 논 면적이 가장 넓은 (나)는 호남평야에 위치한 김제입니다. 세 지역 중 건물을 지을 수 있는 대지 면적이 가장 넓은 (가)는 광역시인 광주입니다. 세 지역 중 임야 면적이 가장 넓은 (다)는 소백산맥 일대의 진안입니다.

정답 찾기 ⑤ 총인구는 광역시인 광주가 가장 많고, 군 지역인 진안이 가장 적습니다.

오답 피하기 ① 광역시인 광주는 김제보다 지역 내 1차 산업 취업자 수 비율이 낮습니다. ② 호남평야에 위치한 김제는 소백산맥 일대의 진안보다 경지 면적 중 밭 면적 비율이 낮고 논 면적 비율이 높습니다. ③ 군 지역인 진안은 광역시인 광주보다 생산자 서비스업체 수가 적습니다. ④ 세 지역 중 노령화 지수는 광역시인 광주가 가장 낮습니다.

363 호남 지방의 주요 시·군별 특징 정답 ⑤

문제 분석 지도에 표시된 네 지역은 김제, 전주, 담양, 보성입니다. 1일차의 슬로 시티로 지정된 지역에서 한옥 마을과 한지 박물관 견학은 전주에서 할 수 있습니다. 2일차의 벽골제 탐방과 벼농사 문화 체험은 김제에서, 3일차의 죽녹원 탐방, 죽제품 제작 체험은 담양에서 할 수 있습니다. 따라서 4일차에는 보성에서 할 수 있는 일정이 들어가야 합니다.

정답 찾기 ⑤ 보성에서는 지리적 표시제 제1호인 녹차 재배지를 방문하고 다향제에 참여할 수 있습니다.

오답 피하기 ①은 함평, ②는 고창 또는 화순, ③은 순창, ④는 남원에서 할 수 있는 일정입니다.

364 호남 지방의 주요 시·군별 특징 정답 ①

문제 분석 지도의 A는 김제, B는 남원, C는 순천, D는 보성입니다.

정답 찾기 ① (가)는 심벌마크에 넓은 평야에 발달한 농업을 벼와 지평선으로 표현한 것으로 보아 호남평야에 위치한 김제(A)입니다. (나)는 심벌마크에 옛 읍성의 성곽 형태와 갯벌을 형상화한 것으로 보아 낙안읍성과 람사르 협약에 의해 보호받는 연안 습지가 있는 순천(C)입니다. (다)는 심벌마크에 지리적 표시제 1호로 등록된 차의 잎을 형상화한 것으로 보아 매년 녹차를 활용한 다향제가 열리는 보성(D)입니다.

365 호남 지방의 주요 시·군별 특징 정답 ②

문제 분석 1일차 답사 지역은 호남 지방 유일의 원자력 발전소가 입지한 영광입니다. 2일차 답사 지역은 호남 지방 유일의 광역시이며, 자동차 공업이 발달한 광주입니다. 3일차 답사 지역은 고추장, 된장 등의 장류 문화가 발달해 매년 장류 축제가 열리는 순창입니다.

정답 찾기 ② 영광, 광주, 순창의 순서로 답사한 경로는 B입니다.

오답 피하기 ① A는 군산, 김제, 전주 순서의 답사 경로입니다. ③ C는 영암, 강진, 해남 순서의 답사 경로입니다. ④ D는 보성, 순천, 여수 순서의 답사 경로입니다. ⑤ E는 광양, 구례, 남원 순서의 답사 경로입니다.

366 호남 지방의 시·군별 축제 정답 ②

문제 분석 (가)는 보성, (나)는 김제, (다)는 남원입니다.

정답 찾기 ㄱ. 보성의 특산물인 녹차는 지리적 표시제 1호로 지정되어 있습니다. ㄷ. 남원은 지리산 북서쪽에 위치하고 목기(木器)로 유명합니다.

오답 피하기 ㄴ. 김제에는 세계 유산으로 지정된 전통 마을이 없습니다. ㄹ. 김제와 남원은 전라북도에, 보성은 전라남도에 속합니다.

367 영남 지방의 지역별 공업 특징 정답 ②

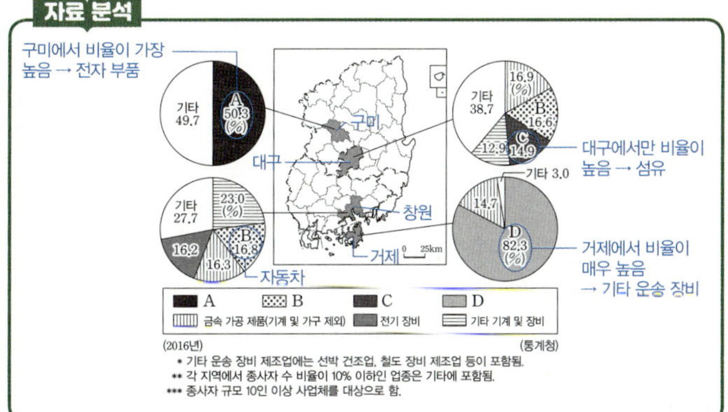

문제 분석 A는 구미에서 출하액 비율이 가장 높으므로 전자 부품·컴퓨터·영상·음향 및 통신 장비 제조업입니다. B는 대구와 창원에서 출하액 비율이 높게 나타나므로 자동차 및 트레일러 제조업입니다. C는 대구에서만 출하액 비율이 높게 나타나므로 섬유제품(의복 제외) 제조업입니다. D는 대규모 조선소가 입지한 거제에서 출하액 비율이 높게 나타나므로 조선업이 속한 기타 운송 장비 제조업입니다.

정답 찾기 ㄱ. 자동차 및 트레일러 제조업은 소규모 사업체의 비율이 높은 섬유제품 제조업보다 사업체당 종사자 수가 많습니다. ㄷ. 기타 운송 장비 제조업은 전자 부품·컴퓨터·영상·음향 및 통신 장비 제조업보다 전국에서 영남권이 차지하는 출하액 비율이 높습니다. 전자 부품·컴퓨터·영상·음향 및 통신 장비 제조업은 영남권 시·군 외에 수원, 아산 등에서도 출하액이 많습니다.

오답 피하기 ㄴ. 노동 집약적 경공업인 섬유제품 제조업은 1960년대에 우리나라의 수출 산업을 주도하였습니다. ㄹ. 기타 운송 장비 제조업의 종사자 수가 가장 많은 지역은 대규모 조선소들이 입지한 영남권입니다.

368 영남 지방의 광역시별 특징 정답 ②

문제 분석 영남 지방의 광역시는 부산, 대구, 울산입니다. (가)~(다) 중에서 지역 내 총생산이 가장 많은 (가)는 인구가 많은 부산이고, 1인당 지역 내 총생산이 가장 많은 (나)는 중화학 공업이 고루 발달한 울산입니다. 나머지 (다)는 대구입니다.

정답 찾기 ② 자동차, 석유 화학, 조선 공업 등이 고루 발달한 공업 도시 울산은 대구보다 지역 내 2차 산업 취업자 수 비율이 높습니다.

오답 피하기 ① 서울 다음으로 규모가 큰 대도시인 부산은 울산보다 교외화 현상이 뚜렷하게 나타납니다. ③ 대구는 영남 내륙 공업 지역에 속합니다. ④ 총인구는 부산>대구>울산 순으로 많습니다.

369 영남 지방 주요 시·군의 제조업 구조 정답 ②

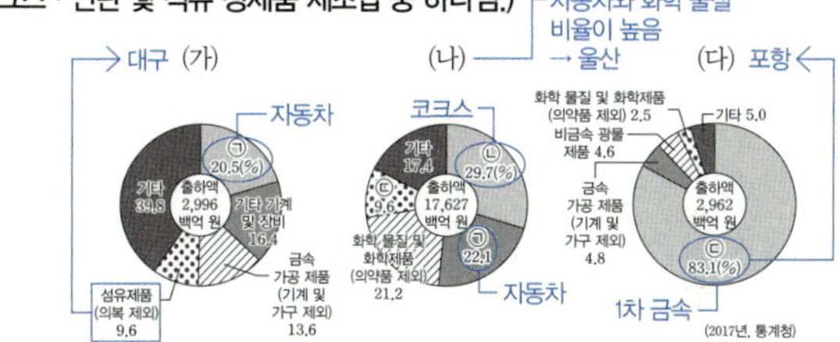

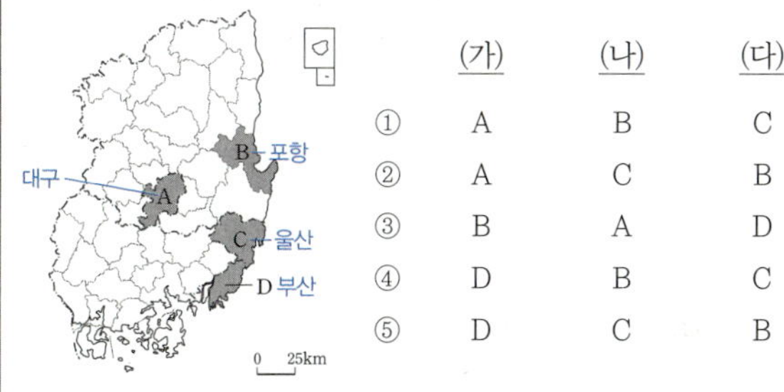

	(가)	(나)	(다)
①	A	B	C
②	A	C	B
③	B	A	D
④	D	B	C
⑤	D	C	B

문제 분석 지도의 A는 대구, B는 포항, C는 울산, D는 부산입니다.

정답 찾기 ② (가)는 출하액이 많은 상위 업종에 섬유제품(의복 제외) 제조업이 포함되어 있으므로 대구(A)입니다. 대구에서 출하액이 가장 많은 ㉠은 자동차 및 트레일러 제조업이며, 자동차 및 트레일러와 화학 물질 및 화학제품(의약품 제외) 제조업 출하액 비율이 높은 (나)는 네 지역 중 제조업 총 출하액이 가장 많은 울산(C)입니다. 따라서 울산에서 가장 출하액 비율이 높은 ㉡은 코크스·연탄 및 석유 정제품 제조업입니다. 나머지 ㉢은 1차 금속 제조업이며, 1차 금속 제조업 출하액 비율이 가장 높은 (다)는 포항(B)입니다. 포항은 1차 금속과 금속 가공 제품 제조업 출하액이 많습니다. 따라서 (가)는 A, (나)는 C, (다)는 B와 연결됩니다.

함정 피하기

지도에 표시된 지역 수가 제시된 자료보다 많고, 가려진 정보가 많아 지역과 제조업종을 함께 추론해야 했기 때문에 자료 분석이 쉽지 않았을 것이다. 이러한 유형의 문항은 가려진 정보를 순서대로 분석하기보다는 눈에 띄는 한 요소를 첫 번째로 파악한 뒤, 그것과 관련된 요소부터 차근차근 파악해야 한다. 본 문항은 (가)에서 섬유제품 제조업 출하액이 상위권에 포함된 점, 또는 (나)의 제조업 출하액이 나머지 두 지역에 비해 월등히 많은 점, 또는 (다)에서 주어진 세 제조업종 중 한 업종이 지역 내 제조업 출하액 대부분을 차지한다는 점에서 첫 번째 지역을 추론할 수 있었다.

문제 분석 ㉠은 자동차 및 트레일러, ㉡은 코크스·연탄 및 석유 정제품, ㉢은 1차 금속 제조업입니다.

정답 찾기 ㄴ. 화학 물질 및 화학제품 제조업과 1차 금속 제조업의 대규모 생산 공장은 원료의 수입과 제품의 수출에 유리한 해안에 주로 입지합니다. ㄷ. 1차 금속 제조업의 최종 제품인 철강 제품은 자동차 및 트레일러 제조업의 주원료로 이용됩니다.

오답 피하기 ㄱ. 자동차 및 트레일러 제조업은 화학 물질 및 화학제품 제조업보다 총 생산비에서 원료비가 차지하는 비율이 낮습니다. ㄹ. 세 제조업 중에서 영남권의 제조업 출하액에서 차지하는 비율이 가장 높은 업종은 자동차 및 트레일러 제조업입니다.

371 호남 및 영남 지방의 주요 시·군별 특징　　　　　정답 ②

문제 분석 지도의 A는 안동, B는 김천, C는 전주, D는 함평, E는 보성입니다.

정답 찾기 ② 김천에는 유네스코 세계 유산이 없습니다.

오답 피하기 ① 안동에서는 국제 탈춤 페스티벌이 개최됩니다. ③ 전주에서는 전통 한옥 마을이 관광지로 이용되고 있습니다. ④ 함평에서는 나비 축제가 열립니다. ⑤ 보성은 지리적 표시제 제1호 작물인 녹차가 유명합니다.

372 영남 지방의 주요 시·군별 특징　　　　　정답 ③

문제 분석 지도의 A는 안동, B는 구미, C는 영천, D는 창녕, E는 거제입니다.

정답 찾기 ③ 영천에는 유네스코 세계 문화유산으로 지정된 마을이 없습니다. 유네스코 세계 문화유산으로 지정된 전통 마을은 안동의 하회 마을과 경주의 양동 마을입니다.

오답 피하기 ① 안동에서는 국제 탈춤 페스티벌이 개최됩니다. ② 구미는 정보 통신 산업이 발달해 있습니다. ④ 창녕에는 국제 협약에 의해 보존 중인 내륙 습지 우포늪이 있습니다. ⑤ 거제는 최근 부산광역시와의 연륙교가 건설되어 교통이 더욱 편리해졌습니다.

373 영남 지방의 시·도별 산업 구조　　　　　정답 ①

문제 분석 (가)는 제조업의 부가 가치 비율이 상대적으로 높으므로 공업 도시인 울산입니다. (나)는 사업 서비스업, 금융 및 보험업 등 생산자 서비스업의 부가 가치 비율이 상대적으로 높으므로 영남 지방의 최대 도시인 부산입니다. 나머지 (다)는 농림어업의 부가 가치 비율이 상대적으로 높으므로 도 지역인 경북입니다.

정답 찾기 ① 울산은 전국의 시·도 중에서 1인당 지역 내 총생산이 가장 많습니다. 따라서 울산은 부산보다 1인당 지역 내 총생산이 많습니다.

오답 피하기 ② 광역시인 부산은 도 지역인 경북보다 지역 내 1차 산업 취업자 수 비율이 낮습니다. ③ 경북은 공업 도시인 울산보다 제조업 출하액이 적습니다. 울산은 영남 지방에서 제조업 출하액이 가장 많습니다. ④ 울산(가)과 부산(나)은 광역시이고, 경북(다)은 도(道)에 해당합니다. ⑤ 세 지역 중에서 인구 밀도는 도 지역인 경북이 가장 낮습니다.

374 영남 지방의 주요 시·군별 인구 특징　　　　　정답 ⑤

문제 분석 지도에 표시된 지역은 영양, 양산, 거제입니다. 그래프의 세 지역 중에서 1995~2015년의 인구 증가율이 가장 높은 (가)는 인접한 부산의 인구가 유입되면서 인구가 크게 증가한 양산입니다. 인구가 가장 적은 (나)는 군 지역인 영양입니다. 2015년에 성비가 가장 높은 (다)는 남성 노동력을 많이 필요로 하는 기타 운송 장비 제조업이 발달한 거제입니다.

정답 찾기 ㄷ. 성비는 여성 100명당 남성의 수입니다. 그래프를 보면 거제(다)는 양산(가)보다 2015년에 내국인의 성비가 높습니다. ㄹ. 양산과 거제는 경상남도에, 영양은 경상북도에 속합니다.

오답 피하기 ㄱ. 시 지역인 양산은 군 지역인 영양보다 중위 연령이 낮습니다. ㄴ. 군 지역인 영양은 기타 운송 장비 제조업이 발달한 거제보다 제조업 출하액이 적습니다.

375 제주도의 지형 특징　　　　　정답 ④

문제 분석 우리나라는 북위 33°~43°, 동경 124°~132°에 위치합니다. 지도에 나타난 지역은 대략 북위 33°, 동경 126°에 위치하므로 남부 지방임을 알 수 있습니다. 토지가 주로 밭이나 과수원으로 이용되는 것으로 보아 논농사가 이루어지기 어렵고, '○○동굴 지대'를 통해 지하에 동굴이 많다는 것을 알 수 있습니다. 또한 봉우리의 정상부에 저하 등고선이 있으므로 소규모의 분화구가 있음을 알 수 있습니다. 이러한 정보들로 미루어 보아 제시된 지역은 제주도이며, B는 오름의 정상부에 발달한 분화구, C는 한라산의 완경사면이라는 것을 알 수 있습니다.

정답 찾기 ④ 제주도의 주된 기반암인 현무암은 지하에 절리가 많고 동굴이 형성되어 있는 경우가 많아 투수가 양호합니다.

오답 피하기 ① A의 동굴은 용암동굴이며, 용암동굴은 용암의 냉각 속도 차이로 인해 형성됩니다. 기반암의 용식으로 형성되는 동굴은 석회동굴입니다. ② B는 오름 정상부에 형성된 소규모의 분화구입니다. ③ C의 기반암은 현무암이고, 현무암은 유동성이 큰 용암이 굳어 형성되었습니다. ⑤ 제주도는 주로 현무암이 풍화된 흑갈색 토양이 나타납니다. 석회암이 풍화된 붉은색 토양이 나타나는 지역은 태백, 정선, 단양 등의 석회암 지대입니다.

376 주요 도별 농업 특징　　　　　정답 ①

문제 분석 지도에 표시된 세 도는 전북, 경북, 제주입니다. 세 지역 중 밭의 비율이 100%에 가까운 (가)는 기반암의 특성상 논농사에 불리한 제주입니다. (나)와 (다)는 전북과 경북 중 하나인데, (다)는 (나)보다 논의 비율이 높은 반면 밭의 비율이 낮으므로 호남평야가 위치한 전북입니다. 나머지 (나)는 경북입니다.

정답 찾기 ㄱ. 제주는 관광 산업이 발달하여 경북보다 겸업농가 비율이 높습니다. ㄴ. 호남평야가 위치한 전북은 기반암의 특성상 논 조성이 어려운 제주보다 쌀 생산량이 많습니다.

오답 피하기 ㄷ. 경북은 영남 지방, 전북은 호남 지방에 속합니다. ㄹ. 세 지역 중에서 경지 면적은 제주가 가장 좁습니다.

377 제주도의 특징　　　　　정답 ②

정답 찾기 ② 현무암은 분출된 용암이 지표에서 식으면서 굳어 형성된 암석입니다.

오답 피하기 ① 제주도는 신생대 화산 활동으로 형성된 화산섬입니다. ③ 제주도의 그물 지붕은 강한 바람에 대비한 전통 가옥 시설입니다. ④ 제주도의 하천 발달이 미약한 이유는 현무암 풍화토가 배수가 잘되고, 지하에 절리와 동굴이 많아 지표수가 지하로 잘 스며들기 때문입니다. ⑤ 제주도의 전통 취락이 해안에 주로 분포하는 이유는 해안에 물이 솟는 용천대가 분포하여 물을 구하기 쉽기 때문입니다.

BON.N제

BON. N제

∞ Word master

수능/내신 영어 1등급을 위해 반드시 알아야 할 어휘만 모았다!

수능/내신 영어 1등급을 위해
학습 목적에 따라 선택하는 **Word master 고등 시리즈**

고등 기본 어휘 **고등 BASIC**	수능 빈출 어휘 **수능 2000**	수능+내신 필수 어휘 **고등 COMPLETE**
수능 고난도 어휘 **하이퍼 2000**	주제별 EBS 어휘 **EBS 파이널 1200**	특성별 수능 어휘 **수능 어휘완성**

• 워드마스터 수능 2000 : YES24, 알라딘, 인터파크 등 온라인 서점 고등 영어 전문교재 〉 단어 / 숙어 분야 1위 (2020년 10월 판매량 기준)

• 이투스북 도서는 전국 서점 및 온라인 서점에서 구매하실 수 있습니다.
• 이투스북 온라인 서점 | www.etoosbook.com

이투스북